Birgit Stefanie Pawelka

Investment-Banking-Strategien deutscher Banken

GABLER EDITION WISSENSCHAFT

Birgit Stefanie Pawelka

Investment-Banking-Strategien deutscher Banken

Mit einem Geleitwort von Prof. Dr. Leo Schuster

Deutscher Universitäts-Verlag

Bibliografische Information Der Deutschen Bibliothek
Die Deutsche Bibliothek verzeichnet diese Publikation in der Deutschen Nationalbibliografie; detaillierte bibliografische Daten sind im Internet über <http://dnb.ddb.de> abrufbar.

Dissertation Katholische Universität Eichstätt, 2002

1. Auflage Mai 2003

Lektorat: Brigitte Siegel / Annegret Eckert

Der Deutsche Universitäts-Verlag ist ein Unternehmen der Fachverlagsgruppe BertelsmannSpringer.
www.duv.de

Umschlaggestaltung: Regine Zimmer, Dipl.-Designerin, Frankfurt/Main

Gedruckt auf säurefreiem und chlorfrei gebleichtem Papier

ISBN-13: 978-3-8244-7690-9 e-ISBN-13: 978-3-322-81428-9
DOI: 10.1007/978-3-322-81428-9

Meinen Eltern

Ralf und Astrid Pawelka

Geleitwort

Selten hat ein Sektor des Universalbankgeschäfts so rasant an Bedeutung gewonnen wie das Investment Banking seit Mitte der neunziger Jahre. Begünstigt wurde dieser Prozeß durch die verstärkte Kapitalmarktorientierung der Unternehmenskunden, die wachsende Aktienkultur und nicht zuletzt auch die positiven Konjunktur- und Börsenbedingungen in diesem Zeitraum. Aus Sicht der traditionell tief im klassischen Kredit-/Einlagengeschäft verwurzelten deutschen Banken entstand zu dieser Zeit ein zumindest in Teilbereichen gänzlich „Neuer Markt" mit überdurchschnittlich wachsendem Geschäftspotential und attraktiven Profitmargen direkt „vor der Haustüre".
Unterdessen hat sich das Investment Banking bei den größeren deutschen Banken zu einem dem Commercial Banking sowohl in strategischer als auch in ergebnismäßiger Hinsicht zumindest gleichwertigen Marktleistungssektor entwickelt. Angesichts des hiervon ausgehenden Erfolgsdrucks gewinnen für die betreffenden Institute grundsätzlich alle jene Faktoren enorm an Bedeutung, die zur Absicherung der künftigen Wettbewerbsfähigkeit in diesem Sektor beitragen können. Die Frage, ob die aktuell verfolgte Strategie auch die „Richtige" darstellt, steht dabei naturgemäß mit an erster Stelle.
Vor diesem Hintergrund ergeben sich einige wichtige Fragen: Welche Strategien verfolgen deutsche Banken im Investment Banking und welches sind die Beweggründe für die strategische Wahl? Welche Festlegungen hat eine tragfähige „Investment-Banking-Strategie" überhaupt zu treffen und welche Optionen bieten sich dabei im einzelnen? Wie können Strategieentscheidungen hinsichtlich relevanter Inhalte so aufeinander abgestimmt werden, daß schließlich ein konsistentes Gesamtkonzept entsteht?

In Ausrichtung hierauf grenzt die Verfasserin in einem ersten Schritt den Begriff des Investment Banking ab, sodann drei unverzichtbare Komponenten jeder tragfähigen Investment-Banking-Strategie. Davon ausgehend wird jedes Element dieses hierarchisch strukturierten Strategiebündels einer eingehenden Untersuchung unterzogen, wobei zunächst strategische Optionen abgeleitet und Anforderungen an die strategische Wahl auf dieser Ebene formuliert werden. Im Anschluß daran wird beleuchtet, wie sich die betreffende Strategiekomponente in der Praxis augenblicklich entwickelt, wobei der Untersuchungsfokus auf eine Gruppe ausgewählter deutscher Banken mit nennenswerten Engagements und Ambitionen in diesem Sektor gerichtet ist.

Die bislang im Verhältnis zur funktionalinstrumentellen stark vernachlässigte strategische Untersuchungsperspektive aufgreifend stellt die vorliegende Arbeit einen interessanten wissenschaftlichen Beitrag zum Thema „Investment Banking" dar. Für Praktiker, die sich von Berufs wegen mit Fragen der strategischen Handhabung des Investment Banking befassen oder all jene, die von dieser schillernden und facettenreichen Branche fasziniert sind, ist die Lektüre dieser Arbeit mit Sicherheit ein Gewinn.

Prof. Dr. Leo Schuster

Danksagung

Mein besonderer Dank gilt meinem Doktorvater, Prof. Dr. Leo Schuster, der mich über den gesamten Dissertationsprozeß hinweg mit wertvollen fachlichen Beiträgen aufmunternd unterstützt und begleitet hat und mir große Freiheiten bei der Bearbeitung der vorliegenden Thematik eingeräumt hat.

Ganz herzlich danke ich auch Prof. Dr. Willibald Folz, der das Zweitgutachten anfertigte und das Interesse an meiner Arbeit mit einer Vielzahl an konstruktiven Anregungen bekundete.

Von Herzen möchte ich mich bei meinen Eltern Ralf und Astrid Pawelka bedanken, ohne deren Unterstützung die vorliegende Arbeit in Form und Ergebnis sicherlich nicht möglich gewesen wäre. Mit ihrer Großzügigkeit haben sie mir nicht nur eine letztlich sorgenfreie Dissertationszeit ermöglicht, sondern auch einen weiteren Meilenstein in meiner beruflichen und persönlichen Entwicklung zu setzen.
Ein ganz persönlicher Dank gebührt meiner Schwester Carolin für ihren Einsatz bei den notwendigen „Redigierarbeiten", die vielen aufmunternden Worte und kleinen gemeinsamen Unternehmungen „jenseits des Schreibtischs", die meinen Ideenspeicher wieder aufgeladen und meine Dissertationszeit maßgeblich verschönert haben.
Besonders hervorheben möchte ich den Beitrag meiner Freunde Dr. Janett Gauger und Dr. Markus Höllmüller, die für ausgedehnte fachliche Diskussionen über mein Thema viele Stunden ihrer kostbaren Freizeit aufgewendet haben. Euer zu jeder Zeit konstruktives Feedback und euer fortwährender Zuspruch waren mir mit die größte Unterstützung.
Dankbar bin ich selbstverständlich auch meinen Freunden - allen voran Franziska Knöpfle, Annette Lux, Matthias Papp und Jens Arnold - die mit Wort und Tat ohne Unterlaß zu meiner guten Laune beigetragen haben und über die ganze Zeit hinweg viel Verständnis für meine notorische Zeitnot aufbrachten. Mein ganz persönlicher Dank richtet sich schließlich an Dr. Max Iann, der mir in der Endphase meiner Promotion nicht nur als wertvoller Gesprächspartner in fachlichen Fragen verläßlich zur Seite gestanden hat.

Birgit Pawelka

Inhaltsverzeichnis

Abbildungsverzeichnis

Abbildungen in Teil I:

Abbildungen in Teil II:

Abbildungen in Teil III:

Abbildungen in Teil IV:

Abbildungen in Teil V:

Abkürzungsverzeichnis

Abb.	Abbildung
ABS	Asset-Backed-Securities
AG	Aktiengesellschaft
aktual.	aktualisiert/e
Aufl.	Auflage
bspw.	beispielsweise
bzw.	beziehungsweise
ca.	circa
d.h.	das heißt
etc.	et cetera
erw.	erweitert/e
EWU	Europäische Währungsunion
FAZ	Frankfurter Allgemeine Zeitung
ggf.	gegebenenfalls
Hrsg.	Herausgeber
IAS	International Accounting Standards
i.d.R.	in der Regel
i. e.	im einzelnen
i. e. S.	im engeren Sinn
i. H. v.	in Höhe von
inkl.	inklusive
i. w. S.	im weiteren Sinn
IT	Informationstechnologie
k. A.	keine Angabe
M&A	Mergers & Acquisitions
Mio.	Million/en
Mrd.	Milliarde/n
Nr.	Nummer
o.g.	oben genannte

p.	page
rd.	rund
ROE	Return on Equity
S.	Seite
sog.	sogenannt/e
Sp.	Spalte
u.a.	unter anderem
überarb.	überarbeitet/e
usw.	und so weiter
u.U.	unter Umständen
vgl.	vergleiche
vs.	versus
z.B.	zum Beispiel
z.T.	zum Teil

Teil I: Einleitung

I.1 Problemstellung und Zielsetzung

Das Investment Banking als Oberbegriff für bestimmte Aufgabenkomplexe von Banken mit starkem Wertpapier- und Kapitalmarktbezug hat für deutsche Universalbanken in der letzten Dekade stark an Bedeutung gewonnen. Gewichtige Teile der Gesamtbankerlöse werden in diesem Marktleistungssektor erwirtschaftet, vereinzelt hat sich das Investment Banking bereits zur dominanten Ergebnisquelle entwickelt.

So belief sich der anteilige Beitrag des Unternehmensbereichs „Investment Banking" (in Höhe von absolut 847 Mio. Euro) zum Gewinn vor Steuern des Dresdner Bank Konzerns (in Höhe von absolut 1.613 Mio. Euro) im Jahr 2000 auf 52,5%.[1] Im Vorjahr hatte die Quote noch 44,0% betragen. Bei der Deutschen Bank hat sich das Ergebnis aus der gewöhnlichen Geschäftstätigkeit vor Steuern im Unternehmensbereich „Globale Unternehmen und Institutionen" in 2000 ausgehend von 2.219 Mio. Euro im Vorjahr auf 3.975 Mio. Euro erhöht.[2] Damit wurden im Jahr 2000 59,1% des Konzernergebnisses vor Steuern im Investment Banking erwirtschaftet. Im Vorjahr betrug die Quote 57,7%.

Dort, wo keine Zahlen zum Ergebnisbeitrag des Investment Banking verfügbar sind, läßt sich seine Bedeutungszunahme an der Entwicklung des Provisionsüberschusses in der Gewinn- und Verlustrechnung veranschaulichen, in den die Einnahmen aus kundenbezogenen Investment-Banking-Geschäften in hohem Maße einfließen.[3] Setzt man diesen in Relation

---

1 Vgl. zum Gewinn vor Steuern im Investment Banking und Konzern in 1999 und 2000 Dresdner Bank (2001), S. 62f. Absolut war in diesem Zeitraum allerdings ein Rückgang des Gewinns v. St. im Investment Banking von 938 Mio. Euro in 1999 auf 847 Mio. Euro zu verzeichnen.

2 Vgl. zum Ergebnis aus der gewöhnlichen Geschäftstätigkeit vor Steuern im Investment Banking und Konzern in 1999 und 2000 Deutsche Bank (2001), S. 124.

3 Anm. d. Verf.: Der Provisionsüberschuß enthält neben Erträgen aus dem *Wertpapier*-(emissions- und komissions)*geschäft* und *sonstigen* Bereichen, in neben anderen (wie z.B. aus der Vermittlung von Versicherungen) die Provisionserträge aus der M&A-Beratung einfließen, auch andere, investmentbankingfremde Bestandteile, so die Provisionserträge aus der *Vermögensverwaltung*, dem *Zahlungsverkehr*, dem *Auslands- und Reisemittelzahlungsgeschäft*, der *Kreditbearbeitung und dem Avalgeschäft*. Vgl. hierzu beispielhaft Deutsche Bank (2001), S. 77.

zum Zinsüberschuß, kann hiermit auch die relative ergebnismäßige Bedeutung dieses Aktivitätssektors im Verhältnis zum herkömmlichen Kreditgeschäft verdeutlicht werden. Wie aus dem Inter-Jahres- und Inter-Bank-Vergleich in Abbildung I-1 hervorgeht, hat sich die Struktur der Erträge im Zeitraum zwischen 1998 und 2000 fortgesetzt stark zugunsten des Provisionsüberschusses verlagert:[4]

	1998			**2000**		
	Provisionsüberschuß *(in Mio. DM)*	Zinsüberschuß* *(in Mio. DM)*	**Provisions-/ Zinsüberschuß *in%***	Provisionsüberschuß *(in Mio. Euro)*	Zinsüberschuß* *(in Mio. Euro)*	**Provisions-/ Zinsüberschuß *in%***
Deutsche Bank	10.387	10.833	**95,9**	11.468	6.811	**168,4**
Dresdner Bank	5.549	7.499	**74,0**	4.291	4.312	**99,5**
Commerzbank	3.267	6.010	**54,4**	2.724	3.516	**77,5**
DG Bank	477	2.940	**16,2**	969	1.697	**57,1**

* vor Risikovorsorge

Abb. I-1: Das Verhältnis von Provisions- zu Zinsüberschuß bei ausgewählten deutschen Banken in 1998 und 2000 im Vergleich

Diese Veränderungen in der Ertragsstruktur unterstreichen nicht nur die zunehmende und zwischenzeitlich hohe absolute und relative ergebnismäßige Bedeutung des Investment Banking. Sie verdeutlichen auch, daß das zukünftige Gewinnpotential und die Wertentwicklung der deutschen Häuser insbesondere auch von der Leistungsfähigkeit in diesem Teilbereich des Universalbankgeschäfts abhängen werden.

Mit der fortgesetzten Expansion in das Investment Banking begeben sich die deutschen Banken auf ein Terrain, das in nahezu allen Geschäftsfeldern auch weiterhin attraktive

4 Vgl. zu den Provisions- und Zinsüberschüssen die Angaben in den Geschäftsberichten für die Jahre 1998 und 2000, i.e. Deutsche Bank (2001), S. 77; Deutsche Bank (1999), S. 81; Dresdner Bank (2001), S. 57f.; Dresdner Bank (1999), S. 69f.; Commerzbank (1999), S. 59; Commerzbank (2001), S. 85; DG (2001), S. 71f.; DG Bank (1999A), S. 66. Alle Konzernabschlüsse wurden nach International Accounting Standards (IAS) erstellt. Strukturell repräsentieren die Erträge aus dem Wertpapiergeschäft die wichtigste Komponente. Sie tragen in 2000 übergreifend rund die knapp Hälfte zum Provisionsüberschuß bei, zweit wichtigster Faktor sind die Provisionserträge aus dem Bereich der Vermögensverwaltung (mit Ausnahme der DG Bank), auf die jeweils rund ein Viertel der gesamten Provisionen entfällt. Verhältnismäßig gering, d.h. einstelligen Prozentbereich angesiedelt, ist der Beitrag aller übrigen Bereiche.

Geschäftschancen bietet.[5] In geographischer Hinsicht gilt dies in besonderem Maße für den Heimatkontinent der deutschen Banken. Nachdem über Jahrzehnte der US-amerikanische Markt der potentialträchtigste für Investment Banker war, bietet heute Europa – speziell auch Deutschland – die im Blick auf die nächsten Jahre interessantesten Geschäftsmöglichkeiten.[6] Eine wachsende Aktienkultur und Kapitalmarktorientierung der Unternehmen sowie die erwartete paneuropäische Konsolidierungswelle begründen diese Entwicklung.

Mit einem Engagement in diesem Sektor sind jedoch hohe Kosten assoziiert, denen nicht immer angemessene und vor allem keine stabilen Erträge gegenüberstehen.[7] Erhebliche und wachsende Aufwendungen entstehen für den notwendigen Apparat an hochprofessionellem Personal und eine technologische Infrastruktur auf dem möglichst neuesten Ausbaustand.[8] Aber nicht nur die absolute Höhe der Kosten, sondern auch die Kostenstrukturen sind problematisch. So führen z.B. der Umfang an benötigten Technologien im Investment Banking und der stetige Fortschritt zu einem anwachsenden Fixkostenblock, der bei vielen Banken eine kritische Grenze erreicht hat.[9] Vor diesem Hintergrund werden sich in diesem Sektor auf Sicht gesehen nur die Anbieter erfolgreich behaupten können, die unter Volumengesichtspunkten kritische Geschäftsgrößen erreichen und halten können.[10]

Als wenig zuträglich erweist sich in diesem Kontext, daß sich der Wettbewerb in der fokalen Branche in den neunziger Jahren deutlich verschärft hat.[11] Hierzu beigetragen hat die forcierte Expansion europäischer Universalbanken in das Investment Banking genauso, wie jene der US-amerikanischen Commercial Banks – vor allem seit Wegfall der gesetzlichen Schranken.[12] Eine Reduzierung der Margen und Provisionen bzw. Kommissionen ist nur eine Folge.[13] Auch hat die wachsende Wettbewerbsintensität im Zusammenspiel mit Kostendruck und Aspekten kritischer Geschäftsgrößen zu einer Beschleunigung der Konsolidierungs-

---

5 Laut Interviewergebnisse nach einstimmiger Auffassung der befragten Experten. Vgl. hierzu bspw. auch Baas, V. (1998), S. 720; Sautter, M., Managing Director im Geschäftsbereich Global Investment Banking der Deutschen Bank, Interviewaussage, in: o. V. (2000I), S. 22.

6 Vgl. hierzu und im folgenden Burgmaier, S./ Willman, J. (2001), S. 1.

7 Vgl. Reimpell, P. (1990), S. 489; Achleitner, A. (1999), S. 77ff. und S. 82ff.

8 Vgl. Reimpell, P. (1990), S. 489; Achleitner, A. (1999), S. 77ff.

9 Vgl. Achleitner, A. (1999), S. 71 und S. 75; Baas, V. (1998), S. 721.

10 Vgl. Reimpell, P. (1990), S. 489; Achleitner, A. (1999), S. 84.

11 Vgl. Baas, V. (1998), S. 721; Achleitner, A. (1999), S. 72f

12 Vgl. Achleitner, A. (1999), S. 83.

13 Vgl. Achleitner, A. (1999), S. 84; Baas, V. (1998), S. 720.

tendenzen in der Branche beigetragen.[14] Durch Übernahmen suchen die Wettbewerber ein größeres Gesamtvolumen zu erreichen, die Kapitalbasis zu verbreitern und Effizienzreserven zu mobilisieren.

Für die in dieser Branche engagierten Wettbewerber resultiert hieraus das Erfordernis, ihre Strategien daraufhin zu überprüfen, ob sie tatsächlich tragfähige Lösungswege im Umgang mit den oben geschilderten Chancen und Herausforderungen abbilden. Vor allem muß hiermit rasch begonnen werden. Gerade in turbulenten Umfeldern ist es in hohem Maße erfolgsrelevant, einen durchdachten, in sich stimmigen und gleichzeitig praktikablen Aktionskurs für die Zukunft definiert zu haben, an dem alle künftigen Maßnahmen ausgerichtet werden können.[15] Dies unterstreicht auch BAAS: Wenn im Investment Banking „... bisher Produktinnovation, enge Kundenbeziehungen, technologische Kompetenz und qualifiziertes Personal ausreichten, erfordern die Veränderungsprozesse, die europäischen Banken in den nächsten Monaten und Jahren bevorstehen, eine klar definierte, langfristig ausgerichtete Strategie."[16]

Grund hierfür ist, daß Strategien, indem sie die Entwicklungsrichtung der Unternehmung und den hierauf abgestimmten Aktionsrahmen zur Erreichung definierter Ziele abstecken,[17] als „Leitplanken" des zeitlich nachgelagerten Handelns fungieren. Mit ihnen werden die Voraussetzungen dafür geschaffen, daß letzteres zielgerichtet, in koordinierter Weise und als kohärente, abgestimmte Schrittfolge erfolgt, was maßgeblich zur Erhöhung der Erfolgswahrscheinlichkeit beitragen kann. Umgekehrt bedeutet unternehmerisches Handeln „... ohne strategische „Bahn" mit ihrer Vorgabe von Richtung und Rahmen, oftmals reinen Aktionismus, der allerhöchstens kurzfristige Erfolge erzielen läßt."[18]

Hieraus ergibt sich die Frage, mit welchen Inhalten sich eine tragfähige Investment-Banking-Strategie gestaltend auseinanderzusetzen hat und welche Möglichkeiten sich dabei im

---

14 Vgl. hierzu und im folgenden Achleitner, A. (1999), S. 73 und S. 75.

15 Vgl. Hinterhuber, H. (1989), S. V. Vgl. zur Notwendigkeit strategieorientierter Unternehmensführung auch Meyer, P./ Mattmüller, R. (1993), S. 20ff. Die genannten Autoren begründen die Notwendigkeit der Strategie mit der Komplexität und Dynamik der Umweltveränderungen und der Schaffung von Freiräumen für situative Entscheidungen. Vgl. Hinterhuber, H. (1989), S. V und S. 12; Meyer, P./ Mattmüller, R. (1993), S. 20ff.

16 Baas, V. (1998), S. 720.

17 Vgl. Meyer, P./ Mattmüller, R. (1993), S. 20.

18 Meyer, P./ Mattmüller, R. (1993), S. 23.

einzelnen bieten. Die in nur in sehr geringem Umfang vorhandene deutschsprachige Literatur zu dieser Thematik sieht in der Beantwortung von Fragestellungen wie „Globales Investment Banking versus Konzentration auf Produkte, Kundengruppen und/ oder Regionen" oder „internes versus externes Wachstum" zentrale strategische Entscheidungstatbestände.[19] Eine ausführliche Diskussion der einzelnen Handlungsoptionen erfolgt jedoch nicht, auch wird keine Verbindung zwischen den angesprochenen Strategietypen hergestellt.

Angesichts der Bedeutungszunahme des Investment Banking für die deutschen Banken überrascht der geringe Umfang an deutschsprachiger Literatur, die sich mit dem Investment Banking aus einer bankstrategischen Perspektive befaßt.[20] Zwar wird diese Thematik, wie angedeutet, in einigen Artikeln und Publikationen aufgegriffen,[21] jedoch nur in Teilaspekten beleuchtet. In einem weiter gefaßten Zugang ist dieses Defizit Teil eines generellen Mangels an fundierter deutschsprachiger Literatur zum Investment Banking.[22] Die in größerem Umfang vorhandene englischsprachige Literatur bezieht sich auf den US-amerikanischen und britischen Kapitalmarkt und die dort tätigen Spezialinstitute.[23] Aber auch dort wird das Investment Banking hauptsächlich aus einer funktionalinstrumentellen Sichtweise untersucht.[24] Im Mittelpunkt stehen die verschiedenen Aufgabenstellungen im Investment Banking verbunden mit einer Diskussion der Ansätze und Konzepte der Investitions-, Finanzierungs- und Kapitalmarkttheorie, die die methodische Grundlage zur Lösung der geschäftsspezifischen Problemstellungen bilden.[25]

---

19 Vgl. bspw. Jakob, A./ Klein, S. (1996), S. 35f.; Baas, V. (1998), S. 720ff. sowie zum ersten Entscheidungstatbestand auch Reimpell, P. (1990), S. 488ff.

20 Vgl. zu wissenschaftlichen Analyseperspektiven in bezug auf den Untersuchungsgegenstand Investment Banking Jakob, A./ Klein, S. (1996), S. 35. Die Autoren unterscheiden die bankpolitische/-strategische Perspektive und instrumentelle Sichtweise, wobei beide im Rahmen einer wissenschaftlichen Behandlung des Investment Banking denkbar und notwendig seien. Dort wird der instrumentelle Ansatz aufgegriffen. Vgl. Jakob, A./ Klein, S. (1996), S. 5 und S. 38.

21 Vgl. bspw. Jakob, A./ Klein, S. (1996), S. 35ff.; Baas, V. (1998), S. 720ff.; Engel, H.-G. (1998), S. 108; Reimpell, P. (1990), S. 488ff.

22 Vgl. zu dieser Problematik Achleitner, A. (1999), S. XXV. Die Autorin veröffentlichte mit dem „Handbuch Investment Banking" das erste umfassende deutsche Werk, das das Thema in seiner Bandbreite und seinem Facettenreichtum behandelt und auf die Spezifika des deutschen Kapitalmarktes bezug nimmt. Vgl. hierzu auch Jakob, A./ Klein, S. (1996), S. 5, die ebenfalls das Erfordernis einer verstärkten wissenschaftlichen Behandlung des Investment Banking betonen. Im Rahmen dieser Publikation wird auf zwei spezifische Geschäftsfelder fokussiert.

23 Vgl. zu grundlegenden Werken bspw. Williamson, P. (1998); Kuhn, R. (1990) sowie Walter, I./ Smith, R. (1989).

24 Vgl. zur instrumentellen Sichtweise im Rahmen der wissenschaftlichen Behandlung des Investment Banking allgemein Jakob, A./ Klein, S. (1996), S. 35ff.

25 Vgl. zum Inhalt des instrumentellen Ansatzes Jakob, A./ Klein, S. (1996), S. 35.

Der Notwendigkeit einer verstärkten wissenschaftlichen Behandlung des Investment Banking aus einer strategischen Perspektive soll mit der vorliegenden Untersuchung Rechnung getragen werden. Sie zielt darauf ab, einen Beitrag zur Diskussion um die Inhalte und Ausgestaltungsmöglichkeiten von Investment-Banking-Strategien zu leisten, indem das theoretische Gedankengut und die Erkenntnisse der Strategischen (Bank-)Planung für die vorliegende Problemstellung fruchtbar gemacht werden. Untersucht werden soll aber auch, wie sich diese Strategien bei ausgewählten deutschen Banken im Augenblick entwickeln. Konkret liegen dieser Untersuchung folgende wesentliche Zielsetzungen zugrunde:

1. Eine erste wesentliche Zielsetzung besteht darin, den Begriff „Investment-Banking-Strategie" über eine Abgrenzung ihres Aufgabenbereichs und entsprechender Strategiekomponenten inhaltlich und strukturell zu spezifizieren.

2. Zweitens wird das Ziel verfolgt, ein Konzept zur Strategiefindung im Investment Banking zu präsentieren, das tragfähige strategische Handlungsoptionen a) zur strategischen Positionierung in der Branche, b) bei der zukunftsorientierten Entwicklung der Geschäftsfelder und c) zur Realisierung der intendierten Veränderungsprozesse aufzeigt, systematisiert und spezifiziert sowie Verbindungen zwischen den Komponenten herstellt. Hieraus ergeben sich drei Subzielsetzungen:

   a) Erstes Teilziel ist, unter Heranziehung relevanter Gestaltungsparameter eines übergeordneten Geschäftsprofils einen Bezugsrahmen für die strategische Positionierung in der Investment-Banking-Branche zu erarbeiten und hieraus tragfähige Basisstrategie-Optionen abzuleiten.

   b) Zudem soll die Frage beantwortet werden, welche strategischen Gestaltungsoptionen auf Geschäftsfeldebene bei der positionierungsgerechten Fortentwicklung von Geschäftsfeldern zur Disposition stehen und welche Aspekte bei der Auswahl, z.B. im Hinblick auf die notwendige Abstimmung zur Basisstrategie oder Fragen der situativen Angemessenheit der Optionen, von Bedeutung sind.

   c) Drittes Teilziel ist, einen systematisierten Überblick über alternative Strategien zu bieten, die zur Realisierung der mit den Geschäftsfeldstrategien bezweckten Veränderungen der Investment-Banking-Tätigkeit eingesetzt werden können, und diese einer eingehenden Untersuchung auf Erfolgsbedingungen, aufgabenbezogene Anforderungen und strategiespezifische Vor- und Nachteile im Lichte des Investment Banking zu unterziehen. Um die Verbindung zu der vorgelagerten Strategiekomponente herzustellen, wird auch ihr Eignungsgrad zur Realisierung verschiedener Geschäftsfeldstrategien geprüft.

3. Neben der Untersuchung von strategischen Möglichkeiten, die sich zur zielorientierten Handhabung des Investment Banking bieten, sollen auch institutsindividuelle Lösungswege explizite Berücksichtung finden. Dritte Hauptzielsetzung ist daher zu untersuchen, welche Investment-Banking-Strategien eine Gruppe ausgewählter deutscher Banken einschlägt. Hierbei wird es für sinnvoll gehalten, die in 2a), 2b) und 2c) genannten Strategiekomponenten empirisch aufzuarbeiten, um die jeweils relevanten Kausalzusammenhänge der strategischen Wahl hervorheben zu können.

I.2 Empirische Grundlagen

Basis der vorliegenden Untersuchung bildete eine Sichtung und Auswertung der deutschsprachigen Literatur zu der Strategischen (Bank-)Planung und dem Investment Banking. In Anbetracht vorgefundener Defizite in Bezug auf das Investment Banking wurde in diesem Untersuchungsfeld teilweise auch auf US-amerikanische Grundlagenwerke zurückgegriffen.
In einem zweiten Schritt wurden im Zeitraum zwischen November 2000 und Januar 2001 Experteninterviews zum Thema „Investment-Banking-Strategie" mit Vertretern der folgenden deutschen Banken geführt:[26]

- Deutsche Bank
- Dresdner Bank
- Commerzbank
- DG Bank

Auf dieselbe Gruppe an Banken bezieht sich auch der empirische Teil der vorliegenden Untersuchung. Ziel und Zweck war zum einen die Erhebung der notwendigen Informationen zu den verfolgten Investment-Banking-Strategien und deren Entwicklung in der Zukunft. Zum anderen sollte auf diese Weise der Realitätsbezug des im folgenden zu präsentierenen theoretischen Konzepts sichergestellt werden.
Einzelne Experten wurden mehrfach befragt. Grundlage der Gespräche bildete jeweils ein ausführliches Studium der Geschäftsberichte und sonstiger Publikationen der Banken sowie die Veröffentlichungen in der Wirtschaftspresse. Der Aufbau der Interviews, die anhand eines strukturierten Interviewleitfadens geführt wurden, war in allen Fällen gleich strukturiert, um Inter-Bank-Vergleiche zu ermöglichen. Einen Anspruch auf Repräsentativität erhebt diese empirische Erhebung jedoch nicht.
Die Interviewergebnisse wurden einerseits in den Abschnitten verarbeitet, in denen die Investment-Banking-Strategien der o.g. Banken dargestellt werden. Überdies wurden sie in sämtliche Teile der vorliegenden Arbeit eingeflochten und auch hier, analog den

[26] Vgl. hierzu das Gesprächsverzeichnis im Anhang.

Literaturhinweisen, durch Fußnoten gekennzeichnet. Zumal die Vertreter der o.g. Banken dies wünschten, wird aus Gründen der Vertraulichkeit auf eine Namensnennung verzichtet. Die vorliegende Arbeit wurde mit Stand April 2001 abgeschlossen. Nach diesem Zeitpunkt eingetretene Änderungen oder Veröffentlichungen konnten nur noch vereinzelt Berücksichtigung finden.

I.3 Vorgehensweise

Einen einführenden Überblick über den Aufbau der vorliegenden Untersuchung und die weitere Vorgehensweise bietet Abbildung I-2.

In Ausrichtung auf die erste Hauptzielsetzung der vorliegenden Untersuchung gilt es in **Teil II** ein profundes Begriffsverständnis von „Investment-Banking-Strategie“ zu entwickeln. Ausgangspunkt bildet eine Abgrenzung des Terminus „Investment Banking“ und Spezifikation seines aufgabenbezogenen Inhalts. Im Hinblick auf die vorliegende Aufgabenstellung ist ebenfalls von zentraler Bedeutung, Klarheit über Begriffsinhalte und Merkmale der Strategie zu erlangen. Einer Abgrenzung und Spezifikation des Strategiebegriffs folgt ein kurzer Abriß zu Wesen, Zweck und dem Prozeß der Strategischen Planung. Auf dieser Basis soll sodann ein Bezugsrahmen zur Strategiefindung im Investment Banking entwickelt werden, der Inhalte, mit denen sich eine tragfähige „Investment-Banking-Strategie“ gestaltend auseinanderzusetzen hat, spezifiziert und strukturiert und überdies aufzeigt, welche Gestaltungsoptionen sich im Zusammenhang mit den einzelnen Fragestellungen bieten.

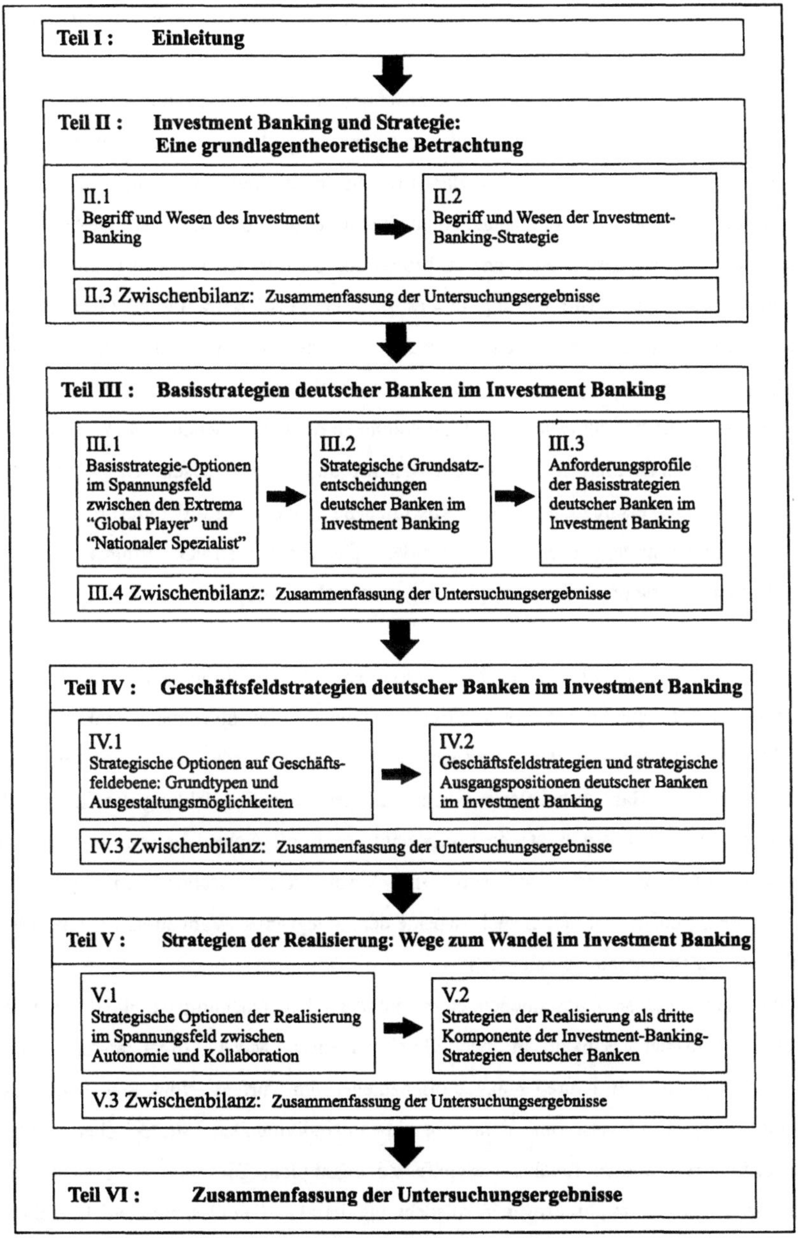

Abb. I-2: Überblick über den Aufbau der Arbeit und Gang der Untersuchung

In Ausrichtung auf das zweite Hauptanliegen im generellen und auf die Subzielsetzung 2a) im speziellen fokussiert **Teil III** auf die Basisstrategie als erste wichtige Komponente einer Investment-Banking-Strategie. Unter Heranziehung relevanter Gestaltungsparameter eines übergeordneten Geschäftsprofils im Investment Banking wird zunächst ein Bezugsrahmen für die strategische Positionierung in der Branche entwickelt. Aus einer theoretischen Perspektive gilt es sodann, die Inhalte der sich hieraus ergebenden Basisstrategie-Optionen zu präzisieren, ihre empirische Relevanz zu prüfen und im Rahmen von Erwägungen zu einer erfolgversprechenden Positionierung in der Branche letztlich tragfähige Positionierungsalternativen abzuleiten. Im Anschluß werden die Basisstrategien der fokalen deutschen Banken offengelegt und spezifiziert, womit ein erster Beitrag zu der dritten Hauptzielsetzung geleistet wird. Hierbei gilt es auch zentrale Prämissen der strategischen Wahl zu untersuchen, so die strategischen Ziele im Investment Banking und die strategische Gewichtung dieses Sektors im Universalbankportfolio. Abschließend sollen Anforderungsprofile für die gewählten Basisstrategien entwickelt werden, die zum Ausdruck bringen, an welche spezifischen Bedingungen der Strategieerfolg im einzelnen knüpft.

Unter Bezugnahme auf Zielsetzung 2b) repräsentieren in **Teil IV** die Geschäftsfeldstrategien, die als Gesamtkomplex die zweite wichtige Komponente einer Investment-Banking-Strategie abbilden, den Gegenstand der Untersuchung. Zu Beginn werden strategische Handlungsoptionen, die den Banken bei der positionierungsgerechten Entwicklung der Geschäftsfeldtätigkeiten zur Disposition stehen, aufgezeigt, nach möglichen Entwicklungsrichtungen systematisiert und spezifiziert. Um eine Verbindung zwischen den Komponenten herzustellen, werden schließlich auch Aspekte der strategischen Wahl auf Geschäftsfeldebene im Lichte der Basisstrategie untersucht.

Hauptanliegen der sich anschließenden empirischen Untersuchung ist, die Strategien der fokalen deutschen Banken in den Geschäftsfeldern M&A, Eigenkapital-, Anleihefinanzierungen und Structured Finance offenzulegen. Im Vorfeld erfolgt jeweils eine Spezifikation des Kontextes, an dem die institutsindividuellen strategischen Auswahlentscheidungen in dem fokalen Geschäftsfeld anknüpfen. Dies beinhaltet zunächst eine Analyse der produktmarktbezogenen Ausdehnung der aktuellen Geschäftsfeldtätigkeiten und die Ermittlung der Marktpositionen der fokalen Banken. Ein Abgleich mit dem

Anforderungsprofil der Basisstrategien soll Erkenntnisse zu Art und Umfang des feldbezogenen Handlungsbedarfs der Institute liefern. Zum Abschluß wird dargestellt, welche Stoßrichtungen und Entwicklungsstrategien die fokalen Banken in dem betreffenden Geschäftsfeld zu ergreifen beabsichtigen und welche inhaltlichen Schwerpunkte hierbei gesetzt werden.

In Ausrichtung auf Zielsetzung 2c) der vorliegenden Arbeit setzt sich **Teil V** mit den Strategien der Realisierung auseinander, die als Gesamtkomplex der dritten Komponente eine Investment-Banking-Strategie abbilden. Verschiedene Methoden der Realisierung von Wachstum und Schrumpfung werden hierbei aus zunächst theoretischer Sicht einer eingehenden Untersuchung im Lichte der Spezifika der Investment-Banking-Branche unterzogen. Hierbei wird ihre empirische Relevanz und ihr Eignungsgrad zur Umsetzung verschiedener Arten von Wachstums- und Schrumpfungsstrategien geprüft und der Kontext spezifiziert, in dem die Strategien wirksam eingesetzt werden können. Ergänzend werden Schlüsselaufgaben, an deren aktive Bewältigung der Strategieerfolg knüpft, und Vor- und Nachteile der Einzeloptionen aufgezeigt. Zuletzt werden die Strategien, die die fokalen deutschen Banken zur Realisierung der mit den Geschäftsfeldstrategien bezweckten Veränderungsprozesse anwenden wollen, dargelegt und unter Angabe von Prioritäten und Bezugspunkten spezifiziert. Hiermit sollte das dritte Hauptanliegen, nämlich die Frage, wie sich die Investment-Banking-Strategien bei ausgewählten deutschen Banken im Augenblick entwickeln, abschließend beantwortet sein.

In **Teil VI** erfolgt eine Zusammenfassung der zentralen Untersuchungsergebnisse.

Teil II: Investment Banking und Strategie: Eine grundlagen-theoretische Betrachtung

Mit den Ausführungen in Kapitel zwei wird das Ziel verfolgt, den Begriff der „Investment-Banking-Strategie" im Rahmen einer grundlagentheoretischen Betrachtung sowohl inhaltlich, als auch strukturell zu spezifizieren.

Der „Strategie", aber auch dem „Investment Banking" als Bezugsobjekt der strategischen Gestaltung ist eines gemein: Oft verwendet und voller Faszination beziehen sich diese facettenreichen Begriffe auf ein unscharf abgegrenztes Terrain. Die Entwicklung eines fundierten Verständnisses von „Investment-Banking-Strategie" muß daher an einer Klärung der begrifflichen Grundlagen ansetzen. Dies beinhaltet zum einen eine Abgrenzung des Terminus „Investment Banking" und Spezifikation seines aufgabenbezogenen Inhalts (Abschnitt II.1). Nichtsdestoweniger ist von Bedeutung, Klarheit über Begriff und Wesen der Strategie zu erlangen. Denn erst auf dieser Basis läßt sich ein Bezugsrahmen zur Strategiefindung im Investment Banking entwickeln, der Inhalte, mit denen sich eine tragfähige Investment-Banking-Strategie gestaltend auseinanderzusetzen hat, spezifiziert, strukturiert und aufzeigt, welche Gestaltungsoptionen sich hierbei im einzelnen bieten (Abschnitt II.2).

II.1 Begriff, Wesen und Inhalt des Investment Banking

Sämtliche Ziele, die mit der vorliegenden Untersuchung verfolgt werden, verlangen grundlegend nach einer eindeutigen Antwort auf die folgende Frage: „Was ist Investment Banking ?"[1] Es soll daher vorab einiges zum Begriff und Wesen des Investment Banking (Abschnitt II.1.1), insbesondere aber zu seinem Inhalt angeführt werden (Abschnitt II.1.2).

---

1 Vgl. zu dieser Grundfrage auch Achleitner, A. (1999), S. 5.

II.1.1. Begriff und Wesen des Investment Banking

Obwohl viele der dem Investment Banking zuzurechnenden Bankgeschäfte für deutsche Universalbanken kein Novum sind, sondern seit jeher integralen Bestandteil ihres Gesamtmarktleistungsprogramms repräsentieren, war der Gebrauch des Begriffes „Investment Banking“ in Deutschland bis Anfang der achtziger Jahre eher unüblich.[2] Seine Herausbildung steht in engem Zusammenhang mit der historischen Entwicklung von Trennbankensystemen, die in den drei bedeutendsten Finanzmärkten der Welt - den USA, Großbritannien und Japan - lange Tradition hatten.[3] Da diese Bankensysteme den historischen Ursprung des Investment-Banking(-Begriffs) markieren, sei ihre Entwicklung einleitend kurz skizziert (Abschnitt II.1.1.1). Auf dieser Grundlage gilt es, die notwendige trennscharfe Abgrenzung des Investment Banking von anderen Aufgabenbereichen im Universalbankgeschäft vorzunehmen (Abschnitt II.1.1.2). Anhand zentraler Merkmale, die auch für seine strategische Handhabung Relevanz besitzen, soll das Wesen des Investment Banking, und damit auch jenes einer Tätigkeit in diesem Aktivitätssektor kurz charakterisiert werden (Abschnitt II.1.1.3).

II.1.1.1 Zum Ursprung des Investment Banking

Die *Vereinigten Staaten* führten als Reaktion auf die große Bankenkrise mit dem Glass-Steagall-Act in 1933 ein Trennbankensystem ein, in dem die sogenannten „Investment Banks“, deren Geschäftstätigkeit ausschließlich das Wertpapiergeschäft umfaßte, den „Commercial Banks“, welchen das Kredit- und Einlagengeschäft vorbehalten war, jenseits der Grenzlinie gegenüberstanden.[4] Untersagt wurde damit nicht nur das Aufrechterhalten des Universalbankcharakters, sondern auch jedwede stimmen- oder kapitalmäßige Mehrheits-

---

2 Vgl. Schuster, L. (1990), S. 345.

3 Vgl. hierzu allgemein Jakob, A./ Klein, S. (1996), S. 9; Wertschulte, J. (1995), Sp. 1023; Schuster, L. (1990), S. 345; Achleitner, A. (1999), S. 5ff.

4 Vgl. hierzu Achleitner, A. (1999), S. 7; Schuster, L. (1990), S. 345; Wertschulte, J. (1995), Sp. 1024. Der Kollaps des Bankensystems wurde insbesondere auch auf Aktienmarktspekulationen der Geschäftsbanken zurückgeführt, die ihre Aktivitäten im Wertpapiergeschäft seit Anfang des 20. Jahrhunderts stark ausgebaut hatten. Als die Banken dann durch den dramatischen Verfall der Aktienkurse und insbesondere den Börsencrash in 1929 hohe Verluste im Wertpapierhandel hinnehmen mußten, und im Zuge der „großen Depression“ der amerikanischen Wirtschaft (1929-1933) die Zahl der Schuldnerausfälle sprunghaft anstieg, mußte eine Vielzahl von Banken Konkurs anmelden. Vgl. hierzu Wertschulte, J. (1995), Sp. 1024.

beteiligung oder personelle Verflechtung mit dem Investment Banking aus Sicht der Commercial Bank.[5]

Trotz der strengen, gesetzlichen Trennung von „Commercial Banking“ und „Investment Banking“ waren bereits kurz nach Ende des zweiten Weltkriegs erste Aufweichungstendenzen spürbar.[6] Insbesondere die Commercial Banks nutzten Gesetzeslücken zur faktischen Ausdehnung ihrer Aktivitäten in Richtung Wertpapiergeschäft. Ende der achtziger Jahre setzte ein Prozeß der partiellen Deregulierung ein, im Rahmen dessen die Federal Reserve Bank (FED) die Bestimmungen des Glass-Steagall-Acts auf dem Verordnungswege zunehmend außer Kraft zu setzen begann.[7] Im Jahr 1987 gestattete die FED den Commercial Banks über die Gründung sog. „Section-20-Tochtergesellschaften“[8] erstmals, in limitiertem Umfang Wertpapiere zu emittieren und zu handeln. Die Einnahmen aus diesem Geschäft durften jedoch 10 % der Erlöse der Gesamtbank nicht übersteigen. Ende 1996 wurde der maximal mögliche Anteil auf 25 % erhöht. Die „trennende Mauer“ wurde in diesem Wege immer weiter ausgehöhlt, bis in 1999 schließlich Präsident und Kongreß den Glass-Steagall-Act aufhoben.[9] Banken dürfen nun sämtliche Finanzdienstleistungen aus einer Hand anbieten.[10] Das neue Gesetzeswerk, der „Financial Modernization Act“, wird die Neustrukturierung und Konsolidierung des amerikanischen Finanzmarktgewerbes forciert vorantreiben.[11]

Hervorzuheben bleibt, daß das US-amerikanische Trennbankensystem einen wesentlichen Beitrag zum heutigen Entwicklungsstand des Investment Banking geleistet hat.[12] Durch die erzwungene Spezialisierung auf die Kapitalvermittlung begannen Investment Banken ständig neue und immer komplexere Formen von Finanz- und Finanzierungsinstrumenten zu konzipieren. Auch kann hierin ein Erklärungsfaktor für die Breite und Tiefe des US-

---

5 Vgl. Schaub, V. (1992), S. 86.

6 Vgl. hierzu und im folgenden Jakob, A./ Klein, S. (1996), S. 9; Wertschulte, J. (1995), Sp. 1024.

7 Vgl. zur Deregulierung im folgenden Baas, V. (1998), S. 721; Achleitner, A. (1999), S. 7.

8 Anm. d. Verf.: Die Bezeichnung „Section-20-Subsidiaries“ resultiert aus der Tatsache, daß ihre Gründung durch eine veränderte Auslegung des Absatzes 20 des Glass-Steagall-Acts ermöglicht wurde. Vgl. Achleitner, A. (1999), S. 7.

9 Vgl. Keese, C./ Burgmaier, S. (2000), S. 33.

10 Vgl. Baas, V. (2000), S. 32.

11 Vgl. zum „Financial Modernization Act“ und einem Überblick über Verbindungen zwischen Marktteilnehmern der Finanzdienstleistungsindustrie (Commercial Banks, Investment Banks, Broker, Versicherungen), die nun erleichtert oder erlaubt sind, Baas, V. (2000), S. 32ff.

12 Vgl. hierzu und folgenden Baas, V. (2000), S. 33.

amerikanischen Kapitalmarktes und die hohe Wettbewerbsfähigkeit der dort domizilierenden Investment Banken gesehen werden.[13]

Japan wurde im Anschluß an seine Niederlage im zweiten Weltkrieg im Jahre 1948 von der amerikanischen Besatzungsmacht mit dem Art. 65 des „Securities and Exchange Act" ein Trennbankensystem nach US-amerikanischem Vorbild per Gesetz „verordnet".[14] Bis zu diesem Zeitpunkt hatte das Land über ein zentralistisch geführtes Universalbankensystem verfügt. Dementsprechend werden als spezialisierte Institutionen seither „Commercial Banks" und „Securities Companies" unterschieden. Auch hier sind die bestehenden gesetzlichen Barrieren in Auflösung begriffen.

Das Trennbankensystem *Großbritanniens* hatte sich ursprünglich natürlich herausgebildet.[15] Den vornehmlich im Kredit- und Einlagengeschäft engagierten „Clearing Banks" standen hier sog. „Merchant Banks" gegenüber, die sich auf Aktivitäten in Bereichen des Corporate Finance, M&A Emissions- und Akzeptkreditgeschäfts konzentrierten.[16] Im Wertpapierhandel an der Londoner Börse waren in strenger Funktionsteilung „Broker" und „Jobber" aktiv.[17] Erstere waren auf die Vermittlung von Wertpapieren spezialisiert, letztere betrieben Market Making und Eigenhandel.

Im Rahmen der großen Börsenreform im Jahre 1986 - dem „Big Bang" - wurde das Trennbankensystem und die Funktionsteilung im Wertpapierhandel aufgehoben.[18] Gleichzeitig wurde Auslandsbanken der Erwerb von Brokerhäusern gestattet und somit ein direkter Zugang zum Handel an der Londoner Börse ermöglicht.[19] Daraufhin expandierten britische Finanzinstitute zunächst vor allem im Bereich des Wertpapierhandels.[20] Merchant Banks beschritten durch den Kauf von Broker- und Jobberfirmen den Weg zu fokussierten Spezialbanken im Wertpapiergeschäft, die Clearing Banks entwickelten sich durch entsprechende Akquisitionen in Richtung Universalbank fort. Fast alle größeren britischen Broker fielen dieser Akquisitionswelle zum Opfer, wobei als Käufer nicht nur heimische,

---

13 Vgl. Achleiter, A. (1999), S. 79f.

14 Vgl. hierzu und im folgenden Schuster, L. (1990), S. 345; Wertschulte, J. (1995), Sp. 1025 sowie ausführlich Schnyder, T. (1992), S. 30ff.

15 Vgl. Wertschulte, J. (1995), Sp. 1025; Achleitner, A. (1999), S. 6.

16 Vgl. Schuster, L. (1990), S. 345, Achleitner, A. (1999), S. 8.

17 Vgl. hierzu und im folgenden Schnyder, T. (1992), S. 32.

18 Vgl. zu Inhalten der Börsenreform im einzelnen Breuer, R. (1993), S. 548; sowie allgemein Ballay, U. (1995), S. 724; Schnyder, T. (1992), S. 32; Wertschulte, J. (1995), Sp. 1026.

19 Vgl. Schnyder, T. (1992), S. 32.

20 Vgl. hierzu und im folgenden Ballay, U. (1995), S. 724.

sondern auch deutsche, schweizerische und amerikanische Banken auftraten.[21] Bald verlagerte sich das Interesse europäischer Universal- und Commercial Banks jedoch auf die breiter gefächerten Merchant Banks, die bis einschließlich 1995 nahezu ausnahmslos in fremde Hände übergingen. Beispielhaft seien die Übernahmen von Morgan Grenfell durch die Deutsche Bank in 1989, von Kleinwort Benson durch die Dresdner Bank Gruppe und S.G. Warburg durch die Schweizerische Bankgesellschaft in 1995 angeführt.

II.1.1.2 Abgrenzung und Definition des Investment Banking

Eine Abgrenzung des Investment Banking zu anderen Aktivitätssektoren im Universalbankgeschäft kann unmittelbar an den Kriterien Produkte, Kunden und Funktionen ansetzen.[22] Eine erste, noch relativ globale Abgrenzung zum Commercial Banking wird in Abbildung II-1 vorgenommen:[23]

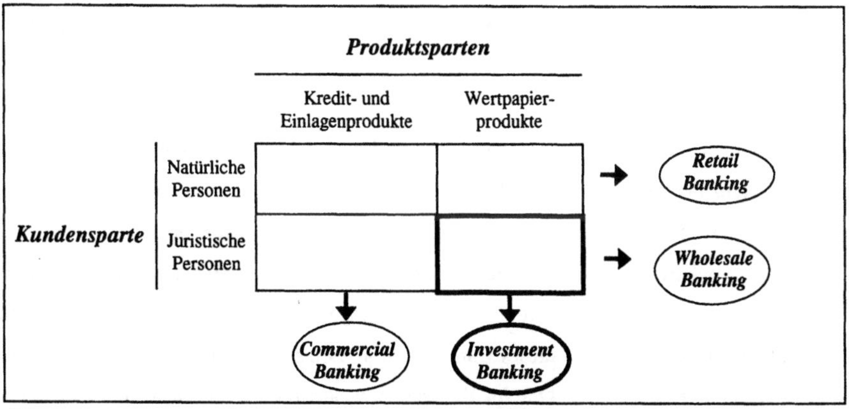

Abb. II-1: Commercial Banking vs. Investment Banking (Quelle: In Anlehnung an Brinker, B. (1998), S. 14.)

---

21 Vgl. zu Beispielen für Investment Banking-Akquisitionen am Finanzplatz London Abschnitt V.1.1.4.1.

22 Vgl. analog Jakob, A./ Klein, S. (1996), S. 10 sowie Schuster, L. (1990), S. 346.

23 Vgl. auch Achleitner, A. (1999), S. 12f.

Dem **Commercial Banking** lassen drei wesentliche Produktgruppen zuordnen:[24]

- Kredite
- Einlagen
- Zahlungsverkehr-, Geld- und Devisentransaktionen

Die Breite des relevanten Kundengruppenspektrums trägt, wie Abb. II-1 zeigt, umfassenden Charakter. Es beinhaltet sowohl juristische, als auch natürliche Personen wie Privat-, kleinere Geschäftskunden und wohlhabende Einzelpersonen.[25] Im Rahmen des Kredit- und Einlagengeschäfts nehmen Banken die „klassischen" Funktionen der Fristen-, Losgrößen- und Risikotransformation wahr, im Zahlungsverkehr und dem Geld- und Devisenhandel Transfer- und Spekulationsfunktionen.[26]

Demgegenüber ist die Produktdimension des Investment Banking, wie auch Abb. II-1 zeigt, durch eine ausgesprochene Wertpapierorientierung und eine stärkere Bedeutung von Unternehmen, staatlichen Institutionen und institutionellen Investoren als zentrale Kundengruppen gekennzeichnet.[27]

Wenngleich sich anhand des Kriteriums „Wertpapier- und Kapitalmarktbezug der Produkte" eine Abgrenzung zum Commercial Banking auf problemlose Weise herbeiführen läßt, erscheint der bisher entwickelte Begriff des Investment Banking - der mit dem Wertpapiergeschäft gleichgesetzt werden könnte - noch nicht hinreichend präzise. In dieser weiten Fassung schlösse er auch die Produktgruppen Anlageberatung und Vermögensverwaltung ein. Die Frage, ob dieses Bündel dem Investment Banking zuzurechnen ist, oder als eigenständiger Leistungssektor im Bankgeschäft aufzufassen ist, wird in Literatur und Praxis kontrovers diskutiert.[28] Ein Grund hierfür ist auch, daß diese Tätigkeiten aufgrund

---

24 Vgl. Schuster, L. (1990), S. 346; Jakob, A./ Klein, S. (1996), S. 10. In Übereinstimmung mit diesen Autoren wird der Geld-/ Devisenhandel dem Commercial-Banking zugerechnet - obwohl im Schrifttum z.T. als Bestandteil des Produktspektrums im Investment Banking aufgefaßt.

25 Vgl. Jakob, A./ Klein, S. (1996), S. 10.

26 Vgl. Schuster, L. (1990), S. 346; Jakob, A./ Klein, S. (1996), S. 10.

27 Vgl. Jakob, A./ Klein, S. (1996), S. 10.

28 Vgl. zu Autoren, die einen solchen „weiten" Investment Banking-Begriff vertreten Achleitner, A. (1999), S. 20; Wertschulte, J. (1995), Sp. 1023; Reicheneder, T. (1992), S. 14; Köppern v., J. (1996), S. 75. Vgl. zu gegenteiligen Auffassungen Schuster, L. (1990), S. 346; Schaub, V. (1992), S. 49, Fußnote 108. Aitken, J./ Brown, P. (1997), S. 6; aber auch die Investment-Banking-Definitionen deutscher und schweizerischer

ihrer Nähe zum Kerngeschäft heute integralen Bestandteil der Geschäftstätigkeit von Investment Banken bilden.[29] Jedoch gehört das „... Asset Management (...) traditionell nicht in das Portfolio der Investment Banken."[30]

Im Rahmen der vorliegenden Untersuchung soll der Auffassung von SCHUSTER gefolgt werden, der hierin einen dritten, vom Investment Banking zu differenzierenden Marktleistungsbereich sieht.[31] Unter der Bezeichnung **Trust Banking** geführt, umfaßt dieser investorbezogene Dienstleistungen aus dem Bereich des Wertpapiergeschäfts. Dazu zählen insbesondere folgende:[32]

- Finanzanalysen
- Vermögensanlageberatung
- Vermögensverwaltung/ Portfoliomanagement
- Wertpapierverwahrung und -abwicklung

Kundengruppen rekrutieren sich für diesen Bereich von Wertpapiergeschäften mit institutionellen Anlegern und Privatinvestoren sowohl aus dem Wholesale-, als auch dem Retail-Bereich.[33] Bei der Vermögensverwaltung für Wholesale-Kunden wird auch von „Institutional Asset Management" gesprochen, bei jener für vermögende Privatkunden von „Private Banking".[34] Ein Anbieter nimmt im Zuge der Bereitstellung dieser Dienstleistungen Anlageberatungs- und Vermögensverwaltungsfunktionen wahr.[35] Da hierfür Finanzanalyse-Aktivitäten unerläßliche Voraussetzung sind und im Zuge des Angebots integrierter Produktbündel häufig auch die Abwicklung von Wertpapiertransaktion und Verwahrung von

---

Universalbanken, die den Bereich des Trust Banking i.d.R. ausklammern. Vgl. bspw. Deutsche Bank (2000), S. 154; Dresdner Bank (2000), S. 141 oder auch UBS (1999), S. 14.

29 Vgl. Achleitner, A. (1999), S. 489; Hofmann, H. (1996), S. 6.

30 Achleitner, A. (1999), S. 489.

31 Vgl. zu dieser Unterscheidung Schuster, L. (1990), S. 346 oder Schaub, V. (1992), S. 49, Fußnote 108. Vgl. hierzu auch Jakob, A./ Klein, S. (1996), S. 14. Unter Bezugnahme auf die von Schuster getroffene Unterscheidung differenzieren die Autoren zwischen dem Trust Banking und Investment Banking (i. e. S.). Vgl. zu einer äußerst kritischen Auffassung hinsichtlich des Einschlusses des Asset Managements Aitken, J./ Brown, P. (1997), S. 6.

32 Vgl. zu dem im folgenden aufgeführten Bündel an anlegerbezogenen Aktivitäten im Bereich des Wertpapiergeschäfts überblicksweise Schuster, L. (1990), S. 346; Jakob, A./ Klein, S. (1996), S. 12 sowie ausführlich Breuer, R. (1993), S. 562ff.; Achleitner, A. (1999), S. 482ff.

33 Vgl. Jakob, A./ Klein, S. (1996), S. 12, Achleitner, A. K. (1999), S. 484f.

34 Vgl. Achleitner, A. K. (1999), S. 484f.

35 Vgl. Schuster, L. (1990), S. 346; Breuer, R. (1993), S. 563.

Wertpapieren zu übernehmen ist, können Informations- und Verwahrungs-/ Abwicklungsfunktionen als derivative Funktionen im Trust Banking angesehen werden.[36]

Die getroffene Abgrenzung fußt auf den verschiedenartigen Rollen, die Abnehmer von Finanzdienstleistungen im Trust und Investment Banking einnehmen.[37] Während das Trust Banking die Beziehung zum Investor thematisiert und im Wege der Bereitstellung vermögensanlage- bzw. -managementbezogener Dienstleistungen zu ihrem Geschäftsgegenstand macht, umfaßt das Investment Banking vorwiegend solche kapitalmarkt- und wertpapierbezogenen Marktleistungen, die für juristische Personen in der Rolle des Kapitalnehmers erbracht werden.[38]
Die Differenzierung erscheint auch insofern gerechtfertigt - sogar erforderlich - als in der Praxis in zunehmendem Maße zwischen den Elementen des „klassischen" Investment Banking und Trust Banking unterschieden wird.[39] So umfaßten Investment-Banking-Definitionen der deutschen Wettbewerber, die im Rahmen der Expertengespräche erhoben wurden, in keinem Fall Leistungen des Trust Banking.[40] Überwiegend wurde quasi „automatisch" zwischen den drei genannten Marktleistungsbereichen unterschieden. Diese zunächst gedankliche Abgrenzung schlägt sich auch in einer Tendenz zur realorganisatorischen Trennung dieser Sektoren und Bündelung zugehöriger Aktivitäten in verschiedenen organisatorischen Einheiten nieder.[41]

---

36 Vgl. Breuer, R. (1993), S. 563; Schuster, L. (1990), S. 346.
37 Vgl. hierzu und im folgenden Schuster, L. (1990), S. 346.
38 Anm. d. Verf.: Eine Ausnahme von dieser Regel bilden Handels- und Vertriebsaktivitäten in Wertpapieren und wertpapierähnlichen Instrumenten auf den Sekundärmärkten.
39 Anm. d. Verf.: Bspw. wird der Begriff Trust Banking von der Deutschen Bank im Geschäftsbericht extra definiert und stimmt inhaltlich vollständig mit der von Schuster getroffenen, oben spezifizierten Abgrenzung überein. Vgl. Deutsche Bank (1999), S. 138.
40 Anm. d. Verf.: Im Rahmen einer offenen Frage wurden die Experten nach den Investment-Banking-Definitionen der von ihnen vertretenen Häuser befragt. Leistungen des Trust Banking wurden dabei von keinem der befragten Experten aufgeführt. Laut Interviewergebnisse.
41 Anm. d. Verf.: So gliedert sich die Geschäftstätigkeit die Dresdner Bank z.B. in die Divisionen kommerzielles „Firmengeschäfts", „Investment Banking", „Asset Management" und „Private Kunden". Letztere umfaßt neben dem kommerziellen Bereich „Privatkunden" die Trust-Banking-Geschäftsfelder „Vermögensberatungskunden" und „Private Banking International". Vgl. Dresdner Bank (2000), S. 23ff. Auch die neuen Organisationsstrukturen von Commerzbank und Deutscher Bank sehen übereinstimmend die Bündelung von Trust-Banking-Aktivitäten (Asset Management, Private Banking) in jeweils einem Unternehmensbereich und eine organisatorische Abgrenzung vom Investment Banking, das einem anderen Unternehmensbereich zugeordnet wird, vor. Vgl. hierzu Commerzbank (2001A), S. 92; Deutsche Bank (2001), S. 7f.

Auf Basis der getroffenen Abgrenzung läßt sich nunmehr eine Konkretisierung der ***Produktdimension*** des **Investment Banking** herbeiführen. Zentrale Elemente des Geschäftsportfolios bilden im einzelnen folgende Bereiche: [42]

- **Capital Markets:**[43] In den Bereich Capital Markets fällt die Durchführung von Kapitalmarkttransaktionen auf dem Primärmarkt. Bei der Emission und Plazierung von Wertpapieren werden von den Emissionsbanken i.d.R. auch Plazierungsrisiken übernommen. In Abhängigkeit davon, ob es sich bei den Wertpapieren um Eigen- oder Fremdkapitaltitel handelt, werden die Bereiche Equity Capital Markets und Debt Capital Markets unterschieden.

- **Corporate Finance:**[44] Im Bereich Corporate Finance werden finanzierungsorientierte Beratungsleistungen für Unternehmen und Institutionen erbracht, die sich mit der Restrukturierung der Kapital- bzw. Passivseite des Kunden befassen und häufig mit Kapitalemissionen assoziiert sind. Beratungsgegenstände bilden z.B. Privatisierungen, Börsengänge, Kapitalerhöhungen, Aktienrückkäufe, Umschichtungen von Fremdkapital oder Mitarbeiter-/Managementbeteiligungsprogramme.

- **Sales & Trading:**[45] Dieser Komplex umfaßt Aktivitäten des Vertriebs (Sales) von Wertpapieren und wertpapierähnlichen Instrumenten und des Handels (Trading) in diesen. Im Rahmen des Eigenhandels werden Banken ohne Kundenauftrag an den Sekundärmärkten zum Zwecke der Erzielung von Handelsnutzen aktiv.

---

42 Vgl. hierzu auch Achleitner, A. (1999), S. 19f.; Schuster, L. (1990), S. 346; Wertschulte, J. (1995); Sp. 1022f.; Hofmann, H. (1996), S. 5f.; Köppern, v. J. (1996), S. 75, Engel, H. (1998), S. 108, Jakob, A./ Klein, S. (1996), S. 10ff. Die von den genannten Autoren vertretenen Definitionen des Investment Banking stimmen im Hinblick auf die Erfassung der Kernbereiche M&A, Corporate Finance, Capital Markets, Sales & Trading mit der im folgenden zu präsentierenden Abgrenzung überein. Differenzen ergeben sich im Hinblick auf den Einschluß des Asset Managements. Entgegen der Auffassung von Achleitner, Wertschulte, v. Köppern, Hofmann und Engel enthält der hier vertretene Investment-Banking-Begriff Aktivitäten des Trust Banking nicht. Daß die vorgestellte Abgrenzung den Kriterien Aktualität und Praxisbezugs genügt, zeigen beispielhaft die Investment-Banking-Definitionen von Deutscher und Dresdner Bank, die mit der hier Präsentierten weitestgehend übereinstimmen. Vgl. Deutsche Bank (2000), S. 154 sowie Dresdner Bank (2000), S. 141.

43 Vgl. hierzu und im folgenden Achleitner, A. (1999), S. 19; Schuster, L. (1990), S. 347f. sowie Jakob, A./ Klein, S. (1996), S. 10f.

44 Vgl. hierzu und im folgenden Achleitner, A. (1999), S. 19 und S. 233.

45 Vgl. hierzu und im folgenden Achleitner, A. (1999), S. 20; Jakob, A./ Klein, S. (1996), S. 11.

- **Mergers & Acquisitions (M&A):**[46] Der Bereich M&A umfaßt die Beratung bei Fusionen und Unternehmensübernahmen, letzteres auf Seiten des Käufers oder Verkäufers. Bezugspunkte bestehen z.B. in der Identifikation geeigneter Kandidaten, der Durchführung von Unternehmensbewertungen, der Verhandlungsbegleitung und Vertragsgestaltung. Auch die Strategieberatung zur Durchführung oder Abwehr von Übernahmen fällt in dieses Feld.
- **Structured Finance:**[47] Dieser Bereich erbringt Beratungsleistungen bei Spezialfinanzierungen, die durch einen hohen Komplexitäts- und Individualisierungsgrad gekennzeichnet sind. Hierzu zählen Asset-Backed-, Projekt-, Akquisitions- und syndizierte Finanzierungen. Wesentlichen Bezugspunkt der Beratungsleistung bildet die Entwicklung der Finanzierungsstruktur.

Wenngleich das Investment Banking eine Gruppe von Finanzdienstleistungen umfaßt, die nur schwerlich trennscharf einzugrenzen ist,[48] handelt es sich bei den fünf erstgenannten Aufgabenkomplexen um klassische Geschäftsschwerpunkte im Investment Banking. Mit Blick auf die Praxis wird eine Ergänzung um das Gebiet Structured Finance für erforderlich gehalten.[49] Dies erscheint auch systematisch gerechtfertigt, da diese Leistungen für institutionelle Kunden in der Rolle des Kapitalnehmers erbracht werden und einen starken Kapitalmarktbezug aufweisen.

Im Gegensatz zu den breiter angelegten ***Kunden***spektren im Commercial und Trust Banking sind Dienstleistungen des Investment Banking auf die Bedürfnisse und Ansprüche kapitalmarktfähiger Unternehmen und Institutionen zugeschnitten. Eine Konkretisierung der Abnehmerdimension kann wie folgt vorgenommen werden:[50]

- Konzerne und multinationale Unternehmungen (MNU)
- Mid Caps
- Finanzdienstleister (Banken, Versicherungen, Investment- und Pensionsfonds)
- Öffentliche Organisationen (Bund, Länder und Städte) und (halb)staatliche Stellen

---

46 Vgl. hierzu und im folgenden Achleitner, A. (1999), S. 19; Schuster, L. (1990), S. 349 sowie Jakob, A./ Klein, S. (1996), S. 13.

47 Vgl. hierzu und im folgenden Achleitner, A. (1999), S. 19.

48 Vgl. Achleitner, A. (1999), S. 8.

49 Vgl. zu Definitionen, die diesen Bereich einschließen, z.B. Hofmann, H. (1996), S. 5; Walter, A. (1993), S. 143 u. 149; Köppern v., J. (1996), S. 75; Achleitner, A. (1999), S. 19.

- Supranationale Institutionen (z.B. Weltbank)
- Institutionelle Investoren
- Tätigkeiten auf eigene Rechnung

Retail-Kunden spielen zwar als potentielle Abnehmer von im Aktienmissionsgeschäft produzierten Titeln eine zunehmend wichtige Rolle. Sie repräsentieren jedoch nicht Zielgruppe bzw. Abnehmer von originären Marktleistungen dieses Sektors. Allerdings bildet der Zugang zu diesen Kunden - über den aufgrund ihrer strukturellen Merkmale gerade Universalbanken in überlegenem Maße verfügen - eine wesentliche Determinante der Plazierungskraft eines Instituts, die als kritischer Erfolgsfaktor im Emissionsgeschäft gilt. Angesichts dessen waren die Anstrengungen einiger großer US-amerikanischer Investment Banken, die als klassische „Wholesale-Institute" über keine ausgedehnten Vertriebsstrukturen für Privatkunden verfügten,[51] in den letzten Jahren auf die Erschließung von Retailvertriebswegen gerichtet.[52] Diesem Motiv folgte bspw. der Zusammenschluß der Wholesale-Bank *Morgan Stanley* mit dem Broker *Dean Witter Discover* zu *Morgan Stanley Dean Witter* (MSDW) im Jahr 1997. Auch die Fusion von *Salomon Brothers* und *Travelers Group* im selben Jahr, im Rahmen derer die Wholesale-Bank mit Travelers' Retail-Broker Smith Barney zu einer Einheit, Salomon Smith Barney, verschmolzen wurde, ist im Licht dieses Trends zu sehen.

Die von Anbietern im Zusammenhang mit den oben abgegrenzten Aufgabenfeldern wahrgenommenen ***Funktionen*** bestehen im Bereich Capital Markets in einer Emissions- und Plazierungsfunktion, die häufig mit einer Risikoübernahmefunktion einher geht.[53] Im Zusammenhang mit Aktivitäten des Sales & Trading werden Dealer- und Broker-Funktionen wahrgenommen.[54] In den Bereichen des Corporate und Structured Finance stehen Finanzierungsberatungsfunktionen im Vordergrund. Bei M&A werden im Hinblick auf

---

50 Vgl. hierzu - in zum Teil leicht abweichender Untergliederung - Achleitner, A. (1999), S. 21ff.; Köppern v., J. (1996), S. 75.

51 Vgl. Achleitner, A. (1999), S. 12. Zu dieser Gruppe zählten unter den führenden Instituten ehemals auch Morgan Stanley oder Salomon Brothers. Die klassische Struktur einer Investment Bank als reines Wholesale-Institut weist heute noch Goldman Sachs auf. Vgl. Achleitner, A. (1999), S. 12f.

52 Vgl. hierzu und im folgenden Achleitner, A. (1999), S. 13; Aitken, J./ Brown, P. (1997), S. 4f.

53 Vgl. hierzu auch Schuster, L. (1990), S. 346.

54 Vgl. hierzu auch Schuster, L. (1990), S. 346.

Fusion, Kauf oder Verkauf unternehmenstransaktions- (Such-, Bewertungs-, Vermittlungs- und Abwicklungs-) und strategiebezogene Beratungsfunktionen wahrgenommen.[55]
Auf Grundlage dieser Abgrenzung soll der Begriff des Investment Banking zum Abschluß wie folgt definiert werden:

In spezifischer Ausrichtung auf die Bedürfnisse von Abnehmergruppen des Wholesale-Bereichs umfaßt das ***Investment Banking*** *als Oberbegriff für einen Komplex von Bankgeschäften mit ausgeprägtem Wertpapier- und Kapitalmarktbezug schwerpunktmäßig Finanzdienstleistungen, die auf Kunden in der Rolle des Kapitalnehmers zugeschnitten sind. Hierzu zählen im Kern Primärmarktleistungen im Emissionsgeschäft, finanzierungsorientierte Beratungsleistungen des Corporate Finance, der Vertrieb und Handel von Wertpapieren und wertpapierähnlichen Instrumenten, die Beratung bei Fusionen und Übernahmen und die Strukturierung von Spezialfinanzierungskonzepten im Zusammenhang mit spezifischen Projekten im Rahmen des Structured Finance.*

II.1.1.3 Charakteristika des Investment Banking

Neben den in Abschnitt II.2.2 spezifizierten Merkmalen seiner Produkt- und Abnehmerdimension weist das Investment Banking eine Reihe weiterer Spezifika auf, die es von anderen Aufgabenbereichen im Bankgeschäft differenzieren. Hervorzuheben sind v.a. folgende Wesensmerkmale:

- Der Erstellungsprozeß der Mehrzahl der Investment-Banking-Dienstleistungen zeichnet sich durch eine überaus hohe *Know-how-Intensität* aus. Gefragt sind Produktexpertise, Branchen- und Länderkenntnisse, hochstehende Unternehmensanalyse- und –bewertungsfähigkeiten und Exekutions-Know-how. Daraus resultiert eine starke Abhängigkeit der Bank von der Qualität ihrer Mitarbeiterbasis.[56]

---

55 Vgl. hierzu auch Jakob, A./ Klein, S. (1996), S. 13.
56 Vgl. hierzu Achleitner, A. (1999), 77f.

- Mit Ausnahme der Handelsaktivitäten zeichnen sich Investment-Banking-Dienstleistungen durch einen i.d.R. *hohen Individualisierungsgrad* bzw. geringes Standardisierungspotential aus. Dies resultiert u. a. aus einer hohen Beratungs- und Interaktionsintensität im Rahmen des Leistungserstellungsprozesses, teilweise auch aus der Individualität und Komplexität der Problemstellungen.

- Banken im Investment Banking nehmen vorwiegend eine *Mittlerrolle* zwischen Kapitalgeber und -nehmer bzw. verschiedenen Anlegern am Markt ein und treten - mit Ausnahme des Wertpapierhandels - nicht als Transaktionspartner auf.[57]

- Merkmal von Investment-Banking-Geschäften bildet ferner die *Generierung von Provisionserträgen* sowie *Handelsnutzen im Eigengeschäft*.[58]

- Der Wertpapier- und Kapitalmarktbezug der hier angesiedelten Finanzdienstleistungen resultiert in einer *starken Abhängigkeit des Nachfrage- bzw. Geschäftspotentials* in wichtigen Tätigkeitsbereichen *von der Konjunktur- und Börsenentwicklung*.[59] In besonderem Maße gilt dies für die Aufgabenfelder Capital Markets und M&A. Problematisch ist, daß das Ertragspotential starken Schwankungen unterworfen sein kann, ohne daß die Investment-Banking-Branche bzw. der einzelne Wettbewerber hierauf maßgeblichen Einfluß nehmen kann.

- Die Koppelung der Nachfrageentwicklung an Konjunktur- und Börsenzyklen zeichnet auch für eine *geringe Stabilität und eingeschränkte Prognostizierbarkeit der Erlöse* im Investment Banking verantwortlich.[60] Hervorragende Geschäftsjahre werden von signifikanten Gewinneinbrüchen abgelöst, wie aktuell der Fall. Im Zuge der Verschlechterung des Börsenklimas im laufenden Jahr hatten die großen US-amerikanischen Investment Banken im zweiten Quartal 2001 zweistellige Profiteinbußen hinzunehmen.[61] Goldman Sachs vermeldet einen Rückgang um 18 % im Vergleich zum Vorjahresquartal, Morgan Stanley Dean Witter's Gewinn schmolz um 36 %, Merrill Lynch rechnet mit Einbußen von 43 %. Zu bemerken bleibt, daß auch der Erfolgsbeitrag der

---

57 Vgl. Jakob, A./ Klein, S. (1996), S. 15; Achleitner, A. (1999), S. 25.

58 Vgl. Schuster, L. (1990), S. 347.

59 Vgl. hierzu und im folgenden Achleitner, A. (1999), S. 82f.

60 Vgl. zur Ergebnisvolatilität im Investment Banking Achleitner, A. (1999), S. 84.

61 Vgl. hierzu und im folgenden Wanner, C. (2001), S. 20.

proprietären Handelsaktivitäten, auf die die Bank bei einem Rückgang von Kundengeschäften ausweichen kann,[62] von der richtigen Erwartung in die Trends an den Kapitalmärkten abhängig ist.

- Das Gewinnpotential bestimmt sich jedoch auch über die Höhe der Aufwendungen. Gemeinhin stellen die *Kosten für Inputfaktoren* im Investment Banking - v.a. die benötigte Informationstechnologie und den Apparat an hochqualifiziertem Personal - eine schwerwiegende finanzielle Belastung dar.[63] Erschwerend tritt hinzu, daß diese Aufwendungen zumindest kurzfristig nicht veränderbar sind (Fixkostencharakter).[64] Zwar soll der Volatilität der Erträge durch hohe variable Vergütungsanteile Rechnung getragen werden. Jedoch wurde die Anpassungsflexibilität der Personalkosten durch die Einführung fester Mehrjahresverträge und garantierter Bonuszahlungen im Zuge intensiven Wettbewerbs um qualifiziertes Personal in den letzten Jahren in zunehmendem Maße eingeschränkt.[65]

II.1.2 Das Leistungsspektrum im Investment Banking

Die bisherigen Ausführungen zur Produktdimension vertiefend, wird im folgenden das Leistungsspektrum im Investment Banking einer analytischen Betrachtung unterzogen. Zu einer Untergliederung kann auf die in Abschnitt II.1.1.2 vorgenommene Differenzierung in Leistungsfelder zurückgegriffen werden, die Abbildung II-2 nochmals zusammenfassend zum Ausdruck bringt.

---

62 Vgl. zu dieser Tendenz Achleitner, A. (1999), S. 84.
63 Vgl. zu Kostenkomponenten und -strukturen im Investment Banking Achleitner, A. (1999), S. 77ff.
64 Vgl. Achleitner, A. (1999), S. 79.
65 Vgl. Achleitner, A. (1999), S. 79.

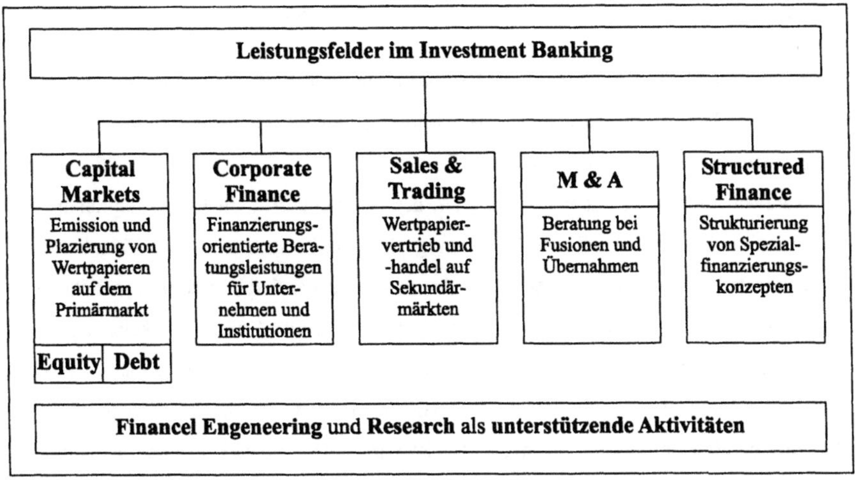

Abb. II-2: **Leistungsfelder im Investment Banking** (Quelle: In Anlehnung an Jakob, A./ Klein, S. (1996), S. 14.)

Zentrale Disziplinen des Investment Banking lassen sich zunächst durch Unterscheidung von Geschäftsaktivitäten auf Primärmärkten, auf denen die erstmalige Emission von Wertpapieren stattfindet,[66] und Sekundärmärkten für bereits umlaufende Wertpapiere abgrenzen.[67]
Tatsächlich auf Primärmärkten aktiv werden Banken im Feld Capital Markets. Hier wird die Emissionen und Plazierung von Wertpapieren vollzogen (Abschnitt II.1.2.1).[68] Leistungen des Corporate Finance weisen insofern Primärmarkt*bezug* auf, als es zentrale Aufgabe dieses Bereichs ist, Unternehmen bei der Auswahl und Abwicklung verschiedenartiger Transaktionen zu beraten, die gleichzeitig Finanzierungsanlässe repräsentieren (Abschnitt II.1.2.2).[69]

Das sodann im Fokus stehende Aktivitätsfeld Sales & Trading beschreibt die Sekundärmarktaktivitäten der Banken (Abschnitt II.1.2.3).[70] Nachfolgend wird der Frage nachgegangen, mit welchen spezifischen Aufgabenstellungen sich Banken in den Leistungsfeldern M&A (Abschnitt II.1.2.4) und Structured Finance (Abschnitt II.1.2.5) auseinanderzusetzen haben.

---

66 Vgl. Achleitner, A. (1999), S. 35.
67 Vgl. zu dieser Unterscheidung Kuhn, R. (1990), S. 10f. sowie Achleitner, A. (1999), S. 35.
68 Vgl. Achleitner, A. (1999), S. 19.
69 Vgl. zur Kernaufgabe des Bereichs Corporate Finance Achleitner, A. (1999), S. 233.

II.1.2.1 Capital Markets: Das Wertpapieremissionsgeschäft

Unter dem Terminus „Emission" wird die Erstausgabe von Wertpapieren verstanden, durch deren Veräußerung an Investoren der Emittent Finanzierungsmittel im Wege der Außenfinanzierung zu beschaffen sucht.[71]
Im Rahmen dieses Vorhabens kann sich der Emittent (Unternehmen, supranationale Institution, öffentliche Hand) der Mitwirkung eines (oder auch mehrerer) Finanzinstituts bedienen, das ihm bei der Ausgestaltung der Emission, der Strukturierung sachlicher und zeitlicher Hinsicht, der Durchführung und Plazierung beratend und abwickelnd zur Seite steht. Diesen Aufgaben widmen sich Banken im Rahmen des sog. Emissions- oder Kapitalmarktgeschäfts („Capital Markets"). Hierbei handelt es sich historisch gesehen um den ältesten Geschäftsbereich im Investment Banking: „Traditional investment banking *was* the underwriting of basic common stock equity and investment grade coporate bonds."[72]

Seiner Rolle als Strukturkern des Investment Banking Rechnung tragend,[73] wird im folgenden zunächst das Aufgabenspektrum im Emissionsgeschäft einer analytischen Betrachtung unterzogen (Abschnitt II.1.2.1.1). Die im Zusammenhang mit der Mittelbeschaffung gebräuchlichen Finanzierungsinstrumente lassen sich differenziert nach der Rechtsstellung des Erwerbers in zwei Hauptgruppen unterteilen.[74] Dabei sind Eigenkapitaltitel (Equity), die Anteilsrechte verbriefen, von mit Gläubigerrechten ausgestatteten Fremdkapitaltiteln (Debt) abzugrenzen. Hieran anknüpfend werden im Emissionsgeschäft die Bereiche „Equity Capital Markets" (Abschnitt II.1.2.1.2) und „Debt Capital Markets" (Abschnitt II.1.2.1.3) unterschieden.[75] Zum Abschluß sollen daher Spezifika dieser wichtigen Teilleistungsbereiche herausgearbeitet werden, wozu an ihren Produkt- und Kundengruppen- und Marktdimensionen angesetzt wird.

---

70 Vgl. Kuhn, R. (1990), S. 11; Jakob, A./ Klein, S. (1996), S. 11.
71 Vgl. Reimnitz, J. (1989), S. 244; Jakob, A./ Klein, S. (1996), S. 107.
72 Kuhn, R. (1990), S. 6. (Hervorhebung im Original)
73 Anm. d. Verf.: Achleitner sieht hierin sogar den wichtigsten Geschäftsbereich im Investment Banking. Vgl. Achleitner, A. (1999), S. 375.
74 Vgl. zu dieser Unterscheidung und im folgenden Reimnitz, J. (1989), S. 244; Achleitner, A. (1999), S. 376; Jakob, A./ Klein, S. (1996), S. 10f.
75 Vgl. Achleitner, A. (1999), S. 376. Vgl. hierzu auch Jakob, A./ Klein, S. (1996), S. 10f.

II.1.2.1.1 Aufgaben und Funktionen von Banken im Emissionsgeschäft

Das Emissionsgeschäft umfaßt „... alle Tätigkeiten der Banken, die mit der Übernahme der Effekten vom Emittenten und der Erstplazierung bei Investoren in Verbindung stehen.“[76] Die Wertschöpfungskette im Emissionsgeschäft, die den Prozeß der unternehmerischen Leistungserstellung in diesem Bereich strukturiert nach seinem idealtypischen Ablauf illustriert, ist in Abbildung II-3 dargestellt:

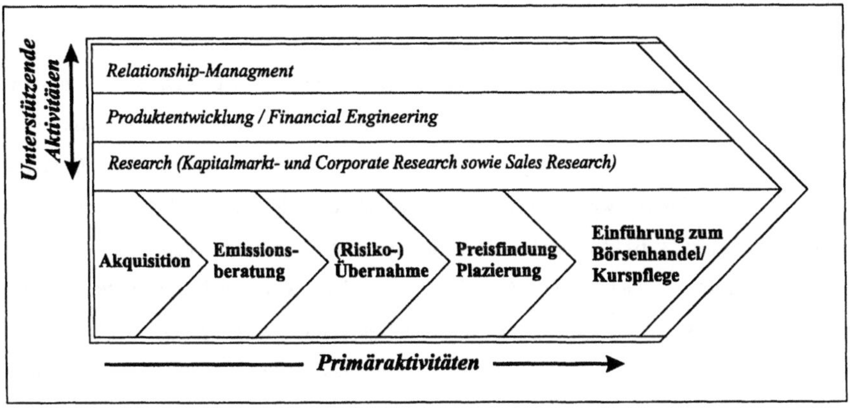

Abb. II-3: Die Wertschöpfungskette im Emissionsgeschäft (Quelle: in Anlehung an Achleitner, A.-K. (1999), S. 379.)

Hiermit wird ein Überblick über die wesentlichen Aktivitäten gewährt, die im Zuge der Betreuung eines Emissionsprojektes zu erbringen sind. Dazu zählen auch unterstützende Tätigkeiten, wie jene eines kontinuierlichen *Relationship Managements*, des *Researchs* und *Financial Engineerings.*[77]

Über umfassende Branchen- und Länderkenntnisse hinaus basiert das akquisitorische Potential eines Hauses im Emissionsgeschäft in hohem Maße auf „gepflegten“ Relationships im Kundenstamm, die es im Wege der Aufrechterhaltung ständiger Kontakte aktiv zu bestreiten gilt.

Wesentlichen Faktor der Mandatsgewinnung und Basis der Erarbeitung hochwertiger Beratungsleistungen bildet gerade im Equity-Bereich die Qualität und Glaubhaftigkeit der

---

[76] Breuer, R. (1993), S. 528.

[77] Vgl. zu diesen Erfolgsfaktoren im folgenden Hofmann, H. (1996), S. 5f.

Research-Abteilung.[78] Leistungsfähigkeit im Emissionsgeschäft setzt deshalb ein hochentwickeltes Kapitalmarkt- und v.a. Corporate Research für Unternehmensanalyse und -bewertung voraus.[79] Research-Analysten sind i.d.R. von Beginn an in die Emissionsberatung, vor allem aber in den Vermarktungsprozeß eingebunden.
Darüber hinaus muß der wettbewerbsfähige Anbieter auch über das (Financial-Engeneering-) Know-how verfügen, ein auf die Bedürfnisse des Kunden zugeschnittenes Produkt auszuwählen, ggf. sogar zu entwickeln.

Für den Emissionserfolg ist von maßgeblicher Bedeutung, daß sich der Prozeß der Leistungserstellung als Einheit von Akquisition, Beratung, Plazierung und Handel vollzieht,[80] d.h. ein problemloses Ineinanderübergreifen der Primäraktivitäten ohne größere Reibungsverluste gewährleistet wird. Dies ist vor allem deshalb hervorzuheben, da in ein Emissionsprojekt verschiedene Geschäftsbereiche der Investment Bank involviert sind. Aufgrund seines „interdisziplinären Charakters" läßt sich auch keine trennscharfe, überschneidungsfreie Zuordnung des Emissionsgeschäfts zu einzelnen Geschäfts- und Verantwortungsbereichen im Investment Banking herbeiführen.[81] Die Primäraktivitäten Akquisition und Beratung werden im wesentlichen durch die Bereiche Corporate oder Structured Finance wahrgenommen, die gleichzeitig die Schnittstelle zum Kunden bzw. Emittenten abbilden.[82] Dem Bereich Capital Markets obliegt primär die Durchführung der Emission, er ist jedoch durchaus auch in die Erstellung der Beratungsleistungen involviert. Aufgabenschwerpunkte bilden die Übernahme der Wertpapiere, die Preisfindung und Distribution der produzierten Titel unter Einbindung des Verkaufs- und Handelsbereichs (Sales & Trading). Über den Handelsbereich, der mit den Expost-Dienstleistungen Kursstabilisierung und Liquiditätssicherung des Finanztitels betraut ist, wird die Verbindung von Primär- zu Sekundärmärkten hergestellt.

---

78 Vgl. Achleitner, A. (1999), S. 287.
79 Vgl. hierzu Hofmann, H. (1996), S. 5f.
80 Vgl. Reimnitz, J. (1989), S. 265; Breuer, R. (1993), S. 532; Achleitner, A. (1999), S. 376.
81 Vgl. Achleitner, A. (1999), S. 378f.
82 Vgl. zur Teilung wesentlicher Aufgabengebiete im Emissionsgeschäft zwischen den Bereichen Corporate Finance, Capital Marktes und anderen im folgenden Achleitner, A. (1999), S. 376; Hofmann, H. (1996), S. 5f.

Auf die in den Primäraktivitäten zum Ausdruck kommenden Aufgaben der Banken im Emissionsgeschäft wird im folgenden differenziert eingegangen.[83] Dabei kann, zumal integraler Bestandteil dieser Marktleistung, auf eine Betrachtung der Akquisitions- (Abschnitt II.1.2.1.1.1) und Beratungsfunktion (Abschnitt II.1.2.1.1.2) nicht verzichtet werden, wenngleich diese Aufgaben vornehmlich dem Bereich Corporate Finance obliegen.[84] Die analytische Betrachtung des Aufgabenspektrums im Bereich Capital Markets vollzieht sich sodann über die Beleuchtung der zentralen Funktionen (Risiko) Übernahme (Abschnitt II.1.2.1.1.3), Preisfindung (Abschnitt II.1.2.1.1.4) und Plazierung (Abschnitt II.1.2.1.1.5), die durch begleitende und Expost-Dienstleistungen ergänzt werden (Abschnitt II.1.2.1.1.6). Mit den abschließenden Ausführungen zum Konsortialgeschäft wird der Tatsache Rechnung getragen, daß Banken im Zusammenhang mit Wertpapieremissionen häufig als Mitglied eines Konsortiums auftreten (Abschnitt II.1.2.1.1.7).

II.1.2.1.1.1 Mandatsakquisition im Emissionsgeschäft

Bei einer vergleichsweise hohen Anzahl an Anbietern ist der Kreis an potentiellen Emissionsadressen sowohl im Eigen-, als auch Fremdkapitalsektor relativ überschaubar.[85] Eine hohe Wettbewerbsintensität im Emissionsgeschäft ist die Konsequenz - bei parallel abnehmender Kundenbindung und -loyalität. Dies zwingt die Anbieter heute um so mehr, die Mandatsakquisition als eigenständiges Wertschöpfungssegment zu begreifen.[86]

Elemente einer aktiv betriebenen Akquisitionspolitik repräsentieren systematische und fortlaufende Recherche-, Analyse-, Selektions- und Akquisitionsaktivitäten. Im Zusammenhang mit der Identifikation potentieller Mittelnehmer müssen Stärken bei der Informationsbeschaffung und -verarbeitung entwickelt werden, sämtliche in- und externe Quellen gilt es hierzu auszuschöpfen.[87] Sodann ist die Emissionsfähigkeit des möglichen Kandidaten zu prüfen, wobei

---

83 Vgl. zu Aufgaben im Emissionsgeschäft ausführlich Reimnitz, J. (1989), S. 252ff.; Achleitner, A. (1999), S. 379ff.; Breuer, R. (1993), S. 532ff.; Jakob, A./ Klein, S. (1996), S. 111ff.

84 Vgl. hierzu die Ausführungen zum Corporate Finance in Abschnitt II.1.2.2.

85 Vgl. zu Charakteristika des Wettbewerbs im Emissionsgeschäft Breuer, R. (1993), S. 533; Reimnitz, J. (1989), S. 254; Achleitner, A. (1999), S. 381.

86 Vgl. Jakob, A./ Klein, S. (1996), S. 111; Achleitner, A. (1999), S. 379; Reimnitz, J. (1989), S. 254.

87 Vgl. Jakob, A./ Klein, S. (1996), S. 111; Achleitner, A. (1999), S. 379f. Als externe Informationsquellen lassen sich die Wirtschaftspresse, Geschäftsberichte, etc. heranziehen, intern kommen, da Akquisitionen mit i.d.R. Finanzierungstransaktionen assoziiert sind, vor allem der Bereich M&A, aber auch das kommerzielle Firmenkundengeschäft als Informationsgeneratoren in Frage. Vgl. hierzu Jakob, A./ Klein, S. (1996), S. 111; Achleitner, A. (1999), S, 379f.

etwa Faktoren die Höhe des Kapitalbedarfs und hieraus abgeleitet das mögliche Finanzierungsvolumen, aber auch die Bonität und Ertragskraft des Kandidaten eine Rolle spielen.[88] Bei der Auswahl potentieller Emissionsadressen ist i.d.R. nicht nur die Höhe des Ergebnisbeitrags eines Mandats entscheidend. Bedacht werden müssen auch Risiko, Reputationswirkungen (z.B. Erhöhung des akquisitorischen Potentials durch prestigeträchtige Mandate) und Aspekte der Kundenbindung.[89] Im eigentlichen Akquisitionsprozeß geht es darauf aufbauend um die offensive Vermarktung der gewonnenen Erkenntnisse und basierend hierauf entwickelten Finanzierungstransaktionen. Die Abgabe eines Angebots im Rahmen einer Präsentationsveranstaltung („Pitch") kann - als Ausdruck aktiv betriebener Akquisitionspolitik - entweder auf die Initiative der Bank zurückgehen (unaufgeforderte Akquisitionsmaßnahme, „Cold Call"), oder durch den Mittelnehmer induziert sein.[90] Cold Calls sind bei Mittelaufnahmen weniger kapitalmarkterfahrener Emittenten mit umfassendem Beratungsbedarf üblich.
Für den Kunden spielen bei der Auswahl der emissionsbegleitenden Bank über rein transaktionsbezogene Inhalte hinaus aber auch andere Kriterien eine wichtige Rolle.[91] Hierzu zählt bspw. die Erfahrung einer Bank mit Transaktionen der geforderten Art und Größe, ihre Plazierungskraft und ihr Zugang zu bestimmten Investorengruppen, die Qualität ihrer Research-Abteilung, ihre Handelsfähigkeit sowie auch das Vertrauen des Kunden in Kompetenz und Einsatzbereitschaft der Mitglieder des Teams.

II.1.2.1.1.2 Emissionsberatung

Sind die akquisitorischen Aktivitäten erfolgreich verlaufen und ein Emissionsmandat gewonnen, gilt es im nächsten Schritt ein maßgeschneidertes Emissionskonzept zu erarbeiten.[92] Die Beratung erstreckt sich dabei i.d.R. auf folgende Aspekte:[93]

- Art des aufzunehmenden Kapitals (Eigen-, Fremd-, Mezzanine-Kapital)
- Emissionsvolumen und Zeithorizont der Finanzierung

88 Vgl. Jakob, A./ Klein, S. (1996), S. 111; Achleitner A. (1999), S. 380; Breuer, R. (1993), S. 532.
89 Vgl. Achleitner, A. (1999), S. 381.
90 Vgl. hierzu und im folgenden Achleitner, A. (1999), S. 381f.
91 Vgl. hierzu und im folgenden Breuer, R. (1993), S. 533; Achleitner, A. (1999), S. 382.
92 Vgl. Breuer, R. (1993), S. 532; Achleitner, A. (1999), S. 382ff.;
93 Vgl. hierzu allgemein Achleitner, A. K. (1999), S. 383, Reimnitz, J. (1989), S. 255; Jakob, A./ Klein, S. (1996), S. 114ff.; Breuer, R. (1993), S. 532 und 534ff. Vgl. zu Beratungsgegenständen bei IPOs und Kapitalerhöhungen im speziellen Achleitner, A. (1999), S. 242 und S. 294.

- Ausgestaltung des zu begebenden Finanzierungstitels
- Auswahl der Zielmärkte der Emission und Festlegung der Investorensegmentstrategie, im einzelnen
  - Beanspruchung nationaler/ internationaler Geld-/ Kapitalmärkte
  - Plazierungsstruktur in abnehmergruppenbezogener (z.B. Gewichtung Retail vs. Institutionelle Investoren) und in geographischer Hinsicht
- Auswahl des Börsenplatzes und -segments (Kotierungsstrategie)
- Analyse und Empfehlung hinsichtlich Bewertung des Finanzierungstitels
- Empfehlung hinsichtlich Plazierungstechnik und Preisfindung
- Empfehlung hinsichtlich Syndikatsstruktur, -mitglieder und -vergütung
- Timing der Emission

II.1.2.1.1.3 Übernahme der Wertpapiere

Wesentlichen Beweggrund für die Einschaltung von Banken bei Wertpapieremissionen bildet aus Sicht des Emittenten die Möglichkeit, einen Transfer des Plazierungsrisikos vornehmen zu können.[94] Dieses beschreibt das Risiko einer partiellen oder vollständigen Nicht-Plazierbarkeit der Emission zu einem adäquaten Preis. Nach BLOCH setzt sich das Plazierungsrisiko aus drei Komponenten zusammen:[95]

- Das **„waiting risk"** bezeichnet das Risiko der Fixierung eines ungünstigen Emissionszeitpunktes in der Zukunft im Hinblick auf eine ggf. negative Marktentwicklung während der „Wartezeit".
- Das **„pricing risk"** ist das Risiko, einen nicht marktgerechten Preis festzusetzen.
- Das **„marketing risk"** beschreibt das Risiko einer teilweisen oder vollständigen Nicht-Absetzbarkeit der Titel (trotz marktgerechten Preises) aufgrund der Ansprache falscher Investorengruppen und/ oder mangelhafter Ausgestaltung des Marketing-Mix durch Implementierung ungeeigneter produkt-, preis-, distributions- und kommunikationspolitischer Maßnahmen im Rahmen der Emissionsvermarktung.

---

94 Vgl. Achleitner, A. (1999), S. 384.

Das Ausmaß des Risikotransfers hängt zunächst in hohem Maße von der Art der Übernahmevereinbarung zwischen Emittent und Bank ab.[96] Bei Vereinbarungen auf *„Best-Efforts"-Basis* sagen die Banken lediglich nachhaltiges Bemühen bei der Unterbringung der Finanztitel zu, das vollständige Risiko eines Nicht-Absatzes verbleibt beim Emittenten. Im Gegensatz dazu erteilt die Bank dem Emittenten im Falle der *Festübernahme* (*„Firm Commitment"*) eine feste Übernahmezusage für das gesamte Volumen der Emission, die rechtlich einem unbedingtem Erwerb der Wertpapiere gleichkommt. Die Erteilung einer *Absatzgarantie* (*„Underwriting"*) beinhaltet die Verpflichtung der unterzeichnenden Bank(en), die Wertpapiere im Falle tatsächlicher Nicht-Plazierbarkeit selbst zu übernehmen (bedingter Erwerb), und ist im Hinblick auf die wirtschaftlichen Konsequenzen der Festübernahme als gleichwertig anzusehen.[97] In beiden Fällen findet ein vollständiger Risikotransfer auf die unterzeichnende(n) Bank(en) statt.

In diesem Sinne lassen sich *Firm Commitment* und *Underwriting* auch als Versicherung des Emittenten gegen das Plazierungsrisiko interpretieren,[98] der hierfür eine „Prämie" an die emissionsbegleitende Bank bzw. Bankengruppe (z.B. „Underwriting Fee") zu entrichten hat. Die Höhe dieser Prämie ist Gegenstand der Verhandlungen und richtet sich nach der Art der Übernahmevereinbarung, den gegenwärtigen Kapitalmarktbedingungen und der Wettbewerbsintensität im Emissionsgeschäft.[99]

II.1.2.1.1.4 Preisfindung

Das Ausmaß des von Banken zu tragenden Absatzrisikos ist jedoch nicht nur von der mit dem Emittenten getroffenen Vereinbarung hinsichtlich der *Höhe des Anteils* an der Emission, der bedingt oder unbedingt übernommen wird, abhängig, sondern auch vom *Zeitpunkt der Emissionspreisfixierung*.[100] Diesbezügliche Vereinbarungen stehen in engem Zusammenhang

---

95 Vgl. hierzu Bloch, E. (1986), S. 153ff. Vgl. zu diesen Risiken nach Bloch im folgenden auch Breuer, R. (1993), S. 542; Jakob, A./ Klein, S. (1996), S. 121.

96 Vgl. zu möglichen Übernahmevereinbarungen im folgenden Achleitner, A. (1999), S. 384; Breuer, R. (1993), S. 542. Als Zwischenform ist des weiteren die *„Optionsweise Übernahme"* anzuführen. Hierbei übernimmt der Federführer einen Teil des Emissionsvolumen fest, behält sich aber das Recht vor, im Falle bestehender Nachfrage weitere Teile zu übernehmen. Vgl. hierzu Breuer, R. (1993), S. 542.

97 Vgl. Achleitner, A. (1999), S. 384.

98 Vgl. Bloch, E. (1986), S. 152.

99 Vgl. Achleitner, A. (1999), S. 385.

100 Vgl. hierzu Breuer, R. (1993), S. 542.

mit den o. g. Formen der Übernahme und den im Abschnitt II.1.2.1.1.5 vorzustellenden Plazierungsmethoden.

Im Hinblick auf den Zeitpunkt der Emissionspreisfixierung bezeichnet das „*Advanced* oder *Fixed Pricing*“ das Verfahren, die Konditionen bereits bei Mandatsvergabe festzulegen.[101] Damit ergibt sich für den Emittenten eine sichere Kalkulationsgrundlage. Die Bank(en) tragen vor allem in volatilen Märkten ein hohes Preisänderungsrisiko bis zum Beginn der Plazierung. Bei dem sog. „*Open Pricing*“ wird dagegen vorab lediglich eine indikative Preisvorstellung abgegeben, die endgültige Festlegung der Konditionen erfolgt erst nach Angebotsbeginn.[102]

Zusammenfassend ist das von Banken zu tragende Absatzrisiko um so höher, je umfangreicher die garantierte Quote an der Gesamtemission ausfällt und je früher die Preisfestlegung vom Zeitpunkt der Plazierung her gesehen erfolgt.[103] Wesentliches Mittel der Risikobegrenzung bzw. -teilung stellt die Bildung eines Konsortiums bzw. die Einschaltung zusätzlicher „underwriter“ dar, worauf in Abschnitt II.1.2.1.1.7 eingegangen wird, aber auch die Entwicklung neuerer Preisfindungsverfahren.

Häufig praktizierte *Varianten des Open Pricing mit Merkmalen fester Preiszusagen* bilden das im Eigenkapitalsektor zum Einsatz kommende Bookbuilding-Verfahren, das im folgenden beispielhaft kurz skizziert sei, und das Fixed-Price-Reoffer-Verfahren als sein Äquivalent im Fremdkapitalbereich.[104]

Das bis zum Jahre 1994 bei Aktienemissionen in Deutschland nahezu ausnahmslos zum Einsatz kommende Festpreisverfahren (Advanced Pricing) wurde in Anlehnung an die internationale Praxis seither weitestgehend durch das *Bookbuilding-Verfahren* ersetzt,[105] das

---

101 Vgl. zum „Advanced Pricing“ im folgenden Breuer, R. (1993), S. 542 sowie Achleitner, A. (1999), S. 393, dort als „Fixed Pricing“ bezeichnet.

102 Vgl. zum „Open Pricing“ Achleitner, A. (1999), S. 393; Breuer, R. (1993), S. 542.

103 Vgl. Breuer, R. (1993), S. 543. Vor diesem Hintergrund ist der sog. „Bought Deal“ (Firm Comittment und Advanced Pricing), der die feste Übernahme des Gesamtvolumens zu fixen Konditionen durch Lead-Manager zum Zeitpunkt der Mandatierung beinhaltet, insbesondere in volatilen Märkten als hochriskant einzustufen. Früher v.a. im Rentengeschäft üblich wird er daher in der Praxis immer seltener. Vgl. Achleitner, A. (1999), S. 393.

104 Vgl. Achleitner, A. (1999), S. 393. Vgl. zum „Fixed-Price-Reoffer-Verfahren“ ausführlich Achleitner, A. (1999), S. 393; Breuer, R. (1993), S. 544.

105 Vgl. Achleitner, A. (1999), S. 458. Zur Anwendung kommt das Festpreisverfahren noch bei Kapitalerhöhungen mit Bezugsrecht. Tenderverfahren wurden bei Aktienemissionen am deutschen Markt bisher nicht praktiziert. Vgl. Achleitner, A. (1999), S. 458.

als kombiniertes Preisfindungs- *und* Plazierungsverfahren auf eine marktgerechte Optimierung des Emissionspreises angelegt ist. Hier wird vor Zeichnungsbeginn eine Preisspanne vorgegeben, die eine Schwankungsbreite von 10 % bis 15% beschreibt.[106] Grundlage ihrer Festsetzung bildet die im Vorfeld durchgeführte fundamentale Unternehmensbewertung, die Ergebnisse der Analyse der Marktkapitalisierung vergleichbarer Unternehmen, eine allgemeine Einschätzung der Marktlage und die Preisindikationen, die bei der Befragung ausgewählter Schlüsselinvestoren in der sog. Pre-Marketing-Phase erhoben wurden. Mit Beginn der Bookbuilding-Frist werden die Investoren zur Abgabe von Preis-/Mengengeboten aufgefordert, die in einem Orderbuch gesammelt werden. Hierdurch wird eine marktgerechte Optimierung des Emissionspreises (und -erlöses) angestrebt, der nach Ablauf der Zeichnungsfrist auf Basis der Erkenntnisse über die Nachfragestruktur fixiert wird.

Der Emittent verfügt beim Bookbuildung-Verfahren über eine gewisse Kalkulationsgrundlage (Preisspanne), ohne daß das Preisänderungsrisiko vollständig auf die emissionsbegleitende(n) Bank(en) übergeht.[107] Auch das Risiko, einen nicht marktgerechten Preis für die Wertpapiere festzusetzen, ist hier wesentlich geringer.

II.1.2.1.1.5 Plazierung der Wertpapiere

Ziel der Plazierung einer Emission - und der Banken in ihrer dritten zentralen Funktion als Distributionsorgan - ist eine vollständige und möglichst nachhaltige Unterbringung der Finanztitel bei privaten und / oder institutionellen Investoren.[108] Von herausragender Bedeutung sind dabei enge, eingespielte Kontakte und weltweite Verbindungen zu großen institutionellen Investoren.[109] Für die Stärke der Plazierungskraft des einzelnen Instituts ist aber auch ein breiter Zugang zu Retail-Anlegern von Vorteil, wie ihn v.a. Universalbanken mit ihren umfangreichen Geschäftsbeziehungen zu dieser Gruppe und ihren ausgedehnten Filialnetzen bieten können.

---

106 Vgl. hierzu und zum Bookbuilding-Verfahren im folgenden Achleitner, A. (1999), S. 460ff. sowie Hofmann, H. (1996), S. 22.

107 Vgl. Achleitner, A. (1999), S. 393.

108 Vgl. Reimnitz, J. (1989), S. 259.

109 Vgl. hierzu und im folgenden Reimnitz, J. (1989), S. 259. Zur Erhöhung der Distributionskraft im Primärmarktgeschäft mit Aktien haben einige der klassischen US-amerikanischen Investment Banken in den letzten Jahren verstärkt Brokerhäuser erworben bzw. mit diesen fusioniert. Vgl. Achleitner, A. (1999), S. 12f. und 91. Vgl. hierzu auch Abschnitt II.1.1.2.

Für den Vertrieb halten Banken mit ihrer Salesforce eine professionelle Infrastruktur vor.[110] Differenziert nach Kundengruppen läßt sich hierbei der Verkauf an institutionelle Anleger, zu denen Investment- und Pensionsfonds, Großunternehmen, Kapitalsammelstellen, Versicherungen, öffentliche Stellen, andere Banken und Zentralbanken zählen, vom Retail-Vertrieb unterscheiden. Soweit dieser Distributionskanal erschlossen ist zielt letzterer auf einen Absatz der Wertpapiere über das Privatkundenetz ab.

Nach Art und Anzahl der anzusprechenden Investoren läßt sich grundsätzlich zwischen *Privat-* und *öffentlichen Plazierungen* unterscheiden.

- *Privatplazierungen:* Privatplazierungen bezeichnen die Unterbringung von Emissionen meist kleineren Volumens bei einem begrenzten Kreis institutioneller Großinvestoren.[111] Häufig ist eine Emission dann von vornherein auf diese Art der Plazierung ausgelegt. Schon im Rahmen der Beratungsphase führt die Emissionsbank simultane Gespräche mit Emittent und Investoren, um eine beiderseitig möglichst bedürfnisoptimale Ausgestaltung der Finanztitel zu realisieren, für die i.d.R. keine Börseneinführung vorgesehen ist. Dieses Vorgehen führt zu einer Minimierung des Platzierungsrisikos und erlaubt vielfach, auf die Bildung eines Konsortiums zu verzichten. Als Plazierungsform hat diese Variante, die im Eigenkapital- und vor allem auch im Fremdkapitalsektor zur Anwendung kommt, in den letzten Jahren stark an Bedeutung gewonnen.[112]

- *Öffentliche Plazierungen*: Hiervon zu unterscheiden sind *öffentliche Plazierungen*, die bei hohen Emissionsvolumina sowohl im Eigen- als auch Fremdkapitalbereich zum Einsatz kommen.[113] Angestrebt ist hier eine breite Streuung der Wertpapiere über eine Vielzahl

---

110 Vgl. hierzu und im folgenden Hofmann, H. (1996), S. 6.

111 Vgl. hierzu und im folgenden Breuer, R. (1993), S. 546f. Weitere Vorteile von Privatplazierungen bestehen darin, daß die Kapitalbeschaffung kurzfristig durchgeführt werden kann. Die Emissionskosten sind geringer, weil gesetzliche Prospekt-, Registrierungs- und Publizitätspflichten auch aufgrund der i.d.R. nicht angestrebten Börseneinführung entfallen. Vgl. zu Vorteilen dieser Plazierungsmethode Breuer, R. (1993), S. 546f.; Reimnitz, J. (1989), S. 259; Achleitner, A. (1999), S. 390. Auch eignet sich diese Methode aufgrund des hohen Professionalisierungsgrades der Investorenseite für komplexe, strukturierte Finanzierungsinstrumente. Da jedoch von einer eingeschränkten Fungibilität der Titel auszugehen ist, muß oftmals eine sog. „Illiquiditätsprämie" entrichtet werden, die Investoren für diesen Nachteil entschädigt. Vgl. Breuer, R. (1993), S. 546f.; Reimnitz, J. (1989), S. 259; Achleitner, A. (1999), S. 390.

112 Vgl. Achleitner, A. (1999), S. 391f. In besonderem Maße gilt dies für den Fremdkapitalbereich. So beläuft sich der Anteil an privat untergebrachten Fremdkapitaltiteln am US-amerikanischen Kapitalmarkt bereits auf rund 50%. Am deutschen Kapitalmarkt kommt diese Methode im Zusammenhang mit Unternehmensanleihen und Schuldscheindarlehen Bedeutung zu. Vgl. Achleitner, A. (1999), S. 392.

113 Vgl. zur öffentlichen Plazierung und ihren Vor- und Nachteilen im folgenden Breuer, R. (1993), S. 547; Achleitner, A. (1999), S. 387; Reimnitz, J. (1989), S. 259.

unterschiedlicher Anlegergruppen. Eine Börseneinführung der Titel erfolgt regelmäßig. Vorteile dieser Plazierungsform bestehen in einer hohen Sekundärmarktliquidität der Titel und einer Erhöhung des Bekanntheitsgrades des Emittenten. Allerdings ist die Abwicklung aufgrund der umfangreichen Prospekt-, Registrierungs- und Publizitätspflichten, die mit einem öffentlichen Angebot verbunden sind, und der erforderlichen investorenbezogenen Marketinganstrengungen wesentlich aufwendiger. Aus dem Zeitbedarf resultieren auch Flexibilitäts- bzw. Timingnachteile im Hinblick auf das Ausnutzen temporär günstiger Marktkonditionen. Auch sind die Kosten, die im Zusammenhang mit der Börseneinführung anfallen, zu berücksichtigen.

Als Plazierungsmethoden bei öffentlicher Plazierungen sind der freihändige Verkauf, die Auflegung zur öffentlichen Zeichnung (Subskription), das Tender- und Bookbuilding-Verfahren zu unterscheiden.[114] Während bei den erstgenannten Methoden die Preisfixierung vor der Plazierung erfolgt, repräsentieren *Tender-* und *Bookbuilding-Verfahren* simultane Preisfindungs- und Plazierungsmethoden.

II.1.2.1.1.6 Begleitende und Ex-Post-Dienstleistungen im Emissionsgeschäft

Über die Kernaktivitäten der Beratung, (Risiko)Übernahme, Preisfindung und Plazierung hinaus übernehmen Banken im Emissionsgeschäft auch eine ganze Reihe *begleitender Aufgaben*. Hierzu zählt z.B. die Dokumentation der Rechtsbeziehungen (z.B. zwischen Emittent und emissionsbegleitender Bank, den Konsortialbanken) in den notwendigen Vertragswerken und die Prospekterstellung (Emissions- bzw. Verkaufsprospekt, ggf. auch Börsenzulassungsprospekt bei öffentlichen Angeboten).[115]

Nach erfolgter Plazierung sind zwei wichtige Aufgabenstellungen zu unterscheiden:

- *Einführung zum Börsenhandel*: Falls eine Einführung zum Börsenhandel angestrebt ist, erstrecken sich begleitende Leistungen auch auf die Abwicklung des entsprechenden

---

[114] Vgl. zu den Plazierungsverfahren ausführlich Breuer, R. (1993), S. 547; Achleitner, A. (1999), S. 385 ff.; Jakob, A./ Klein, S. (1996), S. 142ff. Als kaum mehr Anwendung findendes Plazierungsverfahren sei der Vollständigkeit halber die *Plazierung der Wertpapiere über die Börse* ergänzt.

[115] Vgl. zu Dokumentation und Prospekterstellung als begleitende Dienstleistungen ausführlich Achleitner, A. (1999), S. 399ff. Vgl. hierzu auch Breuer, R. (1993), S. 531.

Verfahrens unter Berücksichtigung der jeweils geltenden gesetzlichen Normen und Anforderungskriterien.[116]

- *Kurspflege*: Zu den nachgelagerten Dienstleistungen zählen eventuelle Kurspflegemaßnahmen durch Beteiligung an Kaufs-/ Verkaufstransaktionen in dem betreffenden Titel während der ersten Handelstage nach der Plazierung.[117] Ziel ist, zufällige, nicht fundamental begründete Kursschwankungen zu glätten und die Liquidität in dem fraglichen Titel zu sichern, um das Vertrauen der Anleger in den Emittenten zu stärken und eine Schmälerung des Standings als Emissionsbank zu vermeiden. Vor allem sind die Banken bestrebt, den Marktpreis des Finanztitels nicht allzu deutlich unter den Emissionspreis sinken zu lassen. Tritt ein solcher Fall ein, kann der Übergang von der Kurspflege zur -stützung fließend sein. Hohe Bedeutung kommt diesen Aktivitäten im Anschluß an Börsenersteinführungen zu.

II.1.2.1.1.7 Das Emissions- als Konsortialgeschäft

Hohe Emissionsvolumina in Bereichen mehrerer 100 Millionen, oft auch Milliarden übersteigen die Leistungs- und Tragfähigkeit einzelner Banken im Hinblick auf Plazierungskraft und -risiko.[118] Daher wird das Emissionsgeschäft häufig als Konsortialgeschäft betrieben.[119] Der Terminus „Emissionskonsortium“ bezeichnet einen befristeten Zusammenschluß rechtlich selbständig bleibender Banken zum Zwecke der Durchführung einer Wertpapieremission auf gemeinsame Rechnung.[120]

Emissionskonsortien werden gebildet, um den Absatz der Wertpapiere zu erleichtern und das Plazierungsrisiko für das einzelne Institut auf ein tragbares Maß zu begrenzen.[121] Durch die gezielte Auswahl weiterer Banken mit individuellen Geschäftsbeziehungen zu spezifischen Investoren(gruppen) oder in bestimmten geographischen Märkten läßt sich die Distributionskapazität gemäß der entwickelten Plazierungsstruktur steuern. Neben der

---

116 Vgl. Achleitner, A. (1999), S. 397f.

117 Vgl. hierzu und im folgenden Achleitner, A. (1999), S. 399; Jakob, A./ Klein, S. (1996), S. 122; Reimnitz, J. (1989), S. 261.

118 Vgl. Reimnitz, J. (1989), S. 244; Achleitner, A. (1999), S. 394.

119 Anm. d. Verf.: Dies gilt vor allem für den Fall der öffentlichen Platzierung.

120 Vgl. Reimnitz, J. (1989), S. 245; Achleitner, A. (1999), S. 394; Breuer, R. (1993), S. 530.

121 Vgl. Breuer, R. (1993), S. 531; Reimnitz, J. (1989), S. 244; Achleitner, A. (1999), S. 394.

Plazierungkraft als solcher spielen bei der Selektion der Syndikatsmitglieder auch Reziprozitätsüberlegungen eine Rolle.[122] Die emissionsführende Bank, die das Syndikat konzipiert, hofft auf diese Weise an künftigen Emissionen unter Führung eingeladener Konsorten ebenso berücksichtigt zu werden.

Typisch für Emissionskonsortien ist ein mehrstufiger Aufbau, bei dem verschiedene Bankgruppen („Brackets") Aufgabenkomplexe unterschiedlichen Umfangs wahrnehmen.[123] Abbildung II-4 zeigt schematisch die Struktur eines Konsortiums auf, wie es im internationalen Emissionsgeschäft gebildet wird:

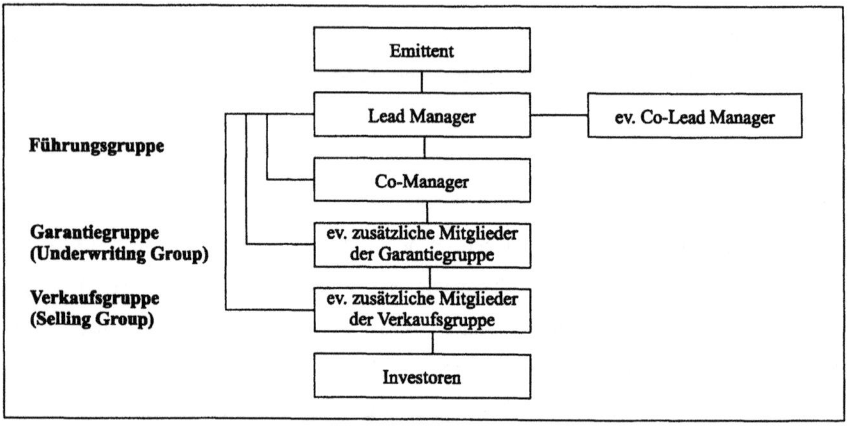

Abb. II-4: **Struktur von Emissionskonsortien** (Quelle: Schmidt-Chiari, G. (1989), S. 138.)

An der Spitze der für Konsortien typischen, hierarchischen Struktur steht die vom Emittenten mandatierte Führungsbank (Lead Manager).[124] Bei mehr als einem Lead Manager übernimmt die Leitungsfunktion der sog. „Federführer".[125] Dieser stellt in Abstimmung mit dem Emittenten die *„Führungsgruppe"* - bestehend aus einer begrenzten Anzahl weiterer Führungsbanken (ggf. Co-Lead Manager, Co-Manager) - zusammen,[126] übernimmt die

[122] Vgl. hierzu und im folgenden Reimnitz, J. (1989), S. 245; Breuer, R. (1993), S. 531; Achleitner, A. (1999), S. 395.

[123] Vgl. Achleitner, A. (1999), S. 395; Jakob, A./ Klein, S. (1996), S. 146f.

[124] Vgl. Achleitner, A. (1999), S. 395; Jakob, A./ Klein, S. (1996), S. 147; Reimnitz, J. (1989), S. 246.

[125] Vgl. Achleitner, A. (1999), S. 395.

[126] Vgl. Achleitner, A. (1999), S. 395; Jakob, A./ Klein, S. (1996), S. 147.

Gesamtkoordination des Syndikats sowie die Kommunikation nach außen. Die Führungsgruppe steht üblicherweise in engerem Kontakt zum Emittenten.
Die Führungsbanken gehören regelmäßig auch der sog. *„Garantiegruppe"* („Underwriting Group") an, deren Mitglieder sich zur verbindlichen Übernahme einer fixierten Quote an der Emission zum Zwecke der Unterbringung beim anlagesuchenden Publikum verpflichten.[127] Ferner können weitere Banken als einfache „Underwirter" eingeladen werden. Typischerweise nimmt die Höhe der Übernahmezusage des einzelnen Konsortialmitgliedes („Underwriting Comittment") in Abhängigkeit von seiner Position im Syndikat von unten nach oben zu. Lead Manager übernehmen gewöhnlich den größten Anteil an der Emission, die Übernahmequote der Underwriter ist regelmäßig geringer als die der Banken der Führungsgruppe.
Manager und Underwriter sind neben o. g. Funktionen regelmäßig auch in den Verkauf der Wertpapiere involviert.[128] Der Lead Manager hat prinzipiell die Möglichkeit, eigens zur Plazierung weitere Banken hinzuzuziehen, die ausschließlich eine Distributionsfunktion wahrnehmen und kein Plazierungsrisiko tragen. Eine gesonderte *„Verkaufsgruppe"* („Selling Group") ist jedoch nur noch selten anzutreffen.

Anzahl an Konsortialmitgliedern und Ebenen eines Syndikats nehmen allgemein mit dem Volumen und Internationalitätsgrad einer Emission zu. Von einer internationalen Emission läßt sich allgemein dann sprechen, wenn ein beträchtlicher Teil der Finanzierungstitel außerhalb des Sitzlandes des Emittenten untergebracht werden soll.[129] Um dies sicherzustellen, muß auch das Bankensyndikat international und gemäß der intendierten geographischen Plazierungsstruktur besetzt werden. Im internationalen Emissionsgeschäft werden bei großvolumigen, globalen Plazierungen i.d.R. mehrere gebietsbezogene Konsortien gebildet (ausgehend von Deutschland z.B. für den heimischen Markt und die Regionen Europa, Japan, USA).[130] Die regionalen Konsortien entsprechen in ihrer Struktur der oben

---

[127] Vgl. hierzu und im folgenden Achleitner, A. (1999), S. 396; Jakob, A./ Klein, S. (1996), S. 147; Reimnitz, J. (1989), S. 247.
[128] Vgl. hierzu und im folgenden Jakob, A./ Klein, S. (1996), S. 148; Reimnitz, J. (1989), S. 247; Achleitner, A. (1999), S. 396.
[129] Vgl. Reimnitz, J. (1989), S. 247.
[130] Vgl. hierzu und im folgenden Achleitner, A. (1999), S. 396; Jakob, A./ Klein, S. (1996), S. 148f.

Skizzierten. Sie werden durch eine globale Führungsgruppe („Global Coordinators") koordiniert, die sich aus i.d.R. mindestens zwei, seltener drei Banken zusammensetzt.

Der Umfang der von einer Bank im Emissionsgeschäft wahrzunehmenden Aufgaben variiert in Abhängigkeit von ihrer Stellung im Konsortium. Die herausragende Rolle kommt dem Lead Manager bzw. Federführer zu, der die gesamte Wertschöpfungskette im Emissionsgeschäft intensiv besetzt. Neben der Beratung des Emittenten im Hinblick auf das Emissionskonzept als Folge erfolgreicher Mandatsakquistion garantiert der konsortialführende Arrangeur den i.d.R. relativ größten Anteil an der Emission und nimmt in der die Preisfindung und Plazierung umfassenden Realisierungsphase die tragende Rolle ein.[131] So obliegt dem Lead Manager z.B. bei dem im Eigenkapitalsektor zur Anwendung kommenden Bookbuilding-Verfahren die Führung des Orderbuchs, und damit die zentrale Funktion des *„Bookrunners"*.[132] Bei ihm laufen die von den Konsorten generierten Aktienbestellungen zusammen, er bestimmt im Abstimmung mit dem Emittenten den Ausgabepreis und teilt die Aktien zu. Ergänzend übernimmt der Lead Manager die begleitenden und nachgelagerten Dienstleistungen, z.B. die Dokumentation und Prospekterstellung, ggf. die Einführung zum Börsenhandel und eventuelle Kurspflegemaßnahmen.[133]

II.1.2.1.2 Spezifika des Aufgabenfeldes Equity Capital Markets

Im Bereich Equity Capital Markets wird die Emission und Unterbringung von Aktien durchgeführt.[134] Mögliche Anlässe hierfür repräsentieren Kapitalerhöhungen bereits börsennotierter Gesellschaften, Börseneinführungen sowie Umplazierungen aus Altbesitz.[135] Zu einer Spezifikation dieses Teilbereichs des Emissionsgeschäfts kann an seiner Produkt-, Kunden- und Marktdimension angesetzt werden:

---

131 Vgl. Achleitner, A. (1999), S. 395f.

132 Vgl. hierzu und im folgenden Achleitner, A. (1999), S. 262f.

133 Vgl. Achleitner, A. (1999), S. 395. Vgl. hierzu auch Breuer, R. (1993), S. 531.

134 Vgl. Achleitner, A. (1999), S. 19.

135 Vgl. zu Anlässen für Aktienemissionen Breuer, R. (1993), S. 532; Achleitner, A. (1999), S. 233. Vgl. hierzu insbesondere die Ausführungen zum Corporate Finance in Abschnitt II.1.2.2.

- *Produkte*: Die Produktvielfalt im Eigenkapitalbereich ist relativ gering.[136] Ausschlaggebend hierfür ist, daß Aktien im Vergleich zu den Finanzierungstiteln im Fremdkapitalsektor nur eingeschränkte Gestaltungsmöglichkeiten bieten. Spielräume ergeben sich lediglich hinsichtlich der Festlegung der Aktienherkunft (Altbesitz vs. Kapitalerhöhung vs. Kombination), der Aktiengattung (Stamm- vs. Vorzugsaktien) und der Wahl zwischen Inhaber- und Namensaktien.[137]

  In einer weiten Fassung können dem Produktspektrum im Eigenkapitalbereich - wenngleich Merkmale von Eigen- und Fremdkapital aufweisend - auch sog. *mezzanine Finanzierungsinstrumente* zugeordnet werden, wie dies in der Unternehmenspraxis vielfach üblich ist. Ausschlaggebend hierfür ist der Eigenkapitalbezug dieser Wertpapiere („Equitylinked-Instrumente"), die sich in zwei wichtige Gruppen unterteilen lassen. *Optionsanleihen* sind Anleihen, die als „add-on" das Recht zum Erwerb von Eigenkapitalanteilen des Emittenten verbriefen.[138] Durch Ausübung des Optionsrechts erlischt die Anleiheforderung (Zinszahlung und Tilgung) nicht. *Wandelanleihen* („Convertibles") verbriefen im Gegensatz dazu ein Umtauschrecht in Eigenkapitalanteile des Emittenten.[139] Durch die Wandlung der Fremd- in Eigenkapitaltitel erlischt die Anleiheforderung. Eine Variante von Convertibles repräsentieren sog. „Exchangeables", die das Recht auf einen Tausch des Fremdkapitaltitels in Eigenkapitalanteile eines dritten Unternehmens verbriefen, an dem der Emittent eine Kapitalbeteiligung hält.

- *Kundengruppen*: Relevante Abnehmer rekrutieren sich aus dem Bereich Unternehmenskunden und lassen sich nach Größe - und den damit verbundenen differierenden Bedürfnislagen - in die Gruppen Konzerne/ MNU und Mid Caps unterteilen.[140] Mid Caps werden die Dienstleistungen des Bereich Equity Capital Markets sowohl im Zusammenhang mit einer beabsichtigten Börseneinführung, als auch - soweit eine Notierung bereits vorliegt - bei Kapitalerhöhungen in Anspruch nehmen.[141] Bei

---

[136] Vgl. hierzu und im folgenden Achleitner, A. (1999), S. 453.

[137] Vgl. Achleitner, A. (1999), S. 263ff. sowie S. 456.

[138] Vgl. zu Optionsanleihen im folgenden Achleitner, A. (1999), S. 423; Breuer, R. (1993), S. 539.

[139] Vgl. zu Wandelanleihen im folgenden Achleitner, A. (1999), S. 423; Breuer, R. (1993), S. 539.

[140] Vgl. zu Kundengruppen im Geschäftsfeld Equity Capital Markets in einer allerdings etwas abweichenden Untergliederung auch Achleitner, A. (1999), S. 453ff.

[141] Vgl. Achleitner, A. (1999), S. 454.

Konzernen/ MNU wird es sich dagegen in erster Linie um Kapitalerhöhungen handeln,[142] denen wiederum unterschiedlichste Motive zugrunde liegen können.[143] Innerhalb der Gruppe der Mid Caps kommt seit einigen Jahren den Wachstumsunternehmen aus Technologiebranchen besondere Bedeutung zu.[144] Zu einer deutlichen Belebung der Emissionsaktivität in diesem Kundensegment hat vor allem auch die Schaffung entsprechender Marktsegmente an den internationalen Börsen (z.B. Neuer Markt in Deutschland, AIM in Großbritannien, Nouveau Marché in Frankreich) beigetragen.
Insgesamt ist aber auch im Eigenkapitalsektor der Kreis an potentiellen Emissionsadressen begrenzt.[145] Die Gruppe Konzerne/ MNU ist gemeinhin überschaubar, bei Mid Caps müssen im Hinblick auf die Sicherstellung einer ausreichenden Sekundärmarktliquidität gewisse Mindestgrößenklassen erfüllt sein. Allgemein wird ein Mindestvolumen von 50.000 bis 70.000 Aktien für erforderlich gehalten.[146]

- *Märkte*: Bei jeder Aktienemissionen ist zu entscheiden, welche Kapitalmärkte (national/ international) zur effektiven Mittelbeschaffung in Anspruch genommen werden sollen. Dies steht in engem Zusammenhang mit der Frage, ob und an welcher Börse die Titel eingeführt werden sollen (Kotierungsstrategie).[147] Bereits börsennotierte Unternehmen könnten z.B. ein zusätzliches Listing an einem ausländischen Finanzplatz in Betracht ziehen. Während Anleihen i.d.R. an nur einem Börsenplatz eingeführt werden, sind bei Aktien Mehrfachlistings nicht unüblich.[148] In Deutschland ist, nach Strenge der Zulassungsvoraussetzungen in absteigender Reihenfolge, zwischen den Börsensegmenten „Amtlicher Handel", „Geregelter Markt" und „Freiverkehr" zu unterscheiden.[149] Neben diesen klassischen Segmenten sind der auf die Risikofinanzierung junger Wachstumsfirmen spezialisierte „Neue Markt", und der für Unternehmen mit geringerer Kapitalisierung aus traditionellen Branchen angelegte SMAX von Bedeutung.[150]

---

142 Vgl. Achleitner, A. (1999), S. 454.
143 Vgl. hierzu die Ausführungen zum Corporate Finance in Abschnitt II.1.2.2.
144 Vgl. hierzu und im folgenden Achleitner, A. (1999), S. 455.
145 Vgl. Breuer, R. (1993), S. 532; Achleitner, A. (1999), S. 295.
146 Vgl. hierzu Breuer, R. (1993), S. 532.
147 Vgl. Achleitner, A. (1999), S. 269ff.
148 Vgl. Achleitner, A. (1999), S. 398.
149 Vgl. hierzu und den jeweiligen Zulassungsvoraussetzungen Achleitner, A. (1999), S. 270f.

II.1.2.1.3 Spezifika des Aufgabenfeldes Debt Capital Markets

Der Bereich Debt Capital Markets ist schwerpunktmäßig mit der Durchführung, d.h. Übernahme und Plazierung von Fremdfinanzierungsinstrumenten befaßt, aber auch in die Beratung des Emittenten involviert.[151] Eine detaillierte Abgrenzung dieses Gebietes kann an Instrumenten, Kundengruppen und Plazierungsmärkten ansetzen:

- *Produkte*: Ein Spezifikum des Bereichs Debt Capital Marktes besteht in der Variantenvielfalt seiner Produktdimension.[152] Finanzierungstitel des Fremdkapitalbereichs lassen sich grundlegend differenzieren in *Anleihen (i. w. S.)* als traditionelle Form der langfristigen Fremdfinanzierung, und kurz- bis mittelfristige Schuldtitel wie Commercial Paper, Euronotes oder Medium Term Notes.[153]

  Die Gestaltungsspielräume bei Fremdfinanzierungen lassen sich exemplarisch an dem Finanzierungsinstrument Anleihe verdeutlichen. Über die Variation ihrer zahlreichen Ausstattungsmerkmale kann eine zielgenaue Adaption an die individuellen Finanzierungsbedürfnisse des Emittenten und aktuellen Marktkonditionen vorgenommen werden.[154] Bedeutende „Stellschrauben" bilden die Parameter Kuponhöhe, Ausgabekurs, Rückzahlungskurs, Laufzeit, Währung, Tilgungsmodalitäten, Besicherung, Rang- und eventuelle Kündigungsrechte, aber auch die Form der Zinsansprüche.[155] Im Hinblick auf die Zinskonvention stehen bspw. die Grundoptionen fest, variabel und zinslos zur Disposition. Anleihen mit fester Verzinsung („Straight Bonds") bieten dem Emittenten eine fixe Kalkulationsgrundlage hinsichtlich des bis Laufzeitende anfallenden Zinsaufwandes.[156] Dagegen findet bei Anleihen mit variabler Verzinsung, sog. „Floating Rate Notes" (FRNs), zu regelmäßigen Terminen (z.B. alle drei, sechs, zwölf Monate) eine Anpassung des Zinskupons

---

150 Vgl. Achleitner, A. (1999), S. 398.

151 Vgl. Achleitner, A. (1999), S. 19 und S. 401.

152 Vgl. Achleitner, A. (1999), S. 402.

153 Vgl. zu den vielfältigen Fremdkapitalinstrumenten im einzelnen ausführlich Breuer, R. (1993), S. 535; Achleitner, A. (1999), S. 411ff. Vgl. zu Commercial Paper, Euronotes und Medium Term Notes, die Rahmen sog. Emissionsprogramme begeben werden, ausführlich Breuer, R. (1993), S. 535f.; Achleitner, A. (1999), S. 415ff.

154 Vgl. Achleitner, A. (1999), S. 412.

155 Vgl. hierzu und Ausstattungsmerkmalen von Anleihen ausführlich Achleitner, A. (1999), S. 412ff.; Breuer, R. (1993), S. 537ff.; Hofmann, H. (1996), S. 11f.

156 Vgl. Breuer, R. (1993), S. 537f.; Achleitner, A. (1999), S. 412.

an einen Referenzzinssatz (z.B. LIBOR, FIBOR, EURIBOR) statt.[157] Einen Sonderfall repräsentieren sog. „Zero Bonds" als zinslose, diskontierte Anleihen.[158]

Über die Erarbeitung der Finanzierungsform - umfassend die Auswahl des Finanzierungsinstruments und Festlegung der Laufzeit, der Zinsansprüche, der Währung, eventueller Kündigungsrechte usw. - hinaus bildet in einem zweiten Schritt die *Strukturierung* der Finanzierungstransaktion wesentlichen Beratungsgegenstand im Bereich Debt Capital Markets.[159] Über den Einsatz von Zinsderivaten[160] kann eine Optimierung der Kapitalkosten und Risikoeigenschaften einer Emission erreicht werden.

Wünscht der Emittent z.B. eine variable Konditionierung, was sich aufgrund der gegenwärtigen Marktbedingungen als unvorteilhaft erweist, steht ihm die - aus seiner Sicht wirtschaftlich gleichwertige - Möglichkeit offen, eine Festzinsanleihe zu emittieren und gleichzeitig ein Kuponswap abzuschließen.[161] Entsprechend läßt sich über einen Währungsswap eine nachträgliche Änderung der Emissionswährung erreichen.[162] Über Derivate lassen sich jedoch nicht nur temporäre oder strukturelle Marktungleichgewichte zur Senkung der Finanzierungskosten nutzen, sie können auch im Rahmen des finanziellen Risikomanagements von Fremdfinanzierungen eingesetzt werden.[163] Bei Emissionen

---

157 Vgl. Breuer, R. (1993), S. 537f.; Achleitner, A. (1999), S. 412.

158 Vgl. hierzu und zu weiteren Gestaltungsmöglichkeiten der Verzinsungsform ausgehend von diesen Grundtypen Achleitner, A. (1999), S. 412f.

159 Vgl. Achleitner, A. (1999), S. 435.

160 Vgl. zu Zinsderivaten ausführlich Achleitner, A. (1999), S. 429ff. Im Feld der Zinsderivate läßt sich zwischen unbedingten (Futures, Swaps) und bedingten Geschäften (Optionen) differenzieren. Nach Standardisierungsgrad und Handelsusancen können ferner börsengehandelte, standardisierte Instrumente (z.B. Bund Futures) von individualisierten, zwischen zwei Parteien ausgehandelten Zinsderivaten unterschieden werden, die nicht an der Börse gehandelt werden (Over-the-Counter- bzw. „OTC-Derivate"). Aufgrund der Möglichkeit zur bedürfnisgerechten Ausgestaltung kommt gerade der letztgenannten Gruppe bei der Strukturierung von Finanzierungstransaktionen hohe Bedeutung zu. Hierzu zählen bspw. *„Forward Rate Agreements"*, bei denen sich der Verkäufer gegenüber dem Käufer verpflichtet, eine fiktive Geldeinlage zu einem bestimmten Termin in der Zukunft zu bereits heute fixierten Konditionen entgegenzunehmen. Über ein solches Zinstermingeschäfte sichert sich der Verkäufer eine fixe Kalkulationsgrundlage hinsichtlich der Konditionen eines künftigen Finanzierungsbedarfs. Bei *„Swaps"* kommen zwei Parteien überein, bestimmte Zahlungsströme über eine zu fixierende Laufzeit auszutauschen. Klassisches Instrument bildet der Kuponswap, der den Tausch fester gegen variable Zinskonditionen vorsieht. Varianten bilden z.B. Währungsswaps (Tausch von Zahlungsströmen in verschiedenen Währungen) oder Basisswaps (Tausch der Referenzzinssätze der Anpassung variabler Verzinsung). Gerade unter Risikomanagement-Gesichtspunkten kommt ferner sog. *„Caps"* Bedeutung zu. Hierbei handelt es sich um eine vertragliche Vereinbarung einer Zinsobergrenze in bezug auf einen Referenzzinssatz. Vgl. hierzu, diesen Instrumenten und Einsatzmöglichkeiten im Rahmen der Strukturierung ausführlich Achleitner, A. (1999), S. 432ff.

161 Vgl. Achleitner, A. (1999), S. 435; Breuer, R. (1993), S. 538.

162 Vgl. Breuer, R. (1993), S. 539.

163 Vgl. Achleitner, A. (1999), S. 435.

variabel verzinslicher Anleihen kann bspw. durch den Abschluß eines „Caps" als Zinsobergrenze eine Absicherung gegen steigende Zinsen in der Zukunft erreicht werden.[164] Die Aufgabe der Bank besteht in einer möglichst vorteilhaften Kombination unterschiedlicher Instrumente unter Berücksichtigung der aktuellen Marktbedingungen und originären Finanzierungsbedürfnisse des Kunden.[165]

- *Kunden*: Bedeutende Emittenten im Fremdkapitalbereich repräsentieren Industrieunternehmen, Banken, Staaten und (halb-)staatliche Stellen, öffentliche Gebietskörperschaften (Länder, Kommunen) und supranationale Organisationen.[166] In Entsprechung werden auf der Produktseite die Kategorien Unternehmensanleihen, öffentliche Anleihen und Bankanleihen unterschieden.[167] Letztere lassen sich wiederum in die Sektoren Bankschuldverschreibungen und Pfandbriefe gliedern.[168] Pfandbriefe repräsentieren durch Verbriefung spezifischer Kategorien von Forderungen geschaffene, besicherte Bankanleihen.[169] Zwei Typen lassen sich am deutschen Kapitalmarkt unterscheiden. Öffentliche Pfandbriefe werden von öffentlichrechtlichen Kreditanstalten zur Refinanzierung von Krediten an öffentliche Institutionen begeben. Hypothekenpfandbriefe dienen der Refinanzierung von Hypothekendarlehen im Wohnungsbau. Emissionsberechtigt sind Hypothekenbanken.

- *Märkte*: Bei der Plazierung seiner Fremdkapitaltitel bieten sich dem Schuldner mit dem Inlandsmarkt, d.h. dem Kapitalmarkt im Sitzland des Emittenten, einem Auslandsmarkt oder dem Euromarkt drei Möglichkeiten.[170] Im ersten Fall werden Inlandsanleihen („Domestic Bonds") begeben, deren Emissionswährung der Inlandswährung entspricht.[171] In der Lead-Manager-Position findet sich im Konsortium typischerweise eine inländische Bank. Dominante Schuldner am deutschen inländischen Kapitalmarkt bilden öffentliche

---

164 Vgl. Achleitner, A. (1999), S. 435f.
165 Vgl. Achleitner, A. (1999), S. 435.
166 Vgl. Breuer, R. (1993), S. 533 sowie Achleitner, A. (1999), S. 402ff.
167 Vgl. hierzu Achleitner, A. (1999), S. 403ff.
168 Vgl. Achleitner, A. (1999), S. 407.
169 Vgl. hierzu und Pfandbriefen im folgenden Achleitner, A. (1999), S. 407.
170 Vgl. Schuster, L. (1990), S. 347; Achleitner, A. (1999), S. 437; Breuer, R. (1993), S. 541.
171 Vgl. zu Spezifika von Inlandsanleihen ihrer Begebung Schuster, L. (1990), S. 347.

Schuldner, Kreditinstitute und Hypothekenbanken.[172] Der Markt für Unternehmensanleihen ist unterentwickelt.

Übersteigt bspw. der Finanzierungsbedarf die Aufnahmefähigkeit des Inlandsmarktes, kann mittels sog. „Auslandsanleihen" ein ausländischer Kapitalmarkt in Anspruch genommen werden.[173] Aus deutscher Sicht repräsentieren Auslandsanleihen („Foreign Bonds") Anleihen deutscher Schuldner, die an ausländischen Kapitalmärkten in der Währung des Emissionslandes begeben werden, aber auch Anleihen ausländischer Schuldner, die am deutschen Kapitalmarkt in Euro begeben werden.[174] Die USA, Japan und die Schweiz bilden die wichtigsten Emissionsmärkte für Auslandsanleihen.

Zentraler Vorteil des Euromarktes ist seine geringe Regelungsdichte - mithin ein Erklärungsfaktor für seine heutige Bedeutung als Emissionsmarkt. „Eurobonds" repräsentieren Anleihen, die auf eine beliebige Währung lauten können und deren Verkauf vorwiegend außerhalb des Sitzlandes des Schuldners erfolgt.[175] Daher wird die Bildung eines international besetzten Konsortiums erforderlich, das die Anleihen an die vorwiegend institutionelle Investorenbasis bringt.

II.1.2.2 Corporate Finance

Ein zentrales Leistungsfeld im Investment Banking bildet das (gelegentlich auch als „Financial Advisory" bezeichnete) „Corporate Finance".[176] Hier angesiedelte Beratungsleistungen sind durch intensive Auseinandersetzung mit der Kapitalseite des Kunden und Möglichkeiten ihrer Restrukturierung (z.B. im Wege von Kapitalemissionen) gekennzeichnet.[177] Bezugspunkte bilden Fragen der Bemessung des Gesamtvolumens einzelner Kapitalarten (Eigen-, Fremd-, Mezzanine-Kapital), ihre Zusammensetzung im einzelnen (bspw. verschiedene Arten der Fremdkapitalfinanzierung) oder die Gestaltung ihres Verhältnisses zueinander.

Zentrale Funktionen der Banken bestehen in der Identifikation von Finanzierungsbedürfnissen des Kunden oder Möglichkeiten zur Senkung ihrer Kapitalkosten durch Veränderung der

---

172 Vgl. hierzu und im folgenden Achleitner, A. (1999), S. 437.
173 Vgl. Achleitner, A. (1999), S. 438.
174 Vgl. zu Auslandsanleihen Achleitner, A. (1999), S. 438; Schuster, L. (1990), S. 347.
175 Vgl. zu Spezifika von Eurobonds und ihrer Begebung Schuster, L. (1990), S. 347.
176 Vgl. Achleitner, A. (1999), S. 233.

Kapitalstruktur, sowie darauf aufbauend der Bereitstellung adäquater Problemlösungen.[178] Es besteht somit ein naturgemäß enger Bezug zum Emissionsgeschäft.[179] Die Beratungsleistungen des Corporate Finance umfassen zwar, wie bereits ausgeführt, auch Beratungsleistungen zur Durchführung von Kapitalmarkttransaktionen auf dem Primärmarkt, gehen jedoch über die reine Emissionsberatung bei weitem hinaus. Daß hierin ein eigenständiges Aufgabenfeld im Investment Banking zu sehen ist, verdeutlicht folgendes Beispiel. So ist es im Zusammenhang mit großen Privatisierungen, die auf Börseneinführungen hinführen, durchaus üblich, daß der öffentliche Eigentümer im Hinblick auf die Vermeidung von Interessenkonflikten eine klare Trennung der Privatisierungs- von der Emissionsberatungs- und -durchführungsfunktion wünscht, und für beide Teilleistungen unterschiedliche Banken(gruppen) beauftragt.[180] Im Rahmen der Vermarktung von Corporate-Finance-Beratungsleistungen ist zwar nützlich, jedoch nicht zwingend erforderlich, daß eine Bank über einen Capital-Markets-Bereich verfügt. Ebenso ist für ein Engagement als Underwriter und Plazierungsbank nicht zwingend erforderlich, daß die Bank umfassende Beratungskapazitäten vorweisen kann.

Zusammenfassend umfaßt das Corporate Finance also all jene Beratungsleistungen, die von Banken vor, während und nach Finanzierungstransaktionen ihrer Kunden erbracht werden.[181] Wichtige Corporate-Finance-Leistungssegmente können in nach Kundengruppen – Unternehmen (Abschnitt II.1.2.2.1) und öffentliche Institutionen (Abschnitt II.1.2.2.2) - gegliederter Weise aufgezeigt werden.

---

177 Vgl. hierzu und im folgenden Achleitner, A. (1999), S. 233.

178 Vgl. Achleitner (1999), S. 380 und S. 382.

179 Vgl. zum Emissionsgeschäft in Abschnitt II.1.2.1.1.

180 Vgl. hierzu und zu den folgenden Beispielen Achleitner, A. (1999), S. 243. Dies beschreibt die Vorgehensweise der niederländischen, teilweise auch der britischen Regierung. Vgl. Achleitner, A. (1999), S. 243.

181 Vgl. Jakob, A./ Klein, S. (1996), S. 13.

II.1.2.2.1 Beratungsleistungen für Unternehmen

Finanzierungsorientierte Beratungsleistungen des Corporate Finance unterscheiden sich insofern von allgemeinen Beratungsleistungen („General Advisory"), als sie direkt auf eine Mittelaufnahme am Kapitalmarkt hinführen.[182] Nachfrage ergibt sich im Zusammenhang mit folgenden Projekten (=Corporate-Finance-Transaktionen):[183]

- Börseneinführungen („Initial Public Offerings"/ IPOs oder auch „Going Publics")
- Kapitalerhöhungen
- Aktienrückkäufen
- Mitarbeiter- und/ oder Managementbeteiligungsprogrammen
- Umschichtungen von Fremdkapital

Diese Transaktionen können Einzelberatungsgegenstände repräsentieren, aber auch in Verknüpfung miteinander auftreten. Oftmals wird bspw. ein Börsengang gleichzeitig dazu genutzt, Management und Mitarbeiter zu beteiligen,[184] um Motivation, Leistungsbereitschaft und unternehmerisches Denken zu fördern. Bei Privatisierungen (vgl. Abschnitt II.1.2.2.2) staatlicher Großunternehmen des Versorgungs-, Telekommunikations- und Transportsektors wird i.d.R. eine spätere Börseneinführung der Titel angestrebt, wie zuletzt bei der Deutschen Post AG im Jahre 2000 oder der Deutschen Telekom AG 1996. Aktienrückkäufe können z.B. auch zum Zwecke der geplanten Implementierung eines Mitarbeiterbeteiligungsprogramms durchgeführt werden, für das die Eigenkapitaltitel verwendet werden sollen.[185]

Dem Corporate Finance fällt die Aufgabe zu, den Kunden bei der *Auswahl*, *Ausgestaltung* und *Durchführung* der o. g. Projekte inklusive der hiermit assoziierten Finanzierungstransaktionen zu beraten.[186] Die Entwicklung eines bedürfnis- und marktgerechten Emissionskonzeptes, wie in Abschnitt II.1.2.1.1.2 umrissen, stellt dabei ein zentrales, wiederkehrendes Leistungselement dar.[187] Daneben erbringen Banken, wie die folgenden Ausführungen beispielhaft zeigen werden, eine Reihe hochspezialisierter Beratungs-

---

182 Vgl. zu dieser Unterscheidung Achleitner, A. (1999), S. 233f.
183 Vgl. hierzu und im folgenden Achleitner, A. (1999), S. 233.
184 Vgl. Achleitner, A. (1999), S. 315.
185 Vgl. Achleitner, A. (1999), S. 340.
186 Vgl. Achleitner, A. (1999), S. 233.
187 Vgl. hierzu die Ausführungen zur Emissionsberatung in Abschnitt II.1.2.1.1.2.

leistungen, die den Finanzierungstransaktionen vor- und nachgelagert sind und sich nach Art des Corporate-Finance-Projekts unterscheiden.

- *Börseneinführungen*:[188] Als Kunden sind in diesem Leistungssegment zunächst und vorrangig Mid Caps von Relevanz. Sonderfälle repräsentieren IPOs im Zusammenhang mit Privatisierungen und Börseneinführungen von Tochtergesellschaften („Equity-Carveouts").[189]

  Bei Börseneinführungen erstreckt sich die Beratung im Vorfeld z.B. zunächst auf die Grundsatzentscheidung Börsengang in Abwägung mit anderen Finanzierungsalternativen (z.B. Private Equity).[190] Ist die Entscheidung für ein IPO getroffen, geht es sodann um Fragen der Börsenreife. Dies impliziert, daß ein IPO i.d.R. erst am Ende eines längeren Zeitabschnittes steht, in dem Bank dem Unternehmen beratend zur Seite steht. Ihre Leistung liegt im weiteren in der Hinführung auf das IPO durch Identifikation möglichen Nachholbedarfs im Hinblick auf wichtige Anforderungskriterien der Börsenreife und Bestimmung des richtigen Zeitpunktes.[191] Hierzu werden quantitative Kriterien (z.B. Mindestgröße und -umsatz, angemessene Profitabilität, respektables Unternehmenswachstum und ein Plazierungsvolumen, das eine ausreichende Sekundärmarktliquidität gewährleistet) ebenso herangezogen, wie qualitative. Zu letzteren zählen z.B. Marktposition, Produktpalette, Know-How und Managementqualität des Börsenanwärters.

  Eine wichtige begleitende Beratungsleistung bei IPOs besteht z.B. in der Entwicklung der sog. „Equity Story", die für die Vermarktungserfolg der Emission als zentral anzusehen ist.[192] Sie muß Anleger und Meinungsmacher an den Kapitalmärkten (z.B. Analysten, Wirtschaftsjournalisten) von der Güte und Attraktivität der Emission bzw. des Börsendebutanten und seinem Potential überzeugen.

---

188 Vgl. zur Beratung bei Börseneinführungen ausführlichst Achleitner, A. (1999), S. 242ff.

189 Vgl. zu diesen Spezialfällen ausführlich Achleitner, A. (1999), S. 238ff. sowie S. 256ff.

190 Vgl. hierzu und zu Beratungsleistungen im Vorfeld des IPOs im folgenden Achleitner, A. (1999), S. 249ff.

191 Vgl. hierzu und im folgenden Achleitner, A. (1999), S. 252.

192 Vgl. hierzu ausführlich Achleitner, A. (1999), S. 285ff. Die Equity-Story schildert Charakteristika des Emittenten wie z.B. Produktpalette, Wettbewerbsposition und -umfeld, Internationalitätsgrad (bspw. anhand der geographischen Verteilung des Umsatzes), strategische Ressourcen (wie technologisches Know-how, ggf. Patente), Zukunftsaussichten ergänzt um aussagekräftige Finanzkennzahlen. Der Aufbau der Equity-Story erfolgt unter Rückgriff auf das Equity-Research der Bank. Vgl. hierzu Achleitner, A. (1999), S. 286f.

Corporate-Finance-Leistungen im Anschluß an ein IPO können bspw. in der Übernahme einer Betreuerfunktion bestehen,[193] wie der eines „Designated Sponsors“ im Neuen Markt.[194] Eine wesentliche Aufgabe des Designated Sponsors besteht darin, die Liquidität in dem betreuten Titel dadurch zu sichern, daß er auf Anfrage jederzeit verbindliche Geld- und Briefhandelskurse stellt. Zudem bietet er fortlaufend Beratung und Produkte im Investment Banking, verpflichtet sich zur regelmäßigen Erstellung von Research-Berichten, berät bei der Erfüllung der Transparenzanforderungen und unterstützt bei Investor-Relations-Aktivitäten.[195]

- *Kapitalerhöhungen:*[196] Kapitalerhöhungen können durch die unterschiedlichsten Absichten motiviert sein. Ziel kann bspw. die Finanzierung organischen Wachstums sein oder die Schaffung von Transaktionswährung für geplante Akquisitionen („Acquisition Currency“).[197] Auch die Implementierung eines Mitarbeiterbeteiligungsprogramms oder eine beabsichtigte Veränderung an der Finanzierungsstruktur kann den Anstoß bilden. Die Beratung der Investment Bank setzt spätestens dann ein, wenn der potentielle Emittenten eine vorläufige Vorstellung über eine solche Transaktion entwickelt hat, idealerweise hat sie bereits an der Entwicklung der Grundidee mitgewirkt. Dies unterstreicht die Notwendigkeit einer aktiven Akquisitionspolitik und fortgesetzten Beratung und Betreuung - ggf. auch im Wege der Bereitstellung nicht abzugeltender Vorleistungen im Vorfeld.[198]

  Aufgrund der damit verbundenen Vorteile für den Emittenten bildet vorab vor allem die Frage eines möglichen Bezugsrechtsausschlusses einen wichtigen Beratungsgegenstand.[199]

---

193 Vgl. Achleitner, A. (1999), S. 290.

194 Anm. d. Verf.: Zulassungsvoraussetzung und Besonderheit am Neuen Markt bildet, daß jedes dort gelistete Unternehmen über zwei Betreuer - sog. „Designated Sponsors“ - verfügen muß. Üblich ist, daß die führend in den Börsengang eingebundene Emissionsbank, die auch die Beratungsfunktion innehat, diese Funktion übernimmt. Vgl. Achleitner, A. (1999), S. 272.

195 Vgl. Reuter, H. (2001), S. 12.

196 Vgl. zu Kapitalerhöhungen ausführlich Achleitner, A. (1999), S. 294ff.

197 Vgl. hierzu und Motiven für Kapitalerhöhungen im folgenden Achleitner, A. (1999), S. 293.

198 Vgl. Achleitner, A. (1999), S. 296.

199 Vgl. hierzu ausführlich Achleitner, A. (1999), S. 297ff. Durch eine Änderung des § 186, Absatz 3 Satz 4 Aktiengesetz in 1994 wurden in Deutschland die Möglichkeiten eines Bezugsrechtsausschlusses wesentlich erleichtert. Er ist dann gestattet, wenn das Volumen der Kapitalerhöhung gegen Bareinlage 10 % des Grundkapitals nicht übersteigt und der Ausgabepreis der neuen Aktien den Börsenkurs nicht wesentlich unterschreitet. Da bei hochkapitalisierten Unternehmen die Erreichung der 10-Prozent-Marke eher unwahrscheinlich ist, genießen diese damit ein praktisch uneingeschränktes Wahlrecht. Vgl. Achleitner, A. (1999), S. 299.

Vorteile freier Kapitalerhöhungen bestehen u.a. in einem höheren Emissionserlös, Zeit- und Timingvorteilen in der Durchführung und der Möglichkeit zur Internationalisierung der Aktionärsbasis durch Inanspruchnahme internationaler Kapitalmärkte.[200] Bei einem Ausschluß ergibt sich ein ungleich höherer Beratungsbedarf als bei sog. „Rights Offers", da in diesem Falle zur bestehenden Aktionärsbasis neue Anteilseigner hinzutreten sollen. Somit müssen die Zielgruppen der Emission gewählt, eine interessante „Equity Story" konzipiert und investorenbezogene Marketinganstrengungen unternommen werden.[201]

- *Aktienrückkauf:*[202] Zeitlich vorgelagerte Aufgaben der Bank können hier in der Darlegung die Wirkungsweise des Instrumentes sowie Klärung der Frage bestehen, ob und warum eine solche Transaktion im Hinblick auf Unternehmensspezifika und -zielsetzungen zweckmäßig erscheint.[203] Über Aktienrückkäufe kann z.B. Einfluß auf die Zusammensetzung des Aktionärskreises genommen werden. Daneben kann dieses Instrument auch zur Verwirklichung spezifischer finanzpolitischer Absichten im Rahmen wertorientierter Unternehmensführung eingesetzt werden.[204] Mögliche Motive bilden hier u.a. die Ausschüttung überschüssiger Liquidität, Steuerung der Kapitalstruktur (hier: Erhöhung des Fremdkapitalanteils und Nutzung des Leverage-Effektes) oder Erhöhung des Ertragsanteils des einzelnen Aktionärs. Daß diesem Instrument in Deutschland bislang noch geringere Bedeutung zukommt, ist auf äußerst restriktive regulatorische Rahmenbedingungen in der Vergangenheit zurückzuführen, die seinen Einsatz bis 1998 nur in Ausnahmefällen gestatteten.[205]
- *Mitarbeiter-/ Managementbeteiligung:*[206] Zur Realisierung dieser Zielsetzung können Unternehmen unterschiedlichste Wege beschreiten. Unter „Aktienprogramme" fallen Transaktionen, die mit dem tatsächlichen Erwerb von Aktien einher gehen.[207] Dies ist bspw. bei der Ausgabe von Belegschaftsaktien, Schaffung einer spezifischen

---

200 Vgl. zu Vor- und Nachteilen des Bezugsrechtsausschlusses Achleitner, A. (1999), S. 300.

201 Vgl. Achleitner, A. (1999), S. 302ff.

202 Vgl. zur Beratung bei Aktienrückkäufen ausführlich Achleitner, A. (1999), S. 334ff.

203 Vgl. hierzu Achleitner, A. (1999), S. 335f.

204 Vgl. hierzu und zu Motiven für Aktienrückkäufe im folgenden Achleitner, A. (1999), S. 326ff.

205 Vgl. zur neuen Rechtslage, die Rückkaufsvolumina bis zu 10 Prozent des Grundkapitals gestattet, und ihren Auswirkungen ausführlich Achleitner, A. (1999), S. 331ff.

206 Vgl. zur Beratung bei Mitarbeiter- oder Managementbeteiligungsprogrammen als Aufgabenbereich des Corporate Finance ausführlich Achleitner, A. (1999), S. 312ff.

207 Vgl. zu Aktienprogrammen und Varianten ausführlich Achleitner, A. (1999), S. 315ff.

Mitarbeitertranche im Rahmen von Emissionen, aber auch innovativen Konstruktionen wie sog. „Employee Stock Ownership Plans"[208] (ESOPs) der Fall. Hiervon abzugrenzen sind Aktienoptionspläne, die die Ausgabe von Aktienoptionen, Options- oder Wandelschuldverschreibungen vorsehen.[209] Beratungsaufgabe der Bank bildet, ein auf Zielsetzungen und Unternehmenspezifika zugeschnittenes Programm zu wählen und zu entwickeln. Dies beinhaltet u.a. die Festlegung des Kreises an Berechtigten und der Höhe der Beteiligung sowie die anreizkompatible Ausgestaltung der Instrumente unter Berücksichtigung von steuerlichen Effekten und Auswirkungen auf Kapitalstruktur.[210]

Als Beispiel für eine Aufgabenstellung im Rahmen des General Advisory läßt sich die Entwicklung abgestimmter Investor-Relations-Progamme anführen.[211] Die Beratung in Fragen finanzmarktorientierter Kommunikationspolitik gewinnt stark an Bedeutung und befindet sich auf dem Weg zu einem eigenständigen Leistungssegment im Investment Banking.[212] Ihr Ziel ist, durch fortlaufende Kommunikation mit aktuellen und potentiellen Aktionären, Analysten und der Presse einen ausreichenden Informationsstand dieser Gruppen zu gewährleisten und ein möglichst nachhaltiges Interesse am emittierenden Unternehmen zu fördern.[213] Leistungen umfassen dabei u.a. die Unterstützung des Managements bei Veröffentlichungen und Berichten über das Unternehmen - auch im Hinblick auf die Wahrung der Publizitätsvorschriften des Börsenplatzes und der Adhoc-Publizität, sowie das Coaching von Management-Präsentationen und/ oder Hauptversammlungen.

---

208 Anm. d. Verf.: Im Rahmen von ESOPs wird Mitarbeitern zum Erwerb der Aktien eine steuerbegünstigte Kreditfinanzierungsmöglichkeit geboten. Ferner schließen die Konstruktionen eine Absicherung der Erwerber gegen Kursrisiken der Aktie ein. Vgl. Hofmann, H. (1996), S. 23.

209 Vgl. zu diesen Beteiligungsformen ausführlich Achleitner, A. (1999), S. 319ff.

210 Vgl. Achleitner, A. (1999), S. 314f.

211 Vgl. Achleitner, A. (1999), S. 234.

212 Vgl. Jakob, A./ Klein, S. (1996), S. 13; Achleitner, A. (1999), S. 290.

213 Vgl. hierzu und im folgenden Achleitner, A. (1999), S. 290.

II.1.2.2.2 Beratungsleistungen für öffentliche Institutionen

Wichtige Aufgabenstellungen im Rahmen von Coporate-Finance-Services für öffentliche Organisationen repräsentieren die Beratung souveräner Staaten bzw. deren Regierungen und Behörden bei Projekten wie Privatisierungen oder Umschuldungen.[214]

- *Privatisierungen*: Bei Privatisierungen der öffentlichen Hand - vorwiegend in den Branchen Telekommunikation, Post, Luftfahrt, Eisenbahn und Energie - beinhaltet die Beratung zunächst Aspekte der Reorganisation und Restruktuierung staatlicher Unternehmen unter privatwirtschaftlichen Gesichtspunkten.[215] Dies umfaßt u.a. die Mitwirkung an der Erarbeitung adäquater gesellschaftsrechtlicher und klarer, transparenter Organisationsstrukturen. Auch Informations- und Kontrollsysteme wie z.B. ein Rechnungswesen müssen hier i.d.R. erst aufgebaut werden.[216] Die Beratung kann sich ferner auch auf Aspekte der strategischen Neuorientierung des Unternehmens erstrecken.[217] Möglich, daß in der Folge Beteiligungen abgestoßen oder Übernahmen getätigt werden. Im Anschluß an die Rechtsformänderung (=formelle Privatisierung) wird der Eigner staatlicher *Groß*unternehmen im Rahmen der Substitution staatlichen Eigentums durch private Kapitalgeber (=materielle Privatisierung) i.d.R. Interesse an der Vermittlung eines Zugangs zum Kapitalmarkt haben.[218] Sofern eine Börseneinführung der Aktien erfolgen soll, vollzieht sich der Prozeß der materiellen Privatisierung zumeist in zwei Phasen:[219] Zunächst wird eine Kapitalerhöhung im Markt plaziert, bevor der Alteigentümer seine Beteiligung sukzessive senkt, indem er alte Aktien über die Börse veräußert.

- *Umschuldungen*: Beratungsleistungen für souveräne Staaten bezüglich ihres Debt Managements - von besonderer Relevanz für Entwicklungs- und Schwellenländer - umfassen u.a. die Begleitung und Unterstützung in Verhandlungen mit anderen Staaten

---

214 Vgl. Engel, H.-G. (1998), S. 108; Schumann, P. (1989), S. 311.

215 Vgl. Schumann, P. (1989), S. 311.

216 Vgl. Achleitner, A. (1999), S. 253f.

217 Vgl. Jakob, A./ Klein, S. (1996), S. 22.

218 Vgl. Achleitner, A. (1999), S. 238. Eine Alternative zur Börseneinführung, die bei mittleren bis kleinen Firmen in Frage kommt, besteht im Verkauf des Unternehmens an industrielle oder strategische Investoren. Dieser Aufgabe hat dann der Bereich M&A-Advisory wahrzunehmen.

bezüglich Umschuldungen und Stundungen („Debt Rescheduling") und daraus resultierender Kapitalmarkttransaktionen.[220]

II.1.2.3 Sales & Trading

Verkaufs- und Handelsaktivitäten in Wertpapieren oder wertpapierähnlichen Instrumenten auf dem Sekundärmarkt bilden gemeinsam mit dem Primärmarktgeschäft den historischen Kern des Investment Banking.[221] Im folgenden soll dieses Aufgabenfeld einer analytischen Betrachtung unterzogen werden, wobei auf Funktionen der Bank im Rahmen dieser Tätigkeiten, Instrumente und relevante Kundengruppen abgehoben wird (Abschnitt II.1.2.3.1). Mit Beleuchtung der Motive für ein Engagement im Sekundärmarkthandel soll verdeutlicht werden, daß für eine Tätigkeit in diesem Bereich im Lichte der integrierten Marktleistungserstellung im Investment Banking nicht allein finanzielle Motive ausschlaggebend sind (Abschnitt II.1.2.3.2).

II.1.2.3.1 Tätigkeiten, Instrumente und Kundengruppen im Sekundärmarktgeschäft

Sekundärmarktaktivitäten betreffen Wertpapiertransaktionen *zwischen Investoren.*[222] Hierbei kann sich das Finanzinstitut in unterschiedlicher Weise einbringen - als Vermittler bzw. Abschlußagent oder Transaktionspartner.[223] Anknüpfend an diesen Rollen lassen sich die Funktionen des Brokers und Dealers unterscheiden:[224]

- **Broker** führen in der Funktion eines Vermittlers Wertpapierkauf- oder -verkaufsaufträge ihrer Kunden aus.[225] Da der Broker lediglich Vertragsparteien zusammenführt bzw. Geschäfte für Rechnung des Kunden tätigt, geht er mit diesen Aktivitäten kein eigenes Risiko ein.[226] Für die „Geschäftsbesorgung" erhalten Broker eine Vergütung in Form einer

---

219 Vgl. hierzu Achleitner, A. (1999), S. 238.
220 Vgl. hierzu Engel, H.-G. (1998), S. 108 sowie ausführlich Schumann, P. (1989), S. 311.
221 Vgl. Kuhn, R. (1990), S. 10f.
222 Vgl. Kuhn, R. (1990), S. 11.
223 Vgl. Jakob, A./ Klein, S. (1996), S. 11, Schnyder, T. (1992), S. 14f. und 18ff.
224 Vgl. Kuhn, R. (1990), S. 11; Jakob, A./ Klein, S. (1996), S. 11; Schnyder, T. (1992), S. 13ff.
225 Vgl. zum funktionalen Begriff des Wertpapierbrokers Schnyder, T. (1992), S. 14f.; Kuhn, R. (1990), S. 11. Brokeraktivitäten im Wertpapierbereich werden aus Sicht der deutschen Universalbank als „Effektenkommissionsgeschäft" bezeichnet. Vgl. hierzu ergänzend Büschgen, H. (1998), S. 391; Breuer, R. (1993), S. 528.
226 Vgl. Schnyder, T. (1992), S. 14; Kuhn, R. (1990), S. 11.

Provision bzw. Kommission, die i.d.R. einem bestimmten Prozentsatz des Kurswertes der Order entspricht.[227]

- In Abgrenzung zum Broker tritt der **Dealer** bei Wertpapierkäufen und -verkäufen als Transaktionspartner auf.[228] Da mit dieser Aktivität der Aufbau von Wertpapierpositionen verbunden ist, geht hiermit allgemein auch die Übernahme von Markt- und Bonitätsrisiken für die im Bestand gehaltenen Wertpapiere einher.[229]

  Der Dealer kann sowohl mit oder ohne Kundenauftrag aktiv werden. Im ersten Fall fungiert er als Transaktionspartner des Kunden bei Wertpapierkäufen oder -verkäufen. Von diesen Geschäften abzugrenzen ist der Eigenhandel. Im Rahmen des sog. „Proprietary Trading" wird die Bank unter Einsatz eigener Mittel selbst am Kapitalmarkt aktiv.[230] Sie tätigt Wertpapiergeschäfte im eigenen Namen und auf eigene Rechnung.[231] Transaktionen können dabei durch die Absicht einer gewinnbringenden Ausnutzung vorübergehender Preisunterschiede, die für Handelsobjekte zur selben Zeit auf verschieden Markt- bzw. Börsenplätzen bestehen, motiviert sein (Arbitrage) oder spekulativen Zwecken dienen.[232] Letzteres beinhaltet das Eingehen von Long- bzw. Short-Positionen in Erwartung künftiger Preisveränderungen, wobei sich der Zeitraum, über den diese Risikoprofile getragen werden, von einigen Minuten bis auf mehrere Monate erstrecken kann (Spekulation).[233]

  Der Eigenhandel ist ferner Grundvoraussetzung des sog. „Market Making".[234] Ein „Market Maker" ist ein Marktteilnehmer, der sich verpflichtet, für bestimmte Mindestmengen in einem oder mehreren Wertpapiere(n) jederzeit verbindliche An- bzw. Verkaufskurse zu stellen, zu denen er zum Handel bereit ist.[235] Dies erfordert einen Eigenbestand, um Kaufwünschen von Investoren nachkommen zu können, ebenso aber die Bereitschaft, diesen Bestand bei Verkaufswünschen zu erhöhen.[236] Die Aufgabe des Market Makers besteht in der Erhaltung

---

227 Vgl. Schnyder, T. (1992), S. 15; Breuer, R. (1993), S. 529.
228 Vgl. Jakob, A./ Klein, S. (1996), S. 11.
229 Vgl. Kuhn, R. (1990), S. 11; Breuer, R. (1993), S. 529f.
230 Vgl. Achleitner, A. (1999), S. 17f.; Breuer, R. (1993), S. 529.
231 Vgl. Schnyder, T. (1992), S. 18. Diese Aktivitäten werden aus Sicht der deutschen Universalbank als „Effekteneigengeschäfte" bezeichnet. Vgl. hierzu Büschgen, H. (1998), S. 390f.
232 Vgl. Achleitner, A. (1999), S. 20; Schnyder, T. (1992), S. 18ff.; Breuer, R. (1993), S. 528.
233 Vgl. Schnyder, T. (1992), S. 19.
234 Vgl. Breuer, R. (1993), S. 528.
235 Vgl. Schnyder, T. (1992), S. 20; Kuhn, R. (1990), S. 11.
236 Vgl. Breuer, R. (1993), S. 528.

der Liquidität und Funktionsfähigkeit des Marktes in dem betreffenden Titel.[237] Im Investment Banking ist diese Funktion z.B. im Anschluß an ein IPO gefragt.[238]

Broker- und Dealer-Aktivitäten werden im Verkaufs- und Handelsbereich („Sales & Trading") zusammengefaßt.[239] Der Handel führt die Kundenaufträge sowie die Wertpapiertransaktionen auf eigene Rechnung durch.[240]

Wertpapiere als Gegenstände o. g. Sekundärmarkttransaktionen können nach Rechtsstellung des Erwerbers in die Kategorien Beteiligungs- (Equity) und Gläubigerpapiere (Debt) unterteilt werden.[241] Die erste Gruppe wird insbesondere durch Aktien repräsentiert, letztere vor allem durch Anleihen i. w. S. („Bonds").

Darüber hinaus bezieht sich ein nachhaltig wachsender Teil der Handels- und Vertriebsaktivitäten auf den Bereich der Derivate.[242] Hierbei handelt es sich um aus Basisinstrumenten („Underlyings", hier Aktien, Anleihen, auch entsprechende Indizes) abgeleitete Finanzprodukte, deren Wert sich vornehmlich aus dem Preis bzw. der Preisentwicklung des Underlyings ableitet.[243] Futures, Optionen und Swaps bilden Grundformen dieser sich ständig fortentwickelnden Finanzinstrumente,[244] die im Kunden- wie Eigengeschäft vorwiegend zu Absicherungs-, in zunehmendem Maße aber auch zu Arbitrage- und Spekulationszwecken eingesetzt werden.[245]

Im Zusammenhang mit Handelsaktivitäten auf Sekundärmärkten lassen sich, wie oben aufgezeigt, Eigen- und kundeninduzierte Geschäfte unterscheiden. Das Kundengeschäft im Investment Banking umfaßt in klassischer Auslegung den Handel mit und Vertrieb von Finanzinstrumenten an Abnehmer des Wholesale-Bereichs. Mit institutionellen Investoren (Kapitalsammelstellen wie Versicherungen, Investment- und Pensionsfonds), multinationalen

---

237 Vgl. Kuhn, R. (1990), S. 11; Schnyder, T. (1992), S. 20.
238 Vgl. Kuhn, R. (1990), S. 11.
239 Vgl. Achleitner, A. (1999), S. 20.
240 Vgl. Achleitner, A. (1999), S. 20.
241 Vgl. hierzu allgemein Jakob, A./ Klein, S. (1996), S. 10.
242 Vgl. Breuer, R. (1993), S. 527.
243 Vgl. hierzu Achleitner, A. (1999), S. 429; sowie beispielhaft Deutsche Bank (2000), S. 153.
244 Vgl. zu Merkmalen und Arten von derivativer Finanzinstrumente, insbesondere Zinsderivaten Achleitner, A. (1999), S. 429ff. sowie die Ausführungen hierzu in Abschnitt II.1.2.1.3.
245 Vgl. Wertschulte, J. (1995), Sp. 1022f. Vgl. zu Einsatzmöglichkeiten von Derivaten (Risikomanagement, Arbitrage, Spekulation) allgemein Achleitner, A. (1999), S. 431.

Industrie- und Handelsunternehmen und anderen Finanzdienstleistern lassen sich hier drei bedeutende Kundengruppen unterscheiden.[246] Oftmals, wie z.B. im Swap-Geschäft, nehmen Finanzinstitute jedoch nicht die Rolle des Abnehmers, sondern des jeweiligen Kontraktpartners ein.[247]

Über Kapitalanlagebedürfnisse hinaus kennzeichnet diese Gruppen auch Nachfragepotential im Bereich des Risikomanagements - ein Beratungsfeld das angesichts einer zunehmenden Volatilität der Finanzmärkte fortgesetzt an Bedeutung gewinnt.[248] So müssen heute nicht nur Banken, sondern auch Industrieunternehmen ein aktives Management ihrer Zinspositionen betreiben.[249] Zur Absicherung mit Zinsrisiken belasteter, zukünftiger Zahlungsströme können Derivate eingesetzt werden.[250] Über die Beratung zur Auswahl von Instrumenten zur Risikobewältigung hinaus können sich die Aktivitäten im Bereich des Risikomanagements auch auf die Identifizierung und Bewertung finanzwirtschaftlicher relevanter Risiken von Unternehmen erstrecken.[251]

II.1.2.3.2 Motive für ein Engagement im Sekundärmarktgeschäft

Ein Engagement im Sekundärmarktgeschäft, sei es in der Funktion des Brokers oder Dealers, kann zunächst und grundlegend mit der Generierung von Erträgen - in Form von Provisionen im Kommissionsgeschäft sowie positiven Handelsergebnissen - begründet werden.[252] Für eine Tätigkeit in diesem Bereich spielen jedoch auch andere Motive eine Rolle. Denn Sekundärmarktaktivitäten bilden eine wesentliche Voraussetzung des Angebots umfassender und fundierter Leistungsbündel in anderen Teilbereichen des Investment Banking, wie z. B. im Emissionsgeschäft.[253]

Zum einen repräsentiert die Wahrnahme der Dealer-Funktion Voraussetzung für die häufig geforderte *Übernahme von Kurspflege- und Market-Maker-Aktivitäten* im Anschluß an Emission und Erstplazierung.[254] Die Bereitschaft der Bank(engruppe), Kapital für den

---

[246] Vgl. hierzu Achleitner, A. (1999), S. 21f.
[247] Vgl. Achleitner, A. (1999), S. 22 und S. 89
[248] Vgl. Jakob, A./ Klein, S. (1996), S. 14.
[249] Vgl. Achleitner, A. (1999), S. 68.
[250] Vgl. Achleitner, A. (1999), S. 431 sowie die Ausführungen hierzu in Abschnitt II.1.2.1.3.
[251] Vgl. Jakob, A./ Klein, S. (1996), S. 14.
[252] Vgl. Breuer, R. (1993), S. 529; Jakob, A./ Klein, S. (1996), S. 11.
[253] Vgl. Jakob, A./ Klein, S. (1996), S. 11.
[254] Vgl. Jakob, A./ Klein, S. (1996), S. 11.

aktiven Handel in dem emittierten Titel einzusetzen,[255] bildet häufig schon ein Kriterium bei der Auswahl der emissionsbegleitenden Bank(en).[256]

Daneben ist das Sekundärmarktgeschäft in seiner Funktion als *Informationsgenerator* für das Emissionsgeschäft von Bedeutung.[257] Über Dealer- und Brokeraktivitäten lassen sich spezialisierte Informationen über die Gegebenheiten und Verfassung verschiedener Wertpapiermärkte, über die Anlegerpräferenzen institutioneller Großinvestoren und das aktuelle Nachfragepotential gewinnen.[258] Diese sind zum einen für zentrale Fragestellungen im Zusammenhang mit der Durchführung von Emissionen - Timing, Preisfindung und Plazierung - von Relevanz.[259] Des weiteren spielen diese Informationen im Kontext der Emissionsberatung z.B. bei der Auswahl und Ausgestaltung des Finanzierungsinstruments und Festlegung der Plazierungsstruktur eine bedeutende Rolle. Damit kann das Sekundärmarktgeschäft in seiner Informationsfunktion nicht zuletzt auch den Anstoß zu Finanzinnovationen geben. Möglicherweise schlägt sich dies wiederum indirekt in einem höheren akquisitorischen Potential in den Leistungsfeldern Corporate Finance und Capital Markets nieder.

II.1.2.4 Mergers and Acquisitions

Der Terminus „Mergers and Acquisitions" (M&A) steht im Investment Banking als Oberbegriff für all jene Beratungsleistungen, die im Zusammenhang mit Unternehmens-transaktionen wie Fusionen, Akquisitionen oder Veräußerungen von Unternehmen oder Konzernteilen erbracht werden.[260] Aufgrund seiner Know-how-Intensität und der hohen Bedeutung von Reputation bei der Mandatsgewinnung ist dieses Aufgabenfeld durch außergewöhnlich hohe Eintrittsbarrieren gekennzeichnet.[261] Deshalb wird hierbei auch von der „Königsdisziplin" des Investment Banking gesprochen. Auf Grundlage eines Überblicks über zentrale Aufgabenstellungen im M&A-Geschäft (Abschnitt II.1.2.4.1) wird im weiteren der idealtypische Ablauf einer M&A-Transaktion einer analytischen Betrachtung unterzogen (Abschnitt II.1.2.4.2).

---

255 Vgl. Achleitner, A. (1999), S. 290.
256 Vgl. Jakob, A./ Klein, S. (1996), S. 11.
257 Vgl. Jakob, A./ Klein, S. (1996), S. 11.
258 Vgl. Achleitner, A. (1999), S. 386; Jakob, A./ Klein, S. (1996), S. 11.
259 Vgl. Jakob, A./ Klein, S. (1996), S. 11; Achleitner, A. (1999), S. 383.
260 Vgl. Achleitner, A. (1999), S. 19; Schuster, L. (1990), S. 349; Reicheneder, T. (1992), S. 14.
261 Vgl. Jakob, A./ Klein, S. (1996), S. 40; Achleitner, A. (1999), S. 14.

II.1.2.4.1 Das Aufgabenspektrum im M&A-Geschäft

Nachfrage nach Beratungsleistungen im Leistungsfeld M&A ergibt sich im Zusammenhang mit folgenden Projekten und spezialisierten Aufgabenstellungen:[262]

- Kauf („Acquisitions“)
- Verkauf
- Fusion („Mergers“)
- Übernahme- oder Abwehr-Strategie
- „Fairness Opinions“

Ein erster zentraler Aufgabenkomplex im M&A-Geschäft umfaßt die Beratung von Unternehmenskunden (oder Finanzinvestoren) bei der Akquisition von Unternehmen oder Konzernteilen ***(„Kauf“)***. Im weiteren Sinne fallen hierunter auch Spielarten des Unternehmenskaufs, die sog. „Buy Outs“.[263] Je nachdem, ob die Übernahme durch außenstehende oder betriebszugehörige Investoren erfolgt, lassen sich folgende Varianten unterscheiden:[264] Ein „Management Buy Out“ (MBO) bezeichnet den Erwerb eines Unternehmens oder einer maßgeblichen Beteiligung durch seine eigenen Top-Manager bzw. Führungskräfte, ein „Employee Buy Out“ (EBO) den Kauf durch den überwiegenden Teil der Mitarbeiter. Ein „Management Buy In“ (MBI) beschreibt die Übernahme eines Unternehmens durch ein fremdes, externes Management.

Wird eine Akquisition überwiegend fremdfinanziert, wird auch von einem „Leveraged Buy Out“ (LBO) gesprochen.[265] Da dies angesichts der i.d.R. begrenzten finanziellen Mittel o. g. Käufergruppen der Regelfall sein wird, sind MBOs, MBIs und EBOs meist zugleich als LBOs zu qualifizieren.[266] Wird eine Bank als Berater in eine der genannten Transaktionen eingeschaltet, erringt sie ein Kaufmandat.

---

262 Vgl. hierzu Achleitner, A. (1999), S. 19 und 187ff.; Reicheneder, T. (1992), S. 14; Jakob, A./ Klein, S. (1996), S. 13. In etwas engeren Eingrenzung des Aufgabenspektrums nennen letztgenannte Autoren Fairness Opinions nicht.

263 Vgl. hierzu Büschgen, H. (1998), S. 356; Schuster, L. (1990), S. 349; Achleitner, A. (1999), S. 194; Heinrich, G. (1991), S. 142; Reicheneder, T. (1992), S. 147.

264 Vgl. hierzu und im folgenden Büschgen, H. (1998), S. 356f.; Reichender, T. (1992), S. 147ff. sowie ergänzend Achleitner, A. (1999), S. 194ff.

265 Vgl. Reichender, T. (1992), S. 147; Büschgen, H. (1998), S. 356; Achleitner, A. (1999), S. 194. Vgl. zur Finanzierungsstruktur des LBOs ausführlich Reicheneder, T. (1992), S. 155ff.; Achleitner, A. (1999), S. 196; Büschgen, H. (1998), S. 356 sowie Abschnitt II.1.2.5.1.

266 Vgl. Achleitner, A. (1999), S. 194.

Eine zweite wichtige Aufgabenstellung im M&A-Geschäft bildet die Beratung bei der Veräußerung von Unternehmen oder Konzernteilen (*„Verkauf"*). Bei dem Transaktionsgegenstand kann es sich sowohl um ein unabhängiges, privates Unternehmen, als auch die Tochter eines Konzerns handeln, die z.B. im Rahmen von Restrukturierungsbestrebungen abgestoßen werden soll.[267] Ferner kann diese Leistung auch für öffentliche Auftraggeber (z.B. Bund, Länder, Kommunen) erbracht werden, die Rahmen von Privatisierungsvorhaben eine Veräußerung staatlicher Betriebe an private (strategische oder Finanz-)Investoren anstreben.[268] Wird der Bank ein solches Projekt übertragen, handelt es sich dabei aus ihrer Sicht um ein Verkaufsmandat.

Die Beratung bei ***Fusionen*** („Mergers") von Konzernteilen oder unabhängigen Unternehmen kann sowohl Abschluß eines Unternehmenskaufs (und Teil dieses Mandats) repräsentieren, als auch eine eigenständige Aufgabenstellung im M&A-Geschäft abbilden.[269] Zu letzterem hat sich die Fusionsberatung in den letzten Jahren vor allem im Zusammenhang mit den sog. „Mergers of Equals" entwickelt.[270] Mergers of Equals beschreiben Zusammenschlüsse zweier unabhängiger Unternehmen, deren Wertrelation in einer Spanne zwischen 50/50 und 60/40 angesiedelt ist. Dabei werden i.d.R. keine Kontrollprämien an die Aktionäre gezahlt. Auf diese Weise lassen sich sehr große Transaktionen realisieren, die als Kauf aufgrund der hohen Marktkapitalisierung des Targets nicht hätten finanziert werden können. Ein Spezifikum aus Sicht der Bank besteht darin, daß sie hier nicht die Rolle eines parteiischen Beraters innehat, sondern durch beide Parteien mandatiert wird.

Überdies bildet die ***Strategieberatung*** im Zusammenhang mit Übernahmen eine bedeutende Aufgabenstellung im M&A-Geschäft.[271] Sie kann entweder den integralen Bestandteil der Gesamtmarktleistung bilden (Kaufmandate) oder als Einzelleistung nachgefragt werden, wie

---

267 Vgl. hierzu Achleitner, A. (1999), S. 198; Schuster, L. (1990), S. 349.

268 Vgl. Jakob, A./ Klein, S. (1996), S. 22; Achleitner, A. (1999), S. 198; Dresdner Kleinwort Benson (2000B), S. 8. Gerade im Anschluß an die Wiedervereinigung ergab sich hier in Deutschland hohes Geschäftspotential. Vgl. Jakob, A./ Klein, S. (1996), S. 21f.

269 Vgl. Achleitner, A. (1999), S. 217f.

270 Vgl. hierzu und „Mergers of Equals" im folgenden Achleitner, A. (1999), S. 218.

271 Vgl. hierzu ausführlich Reicheneder, T. (1992), S. 114ff.; Achleitner, A. (1999), S. 19.

dies bei der Abwehr feindlicher Übernahmen der Fall sein wird.[272] Entsprechend wird die Bank hier auf Seiten des Akquisiteurs *oder* des Zielunternehmens (= Targets) beratend tätig.

- *Übernahmestrategien*: Auf Seiten des Akquisiteurs bezieht sich die Beratung auf die Entwicklung einer wirkungsvollen Übernahmestrategie. Bei Auswahl der Technik und Gestaltung von Angebotsform und -inhalt hat die Bank die aktuellen Börsen- und Marktbedingungen sowie die individuellen Situationen der beteiligten Unternehmen zu berücksichtigen.[273] Um so anspruchsvoller gestaltet sich diese Aufgabe im Fall einer feindlichen Übernahme („Hostile Takeover"). Hier muß mit einer - im Vergleich zu einer freundlichen Übernahme - deutlich schlechteren Informationslage hinsichtlich der Spezifika des Targets und damit auch höheren Bewertungsunsicherheit gerechnet werden.[274] Auch sind mögliche negative Öffentlichkeitswirkungen der Übernahme einzukalkulieren.[275]
  In Praxi existiert eine ganze Palette von Übernahmestrategien, die z.T. als freundliche „Offert-" oder feindliche „Attacke-Strategien" ausgelegt werden können.[276] Exemplarisch sei auf die häufig praktizierte Variante des öffentlichen Übernahmeangebots verwiesen. Bei einer sog. „Tender Offer" bietet der Akquisiteur den Aktionären des Targets an, ihre Aktien zu einem i.d.R. deutlich über der aktuellen Marktbewertung liegenden Kurs abzunehmen.[277] Diese Technik kann sowohl bei freundlichen als auch feindlichen Übernahmen angewendet werden, im zweiten Fall ohne das Management zu informieren bzw. trotz dessen Ablehnung.[278]

- *Abwehrstrategien*: Im Rahmen von Verteidigungsmandaten stehen Banken bei der Abwehr feindlicher Übernahmen beratend zur Seite („Raid Defense"). Auch hier hat die

272 Vgl. Achleitner, A. (1999), S. 189f und S. 207.

273 Vgl. hierzu und im folgenden Achleitner, A. (1999), S. 190.

274 Vgl. Jakob, A./ Klein, S. (1996), S. 48f.

275 Vgl. Achleitner, A. (1999), S. 190.

276 Vgl. zu möglichen Attacke- und Offert-Strategien des Akquisiteurs im Übernahmeprozeß wie „Proxy Fight", „White Knight", „Green Mail", „Saturday Night Special", „Creeping Tender", „Two-Step Tender" oder „Bear Hug" ausführlich Reicheneder, T. (1992), S. 115ff. sowie Achleitner, A. (1999), S. 190ff.

277 Vgl. Reichender, T. (1992), S. 116; Achleitner, A. (1999), S. 190f. Mit der Höhe der Prämie steigt der Veräußerungsanreiz - aber auch der Kaufpreis. Ihre Bemessung obliegt i.d.R. der beratenden Bank und hat die Ergebnisse der Unternehmensbewertung sowie die Transaktionskosten zu berücksichtigen. Im Hinblick auf mögliche Abwehrmaßnahmen des Targets sollte jedoch genügend Spielraum für eine eventuelle Aufstockung einkalkuliert werden. Vgl. Achleitner, A. (1999), S. 190.

278 Vgl. Achleitner, A. (1999), S. 190.

Praxis eine Reihe schlagkräftiger Techniken entwickelt,[279] wobei Strategien der präventiven und Adhoc-Abwehr unterschieden werden können.

Präventive Maßnahmen zielen häufig auf eine unverhältnismäßige Verteuerung des Kaufs für den Akquisiteur ab.[280] Exemplarisch seien sog. „Golden Parachutes" angeführt.[281] Im Rahmen dieser Strategie werden mit dem aktuellen Top-Management langfristige Anstellungsverträge geschlossen, die hohe Abfindungen bei vorzeitiger Aufkündigung vorsehen. Für den Angreifer, der i.d.R. eine Auswechslung der höchsten Führungsebene beabsichtigt, riefe diese Personalmaßnahme enorme Kosten hervor. Präventive Strategien können aber auch auf eine Erschwerung einer Kontrollübernahme angelegt sein (z.B. Ausgabe vinkulierter Namensaktien oder stimmrechtsloser Vorzugsaktien an unternehmensfremde Investoren).[282]

Geht es um die Abwehr eines konkreten Übernahmeversuchs, können z.B. folgende Maßnahmen zum Einsatz kommen, bei deren Auswahl und Durchführung die Bank beratend unterstützt:[283] Veröffentlichung eines eigenen feindlichen Übernahmeangebots zum Kauf des Angreifers („Pac Man"), Veräußerung der aus Sicht des Akquisiteurs wertvollsten Assets („Crown Jewels"), Präsentation des Übernahmeangebots eines alternativen Bieters bzw. freundlichen Dritten („White Knight"), die zeitliche Verzögerung der Übernahme durch das Anstreben gerichtlicher Verfahren oder die gezielte Negativbeeinflussung der öffentlichen Meinung durch Pressemitteilungen, Anzeigen-kampagnen und Investor-Relations-Arbeit.

Abschließend ist eine Aufgabenstellung im M&A-Geschäft anzuführen, die ausgehend von den USA nun auch in Deutschland Verbreitung findet: die Abgabe sog. ***„Fairness Opinions"***.[284] Diese Tätigkeit beinhaltet die Prüfung der gesamten, bei Firmenkäufen/ -

---

279 Vgl. zu ausführlichen Überblicken über Abwehrstrategien Reicheneder, T. (1992), S. 124ff.; Achleitner, A. (1999), S. 210ff.

280 Vgl. Achleitner, A. (1999), S. 210.

281 Vgl. hierzu und „Golden Parachutes" im folgenden Achleitner, A. (1999), S. 212f.

282 Vgl. hierzu und weiteren präventiven Abwehrstrategien Achleitner, A. (1999), S. 210ff.; Jakob, A./ Klein, S. (1996), S. 53f.

283 Vgl. zu den folgenden und weiteren Ad-hoc-Abwehrstrategien ausführlich Achleitner, A. (1999), S. 215ff.; Jakob, A./ Klein, S. (1996), S. 54f.

284 Vgl. hierzu und im folgenden Achleitner, A. (1999), S. 206ff. Fairness Opinions kommen in den USA bei der Mehrzahl größerer M&A-Transaktionen und im grenzüberschreitenden M&A-Geschäft regelmäßig zur Anwendung. Vgl. hierzu Achleitner, A. (1999), S. 206ff.

verkäufen oder Fusion ausgehandelten Transaktionsbedingungen (v.a. Kaufpreis, Garantien, Gewährleistungen) auf Angemessenheit („Fairness"). Diese Aufgabe übernimmt ein außenstehender, unbeteiligter Berater. Als Auftraggeber können Aktionäre, Management oder der Aufsichtsrat beider Seiten auftreten.

II.1.2.4.2 Aufgabenstellungen innerhalb von Kauf- und Verkaufsmandaten

Aufgrund der Individualität der Problemstellungen stellt jede M&A-Transaktion ein Einzelgeschäft dar - mit der Konsequenz, daß sich die Transaktionsprozesse einer Standardisierung weitgehend entziehen.[285] Entsprechendes gilt für die von Banken zu erbringenden Beratungs- und Abwicklungsleistungen. Dennoch lassen sich eine Reihe von Aufgabenstellungen identifizieren, die im Verlauf der Bearbeitung von Kauf- und Verkaufsmandaten häufig Leistungsinhalte repräsentieren.[286] Die Wertschöpfungskette in Abbildung II-5 weist phasenspezifische Aufgabenkomplexe und einzelne Ansatzpunkte für externe Beratungsleistungen strukturiert nach dem idealtypischen Ablauf des Transaktionsprozesses in zusammenfassender Weise aus.[287] Dabei wird zwischen Kauf- und Verkaufsmandaten differenziert.

Angesichts der augenscheinlichen Komplexität der Transaktionsprozesse, die vielfach unter Zeitdruck und Einbindung externer Ressourcen (z.B. Wirtschaftsprüfer, Rechtsanwälte) vollzogen werden müssen, ist einsichtig, daß auf Seiten des Beraters umfangreicher Koordinationsbedarf besteht. Eine erfolgreiche Durchführung setzt voraus, daß die Bank über ein ganzheitliches Projektmanagement und eine fortlaufende Kontrolle einen effizienten Prozeßablauf sicherstellt.[288] Als ***unterstützende Aktivitäten*** sind ferner ein aktives Relationship Management und hochentwickeltes Corporate Research für Unternehmensanalyse und -bewertung von hoher Bedeutung.

---

285 Vgl. Caytas, I./ Mahari J. (1988), S. 24; Jakob, A./ Klein, S. (1996), S. 41.

286 Vgl. zu Aufgaben von Banken bei Kauf- und Verkaufstransaktionen ausführlich Achleitner, A. (1999), S. 159ff.; Reichender, T. (1992), S. 73ff.; Caytas, I./ Mahari J. (1988), S. 51ff.; Jakob, A./ Klein, S. (1996), S. 13 und 39ff. sowie Dresdner Kleinwort Benson (2000A), S. 8.

287 Vgl. zu den ergänzend verwendeten Übersichten bezüglich Vorgehensweise und geforderten Leistungssegmenten innerhalb von Kauf- und Verkaufsmandaten Heinrich, G. (1991), S. 144 und S. 147 sowie Dahm, H. (1987), S. 226 sowie auch Achleitner, A. (1999), S. 159ff.

288 Vgl. hierzu Achleitner, A. (1999), S. 159f.

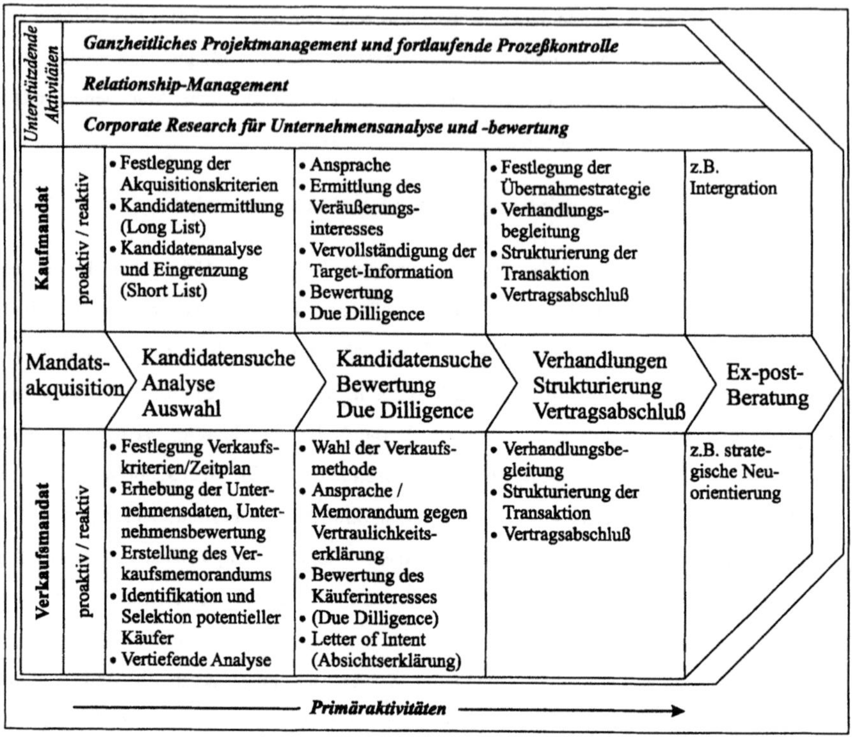

Abb. II-5: **Wertschöpfungsketten im M&A-Geschäft** (Quelle: In Anlehnung an Achleitner, A. (1999), S. 148 sowie Deis, C. (1997), S. 490.)

Zu den ***Primäraktivitäten*** sei erläuternd folgendes bemerkt:

- *Mandatsakquisition*: Im M&A-Geschäft geht die Initiative häufiger auch vom transaktionswilligen Klienten aus (reaktive Mandatsakquisition, „Warm Call"). Um bei der Mandatsvergabe berücksichtigt zu werden erscheint daher geboten, bereits vorab - d.h. ohne konkreten Anlaß - Maßnahmen zum Aufbau einer mandantenspezifisch hohen Reputation zu ergreifen.[289] Dies beinhaltet bspw. eine intensive Kommunikation des M&A-spezifischen, rechtlichen, steuerlichen und strategischen Know-hows und der berufsethischen Grundsätze. In Adaption an die Marktusancen kommen Anbieter im M&A-Geschäft jedoch heute nicht umhin auch proaktiv zu akquirieren. In diesem Falle

289 Vgl. hierzu und anbahnenden Maßnahmen im folgenden Achleitner, A. (1999), S. 155.

tritt die Bank ohne Aufforderung mit als sinnvoll beurteilten, näher ausgearbeiteten Kauf-/ Verkaufsvorschlägen an potentielle Kunden heran („Cold Call").[290] Vorstudien hierzu beinhalten z.B. Portfolio-Reviews, Recherchen nach potentiellen Kauf-/ Verkaufskandidaten auch unter Abschätzung der finanziellen Effekte verschiedener Transaktionsformen.[291]

- *Suche/ Analyse/ Auswahl*: Weitere zentrale Beratungsinhalte bestehen in der Ermittlung, Analyse und Auswahl potentieller Transaktionspartner im Rahmen mehrstufiger Selektionsprozesse.[292] Die Spezialkompetenz der Bank liegt hier in Vorteilen bei der Informationsbeschaffung und -auswertung begründet.[293]

- *Kontaktaufnahme/ Bewertung/ Due Dilligence*: Bei der Kontaktaufnahme stellt sich - auch im Hinblick auf die spätere Verhandlungsposition - die Frage, wieviele Targets bzw. potentielle Käufer (hier: Exklusiv-, Biet- oder Parallelverfahren) angesprochen werden sollen.[294] Von Relevanz ist auch die Wahl des Ansprechpartners.[295] Aufgrund der weitreichenden Konsequenzen von M&A-Transaktionen wird die Bank hierbei i.d.R. an der Unternehmensspitze ansetzen.[296]
  Eine Aufgabenstellung von kritischer Relevanz, der sich die beratende Bank (bei Verkaufsmandaten spätestens) in dieser Phase zu widmen hat, bildet die Ermittlung des Unternehmenswertes des Transaktionsobjektes.[297] Primär bei Kaufmandaten wird ebenso die Durchführung einer sog. „Due Dilligence" erforderlich, die eine systematische und eingehende Prüfung des Transaktionsobjektes im Hinblick auf die vorliegenden rechtlichen, steuerlichen und finanziellen Verhältnisse umfaßt.[298]

---

290 Vgl. Achleitner, A. (1999), S. 156.
291 Vgl. Dresdner Kleinwort Benson (2000A), S. 8.
292 Vgl. Heinrich, G. (1991), S. 145 und S. 148f.; Achleitner, A. (1999), S. 187f. und S. 197f.
293 Vgl. Heinrich, G. (1991), S. 148; Achleitner, A. (1999), S. 187.
294 Vgl. Heinrich, G. (1991), S. 145; Achleitner, A. (1999), S. 201.
295 Vgl. Achleitner, A. (1999), S. 189 sowie ausführlich Reicheneder, T. (1992), S. 106ff.
296 Vgl. Dahm, H. (1987), S. 230; Achleitner, A. (1999), S. 91f.
297 Vgl. zu Unternehmensbewertung und entsprechenden Verfahren ausführlich Achleitner, A. (1999), S. 161ff.; Jakob, A./ Klein, S. (1996), S. 57ff.; Reicheneder, T. (1992), S. 82ff.
298 Vgl. hierzu und diesem Leistungskomplex ausführlich Achleitner, A. (1999), S. 172ff. Üblicherweise wird eine Due Dilligence durch den Käufer in Auftrag gegeben. Sie kann aber auch bei Verkaufsmandaten zur Absicherung der Unternehmensbewertung erforderlich werden. Vgl. Achleitner, A. (1999), S. 172. Zur Analyse der rechtlichen und steuerlichen Situation werden i.d.R. externe Experten, d.h. Steuerberater und Rechtsanwälte hinzugezogen.

- *Verhandlungen/ Strukturierung/ Vertragsabschluß*: Im Verhandlungsprozesses nimmt die begleitende Bank die Funktion eines parteiischen Beraters des Mandanten wahr.[299] Hierbei setzt sie ihre Erfahrungsvorsprung ein, um hinsichtlich Preis, Zahlungsbedingungen, Garantien und Gewährleistungen möglichst vorteilhafte Ergebnisse für den Auftraggeber zu erzielen.
  Beratungsleistungen, die auf den Abschluß der Transaktion hinführen, zentrieren sich um die Strukturierung der Transaktion.[300] Hierbei geht es unabhängig von der Art des Mandats erstens um die Spezifikation des Kaufgegenstandes.[301] Beim Kauf eines Unternehmens bieten sich allgemein die Möglichkeiten des Erwerbs sämtlicher Anteile am Zielunternehmen („Share Deal") oder sämtlicher Vermögensgegenstände des Targets („Asset Deal"). Zweitens sind die Zahlungsmodalitäten festzulegen.[302] Bei einem Share Deal bieten sich die Optionen den Kaufpreis in bar zu begleichen („Cash Offer") oder in Anteilen des Erwerbers oder einer anderen Gesellschaft („Share Offer"). Bei Kaufmandaten kommt im Rahmen der Strukturierung drittens der Entwicklung eines maßgeschneiderten Finanzierungsmodells zentrale Bedeutung zu.[303] In Anbetracht der häufig hochkomplexen Strukturen von Akquisitions-, vor allem LBO-Finanzierungen unter Einsatz von Eigen-, hochverzinslichem Fremd- und mezzaninem Kapital ist nachvollziehbar, daß die Bearbeitung dieser anspruchsvollen Aufgabenstellung immer häufiger als eigenständiges Leistungssegment im Investment Banking begriffen wird, auf das in Abschnitt II.1.2.5.1 näher einzugehen sein wird.
  Die Strukturierung beinhaltet darüber hinaus die rechtliche Vertragsgestaltung unter Einbezug von Rechtsanwälten.[304] Die Aufgabe der Bank besteht hier in der Kommunikation der Vertragsinhalte und möglicher Konsequenzen.

- *Ex-post-Beratung*: Die Ex-post-Beratung, die bspw. die Unterstützung bei der Integration auf Seiten Käufers umfassen kann, repräsentiert die Primäraktivität, die den Leistungserstellungsprozeß abschließt.[305]

---

299 Vgl. hierzu und im folgenden Achleitner, A. (1999), S. 177f.
300 Vgl. hierzu Achleitner, A. (1999), S. 180ff.; Reicheneder T. (1992), S. 105.
301 Vgl. hierzu und im folgenden Achleitner, A. (1999), S. 180; Reichender, T. (1992), S. 110ff.
302 Vgl. hierzu und im folgenden Achleitner, A. (1999), S. 180f.
303 Vgl. Achleitner, A. (1999), S. 180. Vgl. zu Akquisitionsfinanzierungen einschließlich Buy-Outs (Leverage Finanzierungen) im einzelnen Achleitner, A. (1999), S. 192ff.

Überdies obliegt es der beratenden Bank unabhängig von der Art des Mandats, den Kunden bei der Kommunikation der Transaktion beratend zu unterstützen.[306] Eine zentrale Aufgabe repräsentiert hierbei die Entwicklung einer sog. „Deal-Story", die sich an wichtige institutionelle Investoren und Meinungsmacher auf den Kapitalmärkten richtet. Im Hinblick auf die Herbeiführung des im Einzelfall angestrebten Kapitalmarkteffektes bilden hierbei sowohl Fragen des Inhalts (Gründe und Ziele der Transaktion, ihre Rahmendaten sowie erwartete Effekte) sowie die Wahl des Zeitpunktes zur Bereitstellung dieser Informationen wichtige Beratungsgegenstände.

II.1.2.5 Structured Finance

Wichtige, die Kernaufgabengebiete im Investment Banking ergänzende Leistungssegmente lassen sich unter dem Oberbegriff „Structured Finance" zusammenfassen. Im Kern geht es hierbei um die Entwicklung komplexer Spezialfinanzierungskonzepte. Diese können im Zusammenhang mit spezialisierten Anlässen wie z.B. Akquisitionen oder kapitalintensiven Investitionsprojekten stehen, oder aufgrund bestimmter finanzwirtschaftlichen Zielsetzungen (z.B. Bilanzentlastung) notwendig werden. Fortfolgend wird zunächst das Aufgabenspektrum im Structured Finance aufgespannt (Abschnitt II.1.2.5.1). Exemplarisch soll sodann die Projektfinanzierung als wichtiges Segment eingehender untersucht werden (Abschnitt II.1.2.5.2).

II.1.2.5.1 Das Aufgabenspektrum im Structured Finance

Neben *Projektfinanzierungen*, die in Abschnitt II.1.2.5.2 näher beleuchtet werden, fallen insbesondere folgende Transaktionen in den Bereich Structured Finance:[307]

- *Asset-Backed-Finanzierungen*: Diese Spezialfinanzierungen sind darauf ausgerichtet, durch Verbriefung von Zahlungsansprüchen beim Nachfrager eine Verbesserung von

[304] Vgl. hierzu und im folgenden Achleitner, A. (1999), S. 183ff. Vgl. zum Mindestinhalt eines Kaufvertrages beispielhaft Reicheneder, T. (1992), S. 113f.

[305] Vgl. Heinrich, G. (1991), S. 152f.

[306] Vgl. hierzu und im folgenden Achleitner, A. (1999), S. 186f.

[307] Vgl. zu einer praxisorientierten Structured-Finance-Definition, die inhaltlich weitgehend der hier vertretenen entspricht, Deutsche Bank (1999), S. 137. Vgl. zu einer engeren Definition, die lediglich die Bereiche Projektfinanzierung, Asset-Backed-Securities und Leasing umfaßt und Syndizierte Kredite im Bereich Debt Capital Markets ansiedelt Achleitner, A. (1999), S. 19.

Bilanzstrukturen, Entlastung des Eigenkapitals oder Optimierung der Finanzierungskosten herbeizuführen.[308] Die Konstruktion als solche beinhaltet die Überführung eines Pools homogener Forderungen (z.B. Kreditkartenforderungen, Automobilleasing-Forderungen, Hypothekendarlehen) an eine eigens hierfür gegründete Zweckgesellschaft („Special Purpose Vehicle"), die sich durch die Ausgabe von Wertpapieren refinanziert, die durch die fraglichen Forderungen besichert sind („Asset-Backed-Securities").[309] Die freiwerdenden Mittel stehen dem Kunden - zumeist Finanzinstitutionen, in zunehmendem Maße auch Unternehmen -[310] sodann für andere Zwecke zur Verfügung.

Im Rahmen von Asset-Backed-Finanzierungen betätigen sich Banken als Berater, Arrangeure und Plazeure der Asset-Backed-Securities. Über die Entwicklung des Emissionskonzeptes und Durchführung der Emission hinaus übernehmen Banken hierbei z.B. auch Aufgaben wie die Risikostrukturierung des Forderungspools und die Begleitung des erforderlichen Rating-Prozesses, stellen Liquiditäts- und Kreditfazilitäten bereit und überwachen die Qualität der Forderungen.[311]

- *Syndizierte Kredite* („Syndicated Loans"): Dieses Leistungssegment umfaßt das Engagement von Investment Banken im Bereich der Kreditfinanzierung, das sich allerdings auf die Vergabe von *Groß*krediten an MNU, staatliche Institutionen sowie Länder beschränkt.[312] Zur Realisierung der erforderlichen Finanzierungskraft und Risikostreuung werden Konsortien gebildet (Syndizierung).

- *Akquisitionsfinanzierungen*: In diesem Leistungssegment entwickeln Banken maßgeschneiderte Modelle zur Finanzierung von Übernahmen, stehen dem Mandanten aber auch bei der effektiven Kapitalbeschaffung d.h. Durchführung der Finanzierungstransaktionen zur Seite.[313] Geschäftschancen ergeben sich naturgemäß vor allem im Zusammenhang mit errungenen Kaufmandaten im Feld M&A.[314]

---

308 Vgl. WestLB (1998), S. 48; Achleitner, A. (1999), S. 67.

309 Vgl. hierzu und der Konstruktion im folgenden Jakob, A./ Klein, S. (1996), S. 20.

310 Anm. d. Verf.: Daneben bringen Banken dieses Instrument auch im Rahmen des *eigenen* Bilanzstruktur-, Kapitalkosten- und Liquiditätsmanagements in wachsendem Umfang zum Einsatz. Vgl. bspw. Achleitner, A. (1999), S. 67.

311 Vgl. hierzu WestLB (1999), S. 53.

312 Vgl. hierzu und im folgenden Achleitner, A. (1999), S. 420.

313 Vgl. Achleitner, A. (1999), S. 192.

314 Vgl. Jakob, A./ Klein, S. (1996), S. 52; Achleitner, A. (1999), S. 192ff.

Vor der Entwicklung des eigentlichen Finanzierungsmodells wird die Bank i.d.R. ein sog. „Bridge Financing" gewähren müssen.[315] Hierbei handelt es sich um eine Übergangsfinanzierung in Form eines (ggf. syndizierten) Kredits, die den Zeitraum bis zur Exekution der langfristigen Finanzierungstransaktionen überbrückt.
Form und Struktur des endgültigen Finanzierungsmodells hängen entscheidend von der Frage ab, welche Kapitalquellen der Akquisiteur in Anspruch nehmen kann.[316] Liegt z.B. keine Börsennotierung vor, ist der Umfang an beschaffbarem Eigenkapital begrenzt. Es verbleiben dem Unternehmen die Optionen der Aufnahme neuer Gesellschafter oder Erhöhung der bisherigen Einlagen. Insbesondere entfällt die Möglichkeit, im Rahmen eines Share Deals junge Aktien als Transaktionswährung („Acquisition Currency") zu nutzen. In Betracht kommen dann vor allem verschiedenartige Formen von Fremdkapitalinstrumenten (z.B. Kredite, Anleihen) und ggf. auch mezzaninen Kapitals (z.B. Genußscheine, Wandelanleihen).
Die Aufgabe der Bank besteht nun darin, durch Kombination unterschiedlicher Finanzierungsinstrumente die vorteilhafteste Finanzierungsform zu identifizieren, und über den Einsatz von Zinsderivaten und/ oder die Inanspruchnahme verschiedener nationaler Märkte unter Kostenaspekten zu optimieren.[317]
Bei LBOs schließt die Finanzierungsstruktur als Kombination unterschiedlicher, aufeinander abgestimmter Finanzierungsinstrumente neben (syndizierten) Bankkrediten vielfach auch nachrangige Darlehen und Tranchen hochverzinslichen Fremdkapitals - d.h. Emissionen von High-Yield- bzw. Junk-Bonds - ein.[318] Neben einer hohen Fremdverschuldung (Leverage) ist zudem charakteristisch, daß Zins- und Tilgung aus dem zukünftigen Cash Flow des Targets finanziert werden und zur Besicherung Cash Flow und Aktiva des Targets herangezogen werden.[319]

Daneben können auch eigenkapitalrenditeerhöhende und steueroptimierende Spezialfinanzierungen dem Aufgabenbereich des Stuctured Finance zugeordnet werden. Angemerkt

---

315 Vgl. hierzu und dem „Bridge Financing" im folgenden Achleitner, A. (1999), S. 151.
316 Vgl. hierzu und im folgenden Achleitner, A. (1999), S. 193f.
317 Vgl. Achleitner, A. (1999), S. 193f.
318 Vgl. zu Finanzierungsstrukturen von LBOs ausführlich Caytas, I./ Mahari J. (1988), S. 203; Reicheneder, T. (1992), S. 155ff.; Achleitner, A. (1999), S. 196; Büschgen, H. (1998), S. 356.
319 Vgl. Achleitner, A. (1999), S. 194f.

sei, daß dem Bereich Structured Finance primär die Aufgabe obliegt, bei den o.g spezialisierten Finanzierungsanlässen zu beraten. Die effektive Durchführung der konzipierten Finanzierungstransaktionen an den Kapitalmärkten erfolgt in enger Kooperation mit dem Bereich Capital Marktes bzw. durch diesen.
Die Auswahl und Beratung bei einer der o.g. Transaktionen kann dabei, wie z.B. bei Asset-Backed- oder Projektfinanzierungen, Einzelmarktleistung sein, oder aber wie bspw. bei Übernahmefinanzierungen in Zusammenhang mit spezifischen, vorgelagerten Beratungsprojekten stehen. Syndizierte Kredite repräsentieren wiederum häufig eine wichtige Teilkomponente der Finanzierungsstruktur von Akquisitions- oder Projektfinanzierungen. Aus dieser Sicht kann ein Engagement in den Segmenten des Gebiets strukturierter Finanzierungen auch mit einer wechselseitigen Verkettung und mit der Notwendigkeit begründet werden, in anderen Leistungsbereichen des Investment Banking (z.B. M&A) vollständige Wertschöpfungsketten aufbieten zu können.

II.1.2.5.2 Projektfinanzierung als bedeutendes Leistungssegment

Projektfinanzierungen kommen bei kapitalintensiven Großprojekten der Rohstofferschließung, Energiegewinnung (Kraftwerks-, Raffineriebau), des industriellen Anlagenbaus, des Kommunikationswesens und bei Infrastrukturvorhaben zur Anwendung.[320] Basis bildet die Gründung einer Einzweckgesellschaft (Projektgesellschaft), die als Betreiberin und Trägerin der Finanzierung des Investitionsvorhabens fungiert.[321] Eigentümer sind die sog. „Sponsoren“, die eigentlichen Initiatoren des Projektes. Drei zentrale Merkmale kennzeichnen die Finanzierungsstrukturen dieser Transaktionen:[322]

- *„Off-Balance Sheet Financing“*: Die Projektgesellschaft fungiert als Schuldnerin für den aufzunehmenden Fremdkapitalbetrag. Ihre Eigentümer, die Sponsoren, weisen dagegen lediglich eine Beteiligung an der Projektgesellschaft in ihren Bilanzen aus, nicht jedoch die für das Investitionsvorhaben bereitgestellten Kredite.

---

320 Vgl. Sutz, R. (1989), S. 213; Achleitner, A. (1999), S. 346; Grosse, P. (1991), S. 133.
321 Vgl. Achleitner, A. (1999), S.345.
322 Vgl. zu den konstitutiven Merkmalen im folgenden Achleitner, A. (1999), S. 345f.; Grosse, P. (1991), S. 126f.

- *„Cash Flow Related Lending"*: Beleihungsgrundlage bildet der prognostizierte Cash Flow aus dem Projekt, der den erforderlichen Kapitaldienst erbringen muß.
- *„Risk Sharing"*:[323] Charakteristisch ist ferner, daß die mit dem Projekt verbundenen Risiken nicht vollumfänglich von den Sponsoren getragen werden, sondern auch andere Projektbeteiligte wie Abnehmer Lieferanten oder staatliche Stellen - z.T. auch Banken - eingebunden werden.

Die Wertschöpfungskette in der Projektfinanzierung in Abbildung II-6 weist die zentralen Aufgabenstellungen bzw. Leistungsbereiche der Banken strukturiert nach ihrer idealtypischen zeitlichen Abfolge aus.[324]

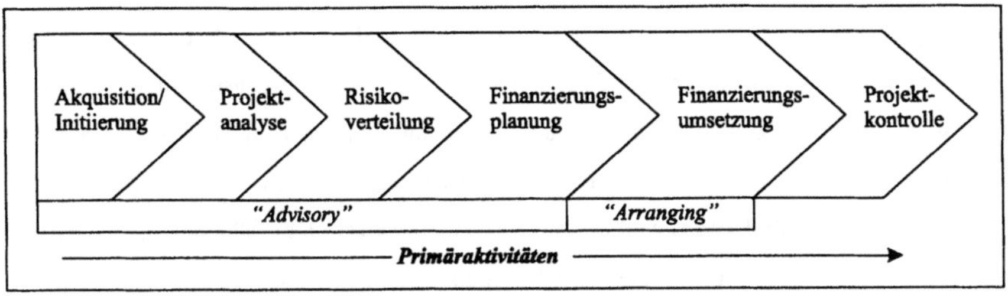

Abb. II-6: Die Wertschöpfungskette im Projektfinanzierungsgeschäft

Zu den Primäraktivitäten bleibt erläuternd folgendes zu bemerken:

- *Akquisition/ Initiierung*: Bei der überwiegenden Zahl von Projektfinanzierungen geht die Initiative auch heute noch von den Sponsoren aus.[325] Eine aktive Akquisitionspolitik der Bank, die auf spezialisierten sektoralen Kenntnissen basiert, wird jedoch auch in diesem Geschäftssegment zunehmend wichtiger. Ein wesentliches Auswahlkriterium der

---

323 Vgl. Grosse, P. (1991), S. 127; Achleitner, A. (1999), S. 346. Nach Umfang der von den Sponsoren übernommenen Risiken lassen sich drei Varianten unterscheiden: Die (kaum praxisrelevante) Finanzierung ohne Rückgriff auf die Sponsoren („Non Recourse Financing"), die das Risiko der Eigentümer auf ihre Einlage begrenzt, sowie die Finanzierung mit eingeschränktem Rückgriff („Limited Recourse Financing"), bei der die Sponsoren z.B. durch Abgabe von Bürgschaften in begrenztem Ausmaß über ihre Einlage hinaus haften. Finanzierungen mit vollem Rückgriff auf die Sponsoren („Full Recourse") sind dagegen keine Projektfinanzierungen. Vgl. hierzu Achleitner, A. (1999), S. 346; Grosse, P. (1991), S. 127; Sutz, R. (1989), S. 223f.

324 Vgl. Achleitner, A. (1999), S. 350ff.; Grosse, P. (1991), S. 135f.

325 Vgl. hierzu und im folgenden Achleitner, A. (1999), S. 350ff.

Sponsoren bildet die Erfahrung der Bank mit branchenspezifisch ähnlichen Projekten, insbesondere aber auch ihre Kreditvergabekapazität.

- *Projektanalyse*: Ist ein Mandat gewonnen, schließt sich eine zukunftsorientierte Analyse der betriebswirtschaftlichen Grunddaten des Investitionsvorhabens an.[326] Schwerpunkte bilden eine umfassende Risikoanalyse sowie Abschätzung und Projektion des zu erwartenden Cash Flows zur Ermittlung von Wirtschaftlichkeit und Schuldendienstfähigkeit des Projekts.

- *Risikoverteilung* Eine zentrale Aufgabe im Rahmen der Projektvorbereitung liegt darauf aufbauend in der Definition einer tragfähigen Risikoverteilung auf Projektbeteiligte und Externe.[327] Eine Absicherung bestimmter Risiken kann zunächst durch Einschaltung projektexterner Risikoträger wie Versicherungen und staatliche Institutionen erreicht werden. Zweites Instrument der Risikoallokation (und Absicherungsinstrument der Bank) bildet die Abwälzung wirtschaftlicher Risiken auf eingebundene Parteien (Sponsoren, Projektersteller, Zulieferer, Abnehmer) mittels vertraglichen Verpflichtungen (z.B. Garantien, Gewährleistungsverpflichtungen, Abnahmeverträge). Überdies ist i.d.R. auch die Bank in begrenztem Umfang zur Übernahme von (Rest-)Risiken bereit.

- *Finanzierungsplanung*: Die zentrale Beratungsaufgabe im Rahmen des aktivitätenübergreifenden Komplexes „Advisory“ bildet die Finanzierungsplanung, umfassend den Entwurf einer im Hinblick auf Laufzeiten und Rückzahlungsmodalitäten maßgeschneiderten Finanzierungsstruktur auf Basis des prognostizierten Zahlungsstroms des Projektes.[328] Dabei kommen zur Absicherung o.g. finanzieller Risiken regelmäßig auch derivative Instrumente zum Einsatz.

  Der Eigenkapitalanteil an Großprojektfinanzierungen bewegt sich i.d.R. zwischen 15 % und 35 %, wobei neben den hauptsächlich engagierten Sponsoren auch private und institutionelle Anleger, Banken oder staatliche Stellen als Kapitalgeber auftreten

---

326 Vgl. hierzu und im folgenden Grosse, P. (1991), S. 126; Achleitner, A. (1999), S. 352. Vgl. zu verschiedenen Projektrisiken Sutz, R. (1989), S. 225ff.; Achleitner, A. (1999), S. 364ff.; Grosse, R. (1991), S. 130ff. Zur Bewertung nicht finanziellen Risiken ziehen Banken Spezialisten, wie Ingenieure, Wirtschaftsprüfer und Juristen als Berater hinzu. Vgl. Achleitner, A. (1999), S. 352.

327 Vgl. hierzu und im folgenden Achleitner, A. (1999), S. 366ff.; Sutz, R. (1989), S. 224f.; Grosse, P. (1991), S. 129.

328 Vgl. Achleitner, A. (1999), S. 353; Grosse, P. (1991), S. 126 und S. 135

können.[329] Kern der Fremd- (und Gesamt-)finanzierung bilden i.d.R. Bankkredite. Als Fremdfinanzierungsinstrumente kommen darüber hinaus z.B. Anleihen, Commercial Papers, Medium-Term-Notes, Abnehmer- und Lieferantenkredite oder Kredite supranationaler Institutionen (z.B. Weltbank) zum Einsatz. Oftmals werden auch Formen mezzaninen Kapitals einbezogen.

- *Finanzierungsumsetzung*: Die Umsetzung des Finanzierungskonzepts beinhaltet die Durchführung der konzipierten Einzelfinanzierungstransaktionen („Arranging").[330] Während bei Projektfinanzierungen früher eine „natürliche" Aufgabenteilung zwischen Investment Banks („Advisory") und Commercial Banks („Arranging") bestand, ist diese Trennung auf Druck der Sponsoren in Auflösung begriffen.[331] Die Funktion des „Arrangers" nimmt heute vielfach die Bank wahr, die auch den Beratungsprozeß führend begleitet hat. Das Arranging umfaßt nach Einzahlung des Eigenkapitals der Sponsoren und Zeichnung des Kreditbetrages durch die Führungsbank(en) eine breite Syndizierung der hohen Kreditvolumina, die Plazierung der Anleihen, ggf. auch Auflegung von Commercial-Paper- und Medium-Term-Programmen und die Durchführung sonstiger Finanzierungstransaktionen.[332]

- *Projektkontrolle*: Neben Beratungs- und Finanzierungsfunktionen nehmen Banken über die Laufzeit des Kredits wichtige Kontrollfunktionen wahr. Die Projektkontrolle umfaßt u.a. die Überwachung der Entwicklung des Projektes, der planmässigen Erfüllung des Schuldendienstes und der Einhaltung der Kreditbedingungen.[333]

---

329 Vgl. hierzu sowie zu Finanzierungsstrukturen und -instrumenten bei Projektfinanzierungen im folgenden Achleitner, A. (1999), S. 356ff.; Grosse, P. (1991), S. 135f.

330 Vgl. Achleitner, A. (1999), S. 370.

331 Vgl. Achleitner, A. (1999), S. 349.

332 Vgl. Achleitner, A. (1999), S. 370.

333 Vgl. Grosse, P. (1991), S. 136; Achleitner, A. (1999), S. 371.

II.2 Begriff und Wesen der Investment-Banking-Strategie

In Abschnitt II.1 galt es den Begriff des Investment Banking, der weder im Sprachgebrauch noch in der Literatur einheitlich verwendet wird, einzuordnen und inhaltlich zu präzisieren. Einer Abgrenzung zu anderen Aktivitätssektoren im Universalbankgeschäft schloß sich eine Untersuchung des umfangreichen Aufgabenspektrums in den Leistungsfeldern Capital Marktes, Corporate Finance, Sales & Trading, M&A und Structured Finance an. Das Investment Banking als solches wurde dabei bislang weitgehend als Datum angesehen. Diese Perspektive wird im folgenden aufgegeben, wenn mit der Investment-Banking-Strategie ein Instrument zur zielorientierten Gestaltung seiner Angebots- und Marktdimensionen - und damit zur Erhaltung und Schaffung von Ertragspotentialen - vorgestellt wird.
Bevor jedoch der Begriff der „Investment-Banking-Strategie" inhaltlich und strukturell spezifiziert wird (Abschnitt II.2.2), soll zunächst der viel bemühte Begriff der „Strategie" inhaltlich abgegrenzt und hierauf aufbauend das Verhältnis von Strategie und Strategischer Planung beleuchtet werden (Abschnitt II.2.1).

II.2.1 Grundlagen: Zum Strategiebegriff und den Voraussetzungen der Konzeptionierung erfolgsträchtiger Strategien

Die Entwicklung eines profunden Begriffsverständnisses von „Investment-Banking-Strategie" verlangt nach Klarheit über den Begriffsinhalt der Strategie, aber auch darüber, worin zentrale Voraussetzungen der Konzeptionierung erfolgsträchtiger Strategien bestehen. Vor diesem Hintergrund wird im folgenden - aufbauend auf einer inhaltlichen Abgrenzung des Strategie-Begriffs (Abschnitt II.2.1.1) - der Frage nachgegangen, wie die Strategiefindung aus Sicht der Strategischen Planung zu gestalten ist, um erfolgsträchtige Outputs generieren zu können (Abschnitt II.2.1.2).

II.2.1.1 Begriff und Merkmale der Strategie

Aus etymologischer Perspektive gehen die Wurzeln des Begriffs „Strategie" auf die griechischen Termini „Stratos" (= das Heer) und das „Agein" (= Führen) zurück.[334] „Strategos" bezeichnete zunächst die Funktion eines Generals im griechischen Heer, später beschrieb es die Kunst der Heerführung oder Feldherrenkunst. Der ursprünglich dem Militärbereich zuzuordnende Begriff fand in den vierziger Jahren über die Spieltheorie Eingang in die betriebswirtschaftliche Literatur. Seitdem haben sich sowohl im angloamerikanischen, als auch im deutschsprachigem Raum eine Vielzahl unterschiedlicher Begriffsinterpretationen und -fassungen herausgebildet.[335] Auf eine ausführliche Diskussion des vieldeutigen Strategiekonzeptes soll jedoch an dieser Stelle verzichtet werden.[336] Folgende fünf Merkmale stellen zentrale Aspekte des im Rahmen der vorliegenden Arbeit verwendeten Strategiebegriffs dar:[337]

- *Langfristigkeit der Perspektive:* In Abgrenzung zum eher kurzfristig orientierten operativen, taktischen Agieren zeichnet sich strategisches Denken und Handeln durch Langfristigkeit in der Perspektive und Zukunftsgerichtetheit aus.[338] Im Rahmen der Planung von Strategien legen Banken gewöhnlich einen Zeithorizont von drei bis zehn Jahren zugrunde.[339]
- *Zielbezug - Strategien als Routen:* Eine Strategie setzt Ziele voraus.[340] Daß zumindest fundamentale Absichten vorliegen müssen, dürfte unmittelbar einsichtig sein, zumal „... ohne die Existenz offizieller, oberster Unternehmungsziele einer rationalen Strategieplanung die Grundlage fehlt."[341] Um einen hinreichend präzisen Ausgangspunkt für die Strategiensuche bilden zu können, sind generelle Ziele im Rahmen von Planungs-

[334] Vgl. zur Begriffsabgrenzung aus etymologischer Sicht sowie im folgenden Kreikebaum, H. (1993), S. 24f.; Welge, M./ Al-Laham, A. (1992), S. 165.

[335] Vgl. zu verschiedenen Strategie-Definitionen bspw. Welge, M./ Al-Laham, A. (1992), S. 166ff.

[336] Vgl. hierzu bspw. Macharzina, K. (1993), S. 204 ff.

[337] Vgl. zu den Merkmalen des hier zugrundegelegten Strategiebegriffs im folgenden auch Welge, M. (1985), S. 225f.; Welge, M./ Al-Laham, A. (1992), S. 5 und 166ff.; Macharzina, K. (1993), S. 204ff.; Johnson, G./ Scholes, K. (1997), S. 4f.; Ulrich, P./ Fluri, E. (1992), S. 114f.; Meyer, P./ Mattmüller, R. (1993), S. 15ff.

[338] Vgl. Johnson, G./ Scholes, K. (1997), S. 4; Ulrich, P./ Fluri, E. (1992), S. 114; Welge, M./ Al-Laham, A. (1992), S. 170; Meyer, P./ Mattmüller, R. (1993), S. 18.

[339] Vgl. Köppen v., J. (1996), S. 67; Süchting, J./ Paul, S. (1998), S. 210.

[340] Vgl. Welge, M./ Al-Laham, A. (1992), S. 5; Ulrich, P./ Fluri, E. (1992), S. 114; Hahn, D. (1999), S. 3; Kreikebaum, H. (1993), S. 25; Macharzina, K. (1993), S. 205; Meyer, P./ Mattmüller, R. (1993), S. 17.

[341] Frese, E. (1986), S. 118.

überlegungen näher zu spezifizieren und in strategische Ziele zu überführen.[342] Die Funktion der Strategie verdeutlicht HINTERHUBER anhand des Prozesses ihrer Entwicklung, der drei Schritte umfaßt: (1) Analyse der Ausgangsposition, (2) Bestimmung der strategischen Zielposition, (3) Angabe der Mittel und Wege, um innerhalb bestimmter Zeiten und Kosten von (1) nach (2) zu kommen.[343] Strategien tragen demnach instrumentalen Charakter und lassen sich als „Routen" oder „Wegbeschreibungen" zur Erreichung vorher definierter Ziele interpretieren.[344] In dieser Fassung beschränkt sich ihr Inhalt auf alle *Maßnahmen* i. w. S., die zu diesem Zweck ergriffen werden.[345]

- *Charakter komplexer Maßnahmenbündel*: Strategien sind mehr als Einzelmaßnahmen.[346] Bei einer Strategie handelt es sich vielmehr um eine geordnete und in sich stimmige Gesamtheit einer Vielzahl von Einzelmaßnahmen, die geeignet und notwendig sind, die angestrebten Ziele zu verwirklichen. Strategien können daher als komplexe Maßnahmenbündel bzw. -kombinationen interpretiert werden.

- *Rahmen zukünftigen Handelns*: Strategien sind nicht die Maßnahmen selbst, sondern die Spezifizierung von Absichten bezüglich des zukünftigen Verhaltens, das sich in Maßnahmen zu konkretisieren hat.[347]

- *Umwelt- und Wettbewerbsorientierung*: Strategien sind umwelt- und wettbewerbsorientiert.[348] „Strategy can be seen as the *matching of the acitivities of an organisation to the environment* in which it operates."[349] Sie wollen u. a. eine möglichst vorteilhafte Positionierung der Unternehmung gegenüber Elementen ihrer Umwelt - Abnehmer,

---

342 Vgl. Ulrich, P./ Fluri, E. (1992), S. 127; Meyer, P./ Mattmüller, R. (1993), S. 17; Kreikebaum (1993), S. 48ff.; Hinterhuber (1989), S. 106; Bea, F./ Haas, J. (1995), S. 67f.

343 Vgl. Hinterhuber, H. (1989), S. 106.

344 Vgl. Welge, M./ Al-Laham, A. (1992), S. 5; Meyer, P./ Mattmüller, R. (1993), S. 19; Macharzina, K. (1993), S. 205; Ulrich, P./ Fluri, E. (1992), S. 114; Hinterhuber, H. (1989), S. 28.

345 Anm. d. Verf.: Während über die Tatsache, daß eine Strategie zumindest globale Ziele voraussetzt, weitgehend Einigkeit besteht, wird der Inhalt des Strategiebegriffs in der betriebswirtschaftlichen Literatur kontrovers diskutiert. Hierbei geht es um die Frage, ob Strategien Ziele *und* Maßnahmen umfassen oder *ausschließlich Maßnahmen* zur Zielerreichung. Vgl. hierzu Welge, M./ Al-Laham, A. (1992), S. 167; Meyer, P./ Mattmüller, R. (1993), S. 116f.; Macharzina, K. (1993) S. 206. Für diese Arbeit wird an der zweiten Begriffsfassung festgehalten.

346 Vgl. hierzu und im folgenden Machazina, K. (1993), S. 204; Welge, M./ Al-Laham, A. (1992), S. 170; Kreikebaum, H. (1993), S. 25.

347 Vgl. Macharzina, K. (1993), S. 205; Kreikebaum, H. (1993), S. 25.

348 Vgl. Welge, M./ Al-Laham, A. (1992), S. 5 und S. 170; Kreikebaum, H. (1993), S. 25.

349 Johnson, G./ Schols, K. (1997), S. 5. (Hervorhebung im Original)

Konkurrenten, Staat - erreichen.[350] Dies setzt voraus, daß Strategien Bedingungen und Veränderungen der Markt- und Wettbewerbsumwelt möglichst antizipativ berücksichtigen und ihnen zielgerichtet begegnen.[351]

- *Produkt-Markt-Bezug*: Strategien befassen sich insbesondere mit der zukunftsorientierten Abgrenzung der Ausdehnung der Unternehmenstätigkeit.[352] Dies umfaßt im Kern die Auswahl der längerfristig zu bedienenden Märkte, geographischen Absatzgebiete und anzubietenden Produkte und Dienstleistungen.

Auf Basis dieses Begriffsverständnisses lassen sich Investment-Banking-Strategien grundlegend als Routen zur Erreichung investment-banking-strategischer Ziele interpretieren.[353] Kernaspekt der Strategie im Sinne einer Route ist die zielorientierte Vorgabe einer Entwicklungs**richtung** und eines Aktions**rahmens**.[354] Inhaltlich umfaßt eine Investment-Banking-Strategie in Anlehnung an die allgemein formulierte Strategie-Definition von WELGE/ ALLAHAM all jene grundsätzlichen, langfristig angelegten Verhaltensweisen (Maßnahmenkombinationen) der Bankunternehmung und relevanter Teilbereiche, die zur zielgerichteten Handhabung des Investment Banking gegenüber der Umwelt ergriffen werden.[355] Zentralen Bezugspunkt bildet dabei die zukunftsorientierte Gestaltung des Produkt-Markt-Bereichs.

II.2.1.2 Strategische Planung als Voraussetzung der Konzeptionierung erfolgsträchtiger Strategien

Für die Zwecke der vorliegenden Untersuchung ist auch von Interesse, Klarheit über zentrale Voraussetzungen der Entwicklung erfolgsträchtiger Strategien im Sinne effizienter Problemlösungen zu erlangen. Diese Fragestellung wird im folgenden aufgegriffen. Ausgangspunkt

---

350 Vgl. Welge, M./ Al-Laham, A. (1992), S. 5; Hinterhuber, H. (1989), S. 8.

351 Vgl. Kreikebaum, H. (1993), S. 25; Hinterhuber, H. (1989), S. 76ff.

352 Vgl. hierzu und im folgenden Hinterhuber, H. (1989), S. 13f., S. 144f. und S. 162f.; Johnson, G./ Schols, K. (1997), S. 4f.; Welge, M. (1985), S. 225f., Frese, E. (1986), S. 120; Ulrich, P./ Fluri, E. (1992), S. 114; Meyer, P./ Mattmüller, R. (1993), S. 16.

353 Vgl. Meyer, P./ Mattmüller, R. (1993), S. 19.

354 Vgl. Meyer, P./ Mattmüller, R. (1993), S. 21.

355 Anm. d. Verf.: Gemäß Welge/ Al-Laham beinhaltet eine Strategie „... die grundsätzlichen langfristigen Verhaltensweisen (Maßnahmenkombinationen) der Unternehmung und relevanter Teilbereiche gegenüber ihrer Umwelt zur Verwirklichung der langfristigen Ziele." Welge, M./ Al-Laham, A. (1992), S. 170.

bildet dabei die im Schrifttum mehrheitlich zum Ausdruck gebrachte Forderung, Strategien zum Gegenstand systematischer, vorausschauender Planung zu machen.[356]

Will die Bank-Unternehmung nicht dem Prinzip wahlloser Handlungen in Hoffnung auf den glücklichen Zufall folgen, so muß dem eigentlichen Tun die Entwicklung einer grundlegenden Handlungsorientierung in Form einer Strategie vorausgehen.[357] Diese verleiht dem zeitlich nachgelagerten Handeln in der Funktion einer „Leitplanke" Richtung und Rahmen und schafft die Voraussetzungen dafür, daß letzteres zielgerichtet, in koordinierter Weise und als kohärente, abgestimmte Schrittfolge erfolgen kann - was maßgeblich zur Erhöhung der Erfolgswahrscheinlichkeit beiträgt. Aufgrund unvorhersehbarer Umweltturbulenzen kommen Banken zuweilen nicht umhin, strategische Entscheidungen auch situativ und „improvisiert", d.h. ohne nennenswerte planerische Vorbereitung zu treffen.[358] In Anbetracht ihrer hohen Bedeutung für den zukünftigen Erfolg der (Bank-) Unternehmung und ihrer häufig langfristig irreversiblen Auswirkungen sollten Strategien jedoch normalerweise den Output eines systematischen Planungsprozesses bilden, wobei die Entwicklung von Strategien in den Aufgabenbereich *Strategischer Planung* fällt.[359]

---

356 Anm. d. Verf.: Damit wird in der vorliegenden Untersuchung ein Verständnis Strategischer Planung zugrunde gelegt, das durch eine *präskritiv-synoptische Planungsrationalität* gekennzeichnet ist. Vertreter dieses Planungsansatzes im deutschsprachigen Raum repräsentieren u.a. Kreikebaum, Hinterhuber, Steinmann/ Schreyögg oder Welge/ Al-Laham. Synoptische Planungsansätze sind durch einen normativen Anspruch gekennzeichnet. Sie beschäftigen sich mit der Frage, wie der Prozeß der strategischen Planung gestaltet werden soll, um eine erhöhte Effizienz der Problemlösung (= Strategien) zu erreichen. Ihnen ist die Forderung gemein, die Strategieformulierung als einen systematischen Prozeß zu betreiben, der sich nach einer geordneten Schrittfolge (z.B. Analyse der Umwelt und des Unternehmens, Zielentwicklung Strategieformulierung, Bewertung und Auswahl) entfaltet. Vgl. hierzu sowie zur präskritiv-synoptischen Planungsrationalität ausführlich Welge, M./ Al-Laham, A. (1992), S. 35ff.
Vertreter der *deskriptiv-inkrementalen* Sichtweise halten dieses Vorgehen - aufgrund der sich aus der Informationsfülle ergebenden Komplexität - für nicht problemadäquat. Sie beschäftigen sich mit der Analyse des tatsächlich ablaufenden Planungsprozesses. Dieser gestaltet als eine Art „Muddling Through" und ist eher mit der Lösung von Einzelproblemen und der Entwicklung kleiner Schritte („Disjointed Incrementalism") befaßt, denn mit der Schaffung eines allumfassenden strategischen Plans. Vertreter dieser Schule repräsentieren Lindblom, Mintzberg und Quinn. Dies führt zu einem neuen Verständnis von Strategien, die - ex post - als Grundmuster im Strom von strategischen Entscheidungen und Aktionen erkennbar sind. Obwohl dieser Ansatz geeignet ist, die Art und Weise, wie strategische Entscheidungen und Strategien in Unternehmen zustande kommen, realitätsnah zu beschreiben, wird Welge/ Al-Laham zugestimmt, daß hieraus noch nicht geschlossen werden kann, daß im Wege einer analytisch-systematischen und vorausschauenden Vorgehensweise nicht hätte eine noch effizientere Lösung erzielt werden können. Vgl. hierzu sowie zur deskriptiv-inkrementalen Planungsrationalität Welge, M./ Al-Laham, A. (1992), S. 37ff.; Macharzina, K. (1993), S. 207ff.

357 Vgl. hierzu Steinmann, H./ Schreyögg, G. (1993), S. 145.

358 Vgl. Frese, E. (1986), S. 119; Ulrich, P./ Fluri, E. (1992), S. 115; Meyer, P./ Mattmüller, R. (1993), S. 18.

359 Vgl. stellvertretend Welge, M./ Al-Laham, A. (1992), S. 5; Ulrich, P/ Fluri, E. (1992), S. 114; Steinmann, H./ Schreyögg, G. (1993), S. 149f.; Hinterhuber, H. (1989), S. 28f.

Bevor der strategische Planungsprozeß in seinen Elementen skizziert wird (Abschnitt II.2.1.2.2), sollen die zentralen Wesensmerkmale der Strategischen Planung in knapper Weise umrissen werden (Abschnitt II.2.1.2.1).

II.2.1.2.1 Wesen der Strategischen Planung

Unternehmungsplanung als Teilfunktion strategischer Unternehmungsführung kann allgemein als geistige Vorwegnahme zukünftigen unternehmerischen Handelns interpretiert werden.[360] Inhaltlich ist sie auf den Entwurf zukunftsgerichteter Handlungsprogramme gerichtet.[361] Der Komplexität und Dynamik der Umwelt begegnet sie durch eine analytische, logisch-rationale und systematische Vorgehensweise. Planung wird im allgemeinen als informationsverarbeitender Prozeß charakterisiert, im Rahmen dessen relevante Information beschafft und ausgewertet, darauf aufbauend Handlungsalternativen erarbeitet, bewertet und gegeneinander abgewogen werden, bevor schließlich die Auswahl erfolgt.[362]
Funktionen und positive Auswirkungen der Planung bestehen vor diesem Hintergrund in „... der Reduzierung des Risikos von Fehlentscheidungen, der Schaffung und Erweiterung von zukünftigen Aktionsfreiräumen zur Begrenzung von Sach- und Zeitzwängen, der Verringerung der Komplexität und der Integration von Einzelentscheidungen in einen Gesamtplan (...).[363]

Die Aufgabe der Strategischen Planung ist es, die zukünftige Entwicklung der Gesamtbank innerhalb des durch die Bankpolitik vordefinierten Rahmens nach Richtung, Ausmaß und Struktur konkret festzulegen.[364] Dabei wird die Formulierung von Strategien für gewöhnlich als ihre Kernaufgabe angesehen,[365] darüber hinaus können auch Ziele Gegenstand strategischer Planungsüberlegungen sein.[366] Ferner fällt die Entwicklung von Verfahrens-

---

360 Vgl. Ulrich, P./ Fluri, E. (1992), S. 107.
361 Vgl. Macharzina, K. (1993), S. 316; Steinmann, H./ Schreyögg, G. (1993), S. 145.
362 Vgl. zum Planungsbegriff grundlegend Macharzina, K. (1993), S. 313ff.
363 Büschgen, H. (1998), S. 549.
364 Vgl. Büschgen, H. (1998), S. 549; Süchting, J./ Paul, S. (1998), S. 210. Vgl. hierzu allgemein Hahn, D. (1999), S. 3; Ulrich, P/ Fluri, E. (1992), S. 114; Hinterhuber, H. (1989), S. 29; Johnson, G./ Schols, K. (1997), S. 4.
365 Vgl. Welge, M./ Al-Laham, A. (1992), S. 5; Steinmann, H./ Schreyögg, G. (1993), S. 149ff.; Ulrich, P./ Fluri, E. (1992), S. 114; Hinterhuber, H. (1989), S. 28f.; Bea, F./ Haas, J. (1995), S. 47.
366 Vgl. Ulrich, P./ Fluri, E. (1992), S. 127; Meyer, P./ Mattmüller, R. (1993), S. 17; Kreikebaum, H. (1993), S. 48ff.; Bea, F./ Haas, J. (1995), S. 67f.; Büschgen, H. (1998), S. 549f.

richtlinien (Politiken) für die Funktionsbereiche in den Aufgabenbereich der Strategischen Planung.[367]

Wichtige *Inhalte* strategischer Entscheidungen, die den Gegenstandsbereich der Strategischen Planung umreißen, bilden im einzelnen:[368]

- die Wahl der Produkt-Markt-Bereiche
- die Bestimmung der Basis des Wettbewerb in den Produkt-Markt-Bereichen
- die Bestimmung der zur Realisierung der marktorientierten Entscheidungen benötigten Leistungspotentiale

Wie zum Ausdruck kommt, richtet sich Strategische Planung sowohl auf die Gesamtbank, als auch auf relevante Teilbereiche wie Geschäftsfelder und Funktionen aus.

Neben der Herbeiführung einer möglichst umfassenden Ausschöpfung des Erfolgspotentials im Zuge der Strategieformulierung ist *Ziel* und Zweck der Strategischen Planung, für die Erschließung neuer und Absicherung bestehender Erfolgspotentiale zu sorgen, um den Bestand und die Rentabilität der Bank-Unternehmung langfristig zu sichern.[369] Dies

---

367 Vgl. Welge, M./ Al-Laham, A. (1992), S. 5; Steinmann, H./ Schreyögg, G. (1993), S. 151 und S. 212f.

368 Vgl. Frese, E. (1986), S. 118; Steinmann, H./ Schreyögg, G. (1993), S. 149 und S. 151. In Abgrenzung zu Frese wird hier die Entwicklung oberster Unternehmensziele nicht zu den strategischen Entscheidungen gezählt. Zum Gegenstandsbereichs der Strategischen Planung existieren in der Literatur unterschiedliche Auffassungen. Vgl. hierzu Frese, E. (1986), S. 117; Welge, M./ Al-Laham, A. (1992), S. 3ff. Inhaltlich enge Definitionen, wie z.B. jene von Ansoff, sehen strategische Entscheidungen einzig auf die Wahl der Produkt-Markt-Bereiche fokussiert. Andere Autoren, wie Frese oder Steinmann/ Schreyögg, beziehen die Vorgehensweisen in den Produkt-Markt-Bereichen mit ein. Vereinzelt finden sich Begriffsfassungen, bei denen sogar die Gestaltung der Organisationsstruktur und Führungskräftepotentials in den Gegenstandsbereich strategischer Planung fallen. Vgl. hierzu bspw. Hahn (1999), S. 3. Nach der hier vertretenen Auffassung handelt es sich hierbei jedoch um von der Strategischen Planung i. e. S. abzugrenzende Aufgabenkomplexe Strategischer Unternehmens*führung*. Vgl. analog Hinterhuber, H. (1989), S.29. Die im Rahmen dieser Untersuchung zugrunde gelegte Abgrenzung orientiert sich damit an inhaltlich engeren Konzepten Strategischer Unternehmensplanung.

369 Vgl. Büschgen, H. (1998), S. 549f.; Süchting, J./ Paul, S. (1998), S. 210; Schierenbeck, H. (1991), S. 418. Vgl. hierzu allgemein Macharzina, K. (1993), S. 215; Ulrich, P./ Fluri, E. (1992), S. 110, Frese, E. (1986), S. 117; Welge, M. (1985), S. 74.
Unter dem Erfolgspotential ist gemäß Gälweiler „... das gesamte Gefüge aller jeweils produkt- und marktspezifischen erfolgsrelevanten Voraussetzungen ...(.)" zu verstehen. Gälweiler, A. (1987), S. 26. Dabei spielen Markpositionen, ihr Aufbau und ihre Erhaltung eine dominierende Rolle, da sie unmittelbar Erfolgspotentiale begründen und repräsentieren.

unterstreicht den Charakter der Strategischen Planung als wesentliche Instrumentalfunktion Strategischer (Bank-)Unternehmungsführung.[370]

II.2.1.2.2 Der strategische Planungsprozeß

Somit stellt sich die Frage, wie der Strategiefindungsprozeß aus Sicht der Strategischen Planung zu gestalten ist, um erfolgsträchtige Outputs generieren zu können.

Auf Basis des hier zugrunde gelegten Planungsmodells läßt sich Strategische Planung in präskriptiver Sicht als komplexer Informationsverarbeitungs- und Willensbildungsprozeß auffassen, der ausgehend von einer Analyse der strategischen Ausgangssituation zum Entwurf und der Auswahl von Zielen und Strategien und strategischen Programmen für die Funktionsbereiche führt.[371] Normative Grundlage dieses Prozesses bildet die Unternehmenspolitik.[372] Abbildung II-7 visualisiert den schematischen Aufriß des Strategischen Planungsprozesses mit seinen Elementen.[373]

---

[370] Vgl. zum Aufgabenbereich Strategischer Unternehmungsführung stellvertretend Hinterhuber, H. (1989), S. 25ff., die dort folgende Komponenten beinhaltet: Entwicklung einer unternehmerischen Vision, Konzeption der Unternehmungspolitik, Formulierung von Strategien, Ausarbeitung funktionaler Politiken, Strategiegerechte Gestaltung der Organisation, Durchführung der Strategien, Beeinflussung der Unternehmungskultur. Auch wenn die Begriffsfassungen in der Literatur durchaus variieren, sind hiermit Bezugspunkte Strategischer Unternehmungsführung bzw. eines Strategischen Managements umrissen, die häufig genannt werden.

[371] Vgl. zu diesem Modell strategischer Planung Büschgen, H. (1998), S. 549; Ulrich, P./ Fluri, E. (1992), S. 111. Vgl. hierzu auch Steinmann, H./ Schreyögg G. (1993), S. 152ff.; Stähle, W. (1994), S. 586ff.; Frese, E. (1986), S. 120f. Im Gegensatz zu den erstgenannten Autoren betrachten Steinmann/ Schreyögg, Stähle und Frese die Formulierung strategischer Ziele jedoch nicht als Aufgabe Strategischer Planung.

[372] Vgl. zu der hier zugrunde gelegten Konzeption Strategischer Unternehmungsführung Hinterhuber, H. (1989), S. 25ff. sowie Ulrich, P./ Fluri, E. (1988), S. 39. Danach verlangt Strategische Unternehmungsführung zunächst und übergeordnet das unternehmungspolitische, aber auch das strategische Denken und Handeln unter besonderer Berücksichtigung der engen Verflechtung beider Komponenten des Führungsprozesses. Planung wird als wichtige Teilaufgabe strategischer Unternehmungsführung in funktionaler Hinsicht verstanden, der ein politischer Willensbildungsprozeß vorauszugehen hat.

[373] Vgl. hierzu und im einzelnen Steinmann, H./ Schreyögg G. (1993), S. 152ff. Im Gegensatz zu der im Rahmen dieser Untersuchung vertretenen Auffassung betrachten diese Autoren die Formulierung strategischer Ziele jedoch nicht als Aufgabe Strategischer Planung.

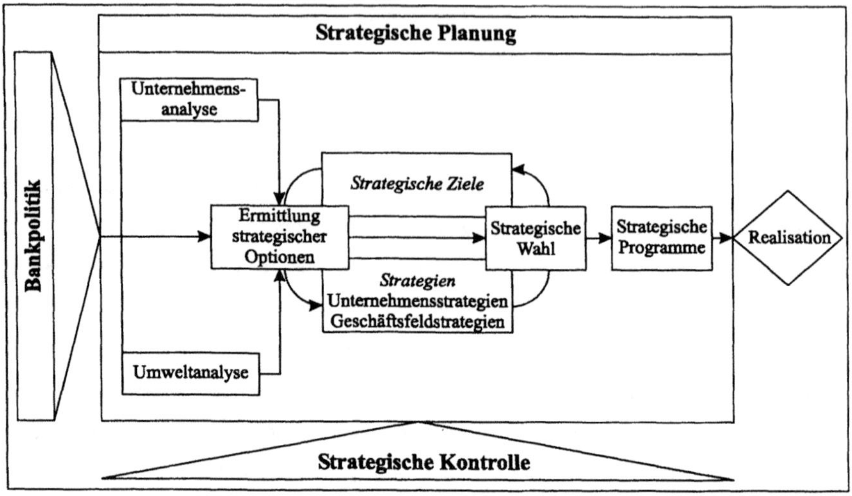

Abb. II-7: Der Strategieprozeß: Aspekte der erfolgreichen Strategieformulierung
(Quelle: In Anlehnung Steinmann, H./ Schreyögg G. (1993), S. 152.)

Realisation und strategische Kontrolle sind für den Erfolg des Strategieprozesses von hoher Bedeutung, jedoch nicht Gegenstand der Strategischen Planung.[374]
Abb. II-7 bringt zum Ausdruck, welchen zentralen Aufgabenstellungen sich Banken bei der Entwicklung erfolgsträchtiger (Investment-Banking-) Strategien zu widmen haben. Strategische Planung ist jedoch keinen einmaliger, sondern notwendigerweise permanenter Prozeß.[375] Ziele und Strategien bedürfen der fortlaufenden Evaluierung im Lichte sich ständig verändernder Um- und Infeldgegebenheiten, wobei durchaus auch kurzfristig Modifikationen erforderlich werden können.[376]

Zu den Elementen des strategischen Planungsprozesses bleibt folgendes festzuhalten:

- ***Strategische Analyse***: Die Entwicklung einer erfolgversprechenden Strategie setzt an der Schaffung der informationellen Voraussetzungen an.[377] Ausgangspunkt des strategischen Planungsprozesses muß daher eine systematische Analyse der bankinternen und -externen

---

374 Vgl. Steinmann, H./ Schreyögg, G. (1993), S. 153f.
375 Vgl. Büschgen, H. (1998), S. 549.
376 Vgl. Meyer, P./ Mattmüller, R. (1993), S. 19.
377 Vgl. Steinmann, H./ Schreyögg, G. (1993), S. 152.

Rahmenbedingungen bilden.[378] Im Ergebnis sollte die *Unternehmungsanalyse* einen möglichst objektiven Überblick über den Umfang und die Qualität der verfügbaren physischen, finanziellen, personellen, technologischen und informatorischen Ressourcen sowie Führungspotentiale vermitteln. Von besonderer Bedeutung ist, im Rahmen eines Konkurrenzvergleichs die hierauf basierenden ressourcen- und outputbezogenen Stärken und Schwächen zu ermitteln, die Wettbewerbsvor- und -nachteile begründen können. Die *Umweltanalyse* hat auf Basis der Bewertung von relevanten Bedingungen und Veränderungen des Umfeldes spezifische Chancen und Gefahren in der externen Umwelt aufzuzeigen und gestattet idealerweise die Ableitung kritischer Erfolgsfaktoren.

- ***Ermittlung strategischer Optionen***: Den nächsten und zentralen Schritt im strategischen Planungsprozeß bildet die Ermittlung strategischer Optionen.[379] Der strategische Handlungsspielraum des Managements wird dabei, wie in Abb. II-7 gezeigt, durch drei Determinanten beeinflußt: Die geschäftspolitische Grundhaltung der Bank, die ermittelten Chancen und Risiken in der Umwelt und die Stärken und Schwächen der Unternehmung.[380]

  Strategische Ziele und Strategien sind zum einen an den normativen Vorgaben der *Unternehmungspolitik* auszurichten, die in Summe der Normen, Wertvorstellungen und Ideale zum Ausruck bringt, denen sich eine Bank verschreibt.[381] Als übergeordnete, inhaltliche Leitlinie repräsentiert die Unternehmungspolitik verbindliche Grundlage und

---

378 Vgl. hierzu und im folgenden Steinmann, H./ Schreyögg G. (1993), S. 152f. und S. 155ff.; Hinterhuber, H. (1989), S. 76ff.; Kreikebaum, H. (1993), S.26. Vgl. zu umfassenden Überblicken über Bezugspunkte und Instrumente der Umwelt- und Unternehmensanalyse Bea, F./ Haas, J. (1995), S. 72ff. und Macharzina, K. (1993), S.217ff.

379 Vgl. Steinmann, H./ Schreyögg, G. (1993), S. 153 und S. 185ff.; Kreikebaum, H. (1993), S. 26.

380 Vgl. Ulrich, P./ Fluri, E. (1992), S. 110f.; Hinterhuber, H. (1989), S. 27ff.; Welge, M./ Al-Laham, A. (1992), S. 45.

381 Vgl. zur Unternehmungspolitik grundlegend Hinterhuber, H. (1989), S. 55ff.; Ulrich, P./ Fluri, E. (1992), S. 77ff.; sowie ergänzend Welge, M./ Al-Laham, A. (1992), S. 45ff. Alternativ werden in der Literatur auch Begriffe, wie Unternehmungsphilosophie, -konzeption, Charta, Mission oder Vision verwendet. Die Unternehmungspolitik beschreibt die Persönlichkeit und den geschäftspolitischen Kurs einer Bank-Unternehmung. Sie kann Resultat eines unternehmungs*politischen* Willensbildungsprozesses interpretiert werden. In dessen Rahmen wird versucht, über eine Auseinandersetzung mit den unterschiedlichen Interessenlagen und Wertvorstellungen bankinterner und -externer Anspruchsgruppen (Stakeholder), auf deren Unterstützung die Bank angewiesen ist, einen von allen gestützten, tragfähigen Basiskonsens über Ziele und angestrebte Verhaltensweisen der Bank herbeizuführen. Durch die prospektive Sicherung ihrer Kooperationsbereitschaft sollen Konflikte und Dissonanzen im Rahmen der Erfüllung der Unternehmungsziele vermieden bzw. bewältigt und die betriebliche Effizienz positiv unterstützt werden. Vgl. hierzu Ulrich, P./ Fluri, E (1992), S. 77; Hinterhuber, H. (1989), S. 55ff.

sinnstiftende Voraussetzung der Formulierung erfolgsträchtiger Strategien.[382] Denn wenn „... man nicht weiß, wo man hin will, was man erreichen will und wozu, fehlt die Voraussetzung für *strategisches* Handeln. Was bleibt, ist Improvisation oder ad hoc Management."[383]

Häufig in Form von unternehmungspolitischen Leitsätzen schriftlich fixiert und in einem Leitbild zusammengefaßt, nimmt Unternehmungspolitik zumeist Bezug auf den Unternehmungszweck, formuliert Grundsätze des angestrebten Verhaltens gegenüber Anspruchsgruppen der Bank und definiert schließlich die obersten, generellen Ziele des Bankkonzerns (z.B. hinsichtlich Marktleistung und -stellung, Sicherheit und Risiko, Rentabilität, Wachstum, Finanzwirtschaft, Macht, Prestige, Mitarbeiter, Gesellschaft) und entsprechende Prioritäten.[384]

Im Rahmen der Ermittlung strategischer Optionen gilt es sodann zum einen, die generellen bankpolitischen Zielsetzungen auf Basis der im Rahmen der strategischen Analyse gewonnenen Informationen zu präzisieren und zu *strategischen Zielen* zu verarbeiten,[385] die konkrete Angaben zu Zielart und -richtung machen.[386] Andererseits und schwerpunktmäßig sind ausgehend von den ermittelten Stärken und Schwächen und unter Berücksichtigung der Chancen und Risiken im Umfeld *Strategien* zu entwickeln, die der Erreichung der definierten strategischen und damit der übergeordneten Ziele dienen.[387] Obgleich die strategischen Ziele eine Leitlinie der Strategieformulierung bilden, darf die Entwicklung strategischer Ziele und die Formulierung von Strategien, wie in Abb. II-7 kenntlich gemacht, nicht als strikte Abfolge zweier getrennter Entscheidungsprozesse verstanden werden. Vielmehr sollte es sich hierbei um einen itterativen Prozeß handeln,

---

382 Vgl. Ulrich, P./ Fluri, E. (1992), S. 80; Hinterhuber, H. (1989), S. 56; Welge, M./ Al-Laham, A. (1992), S. 45; Staehle, W. (1994), S. 586.

383 Staehle, W. (1994), S. 586. (Hervorhebung im Original)

384 Vgl. Ulrich, P./ Fluri, E. (1992), S. 94ff.; Hinterhuber, H. (1989), S. 57f.; Welge, M./ Al-Laham, A. (1992), S. 45ff. Der *Unternehmungszweck* läßt sich durch allgemeine Angaben zum Tätigkeitsbereich und der räumlichen Abgrenzung des Marktes charakterisieren. *Zentrale Anspruchsgruppen*, gegenüber denen *oberste Richtlinien des Verhaltens* definiert werden sollen, repräsentieren in internen Beziehungsfeldern Mitarbeiter und Aktionäre, im externen Bereich Kunden, Konkurrenten, der Staat, die Gesellschaft aber z.B. auch Gewerkschaften. Vgl. hierzu Ulrich, P./ Fluri, E. (1992), S. 94ff.; Hinterhuber, H. (1989), S. 58.

385 Vgl. Ulrich, P./ Fluri, E. (1992), S. 127; Bea, F./ Haas, J. (1995), S. 49; Kilgus, E. (1994) S. 85; Meyer, P./ Mattmüller, R. (1993), S. 17.

386 Vgl. hierzu Kreikebaum, H. (1993), S. 49f. Der Autor spricht hier von „speziellen Absichten" in Abgrenzung zu den „generellen Absichten" der Unternehmungspolitik.

der durch eine Vielzahl von Rückkoppelungen gekennzeichnet ist und i.d.R. wechselseitige Anpassungen erforderlich macht.[388]

Im Strategieformulierungsprozeß erweist sich nach allgemeiner Auffassung die Berücksichtigung einer Reihe von strategischen Prinzipien als vorteilhaft. Als zentrale Leitlinien der Strategieformulierung nennt die Literatur neben dem Prinzip des *Ausnutzens von Synergievorteilen*:[389]

- *Aufbau und Nutzung von Stärken, Vermeiden von Schwächen:* Die Strategien einer Unternehmung sollten darauf gerichtet sein, vorhandene und potentielle Stärken bestmöglich zu nutzen und Schwächen zu meiden.
- *Konzentration der Kräfte* in zweierlei Hinsicht: Angesichts knapper Ressourcen sollten ausschließlich solche Produkt-Markt-Kombinationen gefördert werden, die sich durch ausreichende Attraktivität, d.h. günstige Gewinn- und Zukunftsperspektiven auszeichnen und Erfolgspotentiale sichern und aufbauen helfen. Die Mittel sind ferner auf jene Bereiche zu konzentrieren, in denen Gegner Schwächen aufweisen, um hohe Stoßkraft zu erzeugen

Als Anforderung an zu entwickelnde Optionen läßt sich somit festhalten: Strategien sollten zum Ausdruck bringen, wie die Bank-Unternehmung vorhandene und potentielle Stärken unter möglichst effizientem Einsatz ihrer begrenzten Ressourcen nutzt, um Veränderungen im Umfeld zielgerichtet zu begegnen.[390]

- ***Strategische Wahl***: Kernaufgabe im Rahmen der Planungsphase der Strategischen Wahl bildet die Bewertung der ermittelten Strategiealternativen mit dem Ziel, die Strategien mit dem höchsten Zielerreichungsgrad auszuwählen.[391] Zentrale Aspekte, mit denen sich das Bankmanagement hierbei auseinanderzusetzen hat, sind Fragen der internen

---

387 Vgl. zum Phase der Strategieformulierung und im Rahmen des Strategischen Planungsprozesses ausführlich Steinmann, H./ Schreyögg G. (1993), S. 187ff.; Hinterhuber, H. (1989), S. 143ff.; Kreikebaum, H. (1993), S.52ff.; Welge, M./ Al-Laham, A. (1992), S. 178ff.; Staehle, W. (1994), S. 623ff.

388 Vgl. hierzu Kilgus, E. (1994), S. 85.

389 Vgl. zu den 10 Grundprinzipien grundlegend Pümpin, C. (1980), S. 15ff. sowie in der Verkürzung auf die drei genannten, zentralen Leitsätze Welge, M./ Al-Laham, A. (1992), S. 171ff.

390 Vgl. hierzu Kreikebaum, H. (1993), S. 25.

391 Vgl. hierzu ausführlich Steinmann, H./ Schreyögg, G. (1993), S. 153 und S. 209ff.

Durchführbarkeit („Machbarkeit“) und der Konsistenz einer Strategie.[392] Ersteres bezieht sich auf die Frage, ob die Bank über die erforderlichen (physischen, finanziellen, personellen, technologischen und know-how-basierten) Ressourcen und die funktionale Befähigung verfügt, die fragliche Strategie mit dem gewünschten Erfolg zu umzusetzen. Darüber hinaus sind die strategischen Alternativen auf Konsistenz hin zu untersuchen. Dies bezieht sich primär auf die Frage, ob die mit der Strategie verbundenen Maßnahmen in strategischer Stimmigkeit zueinander stehen.[393]

- ***Strategische Programme***: Die Entwicklung Strategischer Programme für die Funktionsbereiche auf Basis der gewählten Strategien bildet das abschließende Element im Prozeß der strategischen Planung und einen ersten, vorbereitenden Schritt ihrer Implementierung.[394] Hierbei ist der Frage nachzugehen, wie die internen Potentiale der Unternehmung, z.B. in personeller Hinsicht, grundlegend zu gestalten sind, um die marktorientierten Entscheidungen erfolgreich bewerkstelligen zu können.[395] Nach Auffassung von STEINMANN/ SCHREYÖGG kann es hierbei jedoch nicht darum gehen, alles betriebliche Handeln umfassend durchplanen zu wollen.[396] Vielmehr sollen selektiv funktionsbereichsbezogene Schwerpunkte gesetzt werden, indem all jene Maßnahmen herausgefiltert werden, die für eine erfolgreiche Umsetzung der Strategien von kritischer Bedeutung sind.

Strategische Entscheidungen sind für die langfristige Sicherung des Unternehmensbestandes von höchster Bedeutung, jedoch durch ein hohes Maß an Entscheidungsunsicherheit gekennzeichnet.[397] Daher repräsentiert die *Strategische Kontrolle* ein unverzichbare Erfolgsvoraussetzung des Strategieprozesses.[398] Um Gefahren, Prämissenabweichungen, Irrwege und Inkonsistenzen möglichst frühzeitig zu erkennen, darf sie nicht erst einsetzen,

---

392 Vgl. hierzu und im folgenden Welge, M./ Al-Laham, A. (1992), S. 353ff.; Steinmann, H./ Schreyögg, G. (1993), S. 210.

393 Vgl. Welge, M./ Al-Laham, A. (1992), S. 357ff.

394 Vgl. hierzu ausführlich Steinmann, H./ Schreyögg, G. (1993), S. 153 und S. 212f. Vgl. zu einer anderen Auffassung Hinterhuber, H. (1989), S. 29. Er sieht die Ausarbeitung sog. „funktionaler Teilpolitiken“ nicht als Aufgabe Strategischer Planung, sondern nachgelagerte Aufgabe an.

395 Vgl. bspw. Frese, E. (1986), S. 118 oder auch Ulrich, P./ Fluri, E. (1992), S. 128ff.

396 Vgl. hierzu und im folgenden Steinmann, H./ Schreyögg, G. (1993), S. 213.

397 Vgl. bspw. Ulrich, P./ Fluri, E. (1992), S. 114.

398 Vgl. hierzu und im folgenden Steinmann, H./ Schreyögg, G. (1993), S. 154 sowie Welge, M./ Al-Laham, A. (1992), S. 43 oder Ulrich, P./ Fluri, E. (1992), S. 116 und S. 129ff.

wenn Ergebnisse vorliegen. Vielmehr hat sie jede Phase des Strategieprozesses als überwachende Instanz kritisch reflektierend zu begleiten.

Ebenfalls nicht mehr Gegenstand der Strategischen Planung ist der *Realisierungs*prozeß einer Strategie,[399] der sich in instrumenteller Hinsicht auch der Operativen Planung bedient. Aufgabe der Operativen Unternehmungsplanung als eher kurzfristig ausgerichtete, ablauforientierte Aktionsplanung ist nun, die getroffenen strategischen Entscheidungen mittels detaillierter Plänen und Budgets in ein konkretes Orientierungsgerüst für das tagtägliche Handeln zu überführen.[400] Sie läßt sich daher auch als ein wesentliches Mittel bzw. Instrument der Strategieimplementierung interpretieren.

II.2.2 Inhalte und Struktur der Investment-Banking-Strategie

Auf Basis obiger Erwägungen zum Strategiebegriff und zentralen Voraussetzungen der Entwicklung erfolgsträchtiger Strategien im Sinne effizienter Problemlösungen, geht es im weiteren um eine Abgrenzung und inhaltliche Präzisierung des Begriffs der „Investment-Banking-Strategie". Es wird ein konzeptionelles Grundmodell präsentiert, welches das Spektrum an relevanten strategischen Handlungsalternativen zur zielorientierten Entwicklung des Investment-Banking-Engagements und Herbeiführung beabsichtigter Veränderungsprozesse aufzeigt und ordnend strukturiert. Hiermit wird die Frage beantwortet, mit welchen Inhalten sich eine tragfähige „Investment-Banking-Strategie" gestaltend auseinanderzusetzen hat und welche Möglichkeiten sich dabei im einzelnen bieten.
Zu diesem Zweck wird anknüpfend an einer Differenzierung in wichtige strategische Ebenen zunächst eine Abgrenzung zentraler Aufgabenbereiche der „Investment-Banking-Strategie" vorgenommen - und ihr damit gleichzeitig eine Struktur verliehen (Abschnitt II.2.2.1). Es folgt eine Kurzcharakteristik zentraler Strategie-Komponenten (Abschnitt II.2.2.2). Mit dem „Investment-Banking-Würfel", der das mögliche Betätigungsfeld im Investment Banking in

---

399 Vgl. bspw. Steinmann, H./ Schreyögg, G. (1993), S. 153 oder Frese, E. (1986), S. 120.

400 Vgl. Steinmann, H./ Schreyögg, G. (1993), S. 145; Ulrich, P./ Fluri, E. (1992), S. 110f.; Hinterhuber, H. (1989), S. 29. Vgl. zur operativen Planung und Abgrenzung zur Strategischen Planung ausführlich Steinmann, H./ Schreyögg, G. (1993), S. 232ff.; Welge, M./ Al-Laham, A. (1992), S. 6 sowie zur operativen Planung in Banken Büschen, H. (1998), S. 577ff.

seiner Gänze umreißt, wird abschließend das primäre Gestaltungsobjekt der Investment-Banking-Strategieformulierung vorgestellt (Abschnitt II.2.2.3).

II.2.2.1 Aufgabenbereiche und Struktur der Investment-Banking-Strategie

In der überwiegenden Mehrzahl von Ansätzen zur Strategischen Planung wird gefordert, eine vertikale Differenzierung der Strategieformulierung in verschiedene Ebenen vorzunehmen. Entsprechend sind Strategien der Unternehmung (Unternehmensstrategien) von Strategien auf Ebene der strategischen Geschäftsfelder (Geschäftsfeldstrategien) zu unterscheiden.[401] Dies wird für notwendig erachtet, da sich ein Anbieter in verschiedenen Geschäftsfeldern mit z.T. sehr unterschiedlichen Kontextsituationen in bezug auf unternehmensinterne und externe Bedingungen konfrontiert sieht.[402] Zur Erreichung einer vorteilhaften Position in einem Feld wird daher eine individuelle, auf seine Spezifika abgestimmte Strategie erforderlich.
Dies kann auch auf das Investment Banking übertragen werden. Mithin sind hier Strategien auf Ebene der Geschäftsfelder wie z.B. im M&A-Geschäft oder Structured Finance von solchen zu unterscheiden, die auf einer übergeordneten Ebene angesiedelt sind. Unter Berücksichtigung dieser grundsätzlichen Unterscheidung lassen sich damit zunächst zwei wesentliche Aufgabenbereiche der Investment-Banking-Strategie abgrenzen und inhaltlich umreißen:

- Auf übergeordneter Ebene kann es beispielsweise darum gehen, eine strategische Grundhaltung zur Geschäftstätigkeit im Investment Banking zu definieren, mit der dem künftigen Engagement ein eindeutiges Profil verliehen wird. Diese Funktion übernimmt die ***Basisstrategie*** als erste wichtige Komponente einer Investment-Banking-Strategie. Im Kern zentrieren sich die Strategieüberlegungen auf dieser Ebene um das strategische Grundsatzproblem der zukunftsorientierten Abgrenzung der Ausdehnung der

401 Vgl. zu dieser häufig anzutreffenden Unterscheidung und Strukturierung in Unternehmensebene („Corporate Level") und Geschäftsfeldebene („SBU-Level") grundlegend und stellvertretend Hofer, C. W./ Schendel, D. (1978), S. 27; Steinmann, H./ Schreyögg, G. (1993), S. 150f. sowie S. 186; Welge, M./ Al-Laham, A. (1992), S. 180; Hinterhuber, H. (1989), S. 27f.; Macharzina, K. (1993), S. 210ff.; Bea, F./ Haas, J. (1995), S. 155, Welge, M. (1985), S. 233. In Abgrenzung zu einigen der genannten Autoren wird die Ebene der Funktionsbereiche hier, wie auch bei Hinterhuber oder Steinmann/ Schreyögg, ausdrücklich nicht als dritte Strategie-Ebene begriffen. Vgl. hierzu die Ausführungen zu strategischen Programmen in Abschnitt II.2.1.2.2.

402 Vgl. hierzu und im folgenden Steinmann, H./ Schreyögg, G. (1993), S. 151.

Unternehmenstätigkeit im Investment Banking.[403] Dies umfaßt mithin die Auswahl der zu bedienenden Märkte, der geographischen Absatzgebiete und der anzubietenden Produkte und Dienstleistungen.

- Während die Bezugsgröße der Basisstrategie die Investment-Banking-Tätigkeit als ganzes bildet, beschreiben ***Geschäftsfeldstrategien*** - die als Gesamtkomplex die zweite zentrale Komponente einer Investment-Banking-Strategie abbilden - die anzuwendenden Verhaltensweisen in den einzelnen Produkt-Markt-Bereichen des Investment Banking.[404] Im Rahmen ihrer Formulierung ist zunächst festzulegen, in welche Richtung sich die Geschäftsfelder künftig entwickeln sollen und darauf aufbauend, wie die gewählten Stoßrichtungen inhaltlich ausgestaltet sein sollen.[405]

Die ersten beiden Komponenten einer Investment-Banking-Strategie zeigen in aller Regel zu bewältigende Veränderungsprozesse an.

- Daher ist im Rahmen der Konzeptionierung von ***Strategien der Realisierung*** in einem dritten Schritt festzulegen, in welcher Form das Investment-Banking-Engagement gemäß der Maßgaben der Basis- und Geschäftsfeldstrategien fortentwickelt werden soll.[406] So ist z.B. im Kontext von Expansionsbestrebungen zu entscheiden, ob Wachstum aus eigener Kraft und/ oder im gemeinschaftlichen Vorgehen mit anderen Unternehmen bewältigt werden soll.[407] Als Gesamtkomplex bilden die Strategien der Realisierung die dritte wesentliche Komponente einer Investment-Banking-Strategie ab.

Hiermit sind die Inhalte und Bezugsgrößen, mit denen sich die Investment-Banking-Strategie-Formulierung gestaltend auseinanderzusetzen hat, und ihre Struktur in globaler Weise umrissen.

---

[403] Vgl. zum Aufgabenbereich der Unternehmensstrategie im folgenden allgemein Hinterhuber, H. (1989), S. 162ff.; Welge, M./ Al-Laham, A. (1992), S. 181f.; Macharzina, K. (1993), S. 211; Steinmann, H./ Schreyögg, G. (1993), S. 149ff.

[404] Vgl. Begriffsinhalt der Geschäftsfeldstrategie und einem typologisierenden Überblick über mögliche Geschäftsfeldstrategien Welge, M./ Al-Laham, A. (1992), S. 229f.

[405] Vgl. hierzu Hax, A./ Majuf, N. (1984), S. 21ff.; Hahn, D. (1999), S. 7ff. sowie im Kontext der strategischen Bankplanung Büschen, H. (1998), S. 558ff.; Schierenbeck (1991), S. 419ff.; Süchting, J./ Paul, S. (1998), S. 210ff.; Köppern v., J. (1996), S. 70.

[406] Vgl. zu dieser strategischen Fragestellung Macharzina, K. (1993), S. 211, Johnson, G./ Scholes, K. (1997), S. 306; Bea, F./ Haas, J. (1995), S. 156.

[407] Vgl. Johnson, G./ Scholes, K. (1997), S. 306ff.; Bea, F./ Haas, J. (1995), S. 160f

Diese strategischen Aufgaben obliegen Investment Banken genauso wie Universalbanken. Während jedoch bei Investment Banken die den Geschäftsfeldern übergeordnete strategische Ebene die Gesamtunternehmungsebene abbildet, handelt es sich bei Universalbanken um die Ebene des strategischen Sektors Investment Banking.

Ursächlich hierfür ist, daß die Universalbank in den Marktleistungsbereichen des Commercial-, Trust- und Investment Banking tätig ist, für die aufgrund der Unterschiedlichkeit der Produkt-Markt-Verhältnisse jeweils spezifische Strategien zu entwickeln sind. Gerade aus diesem Merkmal ergeben sich zusätzliche strategische Planungserfordernisse für diesen Institutstyp. Im Hinblick auf die notwendige Wahrung des Gesamtzusammenhangs erweitert sich die strategische Aufgabe der Universalbank um Aufgaben der Steuerung und Koordination der Marktleistungssektoren im Sektorportfolio der Gesamtbank.[408] Dies kann angesichts begrenzter Gesamtressourcen nur aus Konzernsicht erfolgen. Eine solche Konzernstrategie hat sich insbesondere der Frage zu widmen, welche relative strategische Bedeutung den drei Marktleistungsbereichen künftig zukommen soll.[409] Ausgehend hiervon ist festzulegen, wie sie künftig zu handhaben sind - d.h. investiv, bewahrend oder eher restriktiv. Die Konzernstrategie bildet jedoch nicht Gegenstand der vorliegenden Untersuchung, die auf die Investment-Banking-Strategien deutscher Banken fokussiert, und wird daher im folgenden weitgehend ausgeblendet. Allerdings bleibt festzuhalten, daß sie - da hiermit das Ausmaß der Ressourcenbereitstellung an den Sektor Investment Banking festgelegt wird - als wichtige Determinante der Investment-Banking-Strategie einer Universalbank zu interpretieren ist. In der vorliegenden Untersuchung wird dieser Tatsache insofern Rechnung getragen, als im Vorfeld der Analyse strategischer Ziele deutscher Banken auch die relative strategische Bedeutung, die dem Investment Banking im einzelnen beigemessen wird, untersucht wird. Aussagen hierzu lassen sich im übertragenen Sinne als Output der Konzernstrategie in bezug auf das Investment Banking interpretieren.

---

408 Vgl. hierzu und zur strategischen Planung im *Konzern* allgemein Hahn, D./ Mirow, M./ Siegert, T./ Pfeil, A. (1999), S. 546ff. Die Autoren vertreten die Auffassung, daß strategische Planung, die im Kern die Festlegung des langfristig zu erstellenden Leistungs- bzw. Produktprogramms mit den hierfür erforderlichen Potentialänderungen umfaßt, im Konzern auf mehreren Ebenen stattzufinden hat. Auf *Konzernebene* erfolgt die Planung des Portfolios an Unternehmungsbereichen, auf *Konzernbereichsebene* die Planung des Portfolios an strategischen Geschäftsfelder pro strategischem Sektor, auf *Geschäftsfeldebene* die Planung des Portfolios an Dienstleistungen pro Produkt-Markt-Bereich. Vgl. hierzu Hahn, D./ Mirow, M./ Siegert, T./ Pfeil, A. (1999), S. 549. Vgl. zu dieser Auffassung auch Frese, E. (1986), S. 118f.

409 Vgl. Jakob, A./ Klein, S. (1996), S. 36.

Wird also im folgenden von der Investment-Banking-Strategie auf übergeordneter Ebene gesprochen, beziehen sich die Ausführungen auf die Gesamtunternehmungsebene bei Vorliegen einer Investment Bank und die Ebene des strategischen Sektors Investment Banking bei Vorliegen einer Universalbank. Eine Gleichsetzung der Sektorebene mit der Gesamtunternehmungsebene einer Spezialbank erscheint insofern gerechtfertigt, als die Marktleistungsbereiche einer Universalbank heute so scharf voneinander abgegrenzt sind, daß vielfach von „Banken in der Bank" gesprochen wird, was dem Gesamtinstitut das Profil eines „Multispezialisten" verleiht. Die scharfe Trennung der Sektoraktivitäten kommt bspw. auch darin zum Ausdruck, daß die Dresdner Bank ihre Investment-Banking-Division Dresdner Kleinwort Wasserstein als ihre „Investment Bank" bezeichnet.

Um als Universalbank eine erfolgversprechende Positionierung in der Branche im direktem Wettbewerb mit den führenden Investment Banken herbeiführen zu können, erscheint es nicht zuletzt auch notwendig, wie eine Spezialbank zu planen. Nur auf diese Weise läßt sich strategische Flexibilität beim Aufbau zukünftiger Erfolgspotentiale gewinnen. Dies gilt auch für jene Institute, bei denen das Investment Banking realorganisatorisch nicht in einem spezifischen Unternehmensbereich gebündelt ist, denn Führungsaufgaben bestehen unabhängig von der verwirklichten Organisationsstruktur.

II.2.2.2 Komponenten der Investment-Banking-Strategie

Im folgenden gilt es, das bisher entwickelte Begriffsverständnis vorbereitend zu vertiefen. Wie zum Ausdruck kam, kann eine Investment-Banking-Strategie als ein hierarchisch gegliedertes Strategiebündel aufgefaßt werden, in das mit der Basisstrategie (Abschnitt II.2.2.2.1), den Geschäftsfeldstrategien (Abschnitt II.2.2.2.2) und den Strategien der Realisierung (Abschnitt II.2.2.2.3) drei zentrale Komponenten eingebunden sind. Die Strategie auf der jeweils höheren Ebene bildet Ausgangspunkt und Rahmenbedingung der Strategieentwicklung auf nachgeordneter Ebene.

Die drei Komponenten der Investment-Banking-Strategie sollen im folgenden in Kurzform charakterisiert werden, wobei ein einführender Überblick über die jeweils zugehörigen Spektren an strategischen Handlungsoptionen geboten wird.

II.2.2.2.1 Die Basisstrategie im Investment Banking

Im Zusammenhang mit der Konzeptionierung einer tragfähigen Investment Banking-Strategie erscheint es in einem Schritt zweckmäßig, sich mit der Gestaltung eines übergeordneten Geschäftsprofils zu befassen. Hiermit sind Fragen der strategischen Positionierung angesprochen.[410] Dimensionen, an denen übergeordnete strategische Konzepte anknüpfen, können vielfältige Ausprägungen erfahren.[411] Generell dominiert jedoch auf oberster Ebene die Auseinandersetzung mit zwei (verschränkten) strategischen Grundsatzproblemen:[412] Auf welchen Märkten - in abnehmerbezogener und geographischer Hinsicht - wollen wir längerfristig tätig sein? Welche Produkte und Dienstleistungen wollen wir anbieten, um dort langfristig erfolgreich zu sein?

Diesen Gedanken aufgreifend scheint im Investment Banking die Festlegung der Ausprägungsmerkmale der folgenden drei Gestaltungsdimensionen von besonderer Bedeutung zu sein:[413]

- Leistungsprogrammbezogene Streubreite der Geschäftsaktivitäten
- Kundengruppenbezogene Streubreite der Geschäftsaktivitäten
- Geographische Streubreite der Geschäftsaktivitäten

Diese Grundfragestellungen, auf die im Rahmen der Formulierung der Basisstrategie eine Anwort gefunden werden muß, visualisiert das Würfelschema in Abb. II-8 anhand seiner drei Dimensionen.

---

[410] Vgl. zur Relevanz der Planung der strategischen Positionierung von Universalbanken analog Schierenbeck, H. (1991), 413ff.; Büschgen, H. (1998), S. 661ff.; Köppern v., J. (1996), S. 57ff. Vgl. zur Notwendigkeit der Definition einer strategischen Grundhaltung auch Kirsch, W. (1991), S. 284f.

[411] Vgl. hierzu bspw. Kirsch, W. (1991), S. 284f., der die Dimensionen „Grundhaltung zur Spezialisierung" (Spezialist, Synergist, Generalist) und „Haltung gegenüber Neuerungen" (konservativ, analysierend, progressiv) nutzt.

[412] Vgl. zu strategischen Grundsatzentscheidungen auf Unternehmensebene die sich vor allem mit Fragen der Ausdehnung und Diversität der Geschäftstätigkeit und ihrem geographischen Aktionsbereich befassen Steinmann, H./ Schreyögg, G. (1993), S. 149; Macharzina, K. (1993), S. 211; Frese, E. (1986), S. 118; Welge, M./ Al-Laham, A. (1992), S. 181f.; Johnson, G./ Scholes, K. (1997), S. 246ff.

[413] Vgl. hierzu auch Müller, A. (1988), S. 45ff.; Jakob, A./ Klein, S. (1996), S. 36. Die Autoren nennen grundsätzliche Strategiealternativen im Investment Banking, die sie anhand der o.g. Dimensionen charakterisieren. Vgl. hierzu auch Achleitner, A. (1999), S. 15f., die anhand der Ausprägung o.g. Dimensionen verschiedene Investment-Bank-Typen unterscheidet, was ihre Relevanz als strategische Positionierungsdimensionen im Investment Banking unterstreicht.

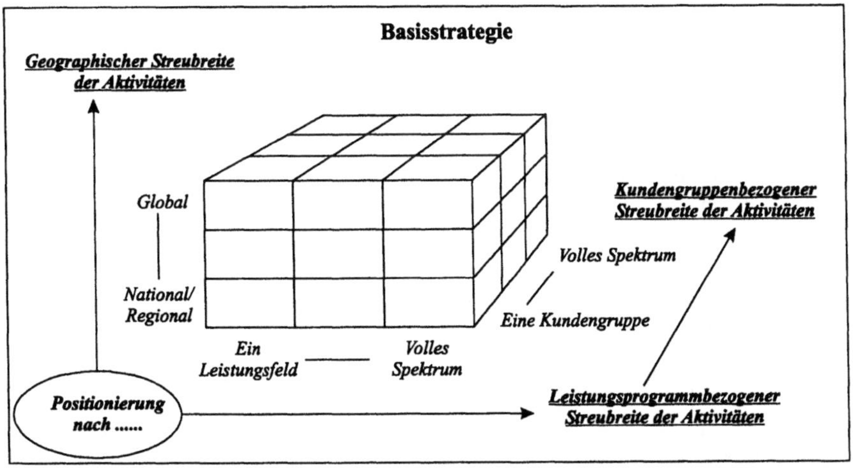

Abb. II-8: Der Basisstrategiewürfel im Investment Banking

Wie Abb. II-8 verdeutlicht, können Basisstrategien als Kombinationen dimensionaler Strategieentscheidungen interpretiert werden. Sie bewegen sich im Spannungsfeld zwischen den Optionen eines weltweiten Angebots einer umfassenden Leistungspalette in Ausrichtung auf das volle Kundengruppenspektrum („Global Player") und der Spezialisierung auf eine, lediglich im Heimatmarkt betriebene Investment-Banking-Aktivität in Ausrichtung auf eine spezifische Kundengruppe („Nationaler Spezialist").[414] Zwischen diesen Extrema sind eine ganze Reihe an Fokusstrategien angesiedelt, die die Konzentration auf bestimmte Aufgabenfelder des Investment Banking und/ oder Abnehmergruppen und/ oder geographische Märkte beinhalten.

II.2.2.2.2 Geschäftsfeldstrategien

Ist das strategische Profil der zukünftigen Investment-Banking-Tätigkeit durch die Wahl der Basisstrategie geschliffen, gilt es innerhalb dieses Rahmens Strategien für die einzelnen Geschäftsfelder im Investment Banking zu entwickeln.

414 Vgl. zu grundsätzlichen strategischen Alternativen im Investment Banking analog, aber in weniger ausdifferenzierter Form, Müller, A. (1988), S. 45ff. sowie Jakob, A./ Klein, S. (1996), S. 36. Die dort genannten Strategien sind durch den „Basisstrategiewürfel" erfaßt.

Dabei sind in einem ersten Schritt strategische Stoßrichtungen zu formulieren, die die gewünschte Entwicklungsrichtung des einzelnen Produkt-Markt-Bereichs in zunächst vereinfachter Weise anzeigen.[415] Mit den Stoßrichtungen Wachstum, Stabilisierung und Schrumpfung lassen sich, wie in Abbildung II-9 zum Ausdruck kommt, drei Grundtypen von Geschäftsfeldstrategien unterscheiden.[416]

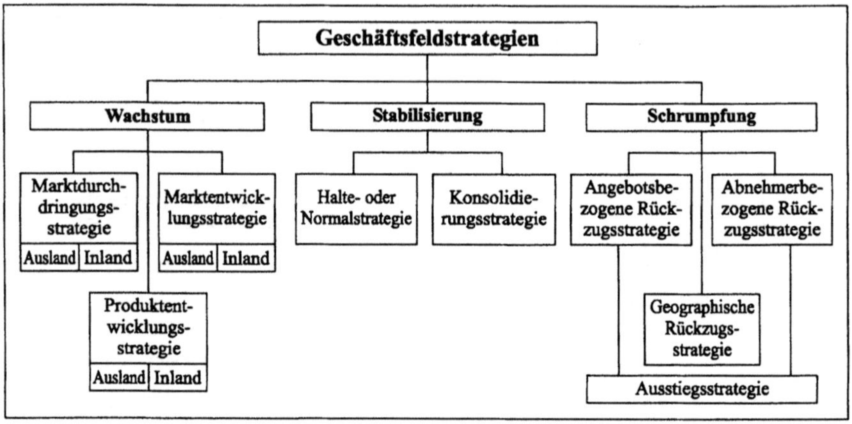

Abb. II-9: Strategische Optionen auf Geschäftsfeldebene

Darüber hinaus ist im Rahmen der Formulierung der Geschäftsfeldstrategien über inhaltliche Ausgestaltung der gewählten Stoßrichtungen zu befinden. Hierzu stehen drei Bündel an

---

415 Vgl. zu dieser zentralen strategischen Planungsaufgabe in bezug auf Banken im speziellen Büschgen, H. (1998), S. 558; Schierenbeck, H. (1991), S. 419ff.; Köppern v., J. (1996), S. 70; Süchting, J./ Paul, S. (1998), S. 210ff. Die Auswahl strategischer Stoßrichtungen (nicht aber ihre inhaltliche Ausgestaltung) wird von einigen Autoren als Aufgabe der Unternehmensstrategie interpretiert. Vgl. bspw. Welge, M./ Al-Laham, A. (1992), S. 181, Hinterhuber, H. (1989), S. 162ff. Sie vertreten die Auffassung, daß die abschließende Auswahl nur aus einer übergeordneten Gesamtsicht heraus getroffen werden kann. Andere wie z.B. Hax/ Majuf oder Macmillan siedeln diese Aufgabe anknüpfend am Gegenstand der Strategiefomulierung auf Geschäftsfeldebene an. Unabhängig von der Beantwortung dieser Zuordnungsfrage besteht unter den genannten Autoren und im Schrifttum jedoch weitgehend Einigkeit darüber, daß Stoßrichtungen für Geschäftsfelder formuliert werden müssen. Diese lassen sich sodann als Grund- oder Globalstrategien für Geschäftsfelder interpretieren, weswegen sie im Rahmen der vorliegenden Untersuchung unter dem Oberbegriff „Geschäftsfeldstrategien" geführt werden.

416 Vgl. hierzu allgemein Hahn, D. (1999), S. 9; Kreikebaum, H. (1993), S. 52. Diese Strategien entsprechen den sich aus der Portfolio-Sicht ergebenden „Normstrategien" für Geschäftsfelder. Vgl. zu einer Diskussion dieser Konzepte und daraus abzuleitenden Strategien analog Hinterhuber, H. (1989), S. 106ff.; Welge, M./ Al-Laham, A. (1992), S. 192ff.; Steinmann, H./ Schreyögg, G. (1993), S. 198ff.; Frese, E. (1986), S. 130ff.; Macharzina, K. (1993), S. 266ff. sowie Abschnitt IV.1.1. Unmittelbar einsichtig ist, daß diese Stoßrichtungen grundlegende Strategien repräsentieren, die sich auch ohne Rückgriff auf die zitierten Portfolio-Modelle ableiten lassen. Vgl. Welge, M. (1985), S. 233. Vielmehr nehmen die Portfolio-

jeweils stoßrichtungsspezifischen Entwicklungsstrategien zur Wahl, die Abb. II-9 zusammenfassend ausweist.

- *Wachstumsstrategien* zielen häufig darauf ab, den Marktanteil in einem Geschäftsfeld zu erhöhen, können aber auch darauf ausgerichtet sein, das Produkt- und/ oder Marktspektrum zu erweitern.[417] Als wachstumsbezogene Strategiealternativen bieten sich der Bank hierbei Marktdurchdringungs-, Marktentwicklungs-, und Produktentwicklungsstrategien. Diese können sowohl einzeln, als auch in Kombination und jeweils bezogen auf In- oder Auslandsmärkte verfolgt werden.
- *Schrumpfungsstrategien* sind darauf gerichtet, das bestehende Tätigkeitspektrum des betreffenden Geschäftsfeldes zu verkleinern.[418] Hiermit ist ein (im Extremfall vollständiger) Rückzug aus Angebotsbereichen und/ oder Marktsegmenten eines Geschäftsfeldes verbunden. Nach Art und Anzahl der Reduktionsbereiche lassen sich mit angebots-, abnehmerbezogenen und geographischen Rückzugsstrategien sowie Ausstiegsstrategien insgesamt vier Optionen unterscheiden.
- Die konservative Grundeinstellung von *Stabilisierungsstrategien* kommt in einem Verbleiben in den gegenwärtig bearbeiteten Märkten mit den bestehenden Produkten und Dienstleistungen und der Absicht zum Ausdruck, den erworbenen Marktanteil zu halten.[419] Halte- oder Normalstrategien beschreiben den Ausnahmefall, daß (übergangsweise) keine anderen Strategien zu verfolgen sind. Demgegenüber stellen

---

Konzepte ja gerade auf ihre Existenz bezug, indem sie sich auch mit Fragen ihres vorteilhaften Einsatzes befassen.

417 Vgl. zu Entwicklungsstrategien im Zusammenhang mit Wachstum im folgenden grundlegend Ansoff, I. (1965), S. 109, zitiert auch in Welge, M./ Al-Laham, A. (1992), S. 294; Macharzina, K. (1993), S. 254; Karnani, A. (2000), S. 10; sowie Bea, F./ Haas, J. (1995), S. 153. Letztgenannte Autoren beziehen diese Strategien allerdings auf die Gesamtaktivität eines Unternehmens. Vgl. zu Autoren, die diese Strategien auf Geschäftsfeldebene ansiedeln Meffert, H. (2000), S. 244; Meyer, P./ Mattmüller, R. (1993), S. 25ff. sowie Hinterhuber, H. (1989), S. 172ff. Hinterhuber nutzt die von Ansoff aufgezeigten Strategien z.B. zur Operationalisierung der „Wachstums-/ Investitionsstrategie", der Normstrategie der Portfolio-Matrix für attraktive Geschäftsfelder. Vgl. zur Erweiterung dieses Strategiespektrums durch Differenzierung nach dem geographischen Bezugsgebiet der Optionen (Inland/ Ausland) Perlitz, M. (1993), S. 40.

418 Vgl. zu strategischen Optionen im Rahmen von Schrumpfung auf Geschäftsfeldebene im folgenden Trautmann, M. (1993), S. 147ff.; Meffert, H. (2000), S. 264.

419 Vgl. hierzu Meffert, H. (2000), S. 233, der hier von „Behauptungsstrategien" spricht. Vgl. hierzu auch Welge, M./ Al-Laham, A. (1992), S. 292f.; Bea, F./ Haas, J (1995), S. 162, die Stabilisierungsstrategien allerdings auf die Gesamtaktivität eines Unternehmens beziehen. Im übertragenen Sinne lassen sich diese - analog den Wachstumsstrategien - jedoch auch auf Geschäftsfeldebene anwenden. Vgl. hierzu bspw. analog die Ausführungen zu „Selektiven Strategien" als Normstrategie der Portfolio-Matrix für nur mittelmäßig attraktive Geschäftsfelder bei Hinterhuber, H. (1989), 135ff.

Konsolidierungsstrategien auf eine Verbesserung der innerbetrieblichen Effizienz zur Steigerung der Produktivität ab.

II.2.2.2.3 Strategien der Realisierung

Zu einem immer gewichtigeren Entscheidungsfeld der Strategieplanung wird die Frage, *wie* und *mit welchem Grad an Eigenständigkeit* bei der Realisierung der mit Basisstrategie und den Geschäftsfeldsstrategien bezweckten Veränderungsprozesse vorgegangen werden soll.[420] Abbildung II-10 zeigt mögliche strategische Alternativen im Spannungsfeld zwischen Autonomie und Kollaboration strukturiert nach strategischen Stoßrichtungen, die einen umfassenderen Wandel vorsehen, auf. In Abgrenzung zu autonomen Strategien sind jene aus dem Spektrum kollaborativer Lösungen dadurch gekennzeichnet, daß die Bank zur erfolgreichen Realisierung der intendierten Veränderungsprozesse auf die positive Mitwirkung anderer Unternehmen setzt (und auf diese angewiesen ist).[421]

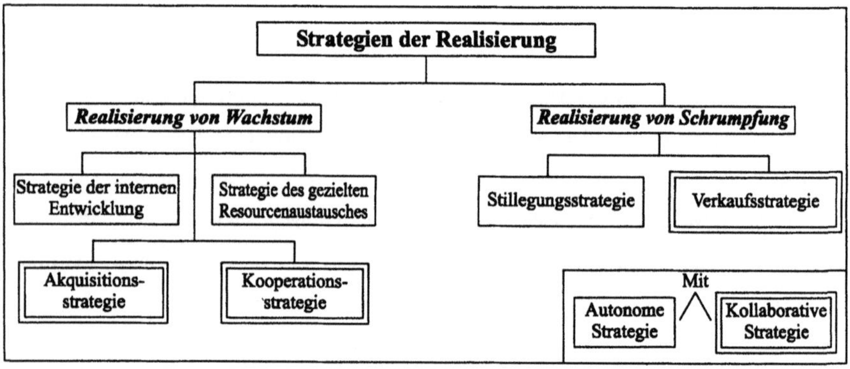

Abb. II-10: Strategien der Realisierung

420 Vgl. hierzu allgemein Hahn, D. (1999), S. 9; Johnson, G./ Scholes, K. (1997), S. 306. Vgl. zur Differenzierung von Handlungsoptionen der Realisierung nach dem Kriterium Autonomie oder Kooperation Hahn D. (1999), S. 8f. sowie - allerdings in Beschränkung auf Optionen zur Realisierung von Wachstum - Bea, F./ Haas, J. (1995), S. 160. Vgl. zu einer analogen Systematisierung Kutschker, M. (1992), S. 500. Er differenziert Varianten der Eintrittsstrategie in Auslandsmärkte nach dem Kriterium der Eigenständigkeit bzw. dem Grad der Mitwirkung anderer.

421 Vgl. hierzu analog Kutschker, M. (1992), S. 500.

- *Strategien der Realisierung von Wachstum:*[422] Wachstum kann zunächst autonom, d.h. unter Verzicht auf eine Zusammenarbeit mit anderen Unternehmen, herbeigeführt werden. Theorie und Praxis kennen für diese Vorgehensweise auch Bezeichnungen wie „Going-alone-Strategie“ oder „Wachstum aus eigener Kraft“.[423] In Abhängigkeit davon, ob zur Realisierung des intendierten Wandels ausschließlich bestehende Potentiale aktiviert werden sollen oder eine Aneignung spezialisierter, außerbetrieblicher Ressourcen erfolgt, kann zwischen Strategien der internen Entwicklung und Strategien des gezielten Ressourcenaustauschs differenziert werden.[424] Sollen die erforderlichen Produkt-Markt- und Kapazitätserweiterungen hingegen unter Mitwirkung anderer Unternehmen vollzogen werden, kommen Optionen aus dem Spektrum kollaborativer Strategien in Betracht. Setzt die Bank im Expansionsprozeß auf das gemeinschaftliche Vorgehen mit Partnern, z.B. im Rahmen von Joint Ventures oder strategischen Allianzen, wird eine Kooperationsstrategie verfolgt. Mit der Akquisitionsstrategie existiert eine zweite bedeutende Handlungsalternative, die gleichzeitig als weitreichendste Form „kollaborativen“ Vorgehens zu qualifizieren ist.
- *Strategien der Realisierung von Schrumpfung:*[425] Zur Realisierung von Schrumpfung beschreibt die Stillegungsstrategie eine typische autonome Strategie. Ferner steht die Strategie des Verkaufs zur Wahl, die eine gesamte oder teilweise Veräußerung von Geschäftsfeld-Aktivitäten inklusive der beschäftigten Leistungsträger und sonstigen Potentiale an einen Wettbewerber beinhaltet. Da auch die Träger dieser Strategie zur erfolgreichen Umsetzung - zumindest kurzfristig - auf die Mitwirkung anderer Unternehmen angewiesen sind, werden diese Optionen der Gruppe kollaborativer Strategien zugerechnet. Die erhoffte Mitwirkung besteht hier in dem Erwerb des abzustoßenden Unternehmens(-teils) zu einem möglichst guten Preis.

---

422 Vgl. zu verschiedenen Handlungsoptionen zur Realisierung von Wachstum sowie den folgenden Ausführungen Welge, M./ Al-Laham, A. (1992), S. 307ff.; Steinmann, H./ Schreyög, G. (1993), S. 197f. oder Bea, F./ Haas, J. (1995), S. 160ff.; Johnson, G./ Scholes, K. (1997), S. 306ff.; Capron, L./ Mitchell, W./ Oxley, J. (2000), S. 6.

423 Vgl. hierzu bspw. Hahn, D. (1999), S. 8f.; Büschgen, H. (1998), S. 599; Bea, F./ Haas, J. (1995), S. 160. Letztere sprechen auch von einer „Do-it-yourself-Strategie“.

424 Vgl. zu dieser Unterscheidung und den entsprechenden Optionen Capron, L./ Mitchell, W./ Oxley, J. (2000), S. 6f.

425 Vgl. zu verschiedenen strategischen Optionen zur Umsetzung von Schrumpfung sowie den folgenden Ausführungen Meffert, H. (1984), S. 63; Meffert, H. (2000), S. 264; Trautmann, M. (1993), S. 167ff.; Welge, M./ Al-Laham, A. (1992), S. 348f. sowie Johnson, G./ Scholes, K. (1997), S. 306, die mit der Abstoßung („Disposal“) allerdings nur eine einzige Option aufzeigen.

II.2.2.3 Der Investment-Banking-Würfel

Die Investment-Banking-Strategie wurde in den vorangegangenen Abschnitten als ein Instrument zur zielorientierten Gestaltung der Angebots- und Marktdimensionen des Investment Banking charakterisiert. Ihre Konzeptionierung setzt Klarheit über das Bezugsobjekt der Planungsüberlegungen voraus, das es im folgenden auf Grundlage der in Abschnitt II.1 gewonnenen Erkenntnisse zu präzisieren gilt.

Das strategische Entscheidungsfeld, auf das sich die Investment-Banking-Strategieformulierung im Hinblick auf die ersten beiden Komponenten bezieht, wird durch drei Dimensionen aufgespannt: Jene des Leistungsprogramms, des relevanten Kundengruppen- und Ländermarktspektums.[426] Die Dimensionen sind zunächst umfassend zu definieren. Denn um der Strategieformulierung als Ideengeber und Gestaltungsobjekt dienen zu können, muß sich hierin das Gesamtspektrum an Möglichkeiten eines geschäftlichen Engagements im Investment Banking widerspiegeln.

Bezogen ***Dimension des Leistungsprogramms*** sind mit einer Untergliederung in die Bausteine *Eigenkapitalfinanzierungen, Anleihefinanzierungen, Sales & Trading, M&A* sowie *Structured Finance* die wesentlichen Tätigkeitsbereiche im Investment Banking abgedeckt und in marktorientierter Weise strukturiert.[427] In Abbildung II-11 visualisiert die Breitendimension des Würfels dieses Spektrum an Leistungsfeldern. Berücksichtigt sind ausschließlich originäre Investment-Banking-Aktivitäten, die direkt vom Kunden vergütet werden.[428] Support-Bereiche sind nicht erfaßt.
Während im Rahmen einer analytischen Betrachtung der Aufgabenfelder im Investment Banking in Abschnitt II.1.2 eine getrennte Darstellung der Bereiche Corporate Finance und Capital Markets zweckmäßig erschien, wird im folgenden eine marktorientierte Sichtweise eingenommen und zwischen den Leistungsfeldern „Eigenkapitalfinanzierungen" und

---

426 Vgl. zu einer Systematisierung des Investment Banking anhand der Dimensionen *Geschäftsfelder, Kunden* und *Instrumente* Achleitner, A. (1999), S. 17f. Während diese Kriterien für eine Systematisierung des Begriffs geeignet sind, verlangt die Planung zukünftiger Erfolgspotentiale eine umfassende Definition des produkt- und marktstrategischen Entscheidungsfeldes und somit den Einbezug einer weiteren zentralen Dimension - der geographischen Präsenz.

427 Vgl. hierzu auch Achleitner, A. (1999), S. 18.

428 Vgl. analog Achleitner, A. (1999), S. 17.

„Anleihefinanzierungen" unterschieden. Die Beratungsaktivitäten in bezug auf Finanzierungsanlaß und Emissionskonzept (Corporate Finance) einerseits und die Durchführungsaktivitäten (Capital Markets) andererseits werden jeweils als Elemente eines Wertschöpfungsprozesses begriffen und liegen somit, wie in Abbildung II-11 kenntlich gemacht, quer zur Dimension des Leistungsprogramms.[429] Entsprechendes gilt für den Bereich Structured Finance.

Die ***Kundengruppendimension*** als zweite Dimension des strategischen Entscheidungsfeldes hat das gesamte Spektrum an Abnehmergruppen zu erfassen, die sich durch potentiellen Bedarf an Investment-Banking-Dienstleistungen auszeichnen. Hierzu zählen Konzerne/ MNU, Mid Caps, Finanzdienstleister, Öffentliche Organisationen, Supranationale Institutionen und Institutionelle Investoren ergänzt um das Segment Eigengeschäfte. Die Tiefendimension des Würfels in Abbildung II-11 visualisiert den relevanten Markt in umfassender Definition. Eine Untergliederung des Unternehmenssektors in zwei Zielgruppen wird vor dem Hintergrund der differierenden Bedürfnislagen im Zusammenhang mit der Unternehmensgröße, Kapitalisierung und z.T. auch Lebenszyklusphase für notwendig gehalten.

Die an dieser Stelle neu einzuführende ***Länderdimension*** nimmt Bezug auf die Tatsache, daß Wettbewerber im Investment Banking Ertragspotentiale in wachsendem Ausmaß auch in anderen geographischen Märkten suchen. Daher wird das strategische Entscheidungsfeld schließlich noch von einer geographischen Dimension bestimmt. In umfassender Definition hat sie das gesamte Spektrum an Ländermärkten zu visualisieren, in denen sich Ertragspotentiale im Investment Banking lokalisieren lassen. Da dies das darstellbare Ausmaß jedoch um ein Vielfaches übersteigt, wurden aus Gründen der Handhabbarkeit in Abb. II-11 vereinzelt Gruppen relevanter Auslandsmärkte gebildet. Aufgeführt werden ausgehend von Deutschland mit *Großbritannien*, dem übrigen *Westeuropa*, den *USA* und *Japan* sowohl Kernmärkte des Investment Banking, als auch attraktive Schwellenländer mit wachsendem Geschäftspotential im *osteuropäischen*, *lateinamerikanischen* und *asiatisch-pazifischen Raum*.

---

429 Anm. d. Verf.: Ausschlaggebend für diese Vorgehensweise ist, daß hier die üblicherweise geforderte Gesamtmarktleistung aus Sicht des Kunden dargestellt werden soll, für den unerheblich ist, wieviele und

In Kombination ergeben die drei Dimensionen den in Abbildung II-11 dargestellten „Investment-Banking-Würfel", welcher das mögliche Betätigungsfeld im Investment Banking in seiner Gänze umreißt.

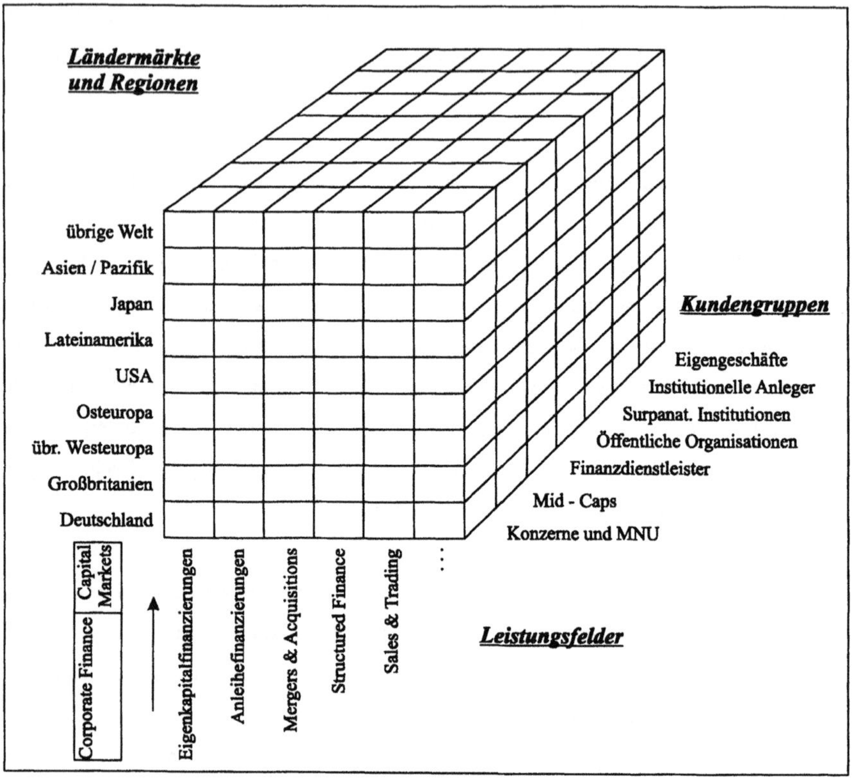

Abb. II-11: Der Investment Banking-Würfel: Kristallisationsobjekt der Strategieformulierung im Investment Banking (Quelle: In Anlehnung an Achleitner, A. (1999), S. 18.)

Hieran lassen sich nicht nur zentrale *Geschäftsfelder* im Investment Banking - zu verstehen als *Leistungsfeld-Kundengruppen-Kombinationen* - ablesen, sondern auch die Aufgabenfelder der ersten beiden Komponenten der Investment-Banking-Strategie veranschaulichen. Während die in Kapitel III im Fokus stehende Basisstrategie dem Investment-Banking-Würfel sein grundlegendes Profil im Hinblick auf Höhe, Breite und Tiefe verleiht, erfolgt im Rahmen

welche Bereiche im einzelnen in den Erstellungsprozeß eingebunden sind.

der Entwicklung der Geschäftsfeldstrategien - unter Berücksichtigung des Grundprofils - eine inhaltliche Konkretisierung des Würfels im Hinblick auf seine künftigen Einzelbausteine und deren Elemente.

II.3 Zwischenbilanz: Zusammenfassung der Untersuchungsergebnisse

Mit den Ausführungen in **Teil II** wurde das Ziel verfolgt, den Begriff der „Investment-Banking-Strategie" im Rahmen einer grundlagentheoretischen Betrachtung sowohl inhaltlich, als auch strukturell zu spezifizieren.

Zu diesem Zweck wurde in **Abschnitt II.1** zunächst das Wesen und der Inhalt des *Investment Banking* als Bezugsgröße des strategischen Denkens und Handelns im vorliegenden Kontext herausgearbeitet.
Zunächst wurden seine *historischen Ursprünge* in den Trennbankensystemen der USA und Großbritannien verortet und darauf aufbauend die notwendige *Abgrenzung* zu anderen Sektoren im Bankgeschäft - dem Commercial und Trust Banking - vorgenommen. Dies erfolgte unter Rückgriff auf die Kriterien Kunden, Produkte und Funktionen, woran auch die *Spezifikation des Investment Banking-(Begriffs)* ansetzte. Relevante Abnehmer rekrutieren sich im Investment Banking aus dem Wholesale-Bereich und lassen sich in die Gruppen Konzerne/ MNU, Mid Caps, Finanzdienstleister, Öffentliche Organisationen, Supranationale Institutionen und Institutionelle Investoren untergliedern. Zentrale Elemente seiner nur schwerlich eingrenzbaren Produktdimension bilden Primärmarktleistungen im Emissionsgeschäft, finanzierungsorientierte Beratungsleistungen des Corporate Finance, Handel und Vertrieb von Wertpapieren und wertpapierähnlichen Instrumenten, die Beratung bei Fusionen und Übernahmen und die Strukturierung von Spezialfinanzierungskonzepten im Zusammenhang mit spezifischen Projekten im Rahmen des Structured Finance. Charakteristisch für die durch einen starken Wertpapier- und Kapitalmarktbezug geprägte Produktdimension des Investment Banking ist, daß sie primär Finanzdienstleistungen enthält, die auf Kunden in der Rolle des Kapitalnehmers zugeschnitten sind.
Weitere *strategisch relevante Merkmale* des Investment Banking, die im folgenden herausgearbeitet wurden, bilden die Know-how-Intensität der Leistungserstellung (und eine folglich

starke Abhängigkeit der Wettbewerbsfähigkeit des Anbieters von der Qualität seiner personellen Ressourcen) sowie ein hoher Individualisierungsgrad bzw. geringes Standardisierungspotential der Marktleistungen. Kennzeichnend ist weiterhin eine starke Abhängigkeit des Nachfragepotentials in wichtigen Feldern von der Konjunktur- und Börsenentwicklung und eine folglich hohe Volatilität der Erträge. Die Schwankungen der Rentabilität bei den Wettbewerbern werden dadurch verstärkt, daß die ohnehin immensen Kosten für zentrale Inputfaktoren (Personal, IT) zumindest kurzfristig kaum veränderbar sind (Fixkostencharakter).[430]

Die Rahmen der vertiefenden Untersuchung der Produktdimension galt es sodann, die *Aufgabenfelder* Capital Markets, Corporate Finance, Sales & Trading, M&A und Structured Finance einer analytischen Betrachtung in einer jeweils prozeßorientierten Perspektive zu unterziehen. Dabei trat ein stark interdisziplinärer Charakter der Leistungserstellung hervor.

Als Ausgangspunkt einer Untersuchung von Möglichkeiten der strategischen Gestaltung des Investment Banking galt es in **Abschnitt II.2** zunächst Klarheit über Begriff und Merkmale der *Strategie*, sodann über Erfolgsvoraussetzungen ihrer Formulierung zu erlangen. Hierbei wurde untersucht, wie der Strategiefindungsprozeß aus Sicht der *Strategischen Planung* zu gestalten ist, um erfolgsträchtige Outputs generieren zu können. Auf Basis dieses theoretischen Fundaments galt es im weiteren den Begriff *„Investment-Banking-Strategie"* inhaltlich und strukturell zu spezifizieren. Anknüpfend an einer Differenzierung in die strategische Ebenen „Unternehmung" und „Geschäftsfelder" wurden drei zentrale Aufgabenbereiche und entsprechende *Komponenten* der „Investment-Banking-Strategie" abgegrenzt:

- *Basisstrategie*: Die Basisstrategie befaßt sich unter Bezugnahme auf Fragen der Ausdehnung und Diversität der Unternehmenstätigkeit im Investment Banking mit der Gestaltung eines übergeordneten Geschäftsprofils. Grundfragestellungen, auf die im Rahmen ihrer Formulierung eine Anwort gefunden werden muß, bilden die Festlegung der Streubreite des Leistungsprogramms, des Kundengruppenspektrums sowie die Bestimmung der geographischen Streubreite der Unternehmenstätigkeit im Investment Banking.

430 Vgl. zu den Kostenstrukturen von Investment Banken Achleitner, A. (1999), S. 79.

- *Geschäftsfeldstrategien*: Neben der Festlegung von Art und Anzahl der zu bedienenden Märkte, geographischen Absatzgebiete und anzubietenden Marktleistungen im Rahmen der zukunftsorientierten Abgrenzung der Unternehmenstätigkeit im Investment Banking als Ganzer sind zweitens Strategien entwickeln, die auf die spezifische Produkt-Markt- und Wettbewerbssituation einzelner Geschäftsfelder gerichtet sind. Die Geschäftsfeldstrategieformulierung befaßt sich hierbei mit der Frage, in welche Richtung die einzelnen Produkt-Markt-Bereiche in Zukunft entwickelt werden sollen. Sie hat aber auch darüber zu befinden, wie die gewählten Stoßrichtungen (Wachstum, Stabilisierung, Schrumpfung) inhaltlich auszugestalten sind.
- *Strategien der Realisierung*: Vor dem Hintergrund der Tatsache, daß mit der Basisstrategie und den Geschäftsfeldstrategien i. d. R. Veränderungen der Investment-Banking-Tätigkeit bezweckt werden, ist drittens zu entscheiden, in welcher Form (z.B. Akquisition, Kooperation, Stillegung, Verkauf) der intendierte Wandel umgesetzt soll. Output dieses Willensbildungsprozesses sind die Strategien der Realisierung als dritte Komponente einer Investment Banking-Strategie.

Nach einer Kurzcharakteristik der drei Komponenten einer Investment-Banking-Strategie wurde ein einführender *Überblick über die Spektren an strategischen Handlungsoptionen* geboten, die bei der strategischen Positionierung in der Investment Banking-Branche, der zukunftsorientierten Entwicklung der Geschäftsfelder und der Realisierung intendierter Veränderungsprozesse zu Disposition stehen und in den nachfolgenden Kapiteln näher beleuchtet werden.

Zum Abschluß wurde mit dem *„Investment-Banking-Würfel“*, welcher das mögliche Betätigungs- und damit strategische Entscheidungsfeld im Investment Banking in seiner Gänze umreißt, das zentrale Gestaltungsobjekt der Investment-Banking-Strategieformulierung vorgestellt.

An der Struktur der Investment-Banking-Strategie orientiert sich auch die weitere Vorgehensweise der vorliegenden Untersuchung. **Teil III** legt den Fokus auf die Basisstrategie, **Teil IV** wird sich in eingehender Weise mit den Geschäftsfeldstrategien im Investment Banking befassen, bevor in **Teil V** die Strategien der Realisierung das Untersuchungsobjekt repräsentieren.

Teil III: Basisstrategien deutscher Banken im Investment Banking

Strategische Entscheidungen, die sich mit der zukunftsorientierten Abgrenzung des Aktionsradius der Unternehmenstätigkeit im Investment Banking befassen, stehen aufgrund ihres großen Gewichts am Anfang der Formulierung einer Investment-Banking-Strategie. Der Basisstrategie, deren Aufgabenbereich hiermit umrissen ist, kommt eine wichtige Orientierungsfunktion zu. Sie verleiht der Bank ein klares Geschäftsprofil, das die angestrebte Position und Rolle im Wettbewerb eindeutig definiert. Gleichzeitig wird hiermit ein Bezugsrahmen für die Strategieentwicklung auf Geschäftsfeldebene geschaffen, der jedoch genügend Freiraum zur Entfaltung strategischer Flexibilität beim Aufbau zukünftiger Erfolgspotentiale offenhält.

Mit dieser ersten zentralen Komponente einer Investment-Banking-Strategie wird sich Teil III im folgenden eingehend auseinandersetzen. Zunächst soll unter Heranziehung relevanter Gestaltungsparameter eines übergeordneten Geschäftsprofils im Investment Banking ein Bezugsrahmen für die strategische Positionierung in der Branche erarbeitet werden. Aus einer theoretischen Perspektive gilt es sodann die Inhalte der sich hieraus ergebenden Basisstrategie-Optionen zu präzisieren, ihre empirische Relevanz zu prüfen und letztlich tragfähige Positionierungsalternativen abzuleiten (Abschnitt III.1). Auf dieser Grundlage werden sodann die Basisstrategien der fokalen deutschen Banken und wichtige Prämissen der strategischen Wahl offengelegt und inhaltlich spezifiziert (Abschnitt III.2). Letztlich sollen Anforderungsprofile für die von den fokalen Wettbewerberinnen gewählten Basisstrategien entwickelt werden, die zum Ausdruck bringen, an welche spezifischen Bedingungen der Strategieerfolg im einzelnen knüpft (Abschnitt III.3).

III.1 Basisstrategie-Optionen im Spannungsfeld zwischen den Extrema „Global Player“ und „Nationaler Spezialist“

Strategische Grundsatzentscheidungen, die im Rahmen der Formulierung einer Basisstrategie zu treffen sind, bilden die Festlegung der Streubreite des Leistungsprogramms und Kundengruppenspektrums sowie die Bestimmung der geographischen Streubreite der Geschäftstätigkeit im Investment Banking.[1] Welche strategischen Optionen sich dabei pro Gestaltungsdimension bieten, wird im folgenden aufzuzeigen sein.

Im Zusammenhang mit der Festlegung der *leistungsprogrammbezogenen Streubreite der Geschäftsaktivitäten* werden drei Optionen als strategisch relevant erachtet:

- Spezialisierung auf ein individuelles Leistungsfeld
- Fokussierung auf ausgewählte Leistungsfelder und/ oder Elemente
- Abdeckung des vollen Spektrums an möglichen Leistungsfeldern

Geht es um die Beantwortung der Frage, wie *breit das anzuvisierende Kundengruppenspektrum* bzw. der Zielmarkt definiert werden soll, stehen ebenfalls drei grundsätzliche strategische Optionen zur Disposition:

- Spezialisierung auf eine Zielkundengruppe
- Konzentration auf ausgewählte Kundengruppen
- Abdeckung des vollen Kundengruppenspektrums

Robuste strategische Alternativen im Zusammenhang mit der Festlegung der *geographischen Streubreite der Geschäftstätigkeit* im Investment Banking bestehen in den folgenden drei Optionen:

---

1 Vgl. hierzu auch Müller, A. (1988), S. 45ff.; Jakob, A./ Klein, S. (1996), S. 36. Diese Autoren nennen grundsätzliche Strategiealternativen im Investment Banking, die sie anhand der o.g. Dimensionen charakterisieren. Vgl. hierzu auch Achleitner, A. (1999), S. 15f., die anhand der Ausprägung o.g. Dimensionen verschiedene Investment-Bank-Typen unterscheidet, was ihre Relevanz als strategische Positionierungsdimensionen im Investment Banking unterstreicht.

- Nationaler/ regionaler Aktionsradius
- Internationaler Aktionsradius
- Globaler Aktionsradius

In Kombination ergeben die Dimensionen mit ihren jeweiligen Ausprägungen den in Abbildung III-1 wiedergegebenen „Basisstrategiewürfel“:[2]

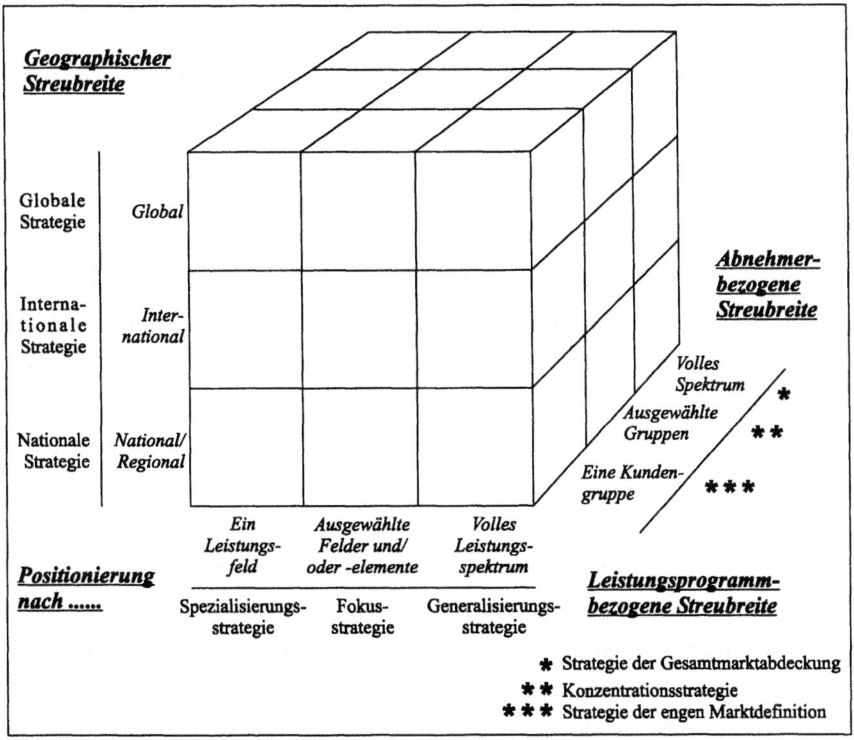

Abb. III-1: Der Basisstrategiewürfel: Grundoptionen der strategischen Positionierung im Investment Banking

Die Formulierung einer Basisstrategie im Investment Banking umfaßt die Festlegung der Ausprägungsmerkmale der drei Gestaltungsdimensionen.[3] Mit insgesamt 27 möglichen

---

2 Vgl. zu einem „Strategiewürfel“ für die Universalbank analog Schierenbeck, H. (1991), S. 418; sowie Büschgen, H. (1998), S. 662.

Basisstrategien als Kombinationen dimensionaler Strategieentscheidungen zeigt der Würfel das Gesamtspektrum an möglichen Positionierungen im Spannungsfeld zwischen „Global Player“ und „Nationalem Spezialist“ auf. Wenngleich nicht jeder Schnittpunkt der drei Dimensionen sinnvoll verbunden werden kann, veranschaulicht Abb. III-1 doch in plastischer Weise die drei Grundfragestellungen, mit denen sich Wettbewerber bei der Gestaltung eines Geschäftsprofils im Investment Banking auseinanderzusetzen haben, und mögliche, tragfähige Anworten.

Eine erfolgversprechende strategische Positionierung im Investment Banking setzt grundlegend ein präzises Verständnis von Inhalt und Wesen der zur Disposition stehenden Optionen in den drei Gestaltungsdimensionen voraus. Diese gilt es daher einleitend einer analytischen Betrachtung zu unterziehen (Abschnitt III.1.1). Es folgt ein Marktüberblick, der empirisch beobachtbare Basisstrategien bedeutender Wettbewerber der Branche aufzeigt (Abschnitt III.1.2). Der letzte Abschnitt wird sich mit der Logik der strategischen Positionierung im Investment Banking befassen. Ziel ist, aus dem Spektrum an strategischen Möglichkeiten letztlich tragfähige Positionierungsalternativen für die Branche abzuleiten (Abschnitt III.1.3).

III.1.1 Ausdifferenzierung von Basisstrategien im Investment Banking

Im Rahmen der Formulierung einer Basisstrategie stehen pro Dimension jeweils drei Strategieoptionen zur Disposition. Diese werden im folgenden analysiert. Zunächst rücken die dimensionalen Optionen nach leistungsprogrammbezogener Streubreite in den Fokus (Abschnitt III.1.1.1), sodann jene nach Breite der Marktabdeckung (Abschnitt III.1.1.2). Abschließend werden die Alternativen nach geographischer Streubreite untersucht (Abschnitt III.1.1.3).

---

[3] Vgl. analog Büschgen, H. (1998), S. 662; Schierenbeck, H. (1991), S. 418.

III.1.1.1 Strategische Optionen nach leistungsprogrammbezogener Streubreite

Bei der Festlegung der Breite des Leistungsprogramms im Investment Banking ist zwischen dimensionalen strategischen Basisoptionen zu wählen, die zwischen den Extrema „Spezialisierung“ und „Generalisierung“ angesiedelt sind.

- ***Spezialisierungsstrategie***: Träger dieser Strategie konzentrieren sich auf ein spezifisches Leistungsfeld im Investment Banking.[4] Häufig werden hiermit Aktivitätsbereiche angesprochen, die in höchstem Maße Know-how- und beratungsintensive Dienstleistungen beinhalten, so die Felder M&A, Structured Finance oder Eigenkapitalfinanzierungen mit Fokus auf dem Corporate Finance.[5]
  Im Gegensatz zu größeren, breiter gefächerten Anbietern treten die Träger dieser Strategie typischerweise auf Basis verkürzter Wertschöpfungsketten in den Wettbewerb und konzentrieren sich hierbei zumeist schwerpunktmäßig auf die Primäraktivitäten Akquisition und Beratung.[6] Ziel ist eine Differenzierung von der Konkurrenz durch besonderes leistungsfeldspezifisches Produkt-Know-how auf Basis hochqualifizierten Personals und exzellenter Relationships.

- ***Fokusstrategie***: Fokussierte Anbieter konzentrieren sich auf ausgewählte Tätigkeitsfelder im Investment Banking mit attraktivem Gewinnpotential, in denen sie besondere Stärken vorweisen können.[7] Hierbei werden häufig ganze Leistungsfelder aus dem Angebot ausgeklammert. Allerdings läßt sich auch dann von einer Fokusstrategie sprechen, wenn ein Anbieter zwar alle Aktivitätsfelder anspricht, die der Investment-Banking-Würfel visualisiert, darin aber lediglich punktuell aktiv wird. Dies ist einerseits der Fall, wenn pro Feld jeweils einzelne Leistungssegmente oder Produkte herausgegriffen werden, die

---

4 Vgl. zu dieser Positionierungsoption („Produktspezialisierung“) allgemein Meffert, H. (2000), S. 240. Vgl. zur „Strategie des Produktspezialisten“ als Positionierungsoption der Universalbank leistungsprogrammbezogener Hinsicht analog Schierenbeck, H. (1999), S. 414.

5 Vgl. Achleitner, A. (1999), S. 16.

6 Vgl. zu den Wertketten im Emissions- und M&A-Geschäft Abschnitt II.1.2.1.1 und Abschnitt II.1.2.4.2 sowie im Structured Finance anhand der Projektfinanzierung Abschnitt II.1.2.5.2.

7 Vgl. zu dieser Option im Spannungsfeld zwischen Generalisierung und Spezialisierung im Rahmen der leistungsprogrammbezogenen strategischen Positionierung von Universalbanken analog Schierenbeck, H. (1999), S. 414.

übergreifend miteinander in Bezug stehen. Ein zweite Variante besteht darin, in den einzelnen Leistungsfeldern nur bestimmte Teile von Wertschöpfungsketten zu besetzen.
Im Rahmen der ersten Variante könnte z.B. auf sämtliche Tätigkeiten rund um das Produkt Aktie (z.B. Beratung bei und Durchführung von Eigenkapitalfinanzierungen, Aktienhandel und -vertrieb und Aktien-Research) fokussiert werden. Bezüge zwischen den Elementen eines fokussierten Leistungsspektrums bestehen z.B. auch dann, wenn ein Anbieter das Feld M&A und das Structured-Finance-Segment Akquisitionsfinanzierungen unter Vorhaltung von Spezialexpertise für Leveraged Finance besetzt, und aktiv im Handel und insbesondere auch Market Making von High-Yield-Bonds engagiert ist.[8]
Im Rahmen der zweiten Variante beschränkt sich die Tätigkeit in den finanzierungsorientierten Geschäftsfeldern (Eigenkapital-, Anleihe- und Strukturierte Finanzierungen) auf bestimmte, meist deckungsgleiche Teile der Wertkette, so die Primäraktivitäten-Komplexe Analyse/ Beratung *oder* Underwriting/ Plazierung.[9] Ersteres ist vor allem bei kleineren, unabhängigen Instituten zu beobachten, die weder über einen Capital-Markets-Bereich, noch eine ausgedehnte Infrastruktur zur Plazierung der Titel verfügen.[10] Letzteres kennzeichnet häufig Neueinsteiger in die Branche, die Transaktionserfahrung akkumulieren müssen.
Im Rahmen der Bereitstellung anspruchsvoller Spezialsortimente zielen Fokusstrategien für gewöhnlich darauf ab, das Institut als „ausgewiesenen Experten" für die zu bearbeitenden Sachfragen am Markt zu positionieren. Die Beschränkung auf eine begrenzte Anzahl von Tätigkeiten soll besondere Produktexpertise und hohe Transaktionserfahrung in den besetzten Aktivitätsbereichen, und damit letztlich Leistungsqualität und Transaktionssicherheit signalisieren.

---

8 Anm. d. Verf.: In dieser Grundform hatte die US-Investment Bank Donaldson, Lufkin & Jenrette ihre ursprünglich verfolgte Fokusstrategie ausgestaltet. Vgl. hierzu o. V. (2000B), S. 27

9 Vgl. zur Wertkette im Emissionsgeschäft Abschnitt II.1.2.1.1 sowie im Structured Finance anhand der Projektfinanzierung Abschnitt II.1.2.5.2.

10 Vgl. Achleitner, A. (1999), S. 244. Auf europäischer Ebene läßt sich beispielhaft das Haus Rothschild anführen, das auf beratungsintensive Tätigkeiten in den Bereichen M&A und Corporate Finance fokussiert. Vgl. hierzu ausführlich Abschnitt III.1.2.

- ***Generalisierungsstrategie***: Träger dieser Strategie betreiben das Investment Banking in der breitest angelegten Form. Basierend auf der Idee eines „One-Stop-Shopping" umfaßt ihr Angebot alle wesentlichen Dienstleistungskategorien der präsentierten Leistungsfelder, sowie zugehörige Finanzierungs-, Anlage- und Absicherungsinstrumente aus einer Hand.[11] Ihr vorrangiges Ziel besteht in der Ausschöpfung von Synergie- und Cross-Selling-Potentialen zwischen den verschiedenen Leistungsfeldern im Investment Banking und der Nutzung des akquisitorischen Potentials eines breitgefächerten Sortiments.

III.1.1.2 Strategische Optionen nach abnehmerbezogener Streubreite

Im Zusammenhang mit der strategischen Grundsatzentscheidung über die Breite des Zielmarkts, auf den sich das Angebot im Investment Banking richtet, stehen die strategischen Optionen einer engen Marktdefinition, der Konzentration oder Gesamtmarktabdeckung zur Disposition:

- ***Strategie der engen Marktdefinition***: Kennzeichen dieser Strategie ist die Spezialisierung auf eine spezifische Kundengruppe.[12] In der Praxis des Investment Banking wird es sich dabei i.d.R. um eine Gruppe aus dem Gebiet der Unternehmenskunden handeln, also entweder Konzerne/ MNU *oder* Mid Caps.

  Grundsätzlich folgt diese Option der Leitidee, daß eine starke Stellung bei einer spezifischen Gruppe - auch aufgrund der hiermit verbundenen Reputationseffekte - interessanter sein kann als ein geringer Marktanteil in einem Gesamtmarkt.[13] Durch die Spezialisierung kann präziser auf die Präferenz- und Bedürfnisstrukturen der auserwählten Gruppe eingegangen werden, wodurch sich Differenzierungsvorteile in der Betreuung, und letztlich auch in den bereitzustellenden Problemlösungen erringen lassen.[14]

  Erfolgsvoraussetzung dieser Strategie bildet ein umfassendes Verständnis der zielgruppenspezifischen Problemstellungen und die Ausrichtung der Betreuung an den

---

11 Vgl. hierzu Müller, A. (1988), S. 46, Reimpell, P. (1990), S. 490, dort Teilaspekt einer grundsätzlichen strategischen Alternative im Investment Banking. Vgl. zu dieser Positionierungsoption als Gegenpol zur „Produktspezialisierung" allgemein Meffert, H. (2000), S. 240ff.

12 Vgl. zu dieser Positionierungsoption allgemein Meffert, H. (2000), S. 240, dort als „Zielgruppen-spezialisierung" bezeichnet. Vgl. zu dieser Option im Rahmen der abnehmerbezogenen strategischen Positionierung von Universalbanken analog Büschgen, H. (1998), S. 664 sowie Schierenbeck, H. (1999), S. 417, dort als „Kundengruppenspezialisierung" bezeichnet.

13 Vgl. Büschgen, H. (1998), S. 664.

individuellen Bedürfnissen. So wird bspw. der Mittelstand eher auf fachgerechte Betreuung vor Ort angewiesen sein als ein global agierender Großkonzern.

- ***Konzentrationsstrategie***: Eine Konzentrationsstrategie umfaßt die Beschränkung der Marktbearbeitung auf ausgewählte Kundengruppen im Investment Banking, die möglichst attraktive Teilbereiche des Gesamtmarktes mit hohem Nachfragepotential abbilden.[15] In der Praxis des Investment Banking stützt sich auch diese Strategie zumeist auf die besonders intensive Bearbeitung einer spezifischen Abnehmergruppe im Gebiet der Unternehmenskunden (Konzerne/ MNU, Mid Caps), hier jedoch nicht in Ausschließlichkeit zur jeweils anderen und zu weiteren.
  Konzentrationsstrategien beabsichtigen, durch eine scharfe Profilierung in abnehmerbezogener Hinsicht strategische Distanz zu breiter ausgerichteten Wettbewerbern zu erzeugen, und wollen ein besonderes Commitment zu den auserwählten Zielgruppen (z.B. u.a. dem Mittelstand) zum Ausdruck bringen.
  Die Entscheidung für eine Konzentrationsstrategie kann auf freiwilliger Selbstbeschränkung basieren, z.B. Zugangsvorteile zu spezifischen Kundengruppen ausschöpfen zu wollen,[16] aber auch gezwungenermaßen verfolgt werden. Dies ist z.B. dann der Fall, wenn für die erfolgreiche Bearbeitung aller relevanten Gruppen, insbesondere jener aus dem Bereich der Großkunden, die Ressourcen fehlen.[17]

- ***Strategie der Gesamtmarktabdeckung***: Diese Strategie beinhaltet die Ausrichtung des Angebots im Investment Banking auf das volle in Betracht kommende Spektrum an

---

14 Vgl. Büschgen, H. (1998), S. 664.

15 Vgl. zu dieser Option im Rahmen der abnehmerbezogenen strategischen Positionierung von Universalbanken analog Büschgen, H. (1998), S. 664, dort als „Strategie der konzentrierten Marktbearbeitung" bezeichnet. Vgl. hierzu auch Schierenbeck, H. (1991), S. 417, dort Option zwischen den Extrema Kundengruppenuniversalist und -spezialist.

16 Anm. d. Verf.: Über Zugangsvorteile verfügen bspw. Universalbanken, die auf einen umfassenden Pool an Relationships zu Mid Caps im bestehenden Kundenstamm des Commercial Banking zugreifen können, die für das Investment Banking prinzipiell aktivierbar sind. In der Praxis gestaltet sich die Kapitalisierung dieses relativen Vorteils aufgrund divergierender Bereichskulturen allerdings häufig als sehr schwierig.

17 Anm. d. Verf.: So hatte bspw. die BHF-Bank von der Bearbeitung der Kundengruppe der globalen Großunternehmen angesichts zu knapper Ressourcen weitgehend Abstand genommen, und sich auf Mid Caps konzentriert. Nach der Übernahme durch die niederländische ING soll das Geschäft mit Großunternehmen in Deutschland nun in gemeinschaftlicher Arbeit wieder aufgebaut werden. Vgl. hierzu Dohmen, C./ Jakobs, G./ Schönauer, F. (2000), S. 29.

Kundengruppen.[18] Sie ist auf die umfassende Ausschöpfung der maximalen Breite des relevanten Marktes bzw. maximal möglichen Geschäftspotentials und die Generierung von „Masse", d.h. hoher Volumina gerichtet.[19] Dies schließt jedoch freilich nicht aus, daß innerhalb dieses breiten Spektrums Schwerpunkte bei einzelnen Gruppen oder -segmenten gesetzt werden. Auch findet diese Strategie auf Ebene der Geschäftsfelder i.d.R. Ergänzung durch Branchenkonzepte, die den Kreis an primären Zielkunden näher einengen.[20]

III.1.1.3 Strategische Optionen nach geographischer Streubreite

Im Zusammenhang mit der strategischen Entscheidung über die geographische Ausdehnung des Geschäftsgebietes im Investment Banking bieten sich die Optionen einer nationalen, internationalen oder globalen Strategie.

- ***Nationale Strategie***: Im Rahmen dieser Strategie soll die Investment-Banking-Tätigkeit auf den Heimatmarkt beschränkt bleiben. Ziel ist die Realisierung substantieller Marktanteile in dem/ den betreffenden Leistungsfeld(ern) und/ oder -segmenten im Ursprungsmarkt.[21] Eine Differenzierung von der Konkurrenz, vor allem auch von ausländischen Wettbewerbern, soll durch bessere Kenntnis des heimischen Marktes und Hervorhebung geographischer und kultureller Nähe zum Kunden erreicht werden.[22] In einer extremen Ausprägung richten sich nationale Strategien in noch engerer Abgrenzung des geographischen Bezugsgebietes auf eine bestimmte Region innerhalb des Heimatmarktes.[23] Bei dieser Variante ließe sich auch von einer „regionalen" Strategie sprechen.

---

18 Vgl. dieser Option im Rahmen der abnehmerbezogenen strategischen Positionierung von Universalbanken analog Büschgen, H. (1998), S. 664f; Schierenbeck, H. (1991), S. 417, dort als „Strategie der Gesamtmarktbearbeitung" bzw. „Kundengruppenuniversalisierung" bezeichnet.

19 Vgl. analog Büschgen, H. (1998), S. 664.

20 Vgl. hierzu Abschnitt IV.2.

21 Vgl. zu dieser strategischen Option im Kontext des Investment Banking Müller, A. (1988), S. 46; Reimpell, P. (1990), S. 490, sowie allgemein Bea, F./ Haas, J. (1995), S. 158. Vgl. zu dieser Option im Rahmen der geographischen strategischen Positionierung von Universalbanken analog Büschgen, H. (1998), S. 665; Schierenbeck, H. (1991), S. 416.

22 Vgl. hierzu auch Reimpell, P. (1990), S. 490.

23 Anm. d. Verf.: So strebt bspw. die Landesbank Baden-Württemberg (LBBW) im Investment Banking die Marktführerschaft in ihrem Kernmarkt Baden-Württemberg und daran angrenzenden Gebieten an. Vgl. Rössing, S./ Kaul, Y. (2000), S. 20.

- ***Internationale Strategie***: Bei einer internationalen Strategie soll das Investment Banking in Ausdehnung auf mehrere Auslandsmärkte betrieben werden.[24]

  Nach Auffassung der Unternehmenspraxis setzt *Internationalität* im Investment Banking voraus, in abnehmerbezogener Hinsicht grenzüberschreitend tätig zu sein.[25] Sie ist insbesondere an das Kriterium der Akquisition von Neugeschäft mit ausländischen Kunden geknüpft. Die Teilnahme an einem (gebietsbezogenen Unter-)Konsortium bei internationalen Emissionen im Rahmen des Underwriting kann daher noch nicht als internationale Tätigkeit qualifiziert werden.[26] Auch darf es sich bei den Auslandsaktivitäten nicht ausschließlich um Eigengeschäfte des Anbieters handeln.[27]

  Die Gründe für die Ausdehnung der Investment-Banking-Tätigkeit über die „Länderachse" sind vielfältiger Natur. Häufige Motive bilden bspw. folgende:[28]

  - *Aufbau neuer Geschäftsbeziehungen* mit ausländischen Abnehmern und damit verbunden eine internationale Diversifikation der Ertragsplattform
  - *Festigung und Intensivierung bestehender Verbindungen* zu international operierenden, inländischen Unternehmenskunden
  - *Verbreiterung der Plazierungsbasis* durch Aufbau von Geschäftsbeziehungen zu bedeutenden ausländischen institutionellen Investoren
  - *Ausschöpfung geschäftspotentialerhöhender Umfeldveränderungen* in spezifischen Auslandsmärkten oder größeren, geographischen Regionen, z.B. bei sich abrupt änderndem Regulierungsumfeld (z.B. Big Bang). Ein weiteres Beispiel bilden die Privatisierungstrends in den westeuropäischen Ländern und Lateinamerika hinsichtlich bis dato öffentlicher Dienstleistungen (Telekommunikation, Energie, Eisenbahn oder

---

24 Vgl. hierzu allgemein Bea, F./ Haas, J. (1995), S. 158. Vgl. dieser Option im Rahmen der geographischen strategischen Positionierung von Universalbanken analog Büschgen, H. (1998), S. 665; Schierenbeck, H. (1991), S. 416.

25 Laut Interviewergebnisse.

26 Anm. d. Verf.: Hier wird lediglich die Plazierungskraft des Hauses in seinem Heimatmarkt genutzt.

27 Anm. d. Verf.: Demzufolge ist ein Anbieter im Investment Banking auch dann noch als i. w. S. „national" einzustufen, wenn er zur Gewährleistung zeitlich lückenloser Eigenhandelsmöglichkeiten rund um die Uhr an den Finanzplätzen London und/ oder New York und/ oder Tokio operative Einheiten unterhält, die ausschließlich mit dieser Aufgabe befaßt sind.

28 Vgl. hierzu auch Reimpell, P. (1990), S. 488 sowie laut Interviewergebnisse.

Luftfahrt) in den neunziger Jahren, sowie jene im Zuge der Transfomationsprozesse osteuropäischer Wirtschaften.[29]

- *Partizipation am Informationsfluß und professionellen Know-how (Mitarbeiter) in den Weltfinanzzentren*
- *Schaffung der Voraussetzungen, „internationale" Investment-Banking-Dienstleistungen anbieten zu können* (z.B. Beratung bei grenzüberschreitenden M&A-Transaktionen, internationale Emissionen/ Plazierungen), die der anspruchsvolle, im internationalen oder Weltmaßstab disponierende Kunde fordert.

Typisch für internationale Strategien im Investment Banking ist die Definition einer Kernregion, die mehrere Auslandsmärkte umfaßt und in geographischkultureller Nähe zum Ursprungsmarkt der Finanzinstitute angesiedelt ist bzw. diesen umfaßt. Beispiele bilden (West-)Europa oder der Euro-Währungsraum als Kernmarkt für Banken aus diesen Ländern oder die Region Asien/ Pazifik für japanische Wertpapierhäuser.
Internationale Strategien zielen auf die Realisierung substantieller Marktanteile in der definierten, internationalen Kernregion ab.[30] Da eine solide Position im Heimatmarkt notwendige (Ertrags-)Basis für jede internationale Tätigkeit bildet, werden sich die Anstrengungen im Rahmen dieser Strategie immer auch auf den Ausbau und die Absicherung der Marktposition im Ursprungsmarkt richten.[31]

- ***Globale Strategien***: Globale Strategien sind auf die Ausschöpfung attraktiver Geschäftsmöglichkeiten rund um den Globus und Schaffung weltweiter Transaktionsfähigkeit gerichtet.[32] Institute, die diese Positionierung wählen, erheben in zweierlei Hinsicht einen globalen Anspruch: Einerseits in der Bereitstellung der Marktleistungen für ihre Kunden, die der Devise „jederzeit und überall auf der Welt" folgt, zum anderen im

---

29 Vgl. hierzu Jakob, A./ Klein, S. (1996), S. 21.

30 Laut Interviewergebnisse.

31 Laut Interviewergebnisse.

32 Vgl. hierzu allgemein Bea, F./ Haas, J. (1995), S. 158. Vgl. zu dieser Option im Rahmen der geographischen strategischen Positionierung von Universalbanken analog Büschgen, H. (1998), S. 665f.; Schierenbeck, H. (1991), S. 416.

Hinblick auf den Professionalitäts- und Internationalitätsgrad (Weltmaßstab!) der von ihnen offerierten Leistungen und Produkte.[33]

Nach Auffassung der Unternehmenspraxis setzt *Globalität* im Investment Banking weniger eine breite Abdeckung einer möglichst hohen Anzahl von Auslandsmärkten, sondern eine tiefe Abdeckung der Schlüsselregionen des Investment Banking voraus.[34] Im speziellen ist Globalität an das Kriterium einer möglichst gleichermaßen stark etablierten Präsenz in den USA, Europa und der Region Asien/ Pazifik geknüpft.[35] Kennzeichnend hierfür sind hohe schlüsselregionenbezogene Marktanteile in dem/ den besetzten Leistungsfeld(ern) sowie enge Geschäftsbeziehungen zu den wichtigsten, dort ansässigen Kunden und Marktteilnehmern.[36] Hiermit ist gleichzeitig auch die Zielfunktion einer globalen Strategie im Investment Banking umrissen.

Ebenso ist es nach Auffassung der Unternehmenspraxis weder erforderlich noch effizient, unter breiter geographischer Streuung von Produktexpertise tatsächlich weltweit präsent zu sein.[37] Entscheidend für den globalen Anbieter im Investment Banking ist vielmehr, an den bedeutendsten Finanzzentren der drei Schlüsselregionen (darunter grundsätzlich New York, Tokio, London, Frankfurt im Hinblick auf den Euro) intensive, und damit eine quasi „welt*umspannende*", Präsenz zu zeigen.[38] Diese Stützpunkte sind Kompetenzzentren und als Knotenpunkte häufig für die Betreuung häufig größerer geographischer Regionen in ihrem Umfeld zuständig.[39] Mit rund zehn Hauptzentren, darunter z.B. auch Hongkong und Singapur, sollte ein globaler Anbieter nach Expertenmeinung auskommen.[40] Im Konkurrenzvergleich werden hiervon i.d.R. sechs Standorte mit jenen anderer global orientierter Anbieter übereinstimmen und vier individueller Natur sein.[41]

---

33 Vgl. Müller, A. (1988), S. 46; Reimpell, P. (1990), S. 490.

34 Laut Interviewergebnisse.

35 Vgl. Engel, H. (1998), S. 108 sowie laut Interviewergebnisse.

36 Vgl. Engel, H. (1998), S. 108f.

37 Laut Interviewergebnisse. Es gibt viele Märkte, pars pro toto seien Ungarn oder Polen genannt, in denen die Ansiedlung von Produktexpertise im Verhältnis zur Größenordnung des lokalen Nachfragepotentials nicht lohnenswert erscheint.

38 Laut Interviewergebnisse.

39 Anm. d. Verf.: So könnte bspw. der Stützpunkt Hongkong ganz Asien exklusive Japan, das durch Tokio abgedeckt wird, betreuen. Deutschsprachige Länder werden bspw. oftmals von Frankfurt aus bearbeitet („gecovered").

40 Laut Interviewergebnisse.

41 Laut Interviewergebnisse.

Globale Positionierungen charakterisieren zeitlich weit fortgeschrittene Stadien der Investment-Banking-Tätigkeit. Diese Option wird i.d.R. erst aufgriffen, wenn internationale Strategien bereits erfolgreich umgesetzt wurden.

Zur internationalen Unternehmenstätigkeit im Investment Banking bleibt im Hinblick auf das Primäraktivitätsspektrum von Auslandsstützpunkten *außerhalb* der weltweit bedeutendsten Finanzzentren (z.B. Mailand, Madrid) festzuhalten, daß dort in bezug auf Leistungsfelder wie Eigenkapital-, Anleihefinanzierungen oder M&A i.d.R. keine vollständigen Wertketten vorgehalten werden.[42] Dies gilt unter Kosten- und Effizienzgesichtspunkten für internationale Strategien genauso wie für globale. Meist handelt es sich um Akquisitionsstützpunkte, die die Primäraktivitäten Akquisition und Relationship-Management als unterstützende Aktivität betreiben. Produktexpertise und Durchführungskapazitäten (so z.B. Research, Capital-Markets- und Support-Bereiche, die u.a. mit der vertraglichen Gestaltung von Transaktionen befaßt sind) sind i.d.R. an dem/ den Hauptstützpunkt(en) der betreffenden Zeitzone zentralisiert.[43] Eine durch lokale Mitarbeiter in Gang gesetzte Transaktion wird zur Bearbeitung durch Spezialisten und Durchführung („Execution“) an diese weitergereicht.

III.1.2 Marktüberblick: Empirisch beobachtbare Basisstrategien bedeutender Wettbewerber im Investment Banking

Im weiteren gilt es nun, die basisstrategischen Optionen auf ihre empirische Relevanz hin zu untersuchen. Legt man die, im vorherigen Abschnitt inhaltlich spezifizierten Streubreitedimensionen an die strategische Profilierung der Geschäftstätigkeiten bedeutender Wettbewerber im Investment Banking an, ergibt sich folgendes Bild:

---

42 Hierzu und im folgenden Interviewergebnisse.

43 Laut Interviewergebnisse. Aus Sicht deutscher Banken werden Hauptstützpunkte in Europa in Frankfurt und oftmals zusätzlich in London angesiedelt sein.

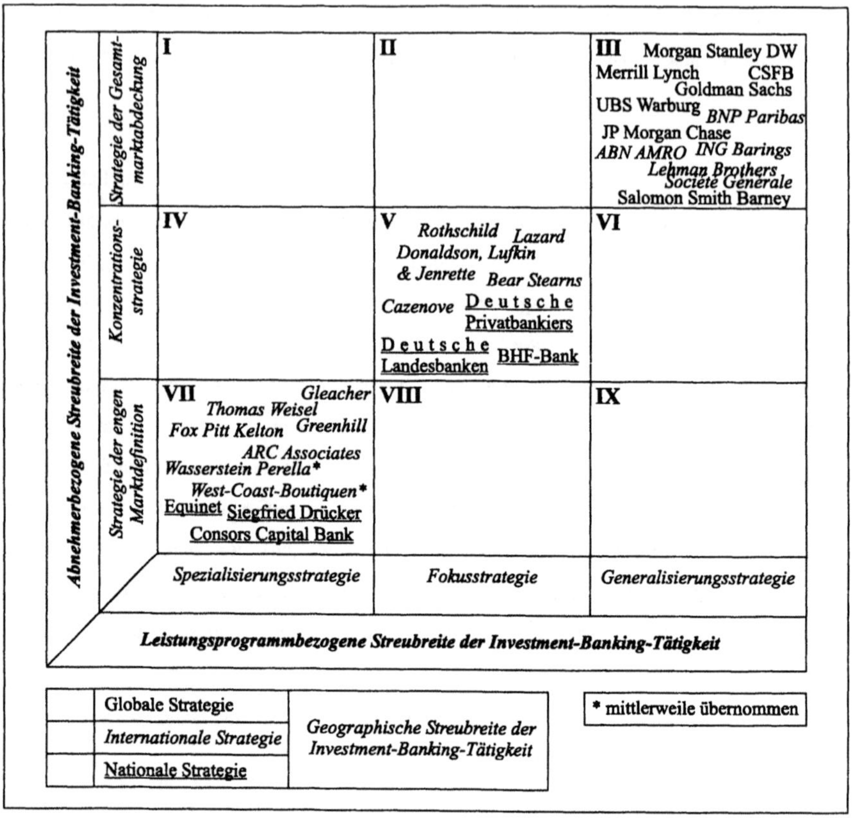

Abb. III-2: Basisstrategien bedeutender Wettbewerber im Investment Banking im Überblick

Die in Abb. III-2 gezeigte Matrix systematisiert die empirisch beobachtbaren Ausprägungen von Basisstrategien im Spannungsfeld zwischen leistungsprogramm- und abnehmerbezogener Streubreite. Die Positionierungen nach geographischer Streubreite sind anhand des Schriftstils kenntlich gemacht.

Die Basisstrategie der Anbieter in **Quadrant VII** kennzeichnet eine Spezialisierung auf individuelle Leistungsfelder im Investment Banking und enge Zielmarktdefinition. Dabei werden nationale (unterstrichen) oder internationale (kursiv) Aktionsradien zugrunde gelegt. Zur Veranschaulichung seien einige Beispiele herausgegriffen:

So war z.B. *Wasserstein Perella* als ein auf M&A spezialisiertes, international ausgerichtetes Haus bis zu seiner Übernahme im Herbst 2000 durch die Dresdner Bank in ausschließlicher Ausrichtung auf große, renommierte Industrieunternehmen - die sog. „ersten Adressen" - am Markt tätig.[44] Anbieter mit einer - auch inhaltlich - deckungsgleichen Positionierung repräsentieren *Fox-Pitt-Kelton* und *Gleacher.*[45] Auch die in London ansässige *ARC Associates* ist ausschließlich auf M&A spezialisiert und legt dabei einen internationalen Aktionsradius zugrunde.[46] In einer noch engeren Abgrenzung des relevanten Marktes beschränkt das Haus seine Beratungsleistungen auf große Telekommunikations- und Medienunternehmen.[47] Wettbewerber, die Spezialisierungsstrategien in bezug auf das Feld M&A in Kombination mit Strategien der engen Marktdefinition verfolgen, werden im Investment Banking auch als *„M&A-Boutiquen"* bezeichnet,[48] worin das eng abgesteckte Tätigkeitsgebiet besonders gut zum Ausdruck kommt.

Ein weiteres Beispiel für einen Wettbewerber, der gemäß seiner Positionierung dem Quadranten VII zuzuordnen ist, repräsentiert *Equinet* in Frankfurt. Dieses Haus hat sich auf die umfassende Beratung - auch kleinerer - mittelständischer Unternehmen bei Börsengängen spezialisiert und beschränkt sich hierin auf den Heimatmarkt.[49]

Ähnlich hat sich die *Consors Capital Bank*, die neu gegründete Investment-Bank-Tochter des Nürnberger Online-Brokers Consors, positioniert.[50] In Ausrichtung auf Mid Caps, insbesondere börsenfähige Wachstumsunternehmen aus „Neuer-Markt-Branchen", besetzt dieser Wettbewerber das Feld Eigenkapitalfinanzierungen (Beratung bei und Durchführung von Neuemissionen, Kapitalerhöhungen und Zweitplazierungen von Zukunftstiteln), und will hier unter besonderer Nutzung des Internets als Emissionsplattform tätig werden.

---

44 Laut Interviewergebnisse.

45 Vgl. Pretzlik, C./ Ratner, J. (2001), S. 5.

46 Anm. d. Verf.: Außerdem stellt das Haus auch Wagniskapital bereit, was im Rahmen der hier vertretenen Definition jedoch keine Investment-Banking-Dienstleistung darstellt.

47 Anm. d. Verf.: Hierbei handelt es sich eigentlich um einen Aspekt der Geschäftsfeldstrategie. Da von Spezialisten aber nur ein Geschäftsfeld bearbeitet wird, fallen die strategische Positionierung auf Unternehmens- und Geschäftsfeldebene zusammen.

48 Vgl. hierzu Achleitner, A. (1999), S. 16.

49 Vgl. Harnischfeger, U. (2001), S. 5.

50 Vgl. zur Consors Capital Bank im folgenden Burgmaier, S. (2000B), S. 20.

Das hervorstechende Merkmal der sog. „West-Coast-Boutiquen" *Alex Brown & Sons, Hambrecht & Quist, Robertson Stephens* oder *Montgomery Securities*, die Mitte der neunziger Jahren in den USA höchst erfolgreich waren, bildete eine Spezialisierung auf IPOs von Technologiefirmen.[51] Die ursprünglich nationale Strategie, durch die Ausrichtung auf und räumlicher Nähe zu „Silicon Valley" oder anderen US-High-Tech-Ballungszentren eigentlich als regionale Strategie zu bezeichnen, wurde im Zuge des Erfolgs bald durch eine internationale Ausrichtung ersetzt. Mittlerweile sind die „West-Coast-Boutiquen" jedoch sämtlich von größeren amerikanischen Geschäfts- oder Investmentbanken übernommen worden.

Jedoch finden sich in Quadrant VII nicht ausschließlich Wettbewerber, die auf beratungsintensive Aktivitätsfelder des Investment Banking spezialisiert sind. National ausgerichtete Spezialisierungsstrategien in Kombination mit Strategien der engen Marktdefinition verfolgen im weiteren Sinne z.B. auch Internet-Emissionshäuser wie *Net-IPO* in Deutschland, die im Feld Eigenkapitalfinanzierungen mit der Teilnahme an Emissionen (bislang) vorwiegend Aufgaben im Bereich Capital Markets, i.e. Underwriting und Distribution per Internet, wahrnehmen. Entsprechendes gilt auch für Online-Broker *Comdirect*,[52] der derzeit in das Investment Banking expandiert, sich jedoch vorerst auf die Teilnahme an Emissionskonsortien bei Börsengängen beschränken will.[53] In anderen Produktsparten des Investment Banking, wie bspw. M&A, wolle das Haus hingegen definitiv nicht aktiv werden.

Die in **Quadrant V** der Matrix positionierten Anbieter verfolgen Fokusstrategien in bezug auf individuelle Leistungsfelder des Investment Banking, und richten sich dabei - unter Zugrundelegung verschiedener Abgrenzungen im Hinblick auf das geographische Geschäftsgebiet - auf ein verengtes Kundenspektrum aus. Illustrierend seien auch zu diesen Basisstrategien einige Beispiele angeführt.

Auf europäischer Ebene zählt hierzu *Rothschild* als unabhängiges Haus mit hervorragender Reputation, das schwerpunktmäßig auf Beratungsleistungen in den Feldern M&A und

---

51 Vgl. zur Erfolgsgeschichte der „West-Coast-Boutiquen" 1995/ 96 Himmelstein, L./ Rebello, K./ Nathans Spiro, L. (1996), S. 44f.

52 Anm. d. Verf.: Retail-Broker bilden, gemäß der hier vertretenen Investment-Banking-Definition, keine Wettbewerber im Investment Banking i. e. S. Vgl. hierzu Abschnitt II.1.1.2.

Eigenkapitalfinanzierungen mit Schwergewicht auf dem Corporate Finance fokussiert. Hierbei wird die Bank in Ausrichtung auf internationale Großkonzerne und Regierungen tätig, letzteres vor allem im Zusammenhang mit ihrer Rolle als einer der international führenden Berater bei Privatisierungen. Verknüpft werden diese Positionierungen mit einer internationalen Strategie in vornehmlicher Ausrichtung auf Europa. Eine auch nach Inhalt vergleichbare basisstrategische Positionierung kennzeichnet *Lazard* allerdings unter stärkerer Betonung der USA.

Auch *Barclays Capital* legt ihrer Geschäftstätigkeit im Investment Banking einen ausgesprochenen Fokus zugrunde. Im Jahr 1997 hatte sich die Bank vollständig aus den Feldern M&A, Eigenkapitalfinanzierungen (Corporate Finance, Equity Capital Markets) und dem Sekundärmarktgeschäft in Aktien zurückgezogen,[54] und war seither in den Feldern Anleihefinanzierungen und Structured Finance für Großkunden (Konzerne/ MNU, Finanzdienstleister, öffentliche Emittenten) aktiv. Im Februar 2001 kündigte sie an, erneut eine Produktsparte für M&A aufbauen zu wollen.[55]

Auf deutscher Ebene hat sich die zum niederländischen ING-Konzern gehörende *BHF-Bank* in leistungsprogrammbezogener Hinsicht als Schwerpunktanbieter positioniert, der deutliche Akzente bei Eigenkapitalfinanzierungen setzt. In Zusammenarbeit mit ING werden aber auch Dienstleistungen aus den Feldern M&A und Structured Finance offeriert. Im Rahmen einer Konzentrationsstrategie setzt die Bank im Unternehmenssektor Schwerpunkte bei Mid Caps, nachdem sie sich angesichts ihrer begrenzten Ressourcen aus dem Geschäft mit Konzernen/ MNU zurückgezogen hatte.[56] Das Investment Banking wird in nationaler Ausrichtung betrieben.

Donaldson, Lufkin & Jenrette repräsentierte ebenfalls ein Institut, dessen strategische Positionierung durch einen ausgesprochenen Fokus in angebots- und abnehmerbezogener

53 Vgl. hierzu und im folgenden Lebert, R. (2000B), S. 23.
54 Vgl. Barclays (1997), S. 30ff. Als Käufer des M&A und Equity-Bereich trat die CSFB auf.
55 Vgl. o. V. (2001A), S. 20.
56 Vgl. hierzu und zur strategischen Positionierung der BHF-Bank allgemein Dohmen, C./ Jakobs, G./ Schönauer, F. (2000), S. 29. Derzeit wird darüber nachgedacht, dieses Geschäft im Zuge der Schaffung einer gemeinsamen Plattform mit der ING in Deutschland erneut zu beleben.

Hinsicht gekennzeichnet war.[57] Leistungsschwerpunkte bildeten nach Angaben der Bank das M&A-Geschäft, das Segment Leveraged Finance/ High-Yield-Bonds vor allem im Zusammenhang mit Akquisitionsfinanzierungen und der Wertpapierhandel.[58] Im Fokus der internationalen Strategie stand bis zuletzt die Intensivierung der Präsenz in Europa. In 2000 wurde das US-Haus von der CSFB übernommen.

Im Rahmen einer Fokusstrategie hat das britische Haus *Cazenove & Co* seinen Geschäftsschwerpunkt im Bereich „Securities Underwriting and Distribution".[59] Innerhalb dieses Bereichs ist aktuell beabsichtigt, die Aktivitäten im Bereich Kapitalmarktfinanzierungen auf den bislang nicht bearbeiteten Teil der Wertschöpfungskette, die zugehörigen Beratungsaktivitäten, auszudehnen. Das geographische Bezugsgebiet wird international definiert.

Die Merkmale eines leistungsprogramm- und abnehmerbezogenen Fokus kennzeichnet die Positionierung einer Gruppe kleinerer deutscher Wettbewerber, die demzufolge ebenfalls in Quadrant V anzusiedeln sind, die *deutschen Privat- und Landesbanken* (exklusive WestLB). Ausschließliche Zielgruppe im Unternehmenssektor bilden Mid Caps, um die sich der Aufbau sog. „Mittelstands-Investment-Bankings" zentriert.[60] Vielfach stehen Eigenkapitalfinanzierungen mit besonderem Fokus auf IPOs im Mittelpunkt der Geschäftstätigkeit, ergänzt durch selektive Engagements in den Feldern M&A, ggf. auch Anleihefinanzierungen, abgerundet durch Aktivitäten im Bereich Sales & Trading. Dies beschreibt bspw. die Positionierung von *Merck & Fink*. Auch die *„HBB Capital Advisers Group"*, neu gegründetes Gemeinschaftsunternehmen der Landesbank Hessen-Thüringen und der Bayerischen Landesbank im Investment Banking, setzt Leistungsschwerpunkte bei Eigenkapitalfinanzierungen, vornehmlich IPOs und der M&A-Beratung für mittelständischer Unternehmen.[61] Der geographische Aktionsradius wird national definiert, z.T. suchen diese Häuser ihren Platz in der regionalen Nische. So strebt bspw. die Landesbank Baden-

---

57 Vgl. auch Achleitner, A. (1999), S. 16.
58 Vgl. o. V. (2000B), S. 27.
59 Vgl. zu Cazenove im folgenden Pretzlik, C./ Ratner, J. (2001), S. 5; Aitken, J./ Brown, P. (1997), S. 6.
60 Vgl. hierzu und den „Nischenstrategien" der Landesbanken im Investment Banking ausführlich auch Rössing, S./ Kaul, Y. (2000), S. 20.
61 Vgl. zu diesem Arrangement Burgmaier, S. (2000D), S. 22.

Württemberg (LBBW) im Investment Banking die Marktführerschaft in ihrem Kernmarkt Baden-Württemberg und daran angrenzenden Gebieten an.[62]

Die wohl bedeutendsten und im ureigensten Sinn repräsentativen Vertreter der in **Quadrant III** positionierten Anbieter konstituieren die führenden US-amerikanischen Investment Banken, vor allem die „Bulge Bracket Firms“[63] *Goldman Sachs, Morgan Stanley Dean Witter* und *Merrill Lynch.* In einer Positionierung als Investment-Banking-Generalisten decken sie nicht nur seit jeher die gesamte Palette an Leistungsfeldern und möglichen -inhalten ab, sondern weiteten das Spektrum an Tätigkeiten und Produkten durch Innovation im Zeitablauf kontinuierlich aus. Oftmals wurden dadurch für die gesamte Branche neue Maßstäbe gesetzt. Im Rahmen von Strategien der Gesamtmarktabdeckung richten sie sich dabei auf das gesamte Spektrum an möglichen Kundengruppen des Wholesale-Bereichs aus. Das geographische Bezugsgebiet der Investment-Banking-Tätigkeit definieren diese Institute im Rahmen entsprechender Strategien global.

Zu den in leistungsprogramm- und abnehmerbezogener Hinsicht breit und gleichzeitig global positionierten Anbietern zählen jedoch nicht nur US-amerikanische (Investment)Banken, wie bspw. die heutige Citigroup-Tochter *Salomon Smith Barney* (ursprünglich Salomon Brothers) und *JP Morgan Chase*, sondern auch Wettbewerber, die ihre Ursprünge in Europa haben. An erster Stelle sind hier die Investment-Banking-Arme der Schweizer Großbanken United Bank of Switzerland (UBS) und Crédit Suisse Group, *UBS Warburg* und die *CSFB* anzuführen. Beispiele für Häuser, die Generalisierungs- und Gesamtmarktabdeckungs- mit internationalen Strategien verknüpfen, bilden die niederländischen Institute *ING Barings* und *ABN AMRO.*

---

62 Vgl. Rössing, S./ Kaul, Y. (2000), S. 20.

63 Die Bezeichnung „Bulge Bracket“ für übergreifend marktstarke Investment Banken fußt auf der Anordnung der Namen der an einer Transaktionen beteiligten Banken auf der ersten Seite von Emissionsprospekten oder in Finanzanzeigen („Tombstones“) zu erfolgreich abgewickelten Transaktionen. Der Name der Bank(en), die eine Transaktion (z. B. Kapitalemission) führend begleitet hat (haben), erscheint in der ersten Zeit fett bzw. kursiv gedruckt. Banken, die dort regelmäßig, und bei der Mehrzahl der wichtigen bzw. großen Transaktionen plaziert sind, konstituieren den sog. „Bulge Bracket“. Hierzu zählten früher 5 bis 6 US-amerikanische Investment Banken. In den letzten Jahren konnten sich aufgrund ihrer Dominanz in den Feldern M&A, Eigenkapital- und Anleihefinanzierungen jedoch drei Firmen von den übrigen absetzen: Goldman Sachs, Morgan Stanley Dean Witter und Merrill Lynch. Den sog. „Major Bracket“ bildet die Liga noch immer bedeutender Häuser darunter. Vgl. hierzu Achleitner, A. (1999), S. 15.

III.1.3 Logik der Strategischen Positionierung im Investment Banking

Die Formulierung einer erfolgversprechenden Basisstrategie setzt grundlegend an einer möglichst vorteilhaften, d.h. stimmigen Verknüpfung der zur Disposition stehenden, dimensionalen Strategieoptionen an. Ausgehend von der Frage, welche Kombinationen durch einen hohen strategischen Fit gekennzeichnet sein könnten, werden im folgenden zunächst bedeutende Strategische Gruppen der Investment-Banking-Branche abgegrenzt und deren Positionierung im Hinblick auf die strategische Stimmigkeit der Einzeloptionen analysiert (Abschnitt III.1.3.1). Es schließen sich Erwägungen zu einer erfolgversprechenden Ausgestaltung von Basisstrategien an, die sich insbesondere auch mit den verbleibenden Kombinationsalternativen, die der Basisstrategiewürfel visualisiert, befassen werden (Abschnitt III.1.3.2). Ziel ist, aus dem Spektrum an strategischen Möglichkeiten letztlich tragfähige Positionierungsalternativen für die Branche abzuleiten. Eine Betrachtung von relativen Vor- und Nachteilen kritischer Alternativen rundet die Untersuchung zur Logik der strategischen Positionierung im Investment Banking ab (Abschnitt III.1.3.3).

III.1.3.1 Strategische Gruppen in der Investment-Banking-Branche

Auf Basis der Erkenntnisse, die im Rahmen der Analyse empirisch beobachtbarer Basisstrategien im vorangegangenen Abschnitt gewonnen wurden, lassen sich drei zentrale ***Strategische Gruppen*** von Wettbewerbern in der Investment-Banking-Branche abgrenzen, die durch die jeweils gleichen Strategiemerkmale gekennzeichnet sind. Hierbei handelt es sich, wie Abbildung III-3 ausweist, um die Gruppen der „Global Player", der „Internationalen Nischenspieler" und der „(Inter-)Nationalen Spezialisten".[64] Entsprechend der im Rahmen dieser Untersuchung gewählten Begrifflichkeit verfolgen die Mitglieder einer Gruppe die jeweils selbe Basisstrategie im Investment Banking.

---

[64] Vgl. hierzu Müller, A. (1988), S. 45ff., der in den Optionen „Globales Angebot im Investment Banking", „Spezialisierung auf Nischen" in internationaler Ausrichtung und „Beschränkung auf den Heimatmarkt" drei grundsätzliche strategische Alternativen im Investment Banking sieht. Vgl. hierzu auch Reimpell, P. (1990), S. 490. Vgl. hierzu auch die Investment-Bank-Typologie von Achleitner, A. (1999), S. 15f., die Grundtypen von Investment Banken unterscheidet, die durch ähnliche Merkmale gekennzeichnet sind. Dort wird jedoch nicht die zukunftsgerichtete Positionierung der Wettbewerber, sondern der Status quo beleuchtet. Deswegen ergeben sich z.T. Unterschiede in der Zuordnung von Praxisbeispielen.

Basisstrategie-dimensionen \ Strategische Gruppen	I *„Global Player“*	II *„Internationale Nischenanbieter“*	III *„(Inter)Nationale Spezialisten“*
Positionierung nach: *Breite des Marktleistungsprogramms*	Alle Leistungsfelder	Ausgewählte Leistungsfelder	Ein Leistungsfeld
Positionierung nach: *Breite des Zielkundengruppenspektrums*	Volles Kundengruppenspektrum	Ausgewählte Kundengruppe	1 Zielgruppe: Industrieunternehmen
Positionierung nach: *Geographischer Aktionsradius*	Global	International	National/Regional oder International
Gruppenmitglieder (beispielhaft)	Bulge Bracket • Goldman Sachs • Merrill Lynch • Morgan Stanley DW Major Bracket • Salomon Smith Barney • JP Morgan • CSFB • UBS Warburg	• Rothschild • Lazard • Donaldson Lufkin Jenrette • Bear Stearns • Cazenove • usw.	• Wasserstein Perella • ARC Associates • Greenhill • Gleacher • Fox-Pitt-Kelton • Equinet • usw.

Abb. III-3: Strategische Gruppen in der Investment-Banking-Branche (Quelle: In Anlehnung an Achleitner, A. (1999), S. 15.)

- ***Gruppe I***: Die Basisstrategie der Gruppe eins ist orientiert am Leitbild des sog. „Global Players“. Diese Positionierung ist gekennzeichnet durch die Verknüpfung einer *Generalisierungsstrategie* mit einer *Strategie der Gesamtmarktabdeckung*, wobei das Geschäftsgebiet im Rahmen einer *globalen Strategie* weltweit definiert wird.[65] Mit anderen Worten beabsichtigen diese Anbieter, allen möglichen Kundengruppen jederzeit und überall ein vollständiges Spektrum an denkbaren Investment-Banking-Dienstleistungen anzubieten. Ausgeprägt ist diese Basisstrategie sowohl bei großen US-amerikanischen Investment Banken als auch bei Investment-Banking-Armen europäischer Universalbanken. Die Gruppe umfaßt mit Bulge- und Major-Bracket-Firmen die weltweit führenden Wettbewerber, die regelmäßig vordere Plätze in den Ligatabellen für Kernleistungsbereiche belegen.

65 Vgl. hierzu auch Müller, A. (1988), S. 46, der in der Option „Globales Angebot im Investment Banking“, die inhaltlich mit der oben präsentierten Global-Player-Strategie übereinstimmt, eine der drei grundsätzlichen strategischen Alternativen im Investment Banking sieht. Vgl. zu dieser Auffassung auch Reimpell, P. (1990), S. 490. Vgl. hierzu auch die Ausführungen zu Bulge-Bracket-Firmen bei Achleitner, A. (1999), S. 15.

- ***Gruppe II***: Die Basisstrategie der Gruppe zwei zeichnet sich durch eine ausgesprochene Schwerpunktsetzung im Hinblick auf Leistungsangebot, Marktabdeckung und geographische Präsenz aus.[66] Hier wird eine *Fokus-* mit einer *Konzentrations-* und *internationalen Strategie* vernetzt, weswegen die Träger dieser Basisstrategie - vorwiegend mittlere bis kleinere, unabhängige (Investment-)Banken - auch als „Internationale Nischenanbieter" bezeichnet werden können.

- ***Gruppe III***: Die Basisstrategie der Gruppe drei, der „(Inter-)Nationalen Spezialisten", ist durch den relativ höchsten Konzentrationsgrad gekennzeichnet. Auf Basis der *Spezialisierung* auf ein eng abgegrenztes Tätigkeitsfeld in den Bereichen M&A, Corporate oder Structured Finance richten sich diese Anbieter im Rahmen von *Strategien der engen Marktdefinition* auf eine spezifische Kundengruppe im Unternehmenssektor aus.[67] Die *Strategien* nach geographischer Streubreite dieser vergleichsweise kleinen, meist unabhängigen Institute können entweder *international* oder *national* angelegt sein. Im Rahmen der letztgenannten Option wird das Bezugsgebiet durch Konzentration auf Regionen innerhalb des Heimatmarktes gelegentlich noch enger definiert.

Wie anhand der Abgrenzung der drei Gruppen deutlich wird, existieren nicht nur häufig auftretende Verknüpfungen von Optionen nach leistungsprogramm- und abnehmerbezogener Streubreite (Generalisierungsstrategie/ Gesamtmarktabdeckungsstrategie, Fokusstrategie/ Konzentrationsstrategie, Spezialisierungsstrategie/ Strategie der engen Marktdefinition). Vielmehr lassen sich auch jeweils typische geographische Aktionsradien der Geschäftstätigkeit pro Kombination identifizieren. Erklärungsansätze, weshalb diese Verknüpfungen bevorzugt gewählt werden, könnten sich aus einer vergleichenden Gegenüberstellung der Merkmale und typspezifischen Anforderungen der eingebundenen Optionen ergeben. Eine diesbezügliche Analyse wird zeigen, daß die o.g. Kombinationen dimensionaler Optionen durch einen hohen strategischen Stimmigkeitsgrad gekennzeichnet sind:

---

66 Vgl. hierzu auch Müller, A. (1988), S. 46, der die Strategie der „Spezialisierung auf Nischen" in internationaler Ausrichtung als eine der drei grundsätzlichen strategischen Alternativen im Investment Banking ansieht. Vgl. zu dieser Auffassung auch Reimpell, P. (1990), S. 490.

67 Vgl. hierzu die Ausführungen zu „Boutiquen" bei Achleitner, A. (1999), S. 15 und S. 16.

- ***„Global Player"***: Generalisierungsstrategien setzen aufgrund der immensen Kosten, die mit der Bereitstellung eines umfassenden Leistungsprogramms assoziiert sind, das Erreichen einer kritischen Masse an Geschäftsvolumen voraus. Dies ist erforderlich, um die hohen (Fix-)Kosten für umfangreiche Zentralabteilungen, die Unterhaltung vollständiger Wertketten an ggf. mehreren Standorten weltweit, für die Bereitstellung erstrangigen Know-hows auf breiter Basis, die laufende Aktualisierung der Produktpalette, für den Einkauf und die Bindung hochqualifizierten Personals und den permanenten Ausbau der IT und Abwicklungssysteme tragen zu können und gleichzeitig angemessen profitabel zu sein. Insofern liegt nahe, auf die Ausschöpfung des maximal möglichen Geschäftspotentials abzuzielen und diese Option mit einer Strategie der Gesamtmarktabdeckung zu verknüpfen.
  Setzt man umgekehrt an der Abnehmerdimension an, der grundsätzlich ein bedürfnisgerechtes Leistungsprogramm zuzuordnen ist, kann dies bei einer Strategie der Gesamtmarktabdeckung aufgrund der inhomogenen Bedürfnisstrukturen der Kundengruppen im Investment Banking i.d.R. nur eine Generalisierungsstrategie leisten.[68]
  Im Lichte des Aspekts der kritischen Masse bildet die internationale Ausdehnung der Geschäftstätigkeit die „natürliche" Entwicklungsrichtung zur Erschließung zusätzlichen Geschäftspotentials. Typisch für Strategien der leistungsprogramm- und abnehmerbezogenen Breite ist jedoch, daß internationale Strategien oftmals Vorstufen globaler Strategien bilden. Neben den erforderlichen Volumenausweitungen und einer geographischen Diversifikation der Ertragsbasis liegt ein wesentlicher Beweggrund hierfür auch in der globalen Expansion der wichtigsten Kundengruppe dieser Anbieter. Große,

---

68 Vgl. hierzu analog Büschgen H. (1998), S. 664, Schierenbeck, H. (1991), S. 417.
Vgl. zu den Bedürfnisstrukturen der verschiedenen Abnehmergruppen im Investment Banking Achleitner, A. (1999), S. 21f. sowie Abschnitt II.1.2. So fragt die Gruppe der *Konzerne/ MNU* im Prinzip alle Finanzdienstleistungen des Investment Banking nach. *Mid Caps* sind zunächst vor allem als IPO-Kandidaten von Relevanz, im Verlauf der Unternehmensentwicklung besteht jedoch auch hier Geschäftspotential in allen Feldern des Investment Banking. Einschränkungen sind lediglich hinsichtlich des Feldes Structured Finance gegeben. *Finanzdienstleister* bilden zum Teil, wie bspw. am Swap-Markt wichtige Transaktionspartner. Sie nehmen aber auch die Rolle des Kunden ein. Dies ist dort der Fall, wo neutrale Vermittler benötigt werden (z.B. bei M&A-Transaktionen) oder auf spezifische Kapazitäten anderer Finanzinstitute zurückgegriffen werden muß, wie z.B. die Plazierungskraft anderer bei der Abwicklung eigener Anleihefinanzierungen. Auch sind sie z.B. als potentielle Nachfrager nach Asset-Backed-Finanzierungen im Structured Finance von Relevanz. Die *Öffentliche Hand* fragt vor allem Dienstleistungen im Bereich Fremdkapitalfinanzierungen nach (Anleihen, Syndizierte Kredite), ggf. besteht auch Bedarf nach Beratungsleistungen im Zusammenhang mit Privatisierungen. *Institutionelle Investoren* sind Kunden des Sales & Trading-Bereichs. Vgl. Achleitner, A. (1999), S. 21f.

global tätige Industrieunternehmen, die praktisch alle Finanzdienstleistungen im Investment Banking nachfragen und ein Garant für hohe Transaktionsvolumina sind, benötigen weltweit präsente Finanzhäuser.[69]

- ***„Internationale Nischenanbieter"***: Oftmals entwickelt sich die Kombination Fokus-/ Konzentrationsstrategie quasi „von alleine", da Fokusstrategien den für das Angebot prinzipiell in Betracht kommenden Abnehmerkreis genauso einengen wie Konzentrationsstrategien das Spektrum an für diese Gruppen im speziellen in Frage kommenden Marktleistungen.[70]
  Darüber hinaus ist beiden Optionen ein hoher Qualitätsanspruch zu eigen. Durch die Konzentration auf Ausgewähltes soll Überlegenes (überlegene Qualität der Marktleistungen in den gewählten Feldern durch Know-how-, Expertise- und Service-Vorsprung bzw. ein präziseres Eingehen auf Bedürfnisse spezifischer Kundengruppen) geleistet werden. Diese Kombination basiert auf der Intention, durch Bündelung von Ressourcen in Produkt- und Abnehmerdimension und gegenseitige inhaltliche Optimierung, die auch die Leistungspotentiale mit einbezieht, „Strategische Stoßkraft" erzeugen. Sie setzt voraus, daß sich die Anstrengungen auf Bereiche konzentrieren, in denen Stärken vorgewiesen bzw. entwickelt werden können.[71] Die dieser Kombination zugrundeliegende Leitmaxime faßt David de Rothschild für sein Haus prägnant zusammen: „Wir wollen nicht jedem alles bieten, sondern dort, wo wir konkurrieren können, unter den Besten sein, bei Merges & Acquisitions etwa und einigen anderen Geschäften."[72]
  Nischenanbieter werden oftmals einen internationalen Aktionsradius zugrunde legen, weil sich zur Verwertung besonderen Produkt-Know-hows und gruppenspezifischer Expertise - auch vor dem Hintergrund eines i.d.R. nicht unerschöpflichen Potentials auf dem Heimatmarkt - insbesondere andere Ländermärkte bzw. die dort angesiedelten Fokuskunden eignen werden.

---

69 Vgl. hierzu Achleitner, A. (1999), S. 20 und S. 74.

70 Vgl. zu den Bedürfnisstrukturen verschiedener Abnehmergruppen im Investment Banking Fußnote 68. Daß sich tätigkeitsverengende Optionen oftmals gegenseitig bedingen, gilt im weiteren auch für die Kombination Spezialistenstrategie/ Strategie der engen Marktdefinition.

71 Vgl. Müller, A. (1988), S. 46; Reimpell, P. (1990), S. 490.

- ***„(Inter-)Nationale Spezialisten“***: Spezialisierungsstrategien harmonieren in besonderem Maße mit Strategien der engen Marktabdeckung, da mit beiden Positionierungen eine Profilierung als „Spezialist“ erreicht werden soll. Im ersten Fall in bezug auf ein eng abgegrenztes Leistungsfeld, im zweiten bezüglich einer spezifischen Kundengruppe. Durch Kombination des Spezialwissens hinsichtlich Produkten und Zielgruppenbedürfnissen läßt sich der Spezialisierungsgrad der know-how-basierten Ressourcen und des Angebotsprogramms (z.B. durch Bereitstellung bedürfnisgerechter Produktvarianten) und damit letztlich die „Treffgenauigkeit“ der Aktivitäten weiter erhöhen.

  Spezialisten definieren das Geschäftsgebiet vielfach national, legen zum Teil sogar regionale Ausrichtungen zugrunde.[73] Diese Strategie kennzeichnete z.B. die höchst erfolgreichen, auf IPOs mit Kunden aus High-Tech-Branchen spezialisierten „West-Coast-Boutiquen“ mit Sitz in der Nähe des Silicon Valley. Eine nationale oder regionale Ausrichtung wird aufgrund der Kundennähe vor Ort, der ggf. auch der Partizipation am professionellen Know-how der Zielbranchen und der Notwendigkeit, ein Beziehungsnetz (z.B. zwischen lokalen staatlichen Stellen und Ämtern, Privatisierungsagenturen etc.) zu etablieren, für vorteilhaft gehalten. Ferner bietet eine profunde Kenntnis des Heimatmarktes auch die Möglichkeit, sich in noch stärkerem Maße von Konkurrenten zu differenzieren.

  Wie die Analyse empirisch beobachtbarer Basisstrategien ergab, orientieren sich Spezialisten nicht selten auch international, so z.B. in fortgeschrittenen Stadien der Geschäftstätigkeit und bei starker Wettbewerbsposition im Ursprungsmarkt. Jedoch kann die Verknüpfung mit einer internationalen Strategie auch aufgrund der Spezifika der anvisierten Kundengruppe unabdingbar sein. Sofern es sich hierbei um große Konzerne/ MNU handelt, ist sie prinzipiell erforderlich. Erstens werden bspw. M&A-Boutiquen in dieser Ausrichtung auf dem Heimatmarkt eine nur begrenzte Anzahl an potentiellen Kunden vorfinden. Zudem trägt das M&A-Geschäft mit diesen Kunden, die selbst internationale oder gar globale Strategien verfolgen, zunehmend grenz- und kontinentüberschreitenden Charakter. Um diese Kundengruppe angemessen betreuen und letztlich Mandate akquirieren zu können, müssen sich die Anbieter selbst international orientieren.

---

72 Rothschild de, D. (2000), S. 116.

73 Vgl. zu diesem Merkmal von Boutiquen auch Achleitner, A. (1999), S. 15.

III.1.3.2 Grundsatzüberlegungen zu einer erfolgversprechenden Ausgestaltung von Basisstrategien im Investment Banking

Die gruppenbezogene Analyse im vorangegangenen Abschnitt ließ erkennen, daß die drei untersuchten Basisstrategien durch einen hohen interdimensionalen Fit der Strategieentscheidungen gekennzeichnet sind. Hierin dürfte ein Erklärungsfaktor für ihr häufiges Auftreten in der Unternehmenspraxis bestehen.
Hieraus ergibt sich die Frage nach der Relevanz und Sinnhaftigkeit der verbleibenden Kombinationsmöglichkeiten, die der Basisstrategiewürfel visualisiert. Im Rahmen einer Analyse hierzu sei zunächst auf mögliche Verknüpfungen von Optionen nach leistungsprogramm- und abnehmerbezogener Streubreite fokussiert. In bezug hierauf ließ die gruppenbezogene Analyse in Abschnitt III.1.3.1 erkennen, daß es im Sinne der Erreichung eines hohen strategischen Stimmigkeitsgrades vorteilhaft erscheint, wenn die Streubreite des Angebots im Investment Banking und der Marktabdeckung gleichgerichtet, und möglichst parallel zueinander zu- bzw. abnehmen.

Ausgehend von dieser These seien die verbleibenden Kombinationsmöglichkeiten im folgenden einer näheren Betrachtung unterzogen. Im einzelnen geht es hierbei um die insgesamt sechs Optionen, die in Abbildung III-2 ***oberhalb*** und ***unterhalb*** der von Südwesten nach Nordosten verlaufenden Diagonalen angesiedelt sind, die durch die Basispositionierungen bedeutender Wettbewerber der Branche eng besetzt wird.

Die ***unterhalb der Hauptdiagonalen angesiedelten Kombinationen*** von Positionierungsentscheidungen (Quadranten VI, VIII, und IX) sind durch eine im Verhältnis zur Streubreite des Abnehmerspektrums breitere Definition des Angebotsprogramms im Investment Banking gekennzeichnet.
Während die Kombinationen einer Fokusstrategie in Ausrichtung auf nur eine Kundengruppe (Quadrant VIII) und jene einer Generalisierungsstrategie in Ausrichtung auf ausgewählte Gruppen (Quadrant VI) denkbar erscheinen, mutet die Verknüpfung einer Generalisierungsstrategie mit einer Strategie der engen Marktdefinition (Quadrant IX) wenig sinnvoll an. Allenfalls könnte diese Kombination mit Bezug auf den Kreis Konzerne/ MNU sinnvoll

verfolgt werden, die als einzige Abnehmergruppe praktisch sämtliche Marktleistungen des Investment Banking nachfragt.
Aus Sicht der relativ breiteren Definition des Angebotsprogramms (fokussiert bzw. umfassend) steht den o.g. Kombinationen allerdings das Argument entgegen, daß das Geschäftspotential in den einzelnen Feldern durch Einbezug weiterer Kundengruppen jeweils noch umfassender ausgeschöpft werden könnte. Gerade bei einer Generalisierungsstrategie erscheint fraglich, ob sich der Anbieter angesichts der Ressourcenintensität dieser Option einen freiwilligen Verzicht auf größere Teile des Gesamtpotentials unter Rentabilitätsgesichtspunkten leisten kann.
Auch aus Perspektive der relativ engeren Definition des Abnehmerspektrums (eine bzw. ausgewählte Gruppe/n) könnte die Positionierung im Hinblick auf die leistungsprogrammbezogene Streubreite bei den o.g. Kombinationen stimmiger gestaltet werden. So ließe sich z.B. durch Reduzierung der Angebotsbreite bei gleichzeitiger Nutzung der freigesetzten Ressourcen zur Erhöhung seiner Tiefe und Aufwertung des zielgruppenspezifischen Produkt-Know-hows ein ggf. bedürfnisgerechterer und damit aus Kundensicht attraktiverer Zuschnitt der Angebotspalette erreichen.

Kombinationen von Positionierungsentscheidungen, die ***oberhalb der Hauptdiagonalen*** angesiedelt sind (Quadranten I, II, und IV), zeichnen sich durch eine in Relation zur Streubreite des Angebotsspektrums breitere Definition des Zielmarktbereichs im Investment Banking aus.
Angesichts der Tatsache, daß Marktleistungen des Investment Banking nicht jeweils für sämtliche Kundengruppen relevant sind, erscheint die Kombination einer Spezialisierungsstrategie mit einer Strategie der Gesamtmarktabdeckung (Quadrant I) schon im Ansatz kaum praktikabel. Ob die Verknüpfungen einer Spezialisierung auf ein Leistungsfeld in Ausrichtung auf ausgewählte Kundengruppen (Quadrant IV) sowie jene einer Fokusstrategie in Ausrichtung auf den Gesamtmarkt (Quadrant II) sinnvoll verfolgt werden können, hängt aufgrund der Inhomogenität der Bedürfnisstrukturen der Kunden zunächst von ihrem Inhalt im Einzelfall ab.
Die Kombination einer Spezialisierungs- mit einer Konzentrationsstrategie (Quadrant IV) ist dann denkbar, wenn die fragliche Tätigkeit auch für mehrere Kundengruppen Relevanz

besitzt. Dies trifft bspw. auf M&A-Beratungsleistungen zu, die von Mid Caps genauso nachgefragt werden wie von Konzernen/ MNU und im Einzelfall auch von Staaten bzw. öffentlichen Stellen. Bei der Bereitstellung von Beratungs- und Abwicklungsleistungen im Bereich Eigenkapitalfinanzierungen verengt sich der relevante Markt auf die Gruppen im Unternehmenssektor. Potentielle Nachfrager im Feld Anleihefinanzierungen sind hingegen breit gestreut. Bedarf an diesen Dienstleistungen besteht bei Konzernen/ MNU und Mid Caps genauso, wie bei Finanzdienstleistern, Staaten und öffentlichen Stellen sowie supranationalen Institutionen. Vor diesem Hintergrund erscheint die o.g. Kombination, genauso wie die Verknüpfung einer Fokus- mit einer Gesamtmarktabdeckungsstrategie (Quadrant II), vom Grundsatz her praktikabel.

Im Lichte des strategischen Leitsatzes einer Konzentration der Kräfte ist jedoch fraglich, ob mit diesen Positionierungsentscheidungen tatsächlich hohe strategische Stoßkraft erzeugt werden kann. Beabsichtigt bspw. der Fokusanbieter an der verengten Definition seines Leistungsspektrums festzuhalten, erscheint es nach Auffassung der Praxis günstiger, ausgewählte Marktsegmente tief als den Gesamtmarkt breit abzudecken.[74] Über eine Einengung des Zielkundenspektrums könnte sowohl der spezialisierte als auch der fokussierte Anbieter sein Geschäftsprofil durch eine präzisiere Wahrnehmung der zielgruppenspezifischen Bedürfnisse weiter schärfen.

Soll auf der anderen Seite an der relativ breiteren Positionierung in abnehmerbezogener Hinsicht (ausgewählte Gruppen bzw. Gesamtmarkt) festgehalten werden, läge eine positive Veränderung der Streubreite des Angebotsprogramms in Richtung Fokussierter Anbieter bzw. Generalist nahe. Gerade Strategien der Gesamtmarktabdeckung setzen aufgrund der Inhomogenität der Bedürfnisstrukturen verschiedener Kundengruppen i.d.R. ein breites und differenziertes Angebotsprogramm voraus, um jeder Gruppe ein maßgeschneidertes Leistungsbündel offerieren zu können.[75] Werden im Rahmen einer Gesamtmarktabdeckungsstrategie bereits mit dem vollen Abnehmerspektrum Kontakte unterhalten, könnte hierüber eine vollständige Ausschöpfung des „brachliegenden", aber zugänglichen Marktpotentials erreicht werden.

---

[74] Laut Interviewergebnisse.
[75] Vgl. analog Büschgen, H. (1998), S. 664.

Die Erwägungen zur vorteilhaften Kombination dimensionaler Strategieoptionen nach leistungs- und abnehmerbezogener Streubreite unterstützen im Ergebnis weitgehend die These, daß es sich bei den drei Kombinationen, die die Hauptdiagonale der Matrix in Abb. III-2 repräsentieren, um jene Verknüpfungen handelt, die im Hinblick auf die typspezifischen Merkmale und Anforderungsprofile der eingebundenen Optionen durch den relativ höchsten interdimensionalen Fit gekennzeichnet sind.

Vor diesem Hintergrund werden sich die folgenden Ausführungen auf diese Kombinationen fokussieren, obwohl im Einzelfall auch andere praktikabel sein können. Gleichzeitig sind hiermit sind auch jene Basispositionierungen angesprochen, welchen in der Branche höchste praktische Relevanz zukommt. In Analogie zur gewählten Terminologie im Rahmen der Gruppenanalyse werden diese ***Grundtypen von Basisstrategien*** mit folgenden Oberbegriffen belegt:

- ***„Full-Service-Strategie“***: Die Verknüpfung einer *Generalisierungs-* mit einer *Gesamtmarktabdeckungsstrategie* wird fortfolgend als *„Full-Service-Strategie“* bezeichnet. Dieser Grundtyp folgt der Leitidee „Jedem alles aus einer Hand“.

- ***„Nischenstrategie“***: Für Kombinationen von *Fokus-* und *Konzentrationsstrategien* wird im weiteren der Terminus *„Nischenstrategien“* verwendet. Diesem Grundtyp liegt die Leitidee „Ausgewähltes für Auserwählte“ zugrunde.

- ***„Spezialistenstrategie“***: Verbindungen von *Spezialisierungsstrategien* mit *Strategien enger Marktdefinition* werden im folgenden mit dem Oberbegriff *„Spezialistenstrategie“* belegt. Anbieter, die diesen Grundtyp wählen, beabsichtigen „Spezialitäten für Spezialbedürfnisse“ bereitzustellen.

Auf diese Weise läßt sich auch die Komplexität des Basisstrategiewürfels reduzieren. Abbildung III-4 faßt die Diskussionsergebnisse zur vorteilhaften Kombination dimensionaler Strategieentscheidungen in bezug auf leistungs- und abnehmerbezogene Streubreite der Positionierung integrativ zusammen.

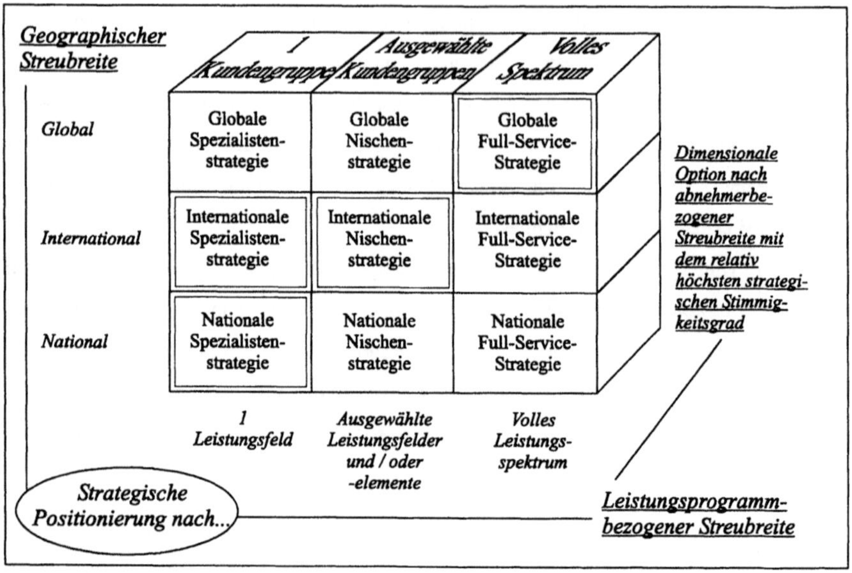

Abb. III-4: Grundtypen von Basisstrategien im Investment Banking mit hohem strategischem Stimmigkeitsgrad

Im Rahmen des Marktüberblicks und der hierauf basierenden Abgrenzung strategischer Gruppen der Investment-Banking-Branche kam zum Ausdruck, daß bei Spezialisten-, Nischen- und Full-Service-Strategien jeweils typische Positionierungen nach geographischer Streubreite der Investment-Banking-Aktivitäten existieren. Jene Basisstrategien, die, wie die gruppenbezogene Analyse ergab, durch einen hohen interdimensionalen Fit gekennzeichnet sind, sind in Abbildung III-4 mit Doppelrahmen gekennzeichnet.

Somit stellt sich abschließend die Frage nach der strategischen Sinnhaftigkeit der verbleibenden Optionen, die Abb. III-4 zusammenfassend ausweist.

Hierzu soll zunächst am Typus der ***Full-Service-Strategien*** angesetzt werden. Vor dem Hintergrund ihres hohen, leistungsfeldübergreifenden Bedarfs nach Investment-Banking-Produkten und der Größe der Transaktionen bilden Großkonzerne/ MNU gemeinhin eine besonders wichtige Abnehmergruppe des Full-Service-Anbieters. Abgesehen von der Tatsache, daß der Kreis an Unternehmen dieser Größenklasse im Heimatmarkt überschaubar ist, was das Geschäftspotential in diesem Segment natürlich begrenzt, sind diese Kunden

i.d.R. selbst auf internationaler bzw. globaler Ebene tätig. Dies schlägt sich bspw. in einer Zunahme der Nachfrage nach Leistungen wie internationalen Plazierungen von Eigen- oder Fremdkapitaltiteln oder Beratungen bei grenzüberschreitenden M&A-Transaktionen nieder.[76] Da ein rein national operierendes Haus diese Leistungen in nur begrenztem Maße bereitstellen kann, erwächst hieraus das Erfordernis an den Anbieter, selbst international tätig zu werden.
Zudem erscheint eine ausschließliche Konzentration der Aktivitäten auf dem Heimatmarkt auch deshalb risikoreich, als das Geschäftspotential in vielen Leistungsfeldern des Investment Banking stark von positiven Konjunktur- und Börsenbedingungen in einem Ländermarkt abhängt. Bei fehlender geographischer Diversifikation der Aktivitäten verschließt sich der Full-Service-Anbieter die Möglichkeit, auf eventuelle Nachfragerückgänge elastischer zu reagieren. Zusammenfassend erscheint daher eine *nationale Full-Service-Strategie* im Investment Banking wenig sinnvoll.

Die internationale Ausdehnung der Geschäftstätigkeit wird bei Full-Service-Strategien damit zum Grunderfordernis. Der Schritt zu einer wirklich globalen Tätigkeit, wie er auf Grundlage der Basispositionierung *Global Player* erforderlich wird, ist jedoch bei Full-Service-Strategien als kritische Schwelle der Unternehmensentwicklung im Zeitablauf zu bezeichnen. Vor allem europäische Wettbewerber mit Commercial- oder Universalbank-Hintergrund versuchen dies in zunehmendem Maße über Akquisitionen oder Fusionen zu bewerkstelligen. Beispiele für Institute, die an dieser ressourcenintensiven Strategie gescheitert sind, bilden Barclays oder NatWest. Andere haben den globalen Anspruch ihrer Basisstrategie revidiert, wie ING Barings. Angesichts dessen hat sich, wie Abbildung III-2 zeigt, eine weitere Anbietergruppe herausgebildet, die Full-Service- mit internationalen Strategien kombiniert. Hierzu zählen u.a. ING Barings, ABN AMRO oder die Société Générale. Somit stellt sich die Frage nach der strategischen Sinnhaftigkeit dieser Basisstrategie.

Die gelegentlich vertretene Meinung, daß sich das basisstrategische Entscheidungsfeld etablierter Wettbewerber letztlich auf die Wahl zwischen einer Global Player- und

---

76 Vgl. hierzu und im folgenden Jakob, A./ Klein, S. (1996), S. 17.

internationalen Nischenstrategie beschränkt,[77] erscheint nach der hier vertretenen Auffassung zu eng. Auch von der Unternehmenspraxis werden *internationale Full-Service-Strategien* als durchaus sinnvolle strategische Positionierung in der Investment-Banking-Branche eingestuft.[78] Ausschlaggebend hierfür ist nicht nur, daß die extrem hohen Investitionen für die Entwicklung globaler Präsenz entfallen. Durch die Konzentration des Ressourceneinsatzes auf ein idealerweise zusammenhängendes geographisches Bezugsgebiet (z.B. Europa) läßt sich die strategische Stoßkraft maßgeblich steigern. Soweit es dem Träger gelingt, erkennbare Marktanteile in zentralen Leistungsfeldern (M&A, Eigenkapital- und Anleihefinanzierungen) zu realisieren, zeichnet sich diese Basisstrategie durch ein attraktives Rentabilitätspotential aus.

Entsprechend repräsentiert auch eine internationale Ausrichtung bei ***Nischenstrategien*** nicht die einzig erfolgversprechende Positionierung. Auch in einer Beschränkung auf den Heimatmarkt, wie sie in praxi häufiger vorkommt (z.B. deutsche Privat- und Landesbanken), ist dieser Grundtyp als strategisch relevante Option einzustufen. Zweckmäßig erscheint dann, das Angebotsprogramm vornehmlich auf Dienstleistungen des Heimatmarktes, für die besonderes landesspezifisches Know-how und spezialisierte Marktkenntnis erforderlich ist, zu fokussieren (z.B. Börseneinführungen am Neuen Markt in Deutschland).[79] Dementsprechend sollten hier auch vorwiegend solche Kundengruppen im Abnehmerfokus stehen, die sich nur in begrenztem Maße durch Bedarf an „internationalen Dienstleistungen" des Investment Banking auszeichnen und auf eine fachgerechte Betreuung vor Ort angewiesen sind bzw. wünschen. Dies beschreibt vor allem die Bedarfslage von Mid Caps.

Somit stellt sich die Frage, inwieweit *globale Nischenstrategien* einen sinnvollen Approach für Wettbewerber in der Investment-Banking-Branche abbilden können. Zumal gerade Spezialkompetenzen und -expertise in „Nicht-Commodity-Segmenten" wie z.B. im Bereich Leveraged Finance, bei der Emission und im Handel von High-Yield-Bonds oder bei M&A weltweit gesuchte Fähigkeiten abbilden, erscheint diese Frage prinzipiell diskussionsfähig.

---

77 Vgl. hierzu Müller, A. (1988), S. 46; Reimpell, P. (1990), S. 490; Engel, H. (1998), S. 111.

78 Laut Interviewergebnisse.

79 Vgl. Müller, A. (1988), S. 46; Reimpell, P. (1990), S. 490, die hierin sogar eine der insgesamt drei grundsätzlichen strategischen Alternativen im Investment Banking sehen.

Zu konstatieren bleibt jedoch, daß sich für diese Basisstrategie auf Grundlage der durchgeführten Recherche kein Praxisbeispiel benennen läßt, obwohl einige Nischenanbieter erfolgreich auf internationaler Ebene tätig sind.
Dies dürfte zum einen in der oftmals geringeren Größe und Kapitalausstattung der Häuser, die dieser Basisstrategie bevorzugt nachgehen, begründet liegen. Aufgrund limitierter Ressourcen kommen im Rahmen der Internationalisierung vielfach nur Strategien organischen Wachstums in Betracht, die in bezug auf die Schnelligkeit von Markteintritt und -durchdringung wesentlich zeitintensiver einzuschätzen sind als z.B. Akquisitionsstrategien. Dadurch schreitet der Prozeß eher langsam voran. Hinzu kommt, daß diese meist unabhängigen Institute aufgrund ihrer mittleren Größe, einer oftmals ausgezeichneten Marktposition in zumindest einer Kernregion des Investment Banking und ihren Spezialkompetenzen gesuchte Übernahmeziele für Wettbewerber mit Global-Player-Strategien auf beiden Seiten des Atlantiks bilden. Nur wenige erfolgreiche Nischenspieler überleben auf Dauer.[80]
Ein zweiter - aus strategischer Sicht - gewichtiger Grund dürfte darin bestehen, daß es sich bei den durchgeführten Tätigkeiten oftmals nicht nur um reine Beratungsleistungen handelt, deren Erstellung auch ortsungebunden erfolgen kann. Der Aufbau der notwendigen physischen Infrastruktur zur globalen Durchführung der Geschäfte in den finanzierungsorientierten Leistungsfeldern des Investment Banking bindet jedoch in hohem Maße Ressourcen. Abgesehen von der Frage, ob kleinere Institute die hierfür erforderlichen Mittel aufbringen können, erscheint fraglich, ob der Nischenanbieter im Rahmen seines eng definierten Leistungs-Markt-Spektrums auf globaler Ebene tatsächlich jene Volumina generieren kann, die erforderlich sind, um angemessen rentabel zu arbeiten (kritische Größe). Aus strategischer Sicht scheint daher zusammenfassend die Verknüpfung mit einer internationalen Strategie den Spezifika der Nischenstrategie angemessener zu sein.

Nachdem (inter-)nationale ***Spezialistenstrategien*** bereits als zweckmäßig eingestuft wurden, stellt sich zuletzt die Frage, inwieweit dieser Typus *in globaler Ausrichtung* eine erfolgversprechende strategische Option im Investment Banking repräsentieren könnte. Hierzu bleibt auf Basis obiger Erwägungen festzuhalten, daß diese Kombination nur dann diskutabel

80 Vgl. hierzu bspw. Pretzlik, C./ Ratner, J. (2001), S. 5.

erscheint, wenn der Träger dieser Strategie kein Spezialist für landesspezifische Dienstleistungen ist, da dieses Know-how nicht eins zu eins auf andere Märkte übertragbar ist. Zweitens sollte es sich bei der Tätigkeit um *Beratungs*leistungen handeln, deren Er- und Bereitstellung ortsungebunden erfolgen kann und keine umfangreiche physische Infrastruktur voraussetzt.[81] Letztlich verbleiben dann M&A-, Corporate- und Structured-Finance-Beratungsleistungen für Großkunden, bei denen über diese Basisstrategie nachgedacht werden kann - und muß.
Wie bereits erwähnt unterliegen bspw. diejenigen M&A-Boutiquen, die sich auf große Konzerne/ MNU ausrichten, in gewisser Weise einem Internationalisierungszwang. Ursächlich hierfür ist, daß sich diese Abnehmergruppe selbst auf Pfaden der Globalisierung befindet und sich in zunehmendem Maße vor dem Hintergrund einer weltumfassenden Branchenperspektive positioniert.[82] Hieraus ergeben sich für den international ausgerichteten M&A-Spezialisten zweierlei Erfordernisse:[83] Erstens kann er diese Gruppe nur dann erfolgreich ansprechen, wenn er Branchenspezialist ist. Zweitens hat er - wie der Kunde - die Zielindustrien grundsätzlich weltweit zu definieren. Im Rahmen der Analyse- und Geschäftstätigkeit wird der Träger dieser Strategie dann immer wieder auf interessante Geschäftsmöglichkeiten - oftmals fernab vom Heimatmarkt - stoßen.
Diese Überlegungen lassen eine globale Positionierung - jedoch in ausschließlicher Beschränkung auf die o.g. Leistungssegment-/ Kundengruppenkombinationen - als strategisch sinnvoll erscheinen, legen sie geradezu nahe.[84]

Als Anforderung an die Wahl von Basisstrategien im Investment Banking läßt sich vor dem Hintergrund der geführten Diskussion zusammenfassend folgendes festhalten: Zunächst sollten strategische Positionierungsentscheidungen möglichst an dem in Abbildung III-4 präsentierten, optimierten Basisstrategiewürfel anknüpfen, der Optionen mit hohem strategischen Stimmigkeitsgrad in leistungsprogramm- und abnehmerbezogener Hinsicht integrativ zum Ausruck bringt. Bei der Wahl der Basisstrategie innerhalb des dort gezeigten

81 Anm. d. Verf.: Für die i. w. S. als Spezialisten zu qualifizierenden Häuser, die Durchführungsleistungen im Emissionsgeschäft übernehmen, kommt eine globale Positionierung daher nicht in Frage.
82 Vgl. Dresdner Kleinwort Benson (1999), S. 6.
83 Hierzu und im folgenden laut Interviewergebnisse. Eigentlich handelt es sich bei der Fokussierung auf eine begrenzte Anzahl an Zielindustrien um einen Aspekt der Geschäftsfeldstrategien. Da Boutiquen als Spezialisten jedoch nur ein Leistungsfeld im Investment Banking besetzen, entfällt die Notwendigkeit einer Differenzierung in strategische Ebenen.
84 Laut Interviewergebnisse.

Entscheidungsfeldes ist ein Anbieter prinzipiell frei, lediglich nationale Full-Service- und globale Nischenstrategien erscheinen vor dem Hintergrund obiger Erwägungen wenig zweckmäßig bzw. unrealistisch. Ferner bleibt zu berücksichtigen, daß globale Spezialistenstrategien nur unter bestimmten Prämissen eine praktikable, dann aber sinnvolle Option darstellen können.

III.1.3.3 Relative Vor- und Nachteile von Basisstrategie-Grundtypen im Investment Banking

Bei der Formulierung einer Basisstrategie sind nicht allein Überlegungen zu einer möglichst stimmigen Kombination dimensionaler Strategieoptionen anzustellen, sondern auch allgemeine Vor- und Nachteile zu berücksichtigen, die mit den drei Grundtypen assoziiert sind. Zumal diese auch unabhängig von der Positionierung in geographischer Hinsicht bestehen, wird hiervon zunächst abstrahiert. Vorteile einer Spezialistenstrategie bilden, wie der Überblick in Abbildung III-5 zeigt, Nachteile der Full-Service-Strategie und umgekehrt. Nischenstrategien liegen in der Einschätzung zwischen diesen Extrema und tendieren in Abhängigkeit von der individuellen Ausgestaltung stärker in Richtung des einen oder anderen Grundtyps. Soweit die Tätigkeiten stark beratungsorientiert sind, neigen Nischenstrategien z.B. aufgrund geringerer Anforderungen an Infrastrukturen und des Wegfalls umfangreicher Zentralabteilungen in der Beurteilung eher in Richtung der Spezialistenstrategien, andernfalls zum Full-Service.

Spezialistenstrategie	**Nutzenkriterien**	*Full-Service-Strategie*
+	Übersichtlichkeit der Arbeitsstrukturen	--
+	Fixkostenbelastung	--
+	Flexibilität	--
+	Koordinations- und Kontrollaufwand	--
+	Kapitalbedarf	--
--	Ertragspotential gesamt	+
--	Diversität der Ertragspotentiale	+
--	Bereitstellung integrierter Marktleistungen	+
--	Akquisitorisches Potential des Sortiments	+

mit:

+	*Relativer Vorteil des Grundtyps*
--	*Relativer Nachteil des Grundtyps*

Abb. III-5: Relative Vor- und Nachteile von Basisstrategie-Grundtypen

Relative Vorteile der Spezialistenstrategie gegenüber dem Full-Service bestehen in einer *höheren Übersichtlichkeit der bankinternen Arbeitsstrukturen*, einer *geringeren Fixkostenbelastung* durch den Wegfall umfangreicher Zentralabteilungen und einer *höheren strategischen und operativen Flexibilität*.[85] Auch der mit zunehmender Streubreite der Tätigkeit in Richtung Full-Service stark anwachsende *Koordinations- und Kontrollaufwand* ist hier geringer. Ferner entfallen bei Spezialistenstrategien die erheblichen finanziellen Aufwendungen für den Aufbau, die Unterhaltung und laufende Aktualisierung breitgefächerter Produktpaletten sowie für die umfangreichen personellen Kapazitäten, die zur Bearbeitung und jeweils fachgerechten Betreuung der einzelnen Kundengruppen des breiten Spektrums erforderlich sind.

Aufgrund der Spezialisierung auf Einzelfelder und -kundengruppen zeichnet sich diese Strategie naturgemäß durch ein geringeres absolutes *Ertragspotential* aus als breiter angelegte Basisstrategien. In Verbindung hiermit läßt sich die *Abhängigkeit von nur einer Ergebnisquelle* als weiterer relativer Nachteil gegenüber der Full-Service-Strategie anführen. Dies resultiert im allgemeinen in einer höheren Volatilität des Einkommensstromes und damit der Gesamtprofitabilität.[86] Dabei sind die Schwankungen gemeinhin um so deutlicher ausgeprägt, je stärker der Erlösstrom einer Investment-Banking-Aktivität von positiven wirtschaftlichen Rahmenbedingungen, d.h. Konjunktur- und Börsenzyklen, abhängig ist, wie dies vor allem für das M&A- und Emissionsgeschäft gilt.[87]
Auch dient der Spezialist eben gerade nicht mit Dienstleistungen aus anderen Leistungsfeldern des Investment Banking, die jedoch u.U. mit einer spezifischen Transaktion in direktem Zusammenhang stehen und vom Kunden gefordert werden. So besetzen M&A-Boutiquen oftmals das Beratungssegment, verfügen jedoch nicht über die Möglichkeit der Durchführung der effektiven Mittelbeschaffung an den Kapitalmärkten oder etwa der Gewährung eines Überbrückungskredits.[88] Dies gilt entsprechend auch für einen reinen Going-Public-Berater. Die Nicht-Bereitstellung vollständiger Wertschöpfungsketten, sog. *„integrierter" Investment-Banking-Dienstleistungen*, kann die Chancen des Spezialisten bei

---

85 Vgl. zu den beiden erstgenannten Vorteilen Achleitner, A. (1999), S. 16.
86 Vgl. Achleitner, A. (1999), S. 85.
87 Vgl. Achleitner, A. (1999), S. 82f.
88 Vgl. zum Leistungsspektrum von M&A-Boutiquen Achleitner, A. (1999), S. 151.

Mandatsakquisition gegenüber breiter gefächerten Wettbewerbern verringern. Auch verzichtet er auf die *akquisitorische Wirkung* eines breitgefächerten Sortiments, die sich der Full-Service-Anbieter zunutze machen kann.

Soweit es sich bei dem Spezialisten um ein unabhängiges Einzelinstitut mittlerer Größe handelt, das nicht ausschließlich beratend tätig ist, treten weitere potentielle Nachteile hinzu. So besteht bei hoher Risikoaversion des Kunden die Möglichkeit, daß die relativ *geringere Kapitalausstattung* dieses Wettbewerbers als kritischer Faktor gesehen wird. Sie erhöht nicht nur das objektiv zuzurechnende, sondern auch das vom Kunden subjektiv wahrgenommene Risiko eines Bankenkonkurses z. B. bei der Plazierung großer Emissionsvolumina.[89] In Verbindung mit der Abhängigkeit von einer Ergebnisquelle resultiert eine geringere Kapitalbasis letztlich in einer *höheren Krisenanfälligkeit* bei plötzlich auftretenden und nachhaltig ungünstigen Marktkonditionen an den internationalen Finanzmärkten.[90] Letztlich bieten die geringe Größe und schmale Kapitalbasis dem Spezialisten nur unzureichend Schutz vor Übernahmen.

Wenngleich sich unter Einbezug der Optionen nach geographischer Streubreite die Ausprägungen hinsichtlich der genannten Nutzenkriterien verändern, bleibt die relative Vor- bzw. Nachteilhaftigkeit der Grundoptionen zueinander bestehen.
Bei Full-Service-Strategien wird sich die positive oder negative Ausprägung hinsichtlich der verschiedenen Kriterien in Kombination mit internationalen oder globalen Strategien weiter verstärken. So wird eine Global-Player-Strategie angesichts des *hohen Mittelbedarfs* für die Schaffung globaler Präsenz letztlich nur großen, kapitalstarken Instituten offenstehen.[91] Im Zuge wachsender Unternehmensgrößen - hier oftmals auch durch Akquisitionen oder Zusammenschlüsse vorangetrieben - entsteht *immenser Koordinations- und Kontrollbedarf*. Gleichzeitig verschärft sich die Gefahr der Bildung *zu starrer Organisationen* sowie *des Aufbaus hoher Fixkostenblöcke* durch anwachsende, immer *undurchsichtigere Zentral-*

89 Vgl. zu Wirkungen geringer Eigenkapitalausstattungen im Investment Banking Achleitner, A. (1999), S. 76.
90 Vgl. Corrigan, T. (1998), S. 24.
91 Vgl. analog Büschgen, H. (1998), S. 665.

abteilungen.[92] Andererseits wird hierdurch die *Ertragsbasis* weiter *verbreitert und geographisch diversifiziert.* Aufgrund weltweiter Transaktionsfähigkeit bietet sich im Rahmen dieser Strategie die Möglichkeit zur Ausschöpfung attraktiver Geschäftschancen rund um den Globus. Damit erschließt sich die Möglichkeit, auf Nachfragerückgänge in Länder- oder Produktmärkten elastischer reagieren zu können. Auch das *akquisitorische Potential eines breitgefächerten Sortiments* wird durch das Angebot von „internationalen" Investment-Banking-Dienstleistungen und die Möglichkeit zur globalen Durchführung von Geschäften weiter erhöht.

---

92 Vgl. hierzu Achleitner, A. (1999), S. 76.

III.2 Strategische Grundsatzentscheidungen deutscher Banken im Investment Banking

Im vorangegangenen Abschnitt wurde unter Heranziehung relevanter Gestaltungsparameter eines übergeordneten Geschäftsprofils ein Bezugsrahmen zur strategischen Positionierung in der Investment-Banking-Branche geschaffen und aus dem Spektrum an strategischen Möglichkeiten ein Bündel an tragfähigen Basisstrategiealternativen abgeleitet. Vor diesem Hintergrund werden im folgenden die Basisstrategien der im Fokus der vorliegenden Untersuchung stehenden deutschen Banken untersucht. Um den Kontext der strategischen Wahl zu spezifizieren, sollen vorab einige wichtige, interne Determinanten der Strategieformulierung beleuchtet werden, wobei auch Universalbank-Spezifika Berücksichtigung finden.

Wie alle anderen Wettbewerber, haben sich auch die deutschen Institute im Rahmen einer auf Erfolg angelegten, strategischen Positionierung an den Investment-Banking-spezifisch relevanten Gestaltungsdimensionen auszurichten.
Eine „Strategie für Gewinner" oder ein „Königsweg" existiert dabei allerdings nicht. Die Wahl der „richtigen" bzw. angemessenen Basisstrategie kann grundsätzlich nur vor dem Hintergrund der gegebenen institutsindividuellen Voraussetzungen getroffen werden. In besonderem Maße hängt diese Entscheidung von den zur Verfügung stehenden finanziellen (v.a. Kapitalbasis, Investitionskraft), physischen (z.B. Ausbaustand der IT, internationales Stützpunktnetz), personellen (z.B. Produkt-Know-how, Professionalitätsgrad, Transaktionserfahrung und internationaler Erfahrungshintergrund der Mitarbeiter) und anderen strategisch relevanten Ressourcen (z.B. Kundenbeziehungen, Reputation) ab.93
Eine maßgebliche Rolle spielen auch Größe und Internationalitätsgrad eines Anbieters, seine historische Entwicklung, die bisherige Investment-Banking-Strategie in Verbindung mit den realisierten Marktpositionen und nicht zuletzt der Institutstypus, d.h. Investment Bank oder Universalbank.
Der Institutstypus ist bei der Wahl einer Basisstrategie insofern von Relevanz, als bei Universalbanken im Gegensatz zu Investment Banken noch ein weiterer spezifischer

Einflußfaktor existiert, der auf die Festlegung strategischer Ziele und die Wahl der Basisstrategie einwirkt: Die relative strategische Bedeutung, die dem Investment Banking in Relation zu anderen Marktleistungssektoren beigemessen wird.[94]

Dieser Gedanke wird im folgenden aufgegriffen, wenn zu Beginn wichtige Einflußfaktoren der Basisstrategie-Formulierung und ihre Ausprägungen bei den vier fokalen deutschen Banken untersucht werden (Abschnitt III.2.1). In diesem Kontext erscheint auch eine Auseinandersetzung mit den strategischen Zielvorstellungen im Investment Banking, dem Leitstern der Strategieformulierung, geboten. Ist der individuelle, interne Kontext der Basisstrategie-Fomulierung spezifiziert, werden die strategischen Auswahlentscheidungen der fokalen Banken unter Angabe von Bezugspunkten und Begründungen offengelegt (Abschnitt III.2.2).

III.2.1 Ausprägungen von Einflußfaktoren der basisstrategischen Wahl

Anders als bei reinen Investment Banken wird die Wahl strategischer Ziele und der Basisstrategie bei Universalbanken in hohem Maße auch davon abhängen, welcher strategische Stellenwert dem Investment Banking im Verhältnis zu Commercial und Trust Banking zukommt.[95] Festlegungen dieser Art können prinzipiell nur aus der Verantwortung der Gesamtbank und auf höchster Konzernebene getroffen werden. Sie sind daher nicht Gegenstand strategischer Planungsüberlegungen bezüglich des Investment Banking i. e. S., sondern Teil ihrer Prämissen. Da die strategische Gewichtung, indem sie auch das Ausmaß an zu erwartender Ressourcenbereitstellung bestimmt, jedoch unmittelbaren Einfluß auf Ziel- und Strategieformulierung des Sektors nimmt,[96] wird im folgenden zunächst der Frage nachgegangen, welchen strategischen Bedeutungsgrad das Investment Banking in den Konzernstrategien der fokalen deutschen Banken erreicht (Abschnitt III.2.1.1). Aufbauend auf der Untersuchung dieser - universalbankspezifischen - Determinante der Basisstrategie werden die strategischen Ziele beleuchtet, denen sich die vier deutschen Banken im Investment Banking verschreiben (Abschnitt III.2.1.2).

---

94 Vgl. Jakob, A./ Klein, S. (1996), S. 36.
95 Vgl. Jakob, A./ Klein, S. (1996), S. 36. Vgl. hierzu auch Abschnitt II.2.2.1.
96 Vgl. Jakob, A./ Klein, S. (1996), S. 36.

III.2.1.1 Die strategische Bedeutung des Investment Banking im Rahmen der Universalbanktätigkeit

Gleichwohl die großen deutschen Universalbanken einige Leistungsfelder im Investment Banking schon seit ihren Anfängen besetzen, war ihr geschäftlicher Schwerpunkt über weite Strecken auf Seiten des kommerziellen Bankgeschäfts angesiedelt. Ausgelöst durch Trends im Umfeld, wie sie die Schlagwörter „Securitization/ Desintermediation", „Finanzinnovationen", „Globalisierung", „Technologischer Fortschritt" und „De-/ Reregulierung" einfangen,[97] und angetrieben durch eine sinkende Attraktivität des herkömmlichen Kreditgeschäfts,[98] gewannen Aktivitäten des Investment Banking erst Ende der achtziger Jahre verstärkt an Bedeutung.

Dies setzte einen massiven, noch immer andauernden produkt-, markt- und potentialbezogenen Expansionsprozeß in das Investment Banking in Gang, der selbst als Teil eines branchenweiten Trends unter europäischen Commercial- und Universalbanken zu interpretieren ist.[99] Wenngleich die strategische Bedeutung des Investment Banking im letzten Jahrzehnt institutsübergreifend deutlich zugenommen hat, ergeben sich im Hinblick auf die strategische Gewichtung dieses Marktleistungssektors jedoch z. T. erhebliche Unterschiede zwischen den deutschen Instituten, wie die folgenden Ausführungen zeigen werden.

Die ***Deutsche Bank*** stuft die Bedeutung des Investment Banking für den Konzern als *„überragend"* ein.[100]

Diese Wettbewerberin beabsichtigt, die Geschäftstätigkeit der Bank insgesamt auf eine andere Basis zu stellen.[101] Hierbei soll das Investment Banking - ergänzt durch Aktivitäten im Asset Management und Private Banking - die entscheidende Rolle spielen. Dementsprechend wird die relative strategische Bedeutung dieses Marktleistungssektors gegenüber dem Commercial Banking als *„stark übergeordnet"* beschrieben. Auch gegenüber dem Trust

---

97 Vgl. zu diesen Strukturtrends und ihren Auswirkungen auf das Investment Banking ausführlich Jakob, A./ Klein, S. (1996), S. 17ff; Achleitner, A. (1999), S.63ff.

98 Vgl. Achleitner, A. (1999), S. 6.

99 Anm. d. Verf.: Schätzungen von Analysten zufolge investierten die zwölf führenden europäischen Commercial- und Universalbanken alleine im Zeitraum zwischen 1987 bis 1997 einen Betrag von mehr als 20 Milliarden britischen Pfund zur Verstärkung ihres Investment-Banking-Aktivitäten bzw. -kompetenzen. Vgl. hierzu Aitken, J./ Brown, P. (1997), S. 1.

100 Laut Interviewergebnisse.

101 Hierzu und im folgenden laut Interviewergebnisse.

Banking, dessen Vorteile in stabilen, gut prognostizierbaren Erträgen gesehen werden, genießt das Investment Banking derzeit strategische Priorität.
Im Gegensatz zu anderen deutschen Wettbewerbern hatte die Deutsche Bank ein nachhaltiges und starkes Engagement in diesem Aktivitätsbereich schon vor geraumer Zeit als zwingend angesehen und seither mit Nachdruck verfolgt.[102] Daß es sich hierbei nicht um Lippenbekenntnisse handelte, kommt nicht zuletzt auch in der aggressiven Umsetzung zielführender Maßnahmen wie den Akquisitionen von Morgan Grenfell in 1989 und Bankers Trust in den USA im Jahre 1998 im Wert von 9,7 Mrd. US-Dollar zum Ausdruck.
Die eindeutige strategische Priorität, die dem Investment Banking heute gegenüber allen anderen Aktivitäten eingeräumt wird, ist jedoch vergleichsweise neu. Der künftige geschäftliche Schwerpunkt des Bankkonzerns soll nach Angaben ihres Vertreters „ganz klar" im Investment Banking liegen.[103]

Auch die ***Dresdner Bank*** hatte bereits Anfang der neunziger Jahre begonnen, ein stärkeres Gewicht auf das Investment Banking zu legen. Heute wird ihm der Status eines *„Kernleistungssektors mit hoher absoluter Bedeutung"* zugebilligt.[104]
Nicht zuletzt käme sein Stellenwert auch in der im vergangenen Jahr vollzogenen „virtuellen" (nicht rechtlichen) Verselbständigung der Sparte zum Ausdruck.[105] In Abweichung zum Stand 1999 wird heute von einer eigenständigen Investment Bank innerhalb der Dresdner Bank Gruppe gesprochen. Im Zuge ihrer Schaffung wurden „Dresdner Kleinwort Wasserstein" (DrKW) sämtliche Funktionen - von Personal über Marketing, IT, Planung, Controlling und Compliance - zur eigenständigen Ausführung übertragen. Die neue Aufstellung entspreche nun den „Regeln des Marktes" - d.h. dem Vorbild der führenden US-amerikanischen Wettbewerber - und erschien nach Angaben der Bank im Zusammenhang mit der nachhaltigen Absicherung der Wettbewerbsfähigkeit unabdingbar. Der Hauptfortschritt bestehe jedoch in einer veränderten Sichtweise des Bankmanagements. Es habe ein

---

102 Anm. d. Verf.: Die Deutsche Bank hatte die strategische Notwendigkeit einer verstärkten Konzentration auf das Investment Banking wesentlich früher als ihre deutschen und andere europäische Wettbewerber erkannt. Eine erste Beteiligung an der englischen Merchant Bank *Morgan Grenfell* erwarb die Deutsche Bank bereits im Jahr 1984.

103 Laut Interviewergebnisse.

104 Laut Interviewergebnisse.

105 Hierzu und im folgenden laut Interviewergebnisse.

Umdenken stattgefunden, daß das Investment Banking nicht länger durch die Regeln der „kommerziellen" Bank geprägt werden darf, wie dies jahrzehntelang der Fall war.
Trotz dieser Veränderungen wird die relative strategische Bedeutung des Investment Banking gegenüber Commercial wie Trust Banking nach wie vor als *„gleichrangig"* eingestuft.[106] Vor dem Hintergrund seines wachsenden Ergebnisbeitrags sieht die Bank diesen Sektor jedoch auf dem Weg zu einer übergeordneten Bedeutung begriffen. Am Strukturtypus der Universalbank will der Konzern v.a. aus Gründen der Bedürfnisorientierung allerdings auch zukünftig festhalten. Wholesale-Kunden soll immer auch eine alternative Problemlösungsvariante geboten werden können (z.B. Kredit vs. Anleihefinanzierung). Auch will die Bank sich bietende Markt- und Cross-Selling-Potentiale in umfassender Weise ausschöpfen können.[107]
An dieser Sichtweise will auch die neue Konzernleitung vor dem Hintergrund der am 1. April 2001 angekündigten Übernahme der Dresdner Bank durch die Allianz festhalten. Dies kommt in der Entscheidung zum Ausdruck, „DrKW" in den Konzern zu integrieren und mit dem kommerziellen Firmenkundengeschäft zu einer neuen Einheit „Corporates & Markets" zusammenzufassen.[108] Zuvor war erwogen worden, DrKW zu verselbständigen und auf Sicht von drei Jahren an die Börse zu bringen.

In deutlicher Abweichung zur strategischen Gewichtung bei der Deutschen Bank steht die eher konservative Auffassung eines weiteren deutschen Wettbewerbers, der sich zu Bedeutung und Funktion des Investment Banking wie folgt äußert: „... investment banking is not an objective in itself but rather primarily serves to complement and round off the range of

---

106 Hierzu und im folgenden laut Interviewergebnisse.

107 Anm. d. Verf.: So unterhält z.B. ein junges Wachstumsunternehmen im Frühstadium kommerzielle Beziehungen (Kontoführung, Betriebsmittelkredite, etc.) mit seiner Bank. Bei Erreichen von Kapitalmarktfähigkeit kommt der Sektor Investment Banking ins Spiel. Die Firma bildet nun einen IPO-Kandidat, alternativ könnte ihr auch Private Equity bereitgestellt werden. Nach erfolgtem IPO würde das Unternehmen, das weiterhin in kommerziellen Geschäftsbeziehungen zu ihrer Hausbank steht, i. d. R. von der Investment Bank weiter betreut, die sich die zu erwartenden Folgegeschäfte (Kapitalerhöhungen, Anleiheemissionen, M&A, etc.) sichern möchte. Zudem ergeben sich aus dem IPO ggf. auch Geschäftschancen im Bereich Trust Banking, da den Alteigentümern hieraus umfangreiche Mittel zufließen. Laut Interviewergebnisse.

108 Vgl. hierzu und im folgenden o. V. (2001F), S. 18.

products and services offered by an universal bank and at the same time helps make relationships with customers more stable."[109]

Die ***Commerzbank*** sieht die „teilweise sehr modernen" Produkte des Investment Banking nicht als Alternative, sondern als Ergänzung und Komplettierung ihrer breiten Palette an traditionellen Bankleistungen im kommerziellen Geschäft.[110] Dies gilt sowohl für die Geschäftstätigkeit auf dem Heimatmarkt als auch auf internationalem Terrain wie bspw. den USA. Der Konzern beabsichtigt auch weiterhin den universellen Charakter seines Leistungsprogramms zu bewahren, wobei dem Investment Banking als Teil desselben jedoch insgesamt eine *„zunehmend hohe Bedeutung"* zukommt.[111] Als Gründe werden Wettbewerbsintensität und sinkende Margen im kommerziellen Geschäft, die hohe Kapitalintensität des Kreditgeschäfts und eine veränderte Bedürfnis- bzw. Nachfragestruktur internationaler bzw. globaler Unternehmenskunden genannt, denen Folge zu leisten ist.

Gleichwohl das Investment Banking (wie auch das Trust Banking) eine zunehmend wichtige Rolle spielt, beschreibt die Bank seinen strategischen Stellenwert im Verhältnis zum Commercial Banking als *„gleichrangig, bis leicht untergeordnet"*.[112]

Im Spannungsfeld zwischen den Extrema „Kernleistungssektor mit überragender Bedeutung" und „Randgeschäft von untergeordneter Relevanz" bildet das Investment Banking für die ***DG-Bank*** einen *„Kernleistungssektor mit hoher absoluter Bedeutung"*.[113] Begründet wird dies mit der Margenträchtigkeit und hohen Wahrnehmungs- bzw. Öffentlichkeitswirksamkeit der Aktivitäten.

Obwohl die DG Bank in weiteren Feldern des Investment Banking, die auch unter diesem Oberbegriff geführt werden,[114] aktiv ist, bezieht sich diese Einstufung jedoch vor allem auf

---

109 Commerzbank (1997), S. 57.

110 Hierzu und im folgenden laut Interviewergebnisse. Vgl. hierzu auch Commerzbank (1999A), S. 29 sowie Kohlhaussen, M. (1998), S. 258.

111 Hierzu und im folgenden laut Interviewergebnisse. Dies kommt auch in den Schwerpunktaufgaben zum Ausdruck, die der Konzern für den neu geschaffenen Unternehmensbereich „Firmenkunden und Investment Banking" definiert hat: 1) Festigung der Wettbewerbsposition in Deutschland (Corporate und Investment Banking), 2) Aufbau des Geschäftsfeldes Securities, 3) Verzahnung des Corporate und Investment Banking, 4) Geschäft mit Multinationalen Unternehmen weltweit. Vgl. hierzu Commerzbank (2001B), S. 25.

112 Laut Interviewergebnisse.

113 Hierzu und im folgenden laut Interviewergebnisse.

114 Anm. d. Verf.: Das Investment Banking der DG Bank ist gegliedert in die Sparten *Investment Banking Aktien* und *Investment Banking Zins und Währung*. Vgl. DG Bank (2000), S. 14.

Aktivitäten, die sich um das Instrument Aktie zentrieren.[115] Diesen Tätigkeitskomplex sieht die DG Bank als „Investment Banking i. e. S." an. Hierzu zählen sämtliche Beratungs- und Abwicklungsleistungen (Research, Beratung, Emission/ Plazierung, After-Market-Support) im Zusammenhang mit Eigenkapitalfinanzierungen und das Feld M&A. Die strategische Bedeutung *dieses* Produkt-/ Dienstleistungsbündels in Relation zu Commercial und Trust Banking wird als *„gleichrangig"* eingestuft, jene anderer als im Verhältnis *„untergeordnet"*. Grund für das Festhalten am Universalbankgedanken sei, daß die DG-Bank als genossenschaftliches Spitzeninstitut (und Tochter der Volks- und Raiffeisenbanken) diejenigen Produkte anzubieten habe, die von den Primärbanken nachgefragt werden.[116] Das Investment Banking bilde dabei nur ein Modul in einem notwendigerweise umfassenderen Marktleistungsspektrum. Seine relative Bedeutung habe jedoch in letzter Zeit stark zugenommen, v.a. seit der Privatisierung der Deutschen Telekom 1996. Zur Frage, in welchem Marktleistungssektor die DG Bank ihren künftigen geschäftlichen Schwerpunkt angesiedelt sieht, wurden keine Angaben gemacht.

Im Zuge der geplanten Fusion mit der GZ-Bank zum neuen Spitzeninstitut der Volks- und Raiffeisenbanken, der „DZ Bank", soll das Investment Banking erstmals organisatorisch gebündelt werden und damit eine der voraussichtlich insgesamt vier Divisionen abbilden. Auch hierin spiegelt sich sein heutiger Bedeutungsgrad wider.

III.2.1.2 Strategische Zielvorstellungen deutscher Banken im Investment Banking

Zielvorstellungen lassen sich nach Inhalt allgemein in *Sach-*, *Wert-* und *Sozialziele* differenzieren.[117] Die höchste Bedeutung ist hierbei den Sachzielen beizumessen, da ihre Realisierung die grundlegende Voraussetzung für die Erreichung angestrebter Wert- und schließlich Sozialziele bildet.[118]

In Abgrenzung zu den *generellen* Absichten der Bankpolitik sollten die hieraus abzuleitenden strategischen Zielvorstellungen im Sinne *spezieller* Absichten einen höheren Konkreti-

---

115 Hierzu und im folgenden Interviewergebnisse.
116 Hierzu und im folgenden Interviewergebnisse.
117 Vgl. zu dieser Unterscheidung im Hinblick auf generelle Zielsetzungen Hahn, D. (1999), S. 4.
118 Vgl. hierzu Hahn, D. (1999), S. 5ff.

sierungsgrad aufweisen.[119] Strategische Ziele zeichnen sich dadurch aus, daß sie konkrete Aussagen zum Zielinhalt, d.h. der Zielgröße und -richtung, beinhalten.[120] Im folgenden wird untersucht, welche strategischen Sach- (Abschnitt III.2.1.2.1) und Wertziele (Abschnitt III.2.1.2.2) sich die fokalen deutschen Banken im Investment Banking setzen.

III.2.1.2.1 Strategische Sachziele

Was ihren Inhalt anbetrifft, sollten strategische *Sach*ziele im Investment Banking zum Ausdruck bringen, welche Marktposition in der Branche bezogen auf einen Zeithorizont von drei bis maximal fünf Jahren angestrebt wird.[121] Um der Strategieformulierung als hinreichend präziser Anknüpfungspunkt dienen zu können, erscheint es sinnvoll, aus einem solchen strategischen Globalziel in sachbezogener Hinsicht strategische Subzielsetzungen für einzelne Leistungssparten im Investment Banking abzuleiten, die es weiter konkretisieren.

Auf die Frage nach den strategischen Sachzielen im Investment Banking haben die zu untersuchenden deutschen Banken folgende spezielle Absichten bekanntgegeben:

Die ***Deutsche Bank*** beabsichtigt, die nach eigenen Angaben bereits erreichte

- *Spitzenstellung im globalen Investment Banking zu behaupten und ausgehend hiervon weiterhin überdurchschnittlich zu wachsen.*[122]

Dieses strategische Globalziel in sachbezogener Hinsicht wird mit Bezug auf die einzelnen Leistungsbereiche des Investment Banking im Geschäftsbericht für 1998 weiter konkretisiert:

---

119 Vgl. hierzu, einer Abgrenzung von generellen und speziellen Absichten und zur Gleichsetzung der Begriffe „spezielle Absichten“ und „strategische Ziele“ Kreikebaum, H. (1993), S. 48ff. Vgl. zu generellen Zielsetzungen der Universalbank ausführlich Süchting, J./ Paul, S. (1998), S. 200ff. Generelle Absichten bilden z.B. die Komponenten des sog. „Magischen Dreiecks“. Hierzu zählen die Absichten der nachhaltigen Erzielung eines angemessenen Gewinns (Rentabilität), der Vermeidung existenzgefährdender Risiken (Sicherheit) und der Sicherstellung jederzeitiger Zahlungsfähigkeit (Liquidität). Vgl. Köppern v., J. (1996), S. 42ff. Darüber hinaus verfügt praktisch jede größere deutsche Bank über einen Katalog genereller unternehmenspolitischer Absichten, in deren Rahmen sie nicht nur den Ansprüchen ihrer Aktionäre, sondern auch den breitgefächerten Interessen der verschiedenen Stakeholder-Gruppen (Mitarbeiter, Kunden Gesellschaft) gerecht werden will. Vgl. hierzu Süchting, J./ Paul, S. (1998), S. 200ff. Vgl. zu Beispielen Deutsche Bank (2000), S. 10ff.; Commerzbank (2000A), S. 4f.

120 Vgl. Kreikebaum, H. (1993), S. 49, der dies an einem Beispiel verdeutlicht: So bildet Ausbau der Marktposition auf einem bestimmten Produktmarkt (z.B. im Investment Banking) als spezielle Absicht eine mögliche Konkretisierung der generellen Absicht der Sicherung des Erfolgspotentials auf diesem Produktmarkt. Vgl. hierzu allgemein Kreikebaum, H. (1993), S. 49.

121 Vgl. Jakob, A./ Klein, S. (1996), S. 36.

122 Vgl. Deutsche Bank (2001), S. 32 und S. 34 sowie laut Interviewergebnisse.

„Es ist unser Anspruch, uns in den einzelnen Produktsparten unter den ersten Fünf weltweit (...) zu etablieren.“[123] Idealerweise, so der Vertreter des Hauses, sollten „noch bessere“, also (mit)führende Positionen auf dem Weltmarkt realisiert werden.[124] Als strategische Subziele in sachbezogener Hinsicht werden zudem eine weitere Diversifikation der Ertragsplattform sowie ein energisches und konsequentes Kosten- und Kapitalmanagement genannt.[125]
Insgesamt lassen sich die genannten Zielvorstellungen der Deutschen Bank als Konkretisierung des folgenden, im Geschäftsbericht für 1999 publizierten, bankpolitischen Leitsatzes interpretieren: „Unser Ziel ist es, die globale Investment-Bank erster Wahl zu sein und durch Kompetenz, Stärke und Kreativität für unsere Kunden und Aktionäre erstklassige Ergebnisse zu erzielen.“[126]

Demgegenüber ist es der Anspruch von ***Dresdner Kleinwort Wasserstein***,

- *ihre Position als eine führende europäische Investment Bank mit ausgewählten globalen Kompetenzen* und *weltweiter Erstreckung weiter auszubauen.*[127]

Hieraus leiten sich spezifische strategische Sachzielsetzungen für die einzelnen Produktsparten ab. So gibt Dresdner KW an, in den besetzten Leistungsfeldern des Investment Banking möglichst beständig unter den zehn jeweils führenden Wettbewerbern in Europa rangieren zu wollen.[128] In Deutschland will die Bank übergreifend zu den stärksten fünf, idealerweise zu den Top-Drei-Anbietern zählen.
Zweitens hat sich Dresdner KW zum Ziel gesetzt, eine

- *weltweite Spitzenposition in fünf ausgewählten Industriesektoren* zu *erreichen.*[129]

Hierbei handelt es sich um die Sektoren Finanzdienstleister, Versorger, Telekommunikation, Medien und Technologie.[130] Unter einer „führenden Position“ wird dabei eine möglichst

---

123 Deutsche Bank (1999), S. 25. Die Aktualität und Gültigkeit dieser Ziele wurde im Rahmen des geführten Interviews bestätigt.
124 Laut Interviewergebnisse.
125 Vgl. hierzu Deutsche Bank (1999), S. 27. Vgl. zur Aktualität dieser Zielsetzungen Deutsche Bank (2001), S. 32.
126 Deutsche Bank (2000), S. 30.
127 Laut Interviewergebnisse. Vgl. hierzu auch Fischer, L., Interviewaussage, in: Roth, M. (2000), S. 17. Fischer ist das für das Investmentbankgeschäft zuständige Vorstandsmitglied innerhalb der Dresdner Bank und wird diese Position auch innerhalb der Allianz-Gruppe bekleiden.
128 Hierzu und im folgenden laut Interviewergebnisse.
129 Vgl. Fischer, L., Interviewaussage, in: Roth, M. (2000), S. 17 sowie laut Interviewergebnisse.
130 Laut Interviewergebnisse.

beständige Plazierung unter den jeweils fünf stärksten Wettbewerbern in den betreffenden Markt- bzw. Abnehmersegmenten verstanden.[131]

Strategisches Sachziel der ***Commerzbank*** im Investment Banking ist,

- *sich zu einer der führenden europäischen Investment Banken zu entwickeln.*[132]

Das strategische Globalziel in sachbezogener Hinsicht konkretisierend, sieht die Commerzbank Positionen unter den jeweils zehn führenden Wettbewerbern in den besetzten Leistungsfeldern des Investment Banking in Europa als „realistische" strategische Subzielsetzungen für die einzelnen Produktsparten an.[133]

Als investment-banking-strategisches Sachziel für die nächsten fünf Jahre definiert die ***DG Bank*** den Vollzug des Schrittes

- *„... zu einer europäischen Handels- und Investmentbank mit globaler Zeitzonen-abdeckung (...)"*[134], *„... die im Raum der EWU eine signifikante Marktposition einnehmen soll."*[135]

Ausgehend von einer bisher starken Heimatmarktlastigkeit des Geschäfts ist insbesondere beabsichtigt, das Investment Banking stärker zu internationalisieren.[136]

III.2.1.2.2 Strategische Wertziele

Strategische Wertziele werden in der Investment-Banking-Branche üblicherweise anhand von Soll-Eigenkapitalrentabilitäten ausgedrückt.[137] Die Nutzung absoluter Größen wie des Betriebsergebnisses (Net Operating Profit) sind hingegen eher unüblich. Diese Kennziffer trägt der Tatsache Rechnung, daß risikobehaftete Geschäfte entsprechend der geltenden gesetzlichen Normen durch haftendes Eigenkapital zu unterlegen sind.[138] Unter strategischen

---

131 Vgl. Fischer, L., Interviewaussage, in: Roth, M. (2000), S. 17.
132 Vgl. Commerzbank (2001A), S. 25.
133 Laut Interviewergebnisse.
134 DG Bank (1999A), S. 36, explizit bestätigt im Rahmen des Interviews.
135 DGBank (1998A), S. 11, explizit bestätigt im Rahmen des Interviews.
136 Laut Interviewergebnisse.
137 Laut Interviewergebnisse. Auf die Frage nach ihren strategischen Wertzielen im Investment Banking nahmen mit Ausnahme eines Experten alle Befragten auf diese Kennziffer Bezug.
138 Vgl. Köppern v., J. (1996), S. 45.

Gesichtspunkten ist es daher zur vergleichenden Erfolgsbeurteilung wichtig, absolute Ergebnisgrößen wie z.B. das Ergebnis der gewöhnlichen Geschäftstätigkeit zum Volumen des durchschnittlich eingesetzten Kapitals in Beziehung zu setzen. Die Eigenkapitalrentabilität bzw. der „Return on Equity" (ROE) stellt heutzutage eine der wichtigsten strategischen Steuerungsgrößen des wertorientierten Bankmanagements dar.[139] Als strategische Zielgröße berücksichtigt diese Kennziffer sowohl Rentabilitäts- als auch Sicherheitsziele der Bank.[140]

Um einführend einen Orientierungsmaßstab zu bieten, vermittelt Abbildung III-6 einen Überblick über Investment-Banking-bezogene Ziel-ROEs ausgewählter Wettbewerber mit Commercial- oder Universalbank-Hintergrund:[141]

	UBS	CSFB	HSBC
Ziel-ROE n. St.	18 - 22%	15 - (>) 20%	> 20%

Abb. III-6: Strategische Wertziele ausgewählter Wettbewerber im Investment Banking

Wie Abb. III-6 ausweist, suchen UBS, CSFB und HSBC im Investment Banking Eigenkapitalrenditen im Bereich zwischen 15% und zumindest 20% nach Steuern zu erreichen. Die CSFB definierte unlängst neue, anspruchsvollere Wertziele.[142] Ihr angestrebter ROE im Investment Banking soll in positiven Märkten mindestens 20% nach Steuern betragen und über die Marktzyklen hinweg und zwischen 15% und 20% angesiedelt sein. Bislang hatten 15% als Richtgröße für den Gesamtkonzern gegolten.

---

139 Vgl. Köppern v., J. (1996), S. 45. Vgl. hierzu bspw. auch Deutsche Bank (2001), S. 123.

140 Vgl. Köppern v., J. (1996), S. 45.

141 Vgl. zu den genannten Ziel-ROEs der UBS, CSFB und HSBC Crowder, N./ Leadem, S./ Townshend, D. (1998), S. 11; o. V. (2000J), S. 21; HSBC (1997), S. 41.

142 Vgl. hierzu und im folgenden o. V. (2000J), S. 21.

In Abbildung III-7 sind die strategischen Wertzielmarken der fokalen deutschen Banken im Investment Banking zusammengefaßt:[143]

Bank / Ziel-ROE	**Deutsche Bank**	**Dresdner KW**	**Commerzbank**	**DG Bank**
Ziel-ROE v. St.	**30%**	**25%**	k. A.	k. A.
Ziel-ROE n. St.	k. A.	k. A.	**> 15%**	k. A.

Abb. III-7: Strategische Wertziele deutscher Banken im Investment Banking

Die Deutsche Bank beabsichtigt, die Eigenkapitalrendite im Investment Banking in den Jahren 2001 bis 2003 bei 30% vor Steuern zu stabilisieren.[144] Dresdner KW strebt einen ROE von 25% vor Steuern an. Die Commerzbank gibt dem Investment Banking eine Soll-Eigenkapitalrendite von mindestens 15% *nach* Steuern vor. Die DG Bank macht zu finanziellen Zielen im Investment Banking keine Angaben.

Die strategische Wertzielsetzung der Deutschen Bank nimmt sich damit anspruchsvoller aus als jene von Dresdner KW, die um fünf Prozentpunkte niedriger liegt. Aufgrund der Nennung von „Vor-Steuer-ROEs" zeichnen sich diese Zielgrößen allerdings durch eine eingeschränkte Vergleichbarkeit mit dem Wettbewerb aus.

Die Commerzbank findet sich mit einem konservativen Ziel-ROE nach Steuern von mindestens 15% am unteren Ende der sich aus dem Wettbewerbsvergleich ergebenden Spanne (15% - > 20%) wieder. Damit wurde der bislang geltende Anspruch deutlich nach unten korrigiert - hatte sich das Institut doch für das Jahr 2000 noch einen Ziel-ROE von 31% nach (!) Steuern vorgegeben.[145] Ursächlich für die bezogen auf die „branchenüblichen" Werte erhebliche Abweichung dürfte die von der Bank bis zuletzt vertretene, „weite" Definition des Investment Banking sein. Diese schloß den äußerst rentablen Bereich des Asset Management ein - in der Konsequenz auch organisatorisch und ergebnismäßig.[146] Die seit Anfang 2001 gültige Definition stimmt in inhaltlich weitgehend mit dem im Rahmen der

143 Vgl. zum Ziel-ROE vor Steuern der Deutschen Bank Burgmaier, S./ Lebert, R. (2001), S. 1 sowie Deutsche Bank (2001), S. 9. Zu allen weiteren Werten laut Interviewergebnisse.

144 Vgl. hierzu Burgmaier, S./ Lebert, R. (2001), S. 1.

145 Vgl. Commerzbank (1999B), S. 21.

146 Vgl. zur bisherigen Struktur des Unternehmensbereichs „Investment Banking" Commerzbank (2000A), S. 29.

vorliegenden Untersuchung vertretenen Investment-Banking-Begriff überein.[147] Als Ausdruck dessen wurden Aktivitäten des Trust und Investment Banking auch organisatorisch voneinander getrennt.[148]

Um einen Soll-Ist-Vergleich zu ermöglichen, bietet Abbildung III-8 zunächst einen Überblick über die Ist-ROEs der Deutschen Bank und der Dresdner Bank im Investment Banking in den Geschäftsjahren 1999 und 2000:[149]

Deutsche Bank	***Unternehmensbereich „GCI“***		***Dresdner KW***	***Unternehmensbereich „Investment Banking“***	
in Mio. Euro	**2000**	**1999**	in Mio. Euro	**2000**	**1999**
Ergebnis der gewöhnlichen Geschäftstätigkeit	3.975	2.219	Gewinn vor Steuern	847	938
Jahresdurchschnittlich eingesetztes Kapital	12.801	10.743	Jahresdurchschnittlich eingesetztes Kapital	k. A.	k. A.
ROE vor Steuern*	**31,1%**	**20,7%**	**ROE vor Steuern**	**20,2%**	**25,4%**

* inklusive Goodwill-Abschreibung

Abb. III-8: Ist-Eigenkapitalrenditen der Deutschen Bank und Dresdner Bank in den Unternehmensbereichen „GCI“ und „Investment Banking“

Im Jahr 1999 erwirtschaftete die *Deutsche Bank* im Unternehmensbereich „Global Corporates and Institutions“ (GCI), in dem die Investment-Banking-Aktivitäten des Konzerns weitgehend versammelt sind, eine Eigenkapitalrendite von 20,7% vor Steuern. Die zu damals

147 Laut Angaben des Bankvertreters umfaßt der jetzige Investment-Banking-Begriff der Commerzbank zunächst das Aktien- und Anleihegeschäft (jeweils Research, Beratung, Emission, Handel, Vertrieb von Aktien bzw. Anleihen und zugehörigen Derivaten) sowie M&A. Diese Bereiche sind organisatorisch im Geschäftsbereich (GB) „Securities“ zusammengefaßt. Des weiteren fallen hierunter die Aktivitäten im Bereich Structured Finance (zusammengefaßt im GB „Corporate Finance“) und - in Abweichung zu der im Rahmen dieser Untersuchung vertretenen Definition - auch der Geld- und Devisenhandel (GB „Treasury/ Devisen“). Laut Interviewergebnisse. Vgl. hierzu auch Commerzbank (2001A), S. 25ff. und S. 93.

148 Vgl. hierzu Commerzbank (2001A), S. 40. Im Rahmen der neuen Struktur verfügt die Commerzbank über zwei operative Unternehmensbereiche: „Private Kunden/ Asset Management“ und „Firmenkunden/ Investment Banking“. Vgl. Commerzbank (2001A), S. 40.

149 Vgl. zu den ausgewiesenen Werten die Angaben in den Geschäftsberichten, im einzelnen Deutsche Bank (2001), S. 124; Dresdner Bank (2001), S. 63. Sie wurden den Segmentberichterstattungen nach Unternehmensbereichen entnommen, die im Rahmen eines Konzernabschlusses nach IAS erstellt werden. Das Ergebnis der gewöhnlichen Geschäftstätigkeit, wie von der Deutschen Bank zur ROE-Ermittlung genutzt, beinhaltet den Saldo der *außerordentlichen* Erträge und Aufwendungen nicht. Vgl. bspw. Deutsche Bank (2000), S. 153. Erweitert um diese Position ergibt sich der Gewinn vor Steuern, den die Dresdner Bank zur Ermittlung dieser Ergebnisgröße heranzieht.

gültige Zielmarke von 25% vor Steuern wurde damit allerdings noch verfehlt.[150] Enorm nimmt sich der Anstieg im Jahr 2000 aus, der eine schnelle und erfolgreiche Integration der in 1998 übernommenen US-Investment-Bank Bankers Trust erkennen läßt. So belief sich der ROE vor Steuern auf 31,1%, was einer Steigerung gegenüber 1999 um mehr als zehn Prozentpunkte gleichkommt.

Die *Dresdner Bank* konnte ihre Eigenkapitalrendite vor Steuern im Unternehmensbereich „Investment Banking" in 1999 um 8,7 Prozentpunkte auf 25,4% signifikant verbessern.[151] Während hier die Zielmarke leicht übertroffen wurde, blieb der Unternehmensbereich im Jahr 2000 mit einem ROE von 20,2% v. St.- trotz positiver Umfeldbedingungen - hinter den eigenen Ansprüchen zurück. Der Rückgang fußt auf einem erheblichen Anstieg der Kosten im Investment Banking um 36,2%.[152] Demgegenüber verbesserten sich die Erträge des Unternehmensbereichs um 23,4%.[153] Ursächlich für den Kostenanstieg waren Investitionen in die IT-Infrastruktur, insbesondere aber stark erhöhte Personalkosten.[154] Der wesentliche Faktor dürften hier (und insgesamt) die umfangreichen Bleibeprämien gewesen sein, die den Leistungsträgern im Investment Banking nach dem gescheiterten Fusionsversuch mit der Deutschen Bank zugesichert werden mußten, um ihr Abwandern zu verhindern.

---

150 Laut Interviewergebnissen galt in 1999 ein Ziel-ROE v. St. von 25% als Richtgröße über alle Unternehmensbereiche des Konzerns. Vgl. hierzu auch Lebert, R. (2000B), S. 16.

151 Vgl. zum Ergebnis des Unternehmensbereichs Investment Banking und dem ROE v. St. der Division i. H. v. 16,7 % in 1998 Dresdner Bank (2000), S. 89, entnommen der Segmentberichterstattung nach Unternehmensbereichen im Rahmen des Konzernabschlusses nach IAS.

152 Vgl. Dresdner Bank (2001), S. 63.

153 Vgl. Dresdner Bank (2001), S. 63.

154 Vgl. Dresdner Bank (2001), S. 63.

Abbildung III-9 vermittelt einen Überblick über die investment-banking-bezogenen Eigenkapitalrenditen der Commerzbank in den Jahren 1999 und 1998:[155]

Commerzbank	***Unternehmensbereich „Investment Banking"***	
in Mio. Euro	**1999**	**1998**
Steuerungsergebnis	423	408
Jahresdurchschnittlich gebundenes Eigenkapital	1.913	1.076
ROE nach Steuern	**22,1%**	**37,9%**

Unternehmensbereich „Investment Banking"		
in Mio. Euro	**1999**	**1998**
Ergebnis der gewöhnl. Geschäftstätigkeit	369	387
Jahresüberschuß	269	272

Steuerungsergebnis = Jahresüberschuß plus mitverantwortete Ergebnisse der Einheit

Abb. III-9: Ist-Eigenkapitalrenditen der Commerzbank im Unternehmensbereich „Investment Banking" in 1999 und 1998

Gemessen an den zeitraumbezogen gültigen, strategischen Wertzielen nahmen sich die letzten Geschäftsjahre für die *Commerzbank* weniger erfolgreich aus. In 1999 erwirtschaftete der Unternehmensbereich „Investment Banking" eine Eigenkapitalrendite von 22,1% nach Steuern, womit die damals gültige Zielmarke von 31% nach Steuern deutlich verfehlt wurde. Auch entsprach dies im Hinblick auf einen ROE von 37,9% nach Steuern in 1998 einem Rückgang um mehr als 15 Prozentpunkte.

Zu diesen Werten bleibt relativierend festzuhalten, daß das Steuerungsergebnis, auf das der ROE hier berechnet wird, jeweils das Ergebnis des äußerst rentablen Asset Managements einschließt, das die Bank selbst als „Ertragsmotor" ihres Investment Banking bezeichnete.[156] Folglich wären die „echten" Eigenkapitalrenditen im Investment Banking deutlich niedriger anzusetzen.

Die neue Organisationsstruktur des Konzerns - gültig seit Anfang 2001 - spiegelt sich auch in einer veränderten Segmentberichterstattung wieder, die nun auf Geschäftsbereiche Bezug

155 Vgl. zu den ausgewiesenen Werten die Angaben im Geschäftsbericht für 1999, im einzelnen Commerzbank (2000A), S. 81f. Sie wurden der Segmentberichterstattung nach Unternehmensbereichen entnommen, die im Rahmen eines Konzernabschlusses nach IAS erstellt wird. Das „Steuerungsergebnis" enthält zusätzlich zum Jahresüberschuß mitverantwortete Ergebnisse Unternehmensbereichs Investment Banking, die aber in einem anderen gebucht wurden. Vgl. hierzu Commerzbank (2000A), S. 80.

156 Vgl. Commerzbank (1998), S. 45.

nimmt.[157] Die hier zu untersuchenden Aktivitäten sind in den Bereichen „Securities", umfassend das M&A-, Primär- und Sekundärmarktgeschäft in Aktien und Anleihen sowie das Research, und „Firmenkunden und Institutionen" angesiedelt.[158] Im Bereich „Securities", dem Herzstück ihres Investment Banking, erreichte die Commerzbank in 2000 lediglich eine Eigenkapitalrendite von 7,1% nach Steuern und verfehlt damit die angestrebte 15-Prozent-Marke - trotz positiver Umfeldbedingungen - deutlich.[159] Dies gilt mit einem Ist-ROE von 8,6% nach Steuern ebenso für den Bereich „Firmenkunden und Institutionen",[160] in dem (neben einer Anzahl von Nicht-Investment-Banking-Geschäften) die Structured-Finance-Aktivitäten angesiedelt sind. Ursächlich für die schmale Eigenkapitalrendite im Bereich „Securities" dürfte insbesondere auch der forcierte, kostenintensive Ausbau der Tätigkeiten innerhalb dieses Gebiets im Jahr 2000 gewesen sein.[161]

Die Segmentberichterstattung der *DG Bank* erweist sich in bezug auf die intendierte Feststellung von Ergebnisbeiträgen oder Eigenkapitalrenditen im Investment Banking als wenig aufschlußreich, da die Bank bislang kundenorientiert strukturiert war. Im Rahmen des Expertengesprächs wurden zu Ergebniszahlen keine Angaben gemacht.

Zu konstatieren bleibt, daß die Ist-Eigenkapitalrenditen der deutschen Banken im Betrachtungszeitraum starken Schwankungen unterworfen waren. Verantwortlich zeichneten zum einen unternehmensbezogene Faktoren wie außerordentliche Belastungen durch den Auf- oder Ausbau von Geschäftsfeldern (z.B. M&A, Aktiengeschäft bei der Commerzbank), Bleibeprämien (z.B. Dresdner Bank) oder Restrukturierungsaufwendungen und Good-Will-Abschreibungen nach Akquisitionen (z.B. Deutsche Bank). Zudem nehmen jeweils auch die herrschenden Konjunktur- und Börsenbedingungen starken Einfluß auf die Erträge. 1999 und

157 Vgl. zu der veränderten Segmentberichterstattung ausführlich Commerzbank (2001A), S. 92ff. Um größere Transparenz zu schaffen, berichtet die Commerzbank seit 2000 nicht mehr nach Unternehmens-, sondern Geschäftsbereichen. Die Vorjahreszahlen wurden jedoch aus arbeitsökonomischen Gründen der neuen Systematik nicht angepaßt. Vgl. Commerzbank (2001A), S. 93. Deswegen ist keine direkte vergleichende Gegenüberstellung möglich.

158 Vgl. zu den Inhalten der Bereiche, in denen Investment-Banking-Aktivitäten angesiedelt sind („Securities", „Firmenkunden und Institutionen"), Commerzbank (2001A), S. 25ff. und S. 93.

159 Vgl. zum Ist-ROE n. St. im Bereich „Securities" in 2000 Commerzbank (2001A), S. 94.

160 Vgl. zum Ist-ROE n. St. im diesem Bereich in 2000 Commerzbank (2001A), S. 94.

161 Vgl. hierzu Commerzbank (2001A), S. 25f.

2000 bildeten starke Jahre mit hohem Geschäftspotential, was sich aufgrund o.g. Belastungen jedoch nur teilweise in den Ist-Eigenkapitalrenditen der deutschen Banken niederschlug.

Kritisch anzumerken bleibt, daß sich die publizierten Ergebnisse und Eigenkapitalrenditen zum Investment Banking durch eine nur eingeschränkte Vergleichbarkeit auszeichnen, weswegen ein Inter-Bank-Vergleich an dieser Stelle unterbleibt.
Ursächlich hierfür ist zum einen, daß - wie z.T. schon zum Ausdruck kam - in den überwiegend investment-banking-lastigen Unternehmensbereichen (UB) nicht jeweils die selben und nicht jeweils sämtliche Investment-Banking-Aktivitäten angesiedelt sind. Bei der Commerzbank umfaßt z.B. das Ergebnis des UB „Investment Banking" in den Jahren 1999 und 1998 neben den Beiträgen aus dem Emissionsgeschäft im Eigen- und Fremdkapitalbereich, dem Handel und Vertrieb von Aktien, Renten und Derivaten und dem M&A-Geschäft auch den gesamten Ergebnisbeitrag des Asset Managements und des Geld- und Devisenhandels.[162] Nicht enthalten sind hingegen die Beiträge des Structured Finance, die in das Ergebnis des (damaligen) UB „Firmenkunden und Institutionen" eingingen.[163] Bei Dresdner KW und Deutscher Bank umfassen die Ergebnisse der UB die Beiträge sämtlicher o.g. Investment-Banking-Aktivitäten und eben gerade nicht das Asset Management, z.T. jedoch nicht alle Kundengruppen.[164] Die Deutsche Bank erfaßte hier ausschließlich Geschäfte mit globalen Unternehmen und Institutionen, das Corporate-Finance-Geschäft mit dem deutschen Mittelstand war bislang einem anderen UB zugeordnet und ging entsprechend nicht in obige Ergebnisse ein.[165]
Darüber hinaus bestehen Unterschiede hinsichtlich der im Rahmen der ROE-Ermittlung verwendeten Ergebnisgrößen. Während die Deutsche Bank bei der Berechnung des ROE vor Steuern das Ergebnis der gewöhnlichen Geschäftstätigkeit zum durchschnittlich gebundenen

---

[162] Vgl. hierzu Commerzbank (2000A), S. 80.
[163] Vgl. hierzu Commerzbank (2000A), S. 45ff. und 80f. Aktivitäten des Structured Finance werden bei der Commerzbank etwas irreführend unter dem Oberbegriff „Corporate Finance" geführt. Vgl. Commerzbank (2001A), S. 27.
[164] Vgl. hierzu Deutsche Bank (2000), S. 29ff.; Dresdner Bank (2000), S. 88. Allerdings schließen die Ergebnisse auch jene des Geld- und Devisenhandels ein.
[165] Vgl. hierzu Deutsche Bank (2000), S. 26f.; Deutsche Bank (2001), S. 27f.

Kapital in Beziehung setzt, ist es bei der Dresdner Bank der Gewinn vor Steuern.[166] Die Commerzbank nutzt ein sog. „Steuerungsergebnis".[167]

Zusammenfassend bleibt festzuhalten, daß in den letzten Geschäftsjahren aus den genannten Gründen jeweils nur eine der untersuchten deutschen Banken ihrer individuellen strategischen Wertzielvorgabe im Investment Banking tatsächlich gerecht wurde. Im Jahr 1999 war dies Dresdner KW, in 2000 die Deutsche Bank.

III.2.2 Basisstrategien deutscher Banken im Investment Banking

In Kenntnis der Prämissen ihrer Formulierung sollen im folgenden die Basisstrategien deutscher Banken offengelegt werden. Möchte man vorab einige grundsätzliche Erwägungen zur Relevanz der Optionen des Basisstrategie-Spektrums aus Sicht der Universalbank anstellen, sollten für diesen Banktyp vor dem Hintergrund seiner historischen Entwicklung und typspezifischen Merkmale vor allem Full-Service-Strategien und Nischenstrategien in Betracht kommen.

Einige Leistungsfelder des Investment Banking wie z.B. das Emissionsgeschäft, der Handel und Vertrieb von Wertpapieren, aber auch Segmente wie die Projektfinanzierung, bilden seit Jahrzehnten integrale Bestandteile ihrer Produktpaletten.[168] Das Aufgreifen einer Spezialistenstrategie würde demnach nicht nur einen partiellen Rückzug aus traditionell besetzten Feldern anzeigen, sondern auch einem absichtlichen Verzicht auf die Ausschöpfung wertschaffenden Know-how-Potentials gleichkommen, das diese Häuser über lange Jahre akkumuliert haben.

Auch Vorteile, die sich aus den typspezifischen Merkmalen der Universalbank ergeben, würden nur unzureichend genutzt. Hierzu zählt z.B. eine hohe Plazierungsstärke auf Basis eines breiten Zugangs zu Retailkunden bzw. -anlegern. Ebenso ist in der Möglichkeit, durch Verknüpfung von Kapitalmarkt- und Kreditprodukten Paketlösungen aus einer Hand bereitzustellen oder jeweils eine Produktalternative bieten zu können, ein relativer Vorteil zu sehen.[169] Überdies verfügen diese Wettbewerber durch das zusätzliche Engagement im

---

166 Vgl. hierzu Deutsche Bank (2001), S. 124; Dresdner Bank (2001), S. 63.
167 Vgl. Commerzbank (2000A), S. 80f.
168 Vgl. Reimpell, P. (1990), S. 490 sowie laut Interviewergebnisse.
169 Vgl. Reimpell, P. (1990), S. 490.

kommerziellen Firmenkundengeschäft über ein breites Netz an Kundenbeziehungen, die für das Investment Banking aktivierbar sind. Hieraus ergibt sich vor allem ein überlegener Zugang zu mittelständischen Unternehmen, wenngleich dieser Vorteil aufgrund konfligierender Sektorkulturen oftmals nur unzureichend ausgeschöpft wird. Kapitalstärke - entscheidend für die Größe der möglichen Geschäfte - ermöglicht diesem Banktypus auch hohe Risiken z.B. bei der Plazierung großer Emissionsvolumina zu übernehmen. Letztlich verfügen diese Banken - im Gegensatz zu kleineren Anbietern der Branche - i.d.R. auch über die erforderliche Kapitalkraft, Strategien der leistungsprogramm- und abnehmerbezogenen Breite zu verfolgen und damit zusätzliche Ertragspotentiale zu erschließen.

Im Rahmen der geführten Interviews sollten die vorgestellten Positionierungsdimensionen nun als Beurteilungskriterien auf die zukunftsorientierte strategische Handhabung des Investment Banking angewendet werden. Die Basisstrategien, die fokalen deutschen Banken nach Angaben ihrer Vertreter im Investment Banking verfolgen, weist Abbildung III-10 zusammenfassend aus.[170]

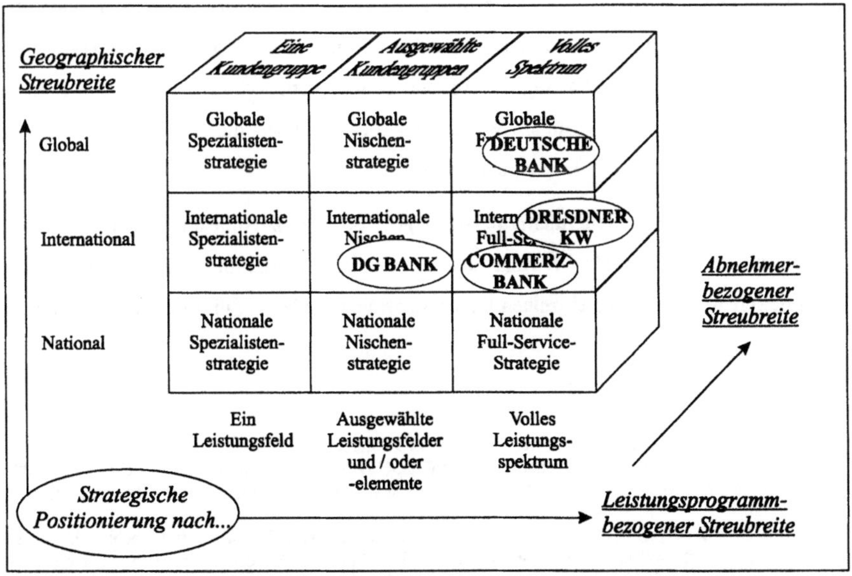

Abb. III-10: Basisstrategien deutscher Banken im Investment Banking

[170] Laut Interviewergebnisse.

Im weiteren gilt es, die strategischen Positionierungsentscheidungen der Deutschen Bank (Abschnitt III.2.2.1), der Dresdner KW (Abschnitt III.2.2.2), der Commerzbank (Abschnitt III.2.2.3) und der DG Bank (Abschnitt III.2.2.4) auch inhaltlich zu beleuchten.

III.2.2.1 Deutsche Bank

Die Deutsche Bank verfolgt im Investment Banking die Basisstrategie eines ***Global Players***, der globale markt-, kunden- und produktumfassende Präsenz anstrebt.[171]

- Die *Strategie der Gesamtmarktabdeckung* spiegelt sich in der Ausrichtung des Angebots im Investment Banking auf das volle in Betracht kommende Kundengruppenspektrum des Wholesale-Bereichs wieder.[172] Besondere Schwerpunkte werden bei Großkunden, d.h. der Gruppe der rund 1.500 größten, zumeist global tätigen Unternehmen und Institutionen gesetzt.[173] Dies kam auch in der früheren Bezeichnung der Investment-Banking-Sparte - „Global Corporates and Institutions" - zum Ausdruck. Gleichzeitig erfährt aus Sicht des Investment Banking momentan das Mittelstandssegment auf dem Heimatmarkt eine starke Bedeutungsaufwertung.[174] In Deutschland wurden die großen Mittelständler bislang über sieben dezentrale Corporate-Finance-Standorte von Corporate Bankern betreut.[175] Nun werden sie - der Handhabung im Ausland entsprechend -[176] dem Investment Banking zugeschlagen. Zielkunde im Investment Banking, resümiert die Deutsche Bank, ist der Kunde, der kapitalmarktfähig ist oder wird.[177]

- Im Rahmen einer *Generalisierungsstrategie* soll diesen Abnehmergruppen das nach Leistungen und zugehörigen Finanzinstrumenten volle Spektrum des Investment Banking offeriert werden.[178] Die einzelnen Geschäftsbereiche sollen „... ihre Anstrengungen weiter

---

171 Laut Interviewergebnisse.

172 Laut Interviewergebnisse. Vgl. hierzu auch Deutsche Bank (2001), S. 7.

173 Laut Interviewergebnisse. Vgl. auch Deutsche Bank (1999), S. 25. Die dort angegebene Zahl von 1.000 - 1200 globalen Unternehmen und Institutionen hat sich laut Interviewergebnissen mittlerweile auf 1.500 erhöht.

174 Laut Interviewergebnisse. Vgl. hierzu auch Deutsche Bank (2001), S. 7 und S. 9. Ursächlich hierfür sind eine noch nicht vollständig zufriedenstellende Position in diesem Kundensegment und selbstverständlich auch das hierin ruhende Potential. Laut Interviewergebnisse.

175 Hierzu und im folgenden laut Interviewergebnisse. Vgl. auch Deutsche Bank (2000), S. 26f.

176 Vgl. Balzer, A./ Wilhelm, W. (2000), S. 22.

177 Laut Interviewergebnisse.

178 Hierzu und im folgenden laut Interviewergebnisse.

auf die Verbreiterung der Ertragsbasis durch neue Produkte und Komplettierung des regionalen Angebots richten (...).“[179]

- Das Investment Banking der Deutschen Bank ist *global* angelegt. Im Rahmen dieser *Strategie* hält die Bank eine präsenzintensive Abdeckung der weltweit bedeutendsten Finanzzentren für kritisch.[180] Wie bei vergleichbaren Wettbewerbern auch sind die Produktkompetenzen in den beratungsorientierten Leistungsfeldern und die Handelszentren an diesen Standorten zentralisiert. Hierzu zählen u.a. New York, London und Tokio, aber auch Frankfurt, Hongkong, Singapur und Sydney. Diese Stützpunkte, die als Knotenpunkte häufig für die Betreuung größerer geographischer Regionen in ihrem Umfeld zuständig sind, decken die Leistungsfelder im Investment Banking mehrfach, aber in unterschiedlichem Maße ab.

Begründet wird die strategische Wahl mit dem Argument, daß die Deutsche Bank im Investment Banking bereits zum heutigen Zeitpunkt ein Global Player sei, und jede andere Option einen Rückschritt bedeuten würde.[181] Unterstützt und getragen wird diese Basisstrategie dadurch, daß auch der notwendige geistige Wandel unter den Führungskräften vollzogen sei.[182] Bei einer vertraulichen internen Abstimmung über diesen Kurs gab es bei 47 Stimmberechtigten kein Gegenstimme.

Mit dieser Positionierung begibt sich die Deutsche Bank auf globalem Level in direkten Wettbewerb mit den Bulge-Bracket-Firmen *Goldman Sachs*, *Morgan Stanley Dean Witter*, *Merrill Lynch*, den starken US-Häusern *JP Morgan Chase* und *Salomon Smith Barney* und den Investment-Banking-Armen der Schweizer Großbanken *UBS Warburg* und *CSFB*, die ebenfalls Global-Player-Strategien nachgehen.

---

179 Deutsche Bank (1999), S. 27. Die Aktualität und Gültigkeit dieser Aussage wurde im Rahmen des geführten Interviews bestätigt.

180 Hierzu und im folgenden laut Interviewergebnisse.

181 Laut Interviewergebnisse. Vgl. hierzu auch Deutsche Bank (2001), S. 31.

182 Hierzu und im folgenden Interviewergebnisse.

III.2.2.2 Dresdner Kleinwort Wasserstein

Dresdner Kleinwort Wasserstein verfolgt nach eigenen Angaben eine ***internationale Full-Service-Strategie*** im Investment Banking,[183] die sie wie folgt spezifiziert:

- Das Zielkundenspektrum wird im Rahmen einer *Strategie der Gesamtmarktabdeckung* mit Unternehmen über alle kapitalmarktrelevanten Größenklassen, öffentlichen Organisationen, supranationalen Institutionen und institutionellen Anlegern grundsätzlich umfassend definiert.[184] Neben multinationalen Konzernen und sonstigen Großkunden (sog. „Elephants"), der wichtigsten Kundengruppe im Investment Banking, bilden für Dresdner KW auch europäische Mid Caps eine Kundengruppe von hoher Bedeutung.[185] Für die Betreuung der rd. 50 wichtigsten „Multinationals" wurde eine eigene Einheit („Senior Coverage") geschaffen.[186]
- Diese breite Positionierung in abnehmerbezogener Hinsicht wird mit einer *Generalisierungsstrategie* verknüpft.[187] Dresdner KW beabsichtigt ihren Kunden mit M&A- und finanzierungsorientierten Beratungsleistungen, letzteres in Verbindung mit dem Kapitalmarktgeschäft auf der Eigen- und Fremdkapitalseite, mit Aktivitäten im Feld Sales & Trading inklusive Risikomanagement-Dienst-leistungen sowie Projekt- und anderen strukturierten Finanzierungen auch künftig das volle Leistungsspektrum im Investment Banking inklusive der zugehörigen Paletten an Finanzierungs-, Anlage- und Absicherungsinstrumenten anzubieten.
- Allerdings legt Dresdner KW in bezug auf die geographischen Ausdehnung des Geschäftsgebiets andere Maßstäbe zugrunde als die vorgenannte Wettbewerberin. Sie geht einer *internationalen Strategie* unter besonderer Betonung Europas nach.[188] Nur auf selektiver Basis - d.h. in einzelnen Marktsegmenten mit besonderem Potential, so den Branchen Telekommunikation, Medien, Technologie, Versorger und Finanzdienstleister -

---

183 Laut Interviewergebnisse.
184 Laut Interviewergebnisse. Vgl. hierzu auch Dresdner Bank (2000), S. 25.
185 Laut Interviewergebnisse.
186 Vgl. hierzu Fischer, L., Interviewaussage, in: Roth, M. (2000), S. 17.
187 Hierzu und im folgenden laut Interviewergebnisse. Vgl. auch Dresdner Bank (2000), S. 25.
188 Laut Interviewergebnisse.

will man weltweit aktiv sein.[189] Begründet wird dies mit dem Argument, daß das Geschäft der Kunden in diesen Branchen in zunehmendem Maße einer globalen Logik folge. Dieser Entwicklung bzw. den daraus resultierenden, veränderten Bedarfslagen dieser Kunden haben Investment Banken durch ihre eigene Positionierung Folge zu leisten. Trotz dieser selektiv globalen Ambitionen bezeichnet Dresdner KW ihre Positionierung nach geographischer Streubreite im Investment-Banking als „international".[190] Inhaltlich ließe sie sich charakterisieren als die eines „European Player with global reach".

Als Gründe für die Wahl dieser Basisstrategie führt Dresdner KW an, daß sie angesichts der bereits existierenden, starken Verankerung in Europa - einem Kernmarkt für das Investment Banking - naheliegend sei.[191] Sie gewährleistet über die Nutzung der vorhandenen Stärken hinaus auch, daß sich die Bank finanziell nicht überhebt und ihre als komfortabel empfundene, mittlere Größe beibehalten kann.
Damit ist die Bank in jüngster Zeit noch deutlicher von der früher auch öffentlichkeitswirksam propagierten Global-Player-Strategie abgerückt. So hatte z.B. der damalige Vorstandssprecher der Dresdner Bank in 1998 in einem Interview geäußert, der Ausbau des Investment Banking in Nordamerika und Asien sei notwendig, wenn man den Anspruch erhebt „... Global Player sein zu wollen."[192] Als Hauptgrund für die Abkehr von dieser Basistrategie wird angegeben, daß diese angesichts ihrer Anforderungen realistischerweise nicht zu verwirklichen sei. [193] Auch würden hiermit Organisationen geschaffen, die nur schwerlich zu führen und zu kontrollieren seien.

Mit dieser Positionierung bildet Dresdner KW Teil jener strategischen Gruppe, der u.a. auch *ABN AMRO, ING Barings, BNP Paribas* und die *Société Générale* mit ihren internationalen, europagerichteten Full-Service-Strategien angehören. Über den direkten gruppeninternen Wettbewerb hinaus ist zu beachten, daß diese Institute in der Kernregion auch gegen die Global Player antreten müssen.

---

189 Vgl. hierzu und im folgenden Fischer, L., Interviewaussage, in: Roth, M. (2000), S. 17 sowie laut Interviewergebnisse.
190 Hierzu und im folgenden laut Interviewergebnisse.
191 Hierzu und im folgenden laut Interviewergebnisse.
192 Walter, B., Interviewaussage, in: o. V. (1998), S. 102.
193 Hierzu und im folgenden laut Interviewergebnisse.

III.2.2.3 Commerzbank

Die Commerzbank charakterisiert ihre zukunftsgerichtete strategische Positionierung im Investment Banking als die eines ***internationalen Full-Service-Anbieters***.[194]

- Im Einklang mit einer *Strategie der Gesamtmarktabdeckung* richtet sich die Commerzbank im Unternehmenssektor sowohl auf Mittelstand, als auch MNU und Großkonzerne aus, möchte institutionellen Kunden genauso mit Investment-Banking-Produkten dienen wie öffentliche Stellen und betreibt natürlich - wie die anderen deutschen Banken auch - Eigengeschäfte.[195] Besondere Aufmerksamkeit soll künftig dem Geschäft mit dem Mittelstand gewidmet werden.[196]
- Eine umfassende Befriedigung der verschiedenartigen Bedürfnisse dieser Kundengruppen erzwingt nach Ansicht der Bank die Bereitstellung einer breiten Produktpalette im Investment Banking.[197] Vor diesem Hintergrund hatte sich die Bank im Jahr 1998 im Hinblick auf die Breite des Leistungsprogramms strategisch neu positioniert. Im Zuge des Übergangs von einer Fokus- zu einer *Generalisierungsstrategie* wurde die Palette um neue Leistungsfelder und -segmente, i.e. M&A, Structured Finance („Structured Acquisition Finance", „Structured Tax Products" sowie „Asset Securitisation") erweitert und das internationale Aktiengeschäft in aktivitäts- und produktbezogener Hinsicht deutlich ausgebaut.[198]
- Die *internationale Strategie* der Commerzbank setzt ihren Hauptschwerpunkt in den wichtigsten Ländermärkten Westeuropas, bezieht sich jedoch auch auf ausgewählte mittel- und osteuropäische Staaten.[199] Griechenland, die Niederlande, Schweiz und Rußland bieten nach Ansicht der Bank kein ausreichendes Potential.

Die Commerzbank sieht eine internationale Full-Service-Strategie angesichts ihrer institutsspezifischen Voraussetzungen als die passende und richtige Option an.[200] Für die

---

194 Laut Interviewergebnisse.
195 Laut Interviewergebnisse.
196 Laut Interviewergebnisse.
197 Hierzu und zum folgenden laut Interviewergebnisse.
198 Vgl. hierzu auch Commerzbank (1999A), S. 25 und S. 30.
199 Hierzu und zum folgenden laut Interviewergebnisse.
200 Hierzu und zum folgenden laut Interviewergebnisse.

Basisstrategie des Global Players sei die Bank in Relation zu den bedeutendsten Wettbewerbern der Branche zu klein. Man könne realisitischerweise nicht erfolgreich mit Goldman Sachs oder Merrill Lynch in Wettbewerb treten wollen. Gegen eine Fokusstrategie spricht die Verschiedenartigkeit der Bedürfnisse der Zielkundengruppen des Konzerns, deren umfassende Befriedigung die Bank sicherstellen will. Dies bedinge die Bereitstellung einer breiten Palette an Produkten für den Mittelstand, MNU und Großkunden, die sich nach Typ und Komplexität unterscheiden.

Mit dieser Positionierung ist die Commerzbank ebenfalls Mitglied der strategischen Gruppe der Internationalen Full-Service-Anbieter mit Europafokus, die bereits im Rahmen der Ausführungen zu Dresdner KW näher umrissen wurde.

III.2.2.4 DG Bank

Die DG-Bank befindet sich nach dem Scheitern des Projektes mit der niederländischen Rabobank zur Schaffung der ersten grenzüberschreitenden Investment Bank Europas in einer Phase der Neuorientierung bezüglich des Investment Banking.[201] Geplant war, die „DG Rabo International" (DGRI) als internationalen Full-Service-Anbieter im Investment Banking zu positionieren. Das in Frankfurt angesiedelte Gemeinschaftsunternehmen wollte rund 1000 Großkunden und Institutionelle Investoren, die beide Institute komplett in die neue Einheit überführt hätten, die gesamte Palette des Investment Banking gebündelt in den Geschäftsfeldern „Equity/ International M&A", „Capital Marktes", „Structured Finance" und „International Finance" anbieten.[202] Zudem sollte die DGRI auch für mittelständische Kunden offen sein.

Nun ist der strategische Pfad neu zu definieren. Im Hinblick auf ihre spezifische Ausgangsposition und ihre Rolle als genossenschaftliches Spitzeninstitut sieht die DG Bank die

[201] Anm. Verf.: In die ursprünglich im Jahr 2000 zur Gründung vorgesehene „DG-Rabo International" sollten neben den kommerziellen Auslandsaktivitäten die gesamten Investment-Banking-Aktivitäten beider Institute eingebracht werden. Vgl. hierzu Burgmaier, S. (2000A), S. 22. U.a. aufgrund von Ratingproblemen, Verzögerung bei der Banklizenzbeschaffung und v.a. Widerständen der Hauptaktionäre der DG Bank (SGZ- und WGZ-Bank) wurde das Joint Venture zunächst bis auf Weiteres aufgeschoben, im November 2000 aufgegeben.

Entscheidung für eine ***internationalen Nischenstrategie*** als die richtige Wahl an.[203] Hierfür sprechen vor allem „kundengetriebene" Gründe. Das Institut versteht sich klassischer Weise als Bank des Mittelstands, die durch den Verbund über einen hervorragenden Zugang zu dieser Kundengruppe verfügt. Unternehmen ab bestimmten Losgrößen werden von der DG Bank selbst betreut.[204]

- Vor diesem Hintergrund stellt die *Konzentrationsstrategie* im Unternehmensbereich den Mittelstand in den Fokus der Geschäftstätigkeit.[205] Das Konzern- bzw. Großkundensegment wird sehr selektiv bearbeitet, MNU kommt allgemein eine nur untergeordnete Bedeutung zu.[206] Daneben ergänzen die sog. institutionellen Kunden (Institutionen der öffentlichen Hand, Finanzinstitute, Institutionelle Investoren und die genossenschaftlichen Partner im Verbund) das Zielkundenspektrum der DG Bank im Investment Banking.[207]
- Die Positionierung in leistungsprogrammbezogener Hinsicht hat sich nach Ansicht des Instituts immer an den Bedürfnissen der anvisierten Abnehmergruppen und diesbezüglicher Gewichtungen zu orientieren.[208] Eine *Fokusstrategie* mit den folgenden Elementen sieht die DG Bank daher als logische Konsequenz einer differenzierten Marktbearbeitung an. Den eindeutigen Leistungsschwerpunkt im Investment Banking bildet das Feld Eigenkapitalfinanzierungen, vor allem das IPO-Geschäft in Deutschland unter besonderer Betonung des Neuen Marktes. Über Wertpapierhandels- und Vertriebsaktivitäten hinaus werden selektive Engagements in den Bereichen M&A, Anleihefinanzierungen und Structured Finance unterhalten. Selektiv bedeutet, daß entweder nicht alle möglichen Leistungssegmente eines Feldes abgedeckt (z.B. M&A) und/ oder nicht alle

---

202 Vgl. zur ursprünglich geplanten strategischen Ausrichtung der DGRI im folgenden DG Bank (2000), S. 15 sowie Burgmaier, S. (2000A), S. 22.

203 Hierzu und im folgenden laut Interviewergebnisse.

204 Anm. d. Verf.: Von den rund 60% aller deutschen Unternehmen, die laut Auskunft der DG Bank mit Genossenschaftsbanken in Geschäftsbeziehungen stehen, werden rund 5.000 Unternehmen von der DG Bank selbst mit Dienstleistungen versorgt (=Firmenkunden im Direktgeschäft). Im genossenschaftlichen Verbund hat die DG Bank die Initiativverantwortung bei Unternehmen ab einem Jahresumsatz > 50 Mio. DM. Vgl. hierzu DG Bank (1999B), S. 23.

205 Laut Interviewergebnisse. Vgl. zur hohen Bedeutung des Mittelstands auch DG Bank (2000), S. 14 sowie DG Bank (1999A), S. 16. Mittelstandskunden der DG Bank sind Unternehmen mit einem Jahresumsatz > 50 Mio. Euro. Das Großkundensegment beginnt bei einer Umsatzgröße von > 1 Mrd. Euro. Vgl. DG Bank (1999B), S. 23 und S. 28.

206 Laut Interviewergebnisse.

207 Vgl. auch DG Bank (1999B), S. 28.

208 Hierzu und im folgenden laut Interviewergebnisse.

Teile der Wertkette intensiv bearbeitet werden. So konzentrieren sich die Aktivitäten in den besetzten Segmenten des Feldes Structured Finance - Projekt- und Akquisitionsfinanzierungen - z.B. bislang vornehmlich auf die Beteiligung an den Finanzierungen, weniger auf das Advisory und Arranging.[209]

- Ein Entscheidung für die Verknüpfung des Nischenauftritts mit einer *internationalen Strategie* - eine Orientierung, welche die DG Bank ihrer Basisstrategie seit erst rund drei Jahren zugrunde legt - wird hauptsächlich mit Veränderungen externer Rahmenbedingungen begründet.[210] Gegen eine Beschränkung auf den Heimatmarkt spreche eine zunehmende Internationalisierung des Geschäfts bzw. der hohe Anteil internationaler und grenzüberschreitender Transaktionen an der Gesamtzahl und die Nachfrage seitens der Kundschaft. Eine globale Strategie stehe für die DG Bank als national getriebenes Haus mit rein deutscher Aktionärsstruktur nicht zur Diskussion. Geographischen Bezugspunkt der internationalen Strategie bildet auch hier Europa.

Abschließend bleibt zu bemerken, daß die aufgezeigten Basisstrategien der deutschen Banken als *globale* Wegbeschreibungen der zukunftsorientierten Handhabung des Investment Banking zu interpretieren sind. Sie beziehen sich ausdrücklich auf die Aktivität als Ganzes, nicht auf einzelne Teilbereiche, deren strategische Handhabung in Einzelfällen durchaus von der übergeordneten Marschrichtung abweichen kann, wie die Ausführungen in Teil IV zeigen werden.

---

209 Laut Interviewergebnisse.

210 Hierzu und im folgenden laut Interviewergebnisse.

III.3 Anforderungsprofile der Basisstrategien deutscher Banken im Investment Banking

Zum Abschluß des vorangegangenen Abschnitt wurden die Basisstrategien von vier bedeutenden deutschen Wettbewerberinnen im Investment Banking offengelegt und inhaltlich spezifiziert. Dies förderte Unterschiede in der strategischen Positionierung zutage, aber auch Ähnlichkeiten. Während sich die Deutsche Bank im Investment Banking am Leitbild des Global Players orientiert, positionieren sich Dresdner KW und die Commerzbank als internationale Full-Service-Anbieter mit Europafokus. Die DG Bank geht einer internationalen Nischenstrategie nach. Jede dieser Basisstrategien stellt spezifische Anforderungen an ihren Träger, die in Abhängigkeit von der leistungs- und abnehmerbezogenen sowie geographischen Streubreite der Aktivitäten variieren. Daher erscheint es sinnvoll zum Abschluß der Frage nachzugehen, an welche spezifischen Bedingungen der Strategieerfolg im einzelnen knüpft.

Die allgemeinen produktmarktbezogenen Voraussetzungen der gewählten Basisstrategien wurden bereits im Rahmen der Diskussion der dimensionalen Optionen nach leistungsprogramm-, abnehmerbezogener und geographischer Streubreite abgehandelt.[211] Daher wird im folgenden auf strategiespezifische Anforderungen in marktpositions- und ressourcenbezogener Hinsicht fokussiert. Hierbei soll zunächst auf die Erfolgsbedingungen einer Global-Player-Strategie (Abschnitt III.3.1), im weiteren auf jene einer internationalen Full-Service-Strategie (Abschnitt III.3.2) Bezug genommen werden. Zum Abschluß wird untersucht, welches Anforderungsprofil eine internationale Nischenstrategie kennzeichnet (Abschnitt III.3.3).

Bezüglich der Anforderungen in ressourcenbezogener Hinsicht sei vorausgeschickt, daß der Erfolg *jeder* Basisstrategie im Investment Banking in kritischer Weise von der Güte der Ressourcen in zweierlei Bereichen abhängt.[212]

---

211 Vgl. hierzu die Ausdifferenzierung von Basisstrategien in Abschnitt III.1.1.

212 Hierzu und im folgenden laut Interviewergebnisse. Die hohe strategische Relevanz dieser Ressourcen wurde von allen befragten Experten deutlich herausgestrichen.

- *Systeme*:[213] Unverzichtbar ist die Ausstattung mit einer leistungsfähigen, möglichst dem „State-of-the-Art" entsprechenden technologischen Infrastruktur. Dies betrifft die Systeme auf der Front-Office-Seite zur Informationsbeschaffung, -verarbeitung und Geschäftsdurchführung genauso wie jene auf der Back-Office-Seite.
- *Mitarbeiter*:[214] Daneben ist der Erfolg aller Basisstrategien in hohem Maße an die Qualität der Mitarbeiter gekoppelt, die im Investment Banking Wissens- und Beziehungsträger zugleich sind. Gefragt sind hierbei Produkt- und Branchen-Know-how, Transaktionserfahrung, analytische und intellektuelle Fähigkeiten, Integrität, extreme Leistungs- und Einsatzbereitschaft sowie zeitliche und räumliche Flexibilität. Wesentlich ist, daß die Anstrengungen nicht nur auf den Aufbau einer solchen Personalbasis gerichtet werden, sondern auch darauf, zentrale Leistungs- und Beziehungsträger möglichst nachhaltig an das Unternehmen zu binden.

III.3.1 Anforderungsprofil der Global-Player-Strategie im Investment Banking

Das im folgenden zu entwickelnde Anforderungsprofil wird anhand der Stärken und Merkmale des erfolgreichen Global Players im Investment Banking aufzeigen, an welche Voraussetzungen der Erfolg dieser Basisstrategie knüpft.

Wollte man die **Anforderungen** dieser Basisstrategie **in marktpositionsbezogener Hinsicht** in einem Satz zusammenfassen, so lautete dieser: Schaffung und Bewahrung einer stark etablierten, globalen markt-, kunden- und produktumfassenden Präsenz.[215] Was eine solche und damit den erfolgreichen Global Player im einzelnen ausmacht, wird im folgenden zu eruieren sein.

- *Dominierende Position auf dem Heimatmarkt*: Eine feldübergreifend dominierende Wettbewerbsstellung auf dem Heimatmarkt bildet die Ausgangsbasis des erfolgreichen Global Players und Grundstock der Ergebniserzielung.[216] Hiervon wird er um so mehr

---

213 Vgl. hierzu auch Baas, V. (1998), S. 721f.; Achleitner, A. (1999), S. 71.

214 Vgl. hierzu auch Achleitner, A. (1999), S. 77f.

215 Vgl. Engel, H. (1998), S. 108.

216 Laut Interviewergebnisse. Der Experte, dessen Haus eine Global-Player-Strategie im Investment Banking verfolgt, hob diesen Aspekt insbesondere hervor.

profitieren können, je größer und entwickelter der Kapitalmarkt des Landes ist, dem er entstammt. Denn ausschlaggebend ist nicht nur die Höhe eines Marktanteils, sondern auch der Größe des (Heimat-)Marktes, auf den er sich bezieht. So wird z.B. die starke Verankerung und marktbeherrschende Stellung der großen US-amerikanischen Investment Banken in ihrem Heimatmarkt als ein kaum aufzuwiegender Vorteil gegenüber ihren Mitbewerbern eingestuft.[217]

Des weiteren sollte der Global Player über eine (mit-)führende Weltmarktposition in Kernleistungsfeldern des Investment Banking auf Basis einer möglichst gleichmäßig starken Verankerung in den Schlüsselregionen Europa, USA und Asien verfügen.[218] Im einzelnen muß er hierfür weltumspannende Stärke zeigen bei:

- *Eigenkapitalfinanzierungen*: Der Global Player sollte über eine starke Position bei Eigenkapitalfinanzierungen von Unternehmen in den USA, Europa und der Region Asien/ Pazifik verfügen.[219]
- *Anleihefinanzierungen*: Er hat ferner eine Stärke im Anleiheemissionsgeschäft bei Emittenten in den USA, Europa und der Region Asien/ Pazifik sowie zumindest in den Hauptemissionswährungen US-Dollar, Euro und Yen.[220]
- *M&A*: Auch im Hinblick auf hieraus resultierende Folgegeschäfte werden drittens nennenswerte Marktanteile im internationalen und weltweiten M&A-Geschäft für den Global Player als kritisch erachtet.[221]
- *Sales & Trading*: Die Mitgliedschaft an den weltweit wichtigsten Wertpapier-, Termin- und Optionsbörsen bildet Grundlage der Global-Player-Strategie in bezug auf die handelsorientierten Geschäftsaktivitäten im Investment Banking.[222] In diesem Zusammenhang sollte der Global Player auch über „... besondere Stärken im Eigenhandel und als

217 Vgl. hierzu bspw. Carsten, S. (1997), S. 172; Corrigan, T. (1998), S. 24.
218 Vgl. Engel, H. (1998), S. 112 sowie laut Interviewergebnisse.
219 Vgl. Engel, H. (1998), S. 108; Köppern v., J. (1996), S. 217. Die Ausprägung globaler Stärke im Feld Eigenkapitalfinanzierungen in der o.g. Form hielt auch der Experte, dessen Haus sich als Global Player im Investment Banking positioniert, für unabdingbar. Laut Interviewergebnisse.
220 Vgl. Engel, H. (1998), S. 108; Köppern v., J. (1996), S. 217. In der Ausprägung globaler Stärke im Feld Anleihefinanzierungen in der o.g. Form sah auch der Experte, der ein Haus mit Global-Player-Strategie vertritt, eine erfolgskritische Voraussetzung. Laut Interviewergebnisse.
221 Vgl. Köppern v., J. (1996), S. 217 sowie laut Interviewergebnisse.
222 Vgl. Engel, H. (1998), S. 108.

Market Maker in den gängigsten Wertpapieren und Derivaten auf den verschiedenen auch außerbörslichen Märkten (.)"[223] verfügen.

Zur Abrundung globaler markt-, kunden- und produktumfassender Marktpräsenz im Investment Banking kann der Global Player idealerweise auch in den Leistungssegmenten des *Structured Finance* starke Weltmarktpositionen und eine ausgewogene Präsenz in den Schlüsselregionen vorweisen.[224] Stärken dieser Art sind wünschenswert, nach Auffassung der Experten jedoch als insgesamt weniger erfolgskritisch einzustufen.[225]

Die oben spezifizierten marktpositionsbezogenen Anforderungen lassen sich auch an den sog. „League-Tables" für die einzelnen Leistungsfelder im Investment Banking festmachen. Diese Ranglisten werden für die globale, internationale und nationale Ebene von externen Marktbeobachtern erstellt.[226] Sie reihen Anbieter nach dem wertmäßigem Volumen der innerhalb eines bestimmten Zeitraumes abgeschlossenen Geschäfte und veranschaulichen so die Wettbewerbsstellung der Banken in den einzelnen Leistungsfeldern.
Weltumspannende Stärken bei Eigenkapital-, Anleihefinanzierungen und M&A sollten nach Expertenmeinung ihren materiellen Ausdruck in zumindest Top-Fünf-, idealerweise Top-Drei-Plazierungen in den entsprechenden global definierten Ranglisten finden,[227] die die Weltmarktposition eines Anbieters widerspiegeln. Da die Geschäftstätigkeit strukturell durch eine erkennbare und möglichst ausgewogene Marktpräsenz in den Schlüsselregionen gekennzeichnet sein sollte, sollte der Global Player zudem wenigstens Top-Fünf-, idealerweise Top-Drei-Plazierungen in den jeweils weltregionenbezogenen League-Tables für die USA, Europa und Asien/ Pazifik besetzen. Dominanz auf dem Heimatmarkt materialisiert sich aus Perspektive deutscher Banken in Mindestplazierungen unter den jeweils drei führenden Anbietern in den deutschlandbezogenen Ranglisten für die einzelnen Produktsparten.

---

223 Engel, H. (1998), S. 109.
224 Vgl. Köppern v., J. (1996), S. 217.
225 Laut Interviewergebnisse.
226 Vgl. hierzu und im folgenden auch Achleitner, A. (1999), S. 87.
227 Vgl. hierzu und den folgenden, anhand von Ranglistenpositionen konkretisierten marktpositionsbezogenen Anforderungen dieser Basisstrategie laut Interviewergebnisse. Sie geben insbesondere auch die Meinung jenes Experten wieder, dessen Haus eine Global-Player-Strategie im Investment Banking verfolgt.

Als Maßstab für die relative Leistungsfähigkeit eines Hauses im Eigenhandel lassen sich in Ermangelung anderer externer Quellen letztlich nur die Handelsergebnisse der Banken und deren Höhe im Wettbewerbsvergleich innerhalb eines bestimmten Betrachtungszeitraums unter den geltenden Marktbedingungen heranziehen.[228]

Über outputbezogene Stärken hinaus bedingt eine Global-Player-Strategie auch das Verfügen über strategiegerechte Ressourcen in Bereichen kritischer Erfolgsfaktoren der Geschäftstätigkeit. Im einzelnen ergeben sich folgende **ressourcenbezogene Anforderungen** an den Wettbewerber mit Global-Player-Strategie:

- *Infrastruktur zur globalen Mandatsakquisition („Origination") und Durchführung („Execution") von Geschäften*:[229] Globale Anbieter müssen über ein weltumspannendes, integriertes Netzwerk an Research, Beratungskapazitäten, Capital Marktes- und Sales & Trading-Aktivitäten zwischen den drei Zeitzonen verfügen, das jeden Emittenten mit potentiellen Investoren verbindet.[230]

- *Exzellente Kundenbeziehungen weltweit*: Eine Global-Player-Strategie setzt enge Geschäftsverbindungen zu den wichtigsten Abnehmern und Handelsteilnehmern – Industrieunternehmen, Zentralbanken, Regierungen und öffentlichen Institutionen, Banken und maßgeblichen institutionellen Investoren, d.h. Versicherungen, Pensionsfonds - in den bedeutendsten Ländern der Welt voraus.[231]

  Neben der Anzahl an Kundenbeziehungen spielt insbesondere ihre Qualität eine bedeutende Rolle.[232] Ihre Güte bestimmt sich vor allem nach dem relativen Nachfragepotential der Kundenbasis (Transaktionsgrößen und -häufigkeit) nach Leistungen des Investment Banking über alle Felder hinweg. Aber auch die Reputation eines Kunden kann im Hinblick auf mögliche Transfereffekte als Komponente ihrer Qualität gewertet werden.[233] Vor diesem Hintergrund kommt Geschäftsbeziehungen zu den größten Industrieunternehmen der Welt („erste Adressen") mit besonders hohem Beratungs- und Transaktionsbedarf und

---

[228] Laut Interviewergebnisse. Wettbewerbspositionen werden hier anhand von Umfragen bei relevanten Marktteilnehmern ermittelt. Diese werden i.d.R. von den Banken selbst in Auftrag gegeben und sind daher nicht allgemein zugänglich. Laut Interviewergebnisse.

[229] Vgl. Achleitner, A. (1999), S. 15.

[230] Vgl. Köppern v., J. (19696), S. 217.

[231] Vgl. Engel, H. (1998), S. 109.

[232] Vgl. Jakob, A./ Klein, S. (1996), S. 36.

[233] Vgl. Jakob, A./ Klein, S. (1996), S. 36.

breitgefächertem Nachfragepotential im Hinblick auf Folgegeschäfte im Zeitablauf im Kontext einer Global Player-Strategie eine kritische Bedeutung zu.

- *Sehr hohe Eigenkapitalausstattung*: Eine weitere zentrale strategische Ressource des erfolgreichen Global Players bildet eine sehr hohe Eigenkapitalausstattung.[234] Sie ist zunächst insofern von maßgeblicher Bedeutung, als sie im Hinblick auf die notwendige Eigenkapitalunterlegung risikobehafteter Geschäfte eine kritische Determinante der Größe möglicher Transaktionen bildet.[235] Übernahmen großer Emissionsvolumina - wie im Geschäft mit den o.g. Kunden unabdingbar - und starke Engagements im Eigenhandel setzen die Existenz umfangreichen Eigenkapitals voraus.[236]
  Daneben stellt auch Ressourcenintenstität einer globalen Ausweitung der Geschäftsaktivitäten - oftmals über Akquisitionen vorangetrieben - höchste Anforderungen an Verfügbarkeit von Eigenmitteln.[237] Um nicht diesbezüglichen Limitationen unterworfen zu sein, läßt sich heute auch der Zugang zum Kapitalmarkt, also eine *Börsennotierung* (ggf. auch an mehr als einem Finanzplatz, so z.B. Akquisitionen geplant sind),[238] als Grunderfordernis einer Global-Player-Strategie begreifen. Im Hinblick auf die Erzielung günstiger Finanzierungskonditionen bei der Beschaffung von Fremdkapital über die Kapitalmärkte wird letztlich auch eine möglichst gute *Bonitätsbeurteilung* (Rating) zum Wettbewerbsfaktor.[239]

- *Ausgezeichnete Reputation*: Eine weitere strategische Ressource des Global Players bildet eine ausgezeichnete Reputation,[240] die als schlagkräftige „Waffe" bei der Mandatsgewinnung eingesetzt werden kann. Ein wichtiger Indikator für die Reputation eines Hauses bildet seine Stellung in den League-Tables.[241] Daneben spielt aber auch hier die

---

234 Vgl. Engel, H. (1998), S. 112; Achleitner, A. (1999), S. 15 sowie laut Interviewergebnisse.

235 Vgl. Achleitner, A. (1999), S. 76.

236 Vgl. hierzu allgemein Jakob, A./ Klein, S. (1996), S. 36; Achleitner, A. (1999), S. 76.

237 Vgl. Achleitner, A. (1999), S. 77; Jakob, A./ Klein, S. (1996), S. 36.

238 Vgl. Achleitner, A. (1999), S. 77. In diesen Zusammenhang sind die Börsengänge der ehemals partnerschaftlich organisierten Investment Banken Goldman Sachs, J.P. Morgan und Morgan Stanley einzuordnen. Wesentliches Motiv bildete, Eigenmittel zukünftig über die Kapitalmärkte beschaffen zu können und nicht mehr von den finanziellen Möglichkeiten bzw. Restriktionen der Partner abhängig zu sein. Vgl. Achleitner, A. (1999), S. 77.

239 Vgl. Achleitner, A. (1999), S. 77.

240 Vgl. Achleitner, A. (1999), S. 15. Vgl. zur Reputation als strategischer Wettbewerbsfaktor im Investment Banking allgemein Jakob, A./ Klein, S. (1996), S. 36f.

241 Vgl. Achleitner, A. (1999), S. 80; Jakob, A./ Klein, S. (1996), S. 37.

Anzahl und Qualität der Kundenbeziehungen eine Rolle,[242] wie JAKOB/ KLEIN betonen: „Die Anzahl und Volumina abgewickelter Transaktionen, die Reputation der Kunden einer Investment Bank sowie die Häufigkeit mehrfacher Transaktionen mit einem Kunden (Stammkunden, repeat business) können Indikatoren für die Qualität der als Güter mit Erfahrungs- und Vertrauenseigenschaften zu charakterisierenden Dienstleistungen der entsprechenden Institution sein.“[243] Die Schaffung und Erhaltung einer ausgezeichneten Reputation stellt höchste Anforderungen an die Integrität eines Anbieters und setzt strenge Qualitätsmaßstäbe bei der Auswahl von Mandaten (z.B. im IPO-Geschäft) voraus.

- *Hohe Flexibilität*: Trotz wachsender Unternehmensgröße muß sich der Global Player durch hohe Flexibilität im Ressourceneinsatz, d.h. die Fähigkeit und Bereitschaft auszeichnen, Ressourcen bei Marktveränderungen mit geringem Zeitverzug in Regionen mit wachsendem Potential und rentable Aktivitätsfelder zu lenken.[244]

III.3.2 Anforderungsprofil der internationalen Full-Service-Strategie im Investment Banking

Eine internationale Full-Service-Strategie wird oftmals deshalb gewählt, weil dem Anbieter die erforderlichen Ressourcen für eine globale Strategie nicht zur Verfügung stehen. Jedoch nimmt sich auch die Verknüpfung mit einer internationalen Ausrichtung, wie bereits erörtert, durchaus erfolgversprechend aus - sofern sie bestimmten, im folgenden zu diskutierenden Anforderungen genügt.

Die mit den dimensionalen Strategieoptionen verbundenen produkt-markt-bezogenen Voraussetzungen einer breiten Kunden- und Leistungsprogrammabdeckung und internationalen Ausdehnung der Geschäftstätigkeit lassen sich mit den Ergebnissen der Expertengespräche auch hier zu strategiespezifischen **Anforderungen in markt-positionsbezogener Hinsicht** verdichten. So sollte der internationale Full-Service-Anbieter folgende outputbezogene Stärken vorweisen können:

---

242 Vgl. hierzu Jakob, A./ Klein, S. (1996), S. 36.
243 Jakob, A./ Klein, S. (1996), S. 36f.
244 Vgl. Köppern v., J. (1996), S. 216.

- *Starke Position auf dem Heimatmarkt*: Eine wesentliche Erfolgsvoraussetzung stellt eine starke Position auf dem Heimatmarkt dar.[245] Auch in fortgeschrittenen Stadien internationaler Tätigkeit leisten die Aktivitäten auf dem Ursprungsmarkt einen i.d.R. noch einen hohen Beitrag zum Gesamtergebnis der Institute. Zum anderen kommt hierin Know-how- und Erfahrungshintergrund im Investment Banking zum Ausdruck, der sich auf internationaler Ebene geschäftlich, wie akquisitorisch nutzen läßt. Dies gilt auch in bezug auf ausländische Kunden, die Transaktionen im Ursprungsmarkt des Anbieters planen.

Auf internationaler Ebene hat der Träger dieser Strategie hohe produkt-, markt- und kundenumfassenden Präsenzintensität in dem anvisierten geographischen Bezugsgebiet sicherzustellen, das zumeist einer der drei Schlüsselregionen des Investment Banking entspricht. *Kernregionbezogene Stärke* muß der internationale Full-Service-Anbieter nach Auffassung der Praxis vor allem in drei Leistungsfeldern zeigen:[246]

- *Eigenkapitalfinanzierungen*: Zunächst sollte der internationale Full-Service-Anbieter über eine starke Stellung bei Eigenkapitalfinanzierungen von Unternehmen in der Kernregion verfügen.
- *Anleihefinanzierungen*: In entsprechender Weise kann dieser Anbieter auch im Feld Anleihefinanzierungen über eine führende Position bei Emittenten der Kernregion sowie deren Hauptwährung - dem Euro, US-Dollar oder Yen - vorweisen.
- *M&A*: Nicht nur im Hinblick auf seine Initiierungsfunktion für Wertschöpfungsaktivitäten in anderen Leistungsfeldern des Investment Banking, sollten auch im kernregion-bezogenen M&A-Geschäft erkennbare Marktanteile gehalten werden.

Starke Positionen im Gebiet Structured Finance werden bei dieser Basisstrategie für wünschenswert, aber weniger erfolgskritisch gehalten.[247]

---

245 Laut Interviewergebnisse.

246 Hierzu und im folgenden laut Interviewergebnisse. Die folgenden Anforderungen beruhen auf den Ergebnissen der Expertengespräche. Auf die offene Frage nach Produktstärken, die einen erfolgreichen internationalen Full-Service-Anbieter auszeichnen, nannten Träger dieser Basisstrategie übereinstimmend das Verfügen über starke Positionen in der o.g. Form in den drei Kernleistungsbereichen Eigenkapital-, Anleihefinanzierungen und M&A in der internationalen Kernregion, hier Europa. Auf andere Leistungsfelder wurde nicht explizit bezug genommen.

247 Laut Interviewergebnisse.

Die Stärken in Kernleistungsfeldern des Investment Banking sollten auch in der Positionsbelegung in jenen Ranglisten erkennbar werden, die auf die definierte internationale Kernregion Bezug nehmen.[248] So werden von der Unternehmenspraxis zumindest Top-Ten-, möglichst Top-Fünf-Plazierungen in den kernregionbezogenen (z.B. europabezogenen) League-Tables für „Equity", „Bonds" und M&A für erforderlich gehalten. Stärke im Heimatmarkt materialisiert sich in Positionen unter den Top-Fünf, idealerweise drei führenden Anbietern in den einzelnen Produktsparten des Investment Banking.

Abgesehen von einer stark etablierten Präsenz in der definierten Kernregion müssen auch internationale Full-Service-Anbieter im Investment Banking auch über **strategiegerechte Ressourcen** verfügen. Diese sollten sie befähigen, ihre Positionen in den immer schärfer umkämpften, globalen Teilmärkten des Investment Banking - in denen natürlich auch die Global Players tätig sind - zu erreichen und aufrecht zu erhalten. Zumal es sich hierbei um Bereiche kritischer Erfolgsfaktoren der Geschäftstätigkeit im Investment Banking handelt, beziehen sich die im folgenden zu spezifizierenden **Anforderungen** häufiger auf die selben Ressourcenkategorien wie jene der Global-Player-Strategie, jedoch in veränderter - eben strategiegerechter - Form.

- *Sicherstellung umfassender kernregionbezogener Transaktionsfähigkeit*: Im Hinblick auf den geographischen Schwerpunkt dieser Strategie ist in den beratungsorientierten Geschäftsfeldern dem Aufbau einer starken kernregionbezogenen „Coverage" (= personelle Kapazitäten zur Betreuung und Akquisition lokaler Kunden) höchste Priorität einzuräumen.[249] Denn als Experten für die Kernregion müssen sich die Träger dieser Strategie durch Anpassungsfähigkeit, Schnelligkeit und besondere Kundennähe auszeichnen.[250] Entsprechend sind auch die Kapazitäten in den Bereichen Research, Capital Marktes und Distribution auf die Kernregion auszurichten. Auf die Unterhaltung von Sales- & Trading-Zentren an den bedeutendsten Finanzplätzen der Triade zur Gewährleistung ausgreifender, internationaler Distributionsfähigkeit und

[248] Hierzu und den folgenden, an League-Table-Positionen festgemachten marktpositionsbezogenen Anforderungen dieser Basisstrategie laut Interviewergebnisse. Sie geben insbesondere auch die Auffassung jener Experten wieder, die Häuser vertreten, die selbst internationale Full-Service-Strategien im Investment Banking verfolgen.

[249] Vgl. bspw. Dresdner Kleinwort Benson (2000A), S. 9.

friktionsloser Tradingmöglichkeiten wird jedoch auch im Rahmen dieser Basisstrategie nicht verzichtet werden können.

- *Netzwerk enger Geschäftsbeziehungen zu Schlüsselkunden in der Kernregion:* Eine kritische strategische Ressource des internationalen Full-Service-Anbieters bildet zum einen ein tragfähiges Netzwerk von engen Geschäftsbeziehungen zu den wichtigsten in der Schwerpunktregion ansässigen Kunden.[251] Vor allem im Bereich der großen Konzerne mit hohem und breitgefächertem Beratungs- und Transaktionsbedarf wird er eine hohe Marktdurchdringung anstreben.[252] Da diese Kunden vielfach nur zu einer begrenzten Zahl an (i.d.R. maximal fünf) Investment Banken, die sie auch bevorzugt in den Vergabeprozeß für geplante Projekte einbeziehen, enge Kontakte unterhalten,[253] muß ein Eindringen in diese favorisierte Anbietergruppe bzw. eine nachhaltige Plazierung auf der „Short List“[254] der ansässigen Großkunden erreicht werden.[255]
  Zum anderen wird der internationale Full-Service-Anbieter als Experte für die definierte Kernregion, innerhalb derer er eine tiefe Marktdurchdringung anstrebt, auch die intensive Bearbeitung des Mittelstandssegments nicht vernachlässigen.[256] Dies versetzt ihn auch in die Lage, sich zumindest auf Teilmärkten ressourcenverzehrenden Konkurrenzkämpfen mit Global Players zu entziehen, die sich vornehmlich auf Großkunden konzentrieren,[257] und eine höhere Distanz zu dieser strategischen Gruppe zu schaffen.

- *Starke Kapitalbasis*: Im Hinblick auf die Bedeutung des Großkundensegments bedingt auch eine internationale Full-Service-Strategie die Existenz einer starken Kapitalbasis, die - hier bezogen auf die Schwerpunktregion - allumfassende Handlungsfähigkeit gewähr-

---

250 Vgl. analog Köppern v., J. (1996), S. 218.

251 Laut Interviewergebnisse.

252 Laut Interviewergebnisse. Vgl. hierzu bspw. Dresdner Kleinwort Benson (2000A), S. 9.

253 Laut Interviewergebnisse. Vgl. hierzu auch die Ausführungen zum „Core Group Banking“ bei Achleitner, A. (1999), S. 94.

254 Anm. d. Verf.: Der Begriff „Short List“ bezeichnet bei Kaufmandaten im M&A-Geschäft jene Liste, die die Investment Bank dem Kunden als Ergebnis Auswahlprozesses der Zielobjektsuche präsentiert. Sie enthält einige wenige potentielle Zielgesellschaften, die im Hinblick auf die entwickelten Anforderungskriterien besonders gut geeignet erscheinen. Vgl. Achleitner, A. (1999), S. 187.

255 Laut Interviewergebnisse.

256 Anm. d. Verf.: Dies wurde im Rahmen der Expertengespräche im Zusammenhang mit internationalen Full-Service-Strategien prinzipiell hervorgehoben. Vgl. zu entsprechenden Interviewaussagen von Anbietern in dieser Positionierung auch Burgmaier, S./ Willman, J. (2001), S. 1.

257 Vgl. Debonneuil, X., Interviewaussage, in: Burgmaier, S./ Willman, J. (2001), S. 1. Debonneuil ist zuständig für das Investment Banking der Société Générale, deren Positionierung in der Branche mit jener von Dresdner Kleinwort Wasserstein vergleichbar ist.

leistet. In diesem Sinne muß der internationale Full-Service-Anbieter eben nicht nur sämtliche Transaktionsformen durchführen können, sondern auch in der Lage sein, hohe Emissionsvolumina zu übernehmen.

- *Offensive Vermarktung des regionenbezogenen Commitments*: Insbesondere muß der Anbieter sein Augenmerk auf die Erhöhung seines internationalen Bekanntheitsgrades richten und sich als leistungsfähiger Kernregionspezialist in der Wahrnehmung der Kunden positionieren. Dies gebietet eine offensive Vermarktung des regionenbezogenen Commitments und der diesbezüglichen Stärke, z.B. auch anhand des Instrumentes der League-Tables und entsprechender Track Records.

III.3.3 Anforderungsprofil der internationalen Nischenstrategie im Investment Banking

Auch eine internationale Nischenstrategie stellt spezifische Anforderungen an ihren Träger, die es im folgenden zu spezifizieren gilt. Da hier jedoch (im Gegensatz zu den bisher betrachteten Strategien des Full-Service) das Aktionsgebiet im Investment Banking in produkt- und kundenbezogener Hinsicht erst zu definieren ist, sollen in diesem speziellen Fall vorab einige wichtige produkt-markt-bezogene Erfolgsvoraussetzungen erwogen werden.
Eine erfolgversprechende inhaltliche Ausgestaltung setzt zunächst eine detaillierte Abgrenzung des künftigen Geschäftsgebiets - des aufzubietenden Leistungsspektrums und des relevanten Marktes in geographischer wie abnehmerbezogener Hinsicht - voraus. Dies erfordert die prinzipiell möglichen Kundengruppen im Hinblick auf das Nachfragepotential zu segmentieren und den interessanten Segmenten unter Stärken-, Kundennutzen- und Kostengesichtspunkten profitable Marktleistungen zuzuordnen.[258] Die Anforderungen im Hinblick auf die Leistungsprogrammgestaltung im speziellen lassen sich wiederum mit einer Konzentration auf möglichst lukrative Kernaktivitäten in Bereichen der Stärke und der Schaffung anspruchsvoller Spezialsortimente umschreiben, die hochqualifizierte Beratungs- und Serviceleistungen umfassen.[259] Während sich kleinere Wettbewerber im Rahmen einer internationalen Strategie auf (ggf. auch ausgewählte) Ländermärkte innerhalb einer Schlüsselregionen des Investment Banking konzentrieren werden, können größere kapital-

[258] Vgl. Köppern v., J. (1996), S. 210.
[259] Vgl. Köppern v., J. (1996), S. 210.

kräftige Wettbewerber diese Nischen in verschiedenen Zeitzonen besetzen und strategisch miteinander verbinden.[260]

Auch in den Marktpositionen muß für den Kunden unmißverständlich zum Ausdruck kommen, daß der Anbieter über Kernkompetenzen in den bearbeiteten Leistungssegmenten verfügt, die ihn von der breiter gefächerten Konkurrenz differenzieren. Zumal Nischenstrategien in der inhaltlichen Ausgestaltung in z.T. erheblichem Maße variieren, lassen diese **Anforderungen in marktpositionsbezogener Hinsicht** jedoch nur in allgemeiner Form darlegen.

- *Nischenbezogene Stärke auf dem Heimatmarkt und den angesprochenen Ländermärkten*: Grundvoraussetzung bildet eine starke Stellung in den eng abgegrenzten Aktivitätsbereichen auf dem Heimatmarkt (z.B. bei der M&A- bzw. Kauf- und Verkaufs-Beratung mittelständischer Unternehmen und Eigenkapitalfinanzierungen dieser Kundengruppe in Deutschland).[261] In den besetzten Tätigkeitssegmenten sollte der internationale Nischenanbieter ebenso in den anvisierten Auslandsmärkten eine erkennbare Rolle im Wettbewerb spielen. Nach Auffassung eines Wettbewerbers, der dieser Basisstrategie im Investment Banking nachgeht, haben sich diese Spezialfähigkeiten in Top-Fünf-, idealerweise Top-Drei-Plazierungen in den heimatmarkt- sowie zumindest Top-Ten-, möglichst Top-Fünf-Plazierungen in den jeweils ländermarktbezogenen Ranglisten für die bearbeiteten Produkt-Markt-Segmente zu manifestieren.[262]

Die *strategischen Ressourcen* müssen dem Träger einer internationalen Nischenstrategie dazu gereichen, sich vom Wettbewerb in ausreichendem Maße zu differenzieren. Als **Anforderungen in ressourcenbezogener Hinsicht** lassen sich formulieren:

- *Singuläres Spezialwissen*: Der internationale Nischenanbieter sollte seine Anstrengungen auf die Akkumulation singulären Spezialwissens in den scharf umrissenen Geschäfts-

---

260 Vgl. Köppern v., J. (1996), S. 210. So verbindet bspw. die in Beschränkung auf lukrative Corporate-Finance- und M&A-Beratungsleistungen tätige Investment Bank Lazard Präsenzintensität bei europäischen Großkunden mit einer solchen bei US-amerikanischen. Hieraus ergeben sich - insbesondere im M&A-Geschäft - attraktive Geschäftschancen.

261 Hierzu und im folgenden Interviewergebnisse.

262 Laut Interviewergebnisse. Nachprüfbar für den externen Beobachter ist dies allerdings nur dann, soweit korrespondierende Ranglisten für die bearbeiteten Einzelsegmente existieren.

feldern richten (z.B. Beratungsexpertise bei großen M&A-Transaktionen, Privatisierungen oder anderes Corporate-Finance-Spezialwissen), das ihm zur Differenzierung vom Wettbewerb gereicht. Da Transaktionserfahrung im Zusammenhang mit dem Reputationsaufbau eine maßgebliche Rolle spielt, muß sich dieser Anbieter zielgerichtet dem Aufbau aussagekräftiger Track Records (Listen an begleiteten Referenztransaktionen) in den Fokusbereichen widmen, in dem sich sein Profil in leistungs- und kundenbezogener Hinsicht und seine Kernkompetenzen klar widerspiegeln.[263]

- *Umfassende Serviceorientierung*: Als kritisch wird auch die Verwirklichung einer umfassenden Serviceorientierung mit Bezug auf die spezifizierten Kundengruppen erachtet, die das besondere Commitment der Bank in diesen Bereichen zum Ausdruck bringt.[264] Differenzierungsmöglichkeiten im Wege der Bereitstellung nicht standardisierter, auf die Spezifika des Kunden zugeschnittener Beratungs- und Informationsleistungen bestehen insbesondere auch im Bereich After-Sales-Support, d.h. der Phase nach Abschluß von konkreter Transaktionen.[265] Die Stärkung der Präsenz beim Kunden gebietet eine enge und kundenspezifische, langfristig orientierte Betreuung.
- *Schaffung von Visualität*: Aufgrund der im Vergleich zum Full-Service niedrigeren Publizitätswirkungen eines fokussierten Produkt-Markt-Auftritts hat sich der Nischenanbieter in vergleichsweise stärkerem Maße der Schaffung von Visualität zu widmen. Gegenstand der Vemarktungsanstrengungen sollten die Kernkompetenzen, aber auch das Commitment in Bezug auf bestimmte Kundengruppen bilden. League-Tables und Track Records eignen sich auch in diesem Kontext in hervorragendem Maße zum Einsatz für Marketing-Zwecke.

---

263 Anm. d. Verf.: Als Beispiel läßt sich Rothschild anführen, die auf M&A- und Corporate-Finance-Beratungsleistungen fokussiert und in Ausrichtung auf Großunternehmen und Regierungen tätig wird. Neben einer hervorragenden Stellung bei M&A, hat sich das Haus als Berater bei Privatisierungen einen sehr guten Namen erworben.

264 Laut Interviewergebnisse.

265 Laut Interviewergebnisse.

III.4 Zwischenbilanz: Zusammenfassung der Untersuchungsergebnisse

Teil III befaßte sich mit der Basisstrategie, der ersten zentralen Komponente einer Investment-Banking-Strategie. Möglichkeiten ihrer inhaltlichen Ausgestaltung wurden dabei zunächst aus einer theoretischen Perspektive beleuchtet, später die strategischen Positionierungsentscheidungen deutscher Banken und ihre Prämissen sowie die sich hieraus ergebenden Anforderungen an auszuprägende Stärken untersucht.

Unter Heranziehung relevanter Gestaltungsparameter eines übergeordneten Geschäftsprofils im Investment Banking sollte in **Abschnitt III.1** zunächst ein *Bezugsrahmen für die strategische Positionierung* in der Branche erarbeitet werden. Der hierzu präsentierte *Basisstrategiewürfel* beschreibt mit seinen Dimensionen der leistungsprogramm-, abnehmergruppenbezogenen und geographischen Streubreite der Investment-Banking-Aktivitäten drei wesentliche Gestaltungsparameter eines übergeordneten Geschäftsprofils. Die Formulierung einer Basisstrategie betrifft die zukunftsorientierte Festlegung der Ausprägungen dieser drei Bestimmungsgrößen.

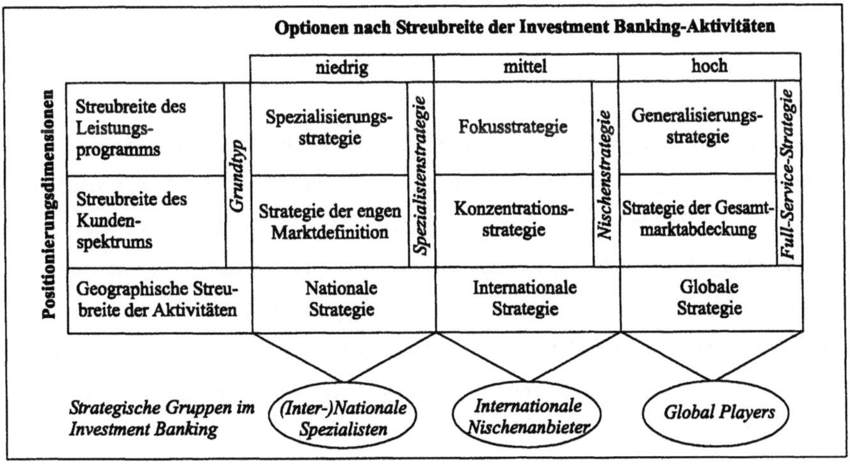

Abb. III-11: Strategische Basisoptionen, Gruppen und Grundtypen von Basisstrategien im zusammenfassenden Überblick

Je Positionierungsdimension stehen drei *Optionen* zur Disposition, die auf einem Kontinuum zwischen einer engen (ein Leistungsfeld, eine Kundengruppe, Heimatmarkt) und umfassenden Definition (alle Felder, Gruppen, globaler Markt) angesiedelt sind. Abbildung III-11 weist diese Handlungsalternativen nochmals in integrativer und systematisierter Weise aus. Aus einer theoretischen Perspektive galt es sodann, die Inhalte der sich hieraus ergebenden Basisstrategie-Optionen zu präzisieren und ihre empirische Relevanz zu überprüfen. Eine *Untersuchung empirisch beobachtbarer Basisstrategien* bedeutender Wettbewerber der Investment-Banking-Industrie ermöglichte die Abgrenzung dreier *Strategischer Gruppen* von Anbietern, die durch die jeweils selben Strategiemerkmale gekennzeichnet sind (vgl. Abb. III-11): Die „Global Player", die „Internationalen Nischenanbieter" und die „(Inter-)Nationalen Spezialisten".

Sodann galt es aus dem Spektrum an zur Disposition stehenden basisstrategischen Möglichkeiten letztlich tragfähige Positionierungsalternativen abzuleiten. Vertiefende *Erwägungen zu Möglichkeiten einer erfolgversprechenden Verknüpfung dimensionaler Optionen* ließen zunächst erkennen, daß die Positionierung nach leistungs- und abnehmerbezogener Streubreite im Sinne strategischer Stimmigkeit möglichst gleichgerichtet und parallel zu- bzw. abnehmen sollte. Dies führte im Ergebnis zur Ableitung dreier Grundtypen von Basisstrategien, die bezüglich der Merkmale der eingebundenen Einzeloptionen durch einen hohen interdimensionalen Fit gekennzeichnet sind: Spezialisten-, Nischen- und Full-Service-Strategien (vgl. Abb. III-11).
Erwägungen zu strategisch sinnhaften Verknüpfungen mit national, international und global orientierten Strategien vervollständigten die Untersuchung zur Logik der strategischen Positionierung im Investment Banking. Dabei kam zum Ausdruck, daß sich bei der Verknüpfung der Grundtypen mit den Optionen nach geographischer Streubreite größere Freiheitsgrade bieten. Lediglich nationale Full-Service- und globale Nischenstrategien erscheinen wenig zweckmäßig bzw. unrealistisch. Globale Spezialistenstrategien stellen nur unter bestimmten Prämissen praktikable, dann aber höchst relevante basisstrategische Alternativen dar.
Abschließend wurden *relative Vor- und Nachteile der Grundtypen von Basisstrategien* herausgearbeitet. Vorteile der Spezialistenstrategie (und Nachteile des Full-Service) bestehen u.a. in einer höheren Übersichtlichkeit der Arbeitsstrukturen, einer geringeren Fixkostenbelastung und größeren strategischen und operativen Flexibilität. Relative Nachteile, die

gleichzeitig Vorteile des Full-Service darstellen, weist dieser Grundtyp u.a. aufgrund eines insgesamt niedrigeren Ertragspotentials und geringeren Diversität der Ertragsströme, der Nicht-Möglichkeit einer Bereitstellung integrierter Investment-Banking-Dienstleistungen und damit letztlich aufgrund eines geringeren akquisitorischen Potentials des Gesamtsortiments auf.

In **Abschnitt III.2** standen sodann die strategischen Grundsatzentscheidungen der Deutschen Bank, der Dresdner Kleinwort Wasserstein, der Commerzbank und DG Bank im Investment Banking im Mittelpunkt der Analyse.

Mit der Untersuchung der gegenwärtigen strategischen Bedeutung dieses Marktleistungssektors im Rahmen der Universalbanktätigkeit und den strategischen Sach- und Wertzielsetzungen der Institute im Investment Banking galt es zunächst zwei wesentliche *Prämissen der strategischen Positionierung* zu beleuchten. Basierend hierauf wurden die *Basisstrategien* o.g. Banken offengelegt und inhaltlich spezifiziert. Abbildung III-12 vermittelt in Kurzform einen Überblick über wesentliche Untersuchungsergebnisse:

Investment Banking / *Wettbewerber*	***Absolute Bedeutung***	***Relative Bedeutung****	***Strategisches Sachziel***	***Strategisches Wertziel***	***Basisstrategie***
Deutsche Bank	überragend	stark übergeordnet	Spitzenstellung im globalen Investment Banking weiter ausbauen	ROE v. St.: 30%	Global-Player-Strategie
Dresdner KW	hoch	gleichrangig	Position als eine führende europäische Investment Bank mit selektiv globalen Kompetenzen ausbauen	ROE v. St.: 25%	Internationale Full-Service-Strategie (Europafokus)
Commerzbank	zunehmend hoch	gleichrangig bis leicht untergeordnet	Entwicklung zu einer der führenden europäischen Investment Banken	ROE n. St.: > 15%	Internationale Full-Service-Strategie (Europafokus)
DG Bank	hoch	selektiv gleichrangig, sonst untergeordnet	Entwicklung zu einer europäischen Handels-/ Investment Bank mit signifikanter Position in der EWU	k. A.	Internationale Nischenstrategie (Europafokus)

** im Verhältnis zum Commercial Banking*

Abb. III-12: Strategische Grundsatzentscheidungen deutscher Banken im Investment Banking im zusammenfassenden Überblick

In **Abschnitt III.3** wurden abschließend *Anforderungsprofile* für die von den fokalen deutschen Banken gewählten Basisstrategien entwickelt. Hierbei wurde spezifiziert, welche marktpositionsbezogenen Stärken den erfolgreichen Global Player, Internationalen Full-Service-Anbieter und Internationalen Nischenspieler kennzeichnen, und welche jeweils strategiespezifisch kritischen Ressourcen diese Basisstrategien voraussetzen.

Teil IV: Geschäftsfeldstrategien deutscher Banken im Investment Banking

Ist sich die Bank über ihre grundsätzliche Positionierung in der Branche im klaren, kann mit der zweiten Schlüsselaufgabe im Rahmen der Formulierung einer Investment-Banking-Strategie, der Planung der in den Geschäftsfeldern verkörperten Produkt-Markt-Erfolgspotentiale, begonnen werden.

Geschäftsfeldstrategien „... sind Strategien, die auf die Produkt-Markt-Situation bzw. die Wettbewerbsposition *einer einzelnen strategischen Geschäftseinheit* bzw. *eines Geschäftsbereichs* (...) gerichtet sind.“[1] Da sie mit der Basisstrategie abgestimmt sein müssen, um eine Konsistenz der Investment-Banking-Strategie als Ganzes zu gewährleisten, ist der Gestaltungsspielraum auf dieser Ebene bereits in gewisser Weise abgegrenzt.[2]

Dies läßt sich anhand des Investment-Banking-Würfels (vgl. Abb. II-11) veranschaulichen, der fünf zentrale Geschäftsfelder - zu verstehen als Leistungsfeld-Kundengruppen-Kombinationen - in umfassender Definition ausweist. Mit der Abgrenzung der leistungsprogramm-, abnehmerbezogenen und geographischen Streubreite der Geschäftstätigkeit im Investment Banking im Zuge der Basisstrategie wird dem Würfel sein grundlegendes Profil verliehen. Gleichzeitig wird hiermit auch der erwünschte produkt-markt-bezogene Ausdehungsgrad der zu bearbeitenden Geschäftsfelder in globaler Weise festgelegt. Diese Maßgaben der Basisstrategie bilden den Rahmen der Geschäftsfeldstrategieformulierung, die mit Möglichkeiten der Gestaltung der Tätigkeit in den einzelnen Produkt-Markt-Feldern befaßt ist.[3] Gleichzeitig wird eine erfolgsorientierte Strategieformulierung auf dieser Ebene jedoch immer auch an den spezifischen internen und - externen Bedingungen auszurichten sein, mit denen sich der Anbieter in dem fokalen Geschäftsfeld konfrontiert sieht. Zusammenfassend kommt den Geschäftsfeldstrategien im Kontext der Investment-Banking-Strategie die Schlüsselfunktion zu, die Verbindung von übergeordneten Zielsetzungen und der Basisstrategie mit den operativen Marktgegebenheiten herzustellen.

1 Macharzina, K. (1999), S. 214. (Hervorhebung im Original)
2 Vgl. Macharzina, K. (1993), S. 214.
3 Vgl. Macharzina, K. (1999), S. 214.

Mit den Geschäftsfeldstrategien im Investment Banking wird sich Teil IV fortfolgend intensiv auseinandersetzen. Zu Beginn werden die strategischen Handlungsoptionen, die Banken bei der positionierungsgerechten Entwicklung der Geschäftsfeldtätigkeiten zur Disposition stehen, inhaltlich abgegrenzt und unter Investment-Banking-Gesichtspunkten beleuchtet (Abschnitt IV.1). Um eine Verbindung zu der direkt vorgelagerten Investment-Banking-Strategie-Komponente herzustellen, werden hierbei auch Aspekte der strategischen Wahl auf Geschäftsfeldebene im Lichte der Basisstrategie untersucht. Teil zwei befaßt sich mit den Geschäftsfeldstrategien deutscher Banken im Investment Banking (Abschnitt IV.2). Zur Spezifikation des Kontextes der Strategieformulierung werden hierbei auch die produkt-markt-strategischen Ausgangslagen und aktuellen Marktpositionen in den einzelnen Geschäftsfeldern untersucht und vor dem Hintergrund der diesbezüglichen Anforderungen der gewählten Basisstrategien gespiegelt.

IV.1 Strategische Optionen auf Geschäftsfeldebene: Grundtypen und Ausgestaltungsmöglichkeiten

Strategische Planung beinhaltet nicht nur die Erarbeitung einer Gesamt- bzw. Basisstrategie, „... sondern auch die systematische und problemorientierte Erstellung von Strategien für einzelne, abzugrenzende Geschäftsbereiche im Rahmen der sogenannten Geschäftsfeldplanung.“[4] Im Zusammenhang mit der Frage, was mit den in den besetzten Geschäftsfeldern verkörperten Produkt-Markt-Erfolgspotentialen im Investment Banking in Zukunft geschehen soll, ist es aus Sicht der einschlägigen Literatur sinnvoll, zunächst strategische Stoßrichtungen zu formulieren, die ihre globale Entwicklungsrichtung in vereinfachter Weise anzeigen.[5] Diese Pfade sind im weiteren situationsspezifisch auszuplanen, d.h. zu konkreten Strategien für die einzelnen Geschäftsfelder auszuformen.[6]

---

4 Büschgen, H. (1998), S. 558.

5 Vgl. hierzu allgemein Macharzina, K. (1993), S. 211; Steinmann, H./ Schreyögg, G. (1992), S. 198; Meffert, H. (2000), S. 233, Hahn, D. (1999), S. 8ff. sowie im Kontext der strategischen Geschäftsfeldplanung in Banken im speziellen Schierenbeck, H. (1991), S. 421; Büschgen, H. (1998), S. 558ff.; Süchting, J./ Paul, S. (1998), S. 211.

6 Vgl. Macharzina, K. (1993), S. 214; Frese, E. (1986), S. 148; Frischknecht, M. (1996), S. 145; Süchting, J./ Paul, S. (1998), S. 219.

Daher sollen im weiteren zunächst mögliche Stoßrichtungen für Geschäftsfelder spezifiziert und Vorteilsbedingungen ihres Einsatzes herausgearbeitet werden (Abschnitt IV.1.1). Basierend hierauf werden die Teilspektren an Entwicklungsstrategien, die im Rahmen von Wachstum, Stabilisierung und Schrumpfung beschritten werden können, beleuchtet (Abschnitt IV.1.2). Aufgrund der erforderlichen Abstimmung zur Basisstrategie soll abschließend die strategische Wahl von Geschäftsfeldstrategien im Lichte der übergeordneten Positionierung untersucht werden (Abschnitt IV.1.3).

IV.1.1 Typen von Geschäftsfeldstrategien: Strategische Stoßrichtungen

Ist das Profil der Investment-Banking-Tätigkeit abgegrenzt, hat sich das Management vor dem Hintergrund begrenzter Ressourcen mit dem strategischen Grundsatzproblem zu befassen, wie die einzelnen Geschäftsfelder zu handhaben bzw. zu entwickeln sind.[7] Hierbei stehen drei grundsätzliche Stoßrichtungen zur Disposition:[8]

- Wachstum
- Stabilisierung
- Schrumpfung

---

7 Vgl. bspw. Macharzina, K. (1993), S. 211; Welge, M./ Al-Laham, A. (1992), S. 182ff.; Hinterhuber, H. (1989), S. 162; Schierenbeck, H. (1991), S. 421; Süchting, J./ Paul, S. (1998), S. 211. Die Bestimmung strategischer Stoßrichtungen fällt in den Aufgabenbereich Strategischer Unternehmensplanung - häufig wird hierin ein Kernaufgabenbereich der Unternehmensstrategie in Abgrenzung zu den Geschäftsfeldstrategien gesehen. Vgl. z.B. Macharzina, K. (1993), S. 211; Welge, M./ Al-Laham, A. (1992), S. 180f. Ausschlaggebend für diese Sichtweise ist, daß Entscheidungen dieser Art nur aus einer übergeordneten Sicht und im Gesamtzusammenhang gefällt werden können. Dieser Auffassung nicht notwendigerweise widersprechend, sehen andere Autoren, denen hier gefolgt werden soll, hierin - anknüpfend am Bezugsobjekt der Strategieüberlegungen - einen Aspekt der strategischen Geschäftsfeldplanung. Vgl. hierzu allgemein Hahn, D. (1999), S. 3 und S. 8ff.; Hax, A./ Majuf, N. (1984), S. 16ff. sowie im Kontext der strategischen Bankplanung Schierenbeck, H. (1991), S. 421; Büschgen, H. (1998), S. 558ff.; Süchting, J./ Paul, S. (1998), S. 211. Unabhängig von dieser Zuordnungsfrage besteht in der strategischen Planungsliteratur jedoch weitestgehend Einigkeit darüber, daß strategische Stoßrichtungen für die einzelnen Produkt-Markt-Bereiche zu entwickeln sind.

8 Vgl. hierzu im folgenden Macharzina, K. (1993), S. 211; Hahn, D. (1999), S. 9 sowie im Kontext der strategischen Bankplanung Schierenbeck, H. (1991), S. 421. Diese Strategien entsprechen den sog. „Normstrategien“ der Portfolio-Konzepte. Vgl. hierzu Welge, M./ Al-Laham, A. (1992), S. 192ff.; Macharzina, K. (1993), S. 266ff.; Steinmann, H./ Schreyögg, G. (1993), S. 198ff.; Frese, E. (1986), S. 130ff. Einsichtig ist, daß diese Stoßrichtungen grundlegende Strategien repräsentieren, die sich auch ohne Rückgriff auf Portfolio-Modelle ableiten und charakterisieren lassen. Vgl. Welge, M. (1985), S. 233.

Mit der Wahl der Stoßrichtung wird die Richtung des künftigen Entwicklungspfades eines Feldes in globaler Weise beschrieben und damit der *Grundtyp* einer Geschäftsfeldstrategie festgelegt.[9] Hierin kommt auch das Ausmaß an beabsichtigter Ressourcenbereitstellung zum Ausdruck. Denn Wachstum erfordert für gewöhnlich Investitionen, Schrumpfung geht demgegenüber i.d.R. mit einer restriktivabschöpfenden Behandlung einher, die bis zur vollständigen Desinvestition bzw. Freisetzung der gebundenen Ressourcen reichen kann.[10]
Die Wahl des Grundtyps hat die Vorgaben der Basisstrategie zu berücksichtigen. Gleichzeitig können sinnvolle Stoßrichtungen nur auf Basis einer detaillierten Analyse der In- und Umfeldbedingungen des Geschäftsfeldes formuliert werden. Denn der Entwicklungspfad und der damit verbundene Ressourceneinsatz sollen schließlich dem innewohnenden Erfolgspotential angemessen sein.[11] Zur Analyse der Ausgangssituation und Gewinnung von Anhaltspunkten zur Wahl situationsadäquater Stoßrichtungen sind eine Reihe von Planungsinstrumenten entwickelt worden.[12] Hohe Prominenz hat die Portfolio-Analyse erlangt, die kurz skizziert werden soll.[13]
Im Rahmen der Portfolio-Konzepte wird die Bewertung des Erfolgspotentials von Geschäftsfeldern anhand zweier (nach Konzeption variierender) Schlüsselfaktoren vorgenommen.[14] Ein Beurteilungskriterium bildet dabei eine nicht beeinflußbare Umweltgröße, die andere ein Unternehmensmerkmal, dessen Ausprägung durch Strategien verändert werden kann. In einem ersten Schritt erfolgt eine isolierte Analyse und Bewertung jedes Geschäftsfeldes anhand der Schlüsselfaktoren. Entsprechend der erreichten Werte werden die Erfolgsobjekte in einer Matrix positioniert, die durch die Beurteilungsdimensionen aufgespannt wird. Die Lage des einzelnen Geschäftsfeldes bringt sein individuelles Erfolgs-

---

9 Vgl. hierzu auch Schierenbeck, H. (1991), S. 421 oder Frese, E. (1986), S. 130, die bei Stoßrichtungen auch von Grund- oder Globalstrategien für die einzelnen Geschäftsfelder sprechen.

10 Vgl. hierzu allgemein Hahn, D. (1999), S. 8f.

11 Vgl. Hax, A./ Majuf, N. (1984), S. 19.

12 Vgl. zu Überblicken über Instrumente der strategischen Analyse und Strategieformulierung Macharzina, K. (1993), S. 217ff.; Bea, F./ Haas, J. (1995), S. 72ff.

13 Vgl. zu den Portfolio-Konzepten und ihren Grundlagen Hinterhuber, H. (1989), S. 106ff.; Welge, M./ Al-Laham, A. (1992), S. 182ff.; Steinmann, H./ Schreyögg, G. (1993), S. 198ff.; Macharzina, K. (1993), S. 266ff.; Dill, P. (1995), S. 334ff.; Bea, F./ Haas, J (1995), S. 132ff. sowie im Kontext der strategischen Bankplanung Büschgen, H. (1998), S. 562ff.; Süchting, J./ Paul, S. (1998), S. 212ff.; Schierenbeck, H. (1991), S. 421ff.

14 Vgl. zum Aufbau der Portfoliotechnik im folgenden Welge, M./ Al-Laham, A. (1992), S. 192ff.; Schierenbeck, H. (1991), S. 422; Hax, A./ Majuf, N. (1984), S. 19f.

potential zum Ausdruck bzw. die zusammenfassende Einschätzung hierzu. Die Gesamtschau in der Matrix erlaubt eine vergleichende Erfolgspotentialbeurteilung der Einzelobjekte.

Als Beispiel kann die in Abbildung IV-1 dargestellte „Portfolio-Matrix" dienen,[15] die aufgrund des hohen Verdichtungsgrades von In- und Umwelt-Informationen auch für Banken eine attraktive Portfolio-Variante abbildet.[16]

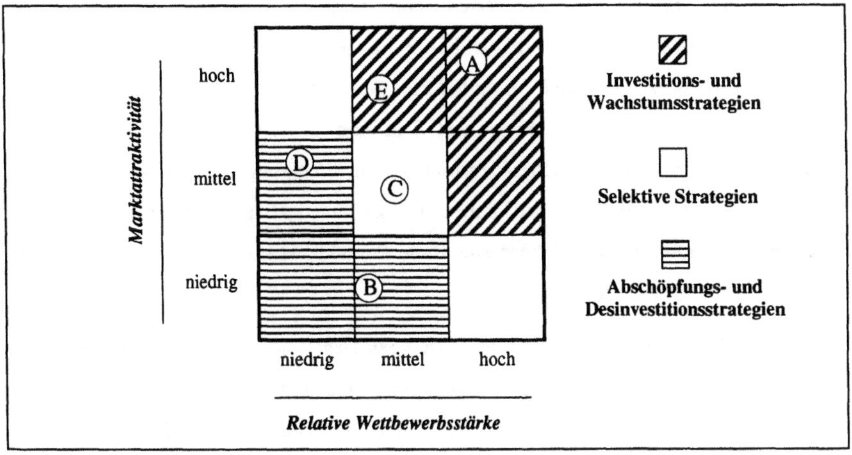

Abb. IV-1: **Die Portfolio-Matrix** (Quelle: In Anlehnung an Hinterhuber, H. (1989), S. 109.)

Das Potential der Erfolgsobjekte wird hier anhand der Multifaktorenkriterien *Marktattraktivität* und *relative Wettbewerbsstärke* beurteilt. Erstere bestimmt sich über Größen wie Marktwachstum, -größe, -qualität, Umwelt- und Konkurrenzsituation.[17] Zur Beurteilung der Wettbewerbsstärke in Relation zu den stärksten Konkurrenten könnten im Investment Banking Kriterien wie relativer Marktanteil, Produkt- und Branchen-Know-how, Sortimentsbreite, Bilanzstärke, Distributionskraft, Leistungsqualität, Reputation oder Markt-

15 Vgl. zu dieser von der Beratungsgesellschaft McKinsey entwickelten „Marktattraktivitäts-/ Relative Wettbewerbsstärke-Matrix" ausführlich Hinterhuber, H. (1989), S. 106ff.; Welge, M./ Al-Laham, A. (1991), S. 202ff.; Bea, F./ Haas, J. (1995), S. 137ff. sowie in Anwendung auf die Planung der Geschäftstätigkeit von Banken Schierenbeck, H. (1991), S. 421ff.; Süchting, J./ Paul, S. (1998), S. 212ff.; Büschgen, H. (1998), S.562ff.

16 Vgl. Süchting, J./ Paul, S. (1998), S. 215; Schierenbeck, H. (1991), S. 422ff.

zugangsvorteile herangezogen werden.[18] Im Rahmen eines Punktbewertungsverfahrens werden Kriterien und diesbezügliche Einschätzungen gleichnamig gemacht, so daß eine Zuordnung der Erfolgsobjekte zu den möglichen Kategorien „hoch", „mittel" und „niedrig" und damit die Positionierung in der Matrix erfolgen kann.[19]
Nach Lage des Geschäftsfeldes im Portfolio empfiehlt sich nun eine von insgesamt drei Normstrategien:[20]

- ***Investitions- und Wachstumsstrategien*** werden für solche Geschäftsfelder empfohlen, die sich in *Märkten mit mittlerer bis hoher Attraktivität* befinden und bei denen die *Wettbewerbsstärke der Bank als mittel bis hoch* eingeschätzt wird.[21] Diese Merkmale kennzeichnen die Erfolgsobjekte A und E in Abb. IV-1. Um Positionen der Stärke in attraktiven, mithin auch wachsenden Märkten zur Sicherung des künftig hohen Ertragspotentials zumindest halten zu können, müssen eigene Expansionsbestrebungen unternommen werden. Daher zeichnen sich diese Produkt-Markt-Kombinationen durch einen i.d.R. hohen Mittelbedarf aus.

- ***Abschöpfungs- und Desinvestitionsstrategien*** legt die Portfolio-Matrix für solche Geschäftsfelder nahe, bei denen *Wettbewerbsstärke und/ oder Marktattraktivität einen niedrigen, bestenfalls mittleren Wert* erreichen.[22] Dies beschreibt die Lage der Objekte B und D in Abb. IV-1. Aufgrund eines nur geringen Erfolgspotentials sollten hier gebundene Mittel freigesetzt oder so umfassend wie möglich abgeschöpft werden, um sie erfolgversprechenderen Verwendungen zuzuführen.

- Die strategische Handhabung von auf der Diagonale angesiedelten Produkt-Markt-Kombinationen stellt sich allgemein problematischer, weil weniger eindeutig dar. Hier werden ***Selektive Strategien*** vorgeschlagen.[23] Geschäftsfelder in attraktiven Märkten, in

---

17 Vgl. zu Bewertungskriterien der Marktattraktivität allgemein Hinterhuber, H. (1989), S. 112ff.; Welge, M./ Al-Laham, A. (1992), S. 202f. sowie für Banken Schierenbeck, H. (1991), S. 424.

18 Vgl. zu Bewertungskriterien der relativen Wettbewerbsstärke allgemein Hinterhuber, H. (1989), S. 114ff.; Welge, M./ Al-Laham, A. (1992), S. 202f. und S. 208ff. sowie für Banken Schierenbeck, H. (1991), S. 425; Süchting, J./ Paul, S. (1998), S. 216.

19 Vgl. Süchting, J./ Paul, S. (1998), S. 216; Hinterhuber, H. (1989), S. 120ff.

20 Vgl. Hinterhuber, H. (1989), S. 133.

21 Vgl. hierzu im folgenden Hinterhuber, H. (1989), S. 132f.

22 Vgl. hierzu im folgenden Hinterhuber, H. (1989), S. 133ff.

23 Vgl. zu „Selektiven Strategien" ausführlich und im folgenden Hinterhuber, H. (1989), S. 135ff.

denen die Bank eine nur geringe Wettbewerbsstärke aufweist, erfordern eine *Offensivstrategie* - sofern eine Positionsverbesserung realistischer weise möglich ist. Ansonsten ist über eine Aufgabe nachzudenken. Starke Positionen in Märkten mit geringer Attraktivität gilt es demgegenüber über *Defensivstrategien* abzusichern. Mit mittleren Matrixfeld sind *Übergangsstrategien* angeraten.

Obwohl die Konzepte einige Schwächen aufweisen,[24] ist hervorzuheben, daß der Einsatz von Portfolio-Modellen den Planungsträgern zu vertieften Erkenntnissen über die aktuelle Position und zu Ideen für die Wahl situationsadäquater Stoßrichtungen in den bearbeiteten Geschäftsfeldern verhelfen kann. Insbesondere vermitteln die Konzepte Einsichten, wann - d.h. bei welchen Umwelt-/ Unternehmenskonstellationen - das Aufgreifen einer bestimmten Stoßrichtung sinnvoll erscheint. Aussagen zu Möglichkeiten der konkreten Ausgestaltung von Wachstum, Stabilisierung oder Schrumpfung werden allerdings in nur unzureichendem Maße getroffen.[25] Konkrete Geschäftsfeldstrategien müssen daher außerhalb der Portfolio-Matrix entwickelt werden.[26] Mit den hierbei zur Disposition stehenden Handlungsoptionen wird sich der folgende Abschnitt befassen.

IV.1.2 Ausdifferenzierung von Geschäftsfeldstrategien: Stoßrichtungsspezifische Entwicklungsstrategien

Ist sich die Bank über die grundsätzliche Entwicklungsrichtung eines Geschäftsfeldes im klaren, ist zu entscheiden, wie die Stoßrichtung und damit die zukünftige Geschäftsfeldtätigkeit inhaltlich ausgestaltet werden soll.

Dies setzt in einem ersten Schritt Klarheit über das Bezugsobjekt der Planungsüberlegungen voraus. Hierzu kann grundlegend an dem in Abb. II-11 präsentierten Investment-Banking-Würfel angeknüpft werden, der wichtige Geschäftsfelder als Leistungsfeld-Kundengruppen-

---

[24] Vgl. zu kritischen Würdigungen der Portfolio-Konzeptionen Bea, F./ Haas, J. (1995), S. 148ff.; Macharzina, K. (1993), S. 285f.; Meffert, H./ Bruhn, M. (2000), S. 265; sowie in bezug auf Banken Süchting, J./ Paul, S. (1998), S. 218; Büschgen, H. (1998), S. 563. Als kritische Aspekte werden u.a. die Scheingenauigkeit der Beurteilung durch Informationsverdichtung, die Subjektivität der Gewichtung von Kriterien, Bewertung und Zuordnung sowie die Nicht-Berücksichtigung von Verflechtungen zwischen Geschäftsfeldern genannt.

[25] Vgl. z.B. Büschgen, H. (1998), S. 563.

Kombinationen veranschaulicht. Jede dieser Kombinationen ließe sich in isolierter Weise als ein *„Geschäftsfeldwürfel"* begreifen, der in einem dreidimensionalen Koordinatensystem angesiedelt ist. Um einen hinreichend präzisen Anknüpfungspunkt für die Konkretisierung von Stoßrichtungen repräsentieren zu können, ist das strategische Entscheidungsfeld auch hier prinzipiell umfassend zu definieren. So hat die Breitendimension auf dieser Ebene mögliche Leistungssegmente des Geschäftsfeldes in umfassender Weise zum Ausdruck zu bringen, die Tiefendimension sämtliche geschäftsspezifisch relevante Kundengruppen und die Höhendimension das Ländermärkte, in denen sich Ertragspotentiale lokalisieren lassen. Abbildung IV-2 illustriert dies beispielhaft für das Feld M&A.

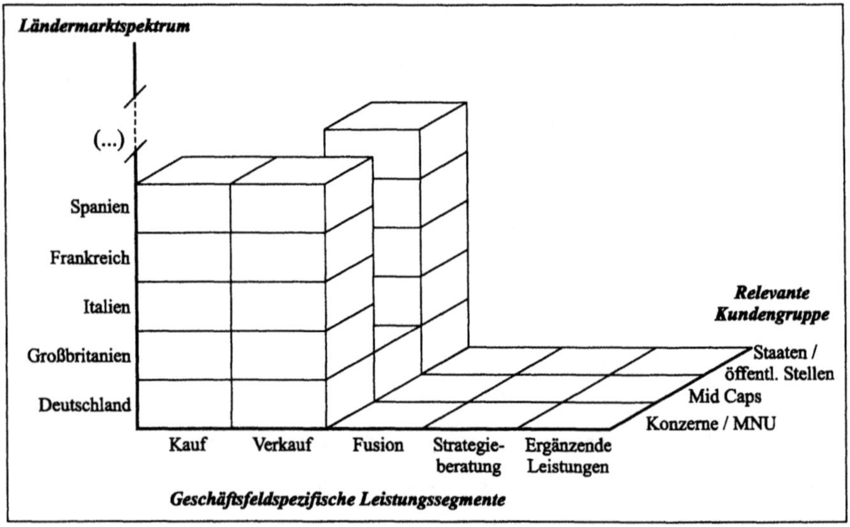

Abb. IV-2: Beispiel einer produkt-markt-strategischen Ausgangsposition im Feld M&A anhand des Geschäftsfeldwürfels

Die aktuelle Ausprägung der Bausteinkombination beschreibt die *produkt-markt-strategische Ausgangsposition* in einem Geschäftsfeld - Ausdruck und Resultat der bisherigen Geschäftsfeldstrategie. So ist bspw. der Anbieter, auf den Abb. IV-2 Bezug nimmt, im Feld M&A bislang in Ausrichtung auf europäische Konzerne/ MNU und heimische Mid Caps in den Segmenten Kauf- und Verkaufsberatung tätig. Zusätzlich steht er Staaten und öffentlichen

[26] Vgl. Frese, E. (1986), S. 148.

Stellen in den ausgewiesenen westeuropäischen Ländermärkten bei Firmenveräußerungen im Kontext von Privatisierungsvorhaben als Advisor zur Seite.
Die produkt-markt-strategische Ausgangsposition bildet den Anknüpfungspunkt zur Planung stoßrichtungsspezifischer Entwicklungsstrategien und wird damit schließlich zum Bestandteil der Geschäftsfeldstrategie.

Im Rahmen einer Stoßrichtung können nun jeweils unterschiedliche Wege beschritten werden. Lautet die Stoßrichtung Wachstum, kann der Geschäftsfeldwürfel über die Angliederung neuer Leistungssegmente und/ oder Kundengruppen und/ oder geographischer Märkte - oder im übertragenen Sinne auch durch Erhöhung des Marktanteils - an Volumen gewinnen. Schrumpfung stellt hingegen auf eine Volumenreduktion der Bausteinkombination ab. Hiermit kann der Ausstieg aus Aktivitätssegmenten, die Aufgabe bestimmter Kundengruppen und/ oder geographischer Märkte verbunden sein. Stabilisierung beschreibt den Fall, daß sowohl die Konfiguration der Bausteinkombination als auch die Marktposition bewahrt werden sollen.
Hiermit sind die verschiedenen stoßrichtungsspezifischen Entwicklungsstrategien angesprochen, die zur Konkretisierung der Entwicklungspfade im einzelnen zur Disposition stehen. Einen Überblick gewährt Abb. IV-3:

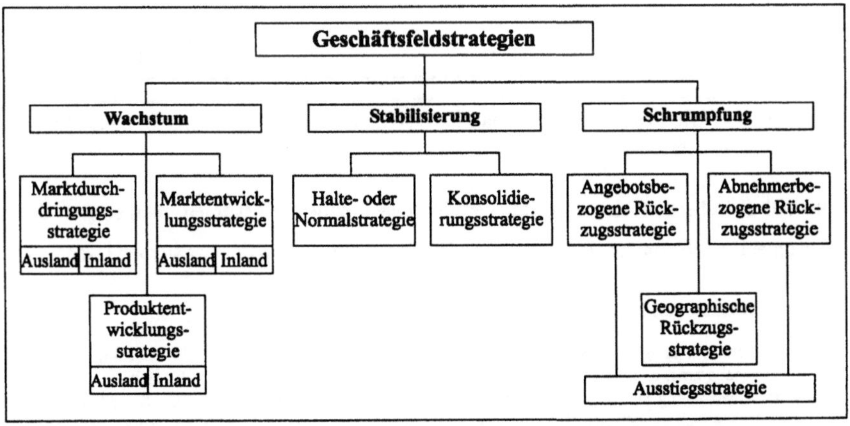

Abb. IV-3: Strategische Stoßrichtungen und stoßrichtungsspezifische Entwicklungsstrategien

Diese Teilspektren an Handlungsalternativen gilt es im folgenden unter Gesichtspunkten des Investment Bankings zu untersuchen. Zunächst werden strategische Optionen im Rahmen der Stoßrichtung Wachstum in den Fokus rücken (Abschnitt IV.1.2.1), anschließend stabilisierungs- (Abschnitt IV.1.2.2) und schrumpfungsspezifische Entwicklungsstrategien (Abschnitt IV.1.2.3) beleuchtet.

IV.1.2.1 Wachstumsstrategien

Ein verbreitetes Hilfsmittel im Suchprozeß nach wachstumsrelevanten Strategiealternativen bildet die in Abbildung IV-4 gezeigte „Produkt-Markt-Matrix" von Ansoff.[27]

		Produkte und Dienstleistungen	
		Bestehende Produkte und Dienstleistungen	Neue Produkte und Dienstleistungen
Märkte	Bestehende Märkte	***Marktdurchdringung***	***Produktentwicklung***
	Neue Märkte	***Marktentwicklung***	*(Diversifikation)*

Abb. IV-4: Die Produkt-Markt-Matrix (Quelle: In Anlehnung an Ansoff, I. (1965), S. 109.)

Obwohl zwischenzeitlich zahlreiche Verfeinerungen entwickelt wurden, repräsentiert dieses Instrument noch immer das tragende Grundkonzept zur Systematisierung wachstums-

[27] Vgl. hierzu grundlegend Ansoff, I. (1965), S. 109; zitiert u.a. auch in Welge, M./ Al-Laham, A. (1992), S. 294; Macharzina, K. (1993), S. 253f.; Karnani, A. (2000), S. 10; Bea, F./ Haas, J. (1995), S. 153. Vgl. zu einer Übertragung auf Dienstleistungsunternehmen Meffert, H./ Bruhn, M (2000), S. 172. Die Ansoff-Matrix läßt sich sowohl auf die Gesamtaktivität eines Unternehmens als auch Geschäftsfelder anwenden. Vgl. zu Anwendungen auf die Gesamtgeschäftstätigkeit Macharzina, K. (1993), S. 253ff.; Bea, F./ Haas, J. (1995), S. 157; Welge, M./ Al-Laham, A. (1992), S. 294ff. Vgl. zu Autoren, die das Instrument zur Strategiekonkretisierung auf Geschäftsfeldebene nutzen bspw. Hinterhuber, H. (1989), S. 172ff.; Meffert, H. (2000), S. 244ff. Hinterhuber nutzt die in der Matrix gezeigten Strategien zur Operationalisierung der Portfolio-Normstrategie „Wachstums-/ Investitionsstrategie" auf Geschäftsfeldebene. Diese Sichtweise wird in der vorliegenden Untersuchung aufgegriffen.

relevanter Strategiealternativen.[28] Mit den Strategien Marktdurchdringung, Produktentwicklung, Marktentwicklung und Diversifikation präsentiert die Matrix insgesamt vier generische strategische Handlungsmöglichkeiten im Zusammenhang mit intendiertem Wachstum.[29] Die Optionen können sowohl isoliert als auch in Kombination verfolgt werden,[30] was häufig der Fall sein wird. Im Sinne einer Konzentration der Kräfte erscheint jedoch ein zeitgleicher Vorstoß in alle Richtungen nicht ratsam.

- *Strategien der Marktdurchdringung* (MD) trachten danach, das Nachfragepotential in bereits bearbeiteten Märkten mit dem bestehenden Bündel an geschäftsfeldspezifischen Investment-Banking-Dienstleistungen und -Produkten umfassender auszuschöpfen.[31] Wachstum soll hier durch eine intensivierte Marktbearbeitung im angestammten Tätigkeitsbereich erzeugt werden. Das zentrale Ziel besteht in der Erhöhung des relativen Marktanteils, wozu sich drei Ansatzpunkte bieten:[32] Erzeugung einer erhöhten Leistungsverwendung bei bestehenden Kunden, Abwerbung von Kunden der Konkurrenz und Gewinnung bisheriger Nicht-Verwender.

  In wachsenden Märkten, also jenen Umfeldbedingungen, für die Wachstumsstrategien im allgemeinen empfohlen werden,[33] kann diese Option gewissermaßen als natürliche „Strategie" bezeichnet werden. Denn hier ist Wachstum mit dem Markt schon deshalb vonnöten, um Marktanteilsverluste zu vermeiden. Im Zusammenhang mit der Stoßrichtung Wachstum stellen Marktdurchdringungsstrategien daher i.d.R. dauerhaft zum Einsatz kommende Strategien dar.

---

28 Vgl. Welge, M./ Al-Laham, A. (1992), S. 293.

29 Anm. d. Verf.: Die Option der Diversifikation beschreibt den Vorstoß in neue Produkt- und Marktgebiete. Nach Auffassung von Büschgen, der hier gefolgt werden soll, kann die Option der Diversifikation in bezug auf das Aktivitätsprogramm einer Bank nur rein leistungsartenbezogen interpretiert werden. Vgl. Büschgen, H. (1993), S. 503. Sie besitzt daher für den Strukturtypus der Universalbank im Zusammenhang mit der Konzeptionierung einer Investment-Banking-Strategie keine strategische Relevanz und soll daher im folgenden nicht näher beleuchtet werden. Für Investment Banken hingegen bildet diese Option gerade im Rahmen von übergeordneten Absichten, den volatilen Ertragsströmen des Investment Banking ein verstetigendes Element entgegenzusetzen, eine häufig gewählte Option. Beispielhaft hierzu sei der Trend der Diversifikation in Richtung Asset Management angeführt, das sich durch stabile und gut prognostizierbare Erträge auszeichnet.

30 Vgl. Karnani, A. (2000), S. 10.

31 Vgl. zur Strategie die Marktdurchdringung auf Geschäftsfeldebene im folgenden allgemein Meffert, H. (2000), S. 244f. Vgl. analog Welge, M./ Al-Laham, A. (1992), S. 294; Bea, F./ Haas, J. (1995), S. 157; Macharzina, K. (1993), S. 254; Meffert, H./ Bruhn, M. (2000), S. 172.

32 Vgl. zu möglichen Ansatzpunkten dieser Strategie Meffert, H. (2000), S. 244f.

Um stetiges Wachstums im Zeitablauf zu erzielen, wird dieser Weg allein allerdings vielfach nicht für ausreichend erachtet. Langfristig erfolgreich wachsende Anbieter zielen in bezug auf attraktiv bewertete Geschäftsfelder darauf ab, „... den Teich, in dem sie fischen, zu vergrößern."[34] Dies läßt sich durch die Aufnahme neuer Angebotskomponenten und/ oder die Erschließung neuer Märkte bewerkstelligen und setzt eine veränderte Sichtweise voraus: „Das Ziel besteht darin, seinen aktuellen Marktanteil mit der richtigen Perspektive zu betrachten, indem man ihn als Anteil eines möglichen Marktes sieht."[35]

- In diesem Sinne sucht die *Strategie der Marktentwicklung* (ME) nach neuen Absatzmärkten für das bestehende Leistungsprogramm des Investment-Banking-Geschäftsfeldes.[36] Dabei kann es sich einerseits um neue Kundengruppen handeln (z.B. Konzerne/ MNU ausgehend von einem bisherigen Mittelstandsfokus) oder, noch spezifischer, um neue Abnehmersegmente innerhalb einer bereits bearbeiteten Kundengruppe (z.B. Ergänzung des Zielbranchenspektrums bei Konzernen/ MNU um weitere Industriesektoren). Zusätzliches Nachfragepotential findet sich andererseits aber auch in bisher nicht bearbeiteten geographischen Märkten.
  Im ersten Fall soll von einer abnehmerbezogenen (ME^A), im zweiten von einer geographischen Marktentwicklungsstrategie (ME^G) gesprochen werden. Letztere muß sich jedoch nicht zwangsläufig auf Auslandsmärkte beziehen. Denkbar ist auch, daß eine regionale Tätigkeit auf den nationalen Markt ausgedehnt wird. Bildlich gesprochen wird der Bausteinkombination des Geschäftsfeldwürfels mit dieser Strategie eine ausgeprägtere Tiefe und/ oder Höhe verliehen.

- Die *Strategie der Produktentwicklung* (PE) sucht danach, das Geschäftspotential in bereits bearbeiteten Märkten über die Aufnahme neuer Leistungssegmente umfassender auszuschöpfen.[37] In bezug auf den Geschäftsfeldwürfel zielt diese Strategie darauf ab, die Bausteinkombination, die der momentanen Tätigkeit entspricht, bei gleichbleibender Höhe

---

33 Vgl. hierzu die Ausführungen in Abschnitt IV.1.1.
34 Tichy, N./ Charan, R. (2000), S. 15.
35 Tichy, N./ Charan, R. (2000), S. 15.
36 Vgl. zu dieser Strategie auf Geschäftsfeldebene im folgenden allgemein Hinterhuber, H. (1989), S. 172; Meffert, H. (2000), S. 245. Vgl. analog Welge, M./ Al-Laham, A. (1992), S. 295.

und Tiefe zu verbreitern. Hierzu bieten sich allgemein zwei Ansatzpunkte:[38] Neuentwicklung von Investment-Banking-Dienstleistungen oder Finanzinstrumenten im Sinne von Innovationen oder Erweiterung des bestehenden Angebotsprogramms durch die Aufnahme neuer, am Markt jedoch bereits existenter („Me-too“-)Dienstleistungen und Produkte.

Im Rahmen der letztgenannten Variante könnte bspw. der Anbieter, dessen produkt-marktstrategische Ausgangsposition im Feld M&A in Abb. IV-2 dargestellt ist, sein Leistungsprogramm für Konzerne/ MNU um das Segment Fusionsberatung (Stichwort: „Mergers of Equals“) erweitern wollen. Insbesondere kommt dieser Variante auch dann Relevanz zu, wenn im Zuge einer basisstrategischen Neuorientierung auf übergeordneter Ebene, die z.B. den Übergang von einer Fokus- zu einer Generalisierungsstrategie vorsieht, ein neues, erst aufzubauendes Geschäftsfeld im Investment Banking definiert wird.[39] Bei Leistungssegmenten, die in einem ersten Schritt entwickelt werden, wird es sich in aller Regel zunächst um die Grundlagen („Basics“) des betreffenden Geschäfts handeln (z.B. Kauf- und Verkaufsberatung im Feld M&A), um erste Erfahrungen zu sammeln.[40]

Produktentwicklungsstrategien mit Innovationsfokus sind in der Praxis im Geschäftsfeld Anleihefinanzierungen besonders ausgeprägt, das zu den innovativsten im Investment Banking überhaupt zählt.[41] Dies spiegelt sich auch in der Variantenvielfalt an Finanzierungsprodukten wider, die sich am Markt für Fremdkapital entfaltet hat. Mit dieser Strategie seien bislang, so ein Experte, die US-amerikanischen Investment Banken mit Abstand am erfolgreichsten.[42] Die überwiegende Mehrzahl an Produktinnovationen käme nach wie vor aus den USA.

---

37 Vgl. zur Strategie die Produktentwicklung auf Geschäftsfeldebene im folgenden allgemein Hinterhuber, H. (1989), S. 173; Meffert, H. (2000), S. 245. Vgl. analog Welge, M./ Al-Laham, A. (1992), S. 294f.; Bea, F./ Haas, J. (1995), S. 157.

38 Vgl. zu möglichen Ansatzpunkten Macharzina, K. (1993), S. 254f.; Meffert, H. (2000), S. 245.

39 Anm. d. Verf.: Gleichzeitig wären in diesem Fall natürlich auch Marktentwicklungsstrategien in bezug auf jene Kundengruppen zu formulieren, denen diese Leistungen offeriert werden sollen.

40 Laut Interviewergebnisse.

41 Vgl. hierzu und im folgenden Achleitner, A. (1999), S. 402.

42 Hierzu und im folgenden laut Interviewergebnisse.

Die in Abb. IV-4 präsentierte Matrix zeigt nicht nur Typen von Wachstumsstrategien in nach relevanten Bezugsgrößen geordneter Weise auf, sondern eignet sich auch hervorragend zur inhaltlichen Konkretisierung dieser Stoßrichtung und Systematisierung der Vorhaben im einzelnen.

Zu Veranschaulichung kann das in Abbildung IV-5 gezeigte Beispiel einer Geschäftsfeldstrategie im Feld Eigenkapitalfinanzierungen beitragen, bei der im Rahmen der Stoßrichtung Wachstum alle möglichen Entwicklungsstrategien kombiniert werden. Träger könnte ein deutscher, bislang weitgehend national und mit unvollständigem Leistungsspektrum operierender Anbieter sein.

		Produkte und Dienstleistungen	
		Bestehende Produkte und Dienstleistungen	Neue Produkte und Dienstleistungen
Märkte	Bestehende Märkte	Intensivierung der Marktpräsenz bei deutschen Emissionskunden (Mid Caps + Konzerne/ MNU)	Aufbau von Beratungsexpertise zur Durchführung von Mitarbeiter- und Managementbeteiligungen und Aktienrückkäufen
	Neue Märkte	Entwicklung des Aktienprimärgeschäfts mit Großkunden in Europa Vermarktung der IPO-Spezial-Expertise für den Neuen Markt an europäische Wachstumsfirmen	

Abb. IV-5: Beispiel wachstumsspezifischer Entwicklungsstrategien im Geschäftsfeld Eigenkapitalfinanzierungen

Wie die Analyse empirisch beobachtbarer Basisstrategien im Investment Banking zeigte, legt heute die Mehrzahl der Wettbewerber ihren Geschäftsaktivitäten einen zumindest internationalen Aktionsradius zugrunde. Entsprechend dürfte es sich als sinnvoll erweisen, in bezug auf die Marktdimension eines Geschäftsfeldes nicht nur zwischen „alt" und „neu" sondern, wie PERLITZ vorschlägt, zwischen Märkten im In- und Ausland zu unterscheiden. Diese

Erweiterung der „Ansoff-Matrix", die ihren Aussagewert für die hier verfolgten Zwecke erhöht, gibt Abbildung IV-6 wieder.[43]

Märkte \ Produkte		gegenwärtig	neu
gegenwärtig	Inland	MD_1	PE_1
	Ausland	MD_2	PE_2
neu	Inland	ME_1	
	Ausland	ME_2	

Abb. IV-6: Wachstumsstrategien im Kontext internationaler Unternehmenstätigkeit
(Quelle: In Anlehnung an Perlitz, M. (1993), S. 40.)

Wie dies auch für die Grundformen gilt, können die in Abb. IV-6 aufgezeigten Optionen jeweils einzeln oder in Kombination aufgegriffen werden. So kann sich die Verfolgung einer Marktdurchdringungsstrategie auf den Inlandsmarkt (MD_1) und/ oder auf Auslandsmärkte (MD_2) beziehen.[44] Beide Varianten wollen zu einer Erhöhung des Geschäftsvolumens und damit Verbesserung der Wettbewerbsstellung und Ertragssituation im bereits bearbeiteten Produkt-Markt-Feld beitragen. Auslandsbezogene Marktentwicklungsstrategien (ME_2) tragen der Tatsache Rechnung, daß sich im Rahmen der Suche nach zusätzlichem Nachfragepotential insbesondere neue Ländermärkte anbieten. Auch kann ihre Verfolgung vor dem Hintergrund der Globalisierungsbestrebungen wichtiger Kundengruppen erforderlich werden. Die Produktentwicklungsstrategie (PE_2) kann bspw. dazu genutzt werden, um die Vorteile von auf dem Heimatmarkt erfolgreich eingeführten Produktinnovationen in anderen Auslandsmärkten auszuschöpfen.

43 Vgl. hierzu Perlitz, M. (1993), S. 40; zitiert auch in Bea, F./ Haas, J (1995), S. 158.
44 Vgl. hierzu im folgenden analog Bea, F./ Haas, J. (1995), S. 162; Perlitz, M. (1993), S. 41ff.

IV.1.2.2 Stabilisierungsstrategien

Stabilisierungsstrategien wollen keinerlei Veränderungen an der Produkt-Markt-Konfiguration eines Geschäftsfeldes vornehmen, sondern die Position innerhalb des bestehenden Tätigkeitsgebiets bewahren.[45] Dies kommt auch in der Intention zum Ausdruck, den erworbenen Marktanteil „halten" zu wollen.[46] Daraus erschließt sich, daß diese Stoßrichtung und die im folgenden zu diskutierenden Entwicklungsstrategien allenfalls in solchen Märkten in Frage kommen, die durch keine bzw. negative Wachstumsraten gekennzeichnet sind. Andernfalls wäre ein Verharren mit kontinuierlichen Marktanteilsverlusten verbunden.

Das Spektrum an möglichen Optionen umfaßt hier Halte- oder Normalstrategien auf der einen und Konsolidierungsstrategien auf der anderen Seite.

- *Halte- oder Normalstrategien* stellen auf eine Erhaltung des Statusquo ab,[47] sie beabsichtigen ausdrücklich, keinerlei Veränderungen an der bestehenden Produkt-Markt-Konfiguration oder den beschäftigten Leistungspotentialen vorzunehmen. Oftmals haben sie den Charakter von Übergangsstrategien, mit denen Zeit gewonnen werden soll, um sich endgültig für eine andere Stoßrichtung zu entscheiden.[48]

Die Haltestrategien zugrunde liegende defensiv-abwartende Grundeinstellung ist im Hinblick auf die Dynamik der Investment-Banking-Branche jedoch als äußerst problematisch und risikoreich einzustufen, vor allem dann, wenn diese Option langfristig und in mehreren Geschäftsfeldern gleichzeitig zum Einsatz kommt. Dies betont auch BAAS: „Da sich der

---

45 Vgl. hierzu Meffert, H. (2000), S. 233, der in Abgrenzung zu Wachstums- und Rückzugsstrategien für Geschäftsfelder auch von „Behauptungsstrategien" spricht. Wie die wachstums- und schrumpfungsspezifischen Entwicklungsstrategien werden Stabilisierungsstrategien auch auf die Gesamtaktivität eines Unternehmens bezogen. Vgl. hierzu z.B. Welge, M./ Al-Laham, A. (1992), S. 292; Johnson, G./ Scholes, K. (1997), S. 283; Bea, F./ Haas, J. (1995), S. 162f. Wie andere grundtypspezifische Entwicklungsstrategien lassen sie sich jedoch auch auf die Geschäftsfeldebene übertragen, wie dies die hier vertretene Sichtweise beschreibt. Ihre Relevanz auf Geschäftsfeldebene kommt bspw. in der Normstrategievariante „Selektive Strategien", insbesondere „Übergangsstrategien" und den von Hinterhuber genannten Ansatzpunkten zur deren Verwirklichung zum Ausdruck. Vgl. hierzu Hinterhuber, H. (1989), S. 135f. und S. 174.

46 Vgl. analog Johnson, G./ Scholes, K. (1997), S. 283. Marktdurchdringungsstrategien, die ebenfalls keine Veränderungen am bestehenden Produkt-Markt-Feld vornehmen wollen, stellen in Abgrenzung hierzu auf Marktanteilserhöhungen ab.

47 Vgl. hierzu analog Welge, M./ Al-Laham, A. (1992), S. 293.

Markt auf technischer Ebene, bei der Entwicklung neuer Produkte und Dienstleistungen sowie bei der Erschließung neuer Märkte rasant entwickelt, wäre ein Verweilen, zumal für solche Banken, die dem muddled middle angehören, mit einem sich ständig vergrößernden Rückstand verbunden, der sich möglicherweise nicht mehr aufholen ließe oder das betreffende, geschwächte Institut sogar zum Objekt gezielter Akquisitionen machen würde."[49]

- *Konsolidierungsstrategien* stellen demgegenüber unter Beibehaltung des bestehenden Produkt-Markt-Programms auf eine Erhöhung der innerbetrieblichen Effizienz ab.[50] Hierbei geht es vor allem um Rationalisierungsmaßnahmen zur Kostensenkung. Ihre Verfolgung sucht personelle Überkapazitäten zu reduzieren, unnötige Tätigkeiten zu eliminieren oder das Sortiment von Randprodukten zu bereinigen.[51] Konsolidierungsstrategien werden nach Phasen starken Wachstums angeraten, um z.B. Doppelspurigkeiten oder Überschußkapazitäten abzubauen.[52] Mit der selben Intention können sie ebenso vor dem Hintergrund temporärer Nachfragerückgänge auf Produktmärkten des Investment Banking angezeigt sein.

So zeichnet die Investment-Banking-Branche aus, in Zeiten stark nachlassender Nachfrage außerordentlich schnell mit umfangreichen Personalfreisetzungen zu reagieren.[53] Dies ist aktuell angesichts des negativen Börsenklimas und der drohenden Rezession in den USA zu beobachten. Dieser Rückgang folgt einer zweijährigen aggressiven Einstellungspolitik der Investment Banken, die die Gehälter in schwindelerregende Höhen trieb, was die augenblickliche Ausprägung verschärft. Nahezu alle Investment Banken, darunter Merrill Lynch, Goldman Sachs, Bear Stearns und JP Morgan Chase, haben mit dem Abbau von Arbeitsplätzen begonnen.[54] Morgan Stanley kündigte an, 1000 Wertpapierhändler und 500 weitere Angestellte entlassen zu wollen. Nach Schätzung von Marktbeobachtern könnten im Zuge dieser Konsolidierungsbestrebungen alleine in London 20.000 Stellen gestrichen

48 Vgl. analog Bea, F./ Haas, J. (1995), S. 162.
49 Baas, V. (1998), S. 722.
50 Vgl. analog Welge, M./ Al-Laham, A. (1992), S. 293.
51 Vgl. analog Welge, M./ Al-Laham, A. (1992), S. 293.
52 Vgl. analog Welge, M./ Al-Laham, A. (1992), S. 293.
53 Vgl. Achleitner, A. (1999), S. 83.
54 Vgl. hierzu und im folgenden Pretzlik, C. (2001A), S. 22.

werden. Dies unterstreicht die praktische Relevanz der Option Konsolidierung für die Investment-Banking-Branche.

IV.1.2.3 Schrumpfungsstrategien

Nach zum Teil massiven Investitionen in diesen Sektor ist eine Reihe europäischer Universalbanken damit befaßt, ihr Produkt-Markt-Programm im Investment Banking wieder einzuschränken.[55] Als aktuelles Beispiel läßt sich ING Barings anführen, die - nachdem sie sich in 1998 aus dem Emerging-Markets-Geschäft in Lateinamerika und Asien zurückgezogen hatte - ihr US-Investment-Banking-Geschäft Anfang des Jahres 2001 an die ABN AMRO veräußerte.

In bezug auf die Praxis bleibt kritisch anzumerken, daß Schrumpfung, hier verstanden als Rückzug aus Produkt- und/ oder Markt-Bereichen, oftmals eher das reaktive Verhalten auf anhaltende Mißerfolge (z.B. nachhaltig unzureichende Profitabilität), denn das Ergebnis vorausschauenden strategischen Denkens abbildet.[56] Jedoch ist das Timing der kritische Erfolgsfaktor jeder Schrumpfungsstrategie. Je früher sie vom Zeitpunkt einer ausweglosen Situation her gesehen zum Einsatz kommt, desto höher ist die Chance auf einen Rückzug bzw. Austritt ohne gravierende Verluste.[57]

Obwohl Strategien der Schrumpfung erhebliche praktische Relevanz zukommt, wurde ihnen in der Literatur über einen langen Zeitraum nur unzureichende Aufmerksamkeit gewidmet.[58] Dort als „Desinvestitionsstrategien" bezeichnet, finden sie vor allem im Rahmen zahlreicher Portfolio-Ansätze Berücksichtigung.[59] Allerdings nehmen auch diese Konzepte lediglich auf einer hochaggregierten Betrachtungsebene auf diese Stoßrichtung Bezug, eine Operationalisierung erfolgt nicht.[60]

---

55 Vgl. hierzu auch Baas, V. (1998), S. 722.
56 Vgl. Bea, F./ Haas, J. (1995), S. 163; Trautmann, M. (19), S. 140.
57 Vgl. Welge, M./ Al-Laham, A. (1992), S. 348.
58 Vgl. Bea, F./ Haas, J. (1995), S. 163; Trautmann, M. (1993), S. 140; Welge, M./ Al-Laham, A. (1992), S. 329.
59 Vgl. Trautmann, M. (1993), S. 142; Welge, M./ Al-Laham, A. (1992), S. 339f.
60 Vgl. Trautmann, M. (1993), S. 142.

Hieraus ergibt sich das Erfordernis einer begrifflichen Abgrenzung. In Analogie zu dem hier vertretenen Wachstumsbegriff wird auch Schrumpfung unternehmensbezogen und im Hinblick auf die Bezugsobjekte des Reduktionsprozesses produkt- und marktorientiert interpretiert.[61] Eine Schrumpfungsstrategie beschreibt somit „... den unternehmerisch geplanten (...) Rückzug aus einzelnen Marktsegmenten, Angebotsbereichen oder ganzen Geschäftsfeldern (...).“[62]

Zur Systematisierung des Spektrums an Optionen, das im Rahmen von Schrumpfung zur Disposition steht, läßt sich in Analogie zu den wachstumsstrategischen Optionen an der Produkt- und Marktdimension des Geschäftsfeldes ansetzen. Nach Anzahl der Reduktionsbereiche lassen sich Strategien des ein- und mehrdimensionalen Rückzugs unterscheiden,[63] die Abbildung IV-7 zusammenfassend ausweist:[64]

Reduktionsobjekte / Anzahl an Reduktionsbereichen	Leistungssegmente	Zielkundengruppen	Geographische Märkte
eindimensional	***Angebotsbezogene Rückzugsstrategie***	***Abnehmergruppen-bezogene Rückzugsstrategie***	***Geographische Rückzugsstrategie***
mehrdimensional	***Ausstiegsstrategie***		

Abb. IV-7: Stoßrichtungsspezifische Entwicklungsstrategien im Rahmen von Schrumpfung

Die Strategien des eindimensionalen oder selektiven Rückzugs können auch in Kombination zum Einsatz kommen. Sie suchen danach, das bearbeitete Produkt-Markt-Feld zu verkleinern

61 Vgl. hierzu analog Trautmann, M. (1993), S. 146. Vgl. zu verschiedenen, auch abweichenden Interpretationen des Schrumpfungsbegriffs Welge, M./ Al-Laham, A. (1992), S. 347.

62 Trautmann, M. (1993), S. 146. Dieser Autor spricht unter Zugrundelegung des selben Begriffsverständnisses von „Strategien der Reduktion“ auf Geschäftsfeldebene.

63 Vgl. zu dieser Unterscheidung Trautmann, M. (1993), S. 146.

64 Vgl. zu diesen strategischen Optionen Trautmann, M. (1993), S. 147ff. Der Autor nennt insgesamt drei Handlungsalternativen: Die eindimensionale Reduktion in bezug auf Leistungsbereiche einerseits und Zielgruppen andererseits sowie die zweidimensionale Reduktion, die dem Ausstieg aus einem Geschäftsfeld entspricht. Eine Differenzierung zwischen Abnehmer- und geographischen Märkten, wie hier in Analogie zu den wachstumsspezifischen Alternativen getroffen, wird nicht vorgenommen. Vgl. zu Typen von Schrumpfungsstrategien auf Geschäftsfeldebene auch Meffert, H. (2000), S. 264, der mit der „Konzentrationsstrategie“ (entsprechend o.g. abnehmerbezogener Rückzugsstrategie), „Zerschlagungs-

und über diese Maßnahme der - idealerweise nicht erzwungenen - Selbstbeschränkung und Konzentration der Ressourcen neue Stoßkraft zu erlangen.

- *Angebotsbezogene Rückzugsstrategien* beschreiben die Aufgabe von Teilen des geschäftsfeldspezifischen Angebotsprogramms, wobei das bearbeitete Marktfeld in geographischer wie abnehmerbezogener Hinsicht unangetastet bleibt.[65] Möchte man diese Überlegung auf den Geschäftsfeldwürfel beziehen, verliert die bestehende Bausteinkombination damit an Breite, während ihr Ausdehnungsgrad nach Höhe und Tiefe erhalten bleibt. Im Zusammenhang mit dem Risikopotential dieser Aktivität haben sich bspw. US-Investment Banken im Feld Sales & Trading seit Mitte 1998 verstärkt vom Market Making in hochverzinslichen Anleihen („Junk Bonds") zurückgezogen und diesbezügliche Bestände abgebaut. Als ein zweites Beispiel kann die UBS dienen, die in 1999 bekannt gab, sich u.a. aus den Structured-Finance-Leistungssegmenten Projektfinanzierung und nicht-strukturierte Asset-Backed-Finanzierungen zurückzuziehen.[66]

Marktbezogene Rückzugsstrategien verkleinern das bestehende Tätigkeitsfeld durch Aufgabe bisher bedienter Absatzmärkte:

- *Abnehmergruppenbezogene Rückzugsstrategien* beinhalten eine Einschränkung des Zielkundenspektrums durch Aufgabe bestimmter Abnehmergruppen oder -segmente.[67] Hiervon könnte bspw. die Gruppe Konzerne/ MNU betroffen sein, wenn der Anbieter in dem fokalen Feld künftig in ausschließlicher Fokussierung auf Mid Caps tätig werden will. Eine Variante beschreibt den Rückzug aus spezifischen Abnehmersegmenten (z.B. Branchen) innerhalb einer Kundengruppe.

strategie" (entsprechend o.g. Ausstiegsstrategie) und der „Abschöpfungsstrategie" insgesamt drei Optionen unterscheidet.

65 Vgl. Trautmann, M. (1993), S. 147f., dort als eindimensionale Reduktion aus bestimmten Angebotsbereichen bezeichnet.

66 Vgl. hierzu UBS (1999), S. 15.

67 Vgl. Trautmann, M. (1993), S. 148f., dort als eindimensionale Reduktion aus bestimmten Marktsegmenten bzw. Zielgruppen bezeichnet. Vgl. hierzu auch Meffert, H. (2000), S. 264, der hierbei von einer „Konzentrationsstrategie" spricht.

- *Geographischen Rückzugsstrategien* wird dann nachgegangen, wenn die Aufgabe von Ländermärkten Bezugsgröße der intendierten Schrumpfung bildet.[68] Auf das eingangs angeführte Beispiel ING rekurrierend, läßt sich der Rückzug aus dem US-amerikanischen Markt als Ausruck des Aufgreifens dieser Option in verschiedenen Geschäftsfeldern des Investment Banking interpretieren.

Als Beispiel kann die in Abbildung IV-8 gezeigte Geschäftsfeldstrategie im Feld Eigenkapitalfinanzierungen dienen. Im Rahmen der Stoßrichtung Schrumpfung werden hier alle möglichen eindimensionalen Entwicklungsstrategien kombiniert. Träger dieser Strategie könnte ein europaweit tätiger deutscher Anbieter mit bereits eingeschränktem Leistungs- und Kundenspektrum sein, der hiermit eine weitere Konzentration seiner Ressourcen auf Bereiche der Stärke bezweckt.

Reduktionsobjekte / Anzahl an Reduktionsbereichen	Leistungssegmente	Zielkundengruppen	Geographische Märkte
eindimensional	**Beschränkung auf IPO-Mandate für das Börsen-segment Neuer Markt bei umfassendem Service**	**Beschränkung auf reinrassige Wachstums-unternehmen (Mid Caps) mit Neuer Markt-Relevanz**	**Beschränkung auf den Heimatmarkt**
mehrdimensional		**-/-**	

Abb. IV-8: Beispiel schrumpfungsspezifischer Entwicklungsstrategien im Geschäftsfeld Eigenkapitalfinanzierungen

In Abgrenzung zu den bisher genannten Strategien erfolgt bei der folgenden Option eine mehrdimensionale Reduktion der Operationen:[69]

- *Ausstiegsstrategien* kennzeichnet ein vollständiger produkt- und marktbezogener Rückzug aus einem Geschäftsfeld des Investment Banking.[70] Sie haben die betriebswirtschaftliche

68 Anm. d. Verf.: Eine Unterscheidung zwischen den Varianten in- und auslandsbezogen ist hier nicht zweckmäßig, zumal ein Rückzug aus dem Inlandsmarkt, der aus logischen Gründen mit einem Rückzug aus den besetzten Auslandsmärkten einher gehen dürfte, einem Ausstieg gleichkommt.

69 Vgl. Trautmann, M. (1993), S. 149f., dort als Strategie der zweidimensionalen (= produkt- und marktbezogenen) Reduktion bezeichnet.

Konsequenz, daß der entfallende Gewinn dieses nicht mehr besetzten Tätigkeitsfeldes nun durch andere Geschäftsfelder erwirtschaftet werden muß.[71] Andererseits können die hierin gebundenen und kontinuierlich einzubringenden Ressourcen anderen erfolgsträchtigeren Verwendungen zugeführt werden. In Praxi sind Ausstiegsstrategien häufig zu beobachten, wenn die betreffenden Investment-Banking-Aktivitäten nicht die kritische Größe oder geforderte Profitabilität erreichen.[72]

Daß Ausstiegsstrategien auch für Universal- oder Commercial Banks keinesfalls abwegige Optionen bilden, belegen die Beispiele der englischen Großbanken. So gab *Barclays* in 1997 die Felder M&A, Eigenkapitalfinanzierungen und das Aktiensekundärmarktgeschäft auf,[73] die *National Westminster Bank* entschied sich in 1998 für den Ausstieg aus fast allen Geschäftsfeldern des Investment Banking.[74]

Schrumpfungsstrategien werden in der Literatur vor allem bei nachhaltig negativen Nachfrageveränderungen auf einem externen Produktmarkt empfohlen.[75] Wenngleich dieser Aussage uneingeschränkt zuzustimmen ist, wird in der Tatsache, daß eine Reihe von Konzeptionen Schrumpfungsstrategien ausschließlich für schrumpfende Märkte vorsehen bzw. in diesen für relevant halten,[76] eine problematische Verkürzung des Sachverhalts gesehen.[77] Schrumpfung kann nach der hier vertretenen Auffassung nicht ausschließlich an (ungünstigen) Bedingungen des externen Umfeldes festgemacht werden. Vielmehr sollte sie auch dann die geeignete Stoßrichtung bilden, wenn die Bank trotz günstiger Marktaussichten realistischerweise nicht über die erforderlichen Fähigkeiten und finanziellen Mittel verfügt, dort auf Dauer erkennbar Fuß zu fassen.[78] Dies entspricht der Sichtweise der Portfolio-Konzepte, die „Abschöpfungs-/ Desinvestitionsstrategien" für solche Geschäftsfelder

---

70 Vgl. Trautmann, M. (1993), S. 149. Vgl. hierzu auch Meffert, H. (2000), S. 264, der hierbei von einer „Zerschlagungsstrategie" spricht.

71 Vgl. Trautmann, M. (1993), S. 149.

72 Vgl. Achleitner, A. (1999), S. 84.

73 Vgl. Barclays (1997), S. 30ff. sowie zu einer Bewertung dieser Strategien Aitken, J./ Brown, P. (1997), S. 32ff. Als Käufer des M&A- und Equity-Bereichs trat die CSFB auf.

74 Vgl. Nat West (1997), S. 35ff. sowie zu einer Bewertung dieser Strategien Aitken, J./ Brown, P. (1997), S. 37ff.

75 Vgl. zu einem umfassenden Überblick über neuere Strategiekonzeptionen in schrumpfenden Märkten Welge, M./ Al-Laham, A. (1992), S. 339ff.

76 Vgl. zu einer entsprechenden Konzeption stellvertretend Harrigan, K. (1988).

77 Vgl. zu diesem Defizitbereich der Literatur auch Trautmann, M. (1993), S. 164.

78 Anm. d. Verf.: Dies gibt auch die einstimmige Auffassung der befragten Experten wieder.

empfehlen, denen ein nur geringes Erfolgspotential zugesprochen werden kann.[79] Letzteres wird durch Umwelt- *und* Unternehmensfaktoren bzw. deren Konstellation geprägt. Entsprechend ist immer dann über einen Rückzug oder Ausstieg nachzudenken, wenn die Marktaussichten als ungünstig einzustufen sind *und/ oder* in diesem Tätigkeitsbereich über eine nur schwache Wettbewerbsposition und -stärke verfügt wird.

Daß in der Praxis des Investment Banking vielfach unternehmensbezogene Faktoren Schrumpfungsstrategien auslösen, zeigt das Beispiel NatWest. Die Bank begründete das Aufgreifen von Ausstiegsstrategien in fast allen Geschäftsfeldern des Investment Banking mit einer anhaltend niedrigen Profitabilität und den Investitionsanfoderungen des Geschäfts - und nicht mit einer per se unzureichenden Attraktivität der Umfelder.[80] Eigenkapitalrenditen zwischen 11% und 13% vor Steuern in den Jahren 1994 bis 1996 sowie von lediglich 2,4% im ersten Halbjahr 1997 hatten sich zunehmend wertvernichtend auf die Rentabilität der Gesamtbank ausgewirkt.

Im Rahmen einer empirischen Untersuchung von JANSEN zu Auslösefaktoren von Desinvestitionen wurden neben externen, zahlreiche unternehmensinterne („mutterspezifische" und „desinvestionsobjektspezifische") Triebkräfte von Schrumpfungsstrategien identifiziert, die Abbildung IV-9 zusammenfaßt.[81] Gerade auch diese Gruppe beschreibt Situationen, in denen der Einsatz strategischer Optionen aus dem Teilspektrum der Schrumpfungsstrategien im Investment Banking angemessen ist.

Mutterspezifische Faktoren Auslösefaktoren	*Desinvestionsobjekt-spezifische Auslösefaktoren*	*Konkurrenz-/ Markt-bedingte Auslösefaktoren*	*Makroökonomische bedingte Auslösefaktoren*
• Verluste der Muttergesellschaft • Fehlende finanzielle Mittel • Fehler im Management der Muttergesellschaft	• Verluste des Geschäftsfeldes • Ungünstige Perspektiven • Konflikte zwischen Muttergesellschaft und Desinvestionsobjekt • Zu hoher Kapitalbedarf	• Nachfragerückgang • Überkapazität • Kostenentwicklung der Produktionsfaktoren • Angebot eines Käufers	• Beschränkungen des unternehmerischen Handlungsspielraums

Abb. IV-9: Mögliche Auslösefaktoren für Schrumpfungsstrategien

79 Vgl. hierzu die Ausführungen in Abschnitt IV.1.1.
80 Vgl. hierzu und im folgenden Nat West (1997), S. 38f.
81 Vgl. zu den in Abb. IV-9 genannten und weiteren Auslösefaktoren von Desinvestitionsentscheidungen Jansen, A. (1986), S. 93ff.

Abschließend sei bemerkt, daß Schrumpfungsstrategien nicht immer ohne weiteres realisiert werden können. Vielfach behindern Marktaustrittsbarrieren den geplanten Rückzug oder Ausstieg. Nach Porter sind drei mögliche Formen zu unterscheiden.[82]

- *Ökonomische Austrittsbarrieren*:[83] Hierzu zählen bspw. hohe Kosten der Freisetzung von Personal (z.B. Abfindungen) oder eine eingeschränkte bzw. mangelnde Liquidations- bzw. Verkaufsfähigkeit hochspezialisierter Vermögenswerte, in die in der Vergangenheit massiv investiert wurde (z.B. IT-Systeme).
- *Strategische Austrittsbarrieren*:[84] Schrumpfungsstrategien können Synergieeffekte zerstören und damit das Erfolgspotential anderer Geschäftsfelder schmälern. Dies droht vor allem dann, wenn Geschäftsfelder über gemeinsame Kunden mit hohem Bedeutungsgrad verfügen. Aber auch z.B. eine enge Verknüpfung des Images des Anbieters mit dem zu verkleinernden oder aufzugebenden Geschäftsfeld kann eine strategische Ausstiegshürde repräsentieren.
- *Emotionale Austrittsbarrieren*:[85] Hierbei handelt es sich um Widerstände im Management, insbesondere bei Führungskräften des Schrumpfungsobjektes, die ihrerseits auf Traditionsdenken, Angst vor negativer Stigmatisierung erbrachter Leistungen oder dem Verlust der Position basieren können.

In der betriebswirtschaftlichen Konsequenz bedeutet dies, daß mit dem Aufgreifen von Schrumpfungsstrategien hohe Kosten assoziiert sein können und Negativeffekte auf das verbleibende Engagement nicht auszuschließen sind. Anzunehmen ist, daß Art und Umfang der Austrittsbarrieren die strategische Wahl im Zusammenhang mit Schrumpfung maßgeblich beeinflussen.[86] Im Extremfall kann dies dazu führen, daß von der Ergreifung dieser Stoßrichtung zugunsten einer anderen abgesehen wird.[87]

---

82 Vgl. hierzu grundlegend Porter, M. (1992), S. 324ff., sowie ergänzend Welge, M./ Al-Laham, A. (1992), S. 333ff.; Trautmann, M. (1993), S. 164ff. Vgl. zu einer ausführlichen Diskussion verschiedener Austrittsbarrieren und ihrer empirischen Relevanz Jansen, A. (1986), S. 182.

83 Vgl. hierzu im folgenden grundlegend Porter, M. (1992), S. 324ff. Vgl. hierzu auch Welge, M./ Al-Laham, A. (1992), S. 333f.; Trautmann, M. (1993), S. 165; Jansen, A. (1986), S. 186ff.

84 Vgl. hierzu im folgenden grundlegend Porter, M. (1992), S. 327f. Vgl. hierzu auch Welge, M./ Al-Laham, A. (1992), S. 334; Trautmann, M. (1993), S. 165; Jansen, A. (1986), S. 212ff.

85 Vgl. hierzu im folgenden grundlegend Porter, M. (1992), S. 329ff. Vgl. hierzu auch Welge, M./ Al-Laham, A. (1992), S. 335; Trautmann, M. (1993), S. 165f.; Jansen, A. (1986), S. 282ff.

86 Vgl. Trautmann, M. (1993), S. 166.

IV.1.3 Strategische Wahl im Lichte der Basisstrategie

Geschäftsfeldstrategien stehen in Instrumentalrelation zur Basisstrategie. Die Herstellung eines Fits zur übergeordneten Ebene bedingt eine Ausrichtung der Strategieformulierung an den basisstrategiespezifischen Anforderungen in produkt-markt- und marktpositionsbezogener Hinsicht. So sollte die strategische Positionierung (z.B. Internationaler Full-Service-Anbieter) im Sinne einer konsistenten Investment-Banking-Strategieformulierung auch den leitenden Gedanken bei der zukunftsorientierten Gestaltung der Aktionsbereiche auf Geschäftsfeldebene bilden.

Welche Stoßrichtungen und Entwicklungsstrategien im Rahmen der Abstimmung zur Basisstrategie im Einzelfall relevant sind, soll im folgenden zunächst im Hinblick auf gegebene Produkt-Markt-Situationen in Geschäftsfeldern untersucht werden (Abschnitt IV.1.3.1). Im Anschluß gilt es Anforderungen, die basisstrategische Neuorientierungen an die strategische Wahl und inhaltliche Ausgestaltung von Geschäftsfeldstrategien stellen, zu analysieren (Abschnitt IV.1.3.2).

IV.1.3.1 Abstimmung zur Basisstrategie im Kontext gegebener Ausgangslagen

Welchen Stoßrichtungen und stoßrichtungsspezifischen Entwicklungsstrategien in einem Geschäftsfeld *im Hinblick auf die Basisstrategie* im Einzelfall Bedeutung zukommt, hängt nicht nur von deren Typus, sondern auch von der strategischen Ausgangslage in dem betreffenden Produkt-Markt-Bereich ab. Diese läßt sich anhand des *bestehenden* Leistungs- und Abnehmerspektrums und des erreichten Internationalitätsgrades sowie anhand der *realisierten* Marktpositionen charakterisieren. Aus der Gegenüberstellung von Ausgangsposition („Ist“) und Anforderungsprofil („Soll“) ergeben sich Hinweise auf die aus Sicht der Basisstrategie zu präferierende Stoßrichtung und situativ adäquate Entwicklungsstrategien.

Exemplarisch sei die anhand eines Wettbewerber erläutert, dessen M&A-Tätigkeit sich bislang auf die Beratung inländischer Mid Caps bei Käufen und Verkäufen beschränkt, ohne hierbei im Heimatmarkt eine führende Position einzunehmen. Wird eine internationale Full-Service-Strategie mit Europafokus verfolgt oder aufgegriffen, setzt sich der Anbieter auch

---

[87] Vgl. Trautmann, M. (1993), S. 166.

deren Anforderungsprofil aus. Dieses ließe sich in Kurzform mit den Schlagwörtern - Full-line-Service, Bedienung eines breiten Kundenspektrums, Existenz eines geschäftlichen Aktionsradius in Ausdehnung auf mehrere europäische Auslandsmärkte, starkes Standing im Wettbewerb auf dem Heimatmarkt und in Europa - umreißen.
Angesichts der offensichtlichen Differenz zwischen „Ist" und „Soll" lautet die situativ adäquate Stoßrichtung im Hinblick auf die Basisstrategie im vorliegenden Fall „Wachstum". Was die Entwicklungsstrategien anbetrifft, kommt folgenden Optionen Bedeutung zu: Neben einer Produktentwicklungsstrategie zur Vervollständigung des geschäftsfeldspezifischen Leistungsspektrums wären aus Sicht der Basisstrategie geographische und abnehmerbezogene Marktentwicklungsstrategien zu beschreiten. Erstere im Hinblick auf die erforderliche Ausdehnung der M&A-Tätigkeit auf europäische Ländermärkte, letztere, um die kundengruppenbezogene Streubreite der Geschäftsaktivitäten positionierungsgemäß zu gestalten. Zur Festigung der heimischen Marktposition wäre die Stoßrichtung schließlich durch eine Marktdurchdringungsstrategie in bezug auf den Inlandsmarkt zur unterlegen.

Zur Relevanz des Spektrums an Stoßrichtungen und zugehöriger Entwicklungsstrategien im Lichte gegebener Basisstrategien und gegebener Ausgangslagen lassen sich somit einige generelle Aussagen treffen:

- Basisstrategien, die das produkt-marktliche Aktionsfeld im Investment Banking in Relation zu dem auf Geschäftsfeldebene realisierten breiter definieren und/ oder marktpositionsbezogene Anforderungen stellen, denen aktuell nicht genügt wird, legen die Stoßrichtung Wachstum nahe. Sofern sich die Differenz auf das Leistungsspektrum bezieht, sind Produktentwicklungsstrategien relevant. Bestehen Lücken bei der Ansprache bestimmter Kundengruppen oder der Bearbeitung geographischer Märkte, sind aus Sicht der Basisstrategie Marktentwicklungsstrategien angezeigt. Liegen Defizite in bezug auf die Wettbewerbsstellung vor, sind Marktdurchdringungsstrategien in bezug auf In- und/ oder Auslandsmärkte zu ergreifen.

- Demgegenüber legen Basisstrategien, die den produkt-markt-bezogenen Aktionsradius im Investment Banking in Relation zu dem in einem bestimmten Geschäftsfeld realisierten enger abstecken, Schrumpfungsstrategien nahe. Sofern sich der Überhang auf das Leistungsspektrum des Geschäftsfeldes bezieht, ist - bei einer Konzentration auf vorhandene Stärken - eine aktivitätsbezogene Rückzugsstrategie von Vorteil. Bei einer zu breit angelegten Kundengruppenausrichtung ist eine abnehmerbezogene Rückzugsstrategie in potentialträchtige Segmente angeraten. Überschreitet die geographische Streubreite der Aktivitäten die Maßgaben der Basisstrategie, wäre eine geographische Rückzugsstrategie zu beschreiten.

- Stabilisierungsstrategien können aus Sicht der Basisstrategie dort zum Einsatz kommen, wo Leistungsspektrum und Marktabdeckung in kundengruppenbezogener und geographischer Hinsicht den Vorgaben der Basisstrategie entsprechen und ihren Anforderungen in marktpositionsbezogener Hinsicht in umfassender Weise genügt wird. Im Hinblick auf letzteres bleibt jedoch festzuhalten, daß dies allenfalls für solche Märkte gelten kann, die augenblicklich durch keine bzw. negative Wachstumsraten gekennzeichnet sind, da ansonsten Marktanteilsverluste drohen.

IV.1.3.2 Strategische Wahl im Lichte basisstrategischer Neuorientierungen

Obige Erwägungen lassen sich auch auf Fälle einer strategischen Neuorientierung auf übergeordneter Ebene anwenden. Mit dem Wechsel der Basisstrategie wird der künftigen Investment-Banking-Tätigkeit ein neues Profil verliehen, das es mittels Geschäftsfeldstrategien auszufüllen gilt. Da basisstrategische Neuorientierungen einen grundsätzlichen Wandel der Gesamttätigkeit anzeigen, ergibt sich i.d.R. in sämtlichen Geschäftsfeldern strategischer Handlungsbedarf.[88] In Abhängigkeit von der intendierten Entwicklungsrichtung des Engagements (z.B. von national zu international, vom Fokus in Richtung Full-line-Service) wird sein Inhalt variieren, geschäftsfeldübergreifend aber ähnlichen Charakter tragen.

---

[88] Anm. d. Verf.: Hierbei wird davon ausgegangen, daß die Aktionsbereiche auf Geschäftsfeldebene auch bisher gemäß den Anforderungen der übergeordneten Basisstrategie (alt) gestaltet wurden, also bspw. ein Anbieter, der bislang ein nationale Nischenstrategie verfolgte, in den einzelnen Geschäftsfeldern auch tatsächlich über fokussierte Produkt-Markt-Spektren verfügt und in Beschränkung auf den Heimatmarkt tätig ist.

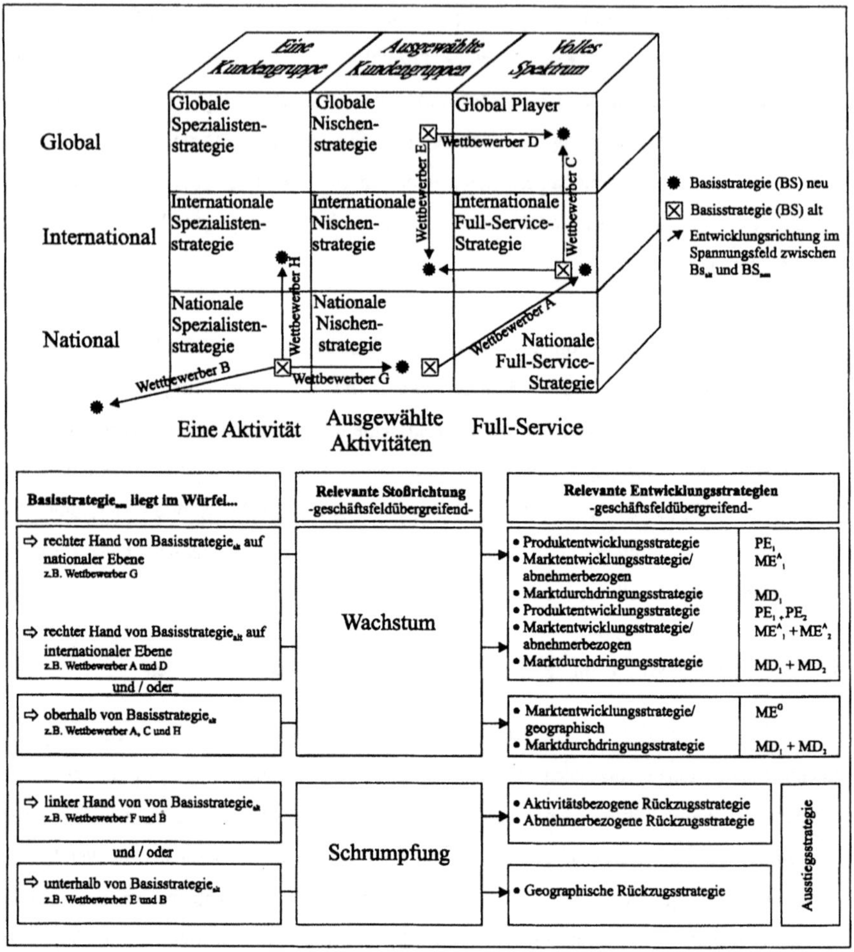

Abb. IV-10: Strategische Stoßrichtungen und Entwicklungsstrategien im Lichte basisstrategischer Neuorientierungen

Abbildung IV-10 zeigt Beispiele von Neuorientierungen anhand des Basisstrategiewürfels auf und ordnet Kategorien von Neuorientierungen im einzelnen relevante Stoßrichtungen und Entwicklungsstrategien zu, die jeweils geschäftsfeldübereifend Gültigkeit besitzen.

Wie hieraus hervorgeht, ist die Stoßrichtung Wachstum dort angezeigt, wo im Rahmen einer strategischen Neuorientierung eine Option ergriffen wird, die im Basisstrategiewürfel rechter Hand und/ oder oberhalb der bisherigen angesiedelt ist (z.B. Wettbewerber A, C, D, G und H).

- Eine positive Veränderung der Positionierung nach leistungsprogrammbezogener Streubreite drückt sich im Würfel in einer Bewegung nach Osten aus. Bei Neuorientierungen dieser Art werden Anbieter zum einen Produktentwicklungsstrategien ergreifen müssen, um die Leistungsspektren in den (ggf. auch neu definierten) Geschäftsfeldern gemäß den Maßgaben der neuen Basisstrategie (in Richtung ausgewählte Aktivitäten oder Full-Service) zu verbreitern bzw. zu vervollständigen.[89] Der Tatsache, daß es hierbei sinnvoll erscheint, eine größere Anzahl an Kundengruppen anzusprechen, ist durch Konzeptionierung adäquater abnehmerbezogener Marktentwicklungsstrategien Rechnung zu tragen. Gleichzeitig sind i.d.R. Marktdurchdringungsstrategien in den bestehenden Aktivitätsfeldern angezeigt, um in puncto Marktpositionen den typspezifischen Anforderungen der neuen Basisstrategie künftig bzw. weiterhin gerecht zu werden. Erfolgt die Bewegung nach Osten auf einer Ebene, die über die nationale hinausgeht, sind die o.g. Entwicklungsstrategien nicht nur auf In-, sondern auch die bearbeiteten Auslandsmärkte zu beziehen.

- Im Hinblick auf die Basisstrategie sind in bearbeiteten Aktivitätsfeldern aber auch dann Wachstumsstrategien zu ergreifen, wenn sich im Rahmen der Neuorientierung die Positionierung nach geographischer Streubreite der Geschäftsaktivitäten positiv verändert. Im Basisstrategiewürfel kommt dies einer Bewegung nach Norden gleich. In diesen Fällen bilden Marktentwicklungsstrategien mit bezug auf das definierte Zielgeschäftsgebiet im Ausland relevante strategische Alternativen in den besetzten Geschäftsfeldern. Zu unterlegen sind diese durch Marktdurchdringungsstrategien, die sich - soweit bisher bereits eine internationale Orientierung zugrunde gelegt wurde - sowohl auf In- als auch Auslandsmärkte beziehen sollten.

Die Stoßrichtung Schrumpfung ist allgemein dann angezeigt, wenn die Neuorientierung eine Basisstrategie zur nun gültigen erklärt, die im Würfel linker Hand und/ oder unterhalb der bisher Verfolgten angesiedelt ist (Wettbewerber E, F und B).

---

89 Anm. d. Verf.: Strategische Neuorientierungen dieser Art gehen oftmals mit der Neudefinition von Geschäftsfeldern einher. Beim Ergreifen einer Fokusstrategie ausgehend von einer Spezialisierungsstrategie wird dies regelmäßig der Fall sein, bei der Neuorientierung in Richtung Full-Service davon abhängen, ob im Rahmen der Fokusstrategie alle Geschäftsfelder in selektiver Weise besetzt (Variante zwei) oder einzelne ausgeklammert (Variante eins) wurden. Vgl. hierzu die Ausführungen in Abschnitt III.1.1.1.

- Neuorientierungen, bei denen sich die Positionierung nach leistungsprogrammbezogener Streubreite negativ verändert, werden im Würfel durch eine Bewegung nach Westen angezeigt. Im Rahmen der nun erforderlichen Fokussierung bzw. Spezialisierung des Leistungsspektrums sind nicht nur aktivitätsbezogene Rückzugsstrategien zu beschreiten, sondern auch abnehmergruppenbezogene, zumal diese Basisstrategien auch eine schärfere Profilierung in kundengruppenbezogener Hinsicht erwarten. Strategische Neuorientierungen dieser Art lassen oftmals auch Ausstiegsstrategien in bezug auf bestimmte Geschäftsfelder erforderlich werden. Beim Ergreifen von Spezialisierungsstrategien wird dies regelmäßig der Fall sein, bei Fokusstrategien vom Einzelfall abhängen.[90]

- Negative Veränderungen der Positionierung nach geographischer Streubreite von („Nord-Süd-Bewegungen") zeigen die Notwendigkeit geographischer Rückzugsstrategien in den besetzten Geschäftsfeldern in bezug auf jene Ländermärkte an, die außerhalb der neudefinierten (inter)nationalen Kernregion liegen.

Da basisstrategische Neuorientierungen Globalveränderungen der Gesamttätigkeit anzeigen, ist unmittelbar einsichtig, daß Stabilisierung in diesem Zusammenhang keine relevante Stoßrichtung bilden kann.

Abschließend bleibt festzuhalten, daß gemäß dem angelegten Untersuchungsfokus im vorangegangenen Abschnitt ausschließlich die *im Hinblick auf die Basisstrategie* zu ergreifenden Stoßrichtungen und stoßrichtungsspezifischen Entwicklungsstrategien diskutiert wurden. Wie nicht zuletzt die Portfolio-Modelle verdeutlichten,[91] müssen Geschäftsfeldstrategien jedoch prinzipiell auch die spezifischen In- und Umfeldbedingungen des einzelnen Geschäftsfeldes berücksichtigen und mit diesen in Einklang gebracht werden. Erst die Verdichtung mit diesen Informationen stellt sicher, daß den operativen Marktgegebenheiten in ausreichendem Maße Rechnung getragen wird.

---

90 Anm. d. Verf.: Im Rahmen von Fokusstrategien besteht die Option, sich auf einzelne Felder im Investment Banking konzentrieren oder in allen Geschäftsfeldern tätig zu sein, dort aber jeweils nur einzelne Segmente zu besetzen. Vgl. hierzu die Ausführungen in Abschnitt III.1.1.1. Folgt die Basisstrategie (neu) der ersten Variante ausgestaltet, wäre ausgehend vom Full-Service eine Ausstiegsstrategie mit bezug auf bestimmte Felder angezeigt, im zweiten Fall hingegen nicht.

91 Vgl. hierzu im folgenden Hax, A./ Majuf, A. (1984), S. 328ff.; Hinterhuber, H. (1989), S. 147.

So sei exemplarisch der Fall betrachtet, daß im Hinblick auf die Basisstrategie mehrdimensionale Wachstumsnotwendigkeiten in einigen Geschäftsfeldern angezeigt sind, aufgrund limitierter Ressourcen jedoch nicht alle basisstrategiegemäß einzuschlagenden Wachstumsstrategien gleichzeitig beschritten werden können. Dann ist zeitlich gestaffelt vorzugehen. Hier kann über eine Verdichtung mit den Informationen über die In- und Umfeldbedingungen eine der Höhe der vorgefundenen Erfolgspotentiale entsprechende Prioritätenfolge ermittelt werden. Konsequenterweise wäre das Wachstum in den weniger potentialträchtigen Geschäftsfeldern sodann zunächst auf ein Mindestmaß, d.h. im Markt, zu reduzieren (und das Bündel anderer feldbezogener Wachstumsstrategien vorerst zurückzustellen). Zu berücksichtigen ist jedoch, daß der geschäftsfeldbezogene Handlungsbedarf im Hinblick auf die Basisstrategie nach Art und Umfang auch weiterhin bestehen bleibt.
Das heißt auch, daß die Verdichtung mit den Um- und Infeldinformationen im Extremfall dazu führen kann, daß die Wahl der Basisstrategie neu überdacht werden muß. Dies könnte bspw. dann der Fall sein, wenn ein Anbieter sofort oder im Zeitablauf erkennt, daß er nicht über die erforderlichen finanziellen Ressourcen verfügt, auf Sicht in mehreren Geschäftsfeldern mehrdimensionale Wachstumsstrategien mit dem gewünschten Erfolg zu verfolgen.
Auch gilt dies für Situationen, in denen die Stoßrichtung, die die Basisstrategie nahelegt, von jener abweicht, die sich ausgehend von den vorgefundenen Um- und Infeldbedingungen empfiehlt. Dies könnte z.B. dann der Fall sein, wenn in einem oder mehreren Geschäftsfeldern, die basisstrategiegemäß Wachstumsbereiche bilden müssen, bei einer mittleren bis geringen Marktattraktivität über eine nur geringe Wettbewerbsstärke verfügt wird und diese mittelfristig kaum oder nur unter größtem finanziellen Aufwand verbesserungsfähig erscheint. Dies würde allgemein die Stoßrichtung Schrumpfung nahelegen. Möglicherweise müßte dann grundsätzlich über eine Reduzierung der leistungsprogramm- und abnehmergruppenbezogenen und/ oder geographischen Streubreite des Gesamtaktivität im Zuge einer basisstrategischen Neuorientierung nachgedacht werden.

Nicht zuletzt müssen die spezifischen Stärken und Schwächen der Bank in bezug auf ein Geschäftsfeld und die Chancen und Risiken in seinem Umfeld auch bei der inhaltlichen Ausgestaltung der Entwicklungsstrategien Berücksichtigung finden. So wird bspw. erst eine Verdichtung mit diesen Erkenntnissen die Identifikation lukrativer Produkt-Markt-Segmente im Rahmen von Rückzugsstrategien oder die Auswahl attraktiver Ländermärkte und Leistungssegmente im Rahmen von Markt- und Produktentwicklungsstrategien erlauben.

IV.2 Geschäftsfeldstrategien und strategische Ausgangspositionen deutscher Banken im Investment Banking

Teil zwei widmet sich einer detaillierten Analyse der Geschäftsfeldstrategien der fokalen deutschen Banken im Investment Banking. Um Klarheit und Transparenz zu gewährleisten und direkte Vergleiche zwischen den einzelnen Instituten zu ermöglichen, wird hierbei geschäftsfeldbezogen vorgegangen.[92] Beleuchtet werden die Felder M&A (Abschnitt IV.2.1), Eigenkapitalfinanzierungen (Abschnitt IV.2.2), Anleihefinanzierungen (Abschnitt IV.2.3) und Structured Finance (Abschnitt IV.2.4).[93] Jeder Teilabschnitt beginnt mit einer Analyse der strategischen Ausgangspositionen der Banken in dem fokalen Geschäftsfeld – sowohl in produkt-markt-, als auch marktpositionsbezogener Hinsicht. Zumal sich hieraus Rückschlüsse auf Art und Umfang des Handlungsbedarfs ziehen lassen, werden die institutsindividuellen Ausgangslagen hierauf aufbauend an den Anforderungsprofilen der gewählten Basisstrategien gemessen. Dies ist vor allem auch im Hinblick auf die jeweils abschließend

---

92 Anm. d. Verf.: Die im Rahmen dieser Untersuchung gewählte Aufteilung in Geschäftsfelder des Investment Banking ist idealtypischer Natur. Sie entspricht häufig, aber nicht notwendiger weise den in der Realität verwirklichten Abgrenzungen. Vgl. zu einer vergleichbaren Untergliederung Achleitner, A. (1999).

93 Anm. d. Verf.: Auf eine ausführliche Beleuchtung des Feldes Sales & Trading wird im Rahmen dieser Untersuchung mangels Ergiebigkeit verzichtet. Dies entspricht der Handhabung dieses Bereichs im „Handbuch Investment Banking" von Achleitner, A. (1999). Dennoch soll im folgenden ein Kurzüberblick über die produkt-markt-strategischen Ausgangspositionen, Stoßrichtungen und Entwicklungsstrategien geboten werden. Informatorische Basis hierfür bildeten die Interviewergebnisse.
So haben die fokalen Banken ihre Trading-Aktivitäten - sowohl im Aktien-, als auch Fixed-Income-Bereich - weitgehend an den Weltfinanzzentren konzentriert (i. d. R. rd. fünf Stützpunkte, ausnahmslos New York, Tokio, London, Frankfurt, optional ein weiterer, oft Singapur). Die Abdeckung der drei Zeitzonen soll lückenlose Eigenhandelsmöglichkeiten gewährleisten. Die Handelszentren setzen in produktbezogener Hinsicht jeweils regionale Schwerpunkte. Stellvertretend, weil institutsübergreifend vergleichbar, sei dies am Beispiel der Trading-Aktivitäten der Commerzbank im Anleihe- bzw. Fixed-Income-Bereich erläutert: Frankfurt bildet das Zentrum für das Euro-Geschäft, London jenes für Nicht-Euro-Währungen, Prag ist auf zentral- und osteuropäische Währungen spezialisiert, New-York auf Dollar-Titel, Tokio auf asiatische Schuldner, kleinere Einheiten in Düsseldorf und Hamburg handeln v.a. Pfandbriefe.
An Trading-Zentren sind immer auch Vertriebsaktivitäten angesiedelt. Zusätzlich zu den kombinierten Stützpunkten sind die deutschen Banken an einer größeren Zahl weiterer Finanzzentren mit reinen Sales-Gruppen vertreten (Ausnahme: DG Bank). So verfügt Dresdner KW im Aktien-Bereich über rd. 20 reine Sales-Standorte in Europa und in anderen Teilen der Welt, eine Anzahl, die die Deutsche Bank noch deutlich übertrifft. Die Commerzbank ist mit reinen Aktiensales-Einheiten in Hamburg, Düsseldorf, seit 2001 auch in Paris und Mailand präsent, Hongkong wurde geschlossen. Die DG Bank erhält über die Unico-Bankengruppe, dem Verbund genossenschaftlicher Spitzeninstitute in Europa, Zugriff auf die Vertriebskapazität der europäischen Nachbarhäuser und hat daher keine eigenen Sales-Forces in z.B. Italien oder Frankreich. Dem Geschäftsfeld Sales & Trading wird von den deutschen Banken ausnahmslos die Stoßrichtung Wachstum zugewiesen, wobei im Kundengeschäft übergreifend eine Erhöhung der nationalen und internationalen Marktdurchdringung durch Intensivierung der Vermarktungsbemühungen angestrebt wird. Laut Interviewergebnisse.

vorzunehmende Untersuchung der strategischen Stoßrichtungen und Entwicklungsstrategien von Interesse, die, um einen strategischen Fit zur übergeordneten Basisstrategie zu erzeugen, zur Deckung des abgeleiteten Handlungsbedarfs geeignet sein sollten.

IV.2.1 Geschäftsfeldstrategien und strategische Ausgangspositionen deutscher Banken bei M&A

Im Fokus des folgenden Teilabschnittes stehen die Geschäftsfeldstrategien deutscher Banken im Bereich M&A. Um aufzuzeigen, an welcher Basis strategische Stoßrichtungen und Entwicklungsstrategien ansetzen, gilt es zunächst, die produkt-markt-strategischen Ausgangspositionen in diesem Geschäftsfeld zu spezifizieren (Abschnitt IV.2.1.1). Es schließt sich eine Analyse des heimischen und internationalen Marktes für M&A an (Abschnitt IV.2.1.2). Sie wird im Ergebnis einen Überblick über die aktuellen Marktpositionen deutscher Banken in diesem Produkt-Markt-Bereich vermitteln. Zu Präzisierung des Kontextes der M&A-Strategieformulierung werden die Marktpositionen im weiteren an den Anforderungsprofilen der gewählten Basisstrategien gemessen (Abschnitt IV.2.1.3). Mit der Offenlegung der Geschäftsfeldstrategien deutscher Banken im Bereich M&A schließt die Untersuchung ab. Hierbei wird auch beleuchtet, inwieweit die strategische Wahl mit den Entwicklungserfordernissen der gewählten Basisstrategien im Einklang steht (Abschnitt IV.2.1.4).

IV.2.1.1 Produkt-markt-strategische Ausgangspositionen im Geschäftsfeld M&A

Bei der folgenden Analyse wird auf das Modell des Geschäftsfeldwürfels (Abb. IV-2) rekurriert. Wie hieran verdeutlicht, läßt sich die produkt-markt-strategische Ausgangsposition in einem Geschäftsfeld anhand der besetzten Leistungssegmente, der geschäftsfeldspezifischen Kundengruppenausrichtung und des anvisierten Ländermarktspektrums kennzeichnen.

In diesem Sinne sei mit Abbildung IV-11 einführend ein Überblick über die Leistungsspektren deutscher Banken im Geschäftsfeld M&A vermittelt.[94] Während Deutsche Bank und

---

[94] Hierzu übergreifend laut Interviewergebnisse. Die Angaben zu den offerierten Leistungssegmenten im Geschäftsfeld M&A basieren auf den Ergebnissen der Expertengespräche.

Dresdner KW mit vollständigen Paletten aufwarten, treten Commerzbank und DG Bank mit verengten Angebotsspektren am Markt auf.

Leistungsspektrum \ Bank	Deutsche Bank	Dresdner Bank	Commerzbank	DG Bank
Beratung bei **Akquisitionen** von Unternehmen und Konzernteilen	●	●	●	●
Beratung bei der **Veräußerung** von Unternehmen und Konzernteilen	●	●	●	●
Beratung bei **Fusionen** von Konzern-teilen oder selbstständigen Unternehmen	●	●	●	●
Strategieberatung bei Übernahmen (Übernahme-/Abwehrstrategien)	●	●		
Ergänzende Dienstleistungen (Fairness Opinions, Vorstudien, strat. Beratung)	●	●		

Abb. IV-11: Leistungsspektren deutscher Banken im Geschäftsfeld M&A

Die Abbildung IV-12 spezifiziert die geschäftsfeldspezifischen Kundengruppenausrichtungen und vermittelt einen Überblick über Zielgruppen und Branchenkonzepte deutscher Banken im M&A-Geschäft.[95]

[95] Hierzu übergreifend laut Interviewergebnisse. Vgl. zur Deutschen Bank Balzer, A./ Wilhelm, W. (2000), S. 21; bestätigt laut Interviewergebnisse.

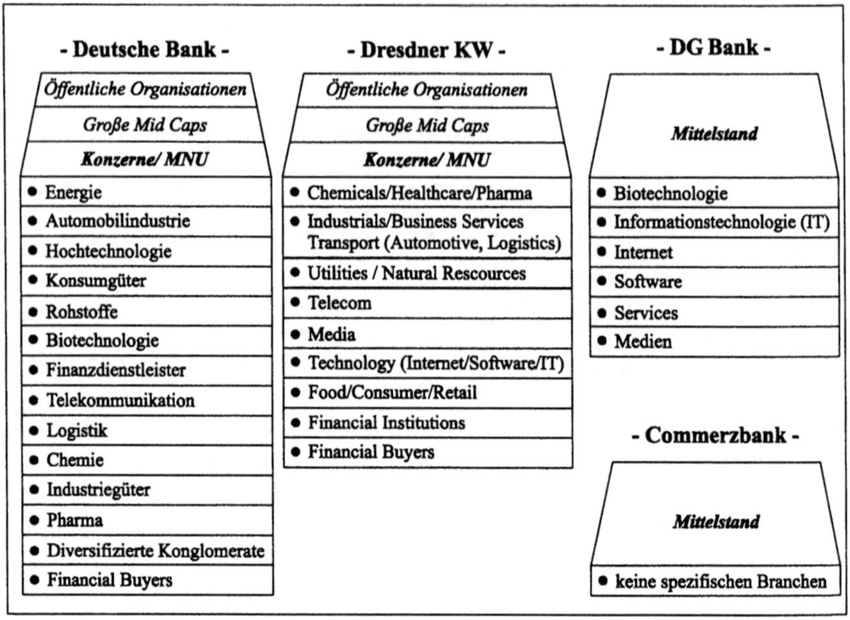

Abb. IV-12: Zielkundengruppen und Branchenkonzepte deutscher Banken im Feld M&A

Die jeweiligen Hauptzielgruppen – bei Deutscher Bank und Dresdner KW Großkonzerne und MNU, bei Commerzbank und DG Bank der Mittelstand – sind in Abb. IV-12 durch Hervorhebung gekennzeichnet. Als Gründe für die vornehmliche Ausrichtung auf Großunternehmen nennen erstere die absolute Höhe des Provisionsvolumens, die allgemein vom Wert einer Transaktion abhängt, das Folgeauftragspotential sowie die mit großen „Deals" verbundenen Reputationswirkungen.[96] Zudem sei das Gewinnpotential höher, da der Execution-Aufwand bei M&A-Transaktionen mit zunehmender Transaktionsgröße nur unterproportional ansteige.[97]

In Ergänzung zu den *gruppen*spezifischen Ausrichtungen nach Kundentyp und Unternehmensgrößen ist im Feld M&A eine Konzentration auf bestimmte Industriesektoren typisch. Branchenkonzepte gelten im Investment Banking jedoch üblicherweise nicht nur in bezug auf Einzelfelder, sondern *geschäftsfeldübergreifend* und für unterstützende Funktionen

96 Laut Interviewergebnisse.

wie insbesondere das Research.[98] Fokussiert wird auf jene Industrien, die sich nach Auffassung des einzelnen Anbieters durch besonderes Potential für Investment-Banking-Dienstleistungen auszeichnen. Branchenkonzepte zeitigen meist auch realorganisatorische Auswirkungen. So sind die Gruppen, die an der Kundenfront Akquisitions- und Betreuungsfunktionen (Coverage) wahrnehmen, üblicherweise gemäß den anvisierten Zielindustrien gegliedert und warten jeweils mit Spezialexpertise für den betreuten Sektor auf.

Zusammenfassend läßt sich die produkt-markt-strategische Ausgangsposition der ***Deutschen Bank*** wie folgt charakterisieren:

- *Leistungsspektrum*: Wie aus Abb. IV-9 hervorgeht, deckt die Deutsche Bank sämtliche zentrale Leistungssegmente im M&A-Geschäft ab. Die Produktpalette wird von der Bank als vollständig bezeichnet.[99]
- *Anvisierte Kundengruppen und -segmente*: Bei grundsätzlich breiter Definition des Abnehmerspektrums setzt die Deutsche Bank Schwerpunkte bei den 1.500 Groß- und Größtkunden im Bereich der global agierenden Konzerne und Institutionen, die übergreifend Hauptzielkundengruppe im Investment Banking bilden.[100] Branchenexpertise wird für insgesamt dreizehn Zielindustrien vorgehalten (vgl. Abb. IV-12). Ein Vergleich mit dem Branchenkonzept von Dresdner KW läßt einen hohen inhaltlichen Übereinstimmungsgrad erkennen.
- *Ländermarktspektrum*: Die Deutsche Bank verfolgt im Feld M&A einen globalen Ansatz.[101] Dies ist nicht zuletzt auch Ausdruck und Konsequenz einer globalen Definition der anvisierten Branchen. Im Mittelpunkt stehen Europa und USA als Regionen mit dem höchsten Geschäftspotential, daneben Asien/ Pazifik exklusive südostasiatischer Märkte.[102] Mit dem Kauf von Bankers Trust und ihrer Ableger Wolfensohn & Co, ursprünglich eine M&A-Boutique, und dem u. a. auch im Feld M&A versierten Haus Alex

---

97 Laut Interviewergebnisse.

98 Anm. d. Verf.: Die Branchenkonzepte werden daher im Rahmen der Ausführungen zu den strategischen Ausgangspositionen im Feld Eigenkapitalfinanzierungen nochmals aufgegriffen.

99 Laut Interviewergebnisse.

100 Hierzu und im folgenden laut Interviewergebnisse.

101 Laut Interviewergebnisse.

102 Laut Interviewergebnisse.

Brown in 1998 schuf die Bank auch in den USA eine Ausgangsplattform.[103] Dem Branchenstandard entsprechend ist die Industrie- und Produktexpertise an den weltweit wichtigen Finanzzentren zentralisiert.[104]

Die produkt-markt-strategische Ausgangsposition von ***Dresdner Kleinwort Wasserstein*** im Feld M&A läßt sich wie folgt charakterisieren:

- *Leistungsspektrum*: Mit der Beratung bei Fusionen, Käufen und Verkäufen von selbständigen Unternehmen und Konzernteilen, letzteres auch im Kontext von Privatisierungsvorhaben der öffentlichen Hand und der Strategieberatung im speziellen deckt Dresdner KW sämtliche zentrale Leistungssegmente im Feld M&A ab.[105] Abgerundet wird die Palette durch vielfältige ergänzende Dienstleistungen, darunter z.B. auch Fairneß Opinions. Im Rahmen der akquisitorischen Aktivitäten werden umfangreiche Vorleistungen erbracht. Die Anfertigung von Vorstudien umfaßt z.B. Portfolio-Reviews, die Recherche nach Kaufs-/ Verkaufskandidaten oder die Ermittlung der finanziellen Effekte verschiedener Transaktionsformen.

- *Anvisierte Kundengruppen und -segmente*: Dresdner KW definiert das Zielkundenspektrum im Feld M&A umfassend.[106] Höchste Priorität wird großen, internationalen Konzernen, den sog. „Elefanten" beigemessen. Auch Mid Caps (hier in erster Linie aus „Neuer-Markt-relevanten" Wachstumsbranchen) werden anvisiert, wobei Mindestgrößenstandards definiert sind. Öffentlichen Kunden – im Zusammenhang mit Privatisierungsvorhaben auf Verkäuferseite auftretend – kommt eine im Verhältnis zu o.g. Nachfragern nachgeordnete Bedeutung zu. Eine relativ neue Kundengruppe im M&A-Geschäft mit wachsender Bedeutung für Dresdner KW bilden hingegen die sog. „Financial Buyers" (Finanzinvestoren,

---

103 Vgl. Balzer, A./ Wilhelm, W. (2000), S. 21.

104 Laut Interviewergebnisse. Vgl. - um Redundanzen zu vermeiden - zu Standorten der regionalen Kundenabdeckung die Ausführungen zur strategischen Ausgangsposition der Deutschen Bank bei Eigenkapitalfinanzierungen in Abschnitt IV.2.2.1. Die „globalen Produkte" M&A, Eigen- und Fremdkapitalfinanzierungen werden über das selbe Stützpunktnetz offeriert. Vgl. hierzu auch Balzer, A./ Wilhelm, W. (2000), S. 21.

105 Vgl. hierzu und zur Leistungspalette im folgenden Dresdner Kleinwort Benson (2000B), S. 8f.

106 Hierzu und im folgenden laut Interviewergebnisse.

v.a. Private Equity Funds).[107] Die gruppenspezifische Ausrichtung findet durch ein Branchenkonzept Ergänzung, dessen Inhalt Abb. IV-12 zusammenfassend ausweist.
Die nach Branchen gegliederte Coverage besteht aus neun Sektorteams, die sich jeweils ausschließlich der Betreuung von Unternehmen dieser Zielindustrie(n) in Größen oberhalb der gesetzten Mindeststandards widmen. Mit der Dresdner Corporate Finance GmbH (DCF) in Frankfurt existiert außerdem eine Tochtergesellschaft, die sich speziell dem M&A-Geschäft mit dem deutschen Mittelstand widmet und vor allem Mandate bearbeitet, die über das Filialnetz zugereicht werden.

- *Ländermarktspektrum*: Dresdner KW definiert die Länder Europas als Hauptzielregion ihrer selektiv global angelegten Geschäftstätigkeit im Feld M&A.[108] Europäische Akquisitionsstützpunkte zur regionalen Kundenabdeckung finden sich in Mailand, Madrid, Paris, Luxemburg und Warschau, die Coverage des deutschsprachigen Auslandes wird von Frankfurt wahrgenommen.[109] Außerhalb Europas wird die Produktgruppe M&A über eine Reihe weiterer Akquisitionsstützpunkte in allen Zeitzonen offeriert. Dies steht im Zusammenhang mit der Vorhaben, fokussiert auf fünf Schwerpunktsektoren (Telekommunikation, Medien, Technologie, Versorger, Finanzdienstleister) eine weltweit starke Stellung anzustreben.[110] Nach Ansicht des Hauses ist hierfür die Darstellung „glaubwürdiger" weltweiter Präsenz erforderlich, was v.a. auch den US-amerikanischen Markt einschließt.[111] Der Kauf der international tätigen, jedoch schwerpunktmäßig in den USA domizilierenden M&A-Boutique Wasserstein Perella ist in diesem Lichte zu sehen.
  Der geographischen Streuung der Akquisitionsaktivitäten steht eine Zentralisierung des Sektor-Know-hows und der Durchführungsfunktionen (z.B. Vertragsgestaltung) gegenüber.[112] Die Branchen- bzw. Produktexpertise, auf die die mit „Investment-Banking-Generalisten" besetzten regionalen Büros („offices") als weitgehend reine Akquisitionsstützpunkte zur Kontaktpflege und Kundenbetreuung vor Ort zugreifen können, wird in

---

107 Laut Interviewergebnisse. Mit dem Ziel, ein möglichst profitables, strategisches Investment auf Zeit zu einzugehen, schalten sich diese auf der Käuferseite auftretenden, vorwiegend aus dem angelsächsischen Raum stammenden Firmen auch in Deutschland in stark zunehmendem Maße in Unternehmenstransaktionen ein.

108 Laut Interviewergebnisse.

109 Laut Interviewergebnisse. Vgl. hierzu und zum Stützpunktnetz im folgenden auch Dresdner Kleinwort Benson (2000B), S. 5f.

110 Laut Interviewergebnisse.

111 Vgl. Fischer, L., Interviewaussage, in: Roth, M. (2000), S. 17.

Form von Sektorteams in Frankfurt, London, New York und in kleinem Umfang auch in Tokio vorgehalten.

Im Vergleich hierzu nehmen sich die M&A-Engagements der verbleibenden deutschen Mitglieder der Untersuchungsgruppe – auch im Hinblick auf die bereitgestellten personellen Kapazitäten – deutlich bescheidener aus.

Die ***Commerzbank*** ist im M&A-Geschäft erst seit Anfang 1999 operativ,[113] die Gruppe befindet sich im Aufbau.[114] Derzeit arbeiten rund zwanzig Experten in diesem Bereich, 1999 waren es hingegen noch elf.[115]

- *Leistungsspektrum*: Die Commerzbank konzentriert sich auf die Beratung bei Übernahmen, Fusionen und Unternehmensverkäufen.[116] Ausschlaggebend für die bislang vergleichsweise enge Leistungspalette ist, daß man sich zunächst auf die Grundlagen und Kernelemente („Basics“) des Geschäfts konzentrieren will.[117]
- *Anvisierte Kundengruppen und -segmente*: Der Kundengruppenfokus ruht auf mittelständischen Firmen.[118] Ein Branchenkonzept wird derzeit noch nicht angewendet.[119] Auf die Bearbeitung der Gruppe Konzerne/ MNU wird angesichts der wenig aussichtsreichen Tatsache, hier in direkten Wettbewerb mit den US-amerikanischen Investment Banken und den großen deutschen und schweizerischen Häusern treten zu müssen, verzichtet.
- *Ländermarktspektrum*: Zu Beginn war die Tätigkeit im Feld M&A rein national ausgerichtet.[120] Seit kurzem bilden die Ländermärkte Europas den geographischen Zielmarkt im M&A-Geschäft.[121] Standorte zur regionalen Kundenabdeckung unter Ansiedlung von Produktexpertise werden in Frankfurt und neuerdings auch in London unterhalten. Der Großteil des M&A-Spezialistenteams ist jedoch im Heimatmarkt stationiert.

---

112 Hierzu und im folgenden laut Interviewergebnisse.
113 Vgl. Commerzbank (2000A), S. 49.
114 Laut Interviewergebnisse. Vgl. hierzu auch Commerzbank (2000A), S. 41.
115 Laut Interviewergebnisse.
116 Vgl. Commerzbank (1999), S. 25, bestätigt durch Interviewergebnisse.
117 Laut Interviewergebnisse.
118 Laut Interviewergebnisse. Vgl. hierzu auch Commerzbank (2001A), S. 26.
119 Hierzu und im folgenden laut Interviewergebnisse.
120 Vgl. hierzu Commerzbank (2001A), S. 26 sowie Commerzbank (2000A), S. 49.
121 Hierzu und im folgenden laut Interviewergebnisse. Vgl. auch Commerzbank (2001A), S. 26.

Die Ausgangsposition der ***DG Bank*** im Feld M&A stellt sich wie folgt dar:

- *Leistungsspektrum*: Aufgaben im Bereich M&A werden von der Tochter „DG Corporate Finance“ wahrgenommen.[122] Der Tätigkeitsschwerpunkt dieses „Spezialanbieters“ liegt in der Bearbeitung von Kauf- und Verkaufsmandaten,[123] neuerdings wird auch bei Fusionen beraten.[124]

- *Anvisierte Kundengruppen und -segmente*: M&A-Dienste werden für deutsche Mittelstandsunternehmen zunehmend auch kleineren Formats erbracht.[125] In Kongruenz mit der Ausrichtung in anderen Geschäftsfeldern konzentriert sich die DG Bank hierbei nach Angaben ihres Vertreters auf innovative Unternehmen aus Wachstums- und Technologiebranchen.[126] Einen zusammenfassenden Überblick über die anvisierten Zielbranchen, die den Branchensegmenten des Neuen Marktes entsprechen, gewährt Abb. IV-12.

- *Ländermarktspektrum*: Die DG Bank richtet sich bei M&A auf den Heimatmarkt aus.[127] Daher existieren auch keine weiteren Standorte zur regionalen Kundenabdeckung im In- oder Ausland. Die Produktexpertise ist in Frankfurt zentralisiert.

Resümierend bleibt festzuhalten, daß die produkt-markt-strategischen Ausgangssituationen im Feld M&A nur teilweise, d.h. bei Deutscher Bank und Dresdner KW, im Einklang mit den diesbezüglichen Erfordernissen der gewählten Basisstrategien stehen. Bei der Commerzbank zeigt die im Verhältnis zu einer internationalen Full-Service-Strategie mit Europafokus engere Definition des Produkt-Markt-Gebiets im Geschäftsfeld M&A Wachstumsnotwendigkeiten in der Produkt- und Kundengruppendimension an. Bei der DG Bank steht die fehlende internationale Ausrichtung in unzureichender Stimmigkeit mit der Basispositionierung als internationaler Nischenspieler mit Europafokus. Eine Ausdehnung der M&A-Tätigkeit auf europäische Auslandsmärkte wäre in diesem Sinne als folgerichtig einzustufen.

---

122 Laut Interviewergebnisse. Vgl. hierzu auch DG Bank (1999B), S. 60f. Seit 1999 bildet die DG Corporate Finance (neben DG Consult, DG Interprojects, DG Private Equity) eine Spartengesellschaft der neu gegründeten Holding DG UNTERNEHMERPARTNER, die die Beratungs- und Beteiligungsaktivitäten der DG Bank bündelt. Vgl. DG Bank (2000), S. 18.

123 Vgl. DG Bank (1999B), S. 60, bestätigt durch Interviewergebnisse.

124 Vgl. hierzu DG Bank (2001), S. 14.

125 Laut Interviewergebnisse. Vgl. hierzu auch DG Bank (1999B), S. 61. Allgemein spezialisiert sich die Holding DG UNTERNEHMERPARTNER, in der die M&A Aktivitäten angesiedelt sind, auf Unternehmen mit einem Umsatzvolumen > 30 Mio. DM sowie wachstumsstarke, kleinere Unternehmen und Konzerne. Vgl. hierzu DG Bank (2000), S. 18.

126 Hierzu und im folgenden laut Interviewergebnisse.

IV.2.1.2 Marktpositionen deutscher Banken im M&A-Geschäft

Im Rahmen der folgenden Marktanalyse wird die Wettbewerbsstellung der fokalen deutschen Banken im Geschäftsfeld M&A auf dem Heimatmarkt (Abschnitt IV.2.1.2.1), in Europa (Abschnitt IV.2.1.2.2), den USA (Abschnitt IV.2.1.2.3) und schließlich auf globaler Ebene (Abschnitt IV.2.1.2.4) untersucht.

IV.2.1.2.1 Deutschlandbezogene M&A-Transaktionen

Die in Abbildung IV-13 gezeigten Ranglisten vermitteln einführend einen Überblick über die Marktanteilsverteilungen im deutschlandbezogenen M&A-Geschäft in 1999 und 2000 sowie die Plazierungen der dort aufgeführten Wettbewerber in 1998.[128] Ordnungsgröße bildet das wertmäßige Volumen der begleiteten Transaktionen.

Getrieben durch eine Anzahl milliardenschwerer M&A-Transaktionen, wie insbesondere die Übernahme von *Mannesmann* durch *Vodafone* im Wert von 413 Mrd. DM, die Veräußerung des von Mannesmann zuvor übernommenen britischen Telekom-Unternehmens *Orange* an die *France Télécom* im Wert von 84,5 Mrd. DM oder der Erwerb von *Thames Water* durch *RWE* (21,9 Mrd. DM),[129] stieg das Beratungsvolumen bei deutschlandbezogenen M&A-Transaktionen in 2000 im Vergleich zu 1999 um knapp 300% auf 4.156 Mrd. DM an.[130] Auch nach Anzahl abgeschlossener M&A-Deals – 409 nach 343 in 1999 – wurde eine neue Rekordmarke erreicht.

---

[127] Hierzu und im folgenden laut Interviewergebnisse.

[128] Anm. d. Verf.: Zur Technik der Erstellung von Rankings im Bereich M&A, die auch hier Anwendung findet, ist anzumerken, daß der volle Wert einer Transaktion jeweils allen Beratern zugerechnet wird, die in eine Transaktion eingeschaltet sind. Sind bspw. in eine Fusion im Wert von 20 Mrd. DM fünf Berater involviert, wird jedem dieser fünf ein Volumen im Wert von 20 Mrd. DM gutgeschrieben. Entsprechendes gilt für die Berater auf Akquisiteur- und Target-Seite bei Unternehmenskäufen („Credit to target and acquiring advisors"). Dies führt zu einer starken Aufblähung der in den M&A-Ranglisten ausgewiesenen Volumina.

[129] Vgl. zu einer Übersicht über die bedeutendsten deutschlandbezogenen Unternehmenstransaktionen im Jahr 2000 strukturiert nach verschiedenen Sektoren Börsenzeitung, 17.02.2001, S. 6.

[130] Vgl. Böhmert, K. (2001), S. 6 sowie die Totalen der Jahresrankings in Abbildung IV-13. Aufgrund der siebenfachen Berücksichtigung des Wertes der Mannesmann/ Vodafone-Transaktion i. H. v. 413 Mrd. DM (sieben involvierte Berater) ergeben sich starke Verzerrungen. Doch auch bei Nicht-Berücksichtigung dieses Deals ergibt sich ausgehend von einem bereinigten Gesamtvolumen i. H. v. 1.265,7 Mrd. DM ein Marktwachstum von rd. 19% gegenüber 1999. Vgl. zum Jahresranking 2000 exklusive Mannesmann/ Vodafone Börsenzeitung, 17.02.2001, S. 6.

Deutschlandbezogene M&A-Transaktionen 2000

	Investment Bank	Wert der Trk. (in Mrd. DM)	Anzahl	*MA in %*
1	Goldman Sachs →	664,8	48	*16,0*
2	UBS Warburg ↑	549,4	22	*13,2*
3	JP Morgan Ch. ↑	535,6	34	*12,9*
4	Merrill Lynch ↓	487,0	12	*11,7*
5	**Deutsche Bank ↑**	**483,0**	**41**	***11,6***
6	Morgan Stanley ↓	476,6	29	*11,5*
7	Rothschild ↑	463,2	14	*11,1*
8	**Dresdner KW ↓**	**123,5**	**27**	***3,0***
9	S. Salomon SB ↑	112,6	27	*2,7*
10	Sal. Oppenheim ↑	94,1	25	*2,3*
11	Lazard ↓	60,1	23	*1,4*
12	B. Metzler →	42,5	31	*1,0*
13	CSFB ↓	37,4	30	*0,9*
14	Lehman Brothers ↓	20,1	13	*0,5*
15	ABN AMRO →	13,2	11	*0,1*
16	ING Barings BHF →	5,3	12	*0,1*
17	Berenberg ↑	0,3	10	*0,1*
TOTAL		**4.156,7**	**409**	*100*

Credit to target and acquiring advisors

Quelle: Börsenzeitung, 17.02.2001, S. 6.

Deutschlandbezogene M&A-Transaktionen 1999

	Investment Bank	Wert der Trk. (in Mrd. DM)	Anzahl	*MA in %*	Platz 1998
1	Goldman Sachs	193,1	33	*18,2*	*1*
2	Morgan Stanley	167,9	24	*15,8*	*4*
3	Merrill Lynch	130,9	25	*12,3*	*8*
4	CSFB	84,8	27	*8,0*	*2*
5	**Dresdner KB**	**83,1**	**18**	***7,8***	***5***
6	JP Morgan	82,6	21	*7,8*	*3*
7	Lazard	62,4	15	*5,9*	*7*
8	Rothschild	61,7	9	*5,8*	*9*
9	**Deutsche Bank**	**50,0**	**27**	***4,7***	***6***
10	Warburg DR	36,1	17	*3,4*	*10*
11	Lehman Brothers	31,6	17	*3,0*	*15*
12	B. Metzler	21,1	23	*2,0*	*11*
13	Salomon SB	18,6	13	*1,8*	*16*
14	Schroders	17,6	15	*1,7*	*13*
15	ABN AMRO	9,4	13	*0,9*	-
16	ING/BHF-Bank	5,5	11	*0,5*	*17/19*
17	Sal. Oppenheim	2,3	14	*0,2*	*14*
18	R. Flemings	0,9	4	*0,1*	*18*
19	Fox-Pitt, Kelton	0,7	1	*0,1*	-
20	Paribas	0,7	7	*0,1*	*12*
21	Berenberg	0,6	9	*0,1*	-
TOTAL		**1.061,6**	**343**	***100***	

Credit to target and acquiring advisors

Quelle: Börsenzeitung, 12.02.2000, S. 9.

Abb. IV-13: Führende Berater bei deutschlandbez. M&A-Transaktionen 2000 und 1999

Durch ihre Beteiligung an nahezu allen großen deutschlandbezogenen M&A-Transaktionen des Jahres 2000 konnte *Goldman Sachs* seine Marktführerschaft mit begleiteten Transaktionen im Wert von 664,8 Mrd. DM weiter behaupten. Deutlich an Präsenzintensität gewannen *UBS Warburg*, die von Platz zehn auf zwei aufrückte, und *JP Morgan Chase*, die sich von Platz sechs auf drei verbesserte. Hierdurch wurden *Morgan Stanley Dean Witter* (MSDW) und *Merrill Lynch*, die aktuell auf den Rängen sechs und vier geführt werden, aus der Spitzengruppe führender Berater bei deutschlandbezogenen M&A-Transaktionen verdrängt. Ebenso wie *Lazard*, die von Platz sieben in 1999 auf elf in 2000 zurückfiel, hat auch die *CSFB* an Marktstärke eingebüßt. Im Vorjahr noch auf Position vier, in 1998 sogar

noch an der zweiten Stelle plaziert, erreicht sie im aktuellen Ranking bei einem auf 0,9% geschmolzenen Marktanteil nur noch Rang dreizehn.
Zum Ranking für 2000 bleibt festzuhalten, daß die Einbindung in die mit Abstand größte Transaktion plazierungsentscheidend war. Die ersten sieben Ränge werden von jenen Wettbewerbern besetzt, die in die Übernahme von Mannesmann (MSDW, Merrill Lynch, JP Morgan, Deutsche Bank, Rothschild) durch Vodafone (Goldman Sachs, UBS Warburg) im Wert von 413 Mrd. DM als Berater eingeschaltet waren.[131]

Ihr diesbezügliches Involvement war auch stark ausschlaggebend für die deutliche Marktanteils- bzw. Positionsverbesserung, die der ***Deutschen Bank*** im abgelaufenen Geschäftsjahr gelang. Nach Plazierungen auf den Rängen sechs in 1998 und neun in 1999 erreichte das Haus mit 41 begleiteten Transaktionen im Wert von 483 Mrd. DM im Jahresranking für 2000 den fünften Platz. Ohne die Einbindung in die „Transaktion des Jahres" wäre die Marktanteilssteigerung allerdings wesentlich dürftiger ausgefallen, wie aus einem analog erstellten League-Table für deutschlandbezogene M&A-Transaktionen exklusive Mannesmann/ Vodafone hervorgeht.[132] Hier hätte die Bank mit einem Beratungsvolumen von 70 Mrd. DM nur die achte Position belegt.

Dresdner Kleinwort Benson[133] beriet im Jahr 2000 bei 27 Transaktionen im wertmäßigen Volumen von 123,5 Mrd. DM. Hiermit fiel sie ausgehend von gleichmäßigen Rängen fünf in 1998 und 1999 auf die aktuell achte Position zurück. Die fehlende Einbindung in die Transaktion Mannesmann/ Vodafone erklärt den erheblichen Abstand zu der vor ihr

131 Vgl. Böhmert, K. (2001), S. 6.

132 Vgl. zum Ranking führender Wettbewerber bei deutschlandbezogenen M&A-Transaktionen *exklusive* Mannesmann/ Vodafone Börsenzeitung vom 17.02.2001, S. 6. Hier ergibt sich folgende Reihung: 1. Goldman Sachs, 2. UBS Warburg, 3. Dresdner KW, 4. JP Morgan Chase, 5. SSSB, 6. Sal. Oppenheim, 7. Merrill Lynch, 8. Deutsche Bank, 9. Morgan Stanley, 10. Lazard.

133 Anm. d. Verf.: Da die Namensänderung in „Dresdner Kleinwort Wasserstein" erst Anfang des Jahres 2001 erfolgte, wird die Bank in verschiedenen League-Tables von Thomson Financial für das Jahr 2000 noch unter „Dresdner Kleinwort Benson" geführt. Hieran soll aus Gründen der Klarheit für den Bereich M&A festgehalten werden, da Wasserstein Perella in League-Tables für die internationale Ebene nach als eigenständige Wettbewerberin geführt wird.

plazierten Rothschild. Ließe man diesen Deal außer acht, würde DKB an die dritte Stelle des modifizierten Rankings rücken.[134]

Commerzbank und ***DG Bank*** konnten weder in 2000 noch den Jahren zuvor in die Liga der zwanzig führenden M&A-Berater bei deutschlandbezogenen Transaktionen eindringen. Vor diesem Hintergrund ist der Erfolg einer Reihe kleinerer deutscher Häuser als um so beachtlicher einzustufen. *B. Metzler*, die ING-Tochter, *BHF-Bank* und *Berenberg Consult* konnten sich im Jahr 2000 erneut im Mittelfeld der Rangliste plazieren. *Sal. Oppenheim*, in 1999 noch auf Rang 17 plaziert, ist in besonderem Maße hervorzuheben. Mit einem Beratungsvolumen i. H. v. 21,1 Mrd. DM konnte sie sich in der Rangliste für 2000 einen eindrucksvollen Rang zehn sichern.

IV.2.1.2.2 Europäische M&A-Transaktionen

Richtet man den Untersuchungsfokus nun auf Europa aus, war das Gesamtvolumen angekündigter M&A-Transaktionen in diesem Bezugsgebiet nach Jahren des Wachstums in 2000 erstmals wieder rückläufig, wie die Totalen der League-Tables in Abbildung IV-14 erkennen lassen. Knapp 15.000 Transaktionen im Gesamtwert von rd. 1000 Mrd. US-Dollar wurden angekündigt, was einem Rückgang gegenüber dem Vorjahr um mehr als 200 Mrd. US-Dollar oder 17,8% entspricht.

Die Gruppe der zehn führenden Wettbewerber erweist sich, wie die entsprechenden Ranglisten für europäische M&A-Transaktionen in 1999 und 2000 in Abbildung IV-14 zeigen,[135] inhaltlich nahezu deckungsgleich mit jener bei deutschlandbezogenen M&A-Transaktionen und zeigte sich in den letzten drei Jahren relativ stabil.

---

[134] Vgl. hierzu das Ranking der führenden Wettbewerber bei deutschlandbezogenen M&A-Transaktionen *exklusive* Mannesmann/Vodafone in Börsenzeitung vom 17.02.2001, S. 6.

[135] Vgl. zum Jahresranking 1999 für „European Announced M&A" auch Financial Times, January 28 2000, Beilage Global Investment Banking, p. 4. Konkret handelt es hierbei sich um Ranglisten für angekündigte M&A-Transaktionen mit jeweils europäischen Targets (Akquisiteure jeglicher Nationalität). Nicht erfaßt sind Abspaltungen (Splitoffs), Open Market Repurchases und zurückgezogene Transaktionen (Withdrawn Deals). Die Totale „Deals with advisor" („Deals without advisors") gibt den Gesamtwert jener M&A-Transaktionen an, bei denen (keine) Berater eingeschaltet wurden. Dadurch, daß auch bei dieser Rangliste der Wert einer Transaktion jeweils allen beratend beteiligten Banken in voller Höhe gutgeschrieben wird („Credit to target and acquiring advisors"), kommt es auch hier zu einer Aufblähung der individuellen

Neben *MSDW* und *Goldman Sachs* in dominierender Stellung zählten hierzu auch *JP Morgan* und *Merrill Lynch*, *UBS Warburg*, die *CSFB* sowie *Lazard* und *Rothschild*. In Abweichung zu den Einbußen auf dem deutschen Markt präsentiert sich die *CSFB* auf europäischer Ebene als Aufsteiger der letzten Jahre. Ausgehend von Rang sieben in 1998 gelang ihr eine Verbesserung auf die aktuell vierte Position, wobei sie insbesondere auch von der Übernahme der US-Investment Bank Donaldson, Lufkin & Jenrette (DLJ) im Sommer 2000 profitiert haben dürfte. Die Anfang 2000 getätigte Akquisition des Investment-Banking-Arms von Schroders hat *Schroders Salomon Smith Barney* (SSSB) in Europa zusätzliche Schlagkraft verliehen. Die aktuelle Rangliste sieht das Haus auf Rang fünf, nachdem es noch in 1999 keine Top-25-Plazierung erreicht hatte. Deutlich eingebüßt hat dagegen *Merrill Lynch*, die nach Rang drei in 1999 aktuell nur noch die neunte Position belegt.

Europäische M&A-Transaktionen 2000				
Investment Bank			Wert der Trk. (in Mrd. US-$)	Anzahl
1	Morgan Stanley	↑	319,3	133
2	Goldman Sachs	↓	311,3	99
3	JP Morgan	↑	213,8	161
4	CSFB	↑	186,7	176
5	SSSB	↑	177,0	142
6	UBS Warburg	↓	159,8	130
7	Rothschild	↑	143,4	145
8	Lazard	↓	131,6	121
9	Merrill Lynch	↓	112,9	78
10	**Dresdner KB**	↓	**91,0**	**71**
11	Lehman Brothers	↑	70,2	70
12	Cazenove	↑	54,9	30
13	ABN AMRO	↑	47,3	121
14	**Deutsche Bank**	↓	**45,8**	**92**
15	ING Barings	↑	35,5	62
Σ Übrige			*k. A.*	*k. A.*
TOTAL (Deals with advisor)			**886,9**	**2.576**
Total Deals without advisors			114,3	12.358
Industry Totals			**1.001,0**	**14.922**

Credit to target and acquiring advisors

Quelle: Thomson Financial Securities Data

Europäische M&A-Transaktionen 1999			
Investment Bank		Wert der Trk. (in Mrd. US-$)	Anzahl
1	Goldman Sachs	518,8	95
2	Morgan Stanley	511,3	131
3	Merrill Lynch	467,6	106
4	JP Morgan	353,3	80
5	Warburg Dillon R.	281,9	114
6	CSFB	237,9	109
7	Lazard	208,7	97
8	**Deutsche Bank**	**202,3**	**85**
9	**Dresdner KB**	**131,8**	**71**
10	Rothschild	130,0	154
11	BNP Paribas	110,1	83
12	Lehman Brohters	106,2	62
13	Crédit Agricole Ind.	62,3	11
14	DLJ	56,3	56
15	Mediobanca	52,0	8
Σ Übrige		*k. A.*	*k. A.*
TOTAL Deals with advisor		**1.109,5**	**2.432**
Total Deals without advisors		108,8	9.793
Industry Totals		**1.218,3**	**12.225**

Credit to target and acquiring advisors

Quelle: Thomson Financial Securities Data

Abb. IV-14: Führende Berater bei europäischen M&A-Transaktionen in 2000 und 1999

Wertkonten und in der Folge zu einer großen Differenz zur Totalen „Deals with advisor", die jede Transaktion nur einfach berücksichtigt.

Erwartungsgemäß spielen unter den deutschen Instituten auf europäischer Ebene einzig Dresdner Kleinwort Benson und die Deutsche Bank eine erkennbare, wenn auch keine führende Rolle. Wie die Ranglisten zeigen, bewegten sich die beiden deutschen Wettbewerber zuletzt im breiten Mittelfeld der europäischen M&A-Liga.

Die ***Deutsche Bank*** ist aktuell nicht unter den zehn führenden europäischen M&A-Beratern zu finden. Mit begleiteten Transaktionen im wertmäßigen Volumen von 45,8 Mrd. US-Dollar erreicht sie gegenwärtig Rang 14 in der betreffenden Rennliste. 1999 wurde noch Position acht besetzt. Ursächlich hierfür ist ein starker Rückgang des begleiteten Volumens um 156,5 Mrd. US-Dollar oder 77% gegenüber 1999, der den Rückgang des Gesamtmarktes bei weitem übertrifft. Im Wettbewerbsvergleich erreicht die Deutsche Bank damit nur rund die Hälfte des wertmäßigen Volumens der von Dresdner Kleinwort Benson (ex Wasserstein Perella) begleiteten Transaktionen.

Als derzeit stärkster deutscher Wettbewerber im europäischen Geschäft nimmt ***Dresdner Kleinwort Benson*** mit 71 begleiteten Transaktionen im Wert von 91,0 Mrd. US-Dollar in der Rangliste für das Jahr 2000 die zehnte Position ein. Im Vergleich zu 1999, als bei Transaktionen im Wert von 131,8 Mrd. US-Dollar beraten wurde, wurde allerdings ein Rang eingebüßt. Die Übernahme der M&A-Boutique Wasserstein Perella im September 2000, die im abgelaufenen Geschäftsjahr in der europäischen Rennliste Rang 21 belegte, dürfte die Leistungsfähigkeit von DKB auch bei europabezogenen Transaktionen stärken. Im abgelaufenen Geschäftsjahr kam die kombinierte Einheit, die seit Anfang 2001 unter „Dresdner Kleinwort Wasserstein" (DrKW) firmiert, auf ein aggregiertes wertmäßiges Transaktionsvolumen von 106,4 Mrd. US-Dollar. Hiermit hätte sie sich zwar ebenfalls für die zehnte Position qualifiziert, den Rückstand zur neuntplatzierten Merrill Lynch jedoch deutlich verkürzt.

IV.2.1.2.3 US-amerikanische M&A-Transaktionen

Eine Analyse des Marktes für M&A kann die USA schon deshalb nicht außer Acht lassen, weil diese, gemessen am wertmäßigen Volumen der M&A-Transaktionen, die gegenwärtig bedeutendste Weltregion repräsentiert. Abbildung IV-15 vermittelt einen Überblick über die

Rangliste führender Wettbewerber bei US-amerikanischen M&A-Transaktionen in den Jahren 1999 und 2000.

Wie hieraus hervorgeht, wurden in den USA im Jahr 2000 rd. 11.000 Transaktionen im Wert von 1.833,1 Mrd. US-Dollar angekündigt, was einem Wachstum von 4,4% im Vergleich zum Vorjahr entspricht. Demgegenüber erreichte der Gesamtwert der knapp 15.000 M&A-Transaktionen in Europa im Vergleichszeitraum nur einen Betrag von 1.001,0 Mrd. US-Dollar - bei negativem Marktwachstum (-17,8%).[136]

US-amerikanische M&A-Transaktionen 2000				
Investment Bank			Wert der Trk. (in Mrd. US-$)	Anzahl
1	Goldman Sachs	↑	807,1	242
2	CSFB	↓	611,4	436
3	Morgan Stanley DW	↑	577,9	194
4	Merrill Lynch	↑	512,1	172
5	Salomon SB	↑	423,4	198
6	JP Morgan	↓	305,5	222
7	**Wasserstein Perella**	↑	**266,9**	**37**
8	Lehman Brothers	↓	163,1	129
9	UBS Warburg	↓	131,9	84
10	Bear Stearns	↓	112,5	75
11	Banc of America Sec.	↑	89,7	74
12	Thomas Weisel	↑	74,0	43
13	**Dresdner KB**	↑	**62,1**	**8**
14	**Deutsche Bank**	↓	**57,7**	**89**
15	Lazard	↑	56,1	57
Σ Übrige			*k. A.*	*k. A.*
TOTAL Deals with advisor			**1.709,7**	**2.483**
Total Deals without advisors			123,5	8.384
Industry Totals			**1.833,1**	**10.864**

Credit to target and acquiring advisors

Quelle: Thomson Financial Securities Data

US-amerikanische M&A-Transaktionen 1999			
Investment Bank		Wert der Trk. (in Mrd. US-$)	Anzahl
1	Goldman Sachs	653,6	246
2	Morgan Stanley DW	586,3	239
3	Merrill Lynch	483,7	178
4	Salomon Smith Barney	372,4	179
5	CSFB	257,0	155
6	Chase Manhatten	236,3	115
7	DLJ	209,9	245
8	Lehman Brothers	197,1	124
9	Warburg Dillon Read	185,9	75
10	Bear Stearns	167,7	79
11	Lazard	165,7	61
12	JP Morgan	122,3	85
13	Gleacher	84,8	9
14	Allen	71,2	7
15	**Deutsche Bank**	**70,3**	**98**
Σ Übrige		*k. A.*	*k. A.*
TOTAL Deals with advisor		**1.615,4**	**2.458**
Total Deals without advisors		140,3	8.373
Industry Totals		**1.755,7**	**10.831**

Credit to target and acquiring advisors

Quelle: Thomson Financial Securities Data

Abb. IV-15: Führende Berater bei US-amerikanischen M&A-Transaktionen in 2000 und 1999

Der Markt für US-amerikanische M&A-Transaktionen wird von Instituten aus dem Heimatmarkt beherrscht, die in 1999 und 2000 jeweils acht der zehn führenden Berater

[136] Vgl. hierzu die Rangliste für europäische M&A-Transaktionen in 2000 in Abbildung IV-14.

stellten. Mit der *CSFB* auf Platz drei in 2000 (1999: Rang fünf) und *UBS Warburg*, die wie im Vorjahr Rang neun belegt, gelang es bislang erst zwei Wettbewerbern mit europäischen Wurzeln, in die Phalanx der US-Investment Banken einzudringen. Das Spitzentrio stellen *Goldman Sachs*, *MSDW* und die durch DLJ gestärkte *CSFB*, die damit in den beiden wichtigsten Weltregionen für M&A jeweils dominierende Positionen vorweisen können, gefolgt von *Merrill Lynch* und *Salomon SB*[137].

Die ***Deutsche Bank*** wurde in 2000 bei 89 US-amerikanischen M&A-Transaktionen als Berater hinzugezogen. Mit einem Beratungsvolumen im Gesamtwert von 57,7 Mrd. US-Dollar belegt sie im Ranking der führenden Berater in 2000 Rang 14. Obwohl dies einer Verbesserung um eine Position gegenüber 1999 entspricht, gingen Volumen (1999: 70,3 Mrd. US-Dollar) und Anzahl begleiteter Transaktionen entgegen dem Markttrend leicht zurück. Der Positionsgewinn könnte daher in gewisser Weise auch als Konsequenz einer verminderten Anzahl an starken Wettbewerbern durch Übernahmen (CSFB/ DLJ, Chase Manhatten/ JP Morgan) zu werten sein.

Dresdner Kleinwort Benson plazierte sich im Jahr 2000 mit einem wertmäßigen Volumen von 62,1 Mrd. US-Dollar auf Rang dreizehn und damit eine Position vor ihrer deutscher Wettbewerberin. Die geringe Anzahl an acht begleiteten Transaktionen deutet auf eine hohe volumenmäßige Größe der Geschäfte hin. Damit hat sich die Bank, die 1999 noch nicht unter den 25 führenden Wettbewerbern zu finden war, auch aus eigener Kraft enorm verbessert. Daß sich DKB mit Wasserstein Perella neben erstrangiger Produktexpertise auch nicht unwesentliche Marktanteile in den USA eingekauft hat, kommt in deren siebter Plazierung im US-Ranking zum Ausdruck. Insgesamt erreichte die M&A-Boutique mit 266,9 Mrd. US-Dollar das rund vierfache Beratungsvolumen von DKB alleine. Die kombinierte Einheit würde mit einem Volumen von 329,0 Mrd. US-Dollar im Jahresranking für 2000 Platz sechs belegen.

---

137 Anm. d. Verf.: Unter „Schroder Salomon Smith Barney“ firmiert die Bank nur im europäischen Geschäft. Überall sonst tritt sie unter o.g. Marketing-Namen auf.

IV.2.1.2.4 M&A-Transaktionen weltweit

Die in Abbildung IV-16 präsentierten Ranglisten der erfolgreichsten Berater bei M&A-Transaktionen weltweit für die Jahre 1999 und 2000 vermitteln zum Abschluß einen Überblick über die Wettbewerbspositionen auf dem Weltmarkt.

Im Jahr 2000 wurden weltweit knapp 37.000 M&A-Transaktionen im Gesamtwert von 3.495,1 Mrd. US-Dollar angekündigt, was einer Zunahme um 2,3% gegenüber 1999 entspricht. Bei nur 18% dieser Transaktionen wurden Berater eingeschaltet. Allerdings entfallen auf diesen Anteil 89,6% des Gesamtwertes aller angekündigten M&A-Geschäfte weltweit, was erkennen läßt, daß Berater vor allen bei großen Transaktionen hinzugezogen werden.

Nach gleichmäßigen Plazierungen auf den Rängen zehn in den Vorjahren fiel die ***Deutsche Bank*** in der Weltrangliste des M&A-Geschäfts im Jahr 2000 auf die vierzehnte Position zurück. Insgesamt beriet sie weltweit bei 256 Transaktionen im Wert von 122,3 Mrd. US-Dollar. Damit sank das globale wertmäßige Beratungsvolumen im Vergleich zum Vorjahr (1999: 292,9 Mrd. US-Dollar) deutlich.

M&A-Transaktionen weltweit 2000			
Investment Bank		Wert der Trk. in Mrd. US-$	Anzahl
1	Goldman Sachs	1.284,4	420
2	Morgan Stanley DW	1.126,9	422
3	CSFB	945,1	715
4	Merrill Lynch	780,0	344
5	Salomon Smith Barney	666,8	435
6	JP Morgan	630,6	572
7	UBS Warburg	371,0	291
8	**Wasserstein Perella**	**282,4**	**49**
9	Lehman Brothers	257,4	221
10	Lazard	242,4	193
11	Rothschild	210,2	217
12	**Dresdner KB**	**155,3**	**93**
13	ING Barings	135,0	158
14	**Deutsche Bank**	**122,3**	**256**
15	Bear Stearns	117,8	84
Σ Übrige		*k. A.*	*k. A.*
TOTAL (Deals with advisor)		**3.131,9**	**6.751**
Total Deals without advisors)		363,6	**30.169**
Industry Totals		**3.495,1**	**36.896**

Credit to target and acquiring advisors

Quelle: Thomson Financial Securities Data

M&A-Transaktionen weltweit 1999				
Investment Bank		Wert der Trk. in Mrd. US-$	Anzahl	1998
1	Goldman Sachs	1.348,8	417	1
2	Morgan Stanley DW	1.131,3	447	2
3	Merrill Lynch	1.097,1	377	3
4	CSFB	528,4	329	5
5	JP Morgan	514,7	241	6
6	Warburg Dillon Read	489,2	279	11
7	Salomon SB	456,1	276	4
8	Lazard	376,1	165	13
9	Lehman Brothers	310,9	194	7
10	**Deutsche Bank**	**292,9**	**226**	**10**
11	Chase Manhatten	290,4	184	9
12	DLJ	272,1	315	8
13	Bear Stearns	169,3	84	12
14	Rothschild	160,9	204	15
15	**Dresdner KB**	**144,8**	**97**	**18**
Σ Übrige		*k. A.*	*k. A.*	
TOTAL (Deals with advisor)		**3.045,1**	**5.983**	
Total Deals without advisors)		373,1	25.082	
Industry Totals		**3.418,2**	**31.065**	

Credit to target and acquiring advisors

Quelle: Thomson Financial Securities Data

Abb. IV-16: Weltweit führende Berater bei M&A-Transaktionen in 2000 und 1999

Im Jahr 1999 noch auf Platz 15 der „Weltrangliste" plaziert, konnte sich ***Dresdner Kleinwort Benson*** im abgelaufenen Geschäftsjahr bei einem Transaktionsvolumen im Wert von 155,3 Mrd. US-Dollar (1999: 144,8 Mrd. US-Dollar) um drei Ränge nach vorne schieben. Mit Position 12 auf globaler Ebene rangiert sie damit aktuell zwei Plätze vor der Deutschen Bank. Letztere hatte in 1999 bei einem mehr als doppelten Gesamtwert an begleiteten Deals noch mit deutlichem Abstand vor DKB gelegen. Verläuft der Integrationsprozeß von Wasserstein Perella erfolgreich, dürfte sich dieser positive Trend fortsetzen. Wasserstein Perella für sich erreichte mit einem Beratungsvolumen im Wert von 282,4 Mrd. US-Dollar in 2000 in etwa das Zweifache des wertmäßigen Volumens von DKB, was ihr zu Weltranglistenplatz acht verhilft (1999: Rang 18). Im globalen Gesamtranking für 2000 qualifiziert sich die kombinierte Einheit mit einem Volumen von 437,7 Mrd. US-Dollar für Platz sieben.

In den letzten drei Jahren befand sich das globale M&A-Geschäft in fester Hand von insgesamt sechs Instituten, die kontinuierliche Spitzenpositionen belegten. Hierbei handelt es sich um die dominierenden US-Häuser *Goldman Sachs* und *MSDW*, die im Jahr 2000 erneut an der Spitze der „Weltrangliste" liegen, die aufholende *CSFB* auf Rang drei und *Merrill Lynch,* die mit der vorgenannten Wettbewerberin in 2000 den Platz tauschte. Zu dieser Gruppe zählen ferner *Salomon SB*, die mit Rang fünf in 2000 nach Platz sieben in 1999 wieder an frühere Erfolge anknüpfen konnte, und die aktuell sechstplazierte *JP Morgan*. Der Abstand der deutschen Institute zum Marktführer Goldman Sachs, der in 2000 Transaktionen im rund zehnfachen Gesamtwert (1.284,4 Mrd. US-Dollar) des wertmäßigen Beratungsvolumens der Deutschen Bank und des achtfachen von DKB begleitete, nimmt sich enorm aus.

Wie aus der vergleichenden Gegenüberstellung der globalen und kernregionenbezogenen Marktpositionen führender M&A-Berater in 2000 in Abbildung IV-17 hervorgeht, entspricht diese Gruppe – bei fast deckungsgleicher Positionsbelegung – jener bei US-amerikanischen Transaktionen.

Bezugsgebiet der Rangliste / Investment Bank	Global	Europa	USA
Goldman Sachs	1	2	1
Morgan Stanley DW	2	1	3
CSFB	3	4	2
Merrill Lynch	4	9	4
Salomon SB	5	5	5
J.P. Morgan	6	3	6
UBS Warburg	7	6	9
Wasserstein Perella	8	21	7
Lehman Brothers	9	11	8
Lazard	10	8	15

Abb. IV-17: Globale und weltregionenbezogene Marktpositionen führender Wettbewerber im M&A-Geschäft im Jahr 2000 im Überblick

Mit Ausnahme von *Merrill Lynch*, die eine relative Schwäche im europäischen M&A-Geschäft aufweist, sind hiermit gleichzeitig die gewichtigsten Wettbewerber bei europäischen

M&A-Transaktionen umrissen – in allerdings abweichender Reihung. Zum erweiterten globalen Führungskreis zählen außerdem die „Europäer" *UBS Warburg*, *Lazard* und *Rothschild*. Ihre relativen Stärken sind im europäischen Geschäft angesiedelt, wie die im Vergleich zu den Weltranglistenplazierungen überdurchschnittlichen Positionen in diesem Bezugsgebiet in 2000 belegen. Umgekehrtes gilt für *Wasserstein Perella* und *Lehman Brothers*, deren globale Top-Ten-Positionen auf hohen Marktanteilen im US-amerikanischen M&A-Geschäft basieren.

Abschließend bleibt zu bemerken, daß der Markt für M&A nach neuesten Daten von *Thomson Financial* in den ersten Monaten des Jahres 2001 massiv eingebrochen ist. Der Gesamtwert angekündigter Fusionen und Unternehmensverkäufe weltweit ging im Vergleich zum Vorjahreszeitraum um mehr als 60% zurück.[138] Hiervon war auch Europa, in sehr viel stärkerem Maße jedoch die USA betroffen.

IV.2.1.3 Marktpositionen im Geschäftsfeld M&A im Lichte der gewählten Basisstrategien

Vor dem Hintergrund der Ergebnisse der Marktanalyse stellt sich nun die Frage, ob und inwieweit die fokalen deutschen Banken im Geschäftsfeld M&A die im Lichte der gewählten Basisstrategien erforderliche Präsenzintensität in den zu bearbeitenden Produkt-Markt-Gebieten erreichen. Referenzpunkt der Beurteilung bildet das Anforderungsprofil der verfolgten Basisstrategien, hier in marktpositionsbezogener Hinsicht. Auch hieraus ergeben sich Erkenntnisse zum strategischen Handlungsbedarf des einzelnen Instituts im Geschäftsfeld M&A.

Abbildung IV-18 vermittelt zunächst einen Überblick über die Markt- bzw. Ranglistenpositionen deutscher Banken im M&A-Geschäft auf nationaler, internationaler und globaler Ebene in den Jahren 1999 und 2000. Zusätzlich zu den League-Table-Plazierungen von Dresdner Kleinwort Benson sind die Markposition der kombinierten Einheit DKB/ Wasserstein Perella (DrKW) jeweils in Klammern mit angegeben.

[138] Vgl. hierzu auch Pretzlik, C. (2001B), S. 20.

Bezugsgebiet der Rangliste / Bank	2000 D	2000 Europa	2000 USA	2000 Global	1999 D	1999 Europa	1999 USA	1999 Global
Deutsche Bank	**5**	**14**	**14**	**14**	9	8	15	10
Dresdner KB (KW)	**8(8)**	**10(10)**	**13(6)**	**12(7)**	5	9	-	15
Commerzbank	-	-	-	-	-	-	-	-
DG Bank	-	-	-	-	-	-	-	-

mit "-" = keine Top-20-Plazierung im deutschland-bezogenen bzw.Top 25-Plazierung im internationalen oder globalen M&A Geschäft

Abb. IV-18: Globale, weltregionen- und deutschlandbezogene Marktpositionen deutscher Banken im M&A-Geschäft in 2000 und 1999 im Überblick

Abbildung IV-19 faßt zusammen, an welche spezifischen marktpositionsbezogenen Voraussetzungen die erfolgreiche Verfolgung der gewählten Basisstrategien bezogen auf das Feld M&A nach Auffassung der Experten knüpft, und in welchen Plazierungen und Ranglisten sich diese Stärken materialisieren:[139]

[139] Laut Interviewergebnisse. Vgl. zu den Anforderungsprofilen der gewählten Basisstrategien ausführlich Abschnitt III.3.

*Der **Global Player** sollte ...*	
• neben einer dominierenden Position im Heimatmarkt	➢ Top-Drei-Plazierung im deutschlandbezogenen M&A-Geschäft
• eine erkennbare, ausgewogene Marktpräsenz in den bedeutendsten Weltregionen vorweisen können und	➢ zumindest Top-Fünf-Plazierung in den League-Tables für europäische und US amerikanische M&A-Transaktionen
• über über nennenswerte Marktanteile im weltweiten M&A-Geschäft verfügen	➢ Top-Fünf-Position im League-Table für M&A-Transaktionen weltweit

Diese Qualitäten kommen materiell zum Ausdruck in

*Der **internationale Full-Service-Anbieter** mit Europafokus sollte ...*	
• neben einer starken Position im Heimatmarkt	➢ Top-Fünf-, idealer weise Top-Drei-Position beim deutschlandbezogenen M&A-Geschäft
• entsprechend dem geographischen Fokus über nennenswerte Marktanteile im europäischen M&A-Geschäft verfügen und	➢ zumindest Top-Ten-, idealer weise Top-Fünf-Positionen im League-Table für europäische M&A-Transaktionen
• auf weltweiter Ebene als Wettbewerber erkennbar sein	➢ Plazierung im League-Table für weltweite Transaktionen

Diese Qualitäten kommen materiell zum Ausdruck in

Abb. IV-19: Marktpositionsbezogene Anforderungen der Basisstrategien deutscher Banken im Geschäftsfeld M&A

Das Anforderungsprofil des im Feld M&A tätigen, internationalen Nischenanbieters entspricht – was die beiden erstgenannten Anforderungen anbetrifft – jenem des internationalen Full-Service-Anbieters in Einengung auf die gewählten Produkt-Markt-Segmente (z.B. Kauf-/ Verkaufsberatung von Mid Caps). In diesen sollte er folglich zumindest Top-Fünf-Positionen im Heimatland, und wenigstens Top-Ten-, idealerweise Top-Fünf-Positionen in den besetzten Auslandsmärkten vorweisen können.

Betrachtet man die Marktpositionen der ***Deutschen Bank*** im Lichte der diesbezüglichen Anforderungen ihrer Global-Player-Strategie, bleibt folgendes zu konstatieren:

- Diese Basisstrategie setzt zunächst eine dominierende Position im Heimatmarkt voraus. Mit Platz fünf bei deutschlandbezogenen M&A-Transaktionen in 2000 wird eine solche derzeit noch nicht vollständig ausgefüllt, wenngleich ausgehend von Position neun in 1999 deutliche Fortschritte sichtbar werden.

- In bezug auf die zentralen internationalen Kernregionen USA und Europa, in denen gemäß der Basisstrategie idealerweise über Top-Fünf-Plazierungen verfügt werden sollte, besteht noch Nachholbedarf. Gleichmäßige Plazierungen auf den Rängen 14 in den kernregionenbezogenen League-Tables für 2000 zeigen dies an. Speziell in Europa hat die Deutsche Bank ausgehend von Rang acht in 1999 in jüngerer Zeit an Schlagkraft eingebüßt.
- Auch der aus ihrer Global-Player-Strategie resultierenden Anforderung einer Positionierung unter den fünf weltweit führenden Wettbewerbern im M&A-Geschäft wird die Deutsche Bank bislang nicht gerecht. Mit Rang vierzehn im Ranking für das Jahr 2000, was einer Verschlechterung um vier Positionen im Verhältnis zum Vorjahr (1999: Platz zehn) entspricht, zeichnet sich aktuell auch keine Festigung oder Stabilisierung der weltweiten Marktposition ab.

Im Lichte einer Global-Player-Strategie hätte die Deutsche Bank damit künftig die Marktdurchdringung in allen genannten geographischen Bezugsgebieten mit Nachdruck voranzutreiben. Besondere Priorität müßte dabei Europa und den USA eingeräumt werden. Nicht zuletzt ist dies auch erforderlich, um auf globaler Ebene zur Spitzengruppe aufschließen zu können.

Wie die erreichten Marktpositionen von ***Dresdner Kleinwort Benson*** vor dem Hintergrund einer Positionierung als internationaler Full-Service-Anbieter mit Europafokus einzustufen sind, wird im folgenden eruiert:

- Im Rahmen dieser Basisstrategie sollte eine starke Position unter den Top-Fünf-Wettbewerbern im Heimatmarkt vorgewiesen werden können. Letzteres ist mit Platz acht bei deutschlandbezogenen Transaktionen in 2000 im Gegensatz zu den Vorjahren (Ränge fünf in 1999 und 1998) augenblicklich nicht gegeben.
- Bei europäischen M&A-Transaktionen wird DKB, wie in Rang 10 im Jahr 2000 zum Ausdruck kommt, den Mindestanforderungen ihrer Basisstrategie knapp gerecht. Zu konstatieren bleibt jedoch, daß selbst unter Einbezug der Marktanteile von Wasserstein Perella gegenüber 1999 eine Position einbüßt wurde. Der Abstand zum fünftplazierten

Wettbewerber, der ein Beratungsvolumen akquirierte, das jenes von DKB um rund 70 Mrd. US-Dollar übersteigt, fällt deutlich aus.

- Mit Rang zwölf der aktuellen Rangliste für M&A-Transaktionen weltweit, der in Einheit mit Wasserstein Perella sogar zu einer Position sieben aufgewertet wird, kann die Investment Bank eine starke Wettbewerbsposition auf globaler Ebene vorweisen und genügt damit den Anforderungen ihrer Basisstrategie in diesem Bereich umfassend. Hierzu trug in hohem Maße die deutliche Stärkung der Präsenz in den USA im Jahr 2000 bei. Dies gelang einerseits aus eigener Kraft, wie eine Position 13 im League-Table für US-amerikanische Transaktionen nach einer Nicht-Plazierung unter den 25 führenden Beratern im Vorjahr belegt. Die Übernahme von Wasserstein Perella, die in den USA über hohe Präsenzintensität (2000: Rang 7) verfügt, bildete einen weiteren robusten Schritt.

Gemäß dem Anforderungsprofil ihrer Basisstrategie hätte Dresdner KW damit künftig primär die Marktdurchdringung im Heimatmarkt und den Auslandsmärkten Europas voranzutreiben. Als stark sind die Marktpositionen im US-Geschäft und auf globaler Ebene einzustufen. Da M&A in Beschränkung auf die beschriebenen Marktsegmente eine der wenigen, globalen Kompetenzen von Dresdner KW repräsentieren soll, wäre der Fokus hier auf eine Absicherung der erreichten Positionen zu richten.

Im Lichte der Basisstrategie eines internationalen Full-Service-Anbieters mit Europafokus sieht sich die ***Commerzbank*** den gleichen basisstrategischen Anforderungen ausgesetzt wie die vorgenannte Wettbewerberin.

- Wie Nicht-Plazierungen unter den führenden 20 bzw. 25 führenden Wettbewerbern in den entsprechenden League-Tables für die Jahre 1999 und 2000 zeigen, ist die Bank jedoch bislang weder im deutschlandbezogenen, noch im europäischen M&A-Geschäft als Wettbewerberin erkennbar präsent.

Relativierend bleibt zu berücksichtigen, daß sich der Bereich M&A derzeit noch in der Aufbauphase befindet. Weiterhin fällt ins Gewicht, daß mit einer Fokussierung auf mittelständische Unternehmen allgemein niedrigere Transaktionsvolumina verbunden sind, die sich – auch bei großer Transaktionsanzahl – in den League-Tables nicht in dem Maße niederschlagen wie große oder sog. „Mega-Deals". Trotzdem ergibt sich vor dem Hintergrund der Basisstrategie strategischer Handlungsbedarf in bezug auf Heimatmarkt und Europa, wobei ein Ausbau des deutschlandbezogenen M&A-Geschäfts als zunächst vordringlich einzustufen sein dürfte.

Entsprechendes bleibt für die ***DG Bank*** festzuhalten, die eine internationale Nischenstrategie mit Europafokus verfolgt, welche in leistungsprogrammbezogener Hinsicht M&A mit einschließt.

- Vor dem Hintergrund dieser Basispositionierung sollte eine starke Position unter den Top-Fünf-Wettbewerbern im Heimatmarkt in dem gewählten Marktsegment vorgewiesen werden können. Entsprechend ihrer expliziten Fokussierung auf die Beratung deutscher mittelständischer Unternehmen bei Firmenkäufen, -verkäufen und Fusionen müßte die DG Bank speziell in diesem Geschäftssegment über einen hohen Grad an Marktdurchdringung verfügen. Obwohl die präsentierten, auf den Gesamtmarkt bezogenen League-Tables im Hinblick auf das verengte Leistungsspektrum und den expliziten Abnehmerfokus nur eingeschränkte Aussagefähigkeit besitzen, lassen sie ein nur geringes Ausmaß an Präsenzintensität erkennen. Jedenfalls lagen wertmäßiges Volumen der zum Abschluß gebrachten Transaktionen und Marktanteil im deutschlandbezogenen Geschäft im Jahr 2000 unterhalb der Marken 0,3 Mrd. DM bzw. 0,1%, nämlich denjenigen Werten, die der letztplazierte Wettbewerber im korrespondierenden Ranking für 2000 erreichte.[140]
- In mangelnder Stimmigkeit mit der basisstrategischen Positionierung wurde das M&A-Geschäft bislang in ausschließlich nationaler Ausrichtung betrieben, was die fehlende Präsenz auf internationaler Ebene erklärt. Gemäß dem Anforderungsprofil sollten jedoch in europäischen Auslandsmärkten Top-Fünf-Plazierungen im Segment Kauf-/ Verkaufsberatung von Mid Caps anvisiert werden.

Vorrangiger strategischer Handlungsbedarf besteht somit zunächst im Hinblick auf eine Stärkung der Wettbewerbsposition am Heimatmarkt, aber auch in bezug auf die Erschließung europäischer Auslandsmärkte.

---

140 Vgl. hierzu das Ranking für deutschlandbezogene M&A-Transaktionen in Abbildung IV-13.

IV.2.1.4 Strategien deutscher Banken im Geschäftsfeld M&A

Auf Grundlage der Erkenntnisse zum strategischen Handlungsbedarf aus Sicht der Basisstrategien gilt es im folgenden die strategischen Stoßrichtungen und Entwicklungsstrategien der fokalen deutschen Banken im Feld M&A vorzustellen. Zunächst werden die Geschäftsfeldstrategien der Deutschen Bank (Abschnitt IV.2.1.4.1) und Dresdner Kleinwort Wasserstein (Abschnitt IV.2.1.4.2) offengelegt, anschließend jene der Commerzbank (Abschnitt IV.2.1.4.3) und DG Bank (Abschnitt IV.2.1.4.4).

IV.2.1.4.1 Deutsche Bank

Die strategische Stoßrichtung der Deutschen Bank im Geschäftsfeld M&A lautet Wachstum mit hoher relativer Priorität.[141] Da die Produktpalette als vollständig und die Marktabdeckung und geographische Reichweite als Global-Player-gerecht erachtet werden, geht es hierbei um eine Erhöhung der noch nicht zufriedenstellenden Präsenzintensität im bereits angelegten Produkt-Markt-Feld.[142]

- Eine Marktdurchdringungsstrategie wird zunächst in bezug auf den Heimatmarkt formuliert (MD_1).[143] Hier sollen die Dax-30-Unternehmen intensiver betreut werden, auch große Mittlerständler und stark diversifizierte Konglomerate werden verstärkt ins Visier genommen. Besondere Attraktivität bezieht der deutsche Markt nach Einschätzung der Bank aus der Tatsache, daß deutsche Unternehmen bezüglich des erforderlichen Strukturwandels rund fünf Jahre hinter amerikanischen zurückliegen, woraus sich künftig attraktives Geschäftspotential erschließt.
- Im Rahmen einer auslandsbezogenen Marktdurchdringungsstrategie (MD_2) strebt die Deutsche Bank speziell in den Ländermärkten Europas und in den USA eine Erhöhung der Präsenzintensität an.[144] Das Geschäft auf dem Heimatkontinent, wo die Bank innerhalb der nächsten fünf Jahre noch erhebliches Restrukturierungspotential vermutet,[145] soll von

---

141 Laut Interviewergebnisse. Vgl. hierzu auch Deutsche Bank (2001), S. 33.
142 Laut Interviewergebnisse.
143 Vgl. hierzu und im folgenden Sautter, M., Interviewaussage, in: o. V. (2000I), S. 22.
144 Laut Interviewergebnisse.
145 Vgl. Sautter, M., Interviewaussage, in: o. V. (2000I), S. 22.

Frankfurt und London aus ausgebaut werden.[146] Über sämtliche geographische Bezugsgebiete hinweg sieht die einzuschlagende Marktdurchdringungsstrategie insbesondere eine Intensivierung der Betreuung bei den „megagroßen“ Industriefirmen der Welt vor.[147] Hier habe die Bank Defizite, es fehle noch an volumenstarken, prestigeträchtigen Deals.

Somit stellt sich die Frage, inwieweit die Geschäftsfeldstrategie der Deutschen Bank im Feld M&A im Einklang mit den Anforderungen der gewählten Basisstrategie steht. Hierzu ist festzuhalten, daß Wachstum mit hoher Priorität angesichts des noch deutlichen Nachholbedarfs in puncto Marktpräsenz die adäquate Stoßrichtung bildet. Da das realisierte produkt-markt-bezogene Aktionsfeld bereits den Maßgaben einer Global-Player-Strategie entspricht, wären auch keine anderen Pfade als die gewählten Marktdurchdringungsstrategien einzuschlagen. Zumal diese in ihrer inhaltlichen Ausgestaltung die ermittelten marktpositionsbezogen Defizitbereiche zielgenau treffen, läßt sich im Hinblick auf die Basisstrategie von strategischer Stimmigkeit sprechen.

IV.2.1.4.2 Dresdner Kleinwort Wasserstein

Auch Dresdner KW beabsichtigt, das M&A-Geschäft weiter zu forcieren.[148] In diesem Feld werden die relativ höchsten Wachstumsraten erwartet. Angesichts eines nach Ansicht der Bank bereits vollständigen Leistungsspektrums, eines bestehenden Zugangs zu allen wesentlichen Kundengruppen und einer durch die Übernahme von Wasserstein Perella deutlich erhöhten geographischen Reichweite, liegt der Fokus auf Wachstum im bestehenden Produkt-Markt-Feld. Im Rahmen der im weiteren zu beleuchtenden Marktdurchdringungsstrategien soll übergreifend v.a. die Präsenzintensität im Großkundengeschäft gesteigert werden („Elephant Hunting“).[149] Über die Ertragswirkungen großer M&A-Deals hinaus will sich die Bank auch die hiermit verbundenen Reputationseffekte zunutze machen: Erstens ein erhöhtes akquisitorisches Potential aufgrund eines verbesserten Standings und Bekanntheitsgrades und zweitens eine gesteigerte Attraktivität als Arbeitgeber für hochqualifiziertes Personal.

---

146 Vgl. hierzu Balzer, A./ Wilhelm, W. (2000), S. 20.
147 Vgl. hierzu und im folgenden Breuer, R., Interviewaussage, in: o. V. (2000H), S. 29.
148 Hierzu und im folgenden laut Interviewergebnisse.

- Mittels einer Marktdurchdringungsstrategie (MD_1) soll zum einen die Präsenz auf dem Heimatmarkt über alle bearbeiteten Kundengruppen hinweg weiter intensiviert werden.[150] Als Markt mit den höchsten Wachstumsraten bildet Deutschland für die Bank einen der wichtigsten Märkte im Feld M&A überhaupt.[151] Auch steht dahinter die strategische Absicht, den Ertragsanteil von M&A gegenüber Eigenkapitalfinanzierungen im Ursprungsmarkt zu steigern.[152] Im direkten Vergleich stellen die deutschen M&A-Erträge die Bank noch nicht vollständig zufrieden.

- Die parallel hierzu formulierte auslandsbezogene Marktdurchdringungsstrategie (MD_2) setzt Schwerpunkte in den europäischen Ländermärkten.[153] Besonders hohe Bedeutung wird hierbei Großbritannien als größtem europäischen Markt für Fusionen und Unternehmensübernahmen beigemessen.[154] Aber auch in Spanien, Italien und Frankreich sowie im deutschsprachigen Ausland räumt sich das Institut hervorragende Geschäftschancen ein,[155] die es über eine offensive Marktbearbeitung auszuschöpfen gilt. Rückkoppelungseffekte auf das europäische Geschäft erhofft sich die Bank auch von der Übernahme Wasserstein Perellas.[156] Durch die hiermit geschaffene Verbindung in den US-Markt können europäische Konzerne nun angemessen betreut werden. Eine Erhöhung der Marktdurchdringung wird ausgehend von der durch die Übernahme deutlich verstärkten Stellung aber auch im US-Geschäft angestrebt.[157] Künftig will Dresdner KW in der US-Rangliste für M&A nachhaltig Positionen im Bereich zwischen Rang fünf und zehn belegen.

Zur Frage der Stimmigkeit von Geschäftsfeld- und Basisstrategie von Dresdner KW bleibt festzuhalten, daß die strategische Wahl im Feld M&A hinsichtlich Stoßrichtung und

---

149 Hierzu und im folgenden laut Interviewergebnisse. Angestrebt sind „gute Deals", d.h. große Transaktionen zu begleiten, die öffentlichkeitswirksam sind. Laut Interviewergebnisse.

150 Laut Interviewergebnisse.

151 Vgl. Fahrholz, B., Interviewaussage, in: Lebert, R. (2000D), S. 20.

152 Hierzu und im folgenden laut Interviewergebnisse.

153 Vgl. Fischer, L., Interviewaussage, in: Roth, M. (2000), S. 17; Fahrholz, B., Interviewaussage, in: Lebert, R. (2000D), S. 20.

154 Vgl. Fahrholz, B., Interviewaussage, in: Lebert, R. (2000D), S. 20. Dieser Markt hat neben Deutschland unter den europäischen die höchste Priorität. Vgl. Fahrholz, B., Interviewaussage, in: Lebert, R. (2000D), S. 20.

155 Vgl. Fahrholz, B., Interviewaussage, in: Lebert, R. (2000D), S. 20.

156 Vgl. hierzu und im folgenden Fahrholz, B., Interviewaussage, in: Lebert, R. (2000D), S. 20.

Wachstumsstrategien im Einklang mit den Maßgaben der Basisstrategie steht. Da das realisierte produkt-markt-bezogene Aktionsfeld den diesbezüglichen Anforderungen einer internationalen Full-Service-Strategie vollumfänglich genügt, sind keine die Konfiguration verändernde Strategien notwendig. Defizite geringen Ausmaßes bestehen lediglich im Hinblick auf die Präsenzintensität im Heimatmarkt und in Europa, zu deren Behebung die gewählten Marktdurchdringungsstrategien auch in ihrer inhaltlichen Ausgestaltung geeignet erscheinen.

IV.2.1.4.3 Commerzbank

Forciertes Wachstum im Bereich M&A bildet für die Commerzbank derzeit eine Aufgabe erster Priorität.[158] Im Vergleich zu anderen Feldern im Investment Banking käme diesen Ausbaubestrebungen (gemeinsam mit jenen im Bereich IPOs) derzeit übergeordnete strategische Bedeutung zu. Im Rahmen dieser Stoßrichtung will die Commerzbank verschiedene Wachstumsstrategien aufgreifen:

- Durch eine offensive Vermarktung dieser Dienstleistungsgruppe an inländische Firmenkunden im Rahmen einer Marktdurchdringungsstrategie (MD_1) soll zum einen die Präsenzintensität im Heimatmarkt erhöht werden.[159] Im Mittelstand böten sich auch künftig umfangreiche Geschäftsmöglichkeiten.
- Den geographischen Bezugsraum der parallel hierzu verfolgten auslandsbezogenen Marktdurchdringungsstrategie (MD_2) bildet Europa.[160] Vor dem Hintergrund der anlaufenden Restrukturierungsprozesse in vielen Branchen sieht das Haus speziell auf dem Heimatkontinent hohes Marktpotential, v.a. was grenzüberschreitende Transaktionen anbetrifft. Hauptzielmärkte der Intensivierungsbestrebungen bilden England, Italien, Frankreich und Spanien. Die Stützpunkte London und Frankfurt sollen den europäischen Markt als Kompetenz-Center abdecken.
- Im Einklang mit den produkt-markt-bezogenen Erfordernissen einer Positionierung als Full-Service-Anbieter zielt eine Produktentwicklungsstrategie auf die Komplettierung des

---

157 Laut hierzu und im folgenden Interviewergebnisse.

158 Hierzu und im folgenden laut Interviewergebnisse. Vgl. auch Commerzbank (2001A), S. 42.

159 Hierzu und im folgenden laut Interviewergebnisse.

160 Hierzu und im folgenden laut Interviewergebnisse. Vgl. auch Commerzbank (2001A), S. 26.

Leistungsspektrums im Feld M&A im In- und Ausland ab (PE_1 und PE_2), das sich bislang auf die „Basics“ beschränkt.[161]

Insgesamt bleibt festzuhalten, daß die strategische Wahl der Commerzbank im Feld M&A in strategischer Stimmigkeit zur Basisstrategie steht. Dies gilt sowohl in bezug auf die gewählte Stoßrichtung als auch für die formulierten Wachstumsstrategien nach Art und Inhalt. Jedoch wird sie nicht allen Defiziten gerecht. Neue Kundengruppen, wie dies eine internationale Full-Service-Strategie in bezug auf den Kreis der Konzerne/ MNU nahelegt, sollen vorerst nicht erschlossen werden, der Mittelstandsfokus bleibt erhalten.[162]

IV.2.1.4.4 DG Bank

Die DG Bank mißt ihren M&A-Aktivitäten eine hohe, im Verhältnis zu IPOs jedoch nachgeordnete Bedeutung zu.[163] Obwohl sie dieses Feld als sehr attraktiv ansieht, soll im Rahmen der Stoßrichtung Wachstum vorerst nur einen Pfad beschritten werden.

- Mittels einer Marktdurchdringungsstrategie (MD_1) soll die Marktpräsenz im angestammten Produkt-Markt-Feld, d.h. bei der Beratung deutscher Mittelstandsunternehmen bei Kauf-, Verkaufstransaktionen und Fusionen vorangetrieben werden.[164] Hier wird die Position für noch ausbaufähig gehalten.

Eine Erweiterung der Marktbearbeitung in kundengruppenbezogener Hinsicht oder Ausdehnung des Leistungsspektrums ist derzeit nicht beabsichtigt.[165] Hieran könnte gedacht werden, wenn in dem bisher bearbeiteten Marktsegment die gewünschte Präsenzintensität erreicht ist. Auch soll der nationale Fokus bis auf weiteres beibehalten werden, wenngleich die Bank eine „Europäisierung“ ihrer M&A-Aktivtäten im Hinblick auf ihre Basisstrategie prinzipiell für wichtig und richtig hält.[166]

Ausgehend von dem derzeit geltenden nationalen Fokus wird daher für die Zukunft in Betracht gezogen, das M&A-Geschäft in der vorgestellten, eng umrissenen Fokussierung auf

---

161 Laut Interviewergebnisse.
162 Laut Interviewergebnisse.
163 Hierzu und im folgenden laut Interviewergebnisse.
164 Hierzu und im folgenden laut Interviewergebnisse.
165 Hierzu und im folgenden laut Interviewergebnisse.
166 Laut Interviewergebnisse.

mittelständische Unternehmen auch auf das europäische Ausland auszudehnen.[167] Die Möglichkeit hierzu hänge jedoch in stark von Fragen der Realisierung ab, d.h. inwieweit es gelänge, kooperative Lösungen mit genossenschaftlichen Partnern im Ausland einzugehen, zumal ein Eigenaufbau aufgrund der Struktur des Genossenschaftssektors in Europa nicht möglich sei.[168] Ein solche kombinierte Einheit sollte dann eine segmentbezogen führende Rolle bei der Transaktionsbegleitung von Mid Caps in besetzten europäischen Märkten bekleiden.[169]

Die Geschäftsfeldstrategie der DG Bank bei M&A steht insoweit im Einklang mit den Anforderungen einer internationalen Nischenstrategie mit Europafokus, als die inlandsmarktbezogene Marktdurchdringungsstrategie im Rahmen der Stoßrichtung Wachstum zielgenau auf die Behebung eines der wesentlichen marktpositionsbezogenen Defizite ausgerichtet ist. Im Hinblick auf die Basisstrategie ist sie allerdings insofern unvollständig, als sie derzeit von der Ergreifung auslandsbezogener Produkt- und Marktentwicklungsstrategien zur Deckung des produkt-markt-bezogenen Mangels einer fehlenden europäischen Ausrichtung und Präsenz absieht.

IV.2.2 Geschäftsfeldstrategien und strategische Ausgangspositionen deutscher Banken bei Eigenkapitalfinanzierungen

Das Feld M&A verlassend, wird der Untersuchungsfokus im folgenden auf die Geschäftsfeldstrategien der fokalen deutschen Banken im Feld Eigenkapitalfinanzierungen und die Rahmenbedingungen ihrer Formulierung gerichtet. Um die Bezugsgröße zu spezifizieren, an der die Strategieformulierung anknüpft, werden zunächst die produkt-markt-strategischen Ausgangspositionen in diesem Geschäftsfeld offengelegt (Abschnitt IV.2.2.1). Einer anbieterseitigen Analyse des internationalen Marktes für Eigenkapitalfinanzierungen (Abschnitt IV.2.2.2) schließt sich eine Beurteilung der realisierten Marktpositionen deutscher Banken im Lichte der gewählten Basisstrategien an (Abschnitt IV.2.2.3). Auf Basis der gewonnenen Erkenntnisse zum strategischen Handlungsbedarf wird untersucht, welche Strategien die fokalen Banken im vorliegenden Geschäftsfeld tatsächlich ergreifen (Abschnitt IV.2.2.4).

---

167 Hierzu und im folgenden laut Interviewergebnisse.

168 Vgl. hierzu die Ausführungen in Abschnitt V.2.4.2.

IV.2.2.1 Produkt-markt-strategische Ausgangspositionen im Geschäftsfeld Eigenkapitalfinanzierungen

Zunächst gilt es, die produkt-markt-strategischen Ausgangspositionen der fokalen deutschen Banken im Geschäftsfeld Eigenkapitalfinanzierungen zu spezifizieren. Hierzu kann an den aufgebotenen Leistungspaletten angesetzt werden.[170] Abbildung IV-20 gewährt einführend einen zusammenfassenden Überblick über Breite und Inhalt der Leistungsdimensionen der Geschäftsfeldwürfel.[171]

Leistungsspektrum / Bank	Deutsche Bank	Dresdner Bank	Commerzbank	DG Bank
Börseneinführungen	●	●	●	●
Kapitalerhöhungen	●	●	●	●
Rückkauf eigener Aktien	●	●	●	
Mitarbeiter-/Managementbeteiligung	●	●		●
Privatisierungen	●	●		
Equity-linked-Emissionen	●	●	●	●
Emissionsfolgegeschäfte	●	●	●	●

Abb. IV-20: Leistungspaletten deutscher Banken im Geschäftsfeld Eigenkapitalfinanzierungen

Zu den produkt-markt-strategischen Ausgangspositionen von ***Deutscher Bank*** und ***Dresdner Kleinwort Wasserstein*** bleibt erläuternd folgendes festzuhalten:

- *Leistungsspektren*: Deutsche Bank und Dresdner KW warten im Feld Eigenkapitalfinanzierungen mit nach eigenen Angaben vollständigen Leistungspaletten auf.[172] Sie stellen Beratungsexpertise hinsichtlich IPOs, Kapitalerhöhungen und Privatisierungen bereit, konzipieren und führen die mit den o.g. Anlässen verbundenen Finanzierungstransaktionen durch, offerieren Ex-post-Dienstleistungen wie z.B. Investor-Relations-Beratung

169 Laut Interviewergebnisse.

170 Anm. d. Verf.: Gemäß der im Rahmen dieser Untersuchung getroffenen Abgrenzung beinhaltet das Feld Eigenkapitalfinanzierungen sämtliche Beratungs- und Durchführungsleistungen im Zusammenhang mit der Emission und Plazierung von Eigenkapital und eigenkapitalbezogenen Instrumenten von Unternehmen und der Öffentlichen Hand (Privatisierungen). Aktienemissions- und Plazierungsgeschäfte stehen dann im Zusammenhang mit Privatisierungen, wenn statt eines direkten Verkaufs eine Börseneinführung des staatlichen Unternehmens geplant ist.

171 Zu den offerierten Leistungssegmenten im Feld Eigenkapitalfinanzierungen laut Interviewergebnisse. Vgl. hierzu auch die Angaben der Banken in den Geschäftsberichten für die Jahre 1998, 1999 und 2000.

172 Laut Interviewergebnisse. Vgl. zu einem Überblick über das Leistungsspektrum von Dresdner KW in diesem Feld ergänzend Dresdner Kleinwort Benson (2000A), S. 5.

und übernehmen Aufgaben im Bereich der Emissionsfolgegeschäfte[173]. Darüber hinaus bieten sie Spezialexpertise bei Transaktionen wie Aktienrückkäufen oder der Mitarbeiter-/ Managementbeteiligung. Bei Equity-Offerings liegt der Schwerpunkt auf Führungs- und Mitführungsmandaten, sie beteiligen sich aber auch an nicht prominenter Position in Konsortien.

- *Anvisierte Kundengruppen und -segmente*: Bei grundsätzlich breiter Definition des Abnehmerspektrums richten sich sowohl die Deutsche Bank als auch Dresdner KW in diesem Feld schwerpunktmäßig auf Konzerne/ MNU aus (in Erweiterung um die Gruppe Staaten/ öffentliche Stellen im Segment Privatisierungen).[174] Abgesehen von der Hauptzielgruppe „Großkunden" gewannen angesichts des „IPO-Fiebers" jedoch in den letzten Jahren bei beiden Instituten auch Mid Caps stark an Bedeutung.[175] Diese Ausrichtung präzisieren die Wettbewerberinnen durch Branchenkonzepte, deren Inhalt bereits im Kontext des M&A-Geschäfts offengelegt wurde (vgl. Abb. IV-12).

Die feldübergreifend deckungsgleiche Ausrichtung ist Konsequenz einer immens gewachsenen Bedeutung von Sektorexpertise bei der Bearbeitung der Kernkundengruppe Unternehmen.[176] Bei der Ideengenerierung und Mandatsakquisition ist heute nur diejenige Bank erfolgreich, die über exzellentes Branchen-Know-how verfügt, d.h. Geschäft und Industrie des Kunden rund um den Globus kennt.

Diese Entwicklung zeitigt insofern realorganisatorische Auswirkungen, als das Branchenkonzept bei diesen Wettbewerberinnen das durchgängige Gliederungskriterium der Akquisitions- und Betreuungsfunktionen (Coverage) in den genannten beratungsorientierten Geschäftsfeldern des Investment Banking bildet. Unter Effizienz-, insbesondere aber auch Cross-Selling-Gesichtspunkten war es daher naheliegend, die Coverage in den Feldern M&A und Eigenkapitalfinanzierungen auch organisatorisch zu bündeln. Die Branchengruppen (Pharma, Chemie, etc.) warten dann mit Kompetenzen in beiden Produktbereichen auf.[177]

---

173 Anm. d. Verf.: Hierzu zählen bspw. das Coaching von Hauptversammlungen, Einrichtungen des Hinterlegungsstellendienstes oder Zentralzahlstellendienstes bei Dividendenzahlungen. Vgl. hierzu Dresdner Kleinwort Benson (2000A), S. 5.

174 Laut Interviewergebnisse. Vgl. hierzu auch Dresdner Kleinwort Benson (2000A), S. 9.

175 Laut Interviewergebnisse. Vgl. hierzu bspw. auch Deutsche Bank (2001), S. 9.

176 Laut Interviewergebnisse. Vgl. auch Sautter, M., Interviewaussage, in: o. V. (2000I), S. 22.

177 Laut Interviewergebnisse.

Bei der Deutschen Bank besteht die nach Branchen gegliederte Coverage aus insgesamt zwölf Sektorteams, die sich der jeweils spezialisierten Betreuung von Unternehmen dieser Zielindustrie(n) widmen.[178] Bei Dresdner KW warten neun nach Zielbranchen gegliederte Beratungsteams mit Produktkompetenzen bei M&A und Eigenkapitalfinanzierungen auf und werden in vornehmlicher Ausrichtung auf Großkunden, heute aber auch Mid Caps tätig.[179] Das frühere „Mittelstandsteam" in Frankfurt wurde in 2000 in die sektororientierten Betreuungsgruppen integriert.[180] Ausgenommen von einer direkten Ansprache durch diese Teams sind die 50 größten „Multinationals", zu deren (produktübergreifender) Betreuung innerhalb von Dresdner KW die Gruppe „Senior Coverage" geschaffen wurde.[181]

Was die Ausgangsposition der Banken im Hinblick auf die geographische Ausdehnung der Geschäftsaktivitäten im Feld Eigenkapitalfinanzierungen anbetrifft, ergibt sich bei den genannten Wettbewerberinnen folgendes Bild:

- *Ländermarktspektrum*: In Kongruenz mit der weltweiten Definition der Industriesektoren und dem sich daraus erschließenden Potential verfolgt die *Deutsche Bank* bei Eigenkapitalfinanzierungen einen globalen Ansatz.[182] Stützpunkte zur regionalen Kundenabdeckung werden in Reihung nach heutiger Bedeutung in New York, London, Frankfurt, das den gesamten deutschsprachigen Raum betreut, Baltimore, San Francisco, Boston, Sydney und weiteren sieben Standorten, darunter z.B. Hongkong und Tokio unterhalten.[183] Die Branchen- bzw. Produktexpertise ist an den wichtigsten Finanzzentren zentralisiert, wobei die Industriegruppen durchaus auch an verschiedenen Standorten angesiedelt sein können.[184] So sitzen bspw. Telekom-Experten in Frankfurt und London, die Chemie-Spezialisten und das Pharma-Team in New York.

---

178 Vgl. Sautter, M., Interviewaussage, in: o. V. (2000I), S. 22. Diese Sektorteams warten jedoch nicht nur mit Produktexpertise in den Feldern M&A und Eigenkapitalfinanzierungen, sondern auch für Fremdkapitalfinanzierungen auf. Vgl. hierzu Balzer, A./ Wilhelm, W. (2000), S. 21.

179 Laut Interviewergebnisse.

180 Laut Interviewergebnisse. Zuvor war allerdings ein Großteil dieses erfolgreichen Teams durch einen Wettbewerber (JP Morgan) abgeworben worden.

181 Laut Interviewergebnisse.

182 Laut Interviewergebnisse.

183 Vgl. hierzu Balzer, A./ Wilhelm, W. (2000), S. 21, bestätigt und aktualisiert durch Interviewergebnisse.

184 Hierzu und im folgenden laut Interviewergebnisse.

Kernmärkte der Geschäftstätigkeit von *Dresdner KW* im Feld Eigenkapitalfinanzierungen bilden im Rahmen eines „europäischen Ansatzes“ die Länder Europas.[185] Paris, Mailand und Madrid bilden die größten der europäischen Stützpunkte, die zur regionalen Kundenabdeckung außerhalb der Weltfinanzzentren unterhalten werden.[186] Jedoch können die Leistungen im Feld Eigenkapitalfinanzierungen auch über das weltumspannende, mit „Corporate-Finance-Generalisten“ ausgestattete Akquisitionsstützpunktnetz der Bank bezogen werden.[187] Die Branchen- bzw. Produktexpertise im Feld Eigenkapitalfinanzierungen ist an den Standorten London, New York und Frankfurt – nach Anzahl von „Professionals“ die größten Stützpunkte – und mit Einschränkungen auch in Tokio konzentriert.[188] Vollständige Wertketten werden an den drei erstgenannten Standorten unterhalten.

Eine differenzierte Betrachtung der produkt-markt-strategischen Ausgangsposition der ***Commerzbank*** bei Eigenkapitalfinanzierungen führt zu folgenden Ergebnissen:

- *Leistungsspektrum*: Die Produktpalette der Commerzbank deckt wesentliche Segmente des möglichen Leistungsspektrums bei Eigenkapitalfinanzierungen ab.[189] Die Bank berät bei Börsengängen, Kapitalerhöhungen und Emissionen von Instrumenten mit Eigenkapitalbezug (v.a. Aktienanleihen) und konzipierte bereits einige Aktienrückkaufprogramme. Während bei IPOs die gesamte Wertschöpfungskette präsenzintensiv bearbeitet wird, tritt die Bank bei großen Transaktionen bislang eher in einer durchführenden denn beratenden Rolle auf. Auch kann sie keine Erfahrungen mit Beratungsmandaten bei großen Privatisierungen vorweisen.
- *Anvisierte Kundengruppen und -segmente*: Bei Eigenkapitalfinanzierungen richtet sich die Commerzbank in breiter Form auf Unternehmen aller kapitalmarktrelevanten

---

185 Laut Interviewergebnisse. Vgl. auch Fischer, L., Interviewaussage, in: Roth, M. (2000), S. 17.

186 Laut Interviewergebnisse.

187 Vgl. hierzu sowie zu einer vollständigen Liste Dresdner Kleinwort Benson (2000A), S. 3. Abgesehen von den im folgenden zu nennenden Hauptstützpunkten zählen zu den insgesamt 28 Standorten u.a. Paris, Madrid, Mailand, Luxemburg, Warschau und Moskau in Europa, Toronto und Chicago in Nordamerika, Mexiko, Sao Paulo und Buenos Aires in Südamerika sowie Hongkong, Seoul und Sydney im asiatisch-pazifischen Raum.

188 Hierzu und im folgenden laut Interviewergebnisse.

189 Hierzu und im folgenden laut Interviewergebnisse. Vgl. auch Commerzbank (2000A), S. 48.

Größenklassen aus.[190] Diese werden die in drei Gruppen – Mittelstand, Großkunden und „Multinationals“ (mit Umsätzen von 2,5 bis über 10 Mrd. Euro) – unterteilt. Obwohl Großkunden und MNU eine hohe Bedeutung beigemessen wird, kommt dem Mittelstand besonderes Gewicht zu. Ein Branchenkonzept in Marktbearbeitung und Betreuung legt die Commerzbank als einzige der fokalen Banken jedoch bislang nicht zugrunde.
Für die Gruppe der Multinationals befindet sich jedoch ein solches Konzept augenblicklich in der Entwicklung, das sodann teilweise auch für Großkunden gelten soll, nicht aber für den Mittelstand.[191] Die ca. 200-230 größten „Multinationals“ sind allerdings von einer direkten Ansprache durch die Mitarbeiter dieses Bereichs ausgenommen.[192] Zu deren produktübergreifender Betreuung wurde mit dem „Relationship Management“ eine eigene Einheit geschaffen, die derzeit etwa 60 Mitarbeiter umfaßt.

- *Ländermarktspektrum*: Kerngebiet der Geschäftstätigkeit bei Eigenkapitalfinanzierungen bilden Deutschland und Westeuropa.[193] Stützpunkte zur regionalen Kundenabdeckung unter Ansiedlung von Produktexpertise werden in Frankfurt und London unterhalten. Teams in New York und Tokio befinden sich im Aufbau. Hier wird jedoch ausschließlich das Geschäft mit Großkunden und MNU (nicht mit dem Mittelstand) entwickelt. Vollständige Wertschöpfungsketten sind in Frankfurt und London angesiedelt.

Die produkt-markt-strategische Ausgangsposition der ***DG Bank*** im Feld Eigenkapitalfinanzierungen läßt sich wie folgt umreißen:

- *Leistungsspektrum*: Finanzierungsorientierte Beratungs- und Durchführungsleistungen im Zusammenhang mit IPOs bilden nach Angaben der DG Bank nicht nur das zentrale Leistungssegment im Feld Eigenkapitalfinanzierungen, sondern des gesamten Investment Banking ab.[194] Über die Beratung bei und Durchführung von Kapitalerhöhungen hinaus hält die Bank auch Produkt-Expertise für Equity-linked-Emissionen und Mitarbeiter-/ Managmentbeteiligungsprogramme vor. Die Segmente Aktienrückkauf und Privatisierungsberatung werden nicht besetzt. Bei großvolumigen Transaktionen tritt die Bank

[190] Hierzu und im folgenden laut Interviewergebnisse. Vgl. hierzu auch Lebert, R. (2000F), S. 20.
[191] Laut Interviewergebnisse.
[192] Hierzu und im folgenden laut Interviewergebnisse. Vgl. auch Commerzbank (2001A), S. 23 und S. 43.
[193] Hierzu und im folgenden laut Interviewergebnisse.
[194] Hierzu und im folgenden laut Interviewergebnisse.

bislang weniger in einer beratenden denn transaktionsbegleitenden Rolle als Mitglied des Konsortiums auf.

- *Anvisierte Kundengruppen und -segmente*: Im Einklang hiermit richtet sich die DG Bank im Bereich Eigenkapitalfinanzierungen primär auf mittelständische Unternehmen aus.[195] Die Zielindustrien, die die strategische Ausrichtung in abnehmerbezogener Hinsicht konkretisieren, entsprechen den Branchensegmenten des Neuen Marktes und sind deckungsgleich mit jenen im Bereich M&A, die Abb. IV-12 ausweist. Großunternehmen, in erster Linie aus deutschsprachigen Ländern, sind auch von Relevanz, im Verhältnis zum Mittelstand kommt ihnen jedoch geringere Bedeutung zu.
  Die Coverage wird in zwei Gruppen geteilt, von denen eine auf Großkunden und Mid Caps im Ausland fokussiert.[196] Eine zweite betreut den deutschen Mittelstand und ist nach dem regionalen Kriterium in die Bereiche „Norden", „Osten" und „Westen" gegliedert. Innerhalb dieser in Frankfurt angesiedelten Teams, die jeweils 6-8 Mitarbeiter umfassen, ist die Betreuung branchenorientiert strukturiert.

- *Ländermarktspektrum*: Kernmarkt der Geschäftstätigkeit bei Eigenkapitalfinanzierungen bildet Deutschland.[197] Im Ausland werden bislang keine Standorte zur regionalen Kundenabdeckung unterhalten. Produkt- und Branchenexpertise sind in Frankfurt zentralisiert. Frankfurt ist gleichzeitig der einzige Standort, an dem eine vollständige Wertschöpfungskette im Aktienemissionsgeschäft vorgehalten wird.

Zu den produkt-markt-strategischen Ausgangslagen der beiden erstgenannten Wettbewerberinnen im Geschäftsfeld Eigenkapitalfinanzierungen bleibt festzuhalten, daß diese im Hinblick auf Leistungsspektren, bearbeitete Abnehmergruppen und die geographische Definition und Abdeckung der Geschäftsgebiete den produkt-markt-bezogenen Erfordernissen der jeweiligen Basisstrategien entsprechen. Bei der Commerzbank bestehen im Lichte des Full-Service noch geringe Einschränkungen hinsichtlich des Leistungsspektrums mit entsprechenden Entwicklungsnotwendigkeiten. Bei der DG Bank zeigt die bisher weitgehende

---

195 Hierzu und im folgenden laut Interviewergebnisse.
196 Hierzu und im folgenden laut Interviewergebnisse.
197 Hierzu und folgenden laut Interviewergebnisse.

Beschränkung des Aktionsbereichs auf den Heimatmarkt im Lichte einer internationalen Nischenstrategie mit Europafokus Wachstumsnotwendigkeiten in der Länderdimension an.

IV.2.2.2 Marktpositionen deutscher Banken im Geschäftsfeld Eigenkapitalfinanzierungen

Zur Vervollständigung der Informationen zu den strategischen Ausgangslagen im vorliegenden Geschäftsfeld sollen nachfolgend die Marktpositionen der fokalen deutschen Banken bei Eigenkapitalfinanzierungen anhand aussagekräftiger Ranglisten untersucht werden. Vom Grundtyp her handelt es sich dabei um Rankings führender *Bookrunner* bei Aktienemissionen *nach Volumen*, die auch von den Banken selbst zu Analyse- und Vermarktungszwecken genutzt werden.
Diese sind zur Abbildung der Leistungsfähigkeit eines Hauses bei Eigenkapitalfinanzierungen über die gesamte Wertschöpfungskette hinweg geeignet. Obwohl sie zunächst auf Aktivitäten der Durchführung von Finanzierungstransaktionen Bezug nehmen, womit primär der Bereich Equity Capital Marktes befaßt ist, werden hiermit v.a. auch Aussagen zu Leistungsfähigkeit im Corporate Finance getroffen. Denn im Regelfall repräsentiert der Bookrunner dasjenige Institut, das auch die vorgelagerten, finanzierungsorientierten Beratungsleitungen erbringt und den gesamten Prozeß federführend begleitet. Mit anderen Worten finden Akquisitionsstärke der Mitarbeiter im Corporate Finance und Beratungskompetenz in Finanzierungsfragen ihren materiellen Ausdruck in der relativen Höhe des Wertes des Bookrunner-Volumens, das einer Bank innerhalb einer Zeitperiode gutgeschrieben wird. Entsprechendes gilt auch für die später zu beleuchtenden Bookrunner-Ranglisten bei Anleiheemissionen.

Ausgehend von der Beleuchtung der Positionen auf dem Heimatmarkt (Abschnitt IV.2.2.2.1), wird im folgenden die Wettbewerbsstellung deutscher Häuser bei Eigenkapitalfinanzierungen in Europa (Abschnitt IV.2.2.2.2), der Region Asien/ Pazifik (Abschnitt IV.2.2.2.3) und auf globaler Ebene (Abschnitt IV.2.2.2.4) untersucht.

IV.2.2.2.1 Eigenkapitalfinanzierungen auf dem Heimatmarkt

Die in Abbildung IV-21 gezeigten Rankings vermitteln einführend einen Überblick über die Ligen der jeweils zehn führenden Bookrunner bei Aktienemissionen von in Deutschland domizilierenden

Unternehmen in den Jahren 2000 und 1999.[198] Der Wert des Gesamtvolumens der insgesamt 181 Aktienemissionen erreichte im Jahr 2000 einen Betrag von 43,8 Mrd. US-Dollar.[199] Dies entspricht einer Zunahme um 41,1% im Vergleich zum Vorjahr. Auch im Hinblick auf die Anzahl von 181 Finanzierungstransaktionen (1999: 145) war ein hohes Wachstum zu verzeichnen.

Top Bookrunners of German equity issues 2000			
Manager or Group		Amount (in Mio. US$)	Issues
1	**Deutsche Bank** →	**28.744,32**	**20**
2	Goldman Sachs ↑	21.557,85	5
3	**Dresdner KW** ↓	**17.518,18**	**11**
4	UBS Warburg ↑	5.966,46	4
5	**Commerzbank** ↑	**1.560,35**	**14**
6	HypoVereinsbank →	1.510,71	14
7	**DG Bank** →	**1.464,47**	**20**
8	Morgan Stanley DW ↑	1.075,95	4
9	WestLB Panmure ↓	959,98	12
10	CSFB ↑	849,25	5
Übrige (Platz 11 bis 25)		k. A.	k. A.
Σ	**TOTAL** of issues used in the table	**43.783,66**	**181**

full amount

Quelle: Capital Data Bondware

Top Bookrunners of German equity issues 1999			
Manager or Group		Amount (in Mio. US$)	Issues
1	**Deutsche Bank**	**19.257,11**	**21**
2	**Dresdner KW**	**12.853,89**	**19**
3	Goldman Sachs	12.469,15	8
4	Merrill Lynch	3.290,96	5
5	UBS Warburg	2.215,12	4
6	HypoVereinsbank	976,04	14
7	**DG Bank**	**882,03**	**18**
8	WestLB Panmure	850,53	10
9	Lehman Brothers	800,31	6
10	**Commerzbank**	**638,04**	**12**
Übrige (Platz 11 bis 31)		k. A.	k. A.
Σ	**TOTAL** of issues used in the table	**31.032,95**	**145**

full amount

Quelle: Capital Data Bondware

Abb. IV-21: Führende Bookrunner bei „German Equity Issues" in 2000 und 1999

Mit erneut erheblichem Abstand zum Verfolgerfeld wird die deutschlandbezogene Rangliste im Jahr 2000 von der ***Deutschen Bank*** angeführt, die hier eine Anzahl von 20 Aktienemissionen im Wert von 28,7 Mrd. US-Dollar führend begleitete. Hiermit konnte sie ihre Spitzenstellung aus dem Vorjahr verteidigen und den Vorsprung vor dem Zweitplazierten ausbauen.

198 Anm. d. Verf.: Zur Technik der Erstellung des vorliegenden Rankings ist anzumerken, daß dem Bookrunner jeweils der volle Wert einer Transaktion zugerechnet wird. Sind mehrere Bookrunner eingeschaltet, wird *jeder* dieser Banken der *volle* Wert gutgeschrieben („Full amount"). Hierdurch kommt es zu einer Aufblähung der Wertkonten und erheblichen Differenz zur Totalen, die jede der insgesamt 181 bzw. 145 Transaktionen nur einfach berücksichtigt.

199 Anm. d. Verf.: Konkret handelt es sich hierbei um den Wert des Gesamtvolumens, das von den Top-25-Wettbewerbern der Gesamtrangliste begleitet wurde. Da auf weitere ein nur ausnehmend geringer Teil entfällt, bilden o.g. Werte eine relativ präzise Näherungsgrößen für den Gesamtmarkt.

Mit Rang drei im League-Table für 2000 kann auch ***Dresdner KW*** eine starke Position auf dem Heimatmarkt vorweisen. Bei insgesamt elf Aktienemissionen im Wert von 17,5 Mrd. US-Dollar hatte die Bank eine Bookrunner-Rolle inne. Damit setzte sie sich zwar mehr als deutlich von der viertplazierten *UBS Warburg* (6,0 Mrd. US-Dollar) ab, hatte jedoch ihre zweite Position aus 1999 an *Goldman Sachs* abzugeben.
Die ***Commerzbank***, die in 2000 insgesamt 14 Aktienemissionen im Wert von rd. 1,6 Mrd. US-Dollar anführte, konnte im abgelaufenen Geschäftsjahr stark aufholen. Bei einem mehr als verdoppelten Wert des führend begleiteten Emissionsvolumens schob sie sich in der deutschlandbezogenen Rangliste ausgehend von Platz zehn in 1999 auf die fünfte Position nach vorne. Der Abstand zu Deutscher Bank und Dresdner KW, die im Vergleichszeitraum das achtzehn- bzw. elffache wertmäßige Volumen akquirierten und vermarkteten, ist allerdings als deutlich zu bezeichnen.
Die ***DG Bank*** brachte in 2000 deutschlandbezogen ein Aktienvolumen im Wert von 1,5 Mrd. US-Dollar als Bookrunner an den Markt und qualifiziert sich hiermit im Ranking 2000 für Position sieben. Trotz eines hohen und im Vergleich zum Markt überdurchschnittlichen Wachstums des Geschäftsvolumens, gereicht dies insgesamt nur zu einer Bestätigung der Vorjahresplazierung – bei allerdings nur knappem Rückstand zum Fünft- und Sechstplazierten. Eine im Verhältnis hohe Anzahl von 20 Mandaten spricht für eine relativ geringere Größe der akquirierten Deals.

Das Aktienprimärgeschäft im Heimatmarkt befindet sich weitgehend in der Hand deutscher Institute, die in 2000 fünf der sieben führenden Wettbewerber stellten. Darunter fand sich mit einer der Commerzbank in wesentlichen Punkten entsprechenden Leistung auch die *HypoVereinsbank* auf Platz sechs. Die *WestLB Panmure* auf Rang neun vervollständigt den Marktauftritt der Top-Ten-plazierten deutschen Häuser.
Mit wachsendem Erfolg konkurrieren aber auch ausländische Wettbewerber auf der heimischen Plattform. Jedoch konnten sich bis dato einzig *Goldman Sachs*, wie Platz zwei in der Rangliste 2000 (1999: Rang drei) zeigt, und *UBS Warburg* auf Platz vier (1999: Rang fünf) nachhaltig erfolgreich in den Top Ten etablieren. An Präsenzintensität gewonnen haben *MSDW* und *CSFB*, die sich ausgehend von den Rängen 14 und 11 in 1999 auf die Plätze acht und zehn verbesserten. Stark eingebüßt haben dagegen *Merrill Lynch*, die nach Rang vier in

1999 in 2000 nur noch die sechzehnte Position belegt, und *Lehman Brothers*, die nach Platz neun gänzlich aus den Top-25 fiel.

Eine Analyse der heimatmarktbezogenen Konkurrenzsituation bei Eigenkapitalfinanzierungen kann auf die Beleuchtung des Segments „Börseneinführungen in Deutschland" nicht verzichten. Das in Abbildung IV-22 gezeigte Ranking bietet einen Überblick über die führenden Wettbewerber im deutschen IPO-Geschäft in 1999 und deren Ranglistenpositionen in 1998.[200] Ordnungsgröße bildet hier die *Anzahl* an führend begleiteten IPOs, wobei sowohl Lead-, als auch Joint-Lead-Mandate berücksichtigt wurden.[201] Bemerkt sei, daß die Anzahl an geführten IPOs nichts zur Qualität der Transaktionen bzw. Börsendebütanten aussagt. So könnte eine Bank auch aufgrund strengerer Maßstäbe bei der Auswahl von IPO-Kandidaten geringere Gutschriften erreichen. Zumindest belegt eine hohe Anzahl an Lead-Mandaten jedoch Akquisitionsstärke in diesem Segment und eine starke Präsenz bei Mid Caps.

Führende Emissionshäuser bei IPOs in Deutschland (nach Anzahl) 1999

Investment Bank			Anzahl IPOs gesamt	*Rang 1998**
1	**Deutsche Bank**	↑	**20**	*3*
2	**DG Bank**	↓	**19**	*1*
3	**Dresdner Kleinwort Benson**	↓	**16**	*2*
4	**Commerzbank**	↑	**11**	-
5	WestLB	↓	**10**	*4*
6	Goldman Sachs	↑	**9**	*8*
7	HypoVereinsbank	↓	**8**	*5*
8	Gonthard Metallbank	↓	**7**	*6*
8	Sal. Oppenheim	↑	**7**	*10*
10	Concord	↑	**6**	-
10	HSBC Trinkaus	↑	**6**	-
Übrige gesamt			**49**	
Σ	**Total**		**168**	

* mit „–" = keine Top-10-Plazierung in 1998

Quelle: DG Bank (1999C), S. 10; DG Bank (1999B), S. 58.

Abb. IV-22: Führende Emissionshäuser bei IPOs in Deutschland in 1999

---

200 Anm. d. Verf.: Auf die Jahresrankings für 1999 und 1998 wird mangels Datenmaterial für das Jahr 2000 zurückgegriffen. Obwohl hiermit nicht der aktuellste Stand abgebildet wird, sind die Ranglisten dennoch geeignet, einen Überblick über die schlagkräftigsten Wettbewerber in diesem Tätigkeitssegment in den letzten Jahren zu verschaffen und werden deshalb gezeigt.

201 Vgl. DG Bank (1999C), S. 9f. In 1999 gab es einige Joint-Lead-Mandate, bei denen sich zwei, gelegentlich sogar drei Emissionsbanken die Konsortialführung teilten. Im Ranking wurde dieses IPO jeder der beteiligten Banken gutgeschrieben. Vgl. DG Bank (1999C), S. 9.

Im Jahr 1999 hatten die deutschen Börsen mit insgesamt 168 Neuzugängen mehr als die doppelte Anzahl an IPOs zu verzeichnen als im Vorjahr.[202] Das auf IPOs bezogene Volumen stieg in 1999 von knapp vier Milliarden Euro überproportional zur Anzahl auf einen neuen Rekordwert von 15,4 Mrd. Euro an,[203] was die Attraktivität und Bedeutung dieses Geschäftssegmentes für die Emissionsbanken verdeutlicht.

Der Markt wurde im Betrachtungszeitraum durch Anbieter aus dem Ursprungsmarkt dominiert. Bislang gelang es einzig der 1999 sechstplazierten *Goldman Sachs* eine nachhaltig moderate Präsenzintensität in diesem Geschäftssegment zu entwickeln.
Nach Anzahl der führend begleiteten Going Publics über alle deutschen Börsensegmente sah sich die ***Deutsche Bank*** mit 20 Lead-Mandaten in 1999 auf dem ersten Rang plaziert und löste damit die ***DG Bank*** als Marktführer ab. Letztere belegte mit knappem Rückstand einen starken Rang zwei mit insgesamt 19 Konsortialführungen. Erneut zur Spitzengruppe zählte auch die drittplazierte ***Dresdner Kleinwort Benson***, die im Vergleich zum Vorjahr allerdings eine Position abgab. Entscheidende Fortschritte gelangen der ***Commerzbank***, die in 1998 noch nicht unter den zehn führenden Wettbewerbern bei Börsenersteinführungen in Deutschland plaziert war. Im Jahr 1999 erreichte sie, gemessen an der Anzahl führend begleiteter IPOs, Rang vier.

Um der stark gewachsenen Bedeutung dieses Spezialsegments der Deutschen Börse gerecht zu werden, sei mit dem in Abbildung IV-23 gezeigten Ranking abschließend ein Überblick über die nach Anzahl führenden Wettbewerber bei IPOs am Neuen Markt seit dessen Bestehen vermittelt.

---

202 Vgl. DG Bank (1999C), S. 1f. Auf den Amtlichen Handel entfielen 28 Zulassungen, auf den Geregelten Markt 140, davon wiederum 131 im Neuen Markt. Vgl. hierzu und einer Aufgliederung der IPOs 1999 nach Handelssegmenten der Deutschen Börse DG Bank (1999C), S. 2f.

203 Vgl. DG Bank (1999C), S. 3.

Führende Emissionshäuser bei IPOs am Neuen Markt (nach Anzahl) 1997 – 2000*			
Investment Bank		Anzahl IPOs gesamt	Anteil in %
1	**DG Bank**	**50**	**16,1**
2	HypoVereinsbank	27	8,7
3	**Deutsche Bank**	**23**	**7,4**
3	**Dresdner KW**	**23**	**7,4**
3	**Commerzbank**	**23**	**7,4**
6	WestLB	**17**	5,5
7	Gonthard Metallbank	**15**	4,9
8	BHF Bank	**13**	4,1
9	HSBC Trinkaus	**11**	3,6
10	Sal. Oppenheim	**10**	3,2
Übrige gesamt		**98**	31,6
Σ	**Total**	**310**	100

Quelle: DG Bank * Stand 15.11.2000

Abb. IV-23: Führende Emissionshäuser bei IPOs am Neuen Markt seit dessen Bestehen

Gemessen an der Anzahl von Führungsmandaten liegt bei IPOs am Neuen Markt die ***DG Bank*** in Front, die 50 der bislang insgesamt 310 Börsendebüts in dieser Position begleitete. Auf Rang zwei folgt mit deutlichem Abstand die *HypoVereinsbank*, die eine Anzahl von 27 Mandaten vorweisen kann. Gleich auf liegen ***Deutsche Bank***, ***Dresdner KW*** und ***Commerzbank***, die in der Zeitspanne zwischen 1997 und 2000 jeweils 23 innovative Wachstumsunternehmen an das eigens hierfür geschaffene Segment der Deutschen Börse begleiteten, was sie für Rang drei qualifiziert.

IV.2.2.2.2 Eigenkapitalfinanzierungen im Raum Europa, Mittlerer Osten und Afrika

Die in Abbildung IV-24 gezeigten Rankings vermitteln einen Überblick über die führenden Bookrunner bei internationalen Aktienemissionen[204] des Bezugsgebiets Europa, Mittlerer Osten und Afrika („European, Middle Eastern and African bzw. EMEA Deals") in den Geschäftsjahren 1999 und 2000.[205] Ergänzend sind die Ranglistenplazierungen der Institute in 1998 mit ausgewiesen.[206]

Das wertmäßige Gesamtvolumen internationaler Equity-Offerings von Unternehmen, die in der EMEA-Region domizilieren, belief sich im Jahr 2000 (exklusive aller Heimatmarkt-tranchen bzw. -anteile) auf 118,9 Mrd. US-Dollar. Dies entspricht einer Steigerung um 41% gegenüber 1999, und um 170% im Vergleich zu 1998.[207]

---

204 Anm. d. Verf.: Um eine internationale Aktienemission handelt es sich dann, wenn ein beträchtlicher Teil der Aktien mittels eines internationalen Bankenkonsortiums außerhalb des Heimatlandes des Emittenten in einem/ mehreren Auslandsmärkten abgesetzt wird.

205 Vgl. zu den von Thomson Financial Securities Data erstellten Ranglisten für 1998, 1999 und 2000, die im International Financing Review (IFR) veröffentlicht werden, auch IFR, Issue 1365, January 6 2001, S. 102; IFR, Issue 1316, January 15 2000, S. 95.
Zu den Erstellungkriterien der im folgenden verwendeten League-Tables für das Primärmarktgeschäft in Aktien sei angemerkt, daß die von *Thomson Financial Securities Data* erstellten, im *International Financing Review* (IFR) veröffentlichten League-Tables ausschließlich internationale Aktienemissionen (exklusive Bezugsrechtemissionen und Block Trades < 50 Mio. US-Dollar) berücksichtigen. Eingang finden überdies jeweils nur internationalen Tranchen eines Equity Offerings, im Fall einer einzigen Tranche bzw. eines Global Offerings der Anteil der Emission, der international platziert wird. Die Zuordnung zu einer Aktienemission zu einem bestimmten geographischen Raum (hier: Europa/ Mittlerer Osten/ Afrika) erfolgt anhand des Kriteriums der Nationalität der Emittenten. Sofern es sich um eine Tochtergesellschaft handelt, zählt die Nationalität der Muttergesellschaft.
Was die Gutschriften an die Banken betrifft, so erhält in einem Bookrunner-Ranking nur jeweils der/ die Buchführer einen sog. „credit". Sofern im Rahmen eines Equity Offering nur ein Bookrunner existiert, wird diesem das volle wertmäßige Volumen der Transaktion (exklusive im Heimatmarkt untergebrachter Anteile) gutgeschrieben. Bei mehreren Bookrunnern wird dieser Gesamtwert zwischen diesen Banken gleichmäßig aufgeteilt („proportional credit"). Sind z.B. in einem Equity Offering im wertmäßigen Volumen von 90 US-Dollar drei Bookrunner engagiert, so erhält jede dieser Banken eine Gutschrift i. H. v. 30 Mio. US-Dollar.

206 Vgl. zu dem von Thomson Financial Securities Data erstellten Jahresgesamtranking für 1998 International Financing Review, Issue 1266, January 16 1999, S. 104.

207 Vgl. zu dem von Thomson Financial Securities Data erstellten Jahresgesamtranking für 1998 International Financing Review, Issue 1266, January 16 1999, S. 104. Die Totale des Gesamtrankings für 1998 betrug das 44,02 Mrd. US-Dollar.

Top bookrunners of EMEA Deals 2000				
Investment Bank			Amount (in Mio. US$)	Tranches
1	Goldman Sachs	↑	18.572,02	50
2	Merrill Lynch	↑	14.901,31	44
3	**Deutsche Bank**	↑	**13.679,07**	**44**
4	Morgan Stanley	↓	13.350,07	44
5	CSFB	↑	8.460,49	58
6	UBS Warburg	↓	8.320,26	53
7	ABN AMRO Rothschild	↑	8.244,86	48
8	SSSB	↑	5.189,13	36
9	**Dresdner KB**	↓	**4.965,43**	**29**
10	Lehman Brothers	↓	3.800,85	22
Übrige, davon				
19	***Commerzbank***		***731,97***	***19***
Übrige gesamt			19.406,37	177
Σ	**TOTAL (over all)**		**118.889,86**	**605**

Ranked by amount, proportional credit

Quelle: Thomson Financial Securities Data

Top bookrunners of EMEA Deals 1999				
Investment Bank		Amount (in Mio. US$)	Tranches	1998
1	Morgan Stanley	16.425,85	34	3
2	Goldman Sachs	11.892,95	48	2
3	Merrill Lynch	8.887,37	34	8
4	Warburg DR	7.578,86	33	1
5	**Deutsche Bank**	**6.415,68**	**38**	**9**
6	CSFB	5.706,50	38	4
7	**Dresdner KB**	**3.693,97**	**28**	**12**
8	HSBC	3.281,56	17	17
9	Lehman Brothers	2.894,51	30	13
10	ABN AMRO Rothschild	2.404,83	26	6
Übrige gesamt		15.136,59	137	
Σ	**TOTAL (over all)**	**84.318,67**	**463**	

Ranked by amount, proportional credit

Quelle: Thomson Financial Securities Data

Abb. IV-24: Führende Bookrunner bei internationalen Aktienemissionen der Region Europa/ Mittlerer Osten/ Afrika in 2000 und 1999

An der Spitze der Rangliste, die – zumal auf die Gebiete Mittlerer Osten und Afrika ein nur geringer Anteil am Gesamtaufkommen entfällt – insbesondere auch über die Konkurrenzsituation im europäischen Geschäft Aufschluß gibt, gab es im Jahr 2000 einige Verwerfungen. Eine Gruppe von vier Wettbewerbern, zu denen neuerdings auch die Deutsche Bank zählt, konnte sich deutlich vom Mittelfeld absetzen. *Goldman Sachs*, die bezogen auf die EMEA-Region internationale Aktienemissionen im wertmäßigen internationalen Volumen von 18,6 Mrd. US-Dollar führend begleitete, löste die nun viertplazierte *MSDW* als Marktführer ab. Mit einem Rückstand von bereits knapp vier Mrd. US-Dollar sieht sich *Merrill Lynch* an zweiter Stelle plaziert. Wie ihr Vorrücken von Platz neun in 1997 über die Ränge acht und drei in 1998 und 1999 beweist, hat diese Bank bei Emissionskunden, die in der EMEA-Region beheimatet sind, in den letzten Jahren erheblich an Präsenzintensität gewonnen.

Trotz eines deutlichen Abstandes zur Gruppe der vier führenden Spieler verfügen auch die *CSFB* und *UBS Warburg*, die im League-Table 2000 auf den Rängen fünf und sechs geführt werden, über gute Positionen im Geschäft mit den Emittenten dieser Schlüsselregion. Während jedoch die CSFB um eine Plazierung nach vorne rückte, büßte UBS Warburg nach starken Positionen vier in 1999 und eins in 1998 in den letzten Jahren fortgesetzt an Wettbewerbsstärke ein. *ABN AMRO Rothschild*, zwischenzeitlich auf Platz zehn zurückgefallen, konnte mit Rang sieben in 2000 an frühere Erfolge anknüpfen. Die Akquisition des Investment Banking von Schroders verlieh *Salomon Smith Barney* in Europa zusätzliche Schubkraft, wie in der aktuell achten Position (ausgehend von Platz 13 im Vorjahr) zum Ausdruck kommt.

Ausgehend von einer Plazierung auf Position fünf in 1999, konnte die ***Deutsche Bank*** bei internationalen EMEA-Equity-Offerings in 2000 mit einem als Bookrunner an den internationalen Markt gebrachten Volumen im Wert von 13,7 Mrd. US-Dollar erstmals unter die Top-Drei-Anbieter in dieser Kernregion vordringen. Erwartungsgemäß läßt ein Inter-Jahres-Vergleich ein, in Relation zum Gesamtmarkt (+41%) überdurchschnittliches Wachstum des Volumens (+113%) erkennen. Ihr stetiges Vorrücken von Platz neun in 1998 über Rang fünf in 1999 auf die nun dritte Position zeigt starke Fortschritte bei der Marktdurchdringung in der Ursprungsregion an.

Dresdner Kleinwort Wasserstein büßte im League-Table für internationale Equity-Offerings der EMEA-Region im Jahr 2000 zwei Ranglistenpositionen ein. Der Wert des auf diese Transaktionen bezogenen, an den internationalen Markt gebrachten Volumens erreichte einen Betrag von knapp 5 Mrd. US-Dollar, wuchs aber im Vergleich zum Markt nur unterdurchschnittlich (+27%) Dies spiegelt sich auch in einem Rückgang des Marktanteils von 4,4% in 1999 auf 4,2% wider. Nach Plazierungen auf den Rängen 12 in 1998 und sieben in 1999 wird aktuell die neunte Position belegt.

Die ***Commerzbank***, die im Ranking für 1997 Position zwanzig belegt hatte,[208] war zwischenzeitlich aus der Rangliste führender Bookrunner bei internationalen Aktienemissionen der EMEA-Region herausgefallen. Mit Platz 19 in 2000, für den sie sich mit einem internationalen Volumen im Wert von 0,7 Mrd. US-Dollar qualifiziert, gewinnt sie in der EMEA-Region aktuell wieder an Gewicht. Der Rückstand zu den führenden zehn

---

208 Vgl. zu dem von Thomson Financial Securities erstellten Gesamtranking für das Geschäftsjahr 1997 International Financing Review, Issue 1216, January 18 1998, S. 131.

Spielern, wie z.B. Dresdner KW, die das rd. siebenfache Volumen als Bookrunner an den Markt brachte, nimmt sich freilich deutlich aus.

Die Analyse der Konkurrenzsituation bei Eigenkapitalfinanzierungen in der EMEA-Region vertiefend, zeigt Abbildung IV-25 Ranglisten führender Bookrunner in 2000 in Unterscheidung nach Typ des Offerings.[209] Differenziert wird zwischen Initial Public Offerings (IPOs) und Secondary Offerings. Wie aus den Totalen der Teilranglisten hervorgeht, belief sich der auf IPOs entfallende Anteil am wertmäßigen Gesamtvolumen internationaler EMEA-Deals (i. H. v. 118,9 Mrd. US-Dollar) auf 41,2%, auf Secondary Offerings entfiel entsprechend eine Quote von 58,8%.[210]

Top bookrunners of international EMEA IPOs 2000

	Investment Bank	Amount (in Mio. US$)	Tranchen
1	Goldman Sachs	7.718,24	23
2	Morgan Stanley DW	6.906,06	23
3	**Deutsche Bank**	**6.410,96**	**20**
4	Merrill Lynch	4.944,69	13
5	CSFB	4.713,18	32
6	UBS Warburg	3.591,70	18
7	ABN AMRO Rothschild	2.807,15	21
8	SSSB	1.526,23	16
9	JP Morgan Chase	1.438,33	16
10	**Dresdner KB**	**1.113,33**	**14**
Übrige, davon			
13	**Commerzbank**	**731,97**	**19**
20	**DG Bank**	**310,98**	**14**
Übrige gesamt		7.834,32	112
Σ	**TOTAL (over all)**	**49.004,19**	**308**

Ranked by amount, proportional credit

Quelle: Thomson Financial Securities Data

Top bookrunners of international EMEA Secondary Offerings 2000

	Investment Bank	Amount (in Mio. US$)	Tranchen
1	Goldman Sachs	10.853,79	27
2	Merrill Lynch	9.956,62	31
3	**Deutsche Bank**	**7.268,10**	**24**
4	Morgan Stanley DW	6.444,02	21
5	ABN AMRO Rothschild	5.437,74	27
6	UBS Warburg	4.728,56	35
7	**Dresdner KB**	**3.852,09**	**15**
8	CSFB	3.747,32	26
9	SSSB	3.662,93	20
10	Lehman Brothers	3.052,33	15
Übrige, davon			
19	HypoVereinsbank	544,14	2
Übrige gesamt		10.882,13	56
Σ	**TOTAL (over all)**	**69.885,63**	**297**

Ranked by amount, proportional credit

Quelle: Thomson Financial Securities Data

Abb. IV-25: Führende Bookrunner bei EMEA-IPOs und Secondary Offerings in 2000

209 Vgl. zu von Thomson Financial Securities erstellten Teilranglisten für internationale EMEA-IPOs und Secondary Offerings 2000 International Financing Review, Issue 1365, January 6 2001, S. 102.

210 Vgl. zum Gesamtvolumen internationaler EMEA-Deals in 2000 das Ranking in Abb. IV-24.

Neben *Goldman Sachs* in führender Stellung und *UBS Warburg* im vorderen Mittelfeld zählt auch die ***Deutsche Bank*** zu denjenigen Wettbewerbern, die segmentübergreifend gleichmäßig positioniert sind. Bei IPOs und Secondary Offerings in der EMEA-Region belegt sie aktuell Platz drei. Demgegenüber sieht sich ***Dresdner KW*** mit Rang sieben bei internationalen Secondary Offerings in Relation zu ihrer Gesamtposition neun bei sämtlichen internationalen Aktienemissionen von Kunden, die in dieser Kernregion beheimatet sind, überdurchschnittlich positioniert. Das Entgegengesetzte gilt für EMEA-IPOs. Hier wurde in 2000 nur Platz zehn erreicht.

Im Jahr 2000 haben zwei weitere deutsche Wettbewerberinnen in dieser Kernregion, die auch den Heimatmarkt umfaßt, spezifische Stärken bei IPOs gezeigt:

So belegt die ***Commerzbank*** im League-Table für internationale EMEA-IPOs im Jahr 2000 mit einem als Bookrunner an den internationalen Markt gebrachten Volumen im Wert von 731,97 Mio. US-Dollar eine überdurchschnittliche Ranglistenposition dreizehn. Aus der Tatsache, daß Volumen- und Tranchengutschriften jenen des Gesamtrankings für alle internationalen EMEA-Equity-Offerings in 2000 entsprechen, erschließt sich, daß die Bank im Bezugszeitraum kein Bookrunner-Mandat für ein internationales Secondary Offering bei einem in der EMEA-Region domizilierenden Emittenten errang. Entsprechendes gilt für die ***DG Bank***, die in 2000 in der EMEA-Region ein auf IPOs bezogenes Volumen im Wert von 310,9 Mio. US-Dollar als Bookrunner an den internationalen Markt brachte. Damit belegt sie im Ranking der 20 führenden Spieler bei internationalen EMEA-IPOs den letzten Platz.

Die Aufgliederung nach Typ der Offerings erweist sich auch insofern als aufschlußreich, als weitere deutsche Wettbewerber erkennbar werden, wie z.B. die *WestLB*, die im EMEA-IPO-Ranking für 2000 Rang 16 belegt, und die *HypoVereinsbank*, die im Ranking für internationale EMEA-Secondary-Offerings Platz 19 erreicht.

IV.2.2.2.3 Eigenkapitalfinanzierungen der Region Asien/ Pazifik

Abbildung IV-26 vermittelt einen Überblick über den Kreis führender Wettbewerber bei internationalen Aktienemissionen von Unternehmen der Region Asien/ Pazifik.[211]

Top bookrunners of Asia-Pacific deals 2000			
	Investment Bank	Amount (in Mio. US$)	Tranches
1	Goldman Sachs ↑	7.590,28	24
2	CICC ↑	6.412,68	12
3	Morgan Stanley ↑	6.239,92	19
4	Nomura ↓	5.622,43	36
5	Merrill Lynch ↓	5.125,73	25
6	SSSB ↓	3.944,57	71
7	BNP Paribas ↑	3.116,44	29
8	UBS Warburg ↑	1.285,19	17
9	JP Morgan Chase ↑	1.253,26	16
10	CSFB ↑	887,92	14
Übrige gesamt		5.618,47	33
Σ	**TOTAL (over all)**	**47.096,89**	**296**

Ranked by amount, proportional credit

Quelle: Thomson Financial Securities Data

Top bookrunners of Asia-Pacific deals 1999				
	Investment Bank	Amount (in Mio. US$)	Tranches	1998 *
1	Merrill Lynch	4.939,05	34	4
2	Nomura	4.817,07	24	8
3	Salomon Smith Barney	4.332,94	46	12
4	Morgan Stanley	3.587,49	12	7
5	Goldman Sachs	3.571,66	14	1
6	Warburg DR	2.703,13	16	3
7	HSBC	2.297,23	6	17
8	Lehman Brothers	1.825,53	10	19
9	ABN AMRO Rothschild	1.751,15	13	9
10	BNP Peregrine	1.645,85	33	16
Übrige gesamt		6.830,88	106	
Σ	**TOTAL (over all)**	**38.481,98**	**314**	

Ranked by amount, proportional credit

Quelle: Thomson Financial Securities Data

Abb. IV-26: Führende Bookrunner bei internationalen Aktienemissionen der Region Asien/ Pazifik in 2000 und 1999

Das Volumen internationaler Aktienemissionen der Region Asien/ Pazifik (exklusive Heimatmarkttranchen bzw. -anteile) erreichte in 2000 einen Betrag von 47,1 Mrd. US-Dollar (EMEA-Region: 118,9 Mrd. US-Dollar). Dies entspricht einer Zunahme um 22,4% gegenüber 1999, im Vergleich zu 1998 um 148,4%.[212]

Wie aus den Rankings hervorgeht, belegte weder im Jahr 1999 noch in 2000 ein Haus deutschen Ursprungs eine Position unter den führenden Bookrunnern bei internationalen Aktienemissionen von Emittenten, die in der Region Asien/ Pazifik domizilieren. Dies ist ein Rückschritt. Noch 1998 konnten ***Deutsche Bank*** und ***Dresdner KW*** Plazierungen auf den

[211] Vgl. zu den Thomson Financial Securities erstellten Jahresgesamtrankings für diese Kernregion International Financing Review (IFR), Issue 1365, January 6 2001, S. 103; IFR, Issue 1316, January 15 2000, S. 95 sowie IFR, Issue 1266, January 16 1999, S. 104.

[212] Vgl. zum Gesamtjahresranking 1998 für diese Kernregion International Financing Review, Issue 1266, January 16 1999, S. 104. Das Volumen internationaler Aktienemissionen von Emittenten dieser Kernregion in 1998 betrug 18,96 Mrd. US-Dollar (Ranglisten-Totale).

Rängen 14 und 20 vorweisen.[213] Mit Anteilen von 1,4% bzw. 0,3% am wertmäßigen, internationalen Gesamtemissionsvolumen der Region verfügten sie jedoch auch damals über eine nur geringe Präsenzintensität.
Wie die Rangliste für 2000 zeigt, zählen mit der *China International (CICC)* und *Nomura* erwartungsgemäß auch Spieler aus der Region zum Kreis führender Wettbewerber. Bei geringen Abständen konnten sich die marktstarken US-Häuser *Goldman Sachs, MSDW, Merrill Lynch* sowie *Salomon Smith Barney* auf den Plätzen eins, drei, fünf und sechs jedoch auch in dieser Weltregion behaupten und ergänzen dadurch ihre starken Positionen im EMEA-Raum (im einzelnen eins, vier, zwei und acht) in komplementärer Weise.
Daß der asiatisch-pazifische Raum Wettbewerbern europäischen Ursprungs nicht grundsätzlich verschlossen ist, zeigen *BNP Paribas, UBS Warburg*, die *CSFB, ING Barings* und *ABN AMRO Rothschild* auf den Rängen sieben, acht, zehn, elf und neunzehn im Jahr 2000. Wie die jeweiligen Vorjahresplazierungen bestätigen, konnten sich diese Wettbewerber in den letzten Jahren eine zumindest moderate Marktpräsenz mit erkennbaren Marktanteilen in dieser Weltregion aufbauen.

Auch bei einer Differenzierung nach Typ des Offerings (IPOs/ Secondary Offerings) oder unter Ausschluß des Ländermarktes Japan („Bookrunners of Asia-Pacific Deals (excluding Japan)") konnte im Jahr 2000 kein deutsches Haus unter die zwanzig jeweils führenden Wettbewerber eindringen.[214] Mit gewissen Abweichungen in der Positionsbelegung dominiert das oben umrissene Wettbewerberfeld sämtliche (Teil-)Ranglisten führender Bookrunner in der Region Asien/ Pazifik.

IV.2.2.2.4 Eigenkapitalfinanzierungen weltweit

Die in Abbildung IV-27 gezeigten Ranglisten vermitteln abschließend einen Überblick über die führenden Bookrunner bei sämtlichen internationalen Aktienemissionen weltweit in den Jahren 2000 und 1999.[215] Wie hieraus hervorgeht, erreichte das Volumen dieser Trans-

---

213 Vgl. zu dem angesprochenen Gesamtjahresranking für 1998 von Thomson Financial Securities im folgenden International Financing Review, Issue 1266, January 16 1999, S. 104.

214 Vgl. zu den genannten League-Tables von Thomson Financial Securities International Financing Review, Issue 1365, January 6 2001, S. 103.

215 Vgl. zu den von Thomson Financial Securities erstellten Gesamtrankings für sämtliche internationale Equity-Offerings weltweit in den Jahren 2000, 1999 und 1998 International Financing Review (IFR), Issue

aktionen (exklusive Heimatmarkttranchen bzw. -anteile) in 2000 einen Betrag von 198,8 Mrd. US-Dollar - was einer Steigerung um 34,8% gegenüber 1999 und um 155,1% gegenüber 1998 entspricht.[216]

All international equities
Top 10 positions bookrunners
2000

	Investment Bank		Amount (in Mio. US$)	Tranches
1	Goldman Sachs	↑	31.859,05	166
2	Merrill Lynch	↑	26.970,69	129
3	Morgan Stanley DW	↓	25.392,17	139
4	CSFB	→	14.917,23	168
5	**Deutsche Bank**	↑	**14.410,65**	**75**
6	SSSB	↑	12.296,99	128
7	UBS Warburg	↓	10.092,61	94
8	ABN AMRO Rothschild	↑	8.621,20	54
9	CICC	↑	6.412,65	12
10	Nomura	↓	5.745,58	53
11	Lehman Brothers	↓	5.519,39	68
12	JP Morgan	↑	5.434,21	60
13	**Dresdner KB**	↓	**4.965,43**	**29**
14	BNP Paribas	↑	3.823,87	43
15	ING Barings	↑	2.637,93	29
Übrige			19.721,82	69
Σ	**TOTAL (over all)**		**198.821,47**	**1.316**

Ranked by amount, proportional credit

Quelle: Thomson Financial Securities Data

All international equities
Top 10 positions bookrunners
1999

	Investment Bank	Amount (in Mio. US$)	Tranches	1998 *
1	Morgan Stanley DW	24.366,64	108	3
2	Goldman Sachs	22.650,65	158	1
3	Merrill Lynch	16.518,57	134	4
4	CSFB	10.863,20	143	5
5	Warburg DR	10.700.23	54	2
6	**Deutsche Bank**	**7.503,04**	**86**	**10**
7	Salomon Smith Barney	6.928,66	100	6
8	Lehman Brothers	5.353,03	74	11
9	Nomura	5.075,77	29	12
10	ABN AMRO Rothschild	4.163,30	40	8
11	HSBC	3.955,42	22	20
12	**Dresdner KB**	**3.793,31**	**29**	**13**
13	Crédit Lyonnais	2.670,67	20	19
14	JP Morgan	2.011,85	31	7
15	Mediobanca	1.833,82	2	-
Übrige		19.161,46	122	
Σ	**TOTAL (over all)**	**147.549,58**	**1.152**	

Ranked by amount, proportional credit
* mit „-" = keine Plazierung unter den Top 20 in 1998

Quelle: Thomson Financial Securities Data

Abb. IV-27: Führende Bookrunner bei sämtlichen internationalen Aktienemissionen weltweit in 2000 und 1999

Im Betrachtungszeitraum gab es in der Rangliste führender Bookrunner für alle internationalen Equity Offerings weltweit vor allem Veränderungen in der Positionsbelegung. Der Markt wird aktuell von den – jeweils um eine Position aufgerückten – Häusern *Goldman Sachs* und *Merrill Lynch* angeführt, die *MSDW*, den Marktführer des Jahres 1999, auf Platz drei verweisen. Der gemeinsame Marktanteil dieser Dreiergruppe, der ihre weltweite

1365, January 6 2001, S. 102; IFR, Issue 1316, January 15 2000, S. 94 sowie für 1998 IFR, Issue 1266, January 16 1999, S. 104.

216 Vgl. zum Gesamtjahresranking für 1998 von Thomson Financial Securities International Financing Review, Issue 1266, January 16 1999, S. 104. 1998 betrug das wertmäßige Volumen aller internationalen Equity-Offerings weltweit 77,9 Mrd. US-Dollar (Ranglisten-Totale).

Dominanz erkennen läßt, beläuft sich derzeit auf 42,4%. Die mit deutlichem Abstand nächstplazierte *CSFB* bestätigte ihren Vorjahresrang vier, wohingegen die aktuell auf Platz sieben notierte *UBS Warburg* ausgehend von Rang zwei in 1998 über Platz fünf in 1999 erneut zurückfiel. *Salomon SB* verbesserte sich von Rang sieben auf sechs, *ABN AMRO Rothschild* von zehn auf acht.

Wie die Analyse der übrigen Weltregionen erwarten ließ, finden sich unter den 15 führenden Instituten bei sämtlichen internationalen Aktienemissionen weltweit zum heutigen Zeitpunkt nur zwei Wettbewerber deutschen Ursprungs.
Nach beständigen Plazierungen auf den Rängen zehn in 1997 und 1998 konnte die ***Deutsche Bank*** in den vergangenen beiden Jahren kräftig aufholen. Mit einem im Verhältnis zu 1999 nahezu verdoppelten, wertmäßigen Bookrunner-Volumen i. H. v. von 14,4 Mrd. US-Dollar belegt sie im Gesamtranking der führenden Wettbewerber bei sämtlichen internationalen Equity-Offerings weltweit in 2000 Platz fünf - nur knapp geschlagen durch die CSFB. Im Interjahresvergleich gewinnt sie eine Position.

Dagegen büßte ***Dresdner KW*** – in 1997 noch drei Ränge vor der Deutschen Bank plaziert –[217] in 2000 an Marktanteil ein, was sie in der globalen Rangliste für 2000 von Position 12 auf 13 zurückfallen läßt. Verantwortlich zeichnet ein in Relation zum Gesamtmarkt (+34,8%) nur unterdurchschnittliches Wachstum des Geschäfts (+30,9%). Der Wert des Volumens internationaler Aktienemissionen, das sie über alle Bezugsgebiete hinweg als Bookrunner an den internationalen Markt brachte, belief sich auf knapp 5 Mrd. US-Dollar (Deutsche Bank: 14,4 Mrd. US-Dollar). Der Abstand zu den drei vor ihr plazierten Wettbewerbern fällt jedoch relativ gering aus.

Abb. IV-28 vermittelt abschließend einen Überblick über die von den global führenden Wettbewerbern in 2000 errungenen Marktpositionen im internationalen Aktienemissionsgeschäft in den verschiedenen geographischen Bezugsgebieten.

---

[217] Vgl. zum Jahresgesamtranking für 1997 von Thomson Financial Securities International Financing Review, Issue 1216, January 18 1998, S. 131.

Bezugsgebiet der Rangliste / Investment Bank	Global	Europa	Asien/ Pazifik
Goldman Sachs	1	1	1
Marrill Lynch	2	2	5
Morgan Stanley DW	3	4	3
CSFB	4	5	10
Deutsche Bank	5	3	-
Salomon SB	6	8	6
UBS Warburg	7	6	8
ABN AMRO Rothschild	8	7	19
CICC	9	-	2
Nomura	10	-	4

mit "-" = keine Plazierung unter den Top-20-Wettbewerbern in diesem Bezugsgebiet

Abb. IV-28: Globale und weltregionenbezogene Marktpositionen führender Wettbewerber im internationalen Aktienemissionsgeschäft in 2000

Der in Abb. IV-28 gebotene Überblick verdeutlicht die herausragende Wettbewerbsstellung von *Goldman Sachs* bei Eigenkapitalfinanzierungen in allen Zeitzonen. Übergreifend stark positioniert sind auch *Merrill Lynch* und *MSDW*, die weltumspannend zumindest Top-Fünf-, meist bessere Positionen vorweisen können. Insgesamt unterstreichen die Spitzenstellungen der US-Häuser, wie weit der im Rahmen ihrer Basisstrategien betriebene Globalisierungsprozeß fortgeschritten ist. Auffällig ist, daß Wettbewerber mit europäischem Ursprung (*CSFB, UBS Warburg, Deutsche Bank, ABN AMRO Rothschild*) im Verhältnis zu ihrer globalen Gesamtposition in der Region Asien/ Pazifik durchgehend unterdurchschnittlich positioniert sind. Das Entgegengesetzte gilt erwartungsgemäß für die EMEA-Region - mit Ausnahme der CSFB. Die Weltmarktpositionen von Nomura und CICC basieren fast ausschließlich auf dem Geschäftserfolg in ihrer Ursprungsregion Asien/ Pazifik.

IV.2.2.3 Marktpositionen im Geschäftsfeld Eigenkapitalfinanzierungen im Lichte der gewählten Basisstrategien

Zur Beurteilung der errungenen Marktpositionen im Lichte der Basisstrategien seien die Wettbewerbspositionen der fokalen deutschen Banken bei Eigenkapitalfinanzierungen auf nationaler, internationaler und globaler Ebene in den Jahren 2000 und 1999 in Abbildung IV-29 nochmals zusammenfassend ausgewiesen.

Bank \ Bezugsgebiet der Rangliste	2000 D	2000 EMEA gesamt	2000 EMEA *IPO*	2000 EMEA *SEC*	2000 Asien/ Pazifik	2000 Global	1999 D	1999 EMEA	1999 Asien/ Pazifik	1999 Global
Deutsche Bank	**1**	**3**	3	3	-	**5**	1	5	-	6
Dresdner KW	**3**	**9**	10	7	-	**13**	2	7	-	12
Commerzbank	**5**	**19**	13	-	-	-	10	-	-	-
DG Bank	**7**	-	20	-	-	-	7	-	-	-

mit "-" = keine Top-20-Plazierung in dem League-Table für das betreffende geographische Bezugsgebiet

Abb. IV-29: Globale, weltregionen- und deutschlandbezogene Marktpositionen deutscher Banken bei Eigenkapitalfinanzierungen in 2000 und 1999 im Überblick

Inwieweit die deutschen Banken hiermit den Erfordernissen ihrer Basisstrategien nachkommen, beantwortet ein Abgleich mit deren Anforderungsprofil. Abbildung IV-30 faßt zusammen, welche geschäftsfeldspezifischen Stärken den erfolgreichen Global Player und Internationalen Full-Service-Anbieter nach Auffassung von Experten bei Eigenkapitalfinanzierungen auszeichnen.[218]

[218] Laut Interviewergebnisse. Vgl. zu den Anforderungsprofilen der gewählten Basisstrategien ausführlich Abschnitt III.3.

*Der **Global Player** sollte ...*	
• auf Basis einer dominierenden Position im Heimatmarkt	➢ Top-Drei-Position bei Eigenkapitalfinanzierungen in Deutschland
• eine intensive, möglichst augewogene Präsenz in den Kernregionen USA, Europa und Asien-Pazifik vorweisen können sowie	➢ Top-Fünf-, idealer weise Top-Drei-Positionen in den weltregionenbezogenen League-Tables für Europa die USA und Asien-Pazifik
• über eine starke Position of dem Weltmarkt verfügen	➢ zumindest Top-Fünf-, idealer weise Top-Drei-Plazierung im League-Table für sämtliche internationale Aktienemissionen weltweit

Diese Qualitäten kommen materiell zum Ausdruck in

*Der **internationale Full-Service-Anbieter** mit Europafokus sollte ...*	
• neben einer starken Position im Heimatmarkt	➢ Top-Fünf-, idealer weise Top-Drei-Position bei Eigenkapitalfinanzierungen in Deutschalnd
• entsprechend dem geographischen Fokus über nennenswerte Marktanteile bei europäischen Emittenten verfügen	➢ Top-Ten-, idealer weise Top-Fünf-Positionen in der europabezogenen Rangliste und relevanten Teilkategorien des Geschäfts
• auf weltweiter Ebene als Wettbewerber erkennbar sein	➢ Plazierung im League-Table für sämtliche internationale Aktienemissionen weltweit.

Diese Qualitäten kommen materiell zum Ausdruck in

Abb. IV-30: Marktpositionsbezogene Anforderungen der Basisstrategien deutscher Banken im Geschäftsfeld Eigenkapitalfinanzierungen

Das Anforderungsprofil des internationalen Nischenanbieters mit Europafokus entspricht, was die beiden erstgenannten auszuprägenden Stärken anbetrifft, dem des internationalen Full-Service-Anbieters mit Europafokus in Einengung auf das/ die gewählte(n) Marktsegment(e), z.B. Beratung und Durchführung von Aktienemissions- und Plazierungsgeschäften in Zusammenhang mit IPOs von Mid Caps, Beteiligung an der Durchführung großer Transaktionen als Mitglied des Konsortiums.

Im Lichte der Anforderungen ihrer Global-Player-Strategie betrachtet, bleibt zu den Marktpositionen der ***Deutschen Bank*** in 2000 folgendes festzuhalten:

- Der Voraussetzung einer dominierenden Position auf dem Heimatmarkt wird die Deutsche Bank mit der nachhaltigen Marktführerschaft bei Eigenkapitalfinanzierungen in

Deutschland vollumfänglich gerecht. Mit Platz drei gilt dies auch für das Spezialsegment IPOs am Neuen Markt seit dessen Bestehen. Hier konnte sie sich jedoch bisher nicht in vergleichbarem Maße von den Mitbewerbern absetzen.

- Ein starker Platz drei in Europa inklusive der Geschäftsgebiete Mittlerer Osten und Afrika verleiht der Deutschen Bank im Bereich „Equity" kontinentale Stärke. In der Kernregion Asien/ Pazifik, in der gemäß der Basisstrategie ebenso zumindest über eine Top-Fünf-Plazierung verfügt werden sollte, besteht hingegen umfassender Nachholbedarf. Wie im Vorjahr konnte hier in 2000 keine Plazierung unter den 20 führenden Wettbewerbern erreicht werden.
- Position fünf in der weltumfassend definierten Rangliste für internationale Aktienemissionen in 2000 spiegelt die Fortschritte der Deutschen Bank bei der Globalisierung des Geschäfts eindeutig wider. Hiermit wird sie den Mindestanforderungen ihrer Basisstrategie vollumfänglich gerecht.

Ausgehend von diesen Ergebnissen hätte sich die Deutsche Bank im Feld Eigenkapitalfinanzierungen künftig einem gezielten Ausbau der Präsenzintensität in exeuropäischen Kernregionen zu widmen. Entwicklungsbedarf im Lichte der Global-Player-Strategie ergibt sich in besonderem Maße für die Region Asien/ Pazifik, nach Angaben der Bank aber auch für die USA, wo die Wettbewerbsposition derzeit noch nicht zufriedenstellt.[219]

Im Hinblick auf das basisstrategiespezifische Anforderungsprofil des internationalen Full-Service-Anbieters mit Europafokus sieht sich ***Dresdner Kleinwort Wasserstein*** zum gegenwärtigen Zeitpunkt wie folgt positioniert:

- Der Voraussetzung einer starken Stellung im Heimatmarkt wird in umfassender Weise entsprochen. Ein mitführender Rang drei im Aktienprimärgeschäft auf dem Heimatmarkt in 2000 sowie im Spezialsegment „IPOs am Neuen Markt" seit dessen Bestehen belegen dies. Ihren „traditionellen" Gesamtrang zwei bei Eigenkapitalfinanzierungen in Deutschland gab Dresdner KW im vergangenen Jahr allerdings an Goldman Sachs ab.
- Mit Rang neun im Bookrunner-League-Table für internationale EMEA-Equity Offerings wurden die Mindestanforderungen der Basisstrategie auch in 2000 erfüllt – wenngleich die

[219] Laut Interviewergebnisse.

Bank im Vergleich zum Vorjahr zwei Positionen eingebüßt hat. Zudem fällt der Abstand zum Fünftplazierten, der in 2000 nahezu das doppelte internationale Bookrunner-Volumen auf sich vereinte, noch vergleichsweise deutlich aus.

- Auf globaler Ebene ist Dresdner KW ausgehend von Rang zwölf im Vorjahr anforderungsgemäß mit einer Mittelfeldplazierung dreizehn erkennbar präsent.

Ausgehend von einer insgesamt als gut zu bezeichnenden Ausgangsposition bei Eigenkapitalfinanzierungen hätte Dresdner KW, um das Anforderungsprofil umfassend zu erfüllen, primär die Marktdurchdringung in den Auslandsmärkten Europas voranzutreiben und Maßnahmen zur Absicherung der mitführenden Wettbewerbsstellung im Heimatmarkt zu ergreifen.

Eine Spiegelung der Marktpositionen der ***Commerzbank*** bei Eigenkapitalfinanzierungen in Lichte des Anforderungsprofils einer internationalen Full-Service-Strategie mit Europafokus führt zu folgenden Ergebnissen:

- Im Vorjahr noch auf Position zehn geführt, erreicht die Commerzbank in der Rangliste für das Aktienprimärgeschäft auf dem Heimatmarkt in 2000 Platz fünf. Damit entspricht sie nun den Mindestanforderungen ihrer Basisstrategie. Allerdings ist der Abstand zur drittplazierten Dresdner KW, die das rund elffache Volumen als Bookrunnner an den Markt brachte, als beträchtlich zu bezeichnen – und der Vorsprung vor den Verfolgern als äußerst knapp. Hervorzuheben ist eine starke Wettbewerbsstellung bei IPOs, vor allem am Neuen Markt, was ein geteilter Rang drei seit dessen Bestehen verdeutlicht.

- Gleichwohl im vergangenen Geschäftsjahr Fortschritte erzielt wurden, besteht auf europäischer Ebene noch Entwicklungsbedarf. Dies geht aus Rang 19 im Ranking der zwanzig führenden Bookrunner bei allen internationalen EMEA-Transaktionen in 2000 hervor, die auch jene im Heimatmarkt umfassen. Der Abstand zum Zehntplazierten, der Equity-Offerings im mehr als fünffachen wertmäßigen Volumen begleitete, nimmt sich deutlich aus. Ausschlaggebend hierfür ist vor allem eine fehlende Präsenz bei internationalen Secondary Offerings. Bei internationalen EMEA-IPOs wurde im Jahr 2000 ein ausbaufähiger Rang 13 belegt.

- Auf weltweiter Ebene ist die Commerzbank bislang nicht erkennbar präsent.

Im Lichte der gewählten Basisstrategie hätte die Commerzbank bei Eigenkapitalfinanzierungen zunächst die Marktdurchdringung im Heimatmarkt zu forcieren. Ausgehend von einer stark verbesserten Position im Geschäftssegment „Börsengänge“ sollte zur Stärkung der noch unzureichenden Stellung bei Secondary Offerings die Realisierung einer erhöhten Marktdurchdringung bei inländischen Großunternehmen eine Aufgabe erster Priorität für die Bank repräsentieren. Dies gilt aus Sicht der Basisstrategie ebenso auf europäischer Ebene, wo überdies ein Ausbau der relativen Stärke bei internationalen EMEA-IPOs anzustreben wäre.

Welche Güte die Marktpositionen der ***DG Bank*** im Feld Eigenkapitalfinanzierungen im Lichte einer internationalen Nischenstrategie kennzeichnet, wird im folgenden zu eruieren sein. Die Beurteilung beschränkt sich hier auf die besetzten Geschäftssegmente, i.e. die Beratung bei und Durchführung von Aktienemissionen und -plazierungen in Zusammenhang mit IPOs von Mid Caps und die Beteiligung an Primary und Secondary Offerings von Großunternehmen als Mitglied des Konsortiums.

- Basisstrategiegemäß sollte die DG Bank bei Eigenkapitalfinanzierungen über eine führende Stellung bei Börseneinführungen in Deutschland verfügen, die in zumindest Top-Fünf-, idealerweise Top-Drei-Positionen in dem entsprechenden League-Table zum Ausdruck kommt. Mit einer hervorragenden Stellung bei IPOs im generellen und am Neuen Markt im speziellen, die in Rang eins nach Anzahl der Führungsmandate seit dessen Bestehen zum Ausdruck kommt, wird sie den Maßgaben der Basisstrategien hier vollumfänglich gerecht. Rang sieben im deutschen Aktienprimärgeschäft in 2000 zeigt hingegen noch Entwicklungsbedarf an.
- Im Hinblick auf den Europafokus der Basisstrategie erweitern sich die Anforderungen dahingehend, daß eine entsprechende Rolle auch bei IPOs europäischer Mid Caps zu bekleiden wäre. Platz 20 im Ranking für internationale EMEA-IPOs, das den Heimatmarkt umfaßt, zeigt in bezug auf das Anforderungsprofil jedoch noch Entwicklungsbedarf in Richtung Top-Ten-Position an.

Insgesamt ist die strategische Ausgangsposition der DG Bank bei Eigenkapitalfinanzierungen durch eine Stärke im Heimatmarkt gekennzeichnet, die es abzusichern gilt. Vor dem Hintergrund des Europafokus der gewählten Basisstrategie bleibt vordringlicher strategischer

Handlungsbedarf mit Bezug auf die segmentfokussierte geschäftsmäßige Erschließung des europäischen Kontinents zu vermerken.

IV.2.2.4 Strategien deutscher Banken im Geschäftsfeld Eigenkapitalfinanzierungen

Im folgenden wird offengelegt, welche Stoßrichtungen die fokalen deutschen Banken dem Geschäftsfeld Eigenkapitalfinanzierungen zuweisen und welche Wege im Rahmen der Konkretisierung dieser Stoßrichtung beschritten werden sollen. Zunächst wird die Geschäftsfeldstrategie der Deutschen Bank (Abschnitt IV.2.2.4.1), sodann die strategische Wahl von Dresdner KW (Abschnitt IV.2.2.4.2), der Commerzbank (Abschnitt IV.2.2.4.3) und der DG Bank (Abschnitt IV.2.2.4.4) vorgestellt.

IV.2.2.4.1 Deutsche Bank

Ausgehend von einem als vollständig erachteten Leistungsspektrum beabsichtigt die Deutsche Bank, ihren Marktanteil bei Eigenkapitalfinanzierungen in dem bereits angelegten, globalen Produkt-Markt-Feld mittels Marktdurchdringungsstrategien weiter auszubauen.[220] Übergreifend zielt diese Wachstumsstrategie vor allem auf eine Intensivierung der Präsenz bei den weltweit größten Industrieadressen ab.[221] Hier hat die Bank nach Angaben des Vorstandssprechers auch im Feld Eigenkapitalfinanzierungen noch Schwächen zu verzeichnen.[222]

- Dementsprechend sieht die auf den Heimatmarkt bezogene Marktdurchdringungsstrategie (MD_1) eine Intensivierung der Präsenz bei deutschen Großunternehmen der Kategorie „DAX-30-Werte" vor.[223] Sie ist derzeit aber vor allem auch auf die Erhöhung des Marktanteils im Geschäft mit dem innovativen Mittelstand gerichtet.[224] So räumt die Bank ein, das Thema „Neuer Markt" zu spät mit Nachdruck angepackt zu haben. Zur verbesserten Ausschöpfung des Potentials nahm die Bank u.a. auch organisatorische Veränderungen vor. So wurde die Betreuung von Mid Caps der New Economy, die in

---

220 Hierzu und im folgenden laut Interviewergebnisse.
221 Hierzu und im folgenden laut Interviewergebnisse.
222 Vgl. Breuer, R., Interviewaussage, in: o. V. (2000H), S. 29.
223 Vgl. Sautter, M., Interviewaussage, in: o. V. (2000I), S. 22.
224 Hierzu und im folgenden laut Interviewergebnisse.

Deutschland bislang Commercial Bankern oblag, in 2001 dem Investment Banking zugeschlagen.[225]

- Schwerpunkte setzt die parallel hierzu formulierte auslandsbezogene Marktdurchdringungsstrategie (MD_2) erstens bei Großunternehmen in den USA.[226] Hier wird noch Nachholbedarf gesehen – obgleich in jüngerer Zeit in puncto Marktpräsenz deutliche Fortschritte erzielt wurden. So sei die Bank bei Eigenkapitalfinanzierungen in den USA vor vier Jahren „noch kein Faktor" gewesen. Heute liege das Geschäft dem Gewicht nach mit jenem in Europa fast gleich auf. Einen weiteren Bezugspunkt dieser Strategie bildet die nachhaltige Verstärkung der Präsenz bei großen Emissionsadressen in der Region Asien/ Pazifik.[227] Wichtig seien jedoch nur bestimmte geographische Märkte. Im Zentrum der selektiv angelegten Ausbaubestrebungen stehen Hongkong, Japan, Korea, China, Taiwan, Singapur und Australien. Von südostasiatischen Märkten wie Malaysia, Philippinen, Indonesien und Vietnam soll auch künftig Abstand gehalten werden. Über eine offensive Vermarktung eigenkapitalfinanzierungsorientierter Beratungs- und Durchführungsleistungen soll drittens eine deutliche Erhöhung des Marktanteils in dem „schnell wachsenden" Marktsegment der europäischen Mid Caps bewirkt werden.[228]

Die Frage nach strategischer Stimmigkeit von Geschäftsfeldstrategie bei Eigenkapitalfinanzierungen und Basisstrategie läßt sich für die Deutsche Bank bejahen. Da das angelegte Produkt-Markt-Feld bereits ihren Anforderungen entspricht, sind aus Perspektive der Global-Player-Strategie auch keine anderen als die gewählten Marktdurchdringungsstrategien zu beschreiten. Im Rahmen ihrer inhaltlichen Ausgestaltung sprechen diese die bestehenden marktpositionsbezogenen Defizitbereiche (v.a. bezüglich der Regionen Asien/ Pazifik und USA) in direkter Weise an und stellen auf diese Weise einen Fit zur übergeordneten Ebene her.

---

225 Laut Interviewergebnisse. Vgl. hierzu auch Deutsche Bank (2001), S. 7ff.
226 Hierzu und im folgenden laut Interviewergebnisse.
227 Hierzu und im folgenden laut Interviewergebnisse.

IV.2.2.4.2 Dresdner Kleinwort Wasserstein

Auch Dresdner KW weist dem fokalen Feld die Stoßrichtung Wachstum zu. Hierbei sollen zum einen Marktdurchdringungs-, zum anderen Produkt- und Marktentwicklungsstrategien in bezug auf ein spezifisches Geschäftssegment eingesetzt werden.[229]

- Wachstumsstrategien der ersten Kategorie betreffen zunächst den Heimatmarkt (MD_1), denn die Bank sieht es als eine der vordringlichen Aufgaben an, ihre führende Stellung bei deutschen Emissionskunden zu verteidigen.[230] Weiterhin sei Deutschland traditionell ein „Equity-reiches" Land, das sowohl bei Großkunden als auch beim innovativen Mittelstand weiterhin hohes Geschäftspotential biete.
- Bezugsgebiet forcierten Wachstums in bestehenden Auslandsmärkten im Rahmen entsprechender Marktdurchdringungsstrategien (MD_2) bildet Europa.[231] Ausgehend von starken Positionen auf den beiden „Heimmärkten" Deutschland und Großbritannien steht derzeit ein Ausbau der Präsenzintensität in Ländern wie Italien, Spanien und Frankreich im Vordergrund.[232] Hierzu will Dresdner KW v.a. an einer Verstärkung der Betreuung der ansässigen Konzerne und MNU, ihrer Hauptzielgruppe, ansetzen („Elephant Hunting").[233] Überdies sollen auch europäische Mid Caps intensiver umworben werden – allerdings nur insoweit, als sie für IPOs am Neuen Markt in Frage kommen. Ursächlich hierfür sei, daß das Know-how von Dresdner KW in diesem Leistungssegment „Neuer-Markt-spezifisch" ist. Demzufolge heißt Intensivierung der Präsenz hier verstärkte grenzüberschreitende Vermarktung dieser Expertise mit dem Ziel, in größerem Umfang auch europäische Wachstumsfirmen an den Neuen Markt in Deutschland zu führen.
- Ausschließlich auf das Segment „IPOs von Wachstumsunternehmen" beziehen sich auslandsmarktbezogene Produkt- und Marktentwicklungsstrategien (PE_2, $ME^G{}_2$), die das Terrain wie folgt zu erweitern suchen: „Bei Börseneinführungen von jungen

[228] Vgl. hierzu Deutsche Bank (2001), S. 9 sowie laut Interviewergebnisse.
[229] Hierzu und im folgenden laut Interviewergebnisse.
[230] Hierzu und im folgenden laut Interviewergebnisse.
[231] Laut Interviewergebnisse. Vgl. auch Fischer, L., Interviewaussage, in: Roth, M. (2000), S. 17.
[232] Vgl. Fischer, L., Interviewaussage, in: Roth, M. (2000), S. 17.
[233] Hierzu und im folgenden laut Interviewergebnisse.

Technologiefirmen wollen wir auch global zur Spitze aufschließen. Da möchten wir künftig auch in den USA und Japan mitmischen."[234]

Oben wurde festgestellt, daß Dresdner KW mit dem realisierten produkt-markt-bezogenen Ausdehnungsgrad ihrer Aktivitäten bei Eigenkapitalfinanzierungen den Anforderungen einer internationalen Full-Service-Strategie bereits vollumfänglich entspricht. Im Hinblick auf die ermittelten, rein marktpositionsbezogenen Defizite in Europa und die erforderliche Verteidigung der Position in Deutschland stellen die formulierten Marktdurchdringungsstrategien eine basisstrategiegerechte Wahl dar. Die Konkretisierung der Stoßrichtung Wachstum mittels Produkt- und Marktentwicklungsstrategien im Segment IPOs/ Wachstumsunternehmen erscheint aus Sicht einer im wesentlichen europafokussierten Basisstrategie weniger stimmig und im Hinblick auf die globale Definition des Marktes tendenziell zu breit. Das Aufgreifen dieser Strategie steht im Zusammenhang mit dem Spezialaspekt der übergeordneten Positionierung, in ausgewählten Industriesektoren, die sich überwiegend durch Neue-Markt-Relevanz auszeichnen (u.a. Telekom, Medien, Technologie), eine weltweit starke Position erreichen zu wollen. Im Hinblick auf diese Ambitionen zeigen die aktuellen Marktpositionen allerdings noch umfassenden Nachholbedarf an. Bei internationalen EMEA-IPOs wird bislang über einen Mittelfeldrang zehn verfügt, im Raum Asien/ Pazifik ist man in diesem Segment bislang nicht erkennbar präsent.

IV.2.2.4.3 Commerzbank

Marktdurchdringung, Produkt- und Marktentwicklung lauten auch die stoßrichtungsspezifischen Entwicklungsstrategien, über die die Commerzbank ihre Wachstumsabsichten im Feld Eigenkapitalfinanzierungen konkretisiert:[235]

- Dies bezieht sich einerseits auf den Heimatmarkt (MD_1), wo vor allem die Stärke bei IPOs in noch umfassenderem Maße an Mid Caps vermarktet werden soll.[236] Bei deutschen Großkunden will die Bank neben transaktionsbegleitenden bzw. plazierenden Aktivitäten

---

234 Fahrholz, B., Interviewaussage, in: Balzer, A./ Nölting, A. (2000), S. 55. Dieses Ansinnen wurden im Rahmen des Expertengesprächs als weiterhin gültig bezeichnet.

235 Laut Interviewergebnisse.

236 Hierzu und im folgenden laut Interviewergebnisse.

in weiter zunehmendem Maße auch beratende Funktionen wahrnehmen, also vermehrt Führungsmandate gewinnen.

- Im Rahmen einer Kombination aus auslandsbezogenen Marktdurchdringungsstrategien (MD_2) und Produkt- und Marktentwicklungsstrategien (PE_2, $ME^G{}_2$) in bezug auf geschäftlich bislang nicht erschlossene europäische Auslandsmärkte ist darüber hinaus ist beabsichtigt, die Eigenkapitalfinanzierungsaktivitäten verstärkt auch in Europa zu entwickeln.[237] Im Fokus stehen mit Großbritannien, Italien, Frankreich, den Niederlanden, Spanien und Schweden westeuropäische Ländermärkte. Gerade was das Mittelstandssegment anbetrifft, sei man noch nicht in allen Ländern tatsächlich repräsentiert.[238] Dies ist v.a. insofern von Bedeutung, als im Rahmen der beabsichtigten Forcierung Geschäfts mit europäischen Unternehmen ein besonderer Schwerpunkt auf der kernregionbezogenen Ausdehnung der Stärke bei IPOs von Wachstumsfirmen aus Technologiebranchen liegen soll.[239] Der Auf- und Ausbau dieser Aktivitäten an den Wachstumsmärkten der europäischen Nachbarbörsen, z.B. dem „Nuovo Mercato" in Mailand,[240] wird auch damit begründet, daß eine alleinige Beschränkung auf Deutschland im Hinblick auf eine mögliche Verschlechterung der lokalen Rahmenbedingungen äußerst risikoreich sei.[241]
- Im Rahmen der auslandsmarktbezogenen Marktdurchdringungsstrategie (MD_2) soll ferner das Aktienprimärgeschäft mit Konzernen/ MNU in den USA und Japan weiterentwickelt werden.[242] Mid Caps werden hier nicht anvisiert. Die entsprechenden Einheiten an den Finanzplätzen New York und Tokio befinden sich im Aufbau. Sie umfassen derzeit aber jeweils noch weniger als zehn Mitarbeiter. In Relation zu Europa kommt den o.g. Märkten jedoch nachgeordnete Priorität zu.

Insgesamt bleibt zur Geschäftsfeldstrategie der Commerzbank festzuhalten, daß sowohl die Stoßrichtung als auch die zu ihrer Konkretisierung gewählten Wachstumsstrategien im Feld Eigenkapitalfinanzierungen zielgenau auf die Deckung der ermittelten marktpositions-

---

237 Hierzu und im folgenden laut Interviewergebnisse.

238 Laut Interviewergebnisse. Vgl. auch Commerzbank (2001A), S. 26. Nach dortigen Angaben war man in 2000 an den Wachstumsmärkten Frankreichs, Schwedens, Englands und Italiens aktiv.

239 Hierzu und im folgenden laut Interviewergebnisse. Vgl. auch Commerzbank (2001A), S. 26.

240 Vgl. hierzu Lebert, R. (2000F), S. 20.

241 Laut Interviewergebnisse.

242 Hierzu und im folgenden laut Interviewergebnisse.

bezogenen Defizite (v.a. unzureichende Abdeckung und Marktpräsenz in Europa) ausgerichtet sind. Insoweit steht die Strategie also im Einklang mit der internationalen Full-Service-Strategie. Die Marktentwicklungsstrategien bezüglich USA und Japan erscheinen angesichts des Europafokus der Basisstrategie hingegen weniger vordringlich.

IV.2.2.4.4 DG Bank

Die DG Bank bleibt im Feld Eigenkapitalfinanzierungen, dem absolut und relativ zu anderen die höchste Priorität beigemessen wird, auf Wachstumskurs.[243] Im Rahmen seiner expansiven Handhabung setzt die Bank auf Marktdurchdringung im Heimatmarkt (MD_1) und Produkt- und Marktentwicklung in Richtung Europa (PE_2, $ME^G{}_2$):

- Im Hinblick auf den Mittelstand zielt die inlandsbezogene Marktdurchdringungsstrategie (MD_1) darauf ab, die Position bei der Beratung bei und Durchführung von IPOs in Deutschland weiter auszubauen.[244] Dies gilt nicht nur in bezug auf den Neuen Markt, sondern übergreifend. Zu einer Erhöhung der Marktanteile im deutschen Geschäft soll ferner eine Intensivierung der Präsenz bei Großkunden beitragen, bei denen die Bank bislang weniger in einer beratenden, denn transaktionsbegleitenden Rolle auftritt. Künftig will die Bank vermehrt auch (Mit-)Führungsmandate bei Eigenkapitalfinanzierungen deutscher „Blue Chips" erringen.
- Angesichts einer bislang weitgehend fehlenden Internationalisierung der Kundenbasis will sich die DG Bank verstärkt in das europäische Ausland orientieren.[245] Mittels auslandsbezogener Produkt- und Marktentwicklungsstrategien (PE_2, $ME^G{}_2$) ist beabsichtigt, die Geschäftstätigkeit im IPO-Segment fokussiert auf Wachstumsfirmen aus Technologiebranchen auf den gesamten EWU-Raum auszudehnen.[246] Diese Kunden sollen jedoch nicht für Going Publics an ihren Heimatbörsen, sondern angesichts der vorliegenden Spezialexpertise für IPOs am Neuen Markt gewonnen werden. Osteuropäische Märkte oder solche in anderen Zeitzonen sind für die Bank in diesem Geschäftsfeld nicht von Interesse.

---

243 Hierzu und im folgenden laut Interviewergebnisse. Vgl. hierzu auch DG Bank (2000), S. 15.
244 Hierzu und im folgenden laut Interviewergebnisse.
245 Laut Interviewergebnisse.
246 Hierzu und im folgenden laut Interviewergebnisse.

Das realisierte produkt-markt-bezogene Aktionsfeld bei Eigenkapitalfinanzierungen entspricht bei der DG Bank im Hinblick auf die fehlende internationale Dimension der Geschäftstätigkeit noch nicht den Anforderungen einer internationalen Nischenstrategie. Die im Rahmen der als situativ adäquat einzustufenden Stoßrichtung Wachstum gewählten Marktentwicklungsstrategien und ihre inhaltliche Ausgestaltung im Hinblick auf die Bezugsgrößen erscheinen zur Behebung dieser Defizite geeignet und stehen daher im Einklang mit der Positionierung auf übergeordneter Ebene. Entsprechendes gilt für die auf die Verteidigung der errungenen Position bei IPOs ausgerichtete Marktdurchdringungsstrategie im Heimatmarkt.

IV.2.3 Geschäftsfeldstrategien und strategische Ausgangspositionen deutscher Banken bei Anleihefinanzierungen

Im folgenden wird der Fokus auf das Feld Anleihefinanzierungen gerückt. Ausgehend von einer Beleuchtung der produkt-markt-strategischen Ausgangslagen der fokalen deutschen Banken in diesem Geschäftsfeld (Abschnitt IV.2.3.1), werden ihre Marktpositionen im internationalen Anleiheemissionsgeschäft anhand aussagekräftiger Ranglisten untersucht (Abschnitt IV.2.3.2). Deren Güte gilt es fortfolgend im Lichte der relevanten basisstrategischen Anforderungsprofile zu beurteilen (Abschnitt IV.2.3.3). Schließlich werden Stoßrichtungen und zu beschreitende Entwicklungsstrategien im diesem Geschäftsfeld offengelegt (Abschnitt IV.2.3.4).

IV.2.3.1 Produkt-markt-strategische Ausgangspositionen im Geschäftsfeld Anleihefinanzierungen

Zu den Leistungsspektren im Feld Anleihefinanzierungen bleibt einführend zu bemerken, daß die fokalen deutschen Banken in primäraktivitätsbezogener Hinsicht übergreifend die jeweils gesamte Wertschöpfungskette (Akquisition, Beratung bzw. Strukturierung, Übernahme und Plazierung der Anleihen) präsenzintensiv abdecken. Was ihre Produktpaletten anbetrifft, verfügen sie über Basiskompetenzen zur marktgerechten Ausgestaltung von Straights Bonds,

FRNs und Convertibles als mögliche Grundtypen[247] internationaler Anleihen hinaus auch über die Know-how-Kapazitäten, eine ganze Variantenvielfalt an innovativen Anleiheprodukten durch Kombination ihrer Basismerkmale (auch unter Einbezug von Derivaten) zu strukturieren und damit zu maßgeschneiderten Finanzierungsinstrumenten zu entwickeln.

Die produkt-markt-strategische Ausgangslage der ***Deutschen Bank*** im Feld Anleihefinanzierungen läßt sich wie folgt umreißen:

- *Aktivitätsspektrum*: Auf Grundlage erstrangiger Analyse- und Strukturierungsfähigkeiten und unter Vorhaltung von jeweils spezifischen Produktkompetenzen für alle prinzipiell möglichen Emittentengruppen im Anleihebereich wartet die Deutsche Bank in diesem Geschäftsfeld mit einem weitestgehend vollständigen Produktspektrum auf.[248] Das Angebot für „Corporates" umfaßt auch Expertise im Bereich High-Yield-Bonds.[249] Was Emissionswährungen anbetrifft, ist die Bank in sämtlichen Kernwährungssegmenten aktiv und erreicht über ihre Engagements in „Emerging Currencies" und weiteren Nebenwährungen einen ausnehmend breiten Diversifikationsgrad.[250] Schwerpunktbereiche repräsentieren die Hauptwährungen Euro und US-Dollar, die mit großem Abstand volumenstärksten Segmente.
- *Anvisierte Kundengruppen und -segmente*: Das Zielemittentenspektrum definiert die Deutsche Bank in Ausrichtung auf Staaten und staatliche Stellen, Finanzinstitute einschließlich Pfandbriefemittenten, Unternehmen, supranationale Institutionen sowie öffentliche Gebietskörperschaften (Länder, Städte) in bezug auf den Kundentyp umfassend.[251] Dies wird auch die später durchzuführende Marktanalyse belegen. Was die Zielgrößen anbetrifft, liegt auch hier der primäre Fokus auf den 1.500 größten Unternehmen und Institutionen weltweit.[252] Das Branchen- und Betreuungskonzept für den Bereich Unternehmen, das die strategische Ausrichtung im Bereich „Corporates"

---

247 Vgl. zu dieser Unterscheidung von Grundtypen internationaler Anleihen und einem Überblick über die auf die einzelnen Kategorien entfallenden Emissionsvolumina im Jahr 2000 International Financing Review, Issue 1365, January 6 2001, S. 19. Mit 63,5% entfällt der größte Anteil auf Straight-Emissionen, gefolgt von FRN-Emissionen (29,5%) und Convertibles (7%).

248 Laut Interviewergebnisse.

249 Vgl. Deutsche Bank (2000), S. 30.

250 Vgl. hierzu und im folgenden die Ausführungen unter IV.2.3.2.

251 Laut Interviewergebnisse.

konkretisiert und geschäftsfeldübergreifend Gültigkeit besitzt, wurde bereits in den Abb. IV-12 präsentiert.[253]

- *Ländermarktspektrum*: Auch das Geschäft mit Anleihefinanzierungen wird in globaler Ausrichtung betrieben. Die weltweiten Akquisitionsaktivitäten werden dabei durch ein extensives globales Vertriebsnetz mit Sales-Stützpunkten in allen Teilen der Welt abgestützt. Die Produktexpertise ist an den weltweit wichtigsten Finanzzentren der drei Zeitzonen zentralisiert.

Zur produkt-markt-strategischen Ausgangslage von ***Dresdner KW*** im Feld Anleihefinanzierungen bleibt im einzelnen folgendes zu vermerken:

- *Aktivitätsspektrum*: Unter Bereitstellung umfassender Expertise bei der Strukturierung auch komplexer Produkte entfaltet Dresdner KW im Feld Anleihefinanzierungen Präsenzintensität über alle Stufen der Wertschöpfungskette, angefangen von der Finanzierungsberatung über die Kreditanalyse, Rating-Beratung, Absicherung mit Derivaten sowie den Handel und stellt ein leistungsstarkes europäisches Vertriebsnetz bereit.[254] Für „Corporates" wartet Dresdner KW mit Spezialexpertise bei High-Yield-Bonds auf, die durch die Übernahme von Wasserstein Perella – mit spezifischen Kompetenzen im Bereich „distressed debt" ausgestattet – angereichert wurde.[255] In puncto Emissionswährungen werden Schwerpunkte im Euro gesetzt, ferner Anleihen in Pfund Sterling, einer weiteren europäischen Kernwährung, fokussiert.[256] Daneben ist das Haus in den Hauptwährungen US-Dollar und Yen sowie in ausgewählten europäischen Emerging Currencies aktiv.
- *Anvisierte Kundengruppen und -segmente*: Dresdner KW richtet sich bei Anleihefinanzierungen auf das gesamte in Frage kommende Kundengruppenspektrum aus, das Staaten, Unternehmen, Länder und Städte, Finanzinstitute, öffentliche (z.B. die Kreditanstalt für Wiederaufbau) und supranationale Institutionen (z.B. Weltbank) sowie

---

[252] Laut Interviewergebnisse.
[253] Vgl. hierzu auch Balzer, A./ Wilhelm, W. (2000), S. 21.
[254] Vgl. Dresdner Bank (2000), S. 27.
[255] Laut Interviewergebnisse.
[256] Hierzu und im folgenden laut Interviewergebnisse.

Pfandbriefemittenten umfaßt.[257] Was die relative Bedeutung dieser Gruppen anbetrifft, will die Bank keine Prioritätenfolge erstellen. Jede sei wichtig, so z.B. europäische Gebietskörperschaften (Staaten, Länder, Städte) als volumenstarke Emittenten, die nie vernachlässigt werden dürfen, oder aber der Wachstumsmarkt „Corporates", in dem die Bank schon seit einiger Zeit aktiv ist. Die vornehmlich auf internationale Großkonzerne ausgerichteten Betreuungsaktivitäten wurden schon vor längerer Zeit auf Unternehmen mit geringerer Marktkapitalisierung ausgedehnt.[258] Um den variierenden Bedarfsprofilen gerecht zu werden, werden die genannten Emittentengruppen jeweils gezielt betreut.[259]

- *Ländermarktspektrum*: In geographischer Hinsicht repräsentiert Europa den Kernmarkt im Kapitalmarktgeschäft mit Anleihen.[260] Auch in diesem Geschäftsfeld ist die Produktexpertise zentralisiert. Voll integrierte Fixed-Income-Teams, die die gesamte Wertschöpfungskette bei Anleihefinanzierungen abdecken, werden in Frankfurt und London unterhalten.[261] Die starke europäische Basis wird mit ausgewählten Stützpunkten in Nordamerika und Asien verbunden.[262]

Die produkt-markt-strategische Ausgangslage der ***Commerzbank*** im Feld Anleihefinanzierungen nimmt sich wie folgt aus:

- *Aktivitätsspektrum*: Auf Grundlage der präsenzintensiven Belegung sämtlicher Wertschöpfungssegmente im Anleiheemissionsgeschäft setzt die Commerzbank in produktbezogener Hinsicht besondere Schwerpunkte bei Pfandbriefen und innovativen Anleiheformen.[263] Bei Emissionswährungen wird auf Anleihen in Euro fokussiert.[264] Engagiert ist die Bank weiterhin in osteuropäischen Emerging Currencies. Zudem bestehen in sehr geringem Umfang Aktivitäten in US-Dollar, Pfund Sterling und Schweizer Franken.
- *Anvisierte Kundengruppen und -segmente*: Auch das Zielemittentenspektrum nimmt sich im Vergleich zu o.g. Banken enger aus. Emittenten des öffentlichen Bereichs (Staaten,

257 Hierzu und im folgenden laut Interviewergebnisse.
258 Vgl. Dresdner Kleinwort Benson (1999), S. 36.
259 Laut Interviewergebnisse.
260 Laut Interviewergebnisse. Vgl. hierzu auch Fischer, L., Interviewaussage, in : Roth, M. (2000), S. 17.
261 Vgl. Dresdner Kleinwort Benson (1999), S. 34 sowie laut Interviewergebnisse.
262 Vgl. Dresdner Bank (2001), S. 32.
263 Vgl. hierzu auch Commerzbank (2000A), S. 48.
264 Hierzu und im folgenden laut Interviewergebnisse.

Länder und Städten) wird hohe Bedeutung beigemessen, ebenso Finanzinstituten mit Pfandbriefemittenten als Kernkundengruppe. Unternehmen zählten hingegen bisher nicht zu den primären Zielemittenten der Bank.[265]

- *Ländermarktspektrum*: Bei Anleihefinanzierungen konzentriert die Commerzbank ihre Akquise-Aktivitäten auf Europa, d.h. west- und ausgewählte osteuropäische Märkte wie Tschechien und Polen.[266] Stützpunkte zur regionalen Kundenabdeckung unter Ansiedlung von Produktexpertise werden in Frankfurt, London und Prag sowie neuerdings, aber noch in geringem Umfang, in New York unterhalten.

Die produkt-markt-strategische Ausgangslage der **DG Bank** im Feld Anleihefinanzierungen läßt sich wie folgt umreißen:

- *Aktivitätsspektrum*: Über die Vorhaltung der erforderlichen infrastrukturellen Voraussetzungen und produktbezogenen Basiskompetenzen hinaus wartet die DG Bank auch mit innovativen Analyse- und Strukturierungs- bzw. Financial-Engineering-Fähigkeiten auf, die im Bereich „Strukturierte Produkte" versammelt sind.[267] Über Spezialkompetenzen wird im Bereich Pfandbriefe verfügt.[268] Dem wachsenden Interesse auch mittelständischer Unternehmen an der Fremdkapitalaufnahme über den Kapitalmarkt wurde in 1999 mit der Schaffung einer Einheit für Origination, Trading und Sales von Corporate Bonds Rechnung getragen.[269] Bei Emissionswährungen fokussiert die DG Bank auf den Euro.[270] In Pfund Sterling und Schweizer Franken sei man aktiv, allerdings weniger in einer beratenden denn plazierenden Funktion als Mitglied im Konsortium.
- *Anvisierte Kundengruppen und -segmente*: Mit Staaten und öffentlichen Gebietskörperschaften, Finanzinstituten sowie Pfandbriefemittenten im speziellen richtet sich die DG Bank auf ein verengtes, neuerdings aber um die wichtige Emittentengruppe „Unter-

---

265 Vgl. hierzu Commerzbank (2001A), S. 26
266 Laut Interviewergebnisse. Vgl. hierzu auch Commerzbank (2000A), S. 48f.
267 Vgl. DG Bank (2000), S. 11.
268 Laut Interviewergebnisse.
269 Vgl. DG Bank (2000), S. 15.
270 Hierzu und im folgenden laut Interviewergebnisse.

nehmen" erweitertes Zielkundenspektrum aus.[271] Im Bereich Corporates werden auch größere mittelständische Unternehmen anvisiert.[272]

- *Ländermarktspektrum*: Zielemittenten der DG Bank domizilieren schwerpunktmäßig in Westeuropa.[273] Bei Staaten werden auch mittel-/ osteuropäische Märkte anvisiert. Die Expertise ist in Frankfurt zentralisiert, Auslandsstützpunkte zur regionalen Kundenabdeckung werden nicht unterhalten.

Resümierend bleibt festzuhalten, daß die Ausgangspositionen im Feld Anleihefinanzierungen, was Leistungsspektren, bearbeitete Abnehmergruppen und die geographischen Definitionen der Geschäftsgebiete anbetrifft, weitestgehend im Einklang mit den produkt-markt-bezogenen Erfordernissen der jeweiligen Basisstrategien stehen. Bei der Commerzbank im speziellen jedoch zeigt die im Verhältnis zur übergeordneten Positionierung verengte Definition des Aktivitäts- und Zielemittentenspektums Wachstumsnotwendigkeiten in den entsprechenden Dimensionen an.

IV.2.3.2 Marktpositionen deutscher Banken im Feld Anleihefinanzierungen

In Kenntnis der bearbeiteten Produkt-Markt-Felder im diesem Bereich werden im weiteren die Marktpositionen der deutschen Häuser bei Anleihefinanzierungen an den internationalen Rentenmärkten untersucht. Den Charakteristika und dem Internationalitätsgrad des Anleiheemissionsgeschäfts Rechnung tragend, wird die Wettbewerbsstellung der fokalen deutschen Banken im Feld Anleihefinanzierungen in unterschiedlicher produkt- sowie währungsbezogener Fokussierung beleuchtet und damit die Vorgehensweise einschlägiger Fachpublikationen aufgegriffen.[274]

Zu Beginn stehen die Marktpositionen bei Emissionen internationaler Anleihen im Mittelpunkt der Analyse (Abschnitt IV.2.3.2.1), wobei zunächst Eurobonds als wichtige Teilkategorie, später der Gesamtmarkt für sämtliche internationale Anleihen betrachtet wird. Sodann soll nach Kernemissionswährungen differenziert werden (Abschnitt IV.2.3.2.2),

---

271 Vgl. hierzu auch DG Bank (1999A), S. 14 sowie DG Bank (2000), S. 15.
272 Vgl. DG Bank (2000), S. 15.
273 Hierzu und im folgenden laut Interviewergebnisse.
274 Vgl. hierzu und zu relevanten Untersuchungskategorien im Anleiheemissionsgeschäft bspw. die Aufgliederung im International Financing Review (IFR), Issue 1365, January 6 2001, S. 14ff.

wobei ausgehend von einer Beleuchtung der Segmente US-Dollar und Yen vor dem Hintergrund der geographischen Ursprünge der fokalen Banken ein Schwerpunkt auf das Segment Anleiheemissionen in Euro gelegt wird.

IV.2.3.2.1 Emissionen internationaler Anleihen

Abbildung IV-31 vermittelt einführend einen Überblick über die fünfzehn führenden Bookrunner bei Eurobond-Emissionen in 2000.[275] Um die Entwicklung der Marktpositionen nachvollziehen zu können, seien ergänzend die Rangliste für 1999 und die im Jahr 1998 erzielten Plazierungen mit ausgewiesen. Ordnungsgröße bildet auch hier das wertmäßige Volumen der als Bookrunner begleiteten Transaktionen:[276]

[275] Vgl. zu den gezeigten, von Thomson Financial Securities Data erstellten Eurobond-League-Tables International Financing Review (IFR), Issue 1365, January 6 2001, S. 16; IFR, Issue 1316, January 15 2000, S. 15 sowie zum Gesamtranking für 1998 IFR, Issue 1266, January 16 1999, S. 18. Die League-Tables berücksichtigen das Volumen des Anteils an den internationalen Offerings, der im Heimatmarkt des Emittenten abgesetzt wird, nicht.

[276] Anm. d. Verf.: Was die Gutschriften der einzelnen Banken in diesen und den folgenden Rankings für Bond-Emissionen von Thomson Financial betrifft, so erhält in einem Bookrunner-Ranking nur jeweils der/ die Buchführer eines Bond Offerings einen sog. „credit". Sofern nur ein Bookrunner eingeschaltet ist, wird diesem volle Wert einer Transaktion gutgeschrieben. Bei mehreren Bookrunnern wird der Gesamtwert der Transaktion zwischen den buchführenden Banken gleichmäßig aufgeteilt („proportional credit").

Eurobonds
Top 15 positions bookrunners
2000

	Managing bank or group		Total in Mio. US$	No. of issues	*Share in %*
1	MSDW	↑	68.174,10	357	*8,62*
2	UBS Warburg	↑	67.069,93	342	*8,48*
3	**Deutsche Bank**	↓	**65.401,20**	**314**	***8,27***
4	Merrill Lynch	↓	56.924,58	309	*7,20*
5	CSFB	→	56.335,75	260	*7,12*
6	Salomon SB	→	54.237,83	238	*6,86*
7	JP Morgan	↑	51.087,97	214	*6,46*
8	Barclays Capital	↑	41.406,89	198	*5,23*
9	ABN AMRO	↓	37.004,95	198	*4,68*
10	Goldman Sachs	↓	35.024,28	168	*4,43*
Übrige, *davon*					
12	**Dresdner KB**	↓	**24.875,58**	**100**	***3,14***
18	**Commerzbank**	→	**10.586,42**	**56**	***1,34***
23	**DG Bank**	↑	**5.401,56**	**31**	***0,68***
gesamt			258.316,75	k. A.	32,66
Σ	TOTAL (over all)		**790.984,23**	**3.216**	*100*

Rankend by amount, proportional credit.

Quelle: Thomson Financial Securities Data

Eurobonds
Top 15 positions bookrunners
1999

	Managing bank or group	Total in Mio. US$	No. of issues	*Share in %*	1998
1	**Deutsche Bank**	**69.153,58**	**322**	***8,47***	**2**
2	MSDW	67.874,46	396	*8,31*	3
3	Merrill Lynch	59.760,94	333	*7,32*	4
4	Warburg DR	55.378,28	244	*6,78*	1
5	CSFB	48.190,84	293	*5,90*	9
6	Salomon SB	44.183,87	210	*5,41*	10
7	Paribas	40.716,74	145	*4,99*	5
8	ABN AMRO	40.369,64	155	*4,95*	6
9	Goldman Sachs	38.091,30	118	*4,67*	11
10	JP Morgan	37.627,58	161	*4,61*	7
Übrige, *davon*					
11	**Dresdner KB**	**35.624,99**	**125**	***4,36***	**13**
18	**Commerzbank**	**11.081,74**	**50**	***1,36***	**17**
36	**DG Bank**	**2.565,02**	**15**	***0,31***	**39**
Übrige gesamt		315.092,25	k.A.	38,59	
Σ	TOTAL (over all)	**816.439,48**	**3.214**	***100***	

Rankend by amount, proportional credit.

Quelle: IFR Securities Data

Abb. IV-31: Führende Bookrunner bei Eurobond-Emissionen in 1999 und 2000

Das wertmäßige Gesamtvolumen aller Eurobondemissionen weltweit (alle Währungen) bewegte sich in 2000 mit einen Betrag von knapp 800 Mrd. US-Dollar auf Vorjahresniveau. Im Verhältnis zu 1998 war ein Anstieg um 53,2% zu verzeichnen.[277]

Bei Eurobond-Emissionen lagen in 2000 Häuser in Front, die bereits in den Vorjahren durchweg stabile Top-Vier-Positionen belegt hatten. Angeführt wird die Rangliste von *MSDW*, die die Deutsche Bank als Marktführer des Jahres 1999 ablöste, dicht gefolgt von *UBS Warburg*, die 1998 die Spitzenposition innehatte. Bei geringen Abständen zwischen Viert- und Sechstplaziertem stellten *Merrill Lynch* und, wie bereits in den Vorjahren, die *CSFB* und *Salomon SB* die Verfolgergruppe. Die auf den Fixed-Income-Bereich fokussierende *Barclays Capital*, die zwischenzeitlich auf Rang 13 zurückgefallen war, konnte mit Rang acht an frühere

[277] Vgl. zu dem von Thomson Financial Securities Data erstellten Ranking für alle Eurobond-Emissionen im Jahr 1998 International Financing Review, Issue 1266, January 16 1999, S. 18. Das wertmäßige,

Erfolge (Platz acht in 1998) anknüpfen. *Goldman Sachs* nahm bei Eurobonds in 2000 eine im Vergleich zu anderen Feldern im Investment Banking rückständige Position zehn ein.

In der Rangliste führender Bookrunner bei Eurobond-Emissionen im Jahr 2000 fiel die ***Deutsche Bank*** bei leicht vermindertem Geschäftsvolumen im Wert von 65,4 Mrd. US-Dollar und geringerem Marktanteil ausgehend von Platz eins in 1999 auf die dritte Position zurück. Allerdings wurde das Institut, das insgesamt 314 Transaktionen begleitete, nur knapp von MSDW und UBS Warburg übertroffen.

Auch ***Dresdner KW***, die 100 Eurobond-Offerings im wertmäßigen Volumen von 24,9 Mrd. US-Dollar als Bookrunner begleitete, büßte im Vergleich zu 1999 eine Position ein. Mit Rang 12 belegt sie nach Plazierungen auf den Rängen 11 und 13 in 1999 und 1998 weiterhin stabile Positionen im Mittelfeld der Eurobond-Rangliste.

Die ***Commerzbank*** begleitete im Geschäftsjahr 2000 56 Eurobondemissionen im wertmäßigen Volumen von 10,6 Mrd. US-Dollar. Hiermit erreicht sie bei stabilem Marktanteil von 1,34% wie bereits im Vorjahr den achtzehnten Platz.

Ausgehend von Rang 39 in 1999 konnte sich die ***DG Bank*** in jüngster Zeit deutlich steigern und belegt bei einer verdoppelten Anzahl an geführten Transaktionen im wertmäßigen Volumen von 5,4 Mrd. US-Dollar im Gesamtranking für das Jahr 2000 Rang 23.

Die in Abbildung IV-32 gezeigten Rankings bieten nun einen zusammenfassenden Überblick über die Gruppe der fünfzehn führenden Bookrunner bei sämtlichen internationalen Anleihen weltweit in den Geschäftsjahren 2000 und 1999.[278] Eingeschlossen sind u.a. Begebungen von *Eurobonds, Global Bonds* und *Auslandsanleihen* in jeweils *sämtlichen Währungen.*

---

internationale Gesamtemissionsvolumen von Eurobonds in 1998 betrug 516,4 Mrd. US-Dollar (League-Table-Totale).

[278] Vgl. zu den von Thomson Financial Securities Data erstellten Jahres-League-Tables für sämtliche internationale Anleiheemissionen in 2000, 1999 und 1998 im einzelnen International Financing Review (IFR) Issue 1365, January 6 2001, S. 16; IFR, Issue 1316, January 15 2000, S. 15 sowie IFR, Issue 1266, January 16 1999, S. 18.

All international Bonds (all currencies)
Top 15 positions bookrunners
2000

	Managing bank or group		Total in Mio. US$	No. of issues	*Share in %*
1	Merrill Lynch	→	159.402,45	524	*10,59*
2	MSDW	→	149.388,72	576	*9,93*
3	Salomon SB	→	149.374,73	461	*9,93*
4	**Deutsche Bank**	→	**118.578,44**	**492**	***7,88***
5	UBS Warburg	↑	109.711,90	449	*7,29*
6	CSFB	↓	105.793,42	408	*7,03*
7	JP Morgan	↑	104.828,75	307	*6,97*
8	Goldman Sachs	↓	95.975,73	265	*6,38*
9	Lehman Bros.	→	77.504,29	234	*5,15*
10	ABN AMRO	→	55.198,64	273	*3,67*
11	Barclays Cap.	↑	47.653,93	225	*3,17*
12	**Dresdner KB**	↓	**35.926,64**	**197**	***2,39***
13	BNP Paribas	↓	31.299,60	166	*2,08*
14	HSBC	↑	27.075,85	161	*1,80*
15	Nomura	↑	22.938,22	85	*1,52*
Übrige, *davon*					
16	**Commerzbank**	↓	**20.789,56**	**145**	***1,38***
22	**DG Bank**	→	**11.007,24**	**92**	***0,73***
gesamt			214.024,70	k. A.	14,22
Σ	**TOTAL**		**1.504.676,01**	**4.408**	***100***

Rankend by amount, proportional credit.

All international Bonds (all currencies)
Top 15 positions bookrunners
1999

	Managing bank or group	Total in Mio. US$	No. of *issues*	*Share in %*	1998
1	Merrill Lynch	135.620,91	551	*9,52*	1
2	MSDW	127.119,57	600	*8,93*	2
3	Salomon SB	116.097,87	352	*8,15*	7
4	**Deutsche Bank**	**100.553,19**	**511**	***7,06***	**5**
5	CSFB	98.162,17	394	*6,89*	8
6	Goldman Sachs	87.785,78	218	*6,16*	4
7	Warburg DR	76.574,85	313	*5,38*	6
8	JP Morgan	75.858,15	250	*5,33*	3
9	Lehman Bros.	68.014,29	268	*4,78*	10
10	ABN AMRO	60.560,49	267	*4,25*	9
11	**Dresdner KB**	**56.344,54**	**263**	***3,96***	**12**
12	Paribas	42.646,32	161	*2,99*	11
13	Barclays Capital	35.888,80	156	*2,52*	13
14	**Commerzbank**	**29.533,19**	**168**	***2,07***	**14**
15	Bear Stearns	27.362,02	91	*1,92*	16
Übrige, *davon*					
22	**DG Bank**	**13.821,82**	**98**	***0,97***	**19**
Übrige gesamt		286.060,31	k. A.	20,09	
Σ	**TOTAL**	**1.424.182.45**	**4.450**	***100***	

Rankend by amount, proportional credit.

Including global, Euro, foreign and eligible foreign-targeted domestic bonds, excluding equity-related transactions

Quelle: Thomson Financial Securities Data *Quelle: Thomson Financial Securities Data*

Abb. IV-32: Führende Bookrunner bei sämtlichen internationalen Anleiheemissionen (alle Währungen) in 2000 und 1999

Das Emissionsvolumen sämtlicher internationaler Anleihen (alle Währungen) weltweit erreichte in 2000 einen Betrag von 1.504,7 Mrd. US-Dollar. Dies entspricht einer Steigerung um 5,7% gegenüber 1999 und um 48,5% im Vergleich zu 1998.[279]

Einleitend bleibt festzuhalten, daß eine erkennbare Marktpräsenz bei Eurobonds eine Grundvoraussetzung für eine starke Position bei sämtlichen internationalen Anleihen ist.

279 Vgl. zu dem von Thomson Financial Securities Data erstellten Ranking führender Bookrunner bei sämtlichen internationalen Anleiheemissionen im Jahr 1998 International Financing Review, Issue 1266,

Immerhin entfiel auf dieses Teilsegment auch im Jahr 2000 mehr als die Hälfte des gesamten wertmäßigen Volumens internationaler Anleihen.[280] Dies bestätigt auch ein Ranglistenvergleich. Abgesehen von *Lehman Brothers* hat jedes der zehn führenden Häuser im Gesamtranking auch eine Top-Ten-Position bei Eurobonds inne.

Übergreifend befand sich der Weltmarkt für sämtliche internationale Anleihen in den vergangenen drei Jahren in der Hand von US-Instituten. Im Geschäftsjahr 2000 konnten sowohl der Marktführer *Merrill Lynch*, der seit 1996 ununterbrochen an der Spitze des Rankings für alle internationalen Anleihen liegt, als auch die nach Volumen gleich auf liegenden *MSDW* und *Salomon SB* ihre Marktanteile weiter ausbauen. Demgegenüber fiel *Goldman Sachs* im Betrachtungszeitraum von Rang vier in 1998 über sechs auf die aktuell achte Position zurück, genauso wie die derzeit siebtplazierte *JP Morgan*, die in 1998 noch Rang drei belegte. *UBS Warburg* und *CSFB* auf den Rängen fünf und sechs bauten ihre Marktanteile leicht aus, jene von *ABN AMRO* und *Lehman Brothers* blieben in den letzten Jahren relativ stabil und ermöglichten ihnen beständige Mittelfeldpositionen auf den Plätzen neun und zehn.

Mit einem begleiteten Volumen im Wert von 118,6 Mrd. US-Dollar belegt die ***Deutsche Bank*** im Gesamtranking der führenden Bookrunner bei Emissionen internationaler Anleihen aller Kategorien in 2000 Rang vier und bestätigte hiermit ihre Vorjahresplazierung. Der Abstand zum Drittplazierten wuchs allerdings von rd. 16 Mrd. US-Dollar in 1999 auf aktuell rd. 30 Mrd. US-Dollar an. Ausgehend von Rang fünf in 1998 konnte die Bank ihre Position in den letzten Jahren jedoch insgesamt festigen und auf hohem Niveau stabilisieren. Dies resultiert auch aus ihrer „traditionellen" Produktstärke im Teilsegment Eurobonds, wo in 2000 ein in Relation zur Gesamtposition überdurchschnittlicher Platz drei, in 1999 Rang eins errungen wurde.

Das weltweit als Bookrunner an den Markt gebrachte Volumen internationaler Anleihen erreichte bei ***Dresdner KW*** im Jahr 2000 einen Betrag von 35,9 Mrd. US-Dollar und ging damit

---

January 16 1999, S. 18. Das wertmäßige Gesamtemissionsvolumen internationaler Anleihen in 1998 betrug 1.013,0 Mrd. US-Dollar (League-Table-Totale).

gegenüber 1999 – entgegen dem Markttrend – um 36,2% zurück. Im Vergleich hierzu begleitete die Deutsche Bank im selben Jahr internationale Bondemissionen im mehr als dreifachen wertmäßigen Volumen. Im Verhältnis zu diesen Einbußen nimmt sich der Verlust von nur einer Plazierung vergleichsweise gering aus. Aktuell wird Rang 12 belegt, was der Position bei Eurobond-Emissionen in 2000 entspricht. Innerhalb des Betrachtungszeitraums erreichte Dresdner KW im Emissionsgeschäft mit internationalen Anleihen beständige Mittelfeldpositionen, wie die Plazierungen auf den Rängen 12 und 11 in 1998 und 1999 zeigen.

Die ***Commerzbank*** belegte im Ranking der führenden Bookrunner bei sämtlichen internationalen Anleihen im Jahr 2000 mit einem begleiteten Volumen von 20,8 Mrd. US-Dollar Gesamtrang 16. Im Vergleich zum Vorjahr hatte die Bank Einbußen beim begleiteten Volumen zu verzeichnen (–29,6%), was sich ausgehend von Rang 14 in 1999 in einem Verlust von zwei Plazierungen niederschlägt. Bei Eurobonds nahm sie in 2000 und 1999 jeweils unterdurchschnittliche Plazierungen auf Rang 18 ein.

DG Bank, wie im Vorjahr auf Rang 22 plaziert, büßte mit einem als Bookrunner an den Markt gebrachten Volumen i. H. v. 11,0 Mrd. US-Dollar im Geschäftsjahr 2000 geringfügig an Marktanteil ein. Die Quote am Gesamtvolumen sämtlicher internationaler Anleihen belief sich auf 0,73% und lag damit erneut unter der 1%-Marke.

Vervollständigt wird der Marktauftritt deutscher Häuser im Emissionsgeschäft mit internationalen Anleihen in 2000 durch einige weitere deutsche Wettbewerber. Dabei handelt es um die *HypoVereinsbank*, die mit einer Quote von 1,01% Rang 18 belegte und die *WestLB*, die mit Marktanteil von 0,53% in 2000 Platz 25 erreicht.[281] Weiterhin sind die *Bayerische Landesbank*, *SachsenLB* und *DGZ-DekaBank* auf den Positionen 35, 44 und 45 mit Marktanteilen zwischen 0,19% und 0,09% zu nennen und die *LBBW*, die bei einem Marktanteil von 0,07% den letzten Platz im Ranking der 50 führenden Emissionsbanken belegt.

280 Vgl. hierzu die Totalen der Ranglisten in Abbildung IV-31 und IV-32.

281 Vgl. zu dem vollständigen Jahres-League-Table führender Bookrunner bei „All international bonds" von Thomson Financial Securities im folgenden IFR 1365, January 6 2001, S. 16.

IV.2.3.2.2 Anleiheemissionen nach Kernemissionswährungen

Neben den Hauptwährungen US-Dollar, Euro und Yen bilden die Segmente Pfund Sterling und der Schweizer Franken weitere sog. „Core Marktes" im Anleiheemissionsgeschäft.[282] Während deutsche Banken, wie später gezeigt wird, bei sämtlichen Anleiheemissionen in Euro über einen aggregierten weltweiten Marktanteil von 25,7% verfügen (Abschnitt IV.2.3.2.3.2),[283] nimmt sich ihre Präsenzintensität in verbleibenden Kernwährungen, die im folgenden untersucht wird, übergreifend eher gering aus (Abschnitt IV.2.3.2.3.1).

IV.2.3.2.2.1 Anleiheemissionen in US-Dollar, Yen und anderen Kernwährungen

Einen Überblick über die erreichten Positionen in den Bookrunner-Ranglisten nach Volumen bei Anleiheemissionen in den Währungen US-Dollar, Yen, Pfund Sterling und der Schweizer Franken in 2000, 1999 und 1998 vermittelt Abbildung IV-33.[284] Pro Währung sind die jeweils relevanten Instrumentkategorien, für die regelmäßig Ranglisten veröffentlicht werden,[285] ausgewiesen. Wie hieraus hervorgeht, sind deutsche Wettbewerber bei Anleiheemissionen in US-Dollar – ein Markt, den US-amerikanische Investment Banken traditionell weitgehend unter sich aufteilen – Yen, aber auch Schweizer Franken deutlich unterrepräsentiert.

---

282 Vgl. zur Unterscheidung von „Core Markets" und „Non-Core Markets" allgemein International Financing Review, Issue 1365, January 6 2001, S. 19ff. Neben den genannten „Core Markets" umfassen „Non-Core-Markets" die Segmente „Non-Core-Dollars" (kanadische, australische, neuseeländische Dollar), „Emerging Currencies" (südafrikanischer Rand, polnische Slotty, tschechische Kronen) und „Nordic Currencies" (dänische und norwegische Kronen).
In Reihung nach volumenmäßiger Bedeutung als Emissionswährung ergibt sich die Folge US-Dollar, Euro, Pfund Sterling, Yen und Schweizer Franken. Vgl. zu einer von Thomson Financial Securities Data erstellten Übersicht über die Gesamtemissionsvolumina internationaler Bonds in den einzelnen Währungssegmenten im Jahr 2000 International Financing Review, Issue 1365, January 6 2000, S. 19. US-Dollar und Euro, auf die zusammen mehr als 80% des Volumens internationaler Anleihen in 2000 entfiel, liegen mit großem Abstand in Front.

283 Anm. d. Verf.: Über die in Abb. IV-35 genannten vier Banken hinaus wurden alle weiteren deutschen Institute unter den fünfzig führenden Wettbewerbern berücksichtigt, so die Hypo-Vereinsbank, WestLB, Bayerische Landesbank, SachsenLB, DGZ-DekaBank, Landesbank BW und NordLB. Vgl. zu dem von Thomson Financial erstellten Gesamtranking für alle Anleiheemissionen in Euro in 2000 International Financing Review, Issue 1365, January 6 2001, S. 16.

284 Vgl. zu den von Thomson Financial Securities erstellten Rankings für Bondemissionen in US-Dollar, Pfund Sterling, Yen und Schweizer Franken in den jeweils relevanten Instrumentkategorien in 2000, 1999 und 1998 International Financing Review (IFR), Issue 1365, January 6 2001, S. 19ff; IFR, Issue 1316, Januar 1 2000, S. 18ff. sowie IFR, Issue 1266, January 16 1999, S. 21ff.

285 Anm. d. Verf.: Diese Ranglisten von Thomson Financial Securities werden zweiwöchentlich in aktualisierter Form in der Zeitschrift International Financing Review (IFR) veröffentlicht.

Commerzbank und ***DG Bank*** konnten in den vergangenen drei Jahren keine Plazierungen in Rankings der jeweils zehn führenden Wettbewerber bei Anleiheemissionen in betrachteten Emissionswährungen und i.e. relevanten Produktkategorien erringen.

Dresdner KW kann einen relativ höheren Diversifikationsgrad nach Kernwährungen im Anleiheemissionsgeschäft vorweisen. In Abgrenzung zu den vorgenannten Wettbewerberinnen verfügt sie über eine respektable Marktpräsenz bei Emissionen von Pfund-Sterling-Eurobonds. In der Rangliste für 2000 fiel Dresdner KW allerdings von Position drei auf den zehnten Platz zurück. Erstmals konnte sie im Jahr 2000 eine zehnte Plazierung in der Rangliste für Eurodollar-Straights erringen, wodurch sie sich von der deutschen Konkurrenz abgrenzt.

Anleiheemissionen in \ Bank	Deutsche Bank			Dresdner KB			Commerzbank			DG Bank		
US-Dollar	*00*	*99*	*98*	*00*	*99*	*98*	*00*	*99*	*98*	*00*	*99*	*98*
All international US$ bonds	9	8	-	-	-	-	-	-	-	-	-	-
Global US$ straights	7	10	-	-	-	-	-	-	-	-	-	-
Eurodollar straights	-	8	10	10	-	-	-	-	-	-	-	-
US$ FRNs	6	6	7	-	-	-	-	-	-	-	-	-
All international FRNs	5	3	6	-	-	-	-	-	-	-	-	-
US$ domestic bonds	9	-	-	-	-	-	-	-	-	-	-	-
Yankee bonds	4	7	-	-	-	-	-	-	-	-	-	-
Yen	*00*	*99*	*98*	*00*	*99*	*98*	*00*	*99*	*98*	*00*	*99*	*98*
Yen Eurobonds	10	6	-	-	-	-	-	-	-	-	-	-
All Yen bonds	-	7	-	-	-	-	-	-	-	-	-	-
GBP Eurobonds	6	7	-	10	3	10	-	-	-	-	-	-
SFR Foreign bonds	3	3	3	-	-	-	-	-	-	-	-	-

mit "-" = keine Top-Ten-Plazierung in dieser Währungs-/ Anleihetyp-Kategorie

Abb. IV-33: Ranglistenpositionen deutscher Häuser bei Anleiheemissionen in Kernwährungen (exklusive Euro) in 2000, 1999 und 1998 im Überblick

Einzig der ***Deutschen Bank*** gelang bisher der Aufbau einer respektablen Marktpräsenz mit erkennbaren Marktanteilen in allen Kernwährungssegmenten. Die Entwicklung der Marktpositionen im Zeitraum zwischen 1998 und 2000 zeigt enorme Fortschritte in der Diversifikation nach Hauptwährungen an. Sowohl im US-Dollar, als auch Yen konnte Marktpräsenz geschaffen, jene im US-Dollar vor allem in Anschluß an die Akquisition von Bankers Trust erheblich ausgebaut werden.

Zur Beurteilung der relativen Wettbewerbsstärke kann ein Vergleich mit Konkurrenten der selben strategischen Gruppe dienen. Mit Abb. IV-34 sei daher ein zusammenfassender Überblick über die Marktpositionen von Anbietern mit Global-Player-Strategie in den Bookrunner-Ranglisten nach Volumen in den zu untersuchenden Kernwährungssegmenten in 2000 und 1999 gewährt.[286] Wie in der Gegenüberstellung zum Ausdruck kommt, sind in den einzelnen „Core Markets" jeweils solche Institute dominant, die ihre Ursprünge in dem Auslandsmarkt haben, den die Emissionswährung widerspiegelt.

Investment Bank / Anleiheemissionen in	Merrill Lynch		MSDW		Solomon SB		Goldman Sachs		JP Morgan		UBS Warburg		CSFB	
US Dollar	**2000**	1999	**2000**	1999	**2000**	1999	**2000**	1999	**2000**	1999	**2000**	1999	**2000**	1999
All international US$ bonds	1	1	2	3	3	2	7	5	5	7	8	10	6	4
Global US$ Straights	2	2	3	3	1	1	4	4	5	5	9	9	8	6
Eurodollar Straights	4	3	1	1	9	7	7	4	5	10	3	5	2	2
US$ FRNs	1	1	2	5	3	4	9	-	8	7	7	10	5	2
All international FRNs	1	1	2	2	3	4	9	7	7	8	6	10	4	5
US$ Domestic bonds	1	1	5	2	2	3	7	4	3	8	-	-	4	5
Yankee bonds	-	4	2	2	1	3	-	6	3	1	6	-	-	8
Yen Eurobonds	2	2	6	3	3	5	-	7	9	-	7	-	-	-
All Yen bonds	3	2	4	3	2	4	9	9	-	8	7	-	-	-
GBP Eurobonds	9	-	3	6	7	10	5	-	8	5	2	2	1	1
SFR Foreign bonds	7	7	-	-	-	-	-	-	-	9	2	2	7	7

mit "-" = keine Top-Ten-Plazierung in dieser Währungs-/Instrument-Kategorie

Abb. IV-34: Ranglistenpositionen von Wettbewerbern mit Global-Player-Strategie bei Anleiheemissionen in Kernwährungen (exklusive Euro) in 2000 und 1999 im Überblick

Die Führungsgruppe im **US-Dollar**-Segment setzte sich in den Jahren 1999 und 2000 über alle ausgewiesenen Instrumentkategorien hinweg aus *Merrill Lynch*, *MSDW* und *Salomon SB* zusammen. Neben *JP Morgan* in Aufwärtstendenz, verfügt auch die *CSFB* über eine starke Position bei Bond-Emissionen in US-Dollar, wenngleich das Haus im Jahr 2000 in wichtigen

286 Vgl. zu den Jahresrankings von Thomson Financial Securities für US-Dollar-, Pfund-Sterling-, Yen- und Schweizer-Franken-Anleiheemissionen in jeweils relevanten Instrumentkategorien für die Jahre 2000,

Instrumentkategorien Einbußen in marktanteils- bzw. -positionsbezogener Hinsicht hinnehmen mußte. Mit Plazierungen im Mittelfeld der Top-Ten-Rankings stellen *Goldman Sachs* und *UBS Warburg* das Verfolgerfeld. Die *Deutsche Bank*, deren Ausgangslage mit jener von UBS Warburg vergleichbar ist, weist demnach im US-Dollar-Segment im Wettbewerbsvergleich noch leichten Rückstand auf.

Daß in den Kernwährungssegmenten jeweils Anbieter aus der entsprechenden geographischen Region stark vertreten sind, wird auch an den Ranglisten für Schweizer Franken und Pfund Sterling ersichtlich. Das Segment Auslandsanleihen in **Schweizer Franken** wird durch die Investment-Banking-Arme der Schweizer Großbanken dominiert.[287] *CSFB* und *UBS Warburg* verfügten in 2000 bei Marktanteilen von 47,8% und 32,1% über einen großen Vorsprung vor der drittplazierten *Deutschen Bank*, deren Quote sich auf 7,1% belief. US-Häuser waren nicht marktpräsent.

In der Rangliste für Emissionen von **Pfund-Sterling**-Eurobonds lag in den vergangenen beiden Jahren *Barclays Capital* an der Spitze, dicht gefolgt von *UBS Warburg*.[288] Mit Ausnahme von *MSDW* auf Rang drei belegten die betrachteten US-amerikanischen Wettbewerber in diesem Währungssegment in 2000 Mittelfeldpositionen im Bereich zwischen Platz fünf und zehn. Hier reiht sich auch die *Deutsche Bank* ein, die sich von 1999 auf 2000 um eine Plazierung auf Rang sechs verbesserte.

Zwar verfügen mit Ausnahme der CSFB alle der Abb. IV-34 aufgeführten Wettbewerber über Marktpräsenz im **Yen**, starke Positionen konnten im Betrachtungszeitraum jedoch lediglich *Merrill Lynch*, *Salomon SB* (bzw. Nikko SSB) und *MSDW* erringen. Sowohl in der Kategorie Yen-Eurobonds, als auch bei sämtlichen Anleiheemissionen in Yen war in 1999 und 2000

1999 und 1998 IFR, Issue 1365, January 6 2001, S. 19ff; IFR, Issue 1316, Januar 1 2000, S. 18ff. sowie IFR, Issue 1266, January 16 1999, S. 21ff.

287 Vgl. zu dem von Thomson Financial Securities erstellten Ranking für Auslandsanleihen in Schweizer Franken für das Jahr 2000 International Financing Review, Issue 1365, January 6 2001, S. 36.

288 Vgl. zu den von Thomson Financial Securities erstellten Jahres-League-Tables für Pfund-Sterling-Eurobonds in 2000 und 1999 International Financing Review, Issue 1365, January 6 2001, S. 37; IFR, Issue 1316, Januar 15 2000, S. 35.

Nomura marktführend.[289] In beiden Kategorien hatte die *Deutsche Bank*, deren Position übergreifend etwa mit jenen von Goldman Sachs und UBS Warburg vergleichbar ist, in 2000 Einbußen zu verzeichnen. Bei Emissionen von Yen-Eurobonds fiel sie von Position sechs in 1999 auf Rang zehn zurück, bei Yen Bonds konnte nach Platz sieben in 1999 keine Plazierung unter den zehn führenden Wettbewerbern erreicht werden.

IV.2.3.2.2.2 Anleiheemissionen in Euro

Eine Analyse der Marktpositionen bei Anleihefinanzierungen nach Währungen kann auf das Segment Euro, der gemessen am Emissionsvolumen die zweitstärkste Emissionswährung repräsentiert, nicht verzichten. Abbildung IV-35 vermittelt anhand der Ranglisten führender Wettbewerber bei sämtlichen Bondemissionen in Euro einen Überblick über die Marktanteilsverteilung in den Jahren 1999 und 2000.[290] Wie aus den Totalen der Rankings hervorgeht, wuchs das wertmäßige Volumen aller Anleiheemissionen in Euro in 2000 moderat um 4,12% auf einen Betrag 594,9 Mrd. Euro an.

---

289 Vgl. zu den von Thomson Financial Securities erstellten Yen-Einzelrankings in den genannten Kategorien für die Jahre 2000 und 1999 International Financing Review, Issue 1365, January 6 2001, S. 43; IFR, Issue 1316, Januar 15 2000, S. 39.

290 Vgl. zu den gezeigten, von Thomson Financial Securities Data erstellten League-Tables für alle Anleiheemissionen in Euro in 2000 und 1999 International Financing Review (IFR), Issue 1365, January 6 2001, S. 16; IFR, Issue 1316, January 15 2000, S. 15.

All issues in euros Top 10 positions bookrunners 2000				
	Managing bank or group	Total in Mio. US$	No. of issues	*Share in %*
1	**Deutsche Bank →**	**63.836,04**	**267**	***10,73***
2	MSDW ↑	43.634,98	171	*7,33*
3	Salomon SB ↑	41.662,81	134	*7,00*
4	UBS Warburg ↑	36.697,31	136	*6,17*
5	ABN AMRO ↓	34.147,83	165	*5,74*
6	Merrill Lynch ↑	32.835,50	144	*5,52*
7	JP Morgan ↑	32.096,56	119	*5,40*
8	CSFB ↑	32.006,73	140	*5,38*
9	**Dresdner KB ↓**	**28.573,06**	**155**	***4,80***
10	BNP Paribas ↓	28.338,72	137	*4,76*
Übrige, *davon*				
12	**Commerzbank ↓**	**19.974,36**	**122**	***3,36***
17	**DG Bank →**	**11.705,24**	**91**	***1,97***
gesamt		221.078,11	k. A.	*37,16*
Σ	**TOTAL**	**594.907,65**	**1.599**	*100*

Rankend by amount, proportional credit.
Quelle: Thomson Financial Securities Data

All issues in euros Top 10 positions bookrunners 1999				
	Managing bank or group	Total in Mio. US$	No. of issues	*Share in %*
1	**Deutsche Bank**	**57.686,36**	**319**	***10,10***
2	**Dresdner KB**	**41.791,84**	**215**	***7,31***
3	ABN AMRO	38.361,87	180	*6,71*
4	MSDW	33.851,10	175	*5,92*
5	Paribas	32.232,15	128	*5,64*
6	Warburg DR	27.880,94	105	*4,88*
7	Goldman Sachs	27.290,75	69	*4,78*
8	Salomon SB	25.352,79	108	*4,44*
9	**Commerzbank**	**24.561,24**	**147**	***4,30***
10	Merrill Lynch	24.500,81	115	*4,29*
Übrige, *davon*				
17	**DG Bank**	**12.402,59**	**88**	**2,17**
Übrige gesamt		237.859,31	k. A.	*41,63*
Σ	**TOTAL**	**571.368,96**	**1.588**	***100***

Rankend by amount, proportional credit.
Quelle: IFR Securities Data

Including Jumbo Pfandbrief issues, excluding equity-related debt, CBOs and CLOs

Abb. IV-35: Führende Bookrunner bei sämtlichen Anleiheemissionen in Euro 2000 und 1999

Innerhalb dieses Kernwährungssegments gelang es anfänglich insbesondere der ***Deutschen Bank*** und ***Dresdner KW***, die traditionelle Stärke bei DM-Anleihen in die neue Einheitswährung zu hebeln. Die in 1999 erstmals erstellte Rangliste sah die beiden Banken in marktführender Stellung. Während die Deutsche Bank ihre dominante Position nicht nur verteidigen, sondern auch ausbauen konnte, wie die Steigerung des Marktanteils von 10,10% in 1999 auf 10,73% in 2000 zeigt, hatte Dresdner KW in 2000 erhebliche Einbußen zu verzeichnen. Ein als Bookrunner begleitetes Emissionsvolumen im Wert von 28,6 Mrd. Euro, was einem Rückgang um 31,6% gegenüber 1999 (und nur rund der Hälfte des Transaktionsvolumens der Deutschen Bank) entspricht, qualifiziert sie im Ranking für 2000 nur noch für Position neun.

Position neun hatte im Vorjahr die ***Commerzbank*** inne, die in der Rangliste für alle Anleiheemissionen in Euro in 2000 im Zuge eines Rückgangs des begleiteten Volumens um 18,7% auf rd. 20 Mrd. Euro um drei Positionen auf Rang zwölf zurückfiel. Die ***DG Bank*** belegt in 2000 – trotz eines leicht verminderten wertmäßigen Volumens von 11,7 Mrd. Euro (1999: 12,4 Mrd. Euro) und eines geringeren Marktanteils – wie im Vorjahr Rang 17.

Grund für die Positionsverluste, von denen auch andere europäische Wettbewerber wie *ABN AMRO* und *BNP Paribas* betroffen waren, ist auch der rasante Aufholprozeß der US-Häuser in diesem Kernwährungssegment. *MSDW* verbesserte sich – bei jedoch noch erheblichem Abstand zur Deutschen Bank – von Rang vier auf zwei, *Salomon SB* stieg um fünf Plazierungen von Position acht auf drei und *Merrill Lynch* belegt nach Rang zehn in 1999 im Ranking für 2000 den sechsten Platz.

Da die Mehrzahl deutscher Häuser im Anleiheemissionsgeschäft auf den Euro als Hauptwährung des Ursprungskontinents fokussiert, wird im folgenden ein Überblick über die Marktpositionen bei verschiedenen Emittentengruppen innerhalb dieses Kernwährungssegments gewährt. Beleuchtet werden die Gruppen Staaten („Souvereigns"), Supranationale Institutionen („Supranationals"), Staatliche Stellen („Agencies", z.B. Kreditanstalt für Wiederaufbau), Pfandbriefemittenten, Länder/ Städte („Municipials"), Banken/ Versicherungen („Financial Institutions") und Unternehmen („Corporates").
Der Überblick in Abbildung IV-36 faßt die erreichten Positionen deutscher Banken in den Bookrunner-Ranglisten nach Volumen in den Jahren 1999 und 2000 integrativ zusammen.[291] Um einen Eindruck zur relativen Bedeutung der einzelnen Kundengruppen zu vermitteln, seien ergänzend die auf die Gruppen i.e. entfallenden wertmäßigen Gesamtvolumina (League-Table-Totalen) im Jahr 2000 mit ausgewiesen.[292]

---

[291] Vgl. zu den gezeigten, von Thomson Financial Securities Data erstellten Einzelranglisten für Anleiheemissionen in Euro in Aufgliederung nach verschiedenen Emittentengruppen in 2000 und 1999 International Financing Review (IFR), Issue 1365, January 6 2001, S. 24-34 sowie IFR, Issue 1316, January 15 2000, S. 23-33.

[292] Vgl. zu den Jahresgesamtemissionsvolumina pro Gruppe bzw. den Totalen der Bookrunner-Ranglisten nach Emittentengruppen in 2000 International Financing Review, Issue 1365, January 6 2001, S. 24-34. Während das wertmäßige Gesamtvolumen sämtlicher Emissionen in Euro in 2000 in den Segmenten „Financial Institutions" und „Corporates" weiter anstieg, war bei Staaten und Pfandbriefen ein Rückgang zu verzeichnen. Vgl. zu den Vorjahresvolumina entsprechend die Totalen der Bookrunner-Ranglisten nach Emittentengruppen in 1999 International Financing Review, Issue 1316, Januar 15 2000, S. 23-33.

Anleiheemissionen in Euro / Bank		Deutsche Bank		Dresdner KB		Commerzbank		DG Bank	
Emittentengruppen:	Total 2000* (i. Mrd. Euro)	**2000**	1999	**2000**	1999	**2000**	1999	**2000**	1999
All Souvereigns in Euro	42,7	**1**	1	**-**	5	**-**	-	**-**	-
All Supranational issues	9,2	**6**	-	**-**	-	**-**	-	**-**	-
All Agency issues	37,7	**1**	2	**4**	3	**-**	-	**-**	-
All Pfandbriefe/ Covered bonds	121,2	**2**	2	**1**	1	**3**	3	**4**	6
All Jumbo Pfandbriefe	98,0	**1**	2	**3**	3	**2**	1	**5**	5
All Municipial & City issues	12,0	**3**	1	**2**	-	**8**	8	**-**	-
All Financial institution issues	165,0	**3**	1	**9**	4	**-**	7	**-**	-
Corporate issues	131,4	**1**	5	**-**	7	**-**	-	**-**	-
mit "-" = keine Plazierung unter den zehn führenden Wettbewerbern bei dieser Emittentengruppe									
Gesamtrang bei Anleiheemissionen in Euro		**1**	1	**9**	2	**12**	9	**17**	17

Abb. IV-36: Anleiheemissionen in Euro: Marktpositionen deutscher Häuser bei verschiedenen Emittentengruppen in 2000 und 1999 im Überblick

Der nach verschiedenen Emittentengruppen differenzierende Überblick über Marktpositionen bei Anleihefinanzierungen in Euro zeigt, daß die ***Deutsche Bank*** nahezu ausnahmslos über Top-Drei-Plazierungen verfügt. Vor allem die Wettbewerbsposition im volumenstarken Segment der Corporates baute sie in 2000 deutlich aus. Im aktuellen Ranking wird die Bank nach Platz fünf in 1999 auf Rang eins geführt. Auch bei „Souvereigns" und „Agencies" sowie Jumbo-Pfandbriefen wurde in 2000 die Spitzenposition belegt. Bei der volumenstärksten Emittentengruppe „Financial Institutions" fiel die im Gesamtranking für alle Anleiheemissionen in Euro führende Wettbewerberin hingegen um zwei Ränge auf den dritten Platz zurück. Die sechste Position bei Supranationalen Institutionen fällt aufgrund der relativ geringen volumenmäßigen Bedeutung dieser Gruppe nicht maßgeblich ins Gewicht.

Dresdner KW büßte im Jahr 2000 ihre Top-Ten-Positionen in zwei der volumenstärksten Segmenten ein. In 1999 wurde bei „Financial Institutions" noch ein starker Platz vier belegt, bei „Corporates" die siebte Position. Zusammen mit dem Verlust an Präsenzintensität im Segment „Souvereigns" im Jahr 2000 (1999: Rang fünf) erklärt dies die erheblichen Einbußen an Plazierungen in der Gesamtrangliste für alle Emissionen in Euro, in der Dresdner KW nach Rang zwei in 1999 nur noch die neunte Position belegt. Auch wenn hier nach einer Nicht-Plazierung im Vorjahr in 2000 Rang zwei erreicht wurde, konnte die stark verbesserte Stellung bei der Gruppe „Municipials“,[293] insbesondere im Produktsegment Kommunalobligationen, die Einbußen in den volumenstarken Segmenten nicht ausmerzen. Verteidigen konnte Dresdner KW hingegen ihre marktführende Stellung bei sämtlichen Pfandbriefemissionen in Euro und den dritten Platz bei Jumbo-Emissionen.

Die ***Commerzbank*** verfügt im Verhältnis zu ihrer Gesamtposition 12 in 2000 innerhalb dieses Kernwährungssegments über relative Stärken bei „Municipials“ und im Segment Pfandbriefe. Mit Platz drei bei sämtlichen Pfandbriefemissionen in Euro und Rang zwei bei Jumbo-Emissionen werden hier Spitzenstellungen eingenommen. Dagegen hat sie im volumenstarken Segment der „Financial Institutions“ an Schlagkraft eingebüßt. Nach Rang sieben in 1999 ist die Bank aktuell nicht mehr unter den zehn führenden Bookrunnern zu finden. Bei den Emittentengruppen „Corporates“, „Souvereigns“ und „Agencies“ ist sie als Wettbewerberin nicht erkennbar präsent.

Der nach verschiedenen Emittentengruppen differenzierende Überblick zeigt, daß sich die Gesamtposition 17 der ***DG Bank*** bei sämtlichen Anleiheemissionen in Euro in 2000 wie auch in 1999 in hohem Maße auf eine gute Stellung bei Pfandbriefen stützt. Bei sämtlichen Pfandbriefemissionen in Euro konnte die Bank von Rang sechs auf vier aufrücken, bei Jumbos Position fünf verteidigen. Bei allen übrigen Emittentengruppen wurden im Betrachtungszeitraum keine Top-Ten-Plazierungen erreicht.

IV.2.3.3 Marktpositionen im Geschäftsfeld Anleihefinanzierungen im Lichte der gewählten Basisstrategien

Zur Identifikation möglichen strategischen Handlungsbedarfs gilt es im folgenden, die Marktpositionen der fokalen deutschen Banken bei Anleihefinanzierungen an den Anforderungsprofilen der gewählten Basisstrategien zu messen.

Hierzu seien zunächst die Marktpositionen der Wettbewerberinnen in bedeutenden, übergeordneten Kategorien des Geschäftes, d.h. bei sämtlichen internationalen Anleihen,

---

293 Vgl. auch Dresdner Bank (2001), S. 32.

Eurobonds sowie bei allen Emissionen in Euro in Abbildung IV-37 nochmals im Überblick ausgewiesen:

Bank \ Bezugsobjekt der Rangliste	2000 All international bonds *	2000 Eurobonds*	2000 All issues in euros	1999 All international bonds *	1999 Eurobonds*	1999 All issues in euros
Deutsche Bank	**4**	**3**	**1**	4	1	1
Dresdner KW	**12**	**12**	**9**	11	11	2
Commerzbank	**16**	**18**	**12**	14	18	9
DG Bank	**22**	**23**	**17**	22	36	17

* alle Währungen

Abb. IV-37: Marktpositionen deutscher Banken in bedeutenden, übergeordneten Kategorien des internationalen Anleiheemissionsgeschäfts in 2000 und 1999 im Überblick

Welche marktpositionsbezogenen Stärken den erfolgreichen Global Player und internationalen Full-Service-Anbieter nach Auffassung der befragten Experten im Feld Anleihefinanzierungen kennzeichnen, faßt Abbildung IV-38 zusammen:[294]

[294] Laut Interviewergebnisse. Vgl. zu den Anforderungsprofilen der gewählten Basisstrategien ausführlich Abschnitt III.3.

*Der **Global Player** sollte ...*	
• neben einer dominierenden Position im Euro auf Basis einer breitgestreuten Marktpräsenz über alle bedeutenden Emittentengruppen hinweg	➤ Top-Fünf-, idealer weise Top-Drei-Plazierung in der Rangliste für alle Bond-Emissionen in Euro und in bedeutenden Marktsegmenten
• eine erkennbare und ausgewogene Präsenz bei Bond-Emissionen in Kernwährungen vorweisen können sowie	➤ Top-Fünf-Plazierung in den Ranglisten für Bond-Emissionen in US-Dollar, Yen, sowie idealer weise auch GBP und SFR
• über hohe Weltmarktanteile bei Emissionen internationaler Anleihen und Eurobonds als wichtigem Teilsegment verfügen	➤ Top-Fünf-, idealer weise Top-Drei-Plazierung in den League-Tables für sämtliche internationale Anleihen und Eurobonds

Diese Qualitäten kommen materiell zum Ausdruck in

*Der **Internationale Full-Service-Anbieter** mit Europafokus sollte ...*	
• neben nennenswerten Marktanteilen bei Emissionen in Euro auf Basis einer möglichst breitgestreiten Marktpräsenz über bedeutende Emittentengruppen hinweg	➤ Top-Fünf, zumindest jedoch Top-Ten-Plazierungen in der Rangliste für alle Bond-Emissionen in Euro und in bedeutenden Marktsegmenten
• einen gewissen Diversifikationsgrad nach Emissionswährungen vorweisen können	➤ selektive Präsenz in anderen Kern-und Rand-währungen respektive entsprechenden Ranglisten
• und als Wettbewerber bei Emissionen internationaler Anleihen auf globaler Ebene erkennbar sein	➤ Top-Fünfzehn, idealer weise Top-Ten-Plazierungen in den League-Tables für sämtliche internationale Anleihen und Eurobonds

Diese Qualitäten kommen materiell zum Ausdruck in

Abb. IV-38: Marktpositionsbezogene Anforderungen der Basisstrategien deutscher Banken im Geschäftsfeld Anleihefinanzierungen

Das Anforderungsprofil des internationalen Nischenanbieters mit Europafokus entspricht, was die Voraussetzungen im Kernwährungssegment Euro und Präsenzen in anderen Kern- und Randwährungen des Ursprungskontinents anbetrifft, jenem des internationalen Full-Service-Anbieters mit Europafokus in Beschränkung auf die gewählten Produkt-Markt-Segmente. Somit ist hier nicht die aggregierte Ebene („alle Emissionen in Euro") angesprochen, sondern die Stellung bei den bearbeiteten Emittentengruppen ausschlaggebend.

Im Hinblick auf die Stärken, die den erfolgreichen Global Player auszeichnen, ergibt sich folgende Gesamtbeurteilung der Marktpositionen der ***Deutschen Bank*** im Feld Anleihefinanzierungen:

- Mit der Einführung des Euro ist die Deutsche Bank vom Marktführer bei DM-Bonds zum führenden Institut bei Anleihen in Euro avanciert.[295] Bei nahezu allen bedeutenden Emittentengruppen werden Spitzenplazierungen eingenommen. Eine traditionell mitführende Stellung bei Auslandsanleihen in Schweizer Franken, die in nachhaltigen Top-Drei-Plazierungen zum Ausdruck kommt, und eine deutlich verbesserte, sechste Position bei Pfund-Sterling-Eurobonds in 2000 runden die Position der Stärke in Kernwährungen des Ursprungskontinents ab. Abgesehen von einer noch ausbaufähigen Präsenz in Pfund Sterling wird die Deutsche Bank damit den Anforderungen ihrer Basisstrategie vollumfänglich gerecht und kann mit einem breiten Diversifikationsgrad nach Haupt- und Nebenwährungen auf eine weitere strategische Ressource des Global Players verweisen. Auch bei osteuropäischen „Emerging Currencies" und skandinavischen Währungen werden übergreifend Führungspositionen belegt, wie Abbildung IV-39 zeigt.
  Dagegen besteht im *US-Dollar* noch Nachholbedarf im Hinblick auf die basisstrategiespezifische Anforderung einer Top-Fünf-Plazierung. Die seit 1998 deutlich verbesserten Positionen in den betrachteten Produktsegmenten bewegten sich in 2000 in Mittelfeldbereichen der Rankings zwischen Platz sechs und zehn. Intensivierungsbedarf besteht auch noch im *Yen*, wie aus einer Nicht-Plazierung bei allen Yen-Anleihen und Rang zehn bei Yen-Eurobonds in 2000 hervorgeht.

- Mit Position vier in der Weltrangliste für sämtliche internationale Anleihen (alle Währungen) in 2000 wird die Deutsche Bank den Anforderungen ihrer Basisstrategie – wie bereits im Vorjahr – gerecht. Der Abstand zum Drittplazierten, der ein um mehr als 30 Mrd. US-Dollar höheres Volumen an internationalen Anleihen als Bookrunner begleitete, ist allerdings deutlich.

- Die starke Position bei internationalen Anleihen beruht auch auf einer mitführenden, dritten Position bei Eurobond-Emissionen aller Währungen in 2000, womit den

---

295 Vgl. hierzu auch Deutsche Bank (2000), S. 30.

basisstrategischen Anforderungen in umfassender Weise genügt wird. Die marktführende Stellung aus dem Jahr 1999 wurde jedoch abgegeben.

Im Lichte der Global-Player-Strategie dürften die vordringlichen strategischen Aufgaben der Deutschen Bank bei Anleihefinanzierungen in der Intensivierung der Marktpräsenz im US-Dollar und, mit nachgeordneter Priorität, im Yen bestehen. Die Spitzenpositionen im Euro und in weiteren Kernwährungen des Ursprungskontinents gilt es abzusichern – gerade auch gegenüber den stark aufholenden US-Häusern.

Bank / Anleiheemissionen in	**Deutsche Bank**		**Dresdner KB**		**Commerzbank**		**DG Bank**	
Emerging Currencies	**2000**	1999	**2000**	1999	**2000**	1999	**2000**	1999
•Czech Koruna Eurobonds	**1**	1	**-**	-	**2**	3	**-**	-
•Rand Eurobonds	**3**	5	**-**	-	**-**	-	**-**	-
•Polish Zloty Eurobonds	**2**	2	**-**	10	**7**	5	**-**	-
Nordic Currencies								
•Norwegian Krone	**4**	2	**-**	-	**-**	-	**-**	3
•Danish Krone	**4**	-	**-**	-	**-**	-	**-**	-

mit „-" = keine Plazierung unter den zehn führenden Wettbewerbern bei dieser Ermittentengruppe

Abb. IV-39: Ranglistenpositionen deutscher Häuser bei Anleiheemissionen in Emerging und Nordic Currencies in 2000 und 1999 im Überblick

Im Hinblick auf das basisstrategiespezifische Anforderungsprofil des internationalen Full-Service-Anbieters mit Europafokus sind die Marktpositionen von ***Dresdner Kleinwort Wasserstein*** wie folgt zu beurteilen:

- Sah sich Dresdner KW in 1999 bei sämtlichen Anleihen in Euro auf einem ausgezeichneten Platz zwei positioniert, wird sie den Mindestanforderungen ihrer Basisstrategie mit Rang neun im Ranking für das Jahr 2000 nur noch knapp gerecht. Stärken repräsentieren Pfandbriefe (mit markt- bzw. mitführenden Positionen bei sämtlichen Pfandbriefemissionen und Jumbos) und eine intensive Marktpräsenz bei „Municipials". In den wichtigen Teilmärkten „Souvereigns" und „Corporates" besteht dagegen Nachholbedarf, wie Nicht-Top-Ten-Plazierungen in diesen Ranglisten anzeigen.

Auch Rang neun bei der gewichtigen Gruppe „Financial Institutions“ genügt den basisstrategischen Anforderungen noch nicht vollumfänglich.

- Was die Diversifikation nach Währungen angeht, kann Dresdner KW über den Euro hinaus eine schmale Präsenz im US-Dollar und eine traditionelle Stärke bei Pfund Sterling, also zwei weiteren Kernwährungen vorweisen. Bei Pfund-Sterling-Eurobonds waren jedoch Marktanteilsverluste hinzunehmen. Zwischen 1999 und 2000 fiel die Bank von Rang drei auf zehn zurück. Bei Schweizer Franken ist Dresdner KW nicht erkennbar präsent, ebenso bei europäischen Nicht-Kernwährungen, so den nordischen oder osteuropäischen „Emerging Currencies“.
- Im Hinblick auf die Erfüllung der Mindestanforderungen ist ihre Wettbewerbsposition im Emissionsgeschäft mit internationalen Anleihen insgesamt als solide zu bezeichnen. Sowohl bei sämtlichen internationalen Anleihen als auch Eurobonds belegt Dresdner KW im Jahr 2000 die Ranglistenposition zwölf. Im Vergleich zum Vorjahr fiel sie allerdings jeweils um eine Position zurück.

Mithin bleibt im Lichte der Basisstrategie strategischer Handlungsbedarf vor allem im Hinblick auf eine Intensivierung der Marktpräsenz bei Emissionen in Euro, und hier insbesondere in den spezifizierten Defizitbereichen Staaten, Unternehmen sowie in gewissem Maße auch bei Finanzinstituten zu vermerken. Hiermit ließe sich gleichzeitig die geschmälerte Streuung der Marktpräsenz über wichtige Emittentengruppen verbessern. Der Diversifikationsgrad nach Währungen kann noch verbreitert werden.

Im Lichte des geschäftsfeldspezifischen Anforderungsprofils einer internationalen Full-Service-Strategie mit Europafokus nehmen sich die Marktpositionen der ***Commerzbank*** bei Anleihefinanzierungen wie folgt aus:

- Bei Anleiheemissionen in Euro, jenem Kernwährungssegment, in dem basisstrategiegemäß zumindest über Top-Ten-Plazierungen verfügt werden sollte, hat die Commerzbank noch Nachholbedarf verzeichnen. Platz zwölf in der Rangliste für das Jahr 2000 und die Verschlechterung um drei Positionen im Vergleich zum Vorjahr zeigen dies an. Durch die Einbußen im Segment „Financial Institutions“ hat sich die Streubreite einer zumindest moderaten Marktpräsenz über verschiedene Emittentengruppen im Betrachtungszeitraum weiter verengt. Derzeit wird lediglich bei öffentlichen Gebietskörperschaften und Pfandbriefen über Top-Ten-Positionen verfügt. Mit Platz drei bei sämtlichen Pfandbriefen in Euro und Rang zwei bei Jumbo-Emissionen bildet letztgenannter Bereich eine eindeutige Stärke.

- Was die Diversifikation nach Währungen betrifft, differenziert sich die Commerzbank insofern von der Mehrzahl der deutschen Konkurrenz, als sie über Spezialkompetenzen bei osteuropäischen Währungen verfügt, wie die in Abb. IV-39 ausgewiesenen Plätze zwei und sieben (nach Rängen drei und fünf in 1999) bei Eurobonds in tschechischen Kronen und polnischen Zloty verdeutlichen. In Kernmärkten wie z.B. dem US-Dollar, bei Pfund Sterling oder Schweizer Franken war die Bank in den vergangenen drei Jahren nicht erkennbar präsent.
- Obwohl die Commerzbank, wie die Ranglistenplazierungen in den letzten Jahren zeigen, im Primärmarktgeschäft mit internationalen Anleihen insgesamt über eine gefestigte Mittelfeldposition verfügt, wird sie mit Rang 16 bei sämtlichen internationalen Anleihen in 2000 den Mindestanforderungen ihrer Basisstrategie derzeit noch knapp nicht gerecht. Ausschlaggebend hierfür ist auch eine in Relation zur Gesamtposition unterdurchschnittliche Plazierung bei Eurobonds auf Rang 18.

Insgesamt hätte die Commerzbank im Lichte ihrer Basisstrategie primär ihre Position bei Bondemissionen in Euro zu stärken. Mit Ausnahme der zu verteidigenden Stärke im Pfandbriefsegment mangelt es im wesentlichen noch über alle bedeutenden Emittentengruppen hinweg – vor allem bei „Financial Institutions“, „Corporates“ und Staaten – an Präsenzintensität. Über eine Entwicklung dieser Segmente hinaus könnte vor dem Hintergrund des geographischen Fokus der Basisstrategie auch die Diversifikation nach europäischen Kernwährungen noch gesteigert werden. Entwicklungsmöglichkeiten bestehen ferner bei internationalen Anleihen, speziell Eurobonds.

Gemäß dem Anforderungsprofil der Basisstrategie des internationalen Nischenanbieters mit Europafokus sollte die ***DG Bank*** bei Emissionen in Euro in jenen Produkt-Markt-Segmenten zumindest über Top-Ten-, idealerweise Top-Fünf-Plazierungen verfügen, die im Rahmen des Fokus bearbeitet werden. Im vorliegenden Fall sind dies Staaten und Gebietskörperschaften

(„Souvereigns“ und „Municipials“), Pfandbriefemittenten, Finanzinstitute und neuerdings auch „Corporates“.[296] Nach Möglichkeit sollte die abzubildende Stärke in der Hauptwährung des Ursprungskontinents durch eine zumindest selektive Präsenz in anderen europäischen Kern- oder Nebenwährungen Ergänzung finden. Wie die Güte der gegenwärtigen Ausgangslage der DG Bank vor diesem Hintergrund zu beurteilen ist, sei im folgenden eruiert:

- Bei Anleiheemissionen in Euro wird die DG Bank den Mindestvorgaben ihrer Basisstrategie aktuell noch nicht gerecht, wie Nicht-Plazierungen in den Rankings der zehn führenden Wettbewerber bei „Souvereigns“, „Municipials“, „Financial Institutions“ und „Corporates“ zeigen. Auch in 1999 gelangen hier keine Top-Ten-Plazierungen. Im Segment Pfandbriefe dagegen wird den basisstrategischen Anforderungen vollumfänglich entsprochen, wie Ranglistenplätze vier für sämtliche Pfandbriefemissionen und fünf bei Jumbos in 2000 unterstreichen.
- Erkennbare Präsenz in anderen europäischen Kern- und Randwährungen kann die DG Bank aktuell nicht vorweisen. Im Vorjahr wurde allerdings bei Eurobonds in norwegischen Kronen Platz drei errungen, wie aus Abb. IV-39 hervorgeht.

Im Lichte der Basisstrategie bleibt Intensivierungsbedarf bei Anleiheemissionen in Euro mit Fokus auf den Marktsegmenten „Souvereigns“, „Financial Institutions“ „Municipials“ und „Corporates“ zu vermerken. Die realisierten Positionen bei Pfandbriefen gilt es abzusichern. Durch eine Erhöhung der Diversifikation bei europäischen Währungen – z.B. im Hinblick auf die Non-Core-Currencies, die in Vorjahren schon einmal bestand – ließe sich das Anforderungsprofil noch umfassender erfüllen.

IV.2.3.4 Strategien deutscher Banken im Geschäftsfeld Anleihefinanzierungen

Bei der nachfolgenden Untersuchung der Geschäftsfeldstrategien im Feld Anleihefinanzierungen wird der Fokus zuerst auf die Deutsche Bank (Abschnitt IV.2.3.4.1) und Dresdner KW (Abschnitt IV.2.3.4.2), sodann auf die Commerzbank (Abschnitt IV.2.3.4.3) und die DG Bank (Abschnitt IV.2.3.4.4) gerichtet.

---

[296] Laut Interviewergebnisse.

IV.2.3.4.1 Deutsche Bank

Die Deutsche Bank beabsichtigt, ihre starke globale Marktposition bei Anleihefinanzierungen mittels Marktdurchdringungsstrategien weiter auszubauen.[297]

- Die Intensivierungsbestrebungen haben im Rahmen der globalen Definition des Marktgebietes emittentengruppen- und ländermarktübergreifenden Charakter (MD_1, MD_2).[298] Inhaltlich zielen sie zum einen auf die Absicherung und den fortgesetzten Ausbau der Spitzenposition bei Anleiheemissionen in Euro – und damit naturgemäß vor allem auf eine Erhöhung der Marktdurchdringung bei Emittenten des Ursprungskontinent ab. Durch eine intensivierte Marktbearbeitung soll ferner die Präsenz bei US-Dollar-Bonds und US-amerikanischen Emittenten verbessert werden, wo die Bank für sich den relativ größten Entwicklungsbedarf sieht.

Zusammenfassend bleibt festzuhalten, daß die Geschäftsfeldstrategie bei Anleihefinanzierungen nach Typ und Ausgestaltung weitgehend in strategischer Stimmigkeit zur Global-Player-Strategie steht. Angesichts eines bereits auf die maximale Breite, Tiefe und Höhe ausgedehnten Geschäftsfeldwürfels wird basisstrategiegemäß nur ein Pfad bei der Fortentwicklung dieses Feldes beschritten. Auch in bezug auf die inhaltliche Ausgestaltung steht die strategische Wahl im Einklang mit den Erfordernissen der Basisstrategie, zumindest was die ermittelten marktpositionsbezogenen Defizite im US-Dollar anbetrifft. Ein Forcieren des Engagements im Yen, was angesichts der in Relation zur Gesamtposition unterdurchschnittlichen Präsenz in diesem Währungssegment nahe läge, wurde jedoch nicht ausdrücklich als Bezugspunkt genannt.

IV.2.3.4.2 Dresdner Kleinwort Wasserstein

Auch Dresdner Kleinwort Wasserstein weist dem Feld Anleihefinanzierungen die Stoßrichtung Wachstum zu.[299] Im Fokus steht der Ausbau der Wettbewerbsstellung im bereits angelegten Produkt-Markt-Gebiet.

---

297 Laut Interviewergebnisse.
298 Hierzu und im folgenden laut Interviewergebnisse.
299 Laut Interviewergebnisse.

- Mittels Marktdurchdringungsstrategien beabsichtigt Dresdner KW das Potential bei Emissionen in Euro fokussiert auf die Region Europa noch umfassender auszuschöpfen (MD_1, MD_2).[300] Intensiv umworben werden sollen dabei vor allem Staaten und öffentliche Gebietskörperschaften, Corporates und Finanzinstitute, denen ein hoher relativer Stellenwert eingeräumt wird. Zurecht betont die Bank ihre hervorragende Marktstellung bei Kommunalobligationen und Pfandbriefen,[301] die sie in diesem Wege abzusichern beabsichtigt.
  In bezug auf Emissionswährungen soll die Präsenz im US-Dollar intensiviert werden.[302] Allerdings existiere bei Anleihefinanzierungen traditionell eine natürliche und gleichzeitig relativ statische Aufteilung des Marktes unter den Wettbewerbern. So werden US-Dollar-Mandate i.d.R. bevorzugt an US-amerikanische Banken vergeben, Emissionen in Euro vor allem an europäische Wettbewerber. Bei Emissionen im Straight-Format sind diese Barrieren nach Ansicht der Bank nur schwer zu durchbrechen. Möglichkeiten werden jedoch im Bereich von Instrumenten individuellen Zuschnitts („Investortargeted-Emissionen") gesehen.

Die Beurteilung der strategischen Ausgangsposition von Dresdner KW im Lichte der Basisstrategie ergab einen Mangel an Präsenzintensität im angelegten Produkt-Markt-Feld, das in bezug auf seinen Ausdehnungsgrad jedoch als basisstrategiegerecht anzusehen ist. In diesem Sinne stehen sowohl die Stoßrichtung als auch die gewählten Entwicklungsstrategien bei Anleihefinanzierungen im Einklang mit der Basisstrategie. Dies gilt auch im Hinblick auf die Bezugspunkte der geplanten Intensivierungsbestrebungen bei Emissionen in Euro und den o.g. Emittentengruppen. Jene im US-Dollar, obwohl aus Sicht des geographischen Fokus der Basisstrategie zunächst nicht vorrangig, erscheinen jedoch im Lichte der Gewährleistung eines angemessenen Anteils an Fremdwährungsgeschäft vorteilhaft und angemessen.

---

300 Hierzu und im folgenden laut Interviewergebnisse.

301 Vgl. auch Dresdner Bank (2001), S. 32. Bei Anleihen von Finanzinstituten, dort ebenfalls als Bereich der Stärke hervorgehoben, zählt Dresdner KW, wie die Marktanalyse ergab, nicht tatsächlich zur Gruppe der führenden Wettbewerber (Platz 9 in 2000).

302 Hierzu und im folgenden laut Interviewergebnisse.

IV.2.3.4.3 Commerzbank

Die Commerzbank sieht im Bereich Anleihefinanzierungen noch größeren Nachholbedarf.[303] Nachdem im vergangenen Jahr strukturelle Maßnahmen in diesem Bereich im Vordergrund standen,[304] soll nun expandiert werden, wobei ein paralleles Beschreiten mehrerer Pfade geplant ist.[305]

- Im Rahmen der Stoßrichtung Wachstum soll die Marktdurchdringung bei sämtlichen Kundengruppen im bestehenden Geschäftsgebiet mit Fokus auf Emissionen in Euro vorangetrieben werden.[306] Hiermit soll auch zur Festigung traditioneller Stärken wie jener im Pfandbriefbereich beigetragen werden.[307] Bezugsgebiete der Intensivierungsbemühungen repräsentieren Deutschland (MD_1) und vor allem auch Europa (MD_2).[308] Denn künftig will die Commerzbank in deutlich stärkerem Maße für Emittenten außerhalb ihres Heimatmarktes aktiv werden.
- Weiterhin ist beabsichtigt, das Tätigkeitsspektrum im Feld Anleihefinanzierungen um Anleihen in weiteren Fremdwährungen und die entsprechenden lokalen Abnehmer zu erweitern (PE_2, ME_2^G).[309] Den erzielten Erfolge bei osteuropäischen „Emerging Currencies" über die Tochtergesellschaft in Prag kommt hierbei Vorbildcharakter zu. Hierbei sei u.a. auch angedacht, die Geschäftstätigkeit selektiv auf ausgewählte Emerging Markets wie Griechenland, Türkei, Portugal oder Korea auszudehnen.[310]
- Der Markt für Unternehmensanleihen wird als Wachstumsmarkt angesehen.[311] Mittels einer Produkt- und abnehmerbezogenen Marktentwicklungsstrategie sucht die Bank das

---

303 Laut Interviewergebnisse. Vgl. hierzu auch Commerzbank (2000A), S. 57.

304 Anm. d. Verf.: Die organisatorische Umstrukturierung, die eine Zusammenlegung der Bereiche „Global Equities" und „Global Bonds" beinhaltete, und der damit im Zusammenhang stehende Austausch von Kompetenz- und Beziehungsträgern wird auch als ein Grund für die derzeit noch nicht zufriedenstellende Wettbewerbsstellung angeführt. Laut Interviewergebnisse.

305 Laut Interviewergebnisse. Vgl. hierzu auch Commerzbank (2001A), S. 26.

306 Laut Interviewergebnisse.

307 Vgl. Commerzbank (2001A), S. 26.

308 Hierzu und im folgenden laut Interviewergebnisse.

309 Vgl. hierzu und im folgenden Commerzbank (2001A), S. 26.

310 Laut Interviewergebnisse. Dies gelte jedoch nicht allein für das Geschäftsfeld Anleihefinanzierungen bzw. in ausschließlicher Beschränkung auf dieses.

311 Vgl. Commerzbank (2001A), S. 26.

Segment „Corporates" sowohl in bezug auf den Heimatmarkt (PE_1, ME_1^A) als auch in Europa (PE_2, ME_2^A) nachhaltig zu erschließen.[312]

Im Hinblick auf eine internationale Full-Service-Strategie blieb für die Commerzbank im Feld Anleihefinanzierungen Handlungsbedarfs sowohl in produktmarkt-, als auch marktpositionsbezogener Hinsicht zu vermerken. Angesichts dessen ist das Aufgreifen einer mehrdimensionalen Wachstumsstrategie im vorliegenden Feld als basisstrategiegerecht und folgerichtig zu bezeichnen. Die gewählten stoßrichtungsspezifischen Entwicklungsstrategien sind zielgenau auf die identifizierten Defizite (u.a. verengtes Produkt- und Zielemittentenspektrum, unzureichende Präsenz bei Bond-Emissionen in Euro und bei verschiedenen Emittentengruppen) ausgerichtet. Die strategische Wahl ist daher auch im Hinblick auf ihre inhaltliche Ausgestaltung als situativ angemessen und stimmig einzustufen.

IV.2.3.4.4 DG Bank

Auch die DG Bank beabsichtigt ihre Marktposition bei Anleihefinanzierungen weiter auszubauen, Wachstum lautet die Stoßrichtung.[313]

- Im einzelnen ist beabsichtigt, die Marktdurchdringung in den bearbeiteten Produkt-Markt-Segmenten in Fokussierung auf die Kernwährung Euro weiter voranzutreiben.[314] Dies bezieht sich auf den Heimatmarkt (MD_1) genauso wie das Ausland (MD_2). In geographischer Hinsicht sind Emittenten in anderen westeuropäischen Ländern von Interesse. Bei Staaten erweitert sich der Fokus auch auf osteuropäische Märkte. Gerade in der verstärkten Marktbearbeitung der Gruppen im Bereich europäischer Gebietskörperschaften sieht die DG Bank noch unausgeschöpftes Potential.[315] Ferner will sie ihre diesbezügliche Produktstärke weiter mit Nachdruck an Pfandbriefemittenten in der Kernregion vermarkten.[316] Besonderes Gewicht kommt den Intensivierungsbestrebungen im Hinblick auf die Gruppe der Corporates zu: „Hier strebt die DG Bank – ähnlich dem

---

312 Vgl. Commerzbank (2001A), S. 26.
313 Laut Interviewergebnisse.
314 Hierzu und im folgenden laut Interviewergebnisse.
315 Vgl. hierzu DG Bank (1999A), S.14 sowie laut Interviewergebnisse.
316 Vgl. hierzu auch DG Bank (2001), S. 8f.

Emissionsgeschäft am Neuen Markt auf der Aktienseite – eine führende Position an."[317] Vor allem mittelständische Unternehmen wolle man noch intensiver umwerben.[318]

- Weiterhin ist beabsichtigt das Tätigkeitsspektrum im Feld Anleihefinanzierungen um Anleihen in ausgewählten Emerging Currencies und die entsprechenden lokalen Abnehmer zu erweitern (PE_2, ME_2^G).[319] Auch Pfund Sterling und Schweizer Franken habe man „im Blick".

Die Geschäftsfeldstrategie der DG Bank im Feld Anleihefinanzierungen steht im Einklang mit der übergeordneten strategischen Positionierung als internationaler Nischenanbieter mit Europafokus. Stoßrichtung, gewählte Entwicklungsstrategien und ihre Bezugsgrößen werden den im Lichte der Basisstrategie ermittelten, rein marktpositionsbezogenen Entwicklungsanforderungen (unzureichende Präsenz bei der Mehrzahl der primären Zielemittentengruppen, Euro-Monokultur) gerecht.

IV.2.4 Geschäftsfeldstrategien und strategische Ausgangspositionen deutscher Banken im Geschäftsfeld Structured Finance

Im folgenden Abschnitt werden Geschäftsfeldstrategien und Ausgangspositionen deutscher Banken im Geschäftsfeld Structured Finance einer eingehenden Analyse unterzogen. Zu Beginn gibt ein Überblick über die produkt-markt-strategischen Ausgangspositionen Aufschluß über die Bezugsgröße der Strategieformulierung in diesem Feld (Abschnitt IV.2.4.1). Die anschließende Marktanalyse vermittelt im Ergebnis einen Überblick über die aktuellen Marktpositionen der Banken in Kernleistungssegmenten wie Asset-Backed-, Projektfinanzierungen und dem syndizierten Kreditgeschäft (Abschnitt IV.2.4.2). Diese gilt es zur Identifikation möglichen Entwicklungsbedarfs sodann im Lichte der basisstrategiespezifischen Anforderungsprofile zu beleuchten (Abschnitt IV.2.4.3). Mit der Offenlegung der Stoßrichtungen und Entwicklungsstrategien der fokalen deutscher Banken im Feld Structured Finance schließt die Untersuchung ab (Abschnitt IV.2.4.4).

---

317 DG Bank (2001), S. 13.
318 Vgl. DG Bank (2001), S. 13.
319 Laut Interviewergebnisse.

IV.2.4.1 Produkt-markt-strategische Ausgangspositionen im Geschäftsfeld Structured Finance

Im folgenden gilt es die produkt-markt-strategischen Ausgangspositionen der fokalen deutschen Banken im Geschäftsfeld Structured Finance zu spezifizieren. Hierzu wird zunächst auf die ***Deutsche Bank*** geblendet.

- Was das Leistungsspektrum anbetrifft, wartet diese Wettbewerberin mit Produktkompetenzen in sämtlichen Kerngebieten des Structured Finance – bei Projektfinanzierungen, im syndizierten Kreditgeschäft, bei Asset-Backed- und strukturierten Übernahmefinanzierungen – auf.[320] Seit einiger Zeit bietet die Bank im Markt für Akquisitionsfinanzierungen auch das Produkt „Leveraged Finance" mit seiner Bedeutung für Buy-out-Transaktionen an.[321] In allen Leistungssegmenten werden die Wertketten entlang der Aktivitäten Finanzierungsberatung/ Strukturierung über das Arranging bis hin zur Beteiligung an der Kapitalbereitstellung im Zuge des Underwritings (und Plazierung oder Kreditgewährung) vollständig abgedeckt. Über alle Stufen des Wertschöpfungsprozesses – insbesondere auch in den frühen, beratungsorientierten Segmenten – wird Präsenzintensität entfaltet, was sich in einer hohen Anzahl an Führungsmandaten niederschlägt.
- In breiter Definition der Abnehmerdimension richtet sich die Deutsche Bank auf alle geschäftsspezifisch relevanten Zielgruppen aus, zu denen hier Konzerne/ MNU, Finanzinstitute aber auch öffentliche Organisationen zählen.
- Auch in diesem Feld ist die Geschäftstätigkeit weltumspannend angelegt und wird durch Stützpunkte zur globalen Akquisition und Durchführung der Transaktionen in allen Teilen der Welt untermauert.[322]

Die produkt-markt-strategische Ausgangsposition von ***Dresdner Kleinwort Wasserstein*** im Gebiet Structured Finance nimmt sich wie folgt aus:

---

320 Vgl. hierzu auch Deutsche Bank (1999), S. 26 und S. 137.
321 Vgl. Deutsche Bank (1998), S. 24.
322 Laut Interviewergebnisse.

- Im Bereich *Projektfinanzierungen* deckt Dresdner KW als Berater, Arrangeur, Underwriter und Kreditgeber die gesamte Wertschöpfungskette präsenzintensiv ab.[323] Mit Großunternehmen als Hauptzielgruppe, aber auch Regierungsbehörden[324] spricht die Bank das relevante Kundenspektrum an.[325] Spezialexpertise wird für die Sektoren Energieerzeugung und -versorgung, Telekommunkation, Bergbau, Öl/ Gas, Verkehr und Infrastruktur vorgehalten.[326] Das weltumspannende Stützpunktnetz spiegelt den globalen Ansatz in diesem Geschäft wider. Mit Stand 1999 verfügte die Bank über je vier Büros in Europa und Lateinamerika, und jeweils zwei dezentrale Einheiten in Nordamerika und der Region Asien/ Pazifik zur Betreuung der Märkte vor Ort.[327]

- Ebenso ist Dresdner KW bei *strukturierten Übernahmefinanzierungen* in beratender bzw. strukturierender Funktion sowie als Arranger, Underwriter und Kreditgeber weltweit aktiv.[328] 1999 bestanden elf Büros gestreut über Europa (fünf), Nord- und Südamerika (drei) und Asien/ Pazifik (drei).[329]

- Das Aktivitätsspektrum im Bereich *Syndicated Loans* schließt sowohl Arranging-Leistungen im Rahmen von Führungsmandaten als auch das Underwriting und Agenten-Tätigkeiten (z.B. technische Abwicklung, Verwaltung) ein.[330] Mit internationalen Großunternehmen und öffentlichen Gebietskörperschaften wird das relevante Abnehmerspektrum angesprochen.[331] Bislang definiert Dresdner KW das Zielgeschäftsgebiet

---

323 Vgl. Dresdner Kleinwort Benson (1999), S. 52ff.

324 Anm. d. Verf.: Kunden des öffentlichen Bereichs sind z.B. im Zusammenhang mit der Privatisierung staatlicher Versorgungsaufträge und daraus resultierender Großprojekte relevant. Vgl. hierzu Dresdner Kleinwort Benson (1999), S. 52.

325 Vgl. zu einem illustrierenden Überblick über begleitete Projektfinanzierungen in 1998 unter Angabe der Kunden im einzelnen Dresdner Kleinwort Benson (1999), S. 53ff.

326 Vgl. Dresdner Kleinwort Benson (1999), S. 52. Hiermit ist der Stand im Jahre 1999 umrissen.

327 Vgl. Dresdner Kleinwort Benson (1999), S. 52. Hiermit ist der Stand im Jahre 1999 umrissen. Nach Interviewaussagen sei das Stützpunktnetz jedoch weitgehend unverändert geblieben.

328 Vgl. Dresdner Kleinwort Benson (1999), S. 48. Dies illustriert auch ein Überblick über die in 1998 begleiteten Transaktionen und die Beschreibung der hierbei im einzelnen wahrgenommenen Funktionen. Vgl. hierzu Dresdner Kleinwort Benson (1999), S. 48ff.

329 Vgl. Dresdner Kleinwort Benson (1999), S. 48. In 1999 wurden Büros an den Standorten Frankfurt, London, Luxemburg, Madrid und Paris, New York, Toronto, Sao Paulo, Hongkong, Singapur und Sydney unterhalten. Vgl. Dresdner Kleinwort Benson (1999), S. 48. Nach Interviewangaben sei das Stützpunktnetz bisher weitgehend unverändert geblieben.

330 Vgl. hierzu auch Dresdner Kleinwort Benson (1999), S. 40. Dies illustriert auch ein Überblick über in 1998 begleitete Transaktionen inklusive einer Beschreibung der im einzelnen wahrgenommenen Funktionen. Vgl. hierzu Dresdner Kleinwort Benson (1999), S. 40ff.

331 Vgl. zu einem Überblick über die verschiedenen Kunden(gruppen), für die Dresdner KW im Bereich Syndicated Loans in 1998 tätig war, Dresdner Kleinwort Benson (1999), S. 40ff.

weltweit. Eingeschlossen sind auch Schwellenländer wie z.B. die lateinamerikanischen Märkte.[332] Im asiatisch-pazifischen Raum war man bislang auf selektiver Basis als Arrangeur und Underwriter aktiv.[333] In Nordamerika fokussierte die Bank v.a. auf das Arranging und Underwriting syndizierter Kredite im Zusammenhang mit strukturierten (Übernahme-)Finanzierungen.

- *Asset-Backed-Finanzierungen* bilden seit 1998 Bestandteil der Produktpalette.[334] Um weltweit attraktive Geschäftsmöglichkeiten wahrnehmen zu können, wurde zu diesem Zeitpunkt eine Einheit mit Stützpunkten in Frankfurt, London und New York zur Abdeckung der Ländermärkte vor Ort geschaffen.

Organisatorisch waren die oben bezeichneten Aktivitäten bislang in „Global Finance", einem der bis zuletzt vier Geschäftsbereiche der Investment-Banking-Sparte, gebündelt.[335] Die neue Struktur sieht eine Zusammenlegung mit der Einheit „Global Markets" vor,[336] in der das gesamte Devisen- und Anleihegeschäft (Emission, Sales & Trading) von Dresdner KW zusammengefaßt ist. Kapitalsuchenden Unternehmen und Institutionen werden künftig sämtliche Anleihe- und Kreditfinanzierungsprodukte aus einer Hand angeboten. Ziel dieser Maßnahme ist eine Optimierung der Betreuung und Problemlösungen durch Auswahl der situativ am besten geeigneten Variante.[337] Auch sollen Reibungsverluste, die sich durch das bislang unabhängige Auftreten der beiden Einheiten ergaben, verringert werden.[338] Für den Mitarbeiter soll es bei der Kundenakquisition unerheblich sein, mit welchem Produkt (Kredit oder Anleihe) dessen Finanzierungsproblem letztlich gelöst wird.[339]

---

332 Vgl. zu einem illustrierenden Überblick über in 1998 begleitete Einzeltransaktionen unter Angabe von Namen und Herkunft der Kunden Dresdner Kleinwort Benson (1999), S. 40.

333 Vgl. hierzu und im folgenden Dresdner Kleinwort Benson (1999), S. 40.

334 Vgl. hierzu und im folgenden Dresdner Bank (1999), S. 30.

335 Vgl. hierzu Dresdner Bank (2001), S. 33; o. V. (2000R), S. 27.

336 Anm. d. Verf.: Der neue Geschäftsbereich, der unter „Global Debt" firmiert, umfaßt insgesamt rund 2000 Mitarbeiter. Vgl. o. V. (2000R), S. 27.

337 Vgl. Fischer, L., Interviewaussage, in: Roth, M. (2000), S. 17.

338 Vgl. o. V. (2000R), S. 27 sowie laut Interviewergebnisse.

339 Vgl. Fischer, L., Interviewaussage, in: Roth, M. (2000), S. 17.

Die produkt-markt-strategische Ausgangsposition der ***Commerzbank*** im Geschäftsfeld Structured Finance läßt sich wie folgt umreißen:

- Zur Frage der Abdeckung der Wertschöpfungskette bei *Projektfinanzierungen* hält die Commerzbank fest: „... we are a „one-stop-shop", offering Advisory, Arranging, Underwriting and Agency."[340] Das Zielkundenspektrum umfaßt Sponsoren aus den Sektoren Telekommunikation, Versorger, Rohstoffgewinnung und Transport sowie dem öffentliche Bereich („public private partnerships"[341]).[342] Das Branchen- und Produkt-Know-how ist hauptsächlich London und Frankfurt zentralisiert.[343] Nach Angaben ihres Vertreters betreibt die Commerzbank ihre Projektfinanzierungsaktivitäten in vornehmlicher Ausrichtung auf Europa, engagiert sich in selektiver Weise aber auch in anderen Teilen der Welt.[344]

- Seit 1998 offeriert die Commerzbank auch Beratungs- und Kapitalbeschaffungsleistungen im Bereich *Übernahmefinanzierungen*.[345] Der Bereich „Structured Acquisition Finance" wendet sich in breiter Auslegung der Abnehmerdimension nicht nur an Groß-, sondern auch an mittelständische Unternehmen.[346] Ausgehend von Deutschland domizilieren die Zielkunden im internationalen Bereich primär in den europäischen Auslandsmärkten.[347]

- Angesichts zahlreicher Großfinanzierungen im Zusammenhang mit Akquisitionen hatte die Commerzbank jüngst starkes Wachstum im Produktbereich *Syndizierte Kredite* zu verzeichnen. Auch hier ist sie als Arranger und Underwriter am Markt tätig.[348] Neben Großkunden wird „mittelgroßen" Industrie- und Dienstleistungsunternehmen besondere Aufmerksamkeit gewidmet.[349] Der geographische Schwerpunkt der Geschäftstätigkeit ist

---

340 Commerzbank (2000B), S. 1.

341 Anm. d. Verf.: Dieses Segment beschreibt Projektfinanzierungsgeschäfte im Bereich der Privatisierung staatlicher Versorgungsaufträge. Ein Beispiel für diese Entwicklung bildet die „Private Finance Initiative" (PFI) der britischen Regierung.

342 Vgl. Commerzbank (2000B), S. 1.

343 Laut Interviewergebnisse. Vgl. hierzu auch Commerzbank (2000B), S. 1.

344 Laut Interviewergebnisse.

345 Vgl. Commerzbank (1999A), S. 25; Commerzbank (2000A), S. 41.

346 Vgl. hierzu Commerzbank (2001A), S. 27.

347 Laut Interviewergebnisse.

348 Laut Interviewergebnisse. Vgl. hierzu auch Commerzbank (2001A), S. 27.

349 Vgl. hierzu auch Commerzbank (2001A), S. 27.

in Europa angesiedelt,[350] zudem ist die Bank auch in den USA und auf selektiver Basis in Asien aktiv.[351]

- Relativ neu im Produktprogramm ist der Bereich „Asset Securitization", mit dessen Aufbau in 1998 begonnen wurde.[352] Anfänglich ausschließlich mit der Verbriefung bankeigener Risikoaktiva zur Entlastung der Bilanz befaßt, akquirierte diese Gruppe in 1999 erste Kundenmandate.[353] In 2000 wurde der geographische Zielmarkt bei *Asset-Backed-Finanzierungen* auf Europa ausgedehnt.[354]

Die Produktexpertise für o.g. Leistungssegmente im Umfang von 200 Spezialisten ist an den Standorten Frankfurt und London zentralisiert.[355] Darüber hinaus verfügen die Auslandsniederlassungen im kommerziellen Geschäft (u.a. New York, Hongkong, auch Prag) und die großen Filialen in Deutschland jeweils über eine gewisse Anzahl von Mitarbeitern mit Produktkenntnissen, die akquisitorische Funktionen wahrnehmen und – sobald notwendig – Spezialisten aus den Zentralbereichen hinzuziehen.
Die Commerzbank hat ihre Structured-Finance-Aktivitäten organisatorisch gebündelt. Der Bereich - geführt unter der (etwas mißverständlichen) Bezeichnung „Corporate Finance" - umfaßt sieben Segmente, darunter die oben genannten.[356]

Schließlich gilt es die produkt-markt-strategische Ausgangsposition der ***DG Bank*** im Feld Structured Finance vorzustellen. Zum Leistungsspektrum ist einleitend zu bemerken, daß die Bank die Wertschöpfungsketten in den Segmenten Projekt- und Akquisitionsfinanzierungen zwar vollständig abdeckt, aber nicht in jedem Wertschöpfungssegment die selbe Präsenzintensität entfaltet. Nach Angaben des Bankvertreters bildet das Underwriting bzw. die

---

350 Laut Interviewergebnisse.
351 Vgl. hierzu Commerzbank (2001A), S. 27.
352 Vgl. Commerzbank (1999A), S. 25.
353 Vgl. Commerzbank (2000A), S. 41.
354 Vgl. Commerzbank (2000A), S. 41.
355 Hierzu und im folgenden laut Interviewergebnisse.
356 Anm. d. Verf.: Organisatorisch ist der Bereich „Corporate Finance" dem Unternehmensbereich „Firmenkunden und Investment Banking" zugeordnet. Vgl. Commerzbank (2001A), S. 65. Er umfaßt neben den o.g. Segmenten „Asset Securitization", „Structured Acquisition Finance", „Special Industries/ Project Finance" und „Syndicated Loans" auch die Segmente „Export and Trade Finance", das Financial Engeneering und das Beteiligungsmanagement („Participations") inklusive Venture Capital. Vgl. hierzu Commerzbank (2001A), S. 27.

Beteiligung an großvolumigen Finanzierungen den Schwerpunkt der Geschäftstätigkeit, in noch sehr geringerem Maße werden Advisory- und Arranging-Leistungen erbracht.[357]

- Vor diesem Hintergrund war der Bereich *Projektfinanzierungen*, der 1993 als „Kernprodukt" eingeführt wurde,[358] in jüngster Vergangenheit Gegenstand forcierter Expansionsbestrebungen, die ihren Ausdruck im Aufbau einer Arranging-Gruppe in Frankfurt fanden.[359] In zunehmendem Maße konzentriert sich die Bank auf (Mit-) Führungsmandate.[360] Spezialexpertise wird für die Sektoren Telekom, Energie und Infrastruktur vorgehalten.[361] Der geographische Zielmarkt der Geschäftstätigkeit bei Projektfinanzierungen wird weltweit definiert.[362] So ist die Produktexpertise in diesem Segment auch nicht allein in Frankfurt konzentriert. Dezentrale Einheiten in London, New York und Hongkong, die in 1999 deutlich ausgebaut wurden,[363] betreuen die Märkte vor Ort.[364]

- Wenngleich Kapazitäten zur Beratung, Strukturierung und Finanzierung von Unternehmensübernahmen vorgehalten werden, umfassen die Aktivitäten im Segment *Akquisitionsfinanzierung* bislang hauptsächlich die Beteiligung an großvolumigen Übernahmefinanzierungen im Rahmen des Underwriting.[365] Innerhalb des breit definierten Zielkundenspektrums im Unternehmensbereich werden daher mittelbar Schwerpunkte bei Großunternehmen gesetzt.[366] Das Zielgeschäftsgebiet im fokalen Produkt-Markt-Segment ist weltweit definiert.[367]

- In 1999 wurde mit dem Aufbau von Produktexpertise für *Asset-Backed-Finanzierungen* begonnen. In diesem Segment will sich die DG Bank als Strukturierungshaus für Asset-Backed-Securities der genossenschaftlichen Primärbanken positionieren.[368] An eine

---

357 Laut Interviewergebnisse. Vgl. hierzu auch DG Bank (2000), S. 16.
358 Vgl. DG Bank (1999B), S. 61.
359 Vgl. DG Bank (2000), S. 38.
360 Vgl. hierzu auch DG Bank (2000), S. 16.
361 Vgl. hierzu DG Bank (1999B), S. 61.
362 Laut Interviewergebnisse.
363 Vgl. DG Bank (2000), S. 38.
364 Vgl. DG Bank (1999A), S. 61. Diese Einheiten sind Teil der Auslandsfilialen. Vgl. DG Bank (2000), S. 38.
365 Laut Interviewergebnisse. Vgl. hierzu auch DG Bank (2000), S. 16.
366 Vgl. zur Zuordnung dieses Segmentes zum Großkundengeschäft DG Bank (2000), S. 16.
367 Laut Interviewergebnisse. Vgl. zu einem Überblick über die Geschäftstätigkeit in 2000 DG Bank (2001), S. 14.
368 Vgl. DG Bank (2000), S. 11f.

externe Vermarktung dieser Leistungen außerhalb der genossenschaftlichen Bankengruppe ist derzeit nicht gedacht,[369] wohl aber an eine internationale. Als erste Federführung bei einer Asset-Backed-Transaktion hat die DG Bank im Jahr 2000 die Mortgage-Backed-Securities der „Rural Hipotecario" begleitet.[370] Vier spanische Raiffeisenbanken verbrieften hierbei Teile ihrer Forderungen aus privaten Wohnungsbaudarlehen.

Zusammenfassend bleibt zu den produkt-markt-strategischen Ausgangslagen der fokalen deutschen Banken im Structured Finance festzuhalten, daß die Geschäftstätigkeiten, soweit dies Leistungs- und Kundengruppenspektren betrifft, im Einklang mit dem leitenden Gedanken der jeweiligen Basisstrategien stehen. Dagegen ist der geographische Aktionsradius in diesem Feld bei Dresdner KW und DG Bank deutlich internationaler, angelegt als in anderen Geschäftsfeldern des Investment Banking – und als dies im Lichte ihrer europafokussierten Basisstrategien erforderlich wäre. Angesprochen sind die Fälle einer globalen Definition der Aktionsgebiete. Aus Sicht der Basisstrategie ergäbe sich im Hinblick auf diese Überstreuung Fokussierungsbedarf in geographischer Hinsicht.

IV.2.4.2 Marktpositionen deutscher Banken bei Projektfinanzierungen, Asset-Backed-Finanzierungen, und Syndicated Loans

Basierend auf diesem Überblick über die produkt-markt-strategischen Ausgangspositionen der fokalen deutschen Banken im Feld Structured Finance, sollen die im folgenden zu präsentierenden League-Tables Aufschluß über die Marktpositionen in wichtigen Leistungssegmenten dieses Gebiets geben. Bezug genommen wird im einzelnen auf die Bereiche Asset-Backed-Finanzierungen (Abschnitt IV.2.4.2.1), Projektfinanzierungen (Abschnitt IV.2.4.2.2) und Syndicated Loans (Abschnitt IV.2.4.2.3). Um Rückschlüsse auf den tatsächlichen Internationalitätsgrad der (häufig global angelegten) Geschäftstätigkeiten ziehen zu können, wird auch hier die Wettbewerbsstellung in verschiedenen Weltregionen untersucht.

---

369 Laut Interviewergebnisse.
370 Vgl. hierzu und im folgenden DG Bank (2001), S. 7.

IV.2.4.2.1 Asset-Backed-Finanzierungen

Einen Überblick über die führenden Bookrunner bei internationalen Asset-Backed-Bond-Emissionen in den Jahren 2000, 1999 und 1998 vermittelt Abbildung IV-40.[371]

All international asset-backed bonds Top 10 Positions Bookrunners 2000

	Managing bank or group	Total (in Mio. US$)	No. of issues	*Share (in%)*
1	Salomon SB ↑	30.970,42	125	*17,49*
2	MSDW →	29.842,77	185	*16,86*
3	Merrill Lynch ↑	25.099,99	141	*14,18*
4	Lehman Brothers ↑	19.006,12	105	*10,74*
5	CSFB ↓	13.920,02	76	*7,86*
6	JP Morgan ↑	10.890,58	40	*6,15*
7	ABN AMRO ↑	5.760,63	44	*3,25*
8	**Deutsche Bank →**	**5.722,10**	**39**	***3,23***
9	Goldman Sachs ↓	5.111,93	14	*2,89*
10	UBS Warburg ↑	4.469,62	15	*2,52*
Übrige		26.249,21	k. A.	*14,83*
Σ	**TOTAL**	**177.043,39**	**854**	***100***

All international asset-backed bonds Top 10 Positions Bookrunners 1999

	Managing bank or group	Total (in Mio. US$)	No. of issues	*Share (in%)*	1998
1	CSFB	29.308,44	140	*16,00*	3
2	MSDW	27.702,81	229	*15,12*	2
3	Salomon SB	22.386,43	101	*12,22*	6
4	Merrill Lynch	21.550,58	178	*11,76*	4
5	Lehman Brothers	19.470,63	132	*10,63*	1
6	Goldman Sachs	9.288,75	52	*5,07*	8
7	JP Morgan	9.097,85	44	*4,96*	5
8	**Deutsche Bank**	**8.717,12**	**71**	***4,76***	**7**
9	Paribas	8.540,89	40	*4,66*	-
10	ABN AMRO	4.359,01	11	*2,38*	-
Übrige		22.795,68	k. A.	*12,44*	
Σ	**TOTAL**	**183.218,19**	**1.056**	***100***	

Including fixed and floating-rate global, Euro and Yankee debt, excluding CLOs and CBOs

Quelle: Thomson Financial Securities Data *Quelle: Thomson Financial Securities Data*

Abb. IV-40: Führende Bookrunner bei internationalen Asset-Backed-Anleiheemissionen in 2000 und 1999

Nach einer knappen Verdoppelung von 1998 auf 1999 erreichte der Wert des internationalen Plazierungsvolumens an Asset-Backed-Bonds (ABS) in 2000 einen Betrag von 177 Mrd. US-Dollar und nahm damit gegenüber 1999 um 3,4% ab.[372]

Bei Emissionen internationaler ABS sind weltweit jene (US-)Häuser führend, die auch in anderen Leistungsfeldern des Investment Banking Spitzenplätze belegen, *Salomon SB, MSDW* und *Merrill Lynch*. Bei fortgesetztem Ausbau der Quoten im einzelnen verfügte diese Gruppe in 2000 über einen gemeinsamen Weltmarktanteil von knapp 50%. Deutlich an Wettbewerbsstärke eingebüßt hat die *CSFB* als Marktführer des Jahres 1999, die in der

[371] Vgl. zu diesen von Thomson Financial Securities Data erstellten Ranglisten für 1998, 1999 und 2000, die im International Financing Review (IFR) veröffentlicht werden IFR, Issue, 1365, January 6 2001, S. 45; IFR, Issue 1316, January 15 2000, S. 42 sowie IFR, Issue 1266, January 16 1999, S. 25.

aktuellen Rangliste noch hinter *Lehman Brothers*, den Marktführer im Jahre 1998, auf Position fünf zurückfiel. Mit einem Marktanteil von 6,15% in 2000 konnte sich die sechstplazierte *JP Morgan* deutlich von einer – bezogen auf das als Bookrunner begleitete Volumen an internationalen ABS – dicht gedrängten Dreiergruppe absetzen, die über Anteile im Bereich von 3% verfügt. Zu dieser Gruppe zählt neben *ABN AMRO* und *Goldman Sachs* auch die Deutsche Bank.

Die ***Deutsche Bank*** belegt in der Rangliste für das Jahr 2000 – wie bereits im Vorjahr – Position acht. Jedoch verminderte sich ihr Marktanteil infolge eines Rückgangs des Wertes des als Bookrunner an den internationalen Markt gebrachten ABS-Volumens auf 5,7 Mrd. US-Dollar in 2000 von 4,8% auf 3,2%. Im Vergleich hierzu brachte Salomon SB, der derzeitige Marktführer, ein Volumen im Wert von rd. 31,0 Mrd. US-Dollar an den internationalen Markt.
Da sich der Bereich Asset-Backed-Finance bei der Mehrzahl der deutschen Institute noch im Aufbau befindet, erstaunt nicht, daß bisher lediglich die Deutsche Bank in die Gruppe der zehn global führenden Wettbewerber eindringen konnte. Das Wachstum des internationalen Gesamtplazierungsvolumens seit 1998 rechtfertigt jedoch die Expansionsbestrebungen mit dem Argument hohen Marktpotentials.

Die Marktanalyse für internationale Asset-Backed-Bond-Emissionen vertiefend, zeigt Abbildung IV-41 die Ranglisten führender Bookrunner in 2000 in Unterscheidung nach Emissionswährungen.[373] Differenziert wird nach in Dollar denominierten ABS und Nicht-Dollar-denominierten ABS.
Mit Rang vier nimmt die ***Deutsche Bank*** bei internationalen *Non-Dollar*-ABS-Emissionen eine in Relation zu Gesamtrang acht bei sämtlichen ABS-Emissionen deutlich überdurchschnittliche Position ein. In 2000 entfielen 75,4% des von ihr an den internationalen Markt gebrachten ABS-Volumens auf das Non-Dollar-Segment. Ausgehend von Spitzen-

[372] Vgl. zu der von Thomson Financial Securities Data erstellten Rangliste für 1998 IFR, Issue 1266, January 16 1999, S. 25. 1998 betrug das gesamte Emissionsvolumen internationaler Asset-Backed-Bonds 97,9 Mrd. US-Dollar (League-Table-Totale).

[373] Vgl. zu den von Thomson Financial Securities erstellten Ranglisten „All international dollar ABS“ und „All non-dollar international ABS“ für die Jahre 1998, 1999 und 2000, die im International Financing

plazierungen auf den Rängen eins in 1998 und zwei in 1999 büßte das einzig präsente deutsche Institut jedoch an Marktanteil ein.

All international dollar ABS
Top 10 Positions Bookrunners
2000

	Managing bank or group		Total (in Mio. US$)	No. of issues	*Share (in%)*	1999
1	MSDW	↑	24.244,03	136	*20,33*	2
2	Salomon SB	↑	23.062,92	83	*19,34*	4
3	Merrill Lynch	↑	21.968,82	109	*18,42*	5
4	Lehman Bros.	↓	18.884,14	101	*15,83*	3
5	CSFB	↓	12.295,31	65	*10,31*	1
6	JP Morgan	↑	5.856,04	18	*4,91*	7
7	Goldman Sachs	↓	4.350,50	9	*3,65*	6
8	ABN AMRO	↑	1.465,25	7	*1,23*	-
9	**Deutsche Bank**	**↑**	**1.405,98**	**5**	***1,18***	**10**
10	RBV/Greenwich	↑	1.229,13	11	*1,03*	-
Übrige			7.517,48	k. A.	*6,30*	
Σ	**TOTAL**		**119.279,60**	**504**	***100***	

All international non-dollar ABS
Top 10 Positions Bookrunners
2000

	Managing bank or group		Total (in Mio. US$)	No. of issues	*Share (in%)*	1999
1	Salomon SB	↑	7.907,50	42	*13,69*	5
2	MSDW	↑	5.598,74	49	*9,69*	3
3	JP Morgan	↑	5.034,54	22	*8,72*	6
4	**Deut. Bank**	**↓**	**4.316,12**	**34**	***7,47***	**2**
5	ABN AMRO	↓	4.295,38	37	*7,44*	4
6	BNP Paribas	↓	4.007,09	35	*6,94*	1
7	Barclays Capital	↑	3.819,53	33	*6,61*	9
8	UBS Warburg	↑	3.646,12	11	*6,31*	-
9	Merrill Lynch	↓	3.131,17	32	*5,42*	7
10	Crédit Agricole	↑	2.026,69	35	*3,51*	-
Übrige			13.980,90	k. A.	*24,20*	
Σ	**TOTAL**		**57.763,78**	**350**	***100***	

Including fixed and floating-rate global, Euro and international bonds

Quelle: Thomson Financial Securities Data *Quelle: Thomson Financial Securities Data*

Abb. IV-41: Führende Bookrunner bei internationalen Asset-Backed-Anleiheemissionen nach Emissionswährungen in 2000 und 1999

Bei internationalen *Dollar*-ABS-Emissionen sieht sich die Deutsche Bank in 2000 mit deutlichem Rückstandstand zur Führungsgruppe auf Rang neun plaziert, konnte aber gegenüber 1999 eine Position gewinnen. Da auf das Dollar-Segment rund zwei Drittel des Primärmarktes in 2000 entfielen (67,4%), schlägt diese relative Schwäche vergleichsweise stark auf die Gesamtposition bei internationalen ABS durch.

Die Bedeutung des Dollar-Segments bei ABS unterstreicht auch ein Konkurrenzvergleich. Die ersten sechs Ränge im Gesamt-League-Table besetzen in fast deckungsgleicher Positionsbelegung jene Häuser, die auch bei internationalen Dollar-ABS-Emissionen an der Spitze liegen. Lediglich *MSDW* und *Salomon SB* tauschen die Plätze. Im übrigen sind diese Wettbewerber (mit Ausnahme von Salomon SB) im Dollar-Segment relativ besser positioniert als bei internationalen Non-Dollar-ABS-Emissionen. Zu Instituten, die wie die

Review (IFR) veröffentlicht werden, IFR, Issue, 1365, January 6 2001, S. 45; IFR, Issue 1316, January 15

Deutsche Bank relative Stärken im Non-Dollar-Segment aufweisen, zählen JP Morgan und andere „Europäer" wie ABN AMRO oder UBS Warburg.

IV.2.4.2.2 Projektfinanzierungen

Einen Überblick über die Wettbewerbsstellung deutscher Bank im Leistungssegment Projektfinanzierung auf globaler Ebene bieten die Ranglisten weltweit führender Arranger von Projektfinanzierungen (Loans) in den Geschäftsjahren 2000 und 1999 in Abbildung IV-42.[374] Vor dem Hintergrund zahlreicher Großinvestitionsprojekte US-amerikanischer Energie-Versorger und europäischer Telekom-Unternehmen (UTMS) wuchs das Volumen an für Projektfinanzierungszwecke arrangierten Krediten („Project Loans") im Jahr 2000 sprunghaft um 53,17% auf 110,9 Mrd. US-Dollar an.

Erwartungsgemäß handelt es sich bei den weltweit führenden Arrangern vor allem um Wettbewerber mit Commercial- bzw. Universalbank-Hintergrund oder Finanzkonglomerate. Reine Investment Banken sind hier im Vergleich zu anderen Bereichen im Investment Banking unterrepräsentiert.[375] Die weltweite Spitzenposition nimmt derzeit die – im Vorjahr drittplazierte – *Citigroup* ein. In 2000 arrangierte sie eine Anzahl von 51 Project Loans im wertmäßigen Volumen von 11,9 Mrd. US-Dollar. Eine stark an Momentum gewinnende *Société Générale* schob sich ausgehend von Rang fünf in 1999 auf Position zwei nach vorne und verdrängt damit die im Vorjahr zweitplazierte *Bank of America* auf Rang drei. Deutlicher fiel der Abstieg von *JP Morgan Chase* – dem Marktführer aus dem Jahr 1999 – aus, die sich in 2000 auf Position fünf wiederfindet. *Goldman Sachs* (2000: Position 15) und *Lehman Brothers* fielen gänzlich aus den Top Ten. Für diese Institute bestand im starken Börsenjahr

2000, S. 41 sowie IFR, Issue 1266, January 16 1999, S. 25.

374 Vgl. zu diesen von Thomson Financial Securities Data erstellten Ranglisten Project Finance International, Nr. 209, January 24 2001, S. 54; Project Finance International, Nr. 185, January 26 2000, S. 7f. Was die Gutschriften betrifft, erhalten in diesem Ranking nur „Lead-Madated-Arrangers" einen sog. „credit". Bei mehreren Banken in dieser Rolle, wird der Gesamtwert des auf die Projektfinanzierung bezogenen Kreditvolumens paritätisch aufgeteilt („proportional credit"). Existiert nur ein Arranger, erhält dieser die volle Gutschrift.
Die im Rahmen eines Großinvestitionsprojektes als Berater eingeschaltete(n) Lead Bank(en) hat (haben) heute häufig auch die Umsetzung der konzipierten Finanzierungsstruktur – das sog. „Arranging" – zu übernehmen. Vgl. Achleitner, A.-K. (1999), S. 349 und S. 370. Mithin bildet das Ranking führender Arranger eine geeignete Grundlage zur Beurteilung der Marktposition bei Projektfinanzierungen insgesamt. Vgl. auch Achleitner, A.-K. (1999), S. 350.

375 Vgl. hierzu und einer Erläuterung der Gründe Achleitner, A. (1999), S. 349.

2000 keine Notwendigkeit, sich in größerem Umfang in bilanzbelastenden Geschäften zu engagieren. Ihre Plätze übernahmen *BNP Paribas* und *Barclays Capital*, die im Jahresranking für 2000 die Positionen neun und zehn belegen.

Weltweit führende Arranger (Loans) von Projektfinanzierungen 2000

Bank			Volume (in Mio. US$)	No. of deals
1	Citigroup	↑	11.927	51
2	Société Générale	↑	9.618	30
3	Bank of America	↓	9.370	33
4	ABN AMRO	↑	7.875	31
5	JP Morgan Chase	↓	7.472	24
6	CSFB	↓	6.719	10
7	WestLB	↑	6.716	37
8	**Deutsche Bank**	↓	**6.487**	**22**
9	BNP Paribas	↑	3.712	24
10	Barclays Capital	↑	3.423	23
Übrige, davon				
11	**Dresdner KW**	↑	**3.135**	**24**
25	**Commerzbank**	↑	**727**	**5**
71	**DG Bank**	↑	**121**	**3**
Übrige gesamt			37.566	k.A.
Σ	**TOTAL (over all)**		**110.885**	**594**

Quelle: Project Finance International/ Thomson Financial Securities Data

Weltweit führende Arranger (Loans) von Projektfinanzierungen 1999

Bank		Volume (in Mio. US$)	No. of deals
1	Chase Manhatten	7.816	27
2	Bank of America	6.498	26
3	Citigroup	5.897	27
4	CSFB	4.398	17
5	Société Générale	3.218	21
6	**Deutsche Bank**	**3.045**	**16**
7	ABN AMRO	2.302	28
8	Goldman Sachs	2.250	5
9	Lehman Brothers	2.000	4
10	WestLB	1.963	15
Übrige, davon			
13	**Dresdner KB**	**1.555**	**19**
57	**Commerzbank**	**192**	**4**
82	**DG Bank**	**75**	**1**
Übrige gesamt		39.357	k. A.
Σ	**TOTAL (over all)**	**72.392**	**k. A.**

Quelle: Project Finance International/ Thomson Financial Securities Data

Abb. IV-42: Weltweit führende Arranger von Projektfinanzierungen (Loans) in 2000 und 1999

Im Ranking der global führenden Arranger von Loans für Projektfinanzierungszwecke liegt unter den deutschen Häusern mit einem weltweit arrangierten Volumen im Wert von 6,7 Mrd. US-Dollar derzeit die *WestLB* auf Platz sieben in Front.

Ihr folgt mit nur geringem Abstand die ***Deutsche Bank*** auf Rang acht, die trotz eines starken Wachstums des führend begleiteten Project-Loan-Volumens auf einen Wert von 6,5 Mrd. US-Dollar (+113%) im Vergleich zum Vorjahr zwei Positionen einbüßte (1999: Platz 6). ***Dresdner KW*** verbesserte sich im Betrachtungszeitraum bei einer Verdoppelung des Volumens von Rang dreizehn auf elf. Im Jahr 2000 akquirierte die Bank 24 Lead-Arranging-Mandate für Project Loans im wertmäßigen Volumen von 3,1 Mrd. US-Dollar.

Auch die ***Commerzbank***, die im Jahr 2000 fünf Führungsmandate errang, baute ihre Marktposition aus. Mit einem arrangierten Volumen im Wert von 727 Mio. US-Dollar (1999: 192 Mio. US-Dollar) sicherte sie sich in der Rangliste der global führenden Arranger von Loans für Projektfinanzierungszwecke Platz 25 - nach Rang 57 im Vorjahr. Ausgehend von Platz 82 in 1999 hat sich auch die ***DG Bank*** geringfügig verbessert. Im Jahresranking für 2000 belegt sie bei einem führend arrangierten Project-Loan-Volumen im Wert von 121 Mio. US-Dollar Rang 71. Bei einem Weltmarktanteil von nur 0,1% läßt sich jedoch von einer eher geringen Präsenzintensität in diesem Leistungssegment sprechen.

Zur Abschätzung des tatsächlichen Internationalitätsgrades der Geschäftstätigkeit deutscher Häuser erscheint eine Aufgliederung des arrangierten Project-Loan-Volumens nach Weltregionen zweckmäßig. Bezugnehmend auf das Jahr 2000 zeigt Abbildung IV-43 die Ranglisten der führenden Arranger von Loans für Projektfinanzierungszwecke in den Regionen „EMEA" (Europa/ Mittlerer Osten/ Afrika) und „Americas" (Nord-/ Südamerika) getrennt voneinander auf.[376]

[376] Vgl. zum Ranking der führenden Arranger von Projektfinanzierungen (Loans) im Raum „Americas" 2000 Project Finance International, Nr. 209, January 24 2001, S. 56ff. Das Bezugsgebiet enthält nord- und südamerikanische Märkte. Die zehn dem Volumen nach bedeutendsten Ländermärkte im Jahr 2000 waren geordnet in absteigender Reihenfolge die USA, Brasilien, Kanada, Mexiko, Argentinien, Chile, Bermuda, Guatemala, Trinidad und die Dominikanische Republik. Vgl. Project Finance International, Nr. 209, January 24 2000, S. 59.
Vgl. zum Ranking führender Arranger von Projektfinanzierungen (Loans) im Raum „EMEA" 2000 Project Finance International, Nr. 209, January 24 2001, S. 64ff. Das Bezugsgebiet umfaßt Ländermärkte im Raum Europa/ Mittlerer Osten/ Afrika. Die zehn dem Volumen nach bedeutendsten Märkte im Jahr 2000 waren geordnet in absteigender Reihenfolge Deutschland, Großbritannien, Italien, Türkei, Rußland, Polen,

Führende Arranger (Loans) von Projektfinanzierungen im Raum „EMEA" 2000

Lead Arranger		Volume (in Mio. US$)	No. of deals
1	ABN AMRO	4.040	11
2	Société Générale	3.463	11
3	WestLB	3.323	9
4	JP Morgan Chase	3.005	9
5	**Deutsche Bank**	**2.888**	**7**
6	Citigroup	2.802	9
7	Merrill Lynch	2.631	4
8	**Dresdner KW**	**2.566**	**15**
9	Barclays Capital	2.428	19
10	BNP Paribas	2.077	11
Übrige, davon			
18	**Commerzbank**	**703**	**4**
55	**DG Bank**	**49**	**1**
Übrige gesamt		16.782	k.A.
Σ	**TOTAL (over all)**	**46.005**	**k.A.**

Quelle: Project Finance International/ Thomson Financial Securities Data

Führende Arranger (Loans) von Projektfinanzierungen im Raum „Americas" 2000

Lead Arranger		Volume (in Mio. US$)	No. of deals
1	Citigroup	8.236	33
2	Bank of America	6.815	20
3	CSFB	6.304	9
4	Société Générale	5.902	16
5	**Deutsche Bank**	**3.296**	**12**
6	JP Morgan Chase	3.259	10
7	WestLB	3.016	24
8	ABN AMRO	2.356	11
9	Scotiabank	2.150	5
10	Goldman Sachs	1.832	3
Übrige, davon			
17	**Dresdner KB**	**461**	**7**
39	**Commerzbank**	**24**	**1**
45	**DG Bank**	**10**	**1**
Übrige gesamt		9.627	k.A.
Σ	**TOTAL (over all)**	**52.796**	**k.A.**

Quelle: Project Finance International/ Thomson Financial Securities Data

Abb. IV-43: Führende Arranger von Projektfinanzierungen (Loans) in den Weltregionen Europa/ Mittlerer Osten/ Afrika und „Americas" in 2000

Auf die Region „Americas" entfiel in im Jahr 2000 eine Quote von 47,6% am weltweit arrangierten Project-Loan-Volumen (110,9 Mrd. US-Dollar). Der Anteil der „EMEA"-Region betrug 41,5%, jener der Region Asien/ Pazifik 10,9%.[377]

Im Verhältnis zu ihrer Gesamtposition acht im Ranking der führenden Arranger von Loans für Projektfinanzierungszwecke weltweit sieht sich die ***Deutsche Bank*** in den betrachteten Weltregionen überdurchschnittlich gut positioniert. Sowohl im Raum „Americas" als auch in der „EMEA"-Region belegt sie in 2000 die Ränge fünf. Zusammengenommen erreichen diese - in bezug auf das arrangierte Volumen relativ gleichgewichtigen - Regionen einen Anteil von 95,3% am gesamten bzw. weltweit arrangierten Projektfinanzierungsvolumen der Bank i. H.

Portugal, Arabische Emirate, Marokko und Saudi-Arabien. Vgl. hierzu Project Finance International, Nr. 209, January 24 2001, S. 67.

377 Vgl. zum Ranking der führenden Arranger von Projektfinanzierungen (Loans) im Raum Asien/ Pazifik 2000 Project Finance International, Nr. 209, January 24 2001, S. 62ff.

v. 6,5 Mrd. US-Dollar. Dies impliziert ein nur geringes Geschäftsaufkommen in den übrigen Teilen der Welt, so z.B. in der Region Asien/ Pazifik.

Demgegenüber war der Geschäftsschwerpunkt von ***Dresdner KW*** im Jahr 2000 in der „EMEA"-Region angesiedelt. Der Wert des als Lead-Bank arrangierten Project-Loan-Volumens belief sich hier auf 2,6 Mrd. US-Dollar, was einer Quote von 81,6% am weltweit arrangierten Volumen (i. H. v. 3,1 Mrd. US-Dollar) entspricht. Mit Position acht sieht sie sich im Vergleich zu einer globalen Gesamtposition 11 überdurchschnittlich positioniert. Das Gegenteilige bleibt für die Region „Americas" festzuhalten. Im Ranking für dieses Bezugsgebiet belegte die Bank in 2000 bei einem Marktanteil von 0,9% nur den siebzehnten Rang.

Auch bei der ***Commerzbank*** sind die Stärken in der „EMEA"-Region angesiedelt, wo sie in 2000 einen (im Verhältnis zu Rang 25 in der global definierten Rangliste) überdurchschnittlichen Platz 18 errang. 96,7% des weltweit arrangierten Volumens entfielen im Jahr 2000 auf diese Region. Rang 39 im League-Table für den Raum „Americas" basiert auf einem Führungsmandat im Wert von 24 Mio. US-Dollar.

Die ***DG Bank*** gewann in 2000 in jeder der drei Schlüsselregionen jeweils ein Lead-Mandat. Im Gegensatz zu den vorgenannten Wettbewerberinnen repräsentiert hier der Raum Asien/ Pazifik die gemessen am Wert des arrangierten Project-Loan-Volumens bedeutendste Weltregion (62 Mio. US-Dollar).[378] Im Verhältnis zu einem globalen Gesamtrang 71 nimmt die Bank hier einen überdurchschnittlichen Platz 30 ein. In den Rankings für die Bezugsgebiete „EMEA" und Americas" belegte sie im Jahr 2000 mit Marktanteilen von 0,1% respektive 0,01% die Plätze 55 und 45.

IV.2.4.2.3 Syndicated Loans

Abbildung IV-44 gibt Aufschluß über die weltweit führenden Arranger syndizierter Kredite in den Jahren 2000 und 1999 und deren Markpositionen im Jahr 1998:[379]

---

[378] Vgl. zum Ranking der führenden Arranger von Projektfinanzierungen (Loans) im Raum Asien/ Pazifik 2000 Project Finance International, Nr. 209, January 24 2001, S. 62ff.

[379] Vgl. zu den von Thomson Financial Securities Data erstellten Rankings der führenden Arranger Syndizierter Kredite weltweit im Jahr 2000, 1999 und 1998, die im International Financing Review (IFR) veröffentlicht werden IFR, Issue 1365, January 6 2001, S. 52; IFR, Issue 1316, January 15 2000, S. 49 sowie IFR, Issue 1266, January 16 1999, S. 82.
Arranger-League-Tables werden zur Analyse der Wettbewerbsstellung herangezogen, da sie zur Abbildung der Leistungsfähigkeit eines Hauses bei syndizierten Krediten gut geeignet sind. So ist der Arranger diejenige Bank, die vom Kreditnehmer (ggf. auch im Zusammenhang mit einer anderen

Top arrangers of syndicated credits 2000

Group			Volume (in Mio. US$)
1	J.P. Morgan Chase	→	305.202,59
2	Bank of America	→	299.576,03
3	Citibank/SSB	→	225.739,05
4	Barclays	↑	115.782,74
5	**Deutsche Bank**	↓	**87.994,16**
6	BancOne	↓	81.617,35
7	ABN AMRO	↑	76.381,92
8	Mizuho FG	↑	70.731,70
9	CSFB	↑	51.708,89
10	HSBC	↑	46.433,24
Übrige, davon			
15	**Commerzbank**	↑	**32.921,27**
18	**Dresdner KB**	↑	**30.379,32**
Übrige gesamt			
Σ	**TOTAL (over all)**		**2.260.738,50**

ranked by volume, proportional credit

Quelle: Thomson Financial Securities Data

Top arrangers of syndicated credits 1999

Group		Volume (in Mio. US$)	1998
1	Chase Manhatten	233.907,73	1
2	Bank of America	206.811,50	2
3	Citibank/SSB	149.384,25	3
4	**Deutsche Bank**	**73.937,79**	**7**
5	BancOne	61.322,51	5
6	Barclays	59.433,43	6
7	J.P. Morgan	48.954,86	4
8	ABN AMRO	45.807,17	8
9	Scotiabank	36.125,38	10
10	Goldman Sachs	33.365,29	25
Übrige, davon			
21	**Commerzbank**	**22.592,25**	**35**
23	**Dresdner KB**	**21.320,59**	**30**
Übrige gesamt		715.042,47	
Σ	**TOTAL (over all)**	**1.664.092,38**	

ranked by volume, proportional credit

Quelle: Thomson Financial Securities Data

Abb. IV-44: Weltweit führende Arranger von Syndicated Loans in 2000 und 1999

Der globale Primärmarkt für syndizierte Kredite war im vergangenen Jahr durch starkes Wachstum gekennzeichnet und profitierte vor allem von einer verstärkten Inanspruchnahme durch Akquisitionsfinanzierungen. Das weltweit arrangierte Gesamtvolumen erreichte in 2000 einen Wert von 2.260,7 Mrd. US-Dollar, was einer Zunahme im Vergleich zum Vorjahr um 35,9% entspricht.

Auch an der Spitze dieser Rangliste finden sich keine reinen Investment Banken. Derzeitiger Marktführer ist, wie bereits im Vorjahr, die Chase (Manhatten), die durch die eingegangene Verbindung mit JP Morgan weiter an Gewicht gewonnen hat. Im Jahr 2000 hat sie ein Kreditvolumen im Wert von 305 Mrd. US-Dollar arrangiert. Ihr folgt mit nur geringem Abstand die *Bank of America* und der amerikanische Finanzsupermarkt *Citibank/ Salomon SB.*

Transaktion) als Konsortialführer mandatiert wird, die Konditionen des Konsortialkreditvertrags verhandelt, bevor die Syndizierung durch ihn erfolgt. Was die Gutschriften anbetrifft, erhalten in diesem Ranking nur Arranger einen sog. „credit". Bei mehreren Banken in dieser Rolle, wird der Gesamtwert des Syndizierten Kredits paritätisch aufgeteilt („proportional credit"). Existiert nur ein Arranger, erhält dieser die volle Gutschrift.

Wie in Rang fünf im Ranking der global führenden Arranger von „Syndicated Loans" in 2000 zum Ausdruck kommt, konnte die ***Deutsche Bank*** auch in diesem Leistungssegment eine zwischenzeitlich starke Weltmarktposition erringen. Bei einem im Verhältnis zum Gesamtmarkt unterdurchschnittlichen Wachstum des weltweit arrangierten Volumens auf knapp 88,0 Mrd. US-Dollar büßte sie gegenüber 1999 jedoch eine Position ein. Auch der Abstand zur Spitzengruppe fällt noch deutlich aus. So hat bspw. die drittplazierte Citibank/ SSB in 2000 weltweit rund das zweieinhalbfache Volumen arrangiert.
Auf globalem Aggregationslevel erreicht die ***Commerzbank*** als aktuell zweitstärkstes deutsches Haus bei einem arrangierten Volumen i. H. v. 32,9 Mrd. US-Dollar Platz 15. Ausgehend von Rang 35 in 1998 über Platz 21 in 1999 gelang ihr damit in den letzten Jahren ein stetige und deutliche Verbesserung ihrer Weltmarktposition.
Dresdner KW erreichte im Geschäftsjahr 2000 im Ranking der weltweit führenden Arranger syndizierter Kredite Platz 18, was einer Verbesserung um fünf Positionen gegenüber 1999 und um zwölf Positionen gegenüber 1998 entspricht. Mit einem weltweit arrangierten Gesamtvolumen an syndizierten Kredite von 30,4 Mrd. US-Dollar erreicht sie jedoch nur rund ein Drittel des Volumens der Deutschen Bank.

Jedoch war die Geschäftstätigkeit der deutschen Häuser in 2000 nicht jeweils auf alle Zeitzonen (gleich) verteilt, wie die Gegenüberstellung der regionenbezogenen Ranglisten für die Gebiete „EMEA" (Europa/ Mittlerer Osten/ Afrika) und „Americas" (Nord-/ Südamerika) für 2000 in Abbildung IV-45 zeigt.[380] Der Anteil des auf die Region „Americas" entfallenden syndizierten Kreditvolumens am weltweit in 2000 arrangierten Gesamtvolumen (i. H. v. 2.260,7 Mrd. US-Dollar) belief sich auf 57,8%. Die Quote der „EMEA"-Region betrug 32,8%, auf die Region Asien/ Pazifik entfiel ein vergleichsweise geringer Anteil von 9,4%.

[380] Vgl. zu den von Thomson Financial Securities Data erstellten Rankings der führenden Arranger Syndizierter Kredite in der „EMEA"-Region in 2000 und 1999, die im International Financing Review (IFR) veröffentlicht werden, IFR, Issue 1365, January 6 2001, S. 60; IFR, Issue 1316, January 15 2000, S. 58.

Top arrangers of syndicated credits
Europe, Middle East, Africa
2000

	Group		Volume (in Mio. US$)	No of Issues	1999	1998
1	Barclays	→	88.524,34	241	1	1
2	Citibank/SSB	→	70.976,88	196	2	2
3	JP Morgan Chase	↑	50.807,51	144	6/22	4/7
4	**Deutsche Bank**	↓	**43.340,57**	**153**	**3**	**3**
5	ABN AMRO	↑	39.439,45	125	7	10
6	HSBC	↑	37.247,78	90	8	5
7	BNP Paribas	↑	30.662,03	111	5/19	8/16
8	RBS	↑	30.158,42	138	16	22
9	UBS Warburg	→	23.913,31	46	9	12
10	Société Générale	↑	22.807,67	101	11	9
Übrige, davon						
11	**Dresdner KB**	↑	**22.706,06**	**90**	**12**	**19**
23	**Commerzbk**	↓	**7.235,32**	**86**	**17**	**21**
39	**DG Bank**	↓	**2.785,30**	**29**	**33**	**-**
Übrige gesamt						
Σ	**TOTAL**		**741.053,25**	**1.144**		

ranked by amount, proportional credit

Quelle: Thomson Financial Securities Data

Top arrangers of syndicated credits
„Americas"
2000

	Group		Volume (in Mio. US$)	No of Issues	1999	1998
1	BankAmerica	↑	276.954,41	1.340	2	2
2	JP MorganChase	→	246.329,17	783	1/5	¼
3	Citibank/SSB	→	141.088,30	493	3	3
4	BancOne	→	80.688,30	430	4	5
5	FleetBoston	↑	44.321,51	425	8	20
6	**Deutsche Bank**	→	**43.427,17**	**234**	**6**	**19**
7	CSFB	↑	34.826,04	133	13	12
8	First Union	↑	34.299,86	282	9	11
9	ABN AMRO	↑	28.982,25	162	12	10
10	Scotiabank	↓	24.876,54	163	7	8
Übrige, davon						
11	**Commerzbk**	↑	**24.600,73**	**99**	**20**	**33**
32	**Dresdner KB**	↓	**7.088,04**	**55**	**27**	**32**
Übrige gesamt						
Σ	**TOTAL**		**1.305.730,25**	**3.226**		

ranked by amount, proportional credit

Quelle: Thomson Financial Securities Data

Abb. IV-45: Führende Arranger von Syndicated Loans in den geographischen Kernregionen „EMEA" und „Americas" in 2000 und 1999

Die geographische Verteilung des von der ***Deutschen Bank*** weltweit arrangierten Volumens syndizierter Kredite auf o.g. Weltregionen, die nahezu das gesamte Aufkommen auf sich vereinen, war in 2000 als ausgesprochen gleichmäßig zu bezeichnen. 49,3% entfielen auf den „EMEA"-Raum und 49,4% auf den amerikanischen Kontinent. In der Rangliste für die „EMEA"-Region erreichte die Deutsche Bank Rang vier nach gleichmäßigen dritten Plätzen in den Vorjahren. Im Bezugsgebiet „Americas" konnte sie ihre Marktpräsenz - ausgehend von Rang 19 in 1998 - erheblich ausbauen und auf hohem Niveau festigen. Dies zeigt die Bestätigung der Vorjahresplazierung sechs in 2000.

Die ***Commerzbank*** verfügt, wie die regionenbezogenen Ranglisten ausweisen, über eine relative Stärke im gesamtamerikanischen Geschäft. Ihr stetiges Vorrücken von Platz 33 in

Vgl. zu den entsprechenden Ranglisten für den Raum „Americas" IFR, Issue 1365, January 6 2001, S. 70; IFR, Issue 1316, January 15 2000, S. 63.

1998 über Rang 20 in 1999 auf die nun die elfte Position zeigt erhebliche Fortschritte bei der Marktdurchdringung in dieser Kernregion an. Mit 24,6 Mrd. US-Dollar, was einem Marktanteil von 1,9% entspricht, entfällt aktuell auch ein Anteil von 74,7% am weltweit arrangierten Volumen auf diese Region. Im Vergleich hierzu nimmt sich ein Rang 23 in der „EMEA"-Region (Marktanteil: 1,0%), auf den die Bank in 2000 ausgehend von Platz 17 im Vorjahr zurückfiel, unterdurchschnittlich aus. Der gemeinsame Anteil der Regionen „Americas" und „EMEA" am weltweit arrangierten Volumen syndizierter Kredite belief sich in 2000 auf 96,7%.

Anders als bei der Commerzbank waren die Geschäftsschwerpunkte von ***Dresdner KW*** in 2000 in der „EMEA"-Region angesiedelt. Analysiert man die geographische Aufteilung des weltweit arrangierten Volumens an syndizierten Krediten i. H. v. 30,4 Mrd. US-Dollar, so entfallen hiervon 74,7% auf die „EMEA"-Region, 23,3% auf den amerikanischen Markt und rd. 2% auf den Rest der Welt. In der Rangliste für die „EMEA"-Region erreicht Dresdner KW einem Marktanteil von 3,1% in 2000 Platz 11 und verbessert sich hiermit um eine Position gegenüber 1999. Im Raum „Americas" hingegen nimmt die Bank in der aktuellen Rangliste mit einem Marktanteil von 0,5% einen in Relation zu einer weltweiten Gesamtposition 18 unterdurchschnittlichen Platz 32 ein – nachdem sie in 1999 noch Rang 27 belegt hatte.

Die ***DG Bank*** spielt als Arranger syndizierter Kredite auf dem amerikanischen Markt keine Rolle (Nicht-Plazierung im Ranking der 50 führenden Wettbewerber). Einzig in Europa, wo in 2000 eine Anzahl von 29 Krediten im wertmäßigen Volumen von 2,8 Mrd. US-Dollar arrangiert wurde, ist die DG Bank als Anbieter erkennbar und belegt aktuell Rang 39 – nach Platz 33 im Vorjahr.

Im asiatisch-pazifischen Raum sind die deutschen Wettbewerber derzeit nicht erkennbar aktiv. Im regionenbezogenen Ranking der 25 führenden Arranger syndizierter Kredite plazierte sich in 2000 keines der fokalen deutschen Häuser.[381]

---

[381] Vgl. zu dem von Thomson Financial Securities Data erstellten Ranking führender Arranger Syndizierter Kredite im Raum Asien/ Pazifik in 2000 IFR, Issue 1365, January 6 2001, S. 58.

IV.2.4.3 Marktpositionen in Kernsegmenten des Geschäftsfeldes Structured Finance im Lichte der verfolgten Basisstrategien

Im folgenden gilt es die Frage zu beantworten, wie die Ausgangslagen der fokalen deutschen Banken im Feld Structured Finance im Lichte der gewählten Basisstrategien zu bewerten sind. Zu diesem Zweck gewährt Abbildung IV-46 zunächst einen zusammenfassenden Überblick über die in 2000 und 1999 erreichten Ranglistenplazierungen in wichtigen Leistungssegmenten dieses Geschäftsfeldes.

2000

	Asset-Backed-Finance			Projektfinanzierung			Syndizierte Kredite		
	Internationale ABS-Emissionen *			Arranger von Project Loans **			Arranger syndizierter Kredite **		
Bezugsgröße/-gebiet der Rangliste / Bank	$-ABS	Non-$-ABS	Sämtliche	EMEA	Americas	Weltweit	EMEA	Americas	Weltweit
Deutsche Bank	9	4	8	5	5	8	4	6	5
Dresdner KW	-	-	-	8	17	11	11	32	18
Commerzbank	-	-	-	18	39	25	23	11	15
DG Bank	-	-	-	55	45	71	39	-	-

1999

	Asset-Backed-Finance			Projektfinanzierung	Syndizierte Kredite		
	Internationale ABS-Emissionen *			Arranger von Project Loans **	Arranger syndizierter Kredite **		
Bezugsgröße/-gebiet der Rangliste / Bank	$-ABS	Non-$-ABS	Sämtliche	Weltweit	EMEA	Americas	Weltweit
Deutsche Bank	10	2	8	6	3	6	4
Dresdner KW	-	-	-	13	12	32	23
Commerzbank	-	-	-	57	17	20	21
DG Bank	-	-	-	82	33	-	-

* mit"-"= keine Platzierung unter den zehn führenden Banken

** mit"-"= keine Plazierung in den Gesamtranglisten führender Arranger von Projekt Loans bzw Syndicated Loans in dem fokalen Gebiet

Abb. IV-46: Globale und weltregionenbezogene Ranglistenpositionen deutscher Banken in wichtigen Segmenten des Geschäftsfeldes Structured Finance in 2000 und 1999

Auch für das Feld Structured Finance lassen sich im Hinblick auf die Basisstrategie allgemeine Empfehlungen formulieren (Abbildung IV-47), auf deren Basis eine Beurteilung der Güte der erreichten Marktpositionen erfolgen kann.

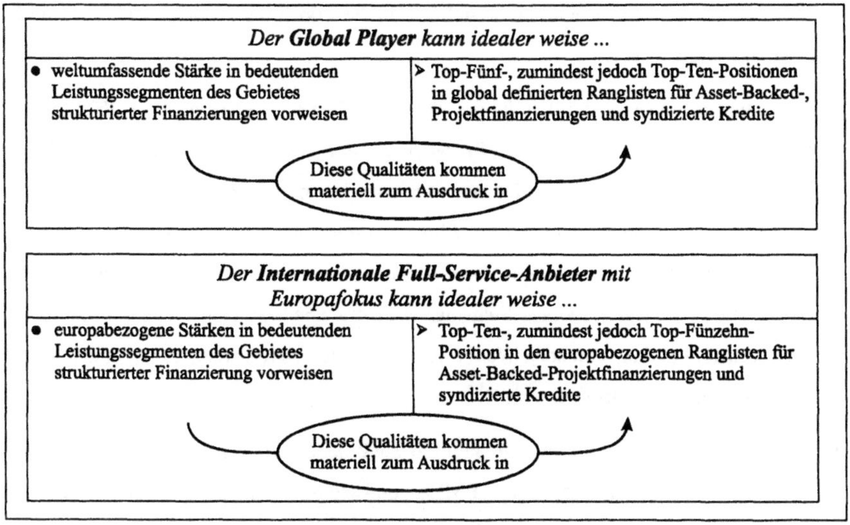

Abb. IV-47: Marktpositionsbezogene Empfehlungen der Basisstrategien deutscher Banken im Geschäftsfeld Structured Finance

Eine Global-Player-Strategie (internationale Full-Service-Strategie mit Europafokus) wird *idealerweise* durch weltumfassende (europabezogene) Stärken in bedeutenden Aktivitätsbereichen des Gebiets Structured Finance abgerundet. Obgleich hierin nach Ansicht der Experten keine kritischen Erfolgsvoraussetzungen dieser Basisstrategien bestehen, ist die Ausprägung solcher Qualitäten als wünschenswert einzustufen.[382]

Zur strategischen Ausgangsposition der ***Deutschen Bank*** bleibt im Lichte einer Global-Player-Strategie folgendes festzuhalten:

- Mit einer achten Plazierung in der Rangliste für sämtliche internationale Asset-Backed-Bond-Emissionen verfügt die Deutsche Bank im Jahr 2000 auf globaler Ebene über eine erkennbare, aber keine führende Position. Der basisstrategischen Empfehlung einer

382 Laut Interviewergebnisse.

weltweiten Top-Fünf-Plazierung bei *Asset-Backed-Finanzierungen* genügt sie hiermit bislang nicht. Entwicklungsnotwendigkeiten bestehen vor allem bei Dollar-ABS, wie Position neun in dieser Teilrangliste für 2000 anzeigt. Mit Rang vier verfügt die Bank im Non-Dollar-Bereich über eine starke Stellung, büßte jedoch im Vergleich zu Platz zwei in 1999 an Dominanz ein.

- Wie schon in den vergangenen Jahren zählte die Deutsche Bank auch in 2000 zu den global führenden Arrangern von *Projektfinanzierungen.* Was einzelne Weltregionen anbetrifft, wird die Bank mit fünften Plazierungen in den Rankings für die Gebiete „EMEA" und „Americas" den Empfehlungen ihrer Global-Player-Strategie vollständig gerecht. Aufgrund eines geringen Geschäftsaufkommens in der Region Asien/ Pazifik (2000: Rang 13) wurde die aus Sicht der Basisstrategie wünschenswerte Positionierung unter den fünf global führenden Wettbewerbern in dieser Produktsparte mit einem achten Platz in 2000 jedoch noch verfehlt.[383]

- Am verhältnismäßig stärksten sieht sich die Bank bei *Syndicated Loans* positioniert. Mit Ranglistenpositionen vier im Raum „EMEA" und sechs in „Americas" kann sie in 2000 in den (gemessen am Primärmarktvolumen) bedeutendsten Weltregionen basisstrategiegerechte Plazierungen im Bereich der Top-Fünf-Wett-bewerber vorweisen. Dies resultiert in einer starken Position fünf auf globalem Level, die den Empfehlungen der Global-Player-Strategie umfassend genügt.

Angesichts solider Marktpositionen im Top-Fünf-Bereich bei Projektfinanzierungen und Syndicated Loans weltweit verzeichnet die Deutsche Bank im Feld Structured Finance derzeit primär im Segment Asset-Backed-Finanzierungen Entwicklungsbedarf. Insbesondere wäre der Ausbau des Dollar-Segments voranzutreiben. Zumal auf dieses Währungssegment ein Großteil des gesamten wertmäßigen internationalen ABS-Emissionsvolumens weltweit entfällt, könnte hiermit auch die weltweite Gesamtposition in Richtung Top-Fünf-Plazierung gefördert werden.

---

383 Vgl. zum Ranking führender Arranger von Project Loans im Raum Asien/ Pazifik 2000 (Thomson Financial Securities) Project Finance International, Nr. 209, January 24 2001, S. 62ff.

Im Lichte einer internationalen Full-Service-Strategie mit Europafokus nimmt sich die Ausgangslage von ***Dresdner Kleinwort Wasserstein*** in bezug auf die erreichte Präsenzintensität in den Segmenten des Structured Finance wie folgt aus:

- Bei *Asset-Backed-Finanzierungen* ist – zumal sich hierin der geographische Schwerpunkt dieser Basisstrategie widerspiegelt – eine erkennbare Präsenz bei ABS-Emissionen in Euro wünschenswert. Anzustreben wäre folglich eine Top-Ten-Position im League-Table für Non-Dollar-ABS-Emissionen. Vor diesem Hintergrund zeigen die Nicht-Plazierungen der Bank in den Rankings für 2000, 1999 und 1998 noch Entwicklungsmöglichkeiten an.
- Mit Rang acht im League-Table für die „EMEA"-Region kann Dresdner KW hingegen im Bereich *Projektfinanzierung* den Empfehlungen ihrer europafokussierten Basisstrategie umfassend genügen. Plazierungen in den Rankings für „Americas" und die Region Asien/ Pazifik weisen ferner auf einen fortgeschrittenen Internationalisierungsgrad der Geschäftstätigkeit in diesem Segment hin. Außerhalb der „EMEA"-Region werden jedoch bislang keine führenden Positionen erreicht. Die Rankings für den amerikanischen Kontinent und die Region Asien/ Pazifik sehen die Bank in 2000 auf den Rängen 17 und 28.[384]
- Der Empfehlung einer Top-Ten-Position in der Ursprungsregion wurde mit Position elf im Ranking der Top-Arranger von *Syndicated Loans* im Raum Europa/ Mittlerer Osten/ Afrika in 2000 nahezu genügt. Die Verbesserung um eine Position im Vergleich zum Vorjahr zeigt eine Aufwärtstendenz an. Auch hier ist der Geschäftsradius auf alle zentralen Weltregionen ausgedehnt, wenngleich über die Ursprungsregion hinaus kein hoher Grad an Präsenzintensität (z.B. Rang 32 in der Rangliste für das Bezugsgebiet „Americas") erreicht wird.

Im Lichte der europafokussierten Basisstrategie erscheint im Feld Structured Finance eine Intensivierung der Marktpräsenz bei *Asset-Backed-Finanzierungen* speziell im Bereich der Non-Dollar- bzw. Euro-ABS-Emissionen wünschenswert. Mit einem fortgesetzten Ausbau der Position bei *Syndicated Loans* im „EMEA"-Raum in Richtung nachhaltige Top-Ten-Plazierung könnte den basisstrategischen Empfehlungen vollumfänglich entsprochen werden.

Im Lichte der Positionierung als internationaler Full-Service-Anbieter mit Europafokus ergibt sich folgende Beurteilung der strategischen Ausgangsposition der ***Commerzbank*** im Geschäftsfeld Structured Finance:

- Entwicklungsmöglichkeiten bestehen zunächst im Bereich *Asset-Backed-Finanzierungen*, wo die Bank im relevanten Segment der Non-Dollar-ABS-Emissionen im Betrachtungszeitraum nicht erkennbar in Erscheinung trat. Der Wert des an den internationalen Markt gebrachten Non-Dollar-ABS-Volumens lag jedenfalls unterhalb der Marke von 2,03 Mrd. US-Dollar, jenem wertmäßigen Volumen, das der zehntplazierte Wettbewerber in 2000 erreichte.

- Mit einem Ranglistenplatz 18 in der „EMEA"-Region im Jahr 2000 entspricht die Commerzbank auch bei *Projektfinanzierungen* den Empfehlungen ihrer Basisstrategie noch nicht in dem gewünschten Maße. Der Geschäftsradius ist auf das Gebiet „Americas" ausgedehnt. Allerdings besteht hier nur ein geringes Ausmaß an Präsenzintensität, wie ein Ranglistenplatz 39 in 2000 verdeutlicht. In Raum Asien/ Pazifik war die Bank in 2000 als Lead-Arranger nicht erkennbar aktiv.

- Die im Lichte der Basisstrategie und ihres geographischen Fokus anzuvisierende Top-Ten-Position im Ranking führender Arranger von *Syndicated Loans* in der „EMEA"-Region wird derzeit noch verfehlt. Nach Rang 17 im Vorjahr wurde in 2000 nur Platz 23 erreicht. Hingegen bleibt eine starke und in letzter Zeit deutlich verbesserte Marktposition elf im Raum „Americas" in 2000 hervorzuheben, auf die sich die globale Position fünfzehn im selben Jahr in hohem Maße stützt.

Angesichts des Europafokus der Basisstrategie bestehen bei der Commerzbank über alle Leistungssegmente des Feldes Structured Finance hinweg noch Entwicklungsmöglichkeiten in der Kernregion. Im einzelnen empfiehlt sich ein Ausbau der Präsenzintensität im Bereich der Non-Dollar- bzw. Euro-ABS-Emissionen sowie jener bei Arrangings von Projektfinanzierungen und Syndicated Loans im „EMEA"-Raum.

---

[384] Vgl. zum Ranking führender Arranger von Project Loans im Raum Asien/ Pazifik 2000 (Thomson Financial Securities) Project Finance International, Nr. 209, January 24 2001, S. 62ff.

Somit verbleibt abschließend zu untersuchen, wie die Ausgangslage der ***DG Bank*** im Feld Structured Finance im Lichte ihrer Basisstrategie des internationalen Nischenanbieters mit Europafokus zu bewerten ist. Wie in anderen Leistungsfeldern auch, entspricht das Empfehlungsprofil dieser Basisstrategie dem des internationalen Full-Service-Anbieters in Beschränkung auf die besetzten Segmente - hier ABS-, Projekt- und Akquisitionsfinanzierungen - wovon die erstgenannten untersucht wurden:

- In den League-Tables für internationale ABS-Plazierungen war die DG Bank im Betrachtungszeitraum nicht erkennbar präsent. Zu berücksichtigen ist jedoch zum einen, daß sich dieser Bereich derzeit noch in der Aufbauphase befindet. Zudem vermarktet die Bank ihre Kompetenzen im Segment *Asset-Backed-Finanzierungen* nicht an den gesamten möglichen Markt, sondern ausschließlich an die genossenschaftlichen Primärbanken.
- Trotz der unternommenen Ausbauschritte verzeichnet die DG Bank im Lichte der Basisstrategie in bezug auf das „Kernprodukt" *Projektfinanzierung* weiterhin Nachholbedarf. Basisstrategiegemäß wäre eine Position unter den führenden zehn Wettbewerbern in der Ursprungsregion wünschenswert, die die Bank mit einem Ranglistenplatz 55 in 2000 noch deutlich verfehlt. Allerdings definiert die DG Bank selbst ihr Geschäftsgebiet in diesem Segment global. Die Positionen 55 und 45 in den Ranglisten für die Gebiete „EMEA" und „Americas" lassen jedoch kernregionenübergreifend ein nur geringes Maß an Präsenzintensität erkennen.

Im Lichte der Empfehlungen der Basisstrategie besteht bei der DG Bank somit in beiden betrachteten Structured-Finance-Segmenten noch Verbesserungspotential mit vordringlichem Entwicklungsbedarf im europäischen Raum.

IV.2.4.4 Strategien deutscher Banken im Geschäftsfeld Structured Finance

Abschließend gilt es die Geschäftsfeldstrategien der fokalen deutschen Banken im Structured Finance offenzulegen, wobei der Fokus zunächst auf die Deutsche Bank gerichtet wird (Abschnitt IV.2.4.4.1). Sodann werden Stoßrichtungen und Entwicklungsstrategien von Dresdner KW (Abschnitt IV.2.4.4.2), der Commerzbank (Abschnitt IV.2.4.4.3) und der DG Bank (Abschnitt IV.2.4.4.4) vorgestellt und inhaltlich spezifiziert.

IV.2.4.4.1 Deutsche Bank

Wie in allen bisher betrachteten Geschäftsfeldern des Investment Banking verfolgt die Deutsche Bank auch im Structured Finance die Stoßrichtung Wachstum.[385] Die Bezugsgrößen und zu beschreitenden Pfade wurden allerdings im Rahmen des Expertengesprächs nicht näher konkretisiert.

Dies könnte als Anhaltspunkt dafür gewertet werden, daß diesem Feld im Verhältnis zu anderen eine relativ geringere Ausbaupriorität zugeordnet wird. Hierfür spricht z.B. auch, daß der Geschäftsbericht für 1999 keinen direkten Bezug auf diese Aktivitäten nimmt, jener für 2000 nur in globaler Form.[386] Aktuelle Herausforderungen sieht die Deutsche Bank v.a. in den Feldern M&A, Eigenkapital- und Anleihefinanzierungen.[387] Ferner wurde im Rahmen des Expertengesprächs darauf hingewiesen, daß es sich bei den unter den Oberbegriff Structured Finance zu subsumierenden Leistungen nicht um originäre bzw. Kernaktivitäten im Investment Banking handele – wenngleich sie von einer Investment Bank heute fraglos erwartet würden.[388]

Im Hinblick auf die übergeordnete Global-Player-Strategie, im Rahmen derer die Deutsche Bank bestrebt ist, geschäftsübergreifend weiter überdurchschnittlich zu wachsen,[389] ist die gewählte Stoßrichtung als stimmig zu bezeichnen.

IV.2.4.4.2 Dresdner Kleinwort Wasserstein

Während bei Dresdner KW alle anderen Felder im Investment Banking eindeutige Wachstumsbereiche bilden, lautet die Stoßrichtung in bezug auf das vorliegende Geschäftsfeld Schrumpfung.[390] Die Bezugsgröße bilden geographische Märkte.

- Die geographische Rückzugsstrategie bei strukturierten Finanzierungen bezieht sich inhaltlich auf sämtliche Auslandsmärkte außerhalb Europas. Künftig will sich Dresdner

---

385 Laut Interviewergebnisse.
386 Vgl. hierzu Deutsche Bank (2000), S. 29ff.; Deutsche Bank (2001), S. 33.
387 Laut Interviewergebnisse. Vgl. hierzu auch Deutsche Bank (2001), S. 33 und S. 169.
388 Laut Interviewergebnisse.
389 Vgl. Deutsche Bank (2001), S. 33.
390 Hierzu und im folgenden laut Interviewergebnisse.

KW nicht mehr an syndizierten Krediten und Projektfinanzierungen für Kunden außerhalb der Kernregion beteiligen.[391] Ausschlaggebend hierfür ist zum einen die Absicht, bilanzbelastendes Geschäft, zum dem auch die oben benannten Aktivitäten zählen, zurückzufahren. Ein weiterer Grund besteht in den Risiken, die Engagements in Schwellenländern und weniger stabilen Weltregionen anhaften. In der Vergangenheit entstand hierdurch vereinzelt Wertberichtigungs- bzw. Abschreibungsbedarf.
Dies bedeute jedoch andererseits nicht, daß deutsche und europäische Kunden mit entsprechenden Bedarfslagen nicht mehr in andere Weltregionen begleitet würden.[392] Diesen wolle man – unter genauer Prüfung der Geschäfte im einzelnen – auch weiterhin weltweit umfassenden Service bieten.

Die Geschäftsfeldstrategie von Dresdner KW im Structured Finance steht im Einklang mit der Basisstrategie. Ein Abgleich der produkt-markt-strategischen Ausgangsposition mit den diesbezüglichen Anforderungen einer internationalen Full-Service-Strategie mit Europafokus hatte eine Überstreuung der Aktivitäten in geographischer Hinsicht angezeigt. Auch ließ die Marktanalyse ein nur geringes Maß an Präsenzintensität in Regionen außerhalb des EMEA-Gebietes erkennen. Insgesamt ist daher das Aufgreifen einer geographischen Rückzugsstrategie – auch im Hinblick auf die genannten Bezugsgrößen bzw. Ländermärkte, die von der Reduktion betroffen sind – als basisstrategiegerecht und situativ angemessen zu bezeichnen.

IV.2.4.4.3 Commerzbank

Die Stoßrichtung der Commerzbank im Geschäftsfeld Structured Finance (hier als „Corporate Finance" bezeichnet) lautet Wachstum – jedoch mit in Relation zu den Expansionsbestrebungen in den Feldern Aktien-, Anleihefinanzierungen und M&A nachgeordneter Priorität.[393] Angestrebt ist ein Ausbau der Marktanteile im bestehenden Produkt-Markt-Gebiet (MD). Was einzelne Segmente anbetrifft, sollen die Bereiche Structured Acquisition Finance, Projektfinanzierung und syndizierte Kredite „weiterentwickelt" und der

---

391 Hierzu und im folgenden laut Interviewergebnisse.
392 Hierzu und im folgenden laut Interviewergebnisse.
393 Hierzu und im folgenden laut Interviewergebnisse.

vergleichsweise junge Bereich „Asset Securitization" stark forciert werden. Er genieße derzeit eine gewisse Ausbaupriorität.

- Mittels einer Marktdurchdringungsstrategie (MD_1) soll zum einen die Präsenz auf dem Heimatmarkt weiter intensiviert werden.[394] Dies gilt über alle Leistungssegmente des Feldes hinweg, so z.B. bei strukturierten Übernahmefinanzierungen. Aufgrund anstehender Nachfolgeregelungen im Mittelstand und des künftig steuerfreien Verkaufs von Unternehmensbeteiligungen bei Kapitalgesellschaften wird hier hohes Nachfragewachstum erwartet.[395] Bei syndizierten Krediten ist in bezug auf den Heimatmarkt beabsichtigt, speziell das Geschäft mit größeren Mittelständlern zu forcieren.[396]
- Die auslandsbezogene Marktdurchdringungsstrategie (MD_2), die zu einer fortgesetzten Internationalisierung der Geschäftsbasis beitragen soll, setzt segmentübergreifend Schwerpunkte im geographischen Bezugsraum Europa.[397] In diesem Rahmen soll z.B. im Bereich „Structured Acquisition Finance" mittelfristig eine europäische Spitzenposition erreicht werden.[398] Darüber hinaus, aber mit nachgeordneter Priorität, will die Bank auch in den USA und in Asien vermehrt attraktive Geschäftschancen nutzen.[399] Die Aufgabe einer intensivierten Bearbeitung dieser Märkte obliegt den in Hongkong und New York angesiedelten „Structured-Finance-Generalisten", die v.a. akquisitorische Funktionen wahrnehmen.[400]

Wie die Beleuchtung der Ausgangsposition im Lichte der internationalen Full-Service-Strategie mit Europafokus ergab, entspricht das Produkt-Markt-Spektrum im Structured Finance hier in seiner Ausdehnung bereits den Erfordernissen der Basisstrategie. Dagegen verzeichnet die Commerzbank Nachholbedarf in marktpositionsbezogener Hinsicht (u.a. mangelnde Präsenz bei Asset-Backed-Finanzierungen, rückständige Position bei Syndicated

---

394 Hierzu und im folgenden laut Interviewergebnisse.
395 Vgl. auch Commerzbank (2001A), S. 27.
396 Vgl. auch Commerzbank (2001A), S. 27.
397 Laut Interviewergebnisse.
398 Vgl. Commerzbank (1999A), S. 25 sowie Commerzbank (2000A), S. 41.
399 Laut Interviewergebnisse.
400 Laut Interviewergebnisse. Diese Gruppen sind Teil der dort angesiedelten kommerziell orientierten Auslandseinheiten. Sie reichen, wie bereits erläutert, in Gang gesetzte Transaktionen an die in London und Frankfurt angesiedelten Spezialistengruppen weiter bzw. ziehen diese hinzu.

Loans in Europa). Angesichts dessen stellen die Marktdurchdringungsstrategien, mit denen die Stoßrichtung Wachstum im vorliegenden Fall konkretisiert wird, situativ angemessene Handlungsalternativen dar. Da die Geschäftsfeldstrategie die ermittelten Defizitbereiche zudem in direkter Weise anvisiert, läßt sich insgesamt von Stimmigkeit zur Basisstrategie sprechen. Dies gilt auch in bezug auf die getroffene Prioritätensetzung hinsichtlich der Aktivitäten in den verschiedenen Weltregionen.

IV.2.4.4.4 DG Bank

Auch die DG Bank setzt im Structured Finance auf Wachstum, wenngleich sie diesem Feld im Verhältnis zu aktienorientierten Geschäften nachgeordnete Priorität zuweist.[401] Im Rahmen dieser Stoßrichtung will die DG Bank Marktdurchdringungsstrategien beschreiten.

- In bezug auf den Inlandsmarkt (MD_1) setzt diese Strategie derzeit Prioritäten im Segment Asset-Backed-Finance und der dortigen Zielkundengruppe des genossenschaftlichen Finanzverbundes.[402] Im Bereich Akquisitionsfinanzierungen sollen auch die Vermarktungsbemühungen an den Mittelstand verstärkt werden, bei dem die DG Bank neben der Finanzierungsumsetzung auch die Wertschöpfungssegmente Akquisition und Beratung/ Strukturierung präsenzintensiv abdecken will.

- Die auslandsbezogene Marktdurchdringungsstrategie (MD_2) stellt darauf ab, bei Projekt- und großvolumigen Akquisitionsfinanzierungen in weiter zunehmendem Maße Führungs- und Mitführungsmandate in allen relevanten, auch ex-euopäischen Weltregionen zu gewinnen.[403] Zusätzlich will die DG Bank ihre akkumulierte Expertise bei Asset-Backed-Finanzierungen fortgesetzt intensiv auch an Mitglieder der genossenschaftlichen Bankengruppe im europäischen Ausland vermarkten.[404] Das in Abschnitt IV.2.4.1 angeführte Beispiel der „Rural Hipotecario" hat hierbei Modellcharakter für weitere Transaktionen im In- und Ausland.

Wendet man die Empfehlungen einer internationalen Nischenstrategie mit Europafokus auf die Ausgangslage der DG Bank im Feld Structured Finance an, läßt dies zum einen eine

---

401 Laut Interviewergebnisse.
402 Vgl. hierzu auch DG Bank (2001), S. 7.
403 Laut Interviewergebnisse. Vgl. hierzu auch DG Bank (2001), S. 14; DG Bank (2000), S. 16.
404 Vgl. hierzu und im folgenden DG Bank (2001), S. 7.

Überstreuung der geographischen Ausdehnung der Geschäftstätigkeit, zum anderen Entwicklungsbedarf in marktpositionsbezogener Hinsicht in allen Weltregionen erkennen. Im Hinblick auf die Basisstrategie wäre vor diesem Hintergrund zunächst und primär eine geographische Rückzugsstrategie unter Schwerpunktsetzung in Europa angeraten. Ihr Aufgreifen könnte im Zuge einer Konzentration der Ressourcen auch zu einer Erhöhung der dortigen Präsenzintensität und Verbesserung der Stoßkraft beitragen. In diesem Sinne sind die gewählten Wachstumsstrategien zwar insofern stimmig, als sie auf zentrale Defizitbereiche in marktpositionsbezogener Hinsicht ausdrücklich Bezug nehmen. Aus Sicht der Basisstrategie sind sie jedoch in geographischer Hinsicht zu breit angelegt.

IV.3 Zwischenbilanz: Zusammenfassung der Untersuchungsergebnisse

Gegenstand der Analyse in **Kapitel IV** repräsentierten die Geschäftsfeldstrategien, die als Gesamtkomplex die zweite Komponente einer Investment-Banking-Strategie abbilden. Teil eins befaßte sich aus einer theoretischen Perspektive mit dem Spektrum an strategischen Optionen, das im Rahmen der Strategieformulierung auf dieser Ebene zur Disposition steht. In Teil zwei wurden die Strategien der fokalen deutschen Banken in zentralen Geschäftsfeldern offengelegt und im Kontext der strategischen Ausgangspositionen und gewählten Basisstrategien beleuchtet.

Ausgehend von einer Einordnung in den Gesamtkontext der Investment-Banking-Strategie wurden in **Abschnitt IV.1** mit den *strategischen Stoßrichtungen* Wachstum, Stabilisierung und Schrumpfung zunächst Grundtypen von Geschäftsfeldstrategien aufgezeigt und anhand der Portfolio-Konzepte Bedingungen ihres situativ vorteilhaften Einsatzes herausgearbeitet.
Im Vorfeld einer Beleuchtung der Teilspektren an strategischen Optionen, die zur Konkretisierung der drei Stoßrichtungspfade zur Disposition stehen, galt es zunächst, das Bezugsobjekt der Strategieformulierung auf dieser Ebene abzugrenzen. Hierzu wurde das Modell des *Geschäftsfeldwürfels* präsentiert. In umfassender Definition beschreiben seine drei Dimensionen das Spektrum an Möglichkeiten eines Engagements in dem betreffenden Geschäftsfeld – und somit das Entscheidungsfeld der Strategieformulierung auf dieser Ebene. Die Breitendimension bringt alle möglichen Tätigkeitssegmente innerhalb eines Geschäftsfeldes zum Ausdruck, die Tiefendimension alle geschäftsspezifisch relevanten Kundengruppen und die Höhendimension Ländermärkte, in denen sich Ertragspotentiale lokalisieren lassen. Dagegen beschreibt die aktuelle Ausprägung des Würfels bzw. der Aktivitäten in den drei Dimensionen die *produkt-markt-strategische Ausgangsposition* eines Anbieters in einem Geschäftsfeld. Hier knüpfen die zu formulierenden *stoßrichtungsspezifischen Entwicklungsstrategien* an:

- *Wachstumsstrategien* beschreiben Wege der Ausdehnung der bestehenden Geschäftsfeldtätigkeit, über die dem „Ist-Würfel" ein größeres Volumen verliehen wird. Hierzu bieten sich die Optionen einer intensivierten Marktbearbeitung zur Erhöhung des Marktanteils (Marktdurchdringung/ MD), der Angliederung neuer Leistungssegmente

(Produktentwicklung/ PE) oder der Erschließung neuer Märkte (Marktentwicklung/ ME). Letzteres kann die Ansprache neuer Abnehmergruppen (ME^A) oder die Expansion in neue geographische Märkte umfassen (ME^G). Diese prinzipiell kombinationsfähigen Optionen können sich sowohl auf Inlands- (MD_1, ME_1, PE_1) als auch Auslandsmärkte (MD_2, ME_2, PE_2) beziehen.

- *Schrumpfungsstrategien* beschreiben den unternehmerisch geplanten Rückzug aus besetzten Leistungs-, Marktsegmenten und/ oder Ländermärkten eines Geschäftsfeldes und resultieren in einer Verkleinerung des bestehenden Würfels. Entsprechend umfaßt das Spektrum an stoßrichtungsspezifischen Entwicklungsstrategien hier die Optionen des angebots-, abnehmerbezogenen und geographischen Rückzugs sowie des Ausstiegs aus dem Geschäftsfeld zur Gänze.
- *Stabilisierungsstrategien* wollen dagegen die bestehende Würfel-Konfiguration und die errungenen Marktanteile bewahren. Hier bieten sich die Optionen der Konsolidierung, die auf eine Erhöhung der internen Effizienz über Kapazitätsreduktion abstellt, oder jene eines Fortfahrens wie bisher (Haltestrategie).

Im Anschluß an eine Diskussion dieser strategischen Alternativen unter Gesichtspunkten des Investment Banking galt es, die *Verbindung zu der vorgelagerten Komponente der Investment-Banking-Strategie* herzustellen. Um einen Fit zur Basisstrategie zu erzeugen, erfordert die strategische Wahl auf Geschäftsfeldebene eine Abstimmung mit den basisstrategiespezifischen Anforderungen der in produkt-markt- und marktpositions-bezogener Hinsicht. Daher wurden zunächst Aspekte der strategischen Wahl im Hinblick auf die Basisstrategie vor dem Hintergrund gegebener Ausgangslagen in Geschäftsfeldern beleuchtet. Auf Basis dieser Ergebnisse galt es abschließend Überlegungen zur situativen Relevanz der Optionen des Strategiespektrums im Lichte basisstrategischer Neu-orientierungen anzustellen.

Abschnitt IV.2 widmete sich einer Analyse der Geschäftsfeldstrategien der fokalen deutschen Banken und des Kontextes ihrer Formulierung. In vier Abschnitten wurden die Felder *M&A*, *Eigenkapital-*, *Anleihefinanzierungen* und *Structured Finance* untersucht. Unter Bezugnahme auf den Geschäftsfeldwürfel galt es in jedem Abschnitt zunächst, die *produkt-markt-strategischen Ausgangspositionen* zu spezifizieren und im Lichte der diesbezüglichen Maßgaben der gewählten Basisstrategien zu beleuchten. Eine Marktanalyse vermittelte im Anschluß einen Überblick über die *aktuellen Marktpositionen* der Banken in dem betreffenden Geschäftsfeld. Diese galt es sodann – um weitere Anhaltspunkte zu Art und Umfang des vorliegenden Handlungsbedarfs zu gewinnen – an den basisstrategiespezifischen Anforderungsprofilen in marktpositionsbezogener Hinsicht zu messen. Mit der *Offenlegung der Stoßrichtungen und inhaltlichen Spezifikation der Entwicklungsstrategien* schloß jeder der vier Abschnitte ab. Mit den Abbildungen IV-48, IV-49, IV-50 und IV-51 wird in Kurzform ein Überblick über wesentliche Untersuchungsergebnisse vermittelt.

Abbildung IV-48 gewährt einen integrativen Überblick über die Stoßrichtungen der **Deutschen Bank** in den einzelnen Geschäftsfeldern des Investment Banking, die Entwicklungsstrategien, die hierbei zum Einsatz gebracht werden und ihre Schlüsselinhalte.[405] Um den Kontext der Geschäftsfeldstrategieformulierung zu spezifizieren, werden ergänzend die Ranglistenpositionen der Bank in den geschäftsfeldspezifisch relevanten League-Tables im Jahr 2000 mit ausgewiesen.

---

405 Anm. d. Verf.: Die in Abb. IV-48, IV-49, IV-50 und IV-51 genannten „Schlüsselinhalte" geben die vordringlichsten, jedoch nicht alle angeführten Aufgaben an, denen sich die Institute im Rahmen dieser Geschäftsfeldstrategie zuwenden wollen. Vgl. hierzu die Ausführungen in den Abschnitten IV.2.1.4, IV.2.2.4, IV.2.3.4, IV.2.4.4.

DEUTSCHE BANK

	MERGERS & AQUISITIONS						
Bezugsgebiet der Rangliste	D	Europa	USA	Global			
Ranglistenposition 2000	5	14	14	14			
Stärke / Schwäche	●	●	●	●			
Stoßrichtung (Priorität)	↑Wachstum↑ (Hohe Priorität)						
Entwicklungsstrategie(n)	~~MD~~		ME		PE		
	~~MD_1~~	~~MD_2~~	ME_1	ME_2	PE_1	PE_2	
Schlüsselinhalte	• Intensivierte Markt-bearbeitung zur Erhöhung der Marktdurchdringung in Deutschland, Europa un den USA mit besonderem Fokus auf den "mega-großen" Industrieunternehmen der Welt.						

	EIGENKAPITALFINANZIERUNGEN					
Bezugsgebiet der Rangliste	D_{gesamt}	D IPOs/ NM	EMEA	Asien/ Pazifik	Global	
Ranglistenposition 2000	1	3	3	-	5	
Stärke / Schwäche	★	★	★	●	☆	
Stoßrichtung (Priorität)	↑Wachstum↑ (Hohe Priorität)					
Entwicklungsstrategie(n)	~~MD~~		ME		PE	
	~~MD_1~~	~~MD_2~~	ME_1	ME_2	PE_1	PE_2
Schlüsselinhalte	• Intensivierung der Betreuung von Unternehmen der Dax-30-Kategorie und (v.a. Innovativen) Mid Caps in Deutschland. • Erhöhung der Marktdurchdringung in den USA, sowie in ausgewählten Ländermärkten der Region Asien/Pazifik mit Fokus auf die großen bzw. größten Industrieunternehmen der Welt • Intensivierte Marktbearbeitung zur Erhöhung des Marktanteils im Geschäft mit europäischen Mid Caps.					

	ANLEIHEFINANZIERUNGEN						
Bezugsgebiet der Rangliste	SFR Foreign bonds	OBP Eurobonds	Yen Eurobonds	All int'l US$ bonds	Eurobonds (all currencies)	All int'l bonds	All issues in Euros
Ranglistenposition 2000	3	6	10	9	3	4	1
Stärke / Schwäche	★	●	●	●	★	☆	★
Stoßrichtung	↑Wachstum↑ (Hohe Priorität)						
Entwicklungsstrategie(n)	~~MD~~		ME		PE		
	~~MD_1~~	~~MD_2~~	ME_1	ME_2	PE_1	PE_2	
Schlüsselinhalte	• Intensivierte Marktbearbeitung zur Erhöhung der Marktpräsenz im US-Dollar und bei US-amerikanischen Emittenten • Festigung und Ausbau der marktführenden Position bei Bondemissionen in Euro und bei Emittenten im Bezugsgebiet Europa auf höchstem Niveau						

Anleihen in Euro		
Souvereigns	1	★
Supranationals	6	●
Agencies	1	★
All Pfandbriefe	2	★
All Jumbo Pfandbriefe	1	★
Municipials & Cities	3	★
Financial Institutions	3	★
Corporates	1	★

	STRUCTURED FINANCE								
	Asset-Backed-Finance			Projektfinanzierung			Syndizierte Kredite		
Bezugsgebiet der Rangliste	$-ABS	Non$-ABS	Alle	EMEA	Americas	weltweit	EMEA	Americas	weltweit
Ranglistenposition 2000	9	4	8	5	5	8	4	6	5
Stärke / Schwäche	☆	★	☆	★	★	☆	★	☆	★
Stoßrichtung	↑Wachstum↑ (Hohe Priorität)								

mit "-" = keine Top-20-Plazierung in der Rangliste für Aktienprimärgeschäft in diesem Bezugsgebiet

★ Anforderungsprofil vollumfänglich erfüllt ☆ Mindestanforderungen erfüllt ● Nachholbedarf

Abb. IV-48: Geschäftsfeldstrategien der Deutschen Bank im Investment Banking im Kontext aktueller Marktpositionen und diesbezüglicher Stärken und Defizite

Die Güte der Marktpositionen im Hinblick auf das Anforderungsprofil einer Global-Player-Strategie ist anhand von Symbolen bezeichnet. Produkt-Markt-Segmente, in denen gemessen an den marktpositionsbezogenen Anforderungen der Basisstrategie Nachholbedarf zu verzeichnen ist, sind in Abb. IV-48 mit dem Symbol „●" gekennzeichnet. Jene, bei denen Mindestanforderungen erfüllt werden, jedoch noch gewisse Entwicklungsnotwendigkeiten bestehen, sind mit der Marke „☆" versehen.[406] Das Symbol „★" findet sich dort, wo den Anforderungen umfassend genügt wird.

In analoger Weise gewähren die Abbildungen IV-49 und IV-50 zusammenfassende Überblicke über die Geschäftsfeldstrategien von ***Dresdner KW*** und der ***Commerzbank*** in den fokalen Produkt-Markt-Bereichen unter Angabe von Stoßrichtungen, Entwicklungsstrategien und Schlüsselinhalten.

406 Anm. d. Verf.: Grundlage der Bewertung bilden jeweils die marktpositionsbezogenen Anforderungen der gewählten Basisstrategie. Vgl. hierzu Abb. IV-19, IV-33, IV-38 und IV-47.

Dresdner Kleinwort Wasserstein

	MERGERS & AQUISITIONS				EIGENKAPITALFINANZIERUNGEN				
Bezugsgebiet der Rangliste	D	Europa	USA*	Global*	D_{gesamt}	D IPOs/ NM	EMEA	Asien/ Pazifik	Global
Ranglistenposition 2000	8	10	6	7	3	3	9	10	13
Stärke / Schwäche	●	☆	★	★	★	★	☆	☆	
Stoßrichtung (Priorität)	↑ **Wachstum** ↑ (Hohe Priorität)				↑ **Wachstum** ↑ (Hohe Priorität)				
Entwicklungsstrategie(n)	~~MD~~ / ME / PE				~~MD~~ / ~~ME^G~~ / ~~PE~~				
	~~MD_1~~, ~~MD_2~~, ME_1, ME_2, PE_1, PE_2				~~MD_1~~, ~~MD_2~~, ME^G_1, ~~ME^G_2~~, Pe_1, ~~PE_2~~				
Schlüsselinhalte	• Kundengruppenübergreifende Intensivierung der Betreuung zur Erhöhung der Marktdurchdringung auf dem Heimatmarkt • Intensivierung der Marktbearbeitung bei den sog. "Elephants" in Westeuropa (v.a. Italien, Frankreich, Spanien, Großbritannien) mit höchster Priorität • Ausbau der Marktposition in den USA mit Fokus auf Großunternehmen in Einheit mit Wasserstein Perella				• Festigung der Position bei IPOs und Secondary Offerings im Heimatmarkt über alle relevanten Kundengruppen hinweg (Konzerne/MNU und Mid Caps, v.a. Mit "Neuer-Markt-Relevanz) • Intensivierung der Marktbearbeitung bei "Elephants" in Westeuropa (Italien, Frankreich, Spanien, Großbritannien), offensive Vermarktung der Spezialexpertise für den Neuen Markt an europäische Wachstumsfirmen aus Technologiebranchen • Entwicklung von IPO-Aktivitäten mit Wachstumsfirmen aus Technologiebranchen in den USA und Japan				

* in Einheit mit Wasserstein Perella

	ANLEIHEFINANZIERUNGEN						
Bezugsgebiet der Rangliste	SFR Foreign bonds	OBP Eurobonds	Eurodollar Straights	Emerging/ Nordic currencies	Eurobonds (all currencies)	All int'l bonds	All issues in Euros
Ranglistenposition 2000	-	10	10	-	12	12	9
Stärke / Schwäche	Diversifikation nach Währungen ☆				☆	☆	☆
Stoßrichtung	↑ **Wachstum** ↑ (Hohe Priorität)						
Entwicklungsstrategie(n)	~~MD~~ / ME / PE						
	~~MD_1~~, ~~MD_2~~, ME_1, ME_2, PE_1, PE_2						
Schlüsselinhalte	• Intensivierung der Marktpräsenz bei Bondemissionen in Euro bei sämtlichen relevanten Emittentengruppen (s. rechts) mit Fokus auf den besonders gewichtigen Gruppen Staaten, europäischen Gebietskörperschaften und Corporates • Intensivierung der Präsenz im US-Dollar						

Anleihen in Euro		
Souvereigns	-	●
Supranationals	-	●
Agencies	4	★
All Pfandbriefe	1	★
All Jumbo Pfandbriefe	3	★
Municipials & Cities	2	★
Financial Institutions	9	☆
Corporates	-	●

	STRUCTURED FINANCE								
	Asset-Backed-Finance			Projektfinanzierung			Syndizierte Kredite		
Bezugsgebiet der Rangliste	$-ABS	Non$-ABS	Alle	EMEA	Americas	weltweit	EMEA	Americas	weltweit
Ranglistenposition 2000	-	-	-	8	17	11	11	32	18
Stärke / Schwäche		●		★		★	●		
Stoßrichtung	↓ **Schrumpfung** ↓								
Entwicklungsstrategie(n)	angebotsbezogener Rückzug			Abnehmerbezogener Rückzug			~~geographischer Rückzug~~		
	Ausstieg								
Schlüsselinhalte	• Geographischer Rückzug aus sämtlichen Weltregionen und zugehörigen Ländermärkten außerhalb Europas: keine Beteiligung mehr an Projektfinanzierungen und Syndicated Loans für Kunden, die außerhalb der Kernregion Europa domizilieren								

mit "-" = keine Top-10-Plazierung in der Rangliste für Bond-Emissionen der betreffenden Währungs-/ Instrument-Kategorie

★ Anforderungsprofil vollumfänglich erfüllt | ☆ Mindestanforderungen erfüllt | ● Nachholbedarf

Abb. IV-49: Geschäftsfeldstrategien von Dresdner KW im Investment Banking im Kontext aktueller Marktpositionen und diesbezüglicher Stärken und Defizite

Um den Kontext der strategischen Wahl bei den genannten Banken zu erhellen, sind die Ranglistenpositionen in relevanten League-Tables im Jahr 2000 sowie diesbezügliche Stärken und Defizite im Lichte einer internationalen Full-Service-Strategie mit Europafokus pro Geschäftsfeld mit ausgewiesen. Die Beurteilungskategorien sind den Anforderungen einer Basisstrategie mit Europafokus angepaßt und unterscheiden sich daher in Teilen von den in Abb. IV-48 verwendeten.[407]

[407] Anm. d. Verf.: Die Schattierung einzelner Felder in den Beurteilungszeilen in den Abb. IV-49, IV-50 und IV-51 soll anzeigen, daß in diesen Produkt-Markt-Segmenten Präsenzintensität im Hinblick auf die Basisstrategie nicht erforderlich ist. Vor diesem Hintergrund erfolgt auch keine Bewertung, es sei denn, es wird über außergewöhnliche Stärken verfügt.

Commerzbank

MERGERS & AQUISITIONS

Bezugsgebiet der Rangliste	D	Europa	USA	Global
Ranglistenposition 2000	-	-	-	-
Stärke / Schwäche	●	●		
Stoßrichtung (Priorität)	↑Wachstum↑ (Hohe Priorität)			
Entwicklungsstrategie(n)	~~MD~~: ~~MD_1~~, ~~MD_2~~	ME: ME_1, ME_2	~~PE~~: ~~PE_1~~, ~~PE_2~~	
Schlüsselinhalte	• Offensive Vermarktung dieser Produktgruppe an mittelständische Unternehmen in Deutschland und Europa • Vervollständigung der Produktpalette im In- und westeuropäischen Ausland ausgehend von den Basics			

EIGENKAPTIALFINANZIERUNGEN

Bezugsgebiet der Rangliste	D_{gesamt}	D IPOs/ NM	EMEA	Asien/ Pazifik	Global
Ranglistenposition 2000	5	3	19	13	-
Stärke / Schwäche	☆	★	●	●	
Stoßrichtung (Priorität)	↑Wachstum↑ (IPOs mit höchster Priorität)				
Entwicklungsstrategie(n)	~~MD~~: ~~MD_1~~, ~~MD_2~~	~~ME^o~~: ME^o_1, ~~ME^o_2~~	~~PE~~: Pe_1, ~~PE_2~~		
Schlüsselinhalte	• Ausbau der Stärke bei IPOs und Intensivierung des Aktienprimärgeschäfts mit Großkunden im Heimatmarkt • (Fort-) Entwicklung des IPO-Geschäfts an den Wachstumsmärkten der europäischen Börsen (z.B. Nouvo Mercato). Intensivierung der Marktbearbeitung bei Großunternehmen in Westeuropa • Weiterentwicklung des Primärgeschäfts mit Großkunden in den USA und Japan				

ANLEIHEFINANZIERUNGEN

Bezugsgebiet der Rangliste	SFR Foreign bonds	OBP Eurobonds	Polish Zloty Eurobonds	Czech Koruna Eurobonds	Eurobonds (all currencies)	All Int'l bonds	All issues in Euros
Ranglistenposition 2000	-	-	7	2	18	16	12
Stärke / Schwäche	Diversifikation nach Währungen ☆				●	●	●
Stoßrichtung	↑Wachstum↑ (Hohe Priorität)						
Entwicklungsstrategie(n)	~~MD~~: ~~MD_1~~, ~~MD_2~~	~~ME~~: ~~ME^*_1~~, ~~ME^*_2~~, ME^o_1, ~~ME^o_2~~	~~PE~~: ~~PE_1~~, ~~PE_2~~				
Schlüsselinhalte	• Intensivierung der Marktbearbeitung bei sämtlichen bearbeiteten Kundengruppen im bestehenden Geschäftsgebiet Westeuropa mit Fokus auf Emissionen in Euro • Erschließung der Kundengruppe "Corporates" im In- und europäischen Ausland bei gleichzeitigem Aufbau der zugehörigen Produktexpertise • Erweiterung des Produkt-Markt-Programms um Anleihen in weiteren Fremdwährungen (und entsprechende ausländische Schuldner), darunter ggf. auch ausgewählte Emerging Markets (bzw. Currencies)						

Anleihen in Euro		
Souvereigns	-	●
Supranationals	-	●
Agencies	-	●
All Pfandbriefe	3	★
All Jumbo Pfandbriefe	2	★
Municipials & Cities	8	☆
Financial Institutions	-	●
Corporates	-	●

STRUCTURED FINANCE

	Asset-Backed-Finance			Projektfinanzierung			Syndizierte Kredite		
Bezugsgebiet der Rangliste	\$-ABS	Non\$-ABS	Alle	EMEA	Americas	weltweit	EMEA	Americas	weltweit
Ranglistenposition 2000	-	-	-	18	39	25	23	11	15
Stärke / Schwäche		●		●			●		
Stoßrichtung	↑Wachstum↑ (nachgeordnete Priorität im Verhältnis zu o.g. Wachstumsfeldern)								
Entwicklungsstrategie(n)	~~MD~~: ~~MD_1~~, ~~MD_2~~			ME: ME_1, ME_2			PE: PE_1, PE_2		
Schlüsselinhalte	• Ausbau der Präsenzintensität im bestehenden Produkt-Markt-Feld über intensivierte Marktbearbeitung, dabei starkes Forcieren des jungen Bereichs "Asset Securitization", Fortentwicklung der Präsenzintensität in den Bereichen Structured Acquisition Finance, Projektfinanzierung und syndizierte Kredite • Im Heimatmarkt leistungssegmentübergreifender Ausbau der Marktpräsenz über alle bestehenden und relevanten Kundengruppen hinweg, bei Akquisitionsfinanzierungen und syndizierten Krediten gezielt auch bei größeren Mid Caps • Auf internationaler Ebene Ausbau der Präsenzintensität im Schwerpunktgebiet Europa, Weiterentwicklung des Structured-Finance-Geschäfts in den USA und selektiv in der Region Asien / Pazifik								

mit "-" = keine Top-20-Plazierung in den Ranglisten für das M&A- und Aktienprimärgeschäft in diesem Bezugsgebiet bzw. Keine Top-10 Plazierung in den Ranglisten für Bond Emissionen der betreffenden Währungs- / Instrument Kategorie

★ Anforderungsprofil vollumfänglich erfüllt ☆ Mindestanforderungen erfüllt ● Nachholbedarf

Abb. IV-50: Geschäftsfeldstrategien der Commerzbank im Investment Banking im Kontext aktueller Marktpositionen und diesbezüglicher Stärken und Defizite

Abbildung IV-51 nimmt Bezug auf die strategische Wahl der ***DG Bank*** hinsichtlich Stoßrichtungen und Entwicklungsstrategien in den Geschäftsfeldern des Investment Banking und spezifiziert ihre Schlüsselinhalte. Die Überblicke über die in 2000 erreichten Ranglistenpositionen in relevanten League-Tables und die diesbezüglichen Stärken und Defizitbereiche im Lichte der Anforderungen einer internationalen Nischenstrategie mit Europafokus erläutern den Kontext der strategischen Wahl.

DG Bank

	MERGERS & AQUISITIONS						Eigenkapitalfinanzierungen					
Bezugsgebiet der Rangliste	D		Europa		USA	Global	D_{gesamt}		D/IPOs NM	EMEA gesamt		EMEA IPOs
Ranglistenposition 2000	-		-		-	-	7		1	-		20
Stärke / Schwäche	●		●				●		●			●
Stoßrichtung (Priorität)	↑Wachstum↑ (Hohe Priorität)						↑Wachstum↑ (höchste Priorität)					
Entwicklungsstrategie(n)	~~MD~~		ME		PE		~~MD~~		~~ME°~~		~~PE~~	
	~~MD₁~~	~~MD₂~~	ME₁	ME₂	PE₁	PE₂	~~MD₁~~	MD₂	ME°₁	~~ME°₂~~	Pe₁	~~PE₂~~
Schlüsselinhalte	• Intensivierte Marktbearbeitung zur Erhöhung der Marktdurchdringung im bearbeiteten Produkt-Markt-Feld • (= Beratung deutscher mittelständischer Unternehmen bei Kauf / Verkaufs-transaktionen und Fusionen)						• Fortgesetzter Ausbau des Marktanteils im deutschen IPO-Geschäft (nicht nur "Neuer-Markt-bezogen"); Intensivierung der Präsenz bei deutschen Großkunden, um vermehrt Führungsmandate zu gewinnen • Erschließung europäischer Ländermärkte mit Fokus auf Wachstumsfirmen aus Technologiebranchen, um diese für IPOs am Neuen Markt zu gewinnen					

	ANLEIHEFINANZIERUNGEN					
Bezugsgebiet der Rangliste	SFR Foreign bonds	OBP Eurobonds	Emerging Nordic currencies	Eurobonds (all currencies)	All int'l bonds	All issues in Euros
Ranglistenposition 2000	-	-	-	23	22	17
Stärke / Schwäche	Diversifikation nach Währungen ●					
Stoßrichtung	↑Wachstum↑ (Hohe Priorität)					
Entwicklungsstrategie(n)	~~MD~~		~~ME°~~		~~PE~~	
	~~MD₁~~	~~MD₂~~	ME°₁	~~ME°₂~~	PE₁	~~PE₂~~
Schlüsselinhalte	• Intensivierte Marktbearbeitung zur Erhöhung der Marktdurchdringung innerhalb des verengten Zielemittentenspektrums im In- und europäischen Ausland mit besonderem Fokus auf europäische Gebiets-körperschaften und Corporates (hohes Potential); offensive Vermarktung der Stärke bei Pfandbriefen • Erweiterung des Produkt-Markt-Programms um Anleihen in Fremdwährung und die entsprechenden, ausländischen Schuldner, darunter z.B. ausgewählte Emergings Currencies, auch SFR oder GBP					

Anleihen in Euro		
Souvereigns	-	●
Supranationals	-	
Agencies	-	
All Pfandbriefe	4	★
All Jumbo Pfandbriefe	5	★
Municipials & Cities	-	●
Financial Institutions	-	●
Corporates	-	●

	STRUCTURED FINANCE								
	Asset-Backed-Finance			Projektfinanzierung			Syndizierte Kredite		
Bezugsgebiet der Rangliste	\$-ABS	Non\$-ABS	Alle	EMEA	Americas	weltweit	EMEA	Americas	weltweit
Ranglistenposition 2000	-	-	-	55	45	71	39	-	-
Stärke / Schwäche		●		●			●		
Stoßrichtung	↑Wachstum↑ (nachgeordnete Priorität im Verhältnis zu aktienorientierten Tätigkeiten)								
Entwicklungsstrategie(n)	~~MD~~			ME			PE		
	~~MD₁~~		~~MD₂~~	ME₁		ME₂	PE₁		PE₂
Schlüsselinhalte	• Offensive Vermarktung der Expertise bei Asset-Backed-Finanzierungen an Mitglieder des genossenschaftlichen Finanzverbundes im In- und europäischen Ausland; Intensivierte Marktbearbeitung des Mittelstandssegmentes zur Stärkung der Präsenz im Akquisitionsfinanzierungsgeschäft mit dieser Gruppe in Deutschland und Europa • Forcierter Ausbau der Präsenz bei Großkunden in den Segmenten Projekt- und Akquisitionsfinanzierungen in Europa, USA und selektiv in Fernost unter zunehmender Konzentration auf (Mit-) Führungsmandate								

mit "-" = keine Top-20-Plazierung in den Ranglisten für das M&A- und Aktienprimärgeschäft in diesem Bezugsgebiet bzw. Keine Top-10 Plazierung in den Ranglisten für Bond Emissionen der betreffenden Währungs- / Instrument Kategorie

★ Anforderungsprofil vollumfänglich erfüllt ☆ Mindestanforderungen erfüllt ● Nachholbedarf

Abb. IV-51: Geschäftsfeldstrategien der DG Bank im Investment Banking im Kontext aktueller Marktpositionen und diesbezüglicher Stärken und Defizite

Welche strategischen Handlungsoptionen den fokalen deutschen Banken im Rahmen der *Umsetzung* der gewählten Stoßrichtungen und Entwicklungsstrategien offenstehen und welche Pfade sie tatsächlich planen einzuschlagen, wird nachfolgend in **Kapitel V** untersucht, das sich mit der dritten Komponente einer Investment-Banking-Strategie befaßt.

Teil V: Strategien der Realisierung: Wege zum Wandel im Investment Banking

Hat sich die Bank über die Auswahl einer Basisstrategie im Spannungsfeld zwischen Global Player und Nationalem Spezialisten mit klarem Profil in der Investment-Banking-Branche positioniert und sind im Zuge der Formulierung der Geschäftsfeldstrategien die produkt-markt- und kapazitätsmäßigen Entwicklungsrichtungen der Geschäftsfelder im Investment Banking definiert und inhaltlich spezifiziert, stellt sich ein drittes strategisches Entscheidungsproblem: Wie können die mit der Basisstrategie im generellen und den Geschäftsfeldstrategien im speziellen bezweckten Veränderungsprozesse erzeugt werden?

Diese Frage beantwortet das Spektrum an Strategien der Realisierung, das im Zentrum des abschließenden Planungsschrittes im Zusammenhang mit der Formulierung einer tragfähigen Investment-Banking-Strategie steht. Einsichtig ist, daß hiermit erst im Anschluß an die Basis- und Geschäftsfeldstrategieformulierung begonnen werden kann, da zunächst feststehen muß, ob und welche Veränderungen umzusetzen sind.[1] In Abhängigkeit von der Art des zu bewältigenden Wandels, den die Stoßrichtungen anzeigen, kommen verschiedene Bündel an Handlungsoptionen in Betracht. Zur Umsetzung der verschiedenen Entwicklungsstrategien auf Geschäftsfeldebene sind jedoch nicht alle Methoden der Teilspektren in jeweils gleichem Maße geeignet, wie zu zeigen sein wird. Dies verdeutlicht einmal mehr, daß der Inhalt der vorgelagerten Komponente der Investment-Banking-Strategie jederzeit zur verbindlichen Grundlage der Realisierungsstrategieplanung gemacht werden muß. Nur auf diese Weise bleibt die Konsistenz des Gesamtkonzeptes gewährleistet.

Die Strategien der Realisierung bilden als Gesamtkomplex die dritte, jedoch nicht minder bedeutende Komponente einer Investment-Banking-Strategie ab. Hier geht es darum, die praktische Umsetzung der analytisch gewonnenen Handlungsorientierung planerisch vorzubereiten. Es besteht ein bereits enger Bezug zu konkreten, zukünftigen Maßnahmen. Im Formulierungsprozeß gilt es situativ relevante Methoden zu identifizieren und inhaltlich zu

---

[1] Vgl. hierzu auch Baas, V. (1998), S. 723.

spezifizieren. Dabei sind die im Lichte der Geschäftsfeldstrategien zweckmäßigen Handlungsalternativen mit den im Hinblick auf die In- und Umfeldbedigungen Möglichen in Einklang zu bringen. Diesem Abstimmungsprozeß kommt insofern höchste Bedeutung zu, als hiermit die Voraussetzungen für eine tatsächlich erfolgreiche Umsetzung des Wandels, den die Basis- und Geschäftsfeldstrategien vorsehen, erst geschaffen werden.

Ausgehend von dieser Einordnung in den Gesamtkontext der Investment-Banking-Strategie befaßt sich Teil eins aus einer theoretischen Perspektive mit dem Spektrum an strategischen Optionen, die zur Umsetzung der intendierten produktmarkt- und kapazitätsbezogenen Veränderungen von Geschäftsfeldtätigkeiten eingesetzt werden können (V.1). Hierbei werden die Einzeloptionen spezifiziert, unter Gesichtspunkten des Investment Banking beleuchtet und auf Erfolgsfaktoren und ihre Zweckmäßigkeit zur Realisierung verschiedener Entwicklungsstrategien hin untersucht. Teil zwei wird sich mit den Strategien der Realisierung deutscher Banken auseinandersetzen (V.2).

V.1 Strategische Optionen der Realisierung im Spannungsfeld zwischen Autonomie und Kollaboration

Geht es um die Frage, mit welchen Methoden Veränderungsprozesse der Geschäftstätigkeit erzeugt werden können, dominieren im Schrifttum Konzepte zur Realisierung von Wachstum.[2] Mit einer ausschließlichen Fokussierung auf diese Methoden wäre freilich das Spektrum an Veränderungsstrategien unzulässig eingeengt. Ein Bezugsrahmen zur Konzeptionierung von Investment-Banking-Strategien sollte auch in der Lage sein zu beantworten, welche Optionen Wettbewerbern im Kontext der Realisierung anderer Stoßrichtungen zur Disposition stehen. Da sich der zu bewältigende Wandel bei Stabilisierungsstrategien jedoch vergleichsweise gering ausnimmt und – soweit anfallend – eher unproblematisch durch Kapazitätsreduktionen umsetzen läßt,[3] erscheint es gerechtfertigt, im folgenden auf Alter-

---

[2] Vgl. zu alternativen Methoden der Realisierung von Wachstum beispielsweise Welge, M./ Al-Laham (1992), S. 307ff.; Johnson, G, Scholes, G. (1997), S. 306ff.; Bea, F./ Haas, J. (1995), S. 160ff. oder auch Capron, L./ Mitchell, W./ Oxley, J. (2000), S. 6ff.

[3] Anm. d. Verf.: Stabilisierungsstrategien wollen keinerlei Veränderung an der produkt-markt-Konfiguration der Geschäftsfeldtätigkeit vornehmen. Während Haltestrategien darüber hinaus auch an Art und Umfang

nativen der Realisierung der ***Stoßrichtungen*** *Wachstum* und *Schrumpfung* zu fokussieren, die für die Investment-Banking-Branche besonderen Anschauungscharakter besitzen.

Anknüpfend an die Frage, ob die notwendigen produkt-markt- und Kapazitätsveränderungen *autonom* oder *kollaborativ*, d.h. im gemeinschaftlichen Vorgehen mit anderen am Markt etablierten Unternehmen vorgenommen werden sollen, wird zum Zwecke einer Systematisierung möglicher Handlungsalternativen weiterhin nach dem ***Grad der Eigenständigkeit*** im Realisierungsprozeß unterschieden.[4] Im Gegensatz zu autonomen Strategien hängt der Erfolg kollaborativer Strategien wesentlich von der positiven Mitwirkung des gewählten Partners ab.

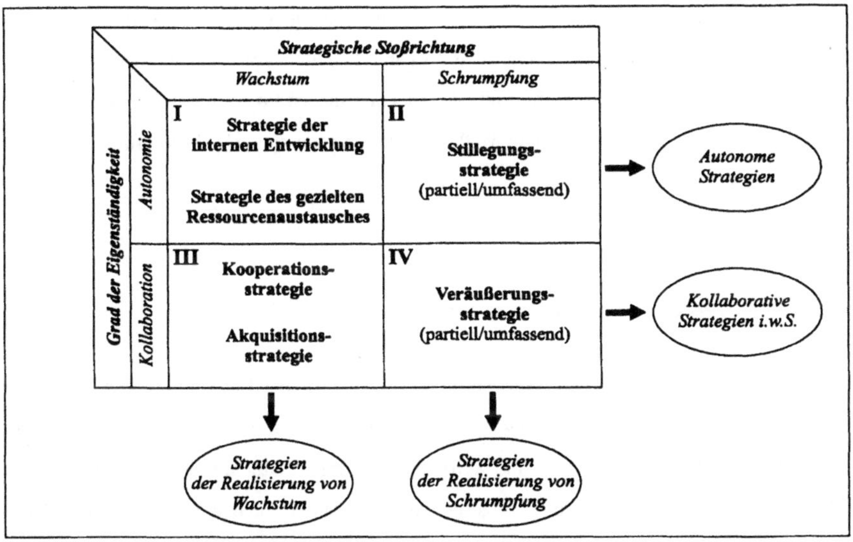

Abb. V-1: Strategische Handlungsoptionen zur Realisierung von Wachstum und Schrumpfung

---

der eingesetzten Potentiale festhalten wollen, sehen Konsolidierungsstrategien eine kapazitätsmäßige „Gesundschrumpfung" von Geschäftsfeldern z.B. auf die kritische Masse an Mitarbeitern vor. Diese reine Kapazitätsreduktion wird über Freisetzung von Personal und Abbau sonstiger Potentiale umgesetzt. Bei sich verschlechternden Umfeldbedingungen ist im Investment Banking eine äußerst zügige Realisierung die Regel, wie bereits in Abschnitt IV.1.2.2 angesprochen. Zu Chancen, möglichen Problemfeldern von Entlassungen im Rahmen des „Downsizings" und Schlüsselaufgaben in diesem Kontext gilt im wesentlichen das in Abschnitt V.1.2 zur Stillegung Auszuführende analog.

4 Vgl. zur Differenzierung von Handlungsoptionen der Realisierung nach dem Kriterium Autonomie oder Kooperation Hahn D. (1999), S. 8f. sowie – allerdings in Beschränkung auf Optionen zur Realisierung von Wachstum – Bea, F./ Haas, J. (1995), S. 160f. Vgl. hierzu analog Kutschker, M. (1992), S. 500, der Varianten der Eintrittstrategie in neue Auslandsmärkte nach dem Kriterium der Eigenständigkeit bzw. Grad der Mitwirkung anderer differenziert.

In Abbildung V-1, die mögliche Handlungsoptionen zur Umsetzung intendierten Wandels zusammenfassend ausweist, sind beide Dimensionen kombiniert.[5]

Zu bemerken bleibt, daß die strategische Wahl von Geschäftsfeld zu Geschäftsfeld variieren kann, aber nicht muß. Denkbar ist auch, daß ein Anbieter bei der Umsetzung der intendierten geschäftsfeldspezifischen Veränderungsprozesse mehrere stoßrichtungskongruente Handlungsoptionen gleichzeitig ergreift.

Die Matrix in Abb. V-1 spannt das Feld für die im folgenden durchzuführende Untersuchung des Spektrums an Veränderungsstrategien im Kontext des Investment Banking auf. Hierbei rücken zunächst die in den Quadranten I und III angesiedelten Optionen zur Realisierung von Wachstum in den Mittelpunkt (Abschnitt V.1.1). Anschließend wird das in den Quadranten II und IV versammelte Teilspektrum an Methoden zur Umsetzung von Schrumpfung untersucht (Abschnitt V.1.2).

V.1.1 Strategien der Realisierung von Wachstum

Strategien der Realisierung von Wachstum kam im Investment Banking der letzten Dekade eine außerordentlich hohe praktische Relevanz zu – befand sich doch die überwiegende Mehrzahl der Anbieter dauerhaft und aktivitätsübergreifend auf dem Expansionspfad. Daß dieser Prozeß vielfach noch nicht abgeschlossen ist, lassen auch die aktuellen Geschäftsfeldstrategien deutscher Banken erkennen, die die Produkt-Markt-Bereiche nahezu ausnahmslos zu Wachstumsfeldern erklären und vielfach über die bestehenden Grenzen

---

[5] Vgl. zu den verschiedenen Handlungsalternativen zur Realisierung von Wachstum Welge, M./ Al-Laham, A. (1992), S. 307ff.; Steinmann, H./ Schreyög, G. (1993), S. 197f.; Bea, F./ Haas, J. (1995), S. 160ff.; Johnson, G, Scholes, G. (1997), S. 306ff.; Capron, L./ Mitchell, W./ Oxley, J. (2000), S. 6ff. Vgl. zu Strategien der Realisierung von Schrumpfung Meffert, H. (1984), S. 63; Trautmann, M. (1993), S. 167ff.; Johnson, G./ Scholes, K. (1997), S. 306. Ohne allerdings eine weitere Konkretisierung vorzunehmen, nennen letztgenannte Autoren als einzige Option die Abstoßung („Disposal"). Nach Sichtung der relevanten Literatur bleibt festzuhalten, daß diese Stoßrichtung im Hinblick auf Realisierungsmöglichkeiten insgesamt nur wenig operationalisiert ist. Für die Zwecke der vorliegenden Untersuchung soll zwischen den aufgezeigten Optionen differenziert werden, die nach Expertenangaben relevante Handlungsalternativen für Wettbewerber der Investment-Banking-Branche darstellen. Laut Interviewergebnisse.

hinaus auszudehnen suchen. Daher erscheint es geboten, das Teilspektrum an Handlungsalternativen zur Realisierung dieser Stoßrichtung besonders intensiv zu beleuchten.

Im Kontext autonomen Wachstums auf Stand-alone-Basis (Quadrant I) lassen sich zwei bedeutende strategische Alternativen danach unterscheiden, ob zur Realisierung von Wachstum ausschließlich bestehende Potentiale des Unternehmens aktiviert werden oder eine Eingliederung außerbetrieblicher („externer") Ressourcen erfolgt.[6] Die erstgenannte Variante beschreibt den Impetus von Strategien der internen Entwicklung (Abschnitt V.1.1.1), für die Literatur und Praxis auch Bezeichnungen wie „organisches" oder „internes Wachstum" kennen.[7] Hiervon abzugrenzen sind Strategien des gezielten Ressourcenaustausches (Abschnitt V.1.1.2), die aus Sicht des Ressourcenkriteriums zu den „externen" Strategien zählen, da hierbei der bestehenden Ressourcenbasis neue hinzutreten.[8] Dies gilt ebenso für die Optionen des Teilspektrums kollaborativer Lösungen (Quadrant III), das Kooperations- (Abschnitt V.1.1.3) und Akquisitionsstrategien (Abschnitt V.1.1.4) umfaßt.[9]

Die Komponenten dieses Strategiespektrums werden im folgenden auf Inhalt, empirische Relevanz im Investment Banking, Einsatzmöglichkeiten zur Realisierung verschiedener Wachstumsstrategien, Erfolgsfaktoren und strategiespezifische Vor- und Nachteile untersucht. In der getrennten Darstellung soll jedoch keinesfalls zum Ausdruck kommen, daß sich die Handlungsalternativen gegenseitig ausschließen. Sie können einzeln oder parallel zur Anwendung kommen.

---

6 Vgl. zu dieser Unterscheidung Capron, L./ Mitchell, W./ Oxley, J. (2000), S. 6f.

7 Anm. d. Verf.: Die Abgrenzung intern/ extern bezieht sich auf die Frage, ob im Realisierungsprozeß ausschließlich Potentiale des eigenen Unternehmens aktiviert werden (internes Wachstum) oder eine An- oder Eingliederung fremder Potentiale erfolgt (externes Wachstum). Kooperationen und Akquisitionen bilden daher wesentliche Handlungsoptionen im Rahmen „externen" Wachstums. Vgl. hierzu Welge, M./ Al-Laham, A. (1992), S. 307f.

8 Vgl. zu dieser Strategie Capron, L./ Mitchell, W./ Oxley, J. (2000), S. 7.

9 Vgl. Welge, M./ Al-Laham, A. (1992), S. 307f.

V.1.1.1 Strategie der internen Entwicklung

Strategien der internen Entwicklung suchen danach, Wachstum ausschließlich im Wege der Aktivierung und Förderung eigener Potentiale, also durch Ressourcen, die bereits im Unternehmen vorhanden sind, zu erzeugen.[10] Da qualifizierte Mitarbeiter die besonders kritischen „Produktionskapazitäten“ einer Investment Bank darstellen,[11] werden hierbei regelmäßig Human-, und die hiermit assoziierten Know-how- und sonstigen Fähigkeitenpotentiale im Mittelpunkt stehen.
Mit dieser Autonomiestrategie werden sich die folgenden Ausführungen befassen. Dabei stellt sich zunächst die Frage nach ihrer Bedeutung im Investment Banking und – um eine Verbindung zu der direkt vorgelagerten Komponente der Investment-Banking-Strategie herzustellen – nach ihrer Zweckmäßigkeit zur Realisierung verschiedener Wachstumsstrategien (Abschnitt V.1.1.1.1). Sodann wird untersucht, an welche Erfolgsvoraussetzungen diese Wachstumsmethode knüpft und welche Schlüsselaufgaben hierbei zu bewältigen sind (Abschnitt V.1.1.1.2). Zum Abschluß werden allgemeine Vor- und Nachteile von Strategien der internen Entwicklung als Option zur Realisierung von Wachstum erörtert (Abschnitt V.1.1.1.3).

V.1.1.1.1 Empirische Relevanz und Einsatzmöglichkeiten im Rahmen von Wachstumsstrategien

Die meisten Firmen im Investment Banking setzen bei der Fortentwicklung ihrer Geschäftsfeldtätigkeiten (auch) auf eine interne Entwicklung durch Aktivierung der vorhandenen Potentiale.[12] Der Kontext, in dem diese strategische Option für gewöhnlich Anwendung findet, und die ihr zugrundeliegende Intention lassen sich an einem Beispiel veranschaulichen. So äußert z.B. Dresdner KW unter Bezugnahme auf ihre Wachstumsbestrebungen im Feld M&A, daß sie durch die Akquisition von Wasserstein Perella jetzt über das gewünschte „480-PS-Auto“ verfüge.[13] Die primäre Umsetzungsaufgabe im Hinblick auf

---

10 Vgl. hierzu Capron, L./ Mitchell, W./ Oxley, J. (2000), S. 6; Welge, M./ Al-Laham, A. (1992), S. 307; Johnson, G./ Scholes, K. (1997), S. 306f.; Bea, F./ Haas, J. (1995), S. 160; Steinmann, H./ Schreyögg, G. (1993), S. 197. Die Autoren nutzen individuelle Bezeichnungen für diese Strategie, so z.B. „Eigenentwicklung“, „Do-it-Yourself-Strategie“ oder „Internal Development“.

11 Vgl. Achleitner, A. (1999), S. 83.

12 Anm. d. Verf.: Dies kam insbesondere auch im Rahmen der Expertengespräche zum Ausdruck.

13 Hierzu und im folgenden laut Interviewergebnisse.

die zukunftsgerichteten Wachstumsbestrebungen bestehe nun darin, diese Pferdestärken „auf die Straße" zu bringen.
In einer möglichst umfassenden Ausschöpfung des bestehenden Ressourcenpotentials durch Aktivierung ist nach Ansicht von Experten eine permanente Herausforderung im Zusammenhang mit Wachstum zu sehen.[14] Häufig wurde daher die Meinung vertreten, daß Strategien der internen Entwicklung prinzipiell zu verfolgende Realisierungsstrategien in Wachstumsfeldern darstellen müßten.

Was die Zweckmäßigkeit von Strategien der internen Entwicklung zur Realisierung der verschiedenen Wachstumsstrategien im Investment Banking anbetrifft, ergibt sich folgendes Bild:
Zunächst dürften Strategien der internen Entwicklung vor allem dort in Frage kommen, wo eine verbesserte *Marktdurchdringung* im In- und/ oder Ausland bewirkt werden soll. Da es sich um Wachstum im bestehenden Geschäftsgebiet handelt, werden personelle Kapazitäten zur Marktbearbeitung in zumindest gewissem Umfang bereits vorhanden sein. Über Maßnahmen der Aktivierung und Förderung der Produkt- und nach außen gerichteten Vermarktungsfähigkeiten läßt sich die Leistungsbereitschaft und -fähigkeit der Mitarbeiter an der Kundenfront und damit letztlich auch die Stoßkraft der Marktbearbeitung erhöhen.

Dagegen erscheinen Strategien der internen Entwicklung zur Erschließung neuer Leistungsfelder oder -segmente des Investment Banking weniger geeignet, da hierzu spezialisiertes Produkt-Know-how erforderlich sein wird, das im Rahmen einer rein internen Entwicklung zumeist nicht generiert werden kann.[15]
Jedoch könnte diese Option zur Realisierung einer *Produktentwicklungsstrategie* mit Innovationsfokus in solchen Geschäftsfeldern des Investment Banking anwendbar sein, in denen die Finanzinstrumente umfassende Gestaltungsmöglichkeiten bieten, wie z.B. im Anleihebereich. Da Innovationsstrategien meist erst auf Basis eines breit angelegten und tief durchdrungenen Produkt-Markt-Feldes ergriffen werden, ist anzunehmen, daß hier bereits

---

[14] Hierzu und im folgenden laut Interviewergebnisse.

[15] Laut Interviewergebnisse. Dies gelte nach Aussagen der Experten vor allem für besonders know-how-intensive Leistungsfelder wie bspw. M&A, Structured Finance und das Corporate Finance und deren Segmente.

umfangreiches Produkt- und Financial-Engeneering-Know-how vorhanden ist. Diese Fähigkeiten müssen möglicherweise nur neu verbunden oder angewendet werden, um immer wieder neue Versionen vorhandener Produkte zu entwickeln.[16] Dies läßt sich durch Maßnahmen der Aktivierung anregen.

Zur Realisierung einer *Marktentwicklungsstrategie*, vor allem der auslandsbezogenen Variante, erscheint eine Strategie der internen Entwicklung auf den ersten Blick weniger geeignet – wird hierbei doch für gewöhnlich die Schaffung einer zumindest schmalen Akquisitions- bzw. Vertriebspräsenz an dem lokalen Finanzzentrum für sinnvoll gehalten. Dies wiederum setzt die Anwerbung zusätzlicher lokaler Mitarbeiter und die Eingliederung anderer externer Ressourcen voraus.
Denkbar ist jedoch auch die Variante, daß die vorhandenen Vertriebskapazitäten in einem Geschäftsfeld zur Erschließung neuer geographischer Märkte eingesetzt werden.[17] So könnten z.B. die an einem Hauptstandort angesiedelten Akquisitions- und Betreuungsteams im Corporate Finance, M&A oder Structured Finance ihre Aktivitäten auf neue Auslandsmärkte ausdehnen (z.B. von Frankfurt aus auf andere deutschsprachige Länder oder von Hongkong aus auf Märkte im Raum Asien/ Pazifik). Damit ließen sich geographische Märkte entwickeln, ohne dort physisch präsent zu sein oder maßgebliche Veränderungen an der Ressourcenbasis vornehmen zu müssen. Tatsächlich wird dies in der Praxis des Investment Banking häufig dann praktiziert, wenn Ländermärkte ein nur eingeschränktes Potential aufweisen, andernfalls wird i.d.R. die Schaffung direkter Präsenz vorgezogen.

V.1.1.1.2 Voraussetzungen und aufgabenbezogene Anforderungen von Strategien der internen Entwicklung

Der Erfolg von Strategien der internen Entwicklung (im Sinne einer tatsächlichen Realisierung der intendierten Form von Wachstum) ist an das Vorliegen bestimmter Voraussetzungen und die Bewältigung spezifischer Schlüsselaufgaben geknüpft. Abbildung V-2 gewährt einen Überblick über die im folgenden zu diskutierenden Anforderungen:[18]

---

16 Vgl. hierzu allgemein Capron, L./ Mitchell, W./ Oxley, J. (2000), S. 6.
17 Vgl. hierzu allgemein Capron, L./ Mitchell, W./ Oxley, J. (2000), S. 6.
18 Vgl. hierzu allgemein Capron, L./ Mitchell, W./ Oxley, J. (2000), S. 6f.

Anforderungen / Realisierungsstrategie	**Voraussetzungen**	**Schlüsselaufgaben**
Strategie der internen Entwicklung	Die entscheidenden Ressourcen im Sinne von Fähigkeitenpotentialen sind im Unternehmen vorhanden	• *Aktivierung* der vorhandenen Poteniale durch Anreize • *Förderung* der vorhandenen Fähigkeitenpotentiale • *Bindung* der aktivierten und geförderten Fähigkeitenpotentiale im Unternehmen

Abb. V-2: Anforderungen von Strategien der internen Entwicklung

Die **Voraussetzungen** beschreiben den Kontext, in dem die Wahl dieser Option angemessen ist. Der Erfolg des vorliegenden Strategietyps hängt in hohem Maße von Umfang und Güte der bestehenden Ressourcenbasis ab.[19] Entscheidend ist, daß die zur Realisierung der angestrebten produkt-markt-bezogenen Expansionsprozesse *benötigten Ressourcen* – im Sinne von Fähigkeitenpotentialen der Investment-Banking-Experten in den Front-Office-Bereichen – nach Art und Umfang bereits vorhanden sind und „nur" noch aktiviert werden müssen, um die erstrebte Veränderung zu erreichen. Daher dürfte dieser Strategie vor allem auch nach Phasen starken externen Wachstums (z.B. über Akquisition) hohe Bedeutung zukommen.

Für das erfolgreiche Wachstum durch interne Entwicklung ist die Bewältigung dreier **Schlüsselaufgaben** von entscheidender Bedeutung. Diese bestehen in der *Aktivierung*,[20] *Förderung* und *Bindung* der vorhandenen Fähigkeitenpotentiale.

Strategien der internen Entwicklung sind allgemein auf eine Steigerung der Motivation, Leistungs- und Einsatzbereitschaft der Belegschaft und eine Verbesserung der innerbetrieblichen Zusammenarbeit gerichtet. In Abhängigkeit von der (den) verfolgten Wachstumsstrategie(n) werden sie jedoch Fähigkeiten unterschiedlichen Typs in besonderem Maße betonen. So hat z.B. bei Marktdurchdringungs- oder -entwicklungsstrategien die Aktivierung (und Förderung) der Produkt- und nach außen gerichteten Vermarktungsfähigkeiten der Mitarbeiter an der Kundenfront höchste Priorität. Zur Realisierung einer

19 Vgl. hierzu und im folgenden Capron, L./ Mitchell, W./ Oxley, J. (2000), S. 6.
20 Vgl. hierzu allgemein Capron, L./ Mitchell, W./ Oxley, J. (2000), S. 7.

Produktinnovationsstrategie wird sie v.a. die Anwendung der vorhandenen Kompetenzen im Financial Engineering zu beleben suchen.
Hieraus ergibt sich die Frage, wie eine ***Aktivierung*** der fokalen Humanpotentiale erfolgreich bewerkstelligt werden kann. Neben einem entschiedenen Comittment der Führungskräfte und einer intensiven Kommunikation der Änderungsbestrebungen werden hierzu vor allem *„veränderungsorientierte" Anreize* notwendig sein.[21] Die kritischen Anreize zur Überwindung von Trägheit sind – auch im Investment Banking – finanzieller Natur.[22] Ansatzpunkte zur Anreizgestaltung bieten sich daher in der Vergütung – und einer möglichen Kapitalbeteiligung der Mitarbeiter:

- Naheliegend ist, mit der Anreizgestaltung direkt an der *Vergütung* anzusetzen. Hierbei sollte folgende allgemeine Empfehlung Berücksichtigung finden: Je enger Gehälter an Änderungsanstrengungen und -ergebnisse im Sinne des intendierten produkt-markt-bezogenen Wandels gekoppelt sind, um so eher werden die Mitarbeiter diesen als wichtig und notwendig wahrnehmen und zu vollziehen suchen.[23]
  Dieser Forderung kommt die stark leistungs- bzw. erfolgsorientierte Entlohnung im Investment Banking entgegen. Üblich sind ein Fixum plus Bonus, der eng an die Ergebnisse von Teileinheiten gekoppelt ist.[24] Generell verstärken die i.d.R. hohen variablen Vergütungsanteile den Leistungsanreiz, was sich insgesamt wachstumsfördernd auswirkt. Im speziellen bietet sich jedoch auch die Möglichkeit, die Kriterien, die zur Bemessung der Boni herangezogen werden, individuell auf die verfolgte(n) Wachstumsstrategie(n) bzw. die hiermit bezweckten produkt-markt-bezogenen Änderungsbestrebungen abzustimmen. Hierzu ist die Intention der Strategie über die Festlegung von Zwischenzielen in standardisierte Kennziffern zu transformieren.[25] Besonders verbreitet sind Ertragskennziffern und Ertrags-/ Kostenrelationen. Über die Schaffung des reinen

---

21 Vgl. hierzu allgemein Capron, L./ Mitchell, W./ Oxley, J. (2000), S. 7.
22 Vgl. Capron, L./ Mitchell, W./ Oxley, J. (2000), S. 7 sowie laut Interviewergebnisse.
23 Vgl. hierzu allgemein Capron, L./ Mitchell, W./ Oxley, J. (2000), S. 7.
24 Vgl. zur Vergütung im Investment Banking ausführlich Achleitner, A. (1999), S. 77ff.
25 Anm. d. Verf.: Zwischenziele könnten bei in- und auslandsbezogenen Marktdurchdringungsstrategien bspw. zunächst geschäftsbezogene Zielmarktanteile im In- und den bearbeiteten Auslandsmärkten bilden, die dann in jahresbezogene Umsatzvolumengrößen überführt und schließlich in Ertragskennziffern transformiert werden.

Leistungsanreizes hinaus wird hiermit den (auf diese Weise erzeugten) Änderungsbestrebungen der Mitarbeiter gleichzeitig eine Richtung und ein Rahmen vorgegeben.

- Nach Ansicht eines Experten ist bei der Gestaltung finanzieller Anreize im Rahmen der internen Entwicklung jedoch noch ein weiterer, übergeordneter Aspekt zu bedenken. Durch eine *Beteiligung* von Management und Mitarbeitern am Eigenkapital der Bank kann die finanzielle Motivation nochmals erheblich gesteigert werden.[26] Zu nennen sind z.B. Aktienoptionsprogramme zur Schaffung von Leistungsanreizen für den Vorstand und das gehobenes Management,[27] die in bezug auf andere Vergütungskomponenten, wie Grundvergütung oder Boni als Ergänzung zu verstehen sind.[28] Die Beteiligung am Kapital unterstützt das Cross-Selling zwischen den Geschäftsfeldern im Investment Banking (und ggf. auch anderen) und kann dadurch mittelbar zur erfolgreichen Realisierung der Wachstumsstrategie(n) in einem spezifischen Produkt-Markt-Bereich beitragen.
  Was eine umfangreiche Mitarbeiterbeteiligung und die hieraus resultierenden stark positiven Anreizeffekte anbetrifft, haben deutsche Universalbanken aus Sicht des Experten allerdings einen strukturellen Nachteil zu verzeichnen.[29] Abgesehen von der Möglichkeit einer Verselbständigung und Börseneinführung der Investment-Banking-Einheit kann niemals eine Mitarbeiterbeteiligungsquote am Kapital erreicht werden, wie sie bspw. die großen US-amerikanischen Investment Banken vorweisen können. So beträgt nach Auskunft dieses Experten der Mitarbeiteranteil am Gesamtkapital bei Goldman Sachs 60%, bei Merrill Lynch 53% – mit entsprechend positiven Auswirkungen auf den

---

26 Laut Interviewergebnisse. Vgl. zu verschiedenen materiellen Beteiligungsformen, die sich grob in Erfolgs- und Kapitalbeteiligungen differenzieren lassen, Achleitner, A. (1999), S. 314.

27 Anm. d. Verf.: Aktienoptionsprogramme räumen den Berechtigten (i.d.R. Top-Management und höhere Managementebenen) das Recht ein, eine bestimmte Anzahl Aktien zu einem voraus festgelegten, oft vergünstigten Preis innerhalb einer bestimmten Periode zu beziehen. Steigt der Aktienkurs des Unternehmens fortfolgend über ein zuvor festgelegtes Erfolgsziel, kann die Option zu dem fixierten Preis ausgeübt und der entsprechende Gewinn durch Verkauf am Markt realisiert werden, andernfalls verfällt sie. Für die Ausübung besteht eine gesetzliche Sperrfrist („vesting period") von zwei Jahren. Vgl. hierzu Achleitner, A. (1999), S. 320.

28 Anm. d. Verf.: Welche Größenordnungen angesprochen sind, verdeutlichen die Jahresgehälter der Spitzenkräfte US-amerikanischer Investment Banken in 2000. So belief sich das Gehalt des Vorsitzenden von MSDW auf 37 Mio. US-Dollar inklusive Aktienoptionen im Wert von 15 Mio. US-Dollar, sein kürzlich ausgeschiedener Kollege von Merrill Lynch verdiente 32,6 Mio. US-Dollar bei Optionen im Wert von 8 Mio. US-Dollar, jener von Bear Stearns erreichte ein Jahreseinkommen von 33 Mio. Dollar bei Aktienoptionen im Wert von 1,5 Mio. US-Dollar. Vgl. hierzu o. V. (2001B), S. 22.

29 Hierzu und im folgenden laut Interviewergebnisse.

finanziellen Trieb der Belegschaft.[30] Im Vergleich hierzu liege diese Quote bei der Deutschen Bank bei etwa drei Prozent.

In der Weiterentwicklung der vorhandenen Fähigkeitenbasis durch Maßnahmen der Personalentwicklung sieht die Praxis eine zweite kardinale Aufgabe im Rahmen von Strategien der internen Entwicklung.[31] Ohne eine ***Förderung*** der fokalen Mitarbeiter und des Nachwuchses komme man nie aus – unabhängig davon, im Kontext welcher Wachstumsstrategie(n) diese Option zur Anwendung gelangt.
Seminarreihen mit hochqualifizierten Unterrichtskräften zur Vertiefung der theoretischen Grundlagen des betreffenden Geschäfts bilden ein wichtige Komponente.[32] Ein vollständiges Programm jedoch schließt ebenso Maßnahmen zur Förderung der persönlichen und sozialen Kompetenzen (z.B. Verantwortungsbereitschaft, Kommunikationsfähigkeit, Selbstvertrauen, Teamgeist) ein. Sofern die Wachstumsstrategie in einem Geschäftsfeld auch Auslandsmärkte anspricht, wird zudem eine länderübergreifende Integration der Personalentwicklungsmaßnahmen für notwendig gehalten. Eine Verbesserung der grenzüberschreitenden Zusammenarbeit durch Entwicklung internationalen Teamgeists kann das Erfolgspotential der Realisierung auslandsbezogener Marktdurchdringungs- und -entwicklungsstrategien maßgeblich steigern.

Schon um den proprietären Wert der Wachstumsanstrengungen und -ergebnisse zu schützen, besteht der dritte kritische Erfolgsaspekt einer Strategie der internen Entwicklung darin, für ein möglichst nachhaltiges Verbleiben der aktivierten und geförderten Potentiale im Unternehmen zu sorgen.[33] Da die eigentlich wertschaffenden Ressourcen Humanpotentiale repräsentieren, sind hiermit Fragen der ***Mitarbeiterbindung*** angesprochen. Um eine nachhaltige Kooperationsbereitschaft zu erzeugen, müssen attraktive Arbeits- und Umfeldbedingungen geschaffen werden, wobei monetäre und aufgabenbezogene Aspekte zu berück-

30 Hierzu und im folgenden laut Interviewergebnisse.
31 Hierzu und im folgenden laut Interviewergebnisse.
32 Hierzu und im folgenden laut Interviewergebnisse.
33 Vgl. hierzu allgemein Capron, L./ Mitchell, W./ Oxley, J. (2000), S. 7.

sichtigen sind.[34] Ergänzend können unterstützende Maßnahmen zum Einsatz gebracht werden.

- *Monetäre Aspekte*: Um Mitarbeiter nachhaltig zu binden bzw. Abwanderungen vorausschauend zu vermeiden, wird von der Unternehmenspraxis zunächst eine marktgerechte Entlohnung als kritisch erachtet.[35] Diese muß aus Sicht des Einzelnen einem Wettbewerbsvergleich standhalten und demzufolge im Zeitablauf ggf. verbesserten Marktkonditionen angepaßt werden. Da wertorientierte Vergütungsinstrumente zumindest auf höheren Führungsebenen eine unverzichtbare Entlohungskomponente im globalen Wettbewerb um hochqualifiziertes Personal darstellen,[36] sind darüber hinaus den Marktusancen entsprechend Beteiligungsmöglichkeiten für Management und Mitarbeiter am Eigenkapital zu schaffen.[37]

- *Aufgabenbezogene Aspekte*: Die Erzeugung einer nachhaltigen Mitarbeiterbindung setzt voraus, daß auch in aufgabenbezogener Hinsicht attraktive Bedingungen geschaffen werden.[38] Als entscheidend sahen die befragten Experten an, Mitarbeitern Aufgaben zu übertragen, die sie ausfüllen und ausreichende Herausforderungen bieten. Wichtig kann auch sein, Karrieremöglichkeiten oder einen Einsatz an einem anderen internationalen Standort in Aussicht zu stellen.

Der intensive Wettbewerb um qualifizierte Investment Banker hat nicht nur dazu geführt, daß Fragen der Mitarbeiterbindung an Bedeutung gewinnen, sondern daß auch bei der Wahl *unterstützender Maßnahmen* wachsender Einfallsreichtum gefragt ist:[39]

---

34 Hierzu und im folgenden laut Interviewergebnisse. Hiermit sind die Anworten der Experten auf die Frage wiedergegeben, was getan werden muß, um Investment Banker möglichst nachhaltig an den Arbeitgeber zu binden.

35 Hierzu und im folgenden laut Interviewergebnisse.

36 Vgl. Achleitner, A. (1999), S. 313f.

37 Anm. d. Verf.: Die Kapitalbeteiligung spielt demnach nicht nur im Zusammenhang mit der Aktivierung, sondern auch mit der Bindung von Mitarbeitern eine bedeutende Rolle. Vgl. zu Zielen der Mitarbeiter- und Managementbeteiligung allgemein Achleitner, A. (1999), S. 320 und S. 322. Wird ein solches Programm (auch) unter dem Gesichtspunkt einer Verstärkung der Mitarbeiterbindung konzipiert, sollte diese Absicht in seiner Ausgestaltung Niederschlag finden. So wären bspw. im Rahmen eines Optionsprogramms für Führungskräfte die Ausübungsbedingungen entsprechend streng zu formulieren (z.B. Koppelung an Unternehmenszugehörigkeit, „Goldene Handschellen"). Vgl. hierzu Achleitner, A. (1999), S. 322.

38 Hierzu und im folgenden laut Interviewergebnisse.

39 Vgl. hierzu und im folgenden ausführlich Kussel, B. (2000B), S, 22.

So hat Merrill Lynch, die alles Erforderliche tun will, um Wohlgefühl, Produktivität und Gesundheit ihrer Mitarbeiter zu fördern, ihrem Londoner Büro einen Trimm-Dich-Raum und Wäscheservice in Aussicht gestellt. Goldman Sachs engagierte in Frankfurt einen professionellen Triathlon-Trainer, in London wird regelmäßig der Zahnarzt in das Büro bestellt. UBS Warburg hat unlängst einen „Concierge-Service" in London eingeführt, der Alltagspflichten abnimmt.[40] Die CSFB räumt jüngeren Bankern im Rahmen des sog. „Sabbatical" formell die Möglichkeit ein, eine bis zu drei Monate lange bezahlte „Auszeit" zu nehmen.[41] Um als Arbeitgeber für qualifiziertes Personal nachhaltig attraktiv zu sein, sollte ein Anbieter auch in diesen Bereichen im Wettbewerbsvergleich bestehen können.
Festzuhalten bleibt, daß mit der Schaffung attraktiver monetärer und aufgabenbezogener Umfelder und ggf. unterstützenden Maßnahmen nicht nur die Voraussetzungen für eine nachhaltige Mitarbeiterbindung geschaffen werden, sondern auch dafür, mit Strategien der internen Entwicklung auf Sicht gesehen erfolgreich zu sein.

V.1.1.1.3 Vor- und Nachteile von Strategien der internen Entwicklung

Die Methode, Wachstum ausschließlich durch die Aktivierung eigener Potentiale zu erzeugen und durch Maßnahmen der Förderung und Bindung unterstützend zu begleiten, bietet ihrem Träger Vorteile, weist aber auch spezifische Nachteile auf. Folgende Argumente beschreiben die **Vorteile**, die mit Strategien der internen Entwicklung assoziiert sind:

- *Steuer- und Kontrollierbarkeit*: Bei Strategien der internen Entwicklung ist die Steuer- und Kontrollierbarkeit des Entwicklungs- und damit Wachstumsprozesses jederzeit in vollem Umfang gewährleistet.[42] Über Personaleinsatz, Art und Umfang der Maßnahmen (zur Aktivierung, Förderung und Bindung), die Zielgruppe sowie Zeit- und Budgetpläne kann autonom entschieden werden. Günstig auf die Steuer- und Kontrollierbarkeit wirkt sich ferner aus, daß die Mitarbeiter über einen gemeinsamen Kommunikationscode verfügen und mit dem firmenspezifischen Kontext vertraut sind.[43] Störungen, wie sie bei

---

[40] Vgl. Balzer, A./ Döhle, P./ Nölting, A. (2000), S. 145 sowie Kussel, B. (2000B), S. 22. Der „Concierge Service" übernimmt bspw. Aufgaben wie Einkaufen, Behördengänge, Reparaturen, Babysitting oder das Arrangieren von Reisen, Friseur- oder Restaurantbesuchen

[41] Vgl. Kussel, B. (2000B), S. 22.

[42] Vgl. hierzu und diesem Vorteil im folgenden allgemein Welge, M./ Al-Laham, A. (1992), S. 307.

[43] Vgl. zu diesem Vorteil allgemein Capron, L./ Mitchell, W./ Oxley, J. (2000), S. 7.

der Eingliederung externer Ressourcen auftreten können (z.B. Kulturkonflikte bei Akquisitionen), werden vermieden.[44]

- *Schutz*: Einen weiterer Vorteil wird darin gesehen, daß dieser Wachstumsansatz auch dazu beiträgt, die vorhandenen Ressourcen und die im Zuge der internen Entwicklung neu hinzutretenden zu schützen –[45] und dies nicht nur über Maßnahmen der Bindung. Maßnahmen der Aktivierung, Förderung und Bindung bewirken insgesamt eine Festigung des Gefüges. Mittelbar geschieht dies auch dadurch, daß sie die innerbetriebliche Zusammenarbeit anregen.

Gegen Strategien der internen Entwicklung sprechen vor allem folgende **Nachteile**:

- *Geringer Umfang des realisierbaren Wandels*: Wie auch die Untersuchung ihres Eignungsgrades zur Realisierung der verschiedenen Optionen des Spektrums an Wachstumsstrategien erkennen ließ, ist ein radikalerer Wandel, der die bisherigen Grenzen des Produkt-Markt-Feldes zu überschreiten sucht, durch Strategien der internen Entwicklung zumeist weniger gut zu erreichen.[46]

- *Eher geringe Wachstumsgeschwindigkeit*: Im allgemeinen kann mit Strategien der internen Entwicklung eine nur relativ geringe Wachstumsgeschwindigkeit bewirkt werden.[47] Selbst bei ausreichender Qualität und genügendem Umfang der vorhandenen Ressourcen besteht in der Überwindung innerbetrieblicher Trägheit eine schwierige Aufgabe.[48] Vielfach sind nur schrittweise Änderungen möglich.[49]

V.1.1.2 Strategie des gezielten Ressourcenaustausches

Da ein produkt-markt-bezogener Wandel größeren Umfangs durch Strategien der internen Entwicklung i.d.R. nur schwerlich zu bewältigen ist und sich bestimmte komplexe Ressourcen einer internen Entwicklung zumindest kurz- bis mittelfristig weitgehend ent-

---

44 Vgl. zu diesem Vorteil des „Internal Development" Johnson, G./ Scholes, K. (1997), S. 306.
45 Vgl. hierzu allgemein Capron, L./ Mitchell, W./ Oxley, J. (2000), S. 7.
46 Vgl. hierzu Capron, L./ Mitchell, W./ Oxley, J. (2000), S. 6 sowie laut Interviewergebnisse.
47 Vgl. hierzu allgemein Johnson, G./ Scholes, K. (1997), S. 307; Welge, M./ Al-Laham, A. (1992), S. 307.
48 Vgl. hierzu allgemein Capron, L./ Mitchell, W./ Oxley, J. (2000), S. 7.
49 Vgl. hierzu allgemein Capron, L./ Mitchell, W./ Oxley, J. (2000), S. 6.

ziehen, entscheiden sich Anbieter im Investment Banking oftmals für das Aufgreifen betriebsunabhängiger Ansätze.[50]

Zu dieser Kategorie zählt die Strategie des gezielten Ressourcenaustausches. Wachstum soll hierbei über die Aneignung und Eingliederung spezialisierter betriebsexterner Ressourcen erzeugt werden.[51]
In der vorliegenden Branche kommt im Rahmen dieses Wachstumsansatzes der Aneignung - d.h. Anwerbung - erfahrener Investment Banker die weitaus größte Bedeutung zu,[52] da diese Mitarbeiter die besonders kritischen „Produktionskapazitäten" einer Investment Bank darstellen.[53] Welche spezifischen Leistungs- und Know-how-Potentiale im einzelnen gesucht werden, hängt von der Art der geschäftsfeldspezifischen Entwicklungsstrategie(n) ab. Zur Realisierung von Wachstumseffekten wird diese Strategie jedoch allgemein einen Schwerpunkt auf die Anwerbung von Mitarbeitern legen, die an der Kundenfront stehen (Front-Office-Bereich).

Im folgenden wird die Strategie des gezielten Ressourcenaustausches zunächst auf ihre empirische Relevanz im Investment Banking und ihre Zweckmäßigkeit zur Realisierung der verschiedenen wachstumsspezifischen Entwicklungsstrategien hin untersucht (Abschnitt V.1.1.2.1). Sodann wird der Frage nachgegangen, welche Erfolgsvoraussetzungen diesen Wachstumsansatz kennzeichnen und welche Schlüsselanforderungen er an seinen Träger stellt (Abschnitt V.1.1.2.2). Zum Abschluß werden die Stärken und Schwächen dieser Realisierungsstrategie erörtert (Abschnitt V.1.1.2.3).

V.1.1.2.1 Empirische Relevanz und Einsatzmöglichkeiten im Rahmen von Wachstumsstrategien

Wenn Strategien des gezielten Ressourcenaustausches primär auf eine Anreicherung des Humanpotentials gerichtet sind, stellt sich die Frage nach den externen Beschaffungsmärkten für entsprechend spezialisierte Ressourcen. Diese finden sich innerhalb der Branche – bei der direkten Konkurrenz. Ausschlaggebend hierfür ist, daß im Kontext intendierten Wachstums,

---

50 Vgl. hierzu allgemein Capron, L./ Mitchell, W./ Oxley, J. (2000), S. 7.
51 Vgl. hierzu und zu dieser Strategie ausführlich Capron, L./ Mitchell, W./ Oxley, J. (2000), S. 7.
52 Anm. d. Verf.: Daher fokussieren sich die folgenden Erwägungen auf diesen Aspekt.
53 Vgl. Achleitner, A. (1999), S. 83.

z.B. beim Neuaufbau oder Ausbau von Geschäftsfeldern im In- oder Ausland, die Anwerbung ausgebildeter Spezialisten mit Berufserfahrung erforderlich ist bzw. mit Berufsanfängern der erwünschte Effekt zumindest kurzfristig nicht erzielt werden kann.

Das gezielte Abwerben von Schlüsselpersonal der Konkurrenz hat sich sowohl im Bereich der qualifizierten Führungs- als auch Nachwuchskräfte zu einer aggressiv betriebenen Strategie mit höchster praktischer Relevanz entwickelt. Wie die folgenden Beispiele zeigen, kann sich diese Strategie auf die Anwerbung *einzelner Spitzenkräfte* genauso beziehen wie auf die *Abwerbung von Teams*:

> *„Die amerikanische Investmentboutique Greenhill & Co hat einen der Chefs des Investment Banking von Merrill Lynch in Deutschland, Colin Roy, abgeworben. Die Branche sieht darin einen schweren Verlust für Merrill Lynch. Roy, (...), kündigte eine massive Anwerbung von Investmentbankern an.“*[54]

> *„Die Investmentbank UBS Warburg hat von der Konkurrentin Donaldson, Lufkin & Jenrette (DLJ) Dutzende von Investmentbankern abgeworben. Wie (...) berichtet, wurden die DLJ-Investmentbanker an der Westküste mit einem lukrativen Millionenversprechen zur UBS Warburg gelockt. In Bankkreisen ist nun von einem „ausgesprochen aggressiven Vorgehen“ die Rede: Abwerbungen durch Rivalen seien nach Übernahmen zwar die Regel, aber das Vorgehen von UBS Warburg sprenge jeden üblichen Rahmen.“*[55]

> *„Dem Vernehmen nach ist die Einkaufstour von Lehmans bei DLJ noch nicht zu Ende. Nach einem Bericht (...) sollen bis zu 20 Investment Banker von DLJ aus den Bereichen Aktien, Corporate Finance und Zinsprodukte kurz vor dem Absprung zu Lehman Brothers sein.“*[56]

Aber auch unter den deutschen Banken finden sich Beispiele für Institute, die diese kostspielige Strategie aufgegriffen haben:

---

54 o. V. (2000M), S. 18.
55 o. V. (2000L), S. 20.

> *„Morgan Stanley's profitable high-tech Investment-Banking-operation in Silicon Valley was responsible for some knockout IPOs: Netscape, Ascend Communications, (...). We say „was". The group's top cadre just defected to Deutsche Morgan Grenfell, the investment banking arm of the German banking gigant Deutsche Bank. Leading the exodus was the group's chief, Frank Quattrone. So far he has taken nine members of his team, including George Boutros, now head of mergers and acquisitions, and Bill Brady, now head of corporate finance at DMG's group. The lure? Some of the departees got a three-year-minimum of at least twice what they made at Morgan Stanley last year. Quattrone earned over $8 million last year, more than the $7.1 million earned by chairman Richard Fisher, but he forfeited about $2 million by quitting. Rumor has it that his new package is guaranteed to be worth $20 million over three years."*[57]

Allerdings wechselte Frank Quattrone mit seinem Team, das mittlerweile auf 130 Mitarbeiter angewachsen war, nur zwei Jahre später erneut – diesmal zur CSFB.[58] Dies verdeutlicht bereits an dieser Stelle, daß in der Anwerbung der spezialisierten Ressourcen nicht die einzige Schlüsselaufgabe besteht, die im Rahmen einer auf Erfolg angelegten Strategie des gezielten Ressourcenaustausches zu bewältigen ist.

Die Strategie des gezielten Ressourcenaustausches kommt im Investment Banking zur Realisierung aller möglichen wachstumsspezifischen Entwicklungsstrategien in Frage. Zunächst kann sie zum Ausbau der Präsenzintensität im bestehenden Produkt-Markt-Feld im Rahmen von *Marktdurchdringungsstrategien* eingesetzt werden. Denn über die Anwerbung zusätzlicher Spezialisten mit Berufserfahrung wird nicht nur die bestehende geschäftsfeldbezogene Produkt- und (soweit erforderlich auch) Branchenexpertise angereichert. Vielmehr werden gleichzeitig auch die Kapazitäten zur Marktbearbeitung erweitert und i.d.R. auch neue Kundenbeziehungen erworben.

---

56 Lebert, R. (2000E), S. 21.
57 Lenzer, R. (1996), S. 42.

Ferner läßt sich über den Einkauf von Produktspezialisten – bzw. Produkt-Know-how – die mit *Produktentwicklungsstrategien* bezweckte Erweiterung des Angebotsspektrums um neue Leistungssegmente erreichen und auch eine Expansion in bisher nicht bearbeitete Geschäftsfelder im Investment Banking bewältigen.

Letztlich bilden Strategien des gezielten Ressourcenaustausches auch zweckmäßige Optionen zur Realisierung sämtlicher Varianten von *Marktentwicklungsstrategien*.
Dort, wo der Zugang zu neuen Abnehmergruppen oder Marktsegmenten (z.B. Zielindustrien) erschlossen werden soll, läßt sich über die Anwerbung von Kundengruppen- oder Branchenexperten das notwendige Spezialwissen akquirieren und gleichzeitig eine personelle Basis zur Marktbearbeitung schaffen. Auch bildet diese Strategie eine geeignete Methode zur Eroberung neuer geographischer Märkte. Dies zeigt nicht zuletzt der Erfolg US-amerikanischer Investment Banken in Europa, die bei der Erschließung und Durchdringung des Kontinents vor allem auf die Anwerbung europäischer Investment Banker setzen.
So beabsichtigt *MSDW* in Deutschland mehr als hundert qualifizierte Investment Banker einzustellen.[59] Ausgehend von derzeit zwölf Spezialisten soll vor allem das Feld M&A personell ausgebaut werden. *JP Morgan*, die im Jahr 2000 im Zuge einer abnehmerbezogenen Marktentwicklungsstrategie nahezu das gesamte Mittelstandsteam von Dresdner KW in Frankfurt abgeworben hatte, setzt in Deutschland weiterhin auf eine sukzessive Ausweitung ihrer personellen Kapazitäten. Auch *Merrill Lynch* hat eine Verdoppelung des Personalbestandes in Frankfurt in den Feldern M&A und Debt Marktes angekündigt, wo sie derzeit jeweils über rd. 25 Mitarbeiter verfügt. Bereits im Verlauf des Jahres 2000 wurden einige Kapitalmarktexperten von der Konkurrenz (u.a. MSDW, Paribas und Dresdner KW) abgeworben.[60]

Wie auch diese Beispiele zeigen, wird bei Strategien des gezielten Ressourcenaustausches zur Realisierung auslandsbezogener Marktentwicklungs- und durchdringungsstrategien i.d.R. ein Schwerpunkt auf die Anwerbung sog. „Native Speakers" zu legen sein. Zunächst hatten

---

58 Vgl. hierzu und zum Werdegang des Investment Bankers Frank Quattrone und seines Techno-logieteams ausführlich Moody, E. (2000), S. 32.
59 Vgl. hierzu und im folgenden Balzer, A./ Döhle, P./ Nölting, A. (2000), S. 143; O'Brien, K. (2001), S. 30.
60 Vgl. Walter, N. (2000A), S. 23.

bspw. die US-amerikanischen Investment Banken versucht, die kontinentaleuropäischen Ländermärkte mit britischen und amerikanischen Mitarbeitern zu erschließen, womit sie bei europäischen Industrievorständen jedoch nicht selten auf Ablehnung stießen.[61] Jetzt suchen die Banken überwiegend Kontinentaleuropäer, wobei in Deutschland der Schwerpunkt auf deutsche Mitarbeiter gelegt wird, für Frankreich vorwiegend französische Experten gesucht werden usw.

Strategien des gezielten Ressourcenaustausches bilden nicht nur eine geeignete Option zur Realisierung aller möglichen Arten von Wachstum, sie können sogar den einzig gangbaren Weg darstellen. Dies ist dann der Fall, wenn Anbieter zur Umsetzung des intendierten Wandels schnell auf komplexe Ressourcen zugreifen müssen, die durch eine interne Entwicklung kurz- bis mittelfristig nicht geschaffen werden können, das zu ihrer Nutzung erforderliche Ausmaß an Integration über Kooperationen nicht erreichbar scheint und geeignete Übernahmeobjekte fehlen.

Unabhängig von der Art der zu realisierenden Wachstumsstrategie(n) hat der gezielte Ressourcenaustausch daher in gerade solchen (In- und Auslands-)Märkten hohe strategische und praktische Relevanz, die sich durch eine eingeschränkte Verfügbarkeit an geeigneten Targets auszeichnen. Hierzu zählen v.a. solche Märkte, in denen sich aufgrund des vorherrschenden Bankensystem-Typus historisch bedingt keine spezialisierten Institute für Aufgaben im Bereich des Investment Banking herausgebildet hatten. Hierin dürfte einer der wesentlichen Gründe zu sehen sein, warum US-amerikanische, aber auch europäische Wettbewerber beim Auf- und Ausbau ihrer Präsenz in Kontinentaleuropa vornehmlich auf diese Option setzen.

V.1.1.2.2 Voraussetzungen und aufgabenbezogene Anforderungen von Strategien des gezielten Ressourcenaustausches

Eine auf Erfolg angelegte Strategie des gezielten Ressourcenaustausches knüpft an bestimmte Voraussetzungen und stellt spezifische aufgabenbezogene Anforderungen an ihren Träger. Abbildung V-3 gewährt einen einführenden Überblick.[62]

---

61 Vgl. hierzu und im folgenden Kussel, B. (2000A), S. 20.

62 Vgl. hierzu Capron, L./ Mitchell, W./ Oxley, J. (2000), S. 6.

Anwendungs- und Wirksamkeits**voraussetzung** einer Strategie des gezielten Ressourcenaustausches ist die *Existenz eines lebendigen, liquiden Marktes für die benötigten Ressourcen*, der dem Anbieter ausreichende Vergleichsmöglichkeiten bietet und ermöglicht, akzeptable Bedingungen auszuhandeln.[63] Zumal sich Investment Banker durch eine tendenziell hohe Wechselfreudigkeit und eher geringe Loyalität zum Arbeitgeber auszeichnen,[64] findet diese Strategie im Verhalten des Einzelnen der hier betrachteten Branche eine gute Grundlage.

Die Frage jedoch, inwieweit eine Strategie des gezielten Ressourcenaustausches erfolgreich und zu angemessenen Konditionen verfolgt werden kann, hängt vor allem von der Struktur und Dynamik der Angebots- und Nachfragebedingungen auf dem externen Markt für Investment-Banking-Experten ab. Diese wiederum sind eng an die Entwicklung der Gesamtnachfrage nach Investment-Banking-Dienstleistungen gekoppelt. In Zeiten eines stark expandierenden Gesamtmarktes steigt die Nachfrage nach qualifizierten Mitarbeitern erheblich an.[65] Da das zur Verfügung stehende Angebot an erfahrenen Spezialisten auf kurze Sicht kaum erweitert werden kann und die Schulung von Nachwuchskräften in den beratungsintensiven Geschäftsfeldern bis zur vollen Einsatzfähigkeit i.d.R. rund drei Jahre in Anspruch nimmt,[66] kommt es zu erheblichen personellen Engpässen. Intensivster Wettbewerb um die Talente der Branche, rasant steigende Gehälter und opulente Handgelder sind die Folge.

Eine solche Situation fanden die Wettbewerber in Jahren 1999 und 2000 in Europa, insbesondere in Deutschland vor.[67] Ein besonders „enger Markt" bestand für erfahrene Mitarbeiter mit Qualifikationen im Feld M&A und bei Börseneinführungen.[68] Verschärft wurde das Personalproblem dadurch, daß das Investment Banking hier – im Gegensatz zu Märkten wie den USA oder Großbritannien – eine relativ „junge", noch nicht ausgereifte

63 Vgl. Capron, L./ Mitchell, W./ Oxley, J. (2000), S. 7.
64 Vgl. Balzer, A./ Döhle, P./ Nölting, A. (2000), S. 142 und 148.
65 Vgl. Achleitner, A. (1999), S. 83. So kündigte bspw. die BNP in 2000 an, bis 2002 weitere 1000 Investment Banker vor allem in Europa einstellen zu wollen. Vgl. o. V. (2000T), S. 22.
66 Vgl. O'Brien, K. (2001), S. 30.
67 Vgl. zum Personalengpaß im europäischen Investment Banking im Jahr 2000 und seinen Konsequenzen ausführlich Balzer, A./ Döhle, P./ Nölting, A. (2000), S. 144f.
68 Vgl. Walter, N. (2000B), S. 23.

Branche darstellt und es daher generell an erfahrenen deutsch-sprachigen Experten mangelt.[69] Auch fehlt es insgesamt an einem perspektivischen Personalmanagement der Wettbewerber.[70] Ein Loch in der Personaldecke entstand ferner durch die Abwanderung einer Anzahl von Leistungsträgern zu Start-Ups oder Private-Equity-Companies sowie durch Eigengründungen.[71] Für wachstumswillige Banken gestaltete es sich daher zunehmend schwierig, lukrative Geschäftsfelder durch Angliederung spezialisierter, externer Ressourcen auszubauen.[72] Seit Anfang 2001 hat sich die Lage auf dem Markt für qualifizierte Investment Banker entspannt bzw. ins Gegenteil verkehrt. Verantwortlich für den Angebotsüberschuß ist ein infolge des negativen Börsenklimas deutlicher Rückgang der Gesamtnachfrage nach Investment-Banking-Dienstleistungen, der augenblicklich umfangreiche Personalfreisetzungen nach sich zieht.[73]

Bei Vorliegen angespannter Angebotsverhältnisse auf den externen Märkten für die benötigten Leistungspotentiale wird der Erfolg einer Strategie des gezielten Ressourcenaustauschs erheblich in Frage gestellt. In Zeiten stark expandierender Gesamtnachfrage ist davon auszugehen, daß die Träger dieser Strategie ihre Angebotskapazitäten nicht in dem Maße erhöhen können, wie dies von ihnen gewünscht wird und im Sinne der Vorgaben der Geschäftsfeldstrategie(n) notwendig ist.[74] Angesichts der Tatsache, daß die Gehälter im Zusammenhang mit dem Nachfrageüberschuß über vernünftige Grenzen hinaus steigen,[75] entwickelt sich diese strategische Alternative ferner zu einer höchst kostspieligen Option. Banken, für die diese Strategie den einzig gangbaren Weg darstellt, geraten hierdurch in eine prekäre Lage.

---

69 Vgl. Sautter, M., Interviewaussage, in: O'Brien, K. (2001), S. 30. Sautter ist Leiter des Investment Banking für die Region Deutschland/Österreich/Schweiz bei der Deutschen Bank.

70 Vgl. Walter, N. (2000B), S. 23.

71 Vgl. hierzu und zu illustrierenden Beispielen Balzer, A./ Döhle, P./ Nölting, A. (2000), S. 145.

72 Vgl. auch Walter, N. (2000B), S. 23.

73 Vgl. zum Stellenabbau in der Investment-Banking-Branche in 2001 auch Abschnitt IV.1.2.2

74 Vgl. hierzu auch Achleitner, A. (1999), S. 83.

75 Vgl. hierzu und zu illustrierenden Beispielen Balzer, A./ Döhle, P./ Nölting, A. (2000), S. 145; Walter, N. (2000B), S. 23 sowie O'Brien, K. (2001), S. 30.

Anforderungen / Realisierungsstrategie	Voraussetzungen	Schlüsselaufgaben
Strategie des gezielten Ressourcenaustausches	Es existiert ein lebendiger, liquider Markt für Investment-Banking-Experten mit den gewünschten Fähigkeiten	• *Systematische außerbetriebliche Recherche* • *Anwerbung mittels Anreizgestaltung:* Erzeugung von Wechselbereitschaft zu akzeptablen Bedingungen • *Systematische Integration*

Abb. V-3: Anforderungen von Strategien des gezielten Ressourcenaustausches

Neben Erfolgsvoraussetzungen, die maßgeblich durch die ökonomischen Rahmenbedingungen der Branche bestimmt werden und sich einer Beeinflussung durch den Träger dieser Strategie weitgehend entziehen, ist für erfolgreiches Wachstum durch gezielten Ressourcenaustausch die Bewältigung dreier **Schlüsselaufgaben** von entscheidender Bedeutung. Diese bestehen in einer systematischen *Recherche*, *Anwerbung* und *Eingliederung* der kritischen Ressourcen.

Bei einer Strategie des gezielten Ressourcenaustausches muß Wert darauf gelegt werden, diejenigen Ressourcen im externen Umfeld zu identifizieren und zu übernehmen, die sich am besten zur Erzeugung des intendierten Wandels eignen.[76] Daher ist in einer ***systematischen außerbetrieblichen Recherche*** ein erster Schlüsselprozeß zu sehen.[77] Angesichts dessen schalten Investment Banken bei der Suche nach geeigneten Spezialisten häufig Headhunter ein.[78] Ebenso werden Direktansprachen praktiziert.[79] Oftmals erfolgt dies auch im Anschluß an die Abwerbung von Einzelspezialisten auf Grundlage der Einschätzung dieses Experten, welche Mitglieder seines ehemaligen Teams er für besonders qualifiziert und leistungsfähig hält.

76 Vgl. Capron, L./ Mitchell, W./ Oxley, J. (2000), S. 8.

77 Vgl. Capron, L./ Mitchell, W./ Oxley, J. (2000), S. 8.

78 Anm. d. Verf.: Mit dem Auftrag, möglichst schnell hochqualifizierte Einzelspezialisten oder ganze Teams zu finden bzw. zusammenzustellen, treten Headhunter an in Frage kommende Spezialisten mit lukrativen Angeboten heran. In Zeiten stark begrenzter Verfügbarkeit personeller Ressourcen, wie im Jahr 2000 in Europa, erhalten hochqualifizierte Investment Banker oft im Wochenrhythmus neue lukrative Angebote über diese externen Mittler. Vgl. hierzu auch Balzer, A./ Döhle, P./ Nölting, A. (2000), S. 144.

79 Hierzu und im folgenden laut Interviewergebnisse.

Die zweite Schlüsselaufgabe besteht in der ***Anwerbung der kritischen Ressourcen***, d.h. Herauslösung der Potentiale aus Konkurrenzunternehmungen.[80]

Generell spielen bei intendierten Abwerbungen Reputation und Image eine wichtige Rolle,[81] denn sie korrelieren positiv mit der Attraktivität eines Hauses als Arbeitgeber. Interessenten setzen im Zusammenhang mit einem Wechsel auf einen Reputationstransfer auf die eigene Person, der ihre künftige Verhandlungsposition auf dem externen Markt für Humanressourcen im Investment Banking sowie ihr persönliches Image stärkt. Durch eine ausgezeichnete Reputation zeichnen sich im allgemeinen jene Häuser aus, die in League-Tables regelmäßig Spitzenpositionen belegen.

Zur Herauslösung der anvisierten Ressourcen ist es in hohem Maße erfolgskritisch, die „richtigen" Anreize zu setzen. Jene Banken, deren Reputation und Marktstärke an die Bewertung „sehr gut" nicht heranreicht, werden in finanzieller und sachlicher Hinsicht um so mehr bieten müssen, um als künftiger Arbeitgeber in Betracht gezogen zu werden.[82] Die entscheidenden Anreize im Zusammenhang mit der hier zu diskutierenden strategischen Alternative sind im Investment Banking finanzieller Natur, daneben spielen jedoch auch nichtfinanzielle Anreize eine Rolle.[83]

- Bei der Gestaltung *finanzieller Anreize* bieten sich drei mögliche Ansatzpunkte:[84] Die Wechselprämie, das Gehalt und mögliche Bonusgarantien.

  Um die anvisierten Ressourcen aus der konkurrierenden Investment Bank herauszulösen, ist i.d.R. erstens eine einmalige „Lock-Prämie", auch als „Handgeld" oder „Sign-on-Bonus" bezeichnet, zu bezahlen.[85] Die Höhe dieser *Wechselprämie* wird u.a. von der jetzigen Position und Berufserfahrung des Umworbenen, dem Spezifitätsgrad seiner Fähigkeiten und ihrer Verfügbarkeit sowie dem Verhandlungsgeschick der involvierten Parteien abhängen. Ins Gewicht fällt auch, wie stark der potentielle Erwerber auf diese Ressourcen zur erfolgreichen Realisierung seiner Wachstumsstrategie(n) angewiesen ist.

---

80 Vgl. Capron, L./ Mitchell, W./ Oxley, J. (2000), S. 8.

81 Laut Interviewergebnisse.

82 Vgl. Kussel, B. (2000B), S. 22.

83 Laut Interviewergebnisse.

84 Laut Interviewergebnisse.

85 Laut Interviewergebnisse. Zur Größenordnung solcher Prämien wollten die Interviewpartner keine näheren Angaben machen. Allgemein gebe es jedoch an jedem Finanzzentrum gewisse Marktstandards. Die in Frankfurt zu bezahlenden Handgelder seien bspw. noch immer von New Yorker oder Londoner Größen-

Über den Einstellungsbonus hinaus bieten sich Anreizgestaltungsmöglichkeiten in finanzieller Hinsicht auch im Zusammenhang mit der Festlegung von *Höhe und Struktur der Vergütung* („Compensation").

Ausgangspunkt für die Festlegung der zu veranschlagenden Höhe der Vergütung bilden die aktuellen „Marktpreise". Dabei zeichnet sich das Investment Banking generell durch ein bemerkenswert hohes Einkommensniveau aus.[86] Abbildung V-4 bietet einen Überblick über Verdienstmöglichkeiten in ausgewählten Aktivitätsbereichen.[87] Die Angaben beziehen sich auf das Gesamtsalaire (Fixum plus Bonus), gelten für einen in Frankfurt stationierten Investment Banker im Jahr 2000, der für ein führendes Haus arbeitet und verstehen sich als Richtwerte.[88]

M&A und Corporate Finance		
Position	Berufserfahrung in Jahren	Jahreseinkommen in TDM
Junior Analyst	0	120 – 180
Senior Analyst	1 – 3	250 – 500
Associate	3 – 6	300 – 1.000
Vice President	6 – 10	500 – 2.000
Managing Director	über 10	1.500 – 12.000

Aktien-Research		
Position	Berufs-erfahrung in Jahren	Jahres-einkommen in TDM
Junior Analyst	0-2	90 – 120
Analyst	ab 2	110 – 170
Senior Analyst	ab 5	200 – 400
Gruppenleiter*	k. A	200 – 400
Head of Research	k. A.	250 – 600

* mit Sektorverantwortung

Quelle: Ray & Berndtson

Aktien-Sales		
Position	Berufs-erfahrung in Jahren	Jahres-einkommen in TDM
Junior Sales Person	0 – 2	90 – 150
Sales Person	ab 2	110 – 170
Senior Sales Person**	k. A	200 – 400
Gruppenleiter Sales	k. A.	250 – 500
Head of Equity Sales	k. A.	250 – 5.000

** mit eigenem Kundenstamm

Quelle: Ray & Berndtson

Abb. V-4: Verdienstmöglichkeiten in ausgewählten Bereichen des Investment Banking

ordnungen entfernt. Transparenz schaffen Studien externer Berater, die den aktuellen Marktstandard für einen Finanzplatz erheben und so ein „Aufschaukeln" der Prämien verhindern. Laut Interviewergebnisse.

86 Vgl. Achleitner, A. (1999), S. 78.

87 Vgl. zu Einkommensstrukturen in den Bereichen Aktien-Sales und Aktien-Research Walter, N. (2000B), S. 23. Vgl. zu den Einkommensstrukturen in den Bereichen M&A und Corporate Finance Balzer, A./ Döhle, P./ Nölting, A. (2000), S. 142, die darauf hinweisen, daß es sich bei diesen Angaben um Schätzwerte handelt.

88 Anm. d. Verf.: Die Bandbreiten sollen andeuten, daß Einkommensunterschiede existieren, die aus verschiedenen Institutsgrößen, aber auch divergierenden Gehaltsniveaus zwischen Universal- und Investment Banken resultieren. Die Gehälter bei Investment Banken können noch bis zu 20% über den in Abb. V-4 genannten Werten liegen. Vgl. Walter, N. (2000B), S. 23.

Neben Berufserfahrung, zu besetzender Position und dem aktuellen Marktstandard wird die Höhe des Gehalts bzw. der finanziellen Anreize, die notwendig sind, um Wechselbereitschaft zu erzeugen, auch hier durch jene Faktoren bestimmt, die oben bereits als Determinanten der Höhe der Wechselprämie gekennzeichnet wurden (v.a. Verfügbarkeit und Spezifitätsgrad der benötigten Ressourcen, Bedeutung für die Wachstumsstrategie/n). Um Experten aus intakten Strukturen eines Konkurrenzinstituts herauszulösen, werden jedoch nicht selten Premiumgehälter bzw. massive Gehaltsaufschläge zu bieten sein.[89]

Zur Gehaltsstruktur wurde bereits angemerkt, daß im Investment Banking grundsätzlich leistungsabhängig entlohnt wird und das Gehalt neben einem Fixum erhebliche variable, erfolgsabhängige Vergütungsanteile enthält.[90] Was die Struktur der Vergütung anbetrifft, bestehen auch hinsichtlich der Gewichtung der Kompensationsanteile Unterschiede zwischen den Wettbewerbern.[91] Schwerpunkte werden dabei jedoch nicht immer auf freiwilliger Basis gesetzt. So müssen Wettbewerber der zweiten Liga tendenziell höhere Basislöhne versprechen, um Spezialisten anzulocken, Spitzeninstitute können sich leisten, einen Schwerpunkt in der variablen Vergütung zu setzen.[92]

In bezug auf die variablen Vergütungsanteile bietet sich dem Träger einer Strategie des gezielten Ressourcenaustausches ein dritter Ansatzpunkt für monetäre Anreize. Hiermit sind *eventuelle Bonusgarantien* angesprochen. Feste Boni werden bei Abwerbungen üblicherweise für einen Zeitraum von einem, gelegentlich auch für weitere Jahre fest vereinbart.[93] Eine Bonusgarantie im ersten Jahr ist notwendig, um die betreffende Person für den Bonusverlust, den sie durch den Wechsel im laufenden Jahr erleidet, zu entschädigen. Die Vereinbarung kann diesen Zeitraum aber auch überschreiten. Nach Expertenangaben kann dies zur Mitarbeiteranwerbung in Geschäftsfeldern, die sich noch in einer frühen Auf- oder Ausbauphase befinden, unumgänglich sein. Bei nicht garantierten, direkt an den Erfolg der Geschäftsaktivitäten gekoppelten Boni, würde ein

89 Vgl. hierzu auch Achleitner, A. (1999), S. 79.

90 Vgl. hierzu auch Achleitner, A. (1999), S. 78. Da Boni erfolgsabhängig sind und ihre Höhe auch von der relativen Höhe des vereinbarten Fixums abhängt, lassen sich zur Größenordnung variabler Vergütungsanteile nach Expertenangaben keine allgemeingültigen Aussagen treffen.

91 Laut Interviewergebnisse. Es gibt z.B. auch Häuser, die das drei- bis vierfache des Fixums an Bonus bezahlen, dagegen aber die Grundvergütung niedriger ansetzen. Die individuelle Ausgestaltung hängt im wesentlichen davon ab, ob ein Haus seinen Schwerpunkt eher in der variablen oder fixen Vergütung ansiedelt bzw. ansiedeln kann. Laut Interviewergebnisse.

92 Vgl. hierzu Pretzlik, C./ Thal Larsen, P. (2001), S. 20.

93 Hierzu und im folgenden laut Interviewergebnisse.

Wechsel angesichts mangelnder bzw. noch geringer Profitabilität einem zumindest teilweisen Bonusverzicht in der Zukunft gleichkommen und somit exante verhindert. Abschließend bleibt festzuhalten, daß Art und Umfang der zu bietenden finanziellen Anreize in den drei Bereichen maßgeblich durch den Grad an Verfügbarkeit von qualifiziertem Personal bestimmt wird. So hatte der Engpaß auf dem europäischen Markt in 1999 und 2000 eine rasche und deutliche Steigerung bei Handgeldern und Gehältern zu Folge und führte zur Herausbildung einer Reihe „subtilerer" finanzieller Anreize wie nicht rückzahlbare Kredite, bezahlte Urlaube, Sportwagen oder Fondsbeteiligungen.[94] Angesichts der aggressiven Anreizgestaltung wurde in der Branche bereits von einem „war for talent" gesprochen.[95]

- Über finanzielle Aspekte hinaus spielen im Zusammenhang mit Abwerbungen jedoch auch *nichtmonetäre Anreize* eine Rolle.[96] Überschreiten Gehälter gewisse Größenordnungen, verlieren monetäre Anreize an Dominanz.[97] Während Titel im Investment Banking für den einzelnen nach Auskunft der Experten weniger wichtig sind,[98] kommt Entwicklungs- und Entfaltungsmöglichkeiten am Arbeitsplatz um so höhere Bedeutung zu. Gerade bei der Anwerbung von Führungskräften und/ oder hochqualifizierten Teams kann die Zusicherung von Handlungsspielräumen und Entscheidungskompetenzen zur Erzeugung von Wechsel- und Leistungsbereitschaft unabdingbar sein.[99] So betonte z.B. Frank Quattrone, daß bei seinem Wechsel zur CSFB, der jenen des gesamten Technologieteams nach sich zog, nicht das Gehalt der entscheidende Punkt gewesen sei.[100] Seine jetzige Gewinnbeteiligung sehe ähnlich aus. Ausschlaggebend war der Handlungsspielraum und die Freiheiten, die er bei seinem neuen Arbeitgeber vorfinde.

Mit großzügigen Anreizen im Zusammenhang mit intendierten Abwerbungen sind jedoch auch Risiken verbunden.

---

94 Vgl. hierzu Kroder, T. (2000), S. 14. Vgl. zu den Rekordniveaus der Gehälter in Europa im Zusammenhang mit der Knappheit qualifizierter Investment Banker in 2000 allgemein Kroder, T. (2000), S. 14; Walter, N. (2000B), S. 23; Kussel, B. (2000A), S. 20.

95 Vgl. etwa Kroder, T. (2000), S. 14.

96 Vgl. hierzu allgemein Moody, E. (2000), S. 32. Auch nichtmonetäre Anreize stufte die Mehrzahl der befragten Experten bei Abwerbungen als bedeutend ein. Laut Interviewergebnisse.

97 Laut Interviewergebnisse.

98 Laut Interviewergebnisse.

99 Laut Interviewergebnisse.

Zunächst bewirken opulente finanzielle Anreizen überproportionale Steigerungen des absoluten Betrags der ohnehin erheblichen Personalkosten. Insbesondere stehen jedoch höhere Grundgehälter und eventuelle Bonusgarantien bzw. feste Mehrjahresverträge dem grundsätzlichen Interesse der Investment Banken entgegen, den fixen Anteil der Personalausgaben im Hinblick auf die Volatilität der Erträge so gering wie möglich zu halten.[101] Jede Erhöhung des Fixkostenanteils vermindert die Anpassungsflexibilität der Personalaufwendungen, Ertragsrückgänge schlagen relativ stärker auf die Rentabilität durch.[102] Aus dem Zwang heraus, bei der Anwerbung spezialisierter Ressourcen relativ „mehr" bieten zu müssen, sehen sich mit dieser Problematik vor allem Institute der zweiten Liga konfrontiert.[103] Daneben schaffen opulente monetäre Anreize und Festverträge riskante Präzedenzfälle und können Unruhe und Spannungen bei der bestehenden Mitarbeiterbasis erzeugen, denen solche Vorteile nicht gewährt werden.[104]
Bei der Schaffung nichtfinanzieller Anreize ist zu berücksichtigen, daß mit wachsender Autonomie, die Führungskräften und/ oder hochqualifizierten Teams bei Abwerbungen zugestanden wird, das Risiko eines Kontroll- und Steuerungsverlusts des Erwerbers über Teile seines Engagements steigt.[105] Auch hier fördern Privilegien das Aufkommen innerbetrieblicher Spannungen und erschweren die Integration dieser Gruppen.[106]

Abschließend bleibt festzuhalten, daß Strategien des gezielten Ressourcenaustausches zur erfolgreichen Anwerbung von Investment-Banking-Experten die geschilderten Branchenstandards bei der Anreizgestaltung zu berücksichtigen haben.[107] Wechselbereitschaft muß

---

100 Vgl. hierzu und im folgenden Quattrone, F., Interviewaussagen, in: Moody, E. (2000), S. 32.

101 Vgl. zu dieser Problematik Achleitner, A. (1999), S. 79.

102 Vgl. hierzu auch Achleitner, A. (1999), S. 79.

103 Anm. d. Verf.: Dies zeigt sich auch in den Personalkostenstrukturen der Wettbewerber. So sind Schätzungen von Analysten zufolge bei Spitzeninstituten zwei Drittel der Personalkosten variabel, bei Schwächeren nur ein Drittel. Vgl. hierzu Pretzlik, C./ Thal Larsen, P.(2001), S. 20.

104 Vgl. Smith, R., Interviewaussage in: Moody, E. (2000), S. 32. Smith, heute Professor an der New York University, war früher Partner bei Goldman Sachs.

105 Vgl. Smith, R., Interviewaussage, in: Moody, E. (2000), S. 32.

106 Vgl. Smith, R., Interviewaussage, in: Moody, E. (2000), S. 32. So beklagt bspw. ein CSFB-Analyst, daß das Quattrone-Team ein „Unternehmen im Unternehmen aufgemacht" habe und besondere Privilegien gegenüber allen anderen genieße. Vgl. hierzu Moody, E. (2000), S. 32.

107 Laut Interviewergebnisse. Die befragten Experten waren einstimmig der Meinung, daß man sich als Wettbewerber dieser Branche den dargestellten Regeln des Marktes nicht entziehen könne, wolle man erfolgreich hochqualifiziertes Personal anwerben. Problematisch für Universalbanken erweise sich, daß diese Standards in starkem Gegensatz zu den jenen des Commercial Banking stehen, und ihre Anwendung innerhalb der Gesamtbank starke Spannungen erzeuge. Laut Interviewergebnisse.

jedoch zu akzeptablen Bedingungen erzeugt werden können. Idealerweise läßt sich neben einer angemessenen Wechselprämie ein marktgerechtes Gehalt mit Schwerpunkt möglichst in der variablen Vergütung und ein garantierter Bonus am Ein-Jahres-Minimum vereinbaren. Bei opulenteren Anreize dürfen die hiermit assoziierten Risiken nicht übersehen werden. Können Anwerbungen nur durch Anreize, die nach Art und Umfang ein vernünftiges Maß übersteigen, durchgeführt werden, kann es sinnvoller sein, von dieser Strategie (ggf. auch vorerst, bis sich die Angebotsbedingungen verbessert haben) abzusehen.

Eine dritte Schlüsselaufgabe im Rahmen einer Strategie des gezielten Ressourcenaustausches besteht in einer **systematischen Integration** des/ der neuen Mitarbeiter.[108] Denn der Erwerb der für Wachstum in der intendierten Form notwendigen Ressourcen bildet lediglich den ersten wesentlichen Schritt seiner Erzeugung.[109] Beispiele für mögliche Integrationsmaßnahmen bilden Einzel- und Gruppenschulungen.[110]

In Relation zu Einzelpersonen dürfte die Integration von Teams tendenziell schwerer fallen. Vor allem gilt dies, wenn Teams ein hohes Maß an Autonomie zugestanden werden muß, um ihre Motivation, Funktions- und Leistungsfähigkeit nicht zu beeinträchtigen („eingespieltes Team“). Aufgrund ihrer Vorbildfunktion kommt in diesem speziellen Fall der Integration der Führungsperson(en) kritische Bedeutung zu. Idealerweise existiert eine übereinstimmende Auffassung zur Strategie und Ressourceneinsatz sowie eine Kompatibilität der Führungsgrundsätze. Zumindest sollte sich ein Basiskonsens hierüber herstellen lassen.[111]

Gelingt die soziale und kulturelle Vernetzung nicht, wird der Strategieerfolg erheblich in Frage gestellt. Mangels effizienter innerbetrieblicher Zusammenarbeit und ggf. auch durch Abnahme der Leistungsbereitschaft läßt sich das Wertschöpfungspotential der neuen Humanressourcen nur unzureichend ausnutzen, ihr Beitrag zum angestrebten Wachstum tendiert gegen null.

---

108 Vgl. hierzu allgemein Capron, L./ Mitchell, W./ Oxley, J. (2000), S. 8 sowie laut Interviewergebnisse.

109 Vgl. hierzu allgemein Capron, L./ Mitchell, W./ Oxley, J. (2000), S. 8 sowie laut Interviewergebnisse.

110 Vgl. hierzu allgemein Capron, L./ Mitchell, W./ Oxley, J. (2000), S. 8. Vgl. zu Maßnahmen der Mitarbeiterintegration die Ausführungen in Abschnitt V.1.1.4.3.3 analog.

111 Anm. d. Verf.: Auch der Wechsel des Quattrone-Teams von der Deutschen Bank zur CSFB erzeugte gleich zu Beginn Spannungen zwischen dieser Gruppe und dem übrigen Unternehmen. So schildert Burnham, einer der führenden Köpfe, in einem Interview: „Wir kamen hinzu und hatten bei bestimmten Dingen unterschiedliche Geschäftspolitiken. Wir finanzierten unseren eigenen Ausgabenplan, wir waren bereit mehr auszugeben. Das Technologieteam war straffer geführt.“ Burnham, B., Interviewaussage, in: Moody, E. (2000), S. 32.

Auch droht bei unzureichender emotionaler Bindung, Unzufriedenheit und schwelenden Konflikten das Risiko einer erneuten Abwerbung von außen.[112] Schwächen dieser Art werden vom Wettbewerb i.d.R. sofort genutzt. Dies ist auch der Grund, warum mit der Ankündigung von Akquisitionen im Investment Banking i.d.R. ein intensiver Wettbewerb um das Personal der involvierten Parteien einsetzt.[113] Die Strukturen der betroffenen Firmen sind weit weniger gefestigt und bieten der Konkurrenz Möglichkeiten einzudringen.
Auf Erfolg angelegte Strategien des gezielten Ressourcenaustausches wirken solchen Risiken durch systematische Integrationsmaßnahmen vorausschauend entgegen.

V.1.1.2.3 Vor- und Nachteile von Strategien des gezielten Ressourcenaustausches

Strategien des gezielten Ressourcenaustausches weisen – wie die übrigen Realisierungsalternativen auch – ein spezifisches Stärken-Schwächen-Profil auf. Zu den **Vorteilen** dieser Option, die auch von den Experten in besonderem Maße hervorgehoben wurden, zählen insbesondere folgende Aspekte:

- *Zielgenauigkeit der Umsetzung:* Strategien des gezielten Ressourcenaustausches bieten die Möglichkeit, nach Art und Umfang genau jene speziellen Ressourcen auszuwählen und zu akquirieren,[114] die zur Umsetzung der intendierten produkt-markt-bezogenen Wachstumsprozesse in dem betreffenden Geschäftsfeld benötigt werden.[115] Das Profil der für den Ausbau des Feldes gesuchten Investment Banker im Hinblick auf Produkt-, ggf. auch Branchen-Kompetenzen, Berufserfahrung und Nationalität bestimmt sich nach der Art der verfolgten Wachstumsstrategie(n).

- *Effizienter Mitteleinsatz*: Ferner gewährleistet diese Strategie einen effizienten Mitteleinsatz, denn über die Auswahl spezifischer Potentiale hinaus erlaubt sie, „... sich auf die Kosten für den Erwerb dieser Ressourcen zu konzentrieren."[116]

- *Senkung des Investitionsrisikos durch sukzessive Realisierung*: Ein weiterer Vorteil des gezielten Ressourcenaustausches wird in der Möglichkeit gesehen, das Investitionsrisiko

---

112 Laut Interviewergebnisse.
113 Hierzu und im folgenden laut Interviewergebnisse.
114 Vgl. hierzu allgemein Capron, L./ Mitchell, W./ Oxley, J. (2000), S. 7.
115 Laut Interviewergebnisse. Die Zielgenauigkeit der Realisierung sahen alle befragten Experten als einen eindeutigen Vorteil des gezielten Ressourcenaustausches.
116 Capron, L./ Mitchell, W./ Oxley, J. (2000), S. 7.

durch sukzessive Entwicklung der Kapazitäten (sprich Anwerbung von Mitarbeitern) zu senken.[117] Dieses behutsame Vorgehen mindert auch die Gefahr, daß sich das expandierende Institut finanziell übernimmt.

Diesen Stärken werden durch strategiespezifische **Nachteile** relativiert:

- *Kosten*: Strategien des gezielten Ressourcenaustausches sind finanziell anspruchsvoll.[118] Ausgehend von einem schon an sich bemerkenswert hohen Einkommensniveau müssen zur Erzeugung von Wechselbereitschaft bei Abwerbungen im Investment Banking finanzielle Extraanreize geboten werden. In Phasen positiver Konjunktur- und Börsenbedingungen mit ausgeprägtem Mangel an qualifizierten Kräften entwickelt sich dieser Wachstumsansatz zu einer extrem teueren Option (hohe Wechselprämien, Spitzengehälter und ggf. längerfristig garantierte Boni).
- *Zeitintensität*: Nachteile ergeben sich auch in bezug auf die Geschwindigkeit der Realisierung des intendierten Wandels.[119] Sowohl beim Ausbau von Geschäftsfeldern mit noch geringen Grundstock als auch beim Eintritt in neue Märkte oder Leistungsfelder des Investment Banking ist mit einer längeren Anlaufphase zu rechnen. Mitarbeiter müssen gefunden, mit den vorhandenen und weiteren neu hinzutretenden integriert werden und Funktionsfähigkeit als Team entwickeln.
- *Unveränderte Eigenkapitalausstattung*: Als weiterer Nachteil einer Strategie des gezielten Ressourcenaustausches wird angeführt, daß trotz erweiterter Kapazitäten die Eigenkapitalausstattung (z.B. im Gegensatz zu Akquisitionen) als Determinante der Größe der möglichen risikobehafteten Geschäfte unverändert bleibt.[120]

---

117 Laut Interviewergebnisse. Alle befragten Experten sahen in der Möglichkeit, das Risiko durch sukzessive Investition zu begrenzen, einen Vorteil des gezielten Ressourcenaustausches.

118 Hierzu und im folgenden laut Interviewergebnisse. Alle befragten Experten sahen in den hohen Mittelanforderungen einen eindeutigen Nachteil dieser Strategie.

119 Laut Interviewergebnisse. Die befragten Experten sahen eine Strategie des gezielten Ressourcenaustausches als eher zeitintensiv an. Vgl. zu dieser Auffassung auch Baas, V. (1998), S. 723

120 Laut Interviewergebnisse. Die Mehrzahl der befragten Experten wertete die unveränderte Kapitalausstattung als Nachteil dieser Strategie. Vgl. hierzu auch Baas, V. (1998), S. 723.

V.1.1.3 Kooperationsstrategie

Auch im Rahmen von Kooperationsstrategien soll Wachstum in der intendierten Form über die An- oder Eingliederung spezifischer, betriebsexterner Potentiale erzeugt werden.[121] Im Gegensatz zu autonomen Strategien, speziell jener des gezielten Ressourcenaustausches, hängt ihr Erfolg jedoch wesentlich von der positiven Mitwirkung des gewählten Partners ab. Von besonderer Bedeutung ist bei Kooperationen die Frage, in welchem Maße es gelingt, sich die benötigten Ressourcen, die im Zugriffsbereich des Partners liegen, durch Integration tatsächlich nutzbar zu machen.[122]

Kooperationsstrategien zielen allgemein „... auf eine Zusammenarbeit zwischen zwei oder mehreren Unternehmen auf einem bestimmten Betätigungsfeld ab, um auf diese Weise einen Synergieeffekt für beide Partnerunternehmen herbeizuführen.“[123]
Nach Bindungsintensität des Arrangements lassen sich zwei Ausprägungsformen von Kooperationsstrategien unterscheiden:[124] Eine *Kooperation (i. e. S.)* liegt dann vor, wenn die Partner auf Basis einer vertraglichen Vereinbarung eine wirtschaftliche Zusammenarbeit auf einem bestimmten Betätigungsfeld anstreben, aber rechtlich selbständig bleiben.[125] Eine zweite, wesentlich engere Form der Kooperation zwischen Unternehmen besteht darin, daß die Partner ein Gemeinschaftsunternehmen (*Joint Venture*) mit dem Ziel gründen, bestimmte Tätigkeiten unter Teilung von Führung, Kontrolle, Risiko und Gewinn im gemeinsamen Interesse auszuführen.[126]

Im folgenden wird zunächst überprüft, inwieweit Kooperationsstrategien im Investment Banking empirische Relevanz zukommt und welchen Eignungsgrad sie zur Realisierung der verschiedenen Wachstumsstrategien aufweisen (Abschnitt V.1.1.3.1). Sodann gilt es offenzulegen, unter welchen Voraussetzungen diese Option eine erfolgversprechende Methode zur Realisierung von Wachstum abbildet und welche Schlüsselaufgaben hierbei zu

---

121 Vgl. Capron, L./ Mitchell, W./ Oxley, J. (2000), S. 7; Bea, F./ Haas, J. (1995), S. 160; Welge, M./ Al-Laham, A. (1992), S. 307f.
122 Vgl. hierzu allgemein Capron, L./ Mitchell, W./ Oxley, J. (2000), S. 8.
123 Bea, F./ Haas, J. (1995), S. 160.
124 Vgl. zu dieser Unterscheidung Welge, M./ Al-Laham, A. (1992), S. 313.
125 Vgl. Welge, M./ Al-Laham, A. (1992), S. 313.
126 Vgl. Welge, M./ Al-Laham, A. (1992), S. 316.

bewältigen sind (Abschnitt V.1.1.3.2). Schließlich werden Vor- und Nachteile dieses Ansatzes beleuchtet (Abschnitt V.1.1.3.3).

V.1.1.3.1 Empirische Relevanz und Einsatzmöglichkeiten im Rahmen von Wachstumsstrategien

Auch für Kooperationsstrategien finden sich im Investment Banking Praxisbeispiele. Ein ***Joint Venture*** im Geschäftsfeld Eigenkapitalfinanzierungen unterhalten seit 1996 beispielsweise *ABN AMRO* und *N.M. Rothschild*, zu dessen Inhalt ABN AMRO wie folgt Stellung nimmt:

> *„On 1 July 1996, ABN AMRO and N.M. Rothschild & Sons Limited („N.M. Rothschild") established a worldwide joint venture arrangement (excluding certain countries) to cooperate in international and domestic primary equity capital markets activities under the name ABN AMRO Rothschild, thus combining ABN AMRO's strong distribution capabilities and Rothschilds excellent position in the international equity and privatisation business."*[127]

Das Joint Venture, das *Crédit Suisse* und *First Boston* (London) vor über zwanzig Jahren gründeten – und aus dem später die CSFB hervorging – bildet aus heutiger Sicht ein historisches Beispiel für diese Strategie.[128] Im Rahmen des gemeinschaftlichen Vorgehens erwarben sich diese Institute in den achtziger Jahren eine führende Position im Eurodollar-Anleihegeschäft.

In Relation zu den o.g. Beispielen war das Betätigungsfeld des Joint Ventures, das die *DG Bank* und die niederländische *Rabobank* für Ende 2000 zur Gründung vorgesehen hatten („DG Rabo International"), wesentlich breiter abgesteckt. Geplant war, über das Gemeinschaftsunternehmen ein vollständiges Angebot an Kapitalmarkt- und Finanzierungsprodukten in den Heimatmärkten der Institute und wichtigen europäischen und internationalen Märkten bereitzustellen.[129] Die Verhandlungen scheiterten jedoch Ende 2000 in fortgeschrittenem Stadium.

---

127 ABN AMRO (1997), S. 70.
128 Vgl. hierzu und im folgenden Aitken, J./ Brown, P. (1997), S. 65.
129 Vgl. hierzu DG Bank (2000), S. 15 und S. 55.

Diese Auswahl an internationalen Joint Ventures im Investment Banking, bei denen die Partner verschiedenen Ländern entstammen, läßt sich durch Beispiele auf nationaler Ebene ergänzen. So haben bspw. im November 2000 fünf deutsche Privatbanken ein Gemeinschaftsunternehmen zur Komplettbetreuung von Börsengängen im Heimatmarkt gegründet.[130] An dem „Bavarian Equity Network" (BEN) sind zu gleichen Teilen die *Baader Wertpapierhandelsbank, Merck & Fink, Hauck & Aufhäuser*, das *Bankhaus Reuschel* und die *Schmidt-Bank* beteiligt.
Das Betätigungsfeld der „HBB Capital Advisers Group", des unlängst gegründeten Gemeinschaftsunternehmens der *Landesbank Hessen-Thüringen* und der *Bayerischen Landesbank*, ist ähnlich abgegrenzt.[131] Das Institut will deutsche mittelständische Unternehmen bei M&A-Transaktionen und an die Börse begleiten.

Auch für ***Kooperationen i. e. S.***, die eine geringerer Bindungsintensität beinhalten, lassen sich eine Reihe von aktuellen Beispielen anführen:
So sind *Goldman Sachs* und der Münchener Discount Broker *Direkt Anlage Bank* (DAB) eine Partnerschaft im Feld Eigenkapitalfinanzierungen eingegangen.[132] Die DAB erhofft sich auf diese Weise schneller an einer größeren Anzahl von Neuemissionen in plazierender Funktion teilnehmen zu können, Goldman Sachs verschafft sich so Zugang zur Retail-Distributionskraft der DAB. Eine Kooperation deckungsgleichen Inhalts und auf Basis der selben Motivation unterhält auch das Frankfurter IPO-Beratungshaus *Equinet* mit der *DAB*.
Eine vergleichbare Logik liegt auch der Kooperation zugrunde, die *J.P. Morgan* seit 2000 mit *Monex*, einem japanischen Internet-Broker, unterhält.[133] Inhalt ist hier die gemeinschaftliche Organisation und Durchführung von IPOs über das Internet.
Ein anderes Beispiel stellt Merrill Lynch dar, die beabsichtigt, das Investment Banking in Deutschland künftig auch verstärkt mit kleineren und mittleren Unternehmen zu betreiben.[134] Ein verbesserter Zugang zu dieser Gruppe soll u.a. auch über eine Allianz mit einer kleineren deutschen Geschäftsbank erschlossen werden.

---

130 Vgl. hierzu und im folgenden Hegman, G. (2000), S. 21.
131 Vgl. hierzu und im folgenden Burgmaier, S. (2000D), S. 22.
132 Vgl. hierzu und im folgenden Michael, C. (2000), S. 23.
133 Vgl. hierzu und im folgenden o. V. (2000N), S. 46.
134 Vgl. hierzu und im folgenden o. V. (2001E), S. 20.

Thomas Weisel, eine auf Technologiebranchen spezialisierte Corporate-Finance-Boutique in den USA, sucht derzeit nach internationalen Kooperationspartnern.[135] Im Zuge dessen bietet sie eine Kapitalbeteiligung von 5% im Gegenwert von 150 Mio. US-Dollar an ihrem Haus an. Bereits mehrere europäische Banken wurden angesprochen, vor allem solche, die ihr US-Geschäft ausbauen wollen.

Obwohl sich für Kooperationsstrategien eine Reihe von Beispielen anführen lassen, ist ihre praktische Bedeutung im Investment Banking eher begrenzt. Gerade auch an den Beispielen für Kooperationen i. e. S. wurde deutlich, daß Partnerschaften zwischen Wettbewerbern der Investment-Banking-Branche äußerst rar sind. Vielfach werden außenstehende Partner (z.B. Broker) eingebunden, die spezifische Geschäftsfunktionen im Rahmen der Transaktionsdurchführung (z.B. Plazierung) übernehmen, und dabei über komplementäre Ressourcen (z.B. Retail-Distributionskraft) verfügen.

Partnerwahl, Kooperationsinhalt (z.B. Leistungsfeld, -segment oder Märkte der Zusammenarbeit) und -zweck (z.B. Erhöhung des Marktanteils, Ausweitung des Produkt- oder Länderprogramms) werden aus Sicht des fokalen Unternehmens entscheidend vom Typ der verfolgten Wachstumsstrategie(n) geprägt, zu deren Realisierung diese Handlungsoption eingesetzt werden soll. Welchen Eignungsgrad Kooperationsstrategien dabei im Investment Banking im einzelnen aufweisen, wird im folgenden analysiert.

Was ihren Eignungsgrad zur Realisierung einer *Marktdurchdringungsstrategie* angeht, ergibt sich – unter gewissen Voraussetzungen – ein positives Votum.

Sowohl Kooperationen i. e. S. als auch Joint Ventures eröffnen den Zugang zu Ressourcen des/ der Partnerunternehmen(s).[136] Hierdurch lassen sich, wenn die Ressourcen der Partner in einem Gemeinschaftsunternehmen gebündelt werden, aus Sicht des Einzelnen die bislang bestehenden Kapazitäten zur Marktbearbeitung, ggf. auch die bisherigen Produkt- und Marktkenntnisse erweitern. Auch bieten beide Strategievarianten die Möglichkeit, relative Schwächen in bestimmten Teilen der Wertschöpfungskette durch Nutzung fremder Potentiale auszumerzen.

---

135 Vgl. hierzu und im folgenden o. V. (2000O), S. 20. Dem Vernehmen nach wurden hierbei u.a. auch die HSBC, ABN AMRO und Dresdner Kleinwort Wasserstein angesprochen.

136 Vgl. Capron, L./ Mitchell, W./ Oxley, J. (2000), S. 8.

Besonderes Wachstumspotential im bestehenden Produkt-Markt-Feld wohnt einer gemeinschaftlichen Lösung dann inne, wenn die Partner komplementäre Stärken bei Wertschöpfungsaktivitäten in einem Leistungsfeld nutzen können. Dies zeigt das Beispiel ABN AMRO/ Rothschild, die über ein Joint Ventures die gemeinschaftliche Marktposition im Feld Eigenkapitalfinanzierungen auf internationaler Ebene erfolgreich ausgebaut haben.[137] Diesem Arrangement liegt i.e. folgende Logik zugrunde:

> *„The rationale of the joint venture is to combine that firm´s [Rothschild´s] good franchise in privatisation an corporate advisory work with ABN AMRO´s distribution capability, a liason that responds to both partners needs. In order to raise the profitybility of its brokerage arm, ABN AMRO needs to increase its presence in primary business, where margins are better than in the secondary business. To strengthen its position in advisory work, N.M. Rothschild increasingly needs to be able to offer distribution services.“*[138]

Die Mehrzahl der befragten Experten vertrat die Meinung, daß Kooperationen zur Erhöhung der Präsenzintensität im bestehenden Produkt-Markt-Feld vor allem dort als sinnvoll einzustufen sind, wo Komplementarität der Wertschöpfungsaktivitäten im beschriebenen Sinne besteht.[139] Die Stärken des einen Partners fungieren dann als Anreiz für den jeweils anderen, sich nach Kräften und nachhaltig einzubringen.[140]

Während Kooperationen i. e. S. bei geringem Ergänzungspotential zumeist die rationale Grundlage entzogen ist,[141] besteht bei Joint Ventures zumindest noch der Anreiz der Kosten-

---

137 Vgl. zu den Marktpositionen von ABN AMRO Rothschild bei Eigenkapitalfinanzierungen in der Region Europa/ Mittlerer Osten/ Afrika, Asien/ Pazifik und weltweit Abschnitt IV.2.2.2.

138 Aitken, J./ Brown, P. (1997), S. 71. Darauf hingewiesen sei, daß im vorliegenden Kontext sehr wohl beide Partner die allen Wertschöpfungsaktivitäten, die die Wertkette des betreffenden Geschäftsfeldes ausmachen, nachgehen, jedoch bei komplementären Einzelsegmenten relative Stärken und Schwächen aufweisen. So verfügte bspw. ABN AMRO freilich auch schon im Vorfeld des Joint Ventures über einen Corporate-Finance- und Equity-Capital-Marktes-Bereich, genauso wie Rothschild Beziehungen zu institutionellen Investoren pflegt und im Rahmen der Plazierung nutzen kann. Andernfalls würde es sich hierbei um die Umsetzung einer Produktentwicklungs- im Wege einer Kooperationsstrategie handeln.

139 Hierzu laut Interviewergebnisse. Vgl. zu einer entsprechenden Auffassung in der Literatur allgemein auch Roberts/ Berry (1987), S. 102, zitiert in Welge, M./ Al-Laham, A. (1992), S. 318.

140 Vgl. hierzu allgemein Roberts/ Berry (1987), S. 105f., zitiert in Welge, M./ Al-Laham, A. (1992), S. 332.

141 Anm. d. Verf.: So erscheint z.B. eine Kooperation i. e. S. zur Erhöhung der Marktdurchdringung im Feld M&A, das beide Partner bereits bearbeiten, kaum sinnvoll. Aufgrund gleichartiger Ressourcen und direkter Konkurrenz um den selben Kunden besteht kein Kooperationsanreiz. Eine Ausnahme könnte sich im

teilung und jener, durch Bündelung von Ressourcen eine höhere Stoßkraft zu erzeugen. Allerdings sind Joint Ventures, in denen artgleiche Aktivitäten und Fähigkeiten zur Intensivierung der Präsenz in einem Leistungsfeld gebündelt werden, nach Auffassung der Praxis konfliktträchtig.[142] Eine Seite sei stets die Stärkere, für die vor dem Hintergrund des geteilten Risikos und Gewinns und der erforderlichen Abstimmungsnotwendigkeiten der Kooperationsanreiz kontinuierlich sinkt.[143]

Was den Eignungsgrad von Kooperationsstrategien zur Realisierung von *Produktentwicklungsstrategien* anbetrifft, müssen zwei Fälle unterschieden werden: Eine beabsichtigte Erhöhung der Wertschöpfungstiefe in einem Geschäftsfeld und die Erschließung neuer Leistungssegmente oder -felder in Gänze.
Zur Realisierung einer Produktentwicklungsstrategie, die die Wertschöpfungstiefe in einem Geschäftsfeld zu erhöhen sucht, stellen Kooperationsstrategien – ob in Form eines Joint Ventures oder einer Kooperation i. e. S. – zweckmäßige Alternativen dar. Durch Nutzung der Kapazitäten eines Partners lassen sich Aktivitäten auf bisher nicht bearbeitete Teile der Wertkette in einem Geschäftsfeld ausdehnen. Dies wurde bereits an dem o.g. Beispiel von ABN AMRO Rothschild deutlich, dessen Logik sich auf den vorliegenden Fall einer Produktentwicklungsstrategie analog anwenden läßt.
Demzufolge knüpft die Anwendbarkeit und Funktionsfähigkeit von Kooperationstrategien auch im Kontext dieser Wachstumsstrategie an die Voraussetzung der Komplementarität. Ob diese Methode anwendbar ist, hängt zunächst in hohem Maße davon ab, ob sich Partner mit komplementären Wertschöpfungsaktivitäten finden. So dürften z.B. Anbieter, die die gesamte Wertkette präsenzintensiv besetzen, von vornherein als potentielle Partner ausscheiden, da für sie kein Anreiz besteht, eine solche Kooperation einzugehen.[144] Ferner begünstigt Komplementarität im Sinne sich ergänzender Primäraktivitäten der selben Wertkette auch hier die Funktionsfähigkeit der Partnerschaft durch wechselseitiges Interesse und gegenseitige Dependenz.

Bereich der unterstützenden Aktivitäten im Investment Banking ergeben, z.B. im Aktien-Research bei Aufteilung nach einem gewissen Kriterium.

142 Laut Interviewergebnisse. Vgl. hierzu allgemein Roberts/ Berry (1987), S. 102, zitiert in Welge, M./ Al-Laham, A. (1992), S. 318.

143 Laut Interviewergebnisse.

144 Laut Interviewergebnisse.

Was den Eignungsgrad von Kooperationsstrategien zur Realisierung einer Produktentwicklungsstrategie, die das Angebotsprogramm um neue Leistungssegmente oder ganze Felder auszuweiten sucht, anbetrifft, ergeben sich in Abhängigkeit von der betrachteten Variante unterschiedlich Ergebnisse.

So erscheint die Variante der Kooperation i. e. S. – obwohl zunächst denkbar – im Ergebnis wenig geeignet zu sein. Diese Einschätzung gründet auf folgenden Erwägungen: Anstatt z.B. das Feld M&A aus eigener Kraft zu erschließen – so führt ein Experte aus – könnte auch daran gedacht werden, eine Kooperation mit einem Wettbewerber einzugehen, der dort Stärken aufweist.[145] Kunden, die M&A-Dienstleistungen benötigen, könnten dann an den Partner überwiesen werden, der im Gegenzug Nachfrager nach Leistungen in einem anderen Feld (z.B. Eigenkapitalfinanzierungen) weiterleitet, die er selbst nicht offeriert. Hierdurch würden zwar die Anforderungen an Komplementarität allumfassend erfüllt, die individuellen Stärken zweier Banken genutzt und das Leistungsspektrum aus Sicht des einzelnen ohne eigene Investition ausgeweitet.[146] Allerdings seien solche Arrangements durch mangelnde Funktionsfähigkeit gekennzeichnet,[147] wofür mehrere Gründe verantwortlich zeichnen. Erstens lasse sich ein Gleichgewicht der Leistungen nur sehr schwer herstellen, was Konfliktpotential berge. Da keine eigenen Investitionen getätigt werden, sei auch das Interesse, die Zusammenarbeit mit Nachdruck zu betreiben, eher gering und somit i.d.R. auch ihr Output. Das Resultat seien eher Gelegenheitsgeschäfte, selten eine kontinuierliche Zusammenarbeit. Auch besteht die Gefahr eines Kundenverlusts – sowohl für den Fall, daß der Kunde mit den Leistungen des Partners unzufrieden ist, als auch im gegenteiligen Fall. Diese Argumentation gilt analog für Fälle, wo neue Segmente eines Leistungsfeldes erschlossen werden sollen.

Praktikabel scheint hingegen die Variante, daß zur Erschließung eines neuen Leistungsfeldes (z.B. M&A) oder spezifischen Segments (z.B. Börseneinführungen) ein Joint Venture gegründet wird. In diesem Fall werden die Kosten für die Expansion in diesen Aktivitätsbereich bzw. die Akquisition der hierfür notwendigen Ressourcen geteilt. Das Joint Venture wird selbst akquisitorisch am Markt tätig, zudem vermitteln die Partner Kunden mit Bedarf an diesen Leistungen an den Spezialanbieter.

---

145 Hierzu und im folgenden laut Interviewergebnisse.
146 Hierzu und im folgenden laut Interviewergebnisse.

Abschließend gilt es nun den Eignungsgrad von Kooperationsstrategien zur Eroberung neuer Märkte in abnehmerbezogener und geographischer Hinsicht im Rahmen von *Marktentwicklungsstrategien* im Investment Banking zu untersuchen.

Zur Realisierung einer *abnehmerbezogenen* Marktentwicklungsstrategie sind beide Varianten geeignet, wenngleich jene der Kooperation i. e. S. auch hier an bestimmte Bedingungen knüpft. So kann erstens ein Joint-Venture-Partner den gesuchten Zugang zu einem bestimmten Abnehmermarkt eröffnen. Vorausgesetzt, es existieren potentielle Partner mit komplementärem oder abweichendem Leistungsprogramm, läßt sich auch über Kooperationen i. e. S. auch der Zugang zu spezifischen Kundengruppen erschließen. Diese Methode beabsichtigt z.B. Merrill Lynch im Rahmen einer abnehmerbezogenen Marktentwicklungsstrategie auf dem Auslandsmarkt Deutschland in bezug auf die Gruppe kleinerer und mittlerer Unternehmen anzuwenden, wie sie in 2001 ankündigte.[148] Zielpartner ist eine kleineren Geschäftsbank.

Auch zur Realisierung *geographischer* Marktentwicklungsstrategien sind Kooperationsstrategien durchaus mit einem Eignungsgrad versehen. Kooperationen i. e. S. oder Joint Ventures, die eine Aufteilung geographischer Märkte zwischen den Partnern vorsehen, bilden eine erste mögliche Variante.[149] Abkommen dieser Art dienen vielfach der simultanen Realisierung sämtlicher geographischer Marktentwicklungsstrategien in verschiedenen Geschäftsfeldern in einem Schritt bzw. betreffen das Investment Banking insgesamt. Nach Interviewangaben ist hiermit der Inhalt des Joint Ventures zwischen Banco Santander Hispano Central (BSCH) und der Société Générale beschrieben. Im Rahmen der Spezialisierung pro Land wurde entweder die Investment-Banking-Aktivität der BSCH oder Société Générale behalten.[150] Jedoch kann diese Variante auch zur Umsetzung einer geographischen Marktentwicklungsstrategie in einem einzelnen Geschäftsfeld angewendet werden. So hielt sie z.B. ein Experte im Vertriebsbereich für vorstellbar. Hier könnten die Partner ihre internationalen Sales-Aktivitäten auf einzelne Länder spezialisieren und durch

---

147 Hierzu und im folgenden laut Interviewergebnisse.
148 Vgl. zu den Kooperationsabsichten von Merrill Lynch o. V. (2001E), S. 20.
149 Laut Interviewergebnisse.
150 Laut Interviewergebnisse.

Nutzung der komplementären Ressourcen des jeweils anderen ihre internationale Vertriebskraft (z.B. bei Plazierungen großer Emissionen) steigern.[151]

Praktikabel im Sinne des hier intendierten Wandels sind auch grenzüberschreitende Kooperationen i. e. S., die die gegenseitige Vermittlung von Kunden vorsehen, die Transaktionen im Markt des Kooperationspartners planen. Eine solche Kooperation unterhält bspw. die DG Bank mit französischen Aktienemissionshaus EFI, die der deutschen Partnerin französische Börsenaspiranten, die eine Notiz am Neuen Markt anstreben, gegen entsprechende Honorierung weiterleitet und umgekehrt.[152]

Da die Partner jedoch keine gezielte Akquise für den jeweils anderen betreiben, ergeben sich hieraus hauptsächlich Geschäfte auf Ad-hoc-Basis. Zur nachhaltigen Erschließung eines Ländermarktes in abnehmerbezogener Hinsicht erscheinen solche Arrangements weniger geeignet, können aber eine interessante ergänzende Maßnahme zu einer anderen Strategie der Realisierung darstellen.

Auf Grundlage der geführten Diskussion bleibt festzuhalten, daß Kooperationsstrategien prinzipiell eine denkbare Alternative zu Realisierung der verschiedenen wachstumsspezifischen Entwicklungsstrategien im Investment Banking abbilden. Während Joint Ventures universell anwendbar sind, knüpft der sinnvolle Einsatz von Kooperationen i. e. S. bei Markturchdringungs-, Produkt- und Marktentwicklungsstrategien jedoch an das Kriterium der Komplementarität (von Wertschöpfungsaktivitäten, bearbeiteten Ländermärkten etc.). Wenig zweckmäßig erscheint diese Variante zur Erschließung neuer Leistungssegmente und -felder.

[151] Laut Interviewergebnisse.
[152] Laut Interviewergebnisse.

V.1.1.3.2 Voraussetzungen und aufgabenbezogene Anforderungen von Kooperationsstrategien

Im folgenden gilt es zu untersuchen unter welchen Voraussetzungen Kooperationsstrategien erfolgversprechende Methoden zur Realisierung von Wachstum abbilden und welche Schlüsselaufgaben hierbei zu bewältigen sind. In Abbildung V-5 faßt die im weiteren zu diskutierenden Anforderungen zusammen.[153]

Anforderungen / Realisierungsstrategie	**Voraussetzungen**	**Schlüsselaufgaben**
Kooperationsstrategie	**Geringe Wahrscheinlichkeit des Marktversagens an den benötigten Ressourcen**	• ***Systematische Recherce*** • ***Aushandlung gemeinsamer Ziel- und Strategievorstellungen*** • ***Schaffung von Sicherungsmechanismen***

Abb. V-5: Anforderungen von Kooperationsstrategien

Entscheidende **Voraussetzung** für den Erfolg von Kooperationsstrategien bildet gemäß CAPRON et al., daß den Ressourcen, die zur Realisierung der intendierten Form von Wachstum (Erhöhung des Marktanteils im bestehenden Feld, Erschließung neuer Auslandsmärkte etc.) von einem möglichen Partner benötigt werden, eine nur *geringe Wahrscheinlichkeit des Marktversagens* innewohnt.[154] Andernfalls läßt sich das erforderliche Ausmaß an Integration über Kooperationsstrategien nicht erreichen.[155] Über den Fall hinaus, daß kein potentieller Partner existiert, der über die anvisierten Ressourcen verfügt, kann ein Marktversagen an den gewünschten Ressourcen weitere Ursachen haben. Jeder der drei im folgenden zu nennenden Auslösefaktoren schränkt den Anwendungsraum und die Wirksamkeit dieses Ansatzes zur Realisierung von Wachstum im Investment Banking ein:[156]

- *Institutionelle Illegitimität:* Marktversagen kann erstens dadurch entstehen, daß ein Anbieter nicht genügend Glaubwürdigkeit in der Investment-Banking-Branche besitzt, um sich die benötigten Ressourcen im Wege einer Kooperationsstrategie nutzbar zu

---

153 Vgl. hierzu allgemein Capron, L./ Mitchell, W./ Oxley, J. (2000), S. 6.
154 Vgl. hierzu allgemein Capron, L./ Mitchell, W./ Oxley, J. (2000), S. 8.
155 Vgl. hierzu allgemein Capron, L./ Mitchell, W./ Oxley, J. (2000), S. 9.
156 Vgl. hierzu allgemein Capron, L./ Mitchell, W./ Oxley, J. (2000), S. 7.

machen.[157] Die Bank kommt für andere als Partner nicht in Frage. Dies kann z.B. auf einer geringen feldbezogenen Marktstärke fußen. Auch eine mittelmäßige Reputation aufgrund eines z.B. bekanntermaßen niedrigeren Ausbildungsniveaus der Mitarbeiter oder weniger strenger Qualitätsmaßstäbe bei der Transaktionsauswahl und -abwicklung könnten hierfür verantwortlich zeichnen. Eventuell haben auch Verhaltensweisen in der Vergangenheit Zweifel an der Integrität des Anbieters aufkommen lassen und seine Glaubwürdigkeit geschmälert.

- *Beiderseitige Informationsdefizite:* Kooperationen können auch deshalb nicht zustande kommen, weil den möglichen Partnern die notwendigen Informationen fehlen, potentielle Kosten und Auswirkungen des Arrangements zu übersehen.[158]
  Erläutert sei dies an einem Fall, in dem zwei Anbieter in Betracht ziehen, ihre Kapazitäten in einem Joint Venture zu bündeln, um ihre Marktdurchdringung im Feld Eigenkapitalfinanzierungen zu erhöhen. Dazu müssen die Wertschöpfungsaktivitäten von den bestehenden Engagements abgetrennt, in die neue Einheit eingliedert und aufeinander abgestimmt sowie dem Geschäftskonzept des Gemeinschaftsunternehmens angepaßt werden. Sowohl die Herauslösung, als auch die Adaptionsprozesse können komplex und aufwendig, d.h. zeitlich und finanziell anspruchsvoll sein.[159] Ebenso können Kooperationen auch dann schon im Ansatz scheitern, wenn die Partner z.B. den Grad an Abhängigkeit, der hierdurch erzeugt wird, nur schwer abschätzen können oder Zweifel hegen, ob eine Gleichberechtigung und ein Leistungsgleichgewicht nachhaltig gewährleistet werden kann.[160]
  Mit wachsender Ungewißheit über Kosten und sonstige Auswirkungen nimmt das Risiko des Marktversagens an den gewünschten Ressourcen zu. Welches Ausmaß an beiderseitig wahrgenommenen Informationsdefiziten tatsächlich zur Ablehnung führt, hängt von der Risikoaversion der betreffenden Parteien ab.

---

[157] Vgl. zum Fall des Marktversagens aufgrund institutioneller Illegitimität allgemein Capron, L./ Mitchell, W./ Oxley, J. (2000), S. 7.

[158] Vgl. zum Fall des Marktversagens aufgrund beiderseitiger Informationsdefizite allgemein Capron, L./ Mitchell, W./ Oxley, J. (2000), S. 7.

[159] Vgl. hierzu allgemein Capron, L./ Mitchell, W./ Oxley, J. (2000), S. 8.

[160] Vgl. hierzu allgemein Capron, L./ Mitchell, W./ Oxley, J. (2000), S. 8.

- *Informationsungleichgewichte*: Ebenso kann ein einseitiger Mangel an Informationen dazu führen, daß Kooperationen nicht zustande kommen oder diese Strategie nicht zum gewünschten Erfolg führt.[161] Hier fürchtet eine Partei, daß die von ihr bereitgestellten Ressourcen (vor allem immaterieller Art, d.h. Know-how und Informationen über Produkte, Märkte oder spezifische Kunden) vom Partner zu seinem alleinigen Vorteil genutzt oder für andere Zwecke (z.B. in Aktivitätsbereichen die nicht zum Betätigungsfeld der Kooperation zählen) mißbraucht werden.

Hervorzuheben ist, daß diese Störungen, die ein Marktversagen an den benötigten Ressourcen auslösen, bei vertraglichen Kooperationen nicht nur im Vorfeld, sondern auch im Verlauf der Zusammenarbeit auftreten können.[162]

Auch unter günstigen Ausgangsbedingungen stellt die erfolgreiche Umsetzung der intendierten Form von Wachstum durch Kooperation spezifische aufgabenbezogene Anforderungen an den Träger dieser Strategie. **Schlüsselaufgaben** bestehen in einer systematischen *Recherche,* der *Abstimmung über die strategische Ausrichtung und Arbeitsweise der Kooperation* und der *Schaffung von Schutzmechanismen.*

Ein grundlegendes Erfordernis besteht zunächst in einer ***systematischen Recherche*** nach dem passenden Partner, der über die für ein Wachstum in der gewünschten Form benötigten Ressourcen verfügt.[163] Bei der Auswahl ist ein besonderes Gewicht auf Seriosität, Zuverlässigkeit und Vertrauenswürdigkeit zu legen.[164]

Zentral für den Kooperationserfolg ist ferner, daß die Partner ***gemeinsame Ziel- und Strategievorstellungen*** aushandeln und eine ***übereinstimmende Auffassung zur***

---

161 Vgl. zum Fall des Marktversagens aufgrund von Informationsungleichgewichten allgemein und im folgenden Capron, L./ Mitchell, W./ Oxley, J. (2000), S. 7.

162 Anm. d. Verf.: Dagegen verschwindet beim Joint Venture die Problematik des „Angewiesen-Seins" auf die Kooperationsbereitschaft des Partners, sobald die Ressourcen der Partner im Rahmen des Integrationsprozesses zu einer Einheit verschmolzen sind.

163 Vgl. Welge, M./ Al-Laham, A.(1992), S. 316; Capron, L./ Mitchell, W./ Oxley, J. (2000), S. 9.

164 Vgl. hierzu bezogen auf Kooperationen i. e. S. Welge, M./ Al-Laham, A.(1992), S. 316 sowie allgemein sowie allgemein Johnson, G./ Scholes, K. (1997), S. 314.

Arbeitsweise der Kooperation entwickeln.[165] Um sicherzustellen, daß diese Absichten die in der Folge von allen Beteiligten – insbesondere auch den Mitarbeitern – getragen und aktiv umgesetzt werden, sind sie in der Kooperationsvereinbarung zu fixieren und den Mitarbeitern, deren Arbeitsfeld von der Zusammenarbeit betroffen ist, intensiv zu kommunizieren.[166]

Bei Kooperationsstrategien stellt sich für jeden Part die Frage, wie die Ressourcen des Partners für die eigenen Zwecke nutzbar gemacht werden können und gleichzeitig Eigentumsverluste an den eigenen Ressourcen vermieden werden können. Denn es kann nie gänzlich ausgeschlossen werden, daß der Partner verdeckte weitergehende Zielsetzungen verfolgt. Hieraus ergibt sich die Notwendigkeit, ***vertragliche und andere Schutzmechanismen*** zu schaffen.[167] Dies können z.B. zeitraumbezogene Vereinbarungen über das Nicht-Eindringen in einen Markt bei Scheitern der Kooperation, Abwerbungsverbote, aber z.B. auch Überkreuzkapitalbeteiligungen oder Maßnahmen zur Verminderung der Anzahl kritischer organisatorischer Schnittstellen sein. Als zentral wird ferner eingestuft, daß die Mitarbeiter darüber in Kenntnis gesetzt werden, welches Know-how und welche Informationen *nicht* weitergegeben werden dürfen.[168]

Abschließend sei bemerkt, daß mit der Lösung dieser Schlüsselaufgaben auch positiv auf das Risiko des Marktversagens eingewirkt werden kann. So werden z.B. Sicherungsmechanismen die Wahrscheinlichkeit senken, daß es zu einem Marktversagen durch Informationsungleichgewichte im Kooperationsprozeß kommt.

---

165 Vgl. allgemein Capron, L./ Mitchell, W./ Oxley, J. (2000), S. 8; Mitchell, W. (2000), S. 9 sowie laut Interviewergebnisse.

166 Vgl. Capron, L./ Mitchell, W./ Oxley, J. (2000), S. 9.

V.1.1.3.3 Vor- und Nachteile von Kooperationsstrategien

Im folgenden gilt es, das Für und Wider von Kooperationsstrategien als Alternativen zur Realisierung von Wachstum im Investment Banking abzuwägen. Dazu soll zwischen den zwei Varianten der Kooperationsstrategie differenziert werden.

Dem ***Joint Venture*** können als möglichem Wachstumsansatz im Investment Banking folgende **Vorteile** zugesprochen werden:

- *Komplementäreffekte*: Joint Ventures bieten die Möglichkeit der Synergienutzung dadurch,[169] „... daß die Partner wechselseitig den Zugang zu personellen und finanziellen Ressourcen, Produkten, Technologien, Know-how und Marktgebieten eröffnen, die das einzelne Unternehmen gar nicht oder nur mit erheblichem Aufwand erreichen könnte."[170] Das Beispiel des Joint Ventures zwischen ABN AMRO und Rothschild verdeutlicht dies in plastischer Weise.

- *Zielgenauigkeit*: Als vorteilhaft wird auch eingestuft, daß die produkt-markt-bezogenen Expansionsprozesse, die die Geschäftsfeldstrategie(n) anzeigen, über diese Strategie vergleichsweise zielgenau umgesetzt werden können.[171] Sofern geeignete und interessierte Partner existieren, läßt sich das Betätigungsfeld des Joint Ventures direkt auf diese Bedürfnisse zuschneiden.

Folgende **Schwächen** von Joint Ventures werden von Theorie und Praxis in besonderem Maße hervorgehoben:

- *Eingeschränkte Kontrollier- und Steuerbarkeit*: Nachteile ergeben sich in bezug auf die Kontrollier- und Steuerbarkeit, da die Eigentumsrechte an dem Joint Venture bzw. den darin liegenden Ressourcen, akkumulierten Erfolgspotentialen und erwirtschafteten Gewinnen im Gegensatz zu allen anderen Optionen der Realisierung von Wachstum nicht

---

167 Vgl. hierzu allgemein und im folgenden Capron, L./ Mitchell, W./ Oxley, J. (2000), S. 8f.

168 Vgl. hierzu allgemein Mitchell, W. (2000), S. 8.

169 Vgl. hierzu allgemein Capron, L./ Mitchell, W./ Oxley, J. (2000), S. 6 und S. 8; Kutschker, M. (1992), S. 514 sowie laut Interviewergebnisse. Jene Experten, die Kooperationen als diskutable Strategie zur Umsetzung von Wachstum im Investment Banking einstuften, sahen in der Möglichkeit der Erzielung von Komplementäreffekten einen Vorteil des Joint Ventures.

170 Kutschker, M. (1992), S. 514.

171 Laut Interviewergebnisse. Diejenigen der Experten, die Kooperationen als diskutable Strategiealternative zur Umsetzung von Wachstum im Investment Banking einstuften, sahen in der Möglichkeit der zielgenauen Realisierung intendierten Wachstums ein Plus des Joint Ventures.

vollständig bei dem wachstumsorientierten Unternehmen liegen.[172] Das Ausmaß der möglichen Einflußnahme hängt von der Beteiligungsquote ab.

- *Hoher Integrationsaufwand*: Speziell dann, wenn in das Joint Venture bestehende Investment-Banking-Tätigkeiten der Partner eingebracht werden, entsteht ein hoher Integrationsaufwand.[173] Die Wertschöpfungsaktivitäten müssen aus den Muttergesellschaften herausgelöst, in die neue Einheit eingliedert und unter Maßgabe des gemeinsamen Geschäftskonzepts adaptiert werden. Ein besonderes Problemfeld kann die soziale und kulturelle Integration der Mitarbeiter bilden.[174]

- *Hohes Konfliktpotential*: Aus der Beschränkung der unternehmerischen Freiheit und den unvermeidlichen Abstimmungsnotwendigkeiten resultiert ein allgemein hohes Konfliktpotential.[175] Problemfelder können z.B. Zielkonflikte der Partner sein oder Unstimmigkeiten über die Verteilung der Planungs-, Kontroll- und Ausführungsaufgaben und Besetzung der Führungspositionen.[176] Dissonanzen können auch aus einer Nicht-Vereinbarkeit der Unternehmenskulturen und Führungsstile der Partnerunternehmen resultieren.

Was die Variante der ***Kooperation i. e. S.*** anbetrifft, kann diese dieselben **Vorteile** wie ein Joint Venture für sich beanspruchen,[177] ergänzt um jenen nur geringer Mittelanforderungen.[178] So ist mit vertraglichen Vereinbarungen meist kein fester Kapitaleinsatz verbunden. Variantenspezifische **Nachteile** bestehen in folgenden Aspekten:

---

172 Vgl. zur Einschränkung von Eigentums- und Kontrollrechten bei Joint Ventures allgemein Kutschker, M. (1992), S. 516 sowie laut Interviewergebnisse. Alle befragten Experten sahen in den der eingeschränkten Kontrollier- und Steuerbarkeit einen wesentlichen Nachteil der Joint-Venture-Strategie zur Umsetzung von Wachstum im Investment Banking.

173 Laut Interviewergebnisse. Alle hierzu befragten Experten sahen in der Aufwendigkeit der Integration einen der wesentlichen Nachteile von Joint Ventures.

174 Vgl. hierzu allgemein Welge, M./ A-Laham, A. (1992), S. 317 sowie laut Interviewergebnisse.

175 Vgl. hierzu allgemein Welge, M./ Al-Laham, A. (1992), S. 317; Capron, L./ Mitchell, W./ Oxley, J. (2000), S. 8 sowie laut Interviewergebnisse. Die Experten sahen in dem Konfliktpotential von Joint-Venture-Lösungen einen zentralen Nachteil dieser Strategie-Variante.

176 Vgl. hierzu allgemein Welge, M./ Al-Laham, A. (1992), S. 317; Capron, L./ Mitchell, W./ Oxley, J. (2000), S. 8.

177 Vgl. zur Eignung vertraglicher Kooperationen zur Realisierung von Economies of Scope im Wege des Tausches von Fähigkeiten in allgemeiner Form auch Kutschker, M. (1992), S. 514; Welge, M./ Al-Laham, A. (1992), S. 315 sowie laut Interviewergebnisse.

178 Vgl. hierzu allgemein Welge, M./ Al-Laham, A. (1992), S. 316 sowie laut Interviewergebnisse. Eine Ausnahme bildet der Fall, daß die Partner zur Untermauerung ihres Comittments eine Überkreuzbeteiligung eingehen.

- *Umfang der realisierbaren Wachstumseffekte*: Der Umfang der mit Kooperationen i. e. S. realisierbaren Wachstumseffekte ist sowohl nach Art als auch Ausmaß eher begrenzt.[179] Zwar besteht hierin eine interessante Methode, die Leistungskraft in bestimmten Segmenten der Wertschöpfungskette durch Nutzung komplementärer Fähigkeiten anderer (z.B. Vertriebskapazität) zu steigern und damit die Marktdurchdringung zu erhöhen. Ein Wandel, der die bisherigen produkt-markt-bezogenen Grenzen eines Geschäftsfeldes zu erweitern sucht und in den neuartigen Bereichen (Leistungsfeldern/ -segmenten, Kundengruppen, Ländermärkten) nachhaltige Präsenzintensität schaffen will, wird durch Kooperationen i. e. S. jedoch zumeist weniger gut zu erreichen sein.[180] Da die Partner aufgrund einer nur geringen Bindungsintensität und des fehlenden Kapitaleinsatzes keine gezielte Akquise für den anderen betreiben werden, dürften sich hieraus primär Geschäfte auf Ad-hoc-Basis ergeben.
- *Geringe Beständigkeit*: Kooperation i. e. S. zeichnen sich durch eher geringe Beständigkeit aus.[181] Angesichts der Schwierigkeit, ein Gleichgewicht der Leistungen herzustellen, den oftmals nur geringen Wachstumseffekten und den trotzdem erforderlichen Abstimmungsnotwendigkeiten sinkt der Kooperationsanreiz im Zeitablauf vielfach kontinuierlich ab.

Zwei der befragten Experten hielten die Nachteile von Kooperationsstrategien für so gewichtig, daß sie diese Handlungsoption zur Realisierung von Wachstum im Investment Banking prinzipiell ablehnten. Hierin kann ein Hinweis auf die begrenzte Bedeutung dieses Wachstumsansatzes in der Branche gesehen werden.

179 Laut Interviewergebnisse. Die hierzu befragten Experten stuften den Umfang der mit Kooperationen i. e. S. realisierbaren Wachstumseffekte als eher gering ein.

180 Vgl. hierzu die Ausführungen in Abschnitt V.1.1.3.1.

181 Laut Interviewergebnisse. Diejenigen der befragten Experten, die Kooperationsstrategien als diskutable Strategiealternative im Investment Banking einstuften, sahen in der geringen Beständigkeit einen wesentlichen Nachteil der Kooperation i. e. S.

V.1.1.4 Akquisitionsstrategie

Im Falle intendierten Wachstums existiert mit der Akquisitionsstrategie eine weitere bedeutende Handlungsalternative, die gleichzeitig als weitreichendste Form „kollaborativen“ Vorgehens zweier Unternehmen bezeichnet werden kann.

Unter einer *Akquisition* ist allgemein der Erwerb von Unternehmen, Unternehmensteilen oder Beteiligungen zu verstehen.[182] Ihr zentrales Merkmal ist der sich hierbei vollziehende Übergang von Leitungs- und Kontrollbefugnissen an der übernommenen Gesellschaft auf den Akquisiteur.[183] Nicht zwingend erforderlich ist, daß das Unternehmen seine rechtliche Selbständigkeit verliert.[184] Es kann auch eine Eingliederung in den Unternehmensverbund des Käufers als Tochtergesellschaft erfolgen.[185]

Akquisitionsstrategien sollen im folgenden zunächst auf empirische Relevanz im Investment Banking und ihre Zweckmäßigkeit zur Realisierung des Spektrums an möglichen Wachstumsstrategien untersucht werden (Abschnitt V.1.1.4.1). Sodann wird der Frage nachgegangen, in welchem Kontext diese Option wirksam zur Anwendung gebracht werden kann (Abschnitt V.1.1.4.2), und welche Schlüsselaufgaben im Rahmen einer auf Erfolg angelegten Akquisitionsstrategie zu bewältigen sind (Abschnitt V.1.1.4.3). Zum Abschluß werden Vor- und Nachteile dieses Wachstumsansatzes erörtert (Abschnitt V.1.1.4.4)

---

182 Vgl. Achleitner, A. (1999), S. 137; Macharzina, K. (1993), S. 540; Welge, M./ Al-Laham, A. (1992), S. 309.

183 Vgl. Achleitner, A. (1999), S. 137.

184 Vgl. Macharzina, K. (1993), S. 540. Unter einer *Fusion* wird dagegen die Verschmelzung, Vereinigung oder der Zusammenschluß von Unternehmen verstanden. Wesentliches Kennzeichen – und Abgrenzungsmerkmal zu Kooperationen jeglicher Form – ist, daß zumindest eine der Firmen ihre rechtliche Selbständigkeit verliert. Bei einer Annexion geht das Vermögen des übertragenden Unternehmens mit allen Rechten und Pflichten auf das Aufnehmende über, bei einer Neubildung werden die Vermögen der beteiligten Parteien auf ein neu gegründetes Unternehmen verschmolzen. Vgl. zur Fusion Macharzina, K. (1993), S. 540. Im Investment Banking ist die Ankündigung von Fusionen eher untypisch. Vor allem bei großen Transaktionen bilden Fusionen vor dem Hintergrund organisatorischer (Integration) und steuerlicher Motive jedoch häufig den Abschluß des Unternehmenskaufs. Vgl. hierzu allgemein Achleitner, A. (1999), S. 217. So verschmolz z.B. *Travelers* die Investment Bank *Salomon Brothers* im Anschluß an den Kauf in einem zweiten Schritt mit ihrem Broker *Smith Barney*. Vgl. Corrigan, T. (1997), S. 13.

185 Vgl. auch Achleitner, A. (1999), S. 137.

V.1.1.4.1 Empirische Relevanz und Einsatzmöglichkeiten im Rahmen von Wachstumsstrategien

Akquisitionsstrategien haben als Option zur Realisierung von Wachstum im Investment Banking höchste Bedeutung erlangt. Wie der Überblick über wichtige Investment-Banking-Akquisitionen im letzten Jahrzehnt in Abbildung V-6 erkennen läßt, wurde dieser Wachstumsansatz vor allem von europäischen Universalbanken, (ehemaligen) US-amerikanischen Commercial Banks und Finanzkonglomeraten – z.T. sogar mehrfach – aufgegriffen.[186]

Ein Blick auf die Nationalitäten der Targets und die Anbietertypen zeigt, daß in der ersten Hälfte der neunziger Jahre – nach Brokern und Jobbern in der ersten Phase nach dem Big Bang – vor allem britische Merchant Banks im Zentrum des Akquisitionsinteresses standen. Zwischenzeitlich hat sich der Fokus der Expansionsbestrebungen der Branche auf den US-Markt verlagert. Neben Boutiquen und Nischenspielern bilden immer häufiger auch große US-amerikanische Investment Banken Zielobjekte in Akquisitionen (z.B. Salomon Brothers, Morgan Stanley).

Der Konsolidierungswelle an der Wall Street im Sommer 2000 fielen weitere klangvolle Namen zum Opfer, so z.B. *JP Morgan*, die im September 2000 für 33 Mrd. US-Dollar von der *Chase Manhatten* übernommen wurde.[187] Die ehemalige Geschäftsbank setzte beim forcierten Ausbau des Investment Banking in jüngster Zeit vor allem auf Akquisitionsstrategien. JP Morgan repräsentiert die vierte Akquisition innerhalb nur einen Jahres. Der Übernahme der auf Technologie-Branchen fokussierten Corporate-Finance-Boutique *Hambrecht & Quist* für 1,3 Mrd. US-Dollar Ende 1999 folgte Anfang 2000 der Kauf der v.a. im europäischen Beratungsgeschäft erfolgreich tätigen, schottischen Investment Bank *Flemings* für 7 Mrd. US-Dollar. Im Mai erwarb die Chase die Boutique *Beacon Group* für 500 Mio. US-Dollar.

---

186 Vgl. zu einem Überblick über Akquisitionen europäischer Universal- und Commercial Banks bis 1997 Aitken, J./ Brown, P. (1997), S. 7. Vgl. zu den folgenden Beispielen außerdem o. V. (2000U), S. 20; o. V. (2000V), S. 21; Kuls, N. (2000), S. 32; o. V. (2000U), S. 20; Knust, C./ Pelda, K./ Kussel, B./ Rössing, S. (2000), S. 15; Baumann, M. (2000), S. 72; Corrigan, T. (1997), S. 13.

	Käufer	Target		Investment-Bank-Typ	Preis
2000	**Dresdner Bank**	Wasserstein Perella	US	M&A-Boutique	1,4 Mrd. USD
2000	**Chase Manhatten**	JP Morgan	US	Wholesale-/Investment Bank	33,0 Mrd. USD
2000	**Goldman Sachs**	Spear, Leeds & Kellog	US	Market Maker	6,5 Mrd. USD
2000	**Credit Suisse**	DLJ	US	Investment Bank	11,5 Mrd. USD
2000	**Chase Manhatten**	Beacon Group	k.A.	Boutique	0,5 Mrd. USD
2000	**Chase Manhatten**	Flemings	UK	Investment Bank	7,0 Mrd. USD
2000	**Citigroup/SSB**	Schroders	UK	Investment-Banking-Sparte	2,2 Mrd. USD
1999	**Chase Manhatten**	Hambrecht & Quist	US	Technologie-Boutique	1,3 Mrd. USD
1998	**Deutsche Bank**	Banker Trust Alex Brown	US	Investment Bank	9,7 Mrd. USD
1997	**Travelers Group**	Salomon Brothers	US	Investment Bank	9,0 Mrd. USD
1997	**Dean Witter**	Morgan Stanley	US	Investment Bank	10,4 Mrd. USD
1997	**Bankers Trust**	Alex Brown & Sons	US	Investment Bank (Nische)	1,6 Mrd. USD
1997	**NationsBank**	Montgomery Securities	US	Technologie-Boutique	1,2 Mrd. USD
1997	**SBC Warburg**	Dillon Read	US	Investment Bank (Nische)	0,6 Mrd. USD
1997	**BankAmerica**	Robertson Stephens	US	Technologie-Boutique	0,5 Mrd. USD
1996	**Crédit Agricole**	Banque Indosuez	F	Investment Bank	1,2 Mio. GBP
1996	**Bankers Trust**	Wolfensohn & Co	US	M&A-Boutique	k. A.
1995	**ING**	Barings	UK	Merchant Bank	1 GBP
1995	**Dresdner Bank**	Kleinwort Benson	UK	Merchant Bank	~1,0 Mrd. GBP
1995	**Merrill Lynch**	Smith New Court	UK	Jobber	0,5 Mrd. GBP
1995	**Swiss Bank Corp.**	S.G. Warburg	UK	Merchant Bank	0,9 Mrd. GBP
1991	**Credit Suisse**	First Boston	US	Investment Bank	k. A.
1989	**Deutsche Bank**	Morgan Grenfell	UK	Merchant Bank	~1,0 Mrd. GBP

Abb. V-6: Bedeutende Investment-Banking-Akquisitionen der letzten Dekade

Mit der Übernahme von *Donaldson Lufkin & Jenrette* für 11,5 Mrd. US-Dollar im August 2000 sicherte sich auch die *CSFB* eine marktstarke US-amerikanische Investment Bank, wodurch sie sich vor allem im M&A-Geschäft, bei der Emission und im Handel von High-Yield-Bonds maßgeblich verstärkte.[188] Kurz darauf gab die Dresdner Bank die Akquisition von Wasserstein Perella bekannt. Mit der rd. 1,4 Mrd. US-Dollar teuren M&A-Boutique wird das US-amerikanische M&A-Geschäft deutlich ausgebaut.

In Ergänzung zu dieser Auswahl an Beispielen für Übernahmen von Investment Banken lassen sich, wie Abbildung V-7 zeigt, auch Beispiele für Fälle anführen, wo Teile der Investment-Banking-Aktivitäten anderer Banken erworben wurden:[189]

---

187 Vgl. hierzu und den Akquisitionen von Chase Manhatten im Investment Banking im folgenden Kuls, N. (2000), S. 32 sowie o. V. (2000K), S. 30.

188 Vgl. hierzu Knust, C./ Pelda, K./ Kussel, B./ Rössing, S. (2000), S. 15.

189 Vgl. zu diesen Beispielen Cameron, D./ Wanner, C. (2001), S. 20; Aitken, J./ Brown, P. (1997), S. 39; Ballay, U. (1998), S. 383, Deutsche Bank (1998), S. 15 und S. 23. Vgl. hierzu auch Barclays (1997), S. 30ff.

Jahr	Käufer	Verkäufer		Gegenstand der Transaktion	Preis
2001	**ABN AMRO**	ING Barings	NL	US-Investment-Banking Geschäft	275 Mio. USD
1998	**Bankers Trust**	NatWest Markets	UK	Aktiengeschäft gesamt*	k. A.
1997	**CSFB**	Barclays	UK	Corporate Finance / ECM, M&A, Sales & Trading / Aktien	k. A.
1997	**Deutsche Bank**	NatWest Markets	UK	Teile des Bereichs Sales & Trading/ Aktien (Programmhandel, Geschäft mit Aktienderivaten)	k. A.

* exklusive der zuvor von der Deutschen Bank erworbenen Teile

Abb. V-7: Beispiele für Akquisitionen von Unternehmensteilen im Investment Banking

So hat bspw. *ABN AMRO* zu Beginn des Jahres 2001 das US-Investment-Banking-Geschäft von *ING Barings* zu einem Kaufpreis von 275 Mio. US-Dollar übernommen.[190] Im Rahmen ihres Ausstiegs aus zentralen Geschäftsfeldern des Investment Banking in 1997 fand *Barclays* in der *CSFB* den gesuchten Käufer für ihr M&A- sowie Aktienprimär- und Sekundärmarktgeschäft.[191] Ausschlaggebend für die relativ geringere empirische Relevanz dieser Variante von Akquisitionsstrategien ist, daß solche Transaktionen nur möglich sind, wenn entsprechende Teile zum Verkauf stehen, mit anderen Worten Wettbewerber existieren, die entsprechend der hier vertretenen Terminologie Verkaufsstrategien verfolgen.

Was ihren Eigenungsgrad zur Realisierung verschiedener Formen von Wachstum im Investment Banking anbetrifft, kommen Akquisitionsstrategien zur Realisierung aller möglichen wachstumsspezifischen Entwicklungsstrategien (gleichzeitig) in Frage.[192]
So kann dieser Wachstumsansatz zunächst zur Realisierung von *Marktdurchdringungsstrategien* sinnvoll zur Anwendung gelangen. Denn abgesehen von einer Ausweitung der personellen Kapazitäten zur Marktbearbeitung wird mit einer Übernahme die Know-how-Basis angereichert und der Pool an Kundenbeziehungen erweitert. Letztlich ist hiermit

190 Vgl. Cameron, D./ Wanner, C. (2001), S. 20.
191 Vgl. Barclays (1997), S. 30ff.
192 Vgl. zur Eignung von Akquisitionsstrategien zur Realisierung von Marktdurchdringungs-, Produkt- und Marktentwicklungsstrategien allgemein Bea, F./ Haas, J. (1995), S. 161.

immer auch der Kauf von Marktanteilen verbunden. Dadurch kann mit nur geringem Zeitaufwand eine deutliche Steigerung der Präsenzintensität in einem Geschäftsfeld (oder mehreren gleichzeitig) bewirkt werden.

Akquisitionsstrategien sind jedoch ebenso zur Umsetzung von *Produktentwicklungsstrategien* geeignet,[193] die das Angebotsprogramm um bisher nicht besetzte Leistungssegmente oder ganze Felder zu erweitern suchen. Hierin besteht eines der wohl bedeutendsten Akquisitionsmotive im Investment Banking überhaupt.[194] Zielobjekte bilden dabei weniger die Dienstleistungen im eigentlichen Sinne, sondern der Zugriff auf das hierfür notwendige Produkt-Know-how bzw. die Mitarbeiter als Träger desselben.
Akquisitionen eignen sich insbesondere auch zur Aneignung komplexer Ressourcenbündel (z.B. im Feld M&A), die sich einer internen Entwicklung zumindest kurzfristig entziehen und deren Integration durch kooperative Lösungen nicht erreicht werden kann.[195] Das zentrale Element eines solchen Bündels bildet zunächst das gemeinsame Wissen der Mitarbeiter als wertschaffende Kombination vernetzter, abgestimmter know-how-basierter Fähigkeiten. Dieses Wissen beinhaltet nicht nur das Produkt-Kow-how, sondern auch z.B. die Kenntnis der Kultur des Geschäfts und der hierbei ablaufenden Prozesse. Weitere Komponenten eines solchen Bündels können z.B. Reputation des Targets am Markt als Ausdruck hoher Transaktionserfahrung und Seriosität sein oder dessen Kundenbeziehungen.
Ursächlich für den hohen Eignungsgrad von Akquisitionsstrategien zur Erschließung neuer Leistungsfelder oder -segmente im Investment Banking ist zusammenfassend, daß hierbei das Produkt-Know-how zusammen mit dem unternehmerischen Kontext erworben wird, der seine wirksame Anwendung in der Vergangenheit ermöglicht hat.[196] Deshalb kann es sinnvoll sein, das Bündel in Einheit zu erhalten, d.h. bestehende Kommunikations- und Arbeitsstrukturen nicht aufzubrechen.

---

193 Vgl. hierzu allgemein Bea, F./ Haas, J. (1995), S. 161.

194 Laut Interviewergebnisse. So betonten jene deutschen Wettbewerber, die bereits Akquisitionen im Investment Banking getätigt haben, daß dieses Motiv hierbei grundsätzlich eine große Rolle gespielt habe. Vor allem ging es dabei um die Erschließung des Feldes M&A.

195 Vgl. hierzu allgemein Capron, L./ Mitchell, W./ Oxley, J. (2000), S. 9 sowie laut Interviewergebnisse.

196 Vgl. hierzu allgemein Capron, L. (2000), S. 6.

Akquisitionen können aber auch dazu eingesetzt werden, um den Zugang zu bestimmten Kundengruppen in einem Geschäftsfeld zu erschließen, wie im Rahmen von *abnehmerbezogenen Marktentwicklungsstrategien* gefordert.[197] Exemplarisch sei auf Übernahmen von Corporate-Finance- oder M&A-Boutiquen verwiesen, die sich auf Technologiebranchen spezialisiert haben, oder von Nischenanbietern, die sich auf die weltweit größten Industrieadressen konzentrieren. Der hohe Eignungsgrad dieses Wachstumsansatzes für die vorliegenden Zwecke fußt auch darauf, daß neben dem Zugang zu dem anvisierten Abnehmerkreis im gleichen Zug auch Marktkenntnisse und das spezifische Know-how, das zu einer angemessenen Betreuung dieser Kundengruppe/ -segmente erforderlich ist (z.B. Branchenexpertise), erschlossen wird.

Nicht zuletzt sind Akquisitionsstrategien in hohem Maße auch zur Umsetzung *auslandsmarktbezogener* Marktentwicklungsstrategien geeignet, da sie einen mit sofortiger Wirkung präsenzintensiven Einstieg in neue Auslandsmärkte ermöglichen. Auch hierin besteht ein Motiv, das mit der Mehrzahl von Akquisitionsstrategien im Investment Banking in enger Verknüpfung steht.[198] Dieser Wachstumsansatz bildet jedoch nicht nur eine geeignete Option zum Einstieg in neue geographische Märkte, er kann sogar den einzig gangbaren Weg darstellen. Dies ist dann der Fall, wenn der Eintritt und Aufbau einer zumindest erkennbaren Präsenzintensität in einem Ländermarkt aus eigener Kraft vergleichsweise aussichtslos erscheint.[199] Ursächlich hierfür können z.B. angespannte Wettbewerbsverhältnisse und ein hoher Professionalitätsgrad der lokalen Anbieter und Nachfrager im Investment Banking sein. Solche Bedingungen kennzeichnen vor allem die Ursprungsmärkte USA und Großbritannien.

V.1.1.4.2 Voraussetzungen von Akquisitionsstrategien

Trotz ihrer hohen empirischen Relevanz ist der Erfolg von Akquisitionen im Investment Banking nach Expertenangaben häufig eher begrenzt.[200] Es stellt sich daher zunächst die Frage nach dem Kontext, in dem die Wahl dieses Wachstumsansatzes angemessen und

---

197 Hierzu und im folgenden laut Interviewergebnisse.
198 Laut Interviewergebnisse.
199 Laut Interviewergebnisse.
200 Laut Interviewergebnisse. Vgl. zu diesem Problem allgemein Macharzina, K. (1993), S. 540.

erfolgversprechend erscheint. Zwei Voraussetzungen grenzen den Anwendungsraum der Akquisitionsstrategie näher ein:

Grundsätzlich ist eine Akquisitionsstrategie dann als sinnvoll einzustufen und in Betracht zu ziehen, wenn den Ressourcen, die für die intendierten Wachstumsprozesse benötigt werden, eine ***hohe Wahrscheinlichkeit des Marktversagens*** innewohnt.[201] Steigt die Wahrscheinlichkeit über ein Niveau an, bei dem das notwendige Ausmaß an Nutzung durch Kooperation gefährdet oder verhindert wird, sind Akquisitionen vorzuziehen.[202] Denn diese Strategie erlaubt in nur einem Schritt einen ganzen Pool neuer, auch komplexer Ressourcen zu erschließen – bei gleichzeitig vollständiger Kontrolle über die für den Wandel benötigten Potentiale.

Ausgehend hiervon knüpft die Anwendbarkeit von Akquisitionsstrategien aber auch an das Kriterium eines ***liquiden Marktes*** für potentielle Akquisitionskandidaten, die idealerweise zielgenau über die gesuchten Ressourcen verfügen.
Vor diesem Hintergrund dürfte von Bedeutung sein, daß sich der Konzentrationsgrad der Investment-Banking-Branche seit 1982 sukzessive erhöht hat. Insbesondere in den neunziger Jahren verstärkten sich die Konsolidierungstendenzen.[203]
Speziell der Markt für mittlere bis kleinere Investment Banken mit guter Reputation und Marktgeltung hat in den letzten Jahren deutlich an Liquidität verloren. Zu den wenigen noch unabhängigen Häuser mittlerer Größenklasse, die sämtlich als Übernahmekandidaten gelten, zählen z.B. Bear Stearns und Lehman Brothers, die jeweils rd. 20 Mrd. US-Dollar wert sind.[204] Auf europäischer Ebene könnten Lazard, Rothschild und Cazenove ins Visier von Aufkäufern geraten.[205] Auch das Angebot an Boutiquen mit erstrangiger Reputation und Marktgeltung ist knapper geworden – obwohl hier immer wieder interessante Institute nachwachsen.

---

201 Vgl. Capron, L./ Mitchell, W./ Oxley, J. (2000), S. 6 und S. 9. Die Auslösefaktoren für Marktversagen wurden im Kontext der Kooperationsstrategien spezifiziert. Vgl. Abschnitt V.1.1.3.2.

202 Vgl. hierzu und im folgenden allgemein Capron, L./ Mitchell, W./ Oxley, J. (2000), S. 9.

203 Vgl. Achleitner, A. (1999), S. 75. Vgl. aus Ausdruck dessen auch Abbildung V-6.

204 Vgl. zu dieser „seltenen Spezies" von Investment Banken Pretzlik, C./ Ratner, J. (2001), S. 5.

205 Vgl. hierzu auch o. V. (2000K), S. 30.

Umfeldtrends dieser Art schränken die Möglichkeit der Anwendung, aber auch die relative Vorteilhaftigkeit von Akquisitionsstrategien als Wachstumsansatz im Investment Banking ein. Mit der Reduzierung des Angebots an marktstarken fokussierten bzw. spezialisierten Firmen im Investment Banking wird es zunehmend schwieriger, Lücken in der Leistungspalette und geschäftsfeldbezogene Schwächen bei der Präsenzintensität in In- und Auslandsmärkten zielgenau durch kleinere Übernahmen auszumerzen.[206] Zusätzlich bewirkt die Verknappung einen Anstieg der Preise, wodurch in Frage gestellt wird, ob zu vertretbaren Konditionen akquiriert werden kann. Im Zuge von Konsolidierungswellen wie zuletzt in 2000, denen aufgrund des wahrgenommenen Handlungszwangs von Wettbewerbern derselben strategischen Gruppe ein selbstverstärkendes Element innewohnt, nimmt der Preisdruck weiter zu. Nicht nur für mittelgroße Häuser, sondern übergreifend werden in diesen Phasen kräftige Aufschläge bezahlt. Bezieht man bspw. den von der Chase Manhatten erbrachten Kaufpreis für JP Morgan auf den Börsenwert vor dem Übernahmefieber, so ergibt sich ein Aufschlag von 80%.[207]

V.1.1.4.3 Schlüsselaufgaben im Rahmen von Akquisitionsstrategien

Obgleich kaum eine Akquisition im Investment Banking einen idealtypischen Ablauf nimmt,[208] erscheint es zur Identifikation und Strukturierung von Schlüsselaufgaben bei Akquisitionsstrategien sinnvoll, an einem solchen Modell anzuknüpfen.

Im Übernahmeprozeß lassen sich mit der *Auswahl*, den *Verhandlungen* und der *Integration* drei phasenspezifische Aufgabenkomplexe mit gleichverteilt hoher Erfolgsrelevanz unterscheiden.[209] Einen Überblick über ihre Inhalte gewährt Abbildung V-8. Die aufgabenbezogenen Anforderungen der Auswahl- (Abschnitt V.1.1.4.3.1), Verhandlungs- (Abschnitt

---

206 Vgl. o. V. (2000K), S. 30.

207 Vgl. o. V. (2000K), S. 30.

208 Anm. d. Verf.: Hierauf wurde im Rahmen der Interviews vielfach hingewiesen. Ein Grund ist, daß Übernahmen im Investment Banking oft durch einen externen Faktor angestoßen werden, wodurch eine systematische Recherche entfällt. Letzterer kann eine andere Investment Bank sein, die eine interessante Option offeriert, oder ein anderer Anbieter, der sich als Target andient. Laut Interviewergebnisse.

209 Vgl. hierzu Anand, J. (2000), S. 9. Vgl. zu einer stärkeren Untergliederung in die Aufgabenkomplexe Initiierung, Identifikation, Beurteilung, Verhandlungen und Integration Welge, M./ Al-Laham, A. (1992), S. 311. Vgl. auch Capron, L./ Mitchell, W./ Oxley, J. (2000), S. 6, die in einer systematische Recherche und Integration die Schlüsselprozesse bei Akquisitionen sehen.

V.1.1.4.3.2) und Integrationsphase (Abschnitt V.1.1.4.3.3) werden im weiteren strukturiert nach ihrem idealtypischen Ablauf untersucht.

Anforderungen / Realisierungsstrategie	**Voraussetzungen**	**Schlüsselaufgabenkomplexe**
Akquisitionsstrategie	Hohe Wahrscheinlichkeit des Marktversagens der benötigten Ressourcen Liquider Markt für Unternehmen, die über die gewünschten Ressourcen verfügen	• *Auswahl eines geeigneten Übernahmeziels* - Systematische Recherche - Detaillierte Beurteilung • *Umsichtige Verhandlungsführung* - Durchsetzung eine fairen Preises - Sicherung der Kooperationsbereitschaft des Managements des Zielunternehmens • *Rasche Integration* - Rasche und systematische Adaption - Sicherung der Zustimmung der Mitarbeiter des Targets

Abb. V-8: Anforderungen von Akquisitionsstrategien

V.1.1.4.3.1 Auswahl eines geeigneten Übernahmeziels

Die Auswahl eines geeigneten Übernahmeziels stellt zwei wichtige aufgabenbezogene Anforderungen an den Träger dieser Strategie. Strukturiert nach ihrem idealtypischen Ablauf bestehen diese in einer *systematischen Recherche* auf Basis der Erstellung eines Suchprofils und einer *detaillierten Beurteilung* des/ der Kandidaten.

Eine den Möglichkeiten und strategischen Erfordernissen angepaßte Auswahl setzt voraus, bereits im Vorfeld der Suche eine präzise Vorstellung darüber zu entwickeln, „was" gesucht wird. Was zunächst trivial anmutet, zählt nicht zwingend zur unternehmerischen Praxis im Investment Banking. Viele Übernahmen kommen – weil durch Gelegenheiten induziert oder durch einen externen Faktor angestoßen (andere Investment Bank, das spätere Target) – eher spontan zustande.[210]

Einen ersten wichtigen Schritt im Akquisitionsprozeß bildet daher die Entwicklung eines auf die strategischen Bedürfnisse und finanziellen Möglichkeiten abgestimmten Kriterien-

katalogs.[211] Hierdurch wird eine ***systematische Recherche*** erst ermöglicht.[212] Wirksamkeit kann ein solches Suchprofil allerdings nur entfalten, wenn die Kriterien im Sinne strenger Richtlinien angewendet werden.[213]
Inhaltlich muß der Kriterienkatalog zunächst produkt-markt-spezifische Anforderungen an das Target definieren (z.B. in bezug auf Leistungsprogramm, geographische Märkte, Marktpositionen, Know-how und spezifische Fähigkeiten, Kunden, Reputation). Ausgangspunkt und verbindliche Grundlage ihrer Festlegung sollte hierbei der sich in den Wachstumsstrategien materialisierende Handlungsbedarf bilden. Werden in mehreren Geschäftsfeldern Akquisitionen in Betracht gezogen, kann dieser auch zusammengefaßt werden. Ein Suchprofil enthält ferner relevante Größenklassen und akzeptable Preisspannen,[214] die sich jedoch erst auf Grundlage einer Spezifikation vorgenannter Kriterien näher eingrenzen lassen.

Schon bei der Konkretisierung der produkt-markt-bezogenen Anforderungen hat sich der Anbieter mit einer grundsätzlichen Problemstellung bei Akquisitionsstrategien im Investment Banking zu befassen, zu der in der Praxis konträre Auffassungen existieren. Dabei geht es um die Frage, inwieweit geringe Überschneidungen im Leistungsprogramm zwischen Akquisiteur und Target als sinnvoll einzustufen bzw. anzustreben ist oder nicht. Die hierzu vertretene Einschätzung ist sehr bedeutend, da hiervon (mit) abhängt, welche Typen (spezialisiert, fokussiert oder Full-Service) und Größenklassen von Investment Banken als Target prinzipiell in Frage kommen.
Vertreter der einen Sichtweise sehen in einer Komplementarität der Leistungsprogramme eine zentrale Erfolgsvoraussetzung einer Akquisitionsstrategie.[215] Begründet wird dies mit den Argumenten, daß es wenig sinnvoll sei, für etwas (viel) zu bezahlen, das nicht benötigt wird. Auch seien die Kosten für die Reduzierung von Überlappungen immens. Mitarbeitern, die im Zuge der Anpassung der Marktaktivitäten überflüssig werden, müsse der Abgang mit einer

---

210 Laut Interviewergebnisse.
211 Vgl. hierzu allgemein Anand, J. (2000), S. 9; Capron, L./ Mitchell, W./ Oxley, J. (2000), S. 9.
212 Vgl. zum Erfodernis einer systematischen Recherche allgemein Anand, J. (2000), S. 9; Capron, L./ Mitchell, W./ Oxley, J. (2000), S. 9 sowie laut Interviewergebnisse. Eine systematische Recherche wird von der Praxis als „bedeutend" bis „kritisch" für den Akquisitionserfolg im Investment Banking eingestuft.
213 Vgl. hierzu allgemein Anand, J. (2000), S. 9.
214 Vgl. hierzu allgemein Anand, J. (2000), S. 9; Capron, L./ Mitchell, W./ Oxley, J. (2000), S. 9.
215 Hierzu und im folgenden laut Interviewergebnisse. Hiermit ist die Auffassung von zwei der befragten Experten umrissen.

Prämie „versüßt" werden. Den Experten, auf die abgezielt wird, sind Prämien zu zahlen, um sie zu halten.

Kritiker geben zu bedenken, daß es im Investment Banking äußerst risikoreich sei, durch Akquisitionen in Geschäftsfelder zu expandieren, in denen über keine oder nur sehr geringe Kompetenzen verfügt wird.[216] Aufgrund seiner Kenntnisse und Erfahrung in diesem/ n Geschäft(en) wird dem Target zwangsläufig ein größeres Maß an Autonomie einzuräumen sein. Hiermit ist die Gefahr eines Steuerungs- und Kontrollverlusts verbunden, wenn das Target das mit dem Wissensvorsprung verbundene Machtpotential ausschöpft. Im Extremfall kommt es dabei zu einem „Reverse-Take-over", der den Fall beschreibt, daß das Unternehmen nicht mehr durch den Akquisiteur gesteuert bzw. kontrolliert wird, sondern durch das Target.

Mit dieser Frage sollte sich der Träger von Akquisitionsstrategien im Investment Banking bereits im Vorfeld der Ermittlung konkreter Optionen auseinandersetzen.

Die Auswahl des am besten geeigneten der verfügbaren Übernahmeziele setzt zweitens eine ***eingehende Beurteilung*** der möglichen Kandidaten im Rahmen einer Unternehmensanalyse und -bewertung voraus.[217]

- Ebenso wie eine systematische Recherche bildet auch eine eingehende Beurteilung eine Schlüsselaufgabe im Akquisitionsprozeß, denn eine detaillierte Kenntnis des Partners ist als eine der Grundvoraussetzungen für den Akquisitionserfolg einzustufen.[218] Die Basis hierfür wird mit einer *Unternehmensanalyse* geschaffen.[219] Ein wichtiges Beurteilungsfeld bildet der Bereich Leistungsprogramm/ Marktposition sowohl generell als auch hinsichtlich der gesetzten Kriterien. Weitere Analysefelder können z.B. der Personal-/ Organisationsbereich und im Hinblick auf Kompatibilitätsfragen auch das Gebiet EDV/ technologische Infrastruktur sein.

  Bereits im Rahmen der Beurteilung – d.h. also möglichst frühzeitig – sind neben harten auch sog. „weiche" Faktoren wie v.a. die Unternehmenskultur und der Führungsstil zu

---

216 Hierzu und im folgenden laut Interviewergebnisse.

217 Vgl. hierzu allgemein Welge, M./ Al-Laham, A. (1992), S. 312.

218 Laut Interviewergebnisse. Eine detaillierte Kenntnis des Partners wurde von den Experten als „bedeutend" für den Akquisitionserfolg im Investment Banking eingestuft.

219 Vgl. hierzu und im folgenden allgemein Welge, M./ Al-Laham, A. (1992), S. 312.

beleuchten.[220] Nach Ansicht der Experten ist eine Kompatibilität in diesen Dimensionen bei Akquisitionen im Investment Banking in hohem Maße erfolgsrelevant.[221] Eine mangelnde Vereinbarkeit zwischen Akquisiteur und Target führt zu Widerständen bei den Mitarbeitern im Zielunternehmen,[222] deren Konsequenzen von Reibungsverlusten über die Verweigerung der innerbetrieblichen Kooperation bis zu umfangreichen Abwanderungen reichen können.[223]

- Mit der *Bewertung* der Kandidaten, die auf die Findung einer Preisobergrenze abzielt, ist eine der wichtigsten und schwierigsten Aufgaben im Akquisitionsprozeß angesprochen.[224] Allgemein besteht im Schrifttum Einigkeit darüber, daß sich der Wert eines Targets bei strategisch motivierten Akquisitionen letztlich nur aus dessen Nutzwert für den Akquisiteur ergeben kann.[225] Dieser „subjektive" Wert ergibt sich aus der Summe des im Rahmen eines Unternehmensbewertungsverfahrens ermittelten objektiven Wertes zuzüglich aller vermutlich realisierbaren Synergieeffekte.[226] Der erwartete Mehrwert wird im Investment Banking i.d.R. vor allem in ertrags-, weniger in kostenbasierten Synergien bestehen.[227] Lediglich abstrakte Vermutungen reichen jedoch als Entscheidungsgrundlage nicht aus: „Kann ein Unternehmen zu erwartende Synergieeffekte nicht klar benennen, existieren vermutliche keine."[228]

Mittelbar ist hiermit ein weiterer wichtiger Aspekt dieses Wachstumsansatzes angesprochen. Von hoher Bedeutung für die Akquisitionserfolg ist fraglos, daß das Target möglichst starke Marktpositionen, günstige Wachstumsperspektiven, eine hohe Rentabilität und erstrangiges Produkt-Know-how in den bearbeiteten Leistungsfeldern vorweisen kann.[229] Diese Qualitäten

---

220 Vgl. zu dieser Empfehlung allgemein Anand, J. (2000), S. 9; Macharzina, K. (1993), S. 557; Welge, M./ Al-Laham, A. (1992), S. 313.

221 Laut Interviewergebnisse. Beide Aspekte, die Komplementarität der Führungsstile und Unternehmeskulturen, sahen die Experten als „bedeutend" bis „kritisch" für den Akquisitionserfolg im Investment Banking an. Vgl. hierzu auch Achleitner, A. (1999), S. 84.

222 Vgl. hierzu allgemein Macharzina, K. (1993), S. 556f.

223 Laut Interviewergebnisse.

224 Vgl. Macharzina, K. (1993), S. 549.

225 Vgl. Macharzina, K. (1993), S. 549; Achleitner, A. (1999), S. 162, dort als subjektiver Entscheidungswert bezeichnet.

226 Vgl. Macharzina, K. (1993), S. 549ff.; Achleitner, A. (1999), S. 162.

227 Laut Interviewergebnisse.

228 Anand, J. (2000), S. 8.

229 Laut Interviewergebnisse. Die Ausprägung dieser Merkmale beim Target wurde von den Experten als „bedeutend" bis „kritisch" für den Akquisitionserfolg im Investment Banking eingestuft.

alleine bilden jedoch noch keine hinreichende Begründung für eine Übernahmeentscheidung.[230] Kritisch ist vielmehr die Frage, ob der Erwerber die Befähigung besitzt, aus diesen Wertschöpfungspotentialen einen ungleich höheren Mehrwert zu schaffen. In diesem Sinne wird die (Aussicht auf die) Erzielung eines eindeutigen Nutzens von der Praxis als einer der zentralen Erfolgsfaktoren beim Aufgreifen von Akquisitionsstrategien im Investment Banking eingestuft.[231] Auch muß der Nutzen der Transaktion für in- (Mitarbeiter, Aktionäre, Kunden) und externe Beobachter (z.B. Analysten) erkenn- und nachvollziehbar sein.[232]

V.1.1.4.3.2 Umsichtige Verhandlungsführung

Für den Akquisitionserfolg ist in hohem Maße relevant, daß der Akquisiteur in der Verhandlungsphase Umsicht beweist. Dabei legt er Wert auf die *Aushandlung eines fairen Preises* und ist sich der Notwendigkeit einer *Sicherung der Zustimmung und Kooperationsbereitschaft des Targets-Managements* bewußt.

Erfolgreiche Akquisitionen im Investment Banking setzen die ***Durchsetzung eines angemessenen Preises*** im Verhandlungswege voraus.[233] Aus Sicht des Käufers ist dies gegeben, solange der Preis den als Obergrenze ermittelten subjektiven Unternehmens- bzw. Nutzwert des Targets nicht überschreitet. Dieser Anforderung kann jedoch nicht immer entsprochen werden, vor allem nicht, wenn weitere Bieter auf den Plan treten.[234] So hat der intensive Wettbewerb um Targets dazu geführt, daß bei Akquisitionen im Investment Banking oftmals überhöhte Goodwills bezahlt werden.[235] Im Hinblick auf mögliche Premiumpreise bleibt jedoch zu berücksichtigen, daß hiermit auch die Anforderungen an zu realisierende Synergieeffekte steigen, wenn die gezahlte Extraprämie wettgemacht werden soll. Darüber hinaus wirkt sich der Goodwill über Jahre ergebnisbelastend aus, da gemäß

230 Vgl. hierzu und im folgenden Anand, J. (2000), S. 8 sowie laut Interviewergebnisse.

231 Laut Interviewergebnisse. Die Erzielung eines eindeutigen Nutzens aus der Übernahme stuften die Experten sämtlich mit der Höchstbewertung „kritisch“ für ihren Erfolg ein. Vgl. hierzu allgemein Anand, J. (2000), S. 8, sowie für den Fusions-Fall analog Haspaslagh, P. (2000), S. 13.

232 Vgl. hierzu allgemein und für den Fall der Fusion analog Haspaslagh, P. (2000), S. 14.

233 Vgl. hierzu allgemein Capron, L./ Mitchell, W./ Oxley, J. (2000), S. 9 sowie laut Interviewergebnisse. Dieser Aspekt wurde von den Experten als „bedeutend“ bis „kritisch“ für den Akquisitionserfolg im Investment Banking eingestuft.

234 Vgl. hierzu allgemein Anand, J. (2000), S. 9.

geltender Rechnungslegungsvorschriften Aktivierungs- und Abschreibungsnotwendigkeiten bestehen.[236]

Ebenso ist bei den Preisverhandlungen zu berücksichtigen, daß der Preis transakionsbezogene Nebenkosten noch nicht einschließt.[237] Hierzu zählen zunächst Koordinations- und Integrationskosten (z.B. Kosten der Adaption der Geschäftsaktivitäten, Abfindungen für freizusetzende Mitarbeiter).[238] Ferner entstehen bei Akquisitionen im Investment Banking regelmäßig erhebliche Belastungen durch die sog. Bleibeprämien. Ausgesetzt, um die gewünschten Know-how- und Beziehungsträger zu halten, sorgen die „Retention Payments" dafür, daß die tatsächlichen Kosten den Kaufpreis vielfach erheblich übersteigen. So wurden z.B. bei der Übernahme von DLJ durch die CSFB zusätzlich zum Kaufpreis von rund 11,5 Mrd. US-Dollar Bleibeprämien i. H. v. 1,2 Mrd. US-Dollar vereinbart.[239]

Für den Akquisitionserfolg im Investment Banking ist höchst kritisch, daß innerhalb des Managements des Zielunternehmens ein breiter Konsens über die Sinn- und Vorteilhaftigkeit der Transaktion und eine gesicherte Zustimmung zu ihrer Durchführung besteht. Opponierende Gruppen mit hohem Machtpotential, das bspw. aus der ergebnismäßigen Bedeutung der verantworteten Bereiche resultiert, können den Akquisitionsprozeß stark behindern, im Extremfall sogar zum Scheitern bringen.[240]

Somit besteht eine zweite wichtige Aufgabe in der Verhandlungsphase in der vorausschauenden ***Sicherung der Zustimmung und Kooperationsbereitschaft des Managements*** des Targets. Zwei Aspekte sind hierbei von besonderer Bedeutung:

---

235 Laut Interviewergebnisse.

236 Laut Interviewergebnisse.

237 Vgl. hierzu allgemein Macharzina, K. (1993), S. 549; Welge, M./ Al-Laham, A. (1992), S. 312.

238 Vgl. zu Beispielen für mögliche Nebenkosten bei Akquisitionen allgemein Macharzina, K. (1993), S. 549; Welge, M./ Al-Laham, A. (1992), S. 312.

239 Vgl. hierzu Knust, C./ Pelda, K./ Kussel, B./ Rössing, S. (2000), S. 15.

240 Anm. d. Verf.: Als Beispiel für eine hieran gescheiterte Unternehmenstransaktion sei der Fall Deutsche Bank/ Dresdener Bank im Jahr 2000 angeführt. Ein zentraler Grund wurde in der mangelnden Zustimmung einer opponierenden Gruppe um eine Führungskraft gesehen, die eines der ertragsstärksten Geschäftsfelder im Investment Banking der Deutschen Bank verantwortete. Die Ausschöpfung dieses Machtpotentials, z.B. durch Drohung das Unternehmen zu verlassen, aber auch durch gezieltes Lancieren von Negativinformation in die Öffentlichkeit war ausreichend, den Verhandlungs- und Einigungsprozeß zwischen den Partnern ins Stocken und später zum gänzlichen Scheitern zu bringen. Diese Gefahr besteht bei Fusionen - wie im vorliegenden Fall - genauso wie bei Akquisitionen.

- Zunächst wird das Ausmaß an Kooperationsbereitschaft – auch langfristig – maßgeblich davon abhängen, inwieweit es gelingt, eine *gemeinsame Vision* für die zukünftige Geschäftstätigkeit in der Branche und, basierend hierauf, *gemeinsame Ziel- und Strategievorstellungen* zu entwickeln.[241] Die aktive und erfolgreiche Bearbeitung dieser Aufgabe ist von enormer Tragweite. Falls es nicht gelingt, die Überzeugung und den Rückhalt des Schlüsselpersonals zu gewinnen und damit dessen Verbleiben im Unternehmen zu sichern, besteht aufgrund der Vorbildfunktion dieser Gruppe nach Expertenangaben das Risiko eines totalen Zerfalls.[242] Die mangelnde Zustimmung und Negativeinschätzung bezüglich des Nutzens der Transaktion überträgt sich auf die Gesamtbelegschaft des Targets. Aufkommende Irritationen und Unsicherheiten fördern die Gefahr großzahliger Abwanderungen.
  Insofern kann in der Existenz einer gemeinsamen Vision (und der daraus resultierenden Zustimmung und Kooperationsbereitschaft) auch eine erste wichtige Voraussetzung der Mitarbeiterbindung gesehen werden – eines jener Kriterien, an denen der Akquisitionserfolg im Investment Banking letztlich gemessen wird. In der kritischen Bedeutung von Zustimmung und Kooperation des Target-Managements besteht auch der Grund, warum feindliche Übernahmen im Investment Banking keine diskutablen Optionen darstellen.[243]

- Zur Untermauerung der durch die Vision erzeugten Kooperationsbereitschaft ist vor allem die Art der geplanten *Einbindung des Managements in das kombinierte Unternehmen* als höchst bedeutend einzustufen.[244] Als kritisch wird angesehen, für den Kreis der fünf bis zehn wichtigsten Personen möglichst rasch interessante Aufgaben und verantwortungsvolle Positionen zu definieren, die ihnen ermöglichen, auch künftig erfolgreich zu arbeiten und Zukunftsperspektiven eröffnen.[245]

---

241 Laut Interviewergebnisse. Die Entwicklung einer gemeinsamen Vision für die Geschäftstätigkeit in der Branche bildete den zweiten jener drei Faktoren, die von den Experten ausnahmslos als „kritisch" für den Akquisitionserfolg im Investment Banking eingestuft wurden. Vgl. hierzu allgemein bezogen auf den Fall der Fusion analog Haspaslagh, P. (2000), S. 13.

242 Hierzu und im folgenden laut Interviewergebnisse.

243 Laut Interviewergebnisse.

244 Laut Interviewergebnisse. Dieser Aspekt wurde insbesondere von jenen Experten hervorgehoben, die Häuser vertreten, die bereits Akquisitionen im Investment Banking getätigt haben.

245 Laut Interviewergebnisse.

V.1.1.4.3.3 Zügige Integration

Während vor der Ankündigung der Transaktion eine systematische Auswahl des Übernahmeziels und eine umsichtige Verhandlungsführung im Vordergrund stehen muß, kommt es im Anschluß auf die Sicherstellung einer zügigen Integration an, was ein vorausschauendes Management dieses Prozesses nahelegt.[246]
Gegenstand und Ziel der Integration ist, die Potentialbasen der Unternehmen zur verknüpfen und einander anzupassen. Hierbei gilt es, ungewollte Ressourcen zu entfernen, den Zugang zu den benötigten Ressourcen zu erschließen und für ihr nachhaltiges Verbleiben in der neuen Formation zu sorgen.[247] Dieser Prozeß kann zeitlich und finanziell höchst anspruchsvoll sein. Jedoch ist die kritische Bedeutung einer raschen Integration unumstritten.[248] Schon im Hinblick auf den geleisteten Kapitaleinsatz wird sich kein Akquisiteur starke Verzögerungen bei der Realisierung der erwünschten Wachstums- und Synergieeffekte leisten können, welche die Integration erst ermöglicht.[249] Geschwindigkeit ist aber auch deshalb von Relevanz, weil im Investment Banking mit zunehmender zeitlicher Dauer des Adaptionsprozesses das Risiko des Verlusts von Schlüsselpersonal steigt. Bekanntgaben von Akquisitionen erzeugen Verunsicherung über die berufliche Zukunft in den Belegschaften, speziell jener des Targets.[250] Dadurch drohen Abwanderungen – auch, weil andere Investment Banken solche Situationen gezielt durch Abwerbungsmanöver auszunutzen suchen.[251] Dies kann nicht nur den Integrations-, vielmehr den Akquisitionserfolg gänzlich in Frage stellen, denn die Mitarbeiter bilden die kritischen Assets des Targets, die Hülle ist für den Akquisiteur wertlos.[252] Je länger die Zeitspanne der Ungewißheit über den Einsatz in der neuen Formation ab Ankündigung andauert, desto höher ist das Risiko des Zerfalls.

---

246 Vgl. hierzu allgemein Anand, J. (2000), S. 9; Capron, L./ Mitchell, W./ Oxley, J. (2000), S. 9. Vgl. zu Bedeutung, Inhalt und Anforderungen des Integrationsprozesses bei Akquisitionen und Fusionen im Bankensektor ausführlich Burchard, U./ Bongartz, U. (1998), S. 393ff.

247 Vgl. hierzu und im folgenden allgemein Capron, L./ Mitchell, W./ Oxley, J. (2000), S. 9.

248 Vgl. bspw. Macharzina, K. (1993), S. 554; Anand, J. (2000), S. 9; Burchard, U./ Bongartz, U. (1998), S. 393ff. sowie laut Interviewergebnisse.

249 Vgl. hierzu allgemein Burchard, U./ Bongartz, U. (1998), S. 393.

250 Vgl. hierzu allgemein Macharzina, K. (1993), S. 555; Burchard, U./ Bongartz, U. (1998), S. 395.

251 Vgl. hierzu auch die Beispiele zum gezielten Resourcenaustausches in Abschnitt V.1.1.2.1.

252 Laut Interviewergebnisse. Dieser kritische Aspekt bei Akquisitionen im Investment Banking wurde von allen befragten Experten in besonderem Maße hervorgehoben.

Dies verdeutlicht, daß in der Integrationsphase v.a. zwei Aufgaben entschlossen anzugehen sind. Diese bestehen in einer *zügigen Adaption der Aktivitäten, Strukturen und Systeme* und der aktiven *Sicherung der Zustimmung der Mitarbeiter des Targets.*

Eine ***schnelle, entschlossene Adaption*** der Firmen bildet eine Integrationsaufgabe erster Priorität.[253] Rasch heißt, daß hiermit sofort, d.h. zum Zeitpunkt der Ankündigung der Transaktion begonnen wird. Auch sollte der Adaptionsprozeß selbst so wenig Zeit wie möglich in Anspruch nehmen. Die *Produkt-/ Marktaktivitäten*, die *Organisations- und Kompetenzstruktur* und die *Systemwelt* repräsentieren dabei jene Integrationsfelder, die nach Expertenangaben im Investment Banking einer vorrangigen Behandlung bedürfen.[254]

- Als zentral wird erstens eine *rasche Anpassung der Produkt-/ Marktaktivitäten* erachtet.[255] Dabei gilt es Duplizierungen in Leistungspaletten und der (Länder-)Marktbearbeitung zu bereinigen.[256] Richtlinie bildet die Herstellung von Paßgenauigkeit zwischen dem Wandel, den die Geschäftsfeldstrategien anzeigen, und der hierfür erforderlichen geschäfts- und kapazitätsmäßigen Grundlage.[257]

  Auf dieser Basis gilt im weiteren Prozeßverlauf zügig festzulegen, welche Personen welchen Aufgabenstellungen an welchen Orten nachgehen sollen.[258] Trotz des engen zeitlichen Rahmens empfiehlt sich nach Ansicht der Experten, die mit der Adaption der Aktivitäten verbundenen Personalentscheidungen nicht global, sondern pro Stelle nach

---

[253] Vgl. hierzu allgemein Anand, J. (2000), S. 9; Capron, L./ Mitchell, W./ Oxley, J. (2000), S. 9; Macharzina, K. (1993), S. 554; in bezug auf Unternehmenstransaktionen im Bankensektor Burchard, U./ Bongartz, U. (1998), S. 393 sowie laut Interviewergebnisse. Die Sicherstellung einer schnellen entschlossenen Adaption bildete den dritten Faktor, den die Experten als durchweg als „kritisch" für den Akquisitionserfolg im Investment Banking einstuften.

[254] Vgl. zu Integrationsdimensionen bei Bankenakquisitionen allgemein Burchard, U./ Bongartz, U. (1998), S. 394ff. Die dort genannten Integrationsfelder stimmen mit jenen überein, die von den Experten im Rahmen der Interviews thematisiert wurden. Laut Interviewergebnisse.

[255] Vgl. hierzu unter Bezugnahme auf den Bankensektor allgemein Burchard, U./ Bongartz, U. (1998), S. 394 sowie laut Interviewergebnisse. Eine rasche Anpassung der Geschäftsaktivitäten wurde von den Experten durchweg als „kritisch" für den Integrationserfolg eingestuft.

[256] Laut Interviewergebnisse.

[257] Vgl. hierzu allgemein Burchard, U./ Bongartz, U. (1998), S. 394.

[258] Laut Interviewergebnisse. Vgl. zu Aspekten und Problemen der Personalplanung in der Integrationsphase allgemein auch Macharzina, K. (1993), S. 555.

dem Kriterium der Leistungsfähigkeit unter Gewährleistung von Fairneß und Chancengleichheit zu treffen.[259]

- Für eine erfolgreiche Integration wird ferner eine möglichst rasche Definition der *Organisations- und Kompetenzstruktur* als richtungsweisend angesehen.[260]
  Eine frühzeitige Definition von Verantwortlichkeiten und Kompetenzen trägt zur Verminderung von Unsicherheiten der Mitarbeiterschaft beider Unternehmen und hiermit assoziierter Gefahren bei, und erhöht damit die Wahrscheinlichkeit des Integrations- bzw. Akquisitionserfolges maßgeblich.[261] Neben der Festlegung der Struktur und Fällung zentraler Personalentscheidungen empfiehlt sich, auch Produkt-, Kunden- und Regionalzuständigkeiten möglichst zügig zu regeln.[262]
  Bei der Schaffung des organisatorischen Rahmens stellt sich vorab die grundsätzliche Frage, ob dem Target Autonomie gewährt oder eine straffe Einordnung vorgenommen werden soll.[263] Vorteile einer vollständigen Integration bestehen u.a. in der Sicherung der Kontroll- und Steuerungsfähigkeit, einer zentralen Koordination Ressourceneinsatzes und Kosteneinsparungen durch Reduzierung von Overheadfunktionen.[264] Letztlich werden hiermit die bei strategisch motivierten Übernahmen beabsichtigten Synergieeffekte erst ermöglicht.[265] Zu bedenken ist aber, daß der wahrgenommene Verlust an Eigenständigkeit

---

259 Laut Interviewergebnisse. Die beschreibt bspw. die Vorgehensweise der Deutschen Bank bei der Integration von Bankers Trust. Fairneß und Chancengleichheit bedeutet jedoch auch bei nachträglichen Fusionen nicht, bei der Stellenbesetzung nach dem Paritätsprinzip verfahren zu müssen. Erfolgreiche Akquisitionen sind die Summe der besten Teile der zu kombinierenden Unternehmen. Vgl. zu dieser Auffassung im Kontext der Fusion analog Burchard, U./ Bongartz, U. (1998), S. 395; Haspaslagh, P. (2000), S. 14.

260 Vgl. zu dieser Integrationsaufgabe allgemein Welge, M./ Al-Laham, A. (1992), S. 312; bei Bankenakquisitionen und -fusionen Burchard, U./ Bongartz, U. (1998), S. 395 sowie laut Interviewergebnisse. Eine rasche Festlegung von Organisationsstruktur und Zuständigkeiten wurde von den Experten als durchweg als „kritisch" für den Integrationserfolg eingestuft.

261 Vgl. hierzu unter Bezugnahme auf Unternehmenstransaktionen im Bankensektor allgemein Burchard, U./ Bongartz, U. (1998), S. 395 sowie laut Interviewergebnisse.

262 Vgl. hierzu unter Bezugnahme auf Unternehmenstransaktionen im Bankensektor allgemein Burchard, U./ Bongartz, U. (1998), S. 395.

263 Vgl. hierzu allgemein Welge, M./ Al-Laham, A. (1992), S. 312; Macharzina, K. (1993), S. 554. Autonomie wird gewährt, wenn eine Eingliederung des Targets als eigenständige Tochtergesellschaft in eine Holdingstruktur erfolgt. Strukturkonzepte, wie z.B. Matrixstruktur oder Spartenorganisation nehmen eine Einordnung vor. Vgl. hierzu Macharzina, K. (1993), S. 554.

264 Vgl. hierzu allgemein Macharzina, K. (1993), S. 554.

265 Vgl. hierzu allgemein Macharzina, K. (1993), S. 554.

bei einer straffen Einordnung die Motivation und Leistungsfähigkeit von Mitarbeitern v.a. kleinerer, bislang unabhängiger Investment Banken schwer beeinträchtigen kann.[266]

- Die Adaption der Systemarchitektur bildet eine dritte Aufgabe, die im Rahmen der Integration schnell vorangetrieben werden muß.[267] Priorität ist bei Akquisitionen im Investment Banking Front-office-, Back-office- und Risikomanagement-Systemen sowie Systemen zur täglichen Ergebnisermittlung einzuräumen.[268]

Eine schnelle und erfolgreiche Abwicklung dieser Teilaufgaben gründet auf einer systematischen Planung des Integrationsprozesses.[269] Mit Integrationsplänen lassen sich die Adaptionsaktivitäten in den o.g. Dimensionen auch zeitlich detailliert steuern und kontrollieren. Für sinnvoll wird gehalten, die zu bearbeitenden Einzelprojekte Integrationsteams zu übertragen, die mit Schlüsselführungskräften beider Unternehmen besetzt sind.[270] Diese Empfehlung entsprach z.B. die Deutsche Bank bei der Integration von Bankers Trust, die als sehr erfolgreich gilt: 21 paritätisch besetzte Integrationsteams wurden hierbei gebildet, die bis zu achtzig Mitglieder zählten.[271]

Da der Akquisitionserfolg in kritischem Maße davon abhängt, inwieweit es gelingt die zentralen Leistungsträger des Targets in die neue Formation einzubinden und zur innerbetrieblichen Kooperation zu motivieren, besteht die zweite wichtige Integrationsaufgabe in der Ergreifung von Maßnahmen zur ***Sicherung der Zustimmung der Mitarbeiter des Targets***.[272] Die *Schaffung herausfordernder, verantwortungsvoller Aufgaben* bildet den ersten

---

266 Vgl. hierzu allgemein Welge, M./ Al-Laham, A. (1992), S. 312f.

267 Vgl. zu dieser zügig anzugehenden Integrationsaufgabe bei Akquisitionen allgemein Macharzina, K. (1993), S. 555; bei Akquisitionen und Fusionen im Banksektor Burchard, U./ Bongartz, U. (1998), S. 395 sowie laut Interviewergebnisse. Eine rasche Systemadaption hielten die Experten durchweg für „kritisch“ für den Integrationserfolg.

268 Laut Interviewergebnisse. Die Adaption von Management-Systemen wird hingegen als weniger kritisch eingestuft, kann daher zeitlich nachgeordnet erfolgen. Laut Interviewergebnisse.

269 Vgl. hierzu und im folgenden Burchard, U./ Bongartz, U. (1998), S. 396.

270 Vgl. hierzu allgemein Macharzina, K. (1993), S. 555 sowie laut Interviewergebnisse.

271 Laut Interviewergebnisse.

272 Laut Interviewergebnisse. Weil hiervon deren Kooperationsbereitschaft und letztlich auch ihr Verbleiben in der neuen Formation abhängt, wurde die Ergreifung von Maßnahmen zur aktiven Sicherung der Zustimmung der Target-Mitarbeiter von den befragten Experten als durchweg als „kritisch“ für den Integrationserfolg eingestuft.

wesentlichen Schritt.[273] Ihr muß im Rahmen der Adaption Rechnung getragen werden. Zusätzlich sind drei weitere Aspekte von Relevanz:

- Um einem Exodus von Schlüsselpersonal vorzubeugen, wird es erstens als kritisch erachtet, geeignete *finanzielle Anreize* setzen.[274] Diese Maßnahme zählt bei Akquisitionen im Investment Banking vor dem Hintergrund der außerordentlichen Bedeutung der Mitarbeiterbindung zum Standard. Finanzielle Anreize werden hier in Form der Auflegung von „Treue-Bonus-“ bzw. „Rentention Payment-Programmen“ für Schlüsselpersonal geschaffen. Die Bleibeprämien, die in bezug auf andere Vergütungskomponenten (Fixum, jährlicher Bonus) als Ergänzung zu verstehen sind, kommen zur Ausschüttung, wenn die Mitarbeiter nach einem oder gewissen Zeitabschnitt(en) der Formation noch angehören. So hat bspw. die Dresdner Bank bei der Übernahme von Wasserstein Perella in 2000 Treue-Boni i. H. v. 190 Mio. US-Dollar ausgelobt, die erst in den Jahren 2002 und 2003 fällig werden.[275] Um den relativ gleichen Wirkungsgrad beim Einzelnen zu erzielen, wird die Höhe der Prämie nach Rang und Erfahrung der Begünstigten abgestuft.

- Auch durch eine *bewußte Berücksichtigung emotionaler Aspekte* kann die Zustimmung und Kooperationsbereitschaft der Mitarbeiter des Targets positiv beeinflußt werden.[276] So spiegelt sich z.B. in der Aufnahme des Namens der übernommenen Bank in den zukünftigen Firmennamen für deren Belegschaft die relative Wertigkeit wider, die dem Target und mittelbar auch dem Einzelnen beigemessen wird – mit positiver Wirkung auf das Zugehörigkeitsgefühl.

  Auch aufgrund der hiervon ausgehenden Signalwirkung für die Mitarbeiter ist bei Akquisitionen im Investment Banking eine Angliederung des Namen des Targets typisch. Dadurch sind im Zeitablauf lange Ketten, wie z.B. Dresdner/ Kleinwort/ Wasserstein, ING/ Barings ehemals auch Deutsche/ Morgan Grenfell oder SBC/ Warburg/ Dillon Read

273 Laut Interviewergebnisse. Die Experten hoben ausnahmslos hervor, daß bei Akquisitionen im Investment Banking in der zügigen Schaffung ausfüllender Positionen die erste kritische Bedingung der Sicherung der Mitarbeiterzustimmung und letztlich -bindung bestehe.

274 Laut Interviewergebnisse. Die befragten Experten betonten ausnahmslos, daß finanzielle Anreize zur Mitarbeiterbindung bei Akquisitionen im Investment Banking unabdingbar seien.

275 Vgl. Fahrholz, B., Interviewaussage, in: o. V. (2000W), S. 21. Bemerkt sei, daß solche Bonusprogramme im Hinblick auf ihren Inhalt (z.B. in bezug auf Höhe, Laufzeit, Kreis der Berechtigen) von Fall zu Fall variieren, da eine Abstimmung auf den individuellen Kontext stattfindet.

entstanden. JP Morgan/ Chase und Schroders/ Salomon/ Smith Barney[277] weichen insofern von dieser Regel ab, als hier das Target sogar vor dem Akquisiteur rangiert. Interessanterweise wird hiervon nach einigen Jahren – bei Zweckerfüllung, wie es scheint – wieder abgerückt. So ist bei der Deutschen Bank der Zusatz Morgan Grenfell entfallen, SBC Warburg Dillon Read firmiert heute unter UBS Warburg. Mit der von der Citigroup für 2002 geplanten Umbenennung von (Schroders) Salomon Smith Barney in „Citigroup Corporate & Investment Bank" erlischt ein weiterer Traditionsname der Wall Street.[278] Bemerkt sei, daß solche Namensan-/eingliederungen aus Sicht des Akquisiteurs freilich noch einem anderen wichtigen Zweck dienen. Er erwartet sich hiervon einen sofortigen Auf- bzw. Ausbau seiner Reputation im Investment Banking.[279]

- Zur Sicherung der Zustimmung der Mitarbeiter des Targets wird schließlich auch eine *intensive Kommunikation* als zentral erachtet.[280] Über die aktive Vermittlung der Gründe und Ziele der Transaktion sowie der Entwicklungsperspektiven als kombinierte Einheit läßt sich der Grad an Unsicherheit reduzieren und die auf Informationsdefiziten fußende Skepsis ausräumen. Um die Mitarbeiter zu motivieren, sich nachdrücklich für die gemeinsame Lösung einzusetzen, ist auf die Verdeutlichung des beiderseitigen Nutzens an der Transaktion besonderer Wert zu legen.

V.1.1.4.4 Vor- und Nachteile von Akquisitionsstrategien

Akquisitionsstrategien weisen eine Reihe von Stärken, aber auch spezifische Schwächen auf. Zu den **Vorteilen** dieser Realisierungsoption, die von den Praxis unterstrichen wurden, zählen insbesondere folgende Aspekte:

- *Zugang zu komplexen Ressourcen*: Wie in Abschnitt V.1.1.4.1 erläutert, eröffnen Akquisitionen den Zugang zu komplexen Ressourcenbündeln, die sich einer internen Entwicklung

---

276 Vgl. hierzu für den Fall der Fusion analog Haspaslagh, P. (2000), S. 14 sowie laut Interviewergebnisse. Die Berücksichtigung emotionaler Aspekte wurde von den Experten als „bedeutend" bis „kritisch" zur Sicherung der Mitarbeiterzustimmung eingestuft.

277 Anm. d. Verf.: Den Zusatz „Schroders" verwendet die Citigroup seit der Übernahme der Londoner Investment Bank im europäischen Geschäft. Vgl. hierzu auch Liebert, N. (2001), S. 20.

278 Vgl. Liebert, N. (2001), S. 20. Als Grund führt der Vorstandssprecher an, Namen und Identität der Gruppe als Ganzes künftig stärker hervorheben zu wollen. Vgl. Liebert, N. (2001), S. 20.

279 Vgl. Achleitner, A. (1999), S. 84.

oder Beschaffung im Wege anderer Realisierungsoptionen zumindest kurz- bis mittelfristig entziehen.[281] Gleichzeitig besteht ab dem Zeitpunkt der Übernahme uneingeschränkte Kontrolle über ihren Einsatz.

- *Schnelligkeit des Wachstums*: Mit einem am Markt etablierten Anbieter werden Marktanteile und eine ganze Reihe von Ressourcenbündeln inklusive des unternehmerischen Kontextes erworben, der ihre wirksame Anwendung in der Vergangenheit ermöglicht hat. Daher bilden Akquisitionen eine vergleichsweise schnelle Methode zur Realisierung von Wachstum.[282]

- *Umfang realisierbarer Wachstumseffekte*: Eine eindeutige Stärke von Akquisitionen wird auch in dem Ausmaß realisierbarer Wachstumseffekte gesehen.[283] Übernahmen eignen sich zur Umsetzung aller Varianten von Wachstumsstrategien (gleichzeitig). Ferner bieten sie die Möglichkeit der Realisierung von Economies of scope durch Nutzung komplementärer Fähigkeiten und Kompetenztransfer.[284]

- *Reputationseffekte/ Bekanntheitsgrad:* Vorteilhaft an Akquisitionsstrategien ist ferner, daß sie einen sofortigen Reputationsauf- bzw. -ausbau ermöglichen, Visualität schaffen und mit einer Steigerung des Bekanntheitsgrades verbunden sind.[285]

Akquisitionsstrategien weisen aber auch nicht zu vernachlässigende **Nachteile** auf:

- *Kapitaleinsatz/ Goodwill*: Der Kauf von am Markt etablierten Anbietern verlangt einen hohen Kapitaleinsatz.[286] Auch muß hierbei ein – oftmals opulenter – Good-will bezahlt

---

280 Laut Interviewergebnisse. Ein intensive Kommunikation der Transaktion zur Sicherung der Zustimmung, Kooperationsbereitschaft und schließlich Bindung der Mitarbeiter wurde von den Experten als „bedeutend" bis „kritisch" eingestuft.

281 Vgl. hierzu und im folgenden allgemein Capron, L./ Mitchell, W./ Oxley, J. (2000), S. 9 sowie laut Interviewergebnisse.

282 Vgl. hierzu allgemein Johnson, G./ Scholes, K. (1997), S. 307, Welge, M./ Al-Laham, A. (1992), S. 308 sowie laut Interviewergebnisse. Alle befragten Experten sahen in der Schnelligkeit des Wachstums einen Vorteil der Akquisitionsstrategie. Vgl. auch Baas, V. (1998), S. 723.

283 Vgl. hierzu allgemein Bea, F./ Haas, J. (1995), S. 161 sowie laut Interviewergebnisse. Alle Experten sahen im Ausmaß des realisierbaren Wachstums eine eindeutige Stärke dieser Strategie.

284 Vgl. zur Eignung von Akquisitionen zur Realisierung von Economies of Scope allgemein Kutschker, M. (1992), S. 514; Capron, L. (2000), S. 11 sowie laut Interviewergebnisse.

285 Laut Interviewergebnisse. Vgl. hierzu auch Achleitner, A. (1999), S. 75.

286 Hierzu und im folgenden laut Interviewergebnisse. Alle Experten sahen in dem hohen Kapitaleinsatz und dem in Kauf zu nehmenden Goodwill einen gewichtigen Nachteil dieser Strategie.

werden, der infolge der Aktivierungs- und Abschreibungsnotwendigkeiten noch auf Jahre Folgekosten verursacht.

- *Integrationsaufwand*: Weiterhin entstehen bei Akquisitionen über den Kaufpreis für die Ressourcen hinaus Nebenkosten ihrer Nutzbarmachung, die eine schwerwiegende finanzielle Belastung darstellen.[287] Angesprochen sind die Adaptionskosten und Aufwendungen zur Mitarbeiterbindung, wofür bei mittleren bis großen Übernahmen Milliardenbeträge zu veranschlagen sind.

- *Zielgenauigkeit der Umsetzung*: Nachteile ergeben sich auch im Hinblick auf eine eingeschränkte Zielgenauigkeit der Realisierung der beabsichtigten produkt-markt-bezogenen Veränderungsprozesse.[288] Bei Akquisition müssen vielfach auch eine ganze Reihe von Tätigkeiten und Ressourcen aufgenommen und bezahlt werden, die gar nicht benötigt werden. Der Nachteil verstärkt sich, soweit die Abstoßung dieser Potentiale weitere Kosten verursacht.

V.1.2. Strategien der Realisierung von Schrumpfung

Strategien zur Realisierung von Schrumpfung wurde im Schrifttum bislang nur geringe Aufmerksamkeit geschenkt.[289] Werden einzelne Optionen betrachtet, erfolgt dies zudem vielfach auf einer hochaggregierten Ebene. So erklären z.B. JOHNSON/ SCHOLES im Hinblick auf Handlungsoptionen zur Realisierung von Wachstum oder Schrumpfung: „However, for any of these directions there are different potential methods of development: These methodes can be divided into three types: internal development, acquisition (or disposal) and joint development (...).“[290] Im weiteren wird jedoch auf die Option „Disposal“ nicht mehr Bezug genommen. Diese eher „stiefmütterliche“ Behandlung im Schrifttum hat zur Folge, daß Schrumpfungsstrategien (auch) hinsichtlich ihrer Umsetzung bislang nur wenig operationalisiert sind.

---

287 Vgl. hierzu allgemein Johnson, G./ Scholes, K. (1997), S. 308 sowie laut Interviewergebnisse. Alle befragten Experten sahen in dem hohen Integrationsaufwand und -kosten einen wesentlichen Nachteil der Akquisitionsstrategie. Vgl. ebenso Baas, V. (1998), S. 723.

288 Hierzu und im folgenden laut Interviewergebnisse. Alle befragten Experten sahen in der geringeren Zielgenauigkeit der Realisierung einen eindeutigen Nachteil der Akquisitionsstrategie.

289 Vgl. hierzu auch Trautmann, M. (1993), S. 167.

290 Johnson, G./ Scholes, K. (1997), S. 306.

Einen Beitrag zur Diskussion um die Realisierungsmöglichkeiten von Schrumpfung leistet MEFFERT, der ein Analyseraster zur Ableitung von Umsetzungsoptionen für *Ausstiegs*strategien entwickelt hat.[291] Die „Austrittsmatrix" systematisiert strategische Optionen anhand der Kriterien Zeithorizont und Kosten des Ausstiegs:[292]

Kosten des Austritts \ *Dauer des Austritts*	*lang*	*kurz*
gering	Senkung von Marktaustrittsbarrieren	Verkauf der Geschäftseinheit
hoch	Abschöpfungsstrategie	Sofortige Beendigung der Geschäftsfeldaktivitäten ("Stilllegung")

Abb. V-9: Optionen zur Umsetzung von Ausstiegsstrategien (Quelle: Meffert, H. (1984), S. 63.)

Soll oder muß ein Ausstieg schnell vollzogen werden, so bieten sich die Alternativen des Verkaufs des Geschäftsfeldes oder einer Stillegung der Aktivitäten.[293] Ist ein langsamer Austritt aus einem Feld angestrebt, können Abschöpfungsstrategien oder Maßnahmen zur Senkung der Marktaustrittsbarrieren ergriffen werden.[294] Mittelfristig münden aber auch diese Optionen in eine Stillegung oder einen Verkauf.[295]

Auch die Praxis befürwortet, daß es bei der Umsetzung eines Ausstiegs, so er denn im Rahmen der betreffenden Geschäftsfeldstrategie beschlossene Sache ist, zu keinen größeren Verzögerungen im Vollzug kommen sollte.[296] Hierfür spricht schon die hohe laufende Kostenbelastung durch Personalausgaben und andere Inputfaktoren (IT) im Investment Banking. Dahinter steht aber auch das Argument, daß die Chance auf einen Ausstieg ohne

---

291 Vgl. grundlegend Meffert, H. (1984), S. 63. Vgl. hierzu auch Welge, M./ Al-Laham, A. (1992), S. 348 sowie Trautmann, M. (1993), S. 167.

292 Vgl. hierzu Meffert, H. (1984), S. 63.

293 Vgl. Meffert, H. (1984), S. 63. Vgl. hierzu auch Meffert, H. (2000), S. 264; Welge, M./ Al-Laham, A. (1992), S. 349; Tautmann, M. (1993), S. 167.

294 Vgl. hierzu Meffert, H. (1984), S. 63. In einem neueren Werk nimmt Meffert auf die Strategie der Senkung von Austrittsbarrieren allerdings nicht mehr bezug. Vgl. Meffert, H. (2000), S. 264. Vgl. zu Marktaustrittsbarrieren, die einen Ausstieg bzw. Rückzug behindern oder stark verteuern Abschnitt IV.1.2.3.

295 Vgl. Meffert, H. (2000), S. 264. Vgl. hierzu auch Trautmann, M. (1993), S. 167.

296 Vgl. hierzu bspw. Welge, M./ Al-Laham, A. (1992), S. 348; Harrigan, K. (1988), S. 14 sowie laut Interviewergebnisse.

gravierende Verluste um so höher ist, je früher vom Zeitpunkt einer prekären Situation her gesehen er vollzogen wird.[297] Hierauf verweist auch HARRIGAN: „Exit requires early execution if it is to succeed (...).“[298]

Vor diesem Hintergrund wird es als sinnvoll erachtet, die Umsetzung eines Ausstiegs letztlich als eine Entscheidung zwischen *Verkauf* und *Stillegung* anzusehen, eine Auffassung, die auch TRAUTMANN im Hinblick auf die in Abb. V-7 aufgebotenen Optionen vertritt.[299] Auch die Unternehmenspraxis stimmt uneingeschränkt zu, daß hiermit die zentralen Methoden zur Umsetzung eines Ausstiegs aus Geschäftsfeldern des Investment Banking aufgezeigt sind.[300] Möglich erscheint ferner, diese Strategien auf Teile von Geschäftsfeldaktivitäten anzuwenden und damit wirksam zur Realisierung eindimensionaler Rückzugsstrategien einzusetzen.[301] Daher soll das Spektrum an Optionen zur Realisierung von Schrumpfung um *partielle Stillegungen* und *Teilverkaufsstrategien* ergänzt werden. Auf welche Teile der Geschäftsaktivitäten sich die Varianten der Grundtypen beziehen, hängt vom Typus der Rückzugsstrategie ab.

Stillegungs- (Abschnitt V.1.2.1) und Verkaufsstrategien (Abschnitt V.1.2.2) werden im folgenden in zunächst isolierter Weise auf Inhalte, empirische Bedeutung und ihren Eignungsgrad zur Realisierung der verschiedenen schrumpfungsspezifischen Entwicklungsstrategien im Investment Banking untersucht. Aus systematischen Gründen sollen direkt im Anschluß die relativen Vor- und Nachteile der vorliegenden Realisierungsoptionen gegeneinander abgewogen werden, da sich hieran das Verhältnis dieser Strategien verdeutlichen läßt (Abschnitt V.1.2.3). Abschließend gilt es, Voraussetzungen und erfolgskritische aufgabenbezogene Anforderungen von Verkaufs- und Stillegungsstrategien herauszuarbeiten (Abschnitt V.1.2.4).

---

297 Vgl. Welge, M./ Al-Laham, A. (1992), S. 348.

298 Harrigan, K. (1988), S. 14.

299 Vgl. Trautmann, M. (1993), S. 168. Er unterscheidet in Folge bei der Verkaufsstrategie nach Art des Käufers (z.B. anderes Unternehmen, Management) verschiedene Unteroptionen und bei der Stillegung nach den Varianten vollständig und partiell. Vgl. Trautmann, M. (1993), S. 170.

300 Laut Interviewergebnisse. Auch die Unternehmenspraxis sah hierin die relevanten Handlungsalternativen im Zusammenhang mit einem intendierten Ausstieg aus einem Geschäftsfeld im Investment Banking.

301 Vgl. zur alternativen Anwendung der Stillegungs- und Verkaufsstrategie auf Teilbereiche von Geschäftsfeldern auch Meffert, H. (2000), S. 264; Trautmann, M. (1993), S. 168ff.

V.1.2.1 Stillegungsstrategien: Inhalt, empirische Relevanz, Einsatzmöglichkeiten

Eine Stillegung läßt sich allgemein als Übergang von Bewegung zur Ruhe beschreiben.[302] Die Strategie der (partiellen) Stillegung umfaßt im einzelnen die unverzügliche Einstellung von Geschäftsfeld-Aktivitäten in Gänze (oder bestimmten Teilen).[303] Zumeist ist hiermit ein Abbau von Personal (Entlassungen) und anderer beschäftigter Potentiale verbunden.[304] Dabei entstehen vielfach hohe Kosten, vor allem durch Abfindungen, Restrukturierungsaufwendungen und ggf. auch durch negative Ausstrahlungseffekte auf andere Felder.[305]

Bei der Prüfung der empirischen Relevanz von Stillegungsstrategien stößt man zunächst auf die Problematik, daß die Einstellung bestimmter Aktivitäten innerhalb von Geschäftsfeldern von den Anbietern im Investment Banking vielfach nicht öffentlichkeitswirksam kommuniziert wird. Sofern sie durch Umfeldveränderungen induziert sind, die auf die ganze Branche einwirken, sind sie ex-post jedoch häufig als Trend im Markt wahrnehmbar. Eine solche Veränderung könnte bspw. ein Nachfragerückgang in einem spezifischen Produktbereich, Ländermarkt oder Marktsegment sein oder ein Anstieg des Ertrags-/ Risiko-Verhältnisses einer Aktivität. Letzteres kann ein Beispiel illustrieren. So titelte ein Artikel in der Financial Times im Jahr 2000: „Liquidität im Markt für Hochverzinsliche trocknet aus. Anzahl der Market Maker nimmt radipe ab".[306] Weiter wird ausgeführt:

> *„Während der vergangenen zwei Jahre haben sich die US-Investmentbanken verstärkt vom Market Making in hochverzinslichen Papieren, sogenannten Junk-Bonds, zurückgezogen. Sie haben sogar ihre Bestände an diesen Papieren abgebaut, um bei einer negativen Kursentwicklung nicht auf ihnen sitzen zu bleiben."*[307]

---

302 Vgl. Jansen, A. (1986), S. 34.

303 Vgl. zum Begriff der Stillegung – zum Ausdruck kommend auch in dem entsprechenden Matrixfeld in Abbildung V-9 – Meffert, H. (1984), S. 63 sowie ergänzend Trautmann, M. (1993), S. 170; Jansen A. (1986), S. 35.

304 Vgl. hierzu allgemein Jansen, A. (1986), S. 35; Meffert, H. (2000), S. 264.

305 Vgl. hierzu allgemein Meffert, H. (2000), S. 264; Trautmann, M. (1993), S. 170; sowie bezogen auf das Investment Banking am Beispiel von Barclays Aitken, J./ Brown, P. (1997), S. 34.

306 Silverman, G./ Chaffin, G. (2000), S. 25.

307 Silverman, G./ Chaffin, G. (2000), S. 25.

Es gibt aber auch Ausnahmen von der Regel einer zurückhaltenden Informationspolitik. So entnimmt man dem Geschäftsbericht der *UBS* für 1998, die hier zum Ergebnis einer internen Prüfung ihres Aktivitätsportfolios im Investment Banking auf Inhalt und Prioritäten Stellung nimmt:

> *„Folgende Aktivitäten wurden zum raschen Abbau und Ausstieg bestimmt:*
> - *Rohstoffhandel (Energie, Basismetalle, Elektrizität)*
> - *Projektfinanzierungen*
> - *Nicht-strukturierte Asset-Backed-Finanzierungen*
> - *Conduit Finance*
> - *Leasing Finanzierungen*
> - *Handel mit gefährdeten Krediten*
>
> *(...) Weiter werden die Risiken unseres Global Equities Derivatives Portfolio, die wir nicht als Teil unserer Kernaktivitäten im Geschäftsbereich Equities betrachten, im Rahmen einer Übereinkunft mit dem Corporate Center bewirtschaftet. Dies bedeutet nicht, daß wir alle Aktivitäten einstellen."*[308]

Neben Fällen, in denen spezifische Aktivitäts- oder Leistungssegmente von einer (partiellen) Stillegung betroffen sind, finden sich auch Beispiele, wo Geschäftsaktivitäten in Ländermärkten oder mit bestimmten Kundengruppen eingestellt werden. So hatte sich *ING-Barings* im Jahr 1998 zu einer Schließung ihrer Emerging-Markets-Geschäftsstellen, darunter jene in Lateinamerika, und der Entlassung Hunderter von Mitarbeitern entschlossen.[309] Als Beispiel für den zweiten Fall kann die *BHF-Bank* dienen, die schon vor einiger Zeit das Geschäft mit Konzernen/ MNU eingestellt hat und seither, was den Unternehmenssektor anbetrifft, für Mid Caps tätig ist.[310]

---

308 UBS (1999), S. 15. Das Equities Derivatives Portfolio besteht aus einer Anzahl von strukturierten Derivatetransaktionen, die im dritten Quartal 1998 Verluste verursachten. Grund seines Aufbaus war das Ziel, in diesem Marktsegment ein führende Position zu erlangen. Der Abbau dieses Engagements wird nach Angaben der Bank aufgrund der Laufzeiten der Transaktionen Jahre in Anspruch nehmen. Bis dorthin wird es aktiv durch Warburg Dillon Read und das im Corporate Center sitzende Risikomanagement bewirtschaftet. Vgl. hierzu UBS (1999), S. 35.

309 Vgl. hierzu Baas, V. (1998), S. 722.

310 Vgl. hierzu Dohmen, C./ Jakobs, G./ Schönauer, F. (2000), S. 29. Derzeit wird darüber nachgedacht, dieses Geschäft im Zuge der Schaffung einer gemeinsamen Plattform mit der ING in Deutschland erneut zu beleben.

Wie die „Austrittsmatrix“ in Abb. V-9 verdeutlichte, bildet die umfassende Stillegung eine robuste Option zum *Ausstieg* aus einem Geschäftsfeld.[311] Wie nachfolgend gezeigt wird, weisen Stillegungsstrategien jedoch auch zur Umsetzung eindimensionaler Reduktionsstrategien hohe Eignungsgrade auf.

So kann über die sofortige Einstellung bestimmter Aktivitäten (oder noch spezialisierter Aktivitäts-/ Produkt-Kombinationen, z.B. Aufgabe des Market Making in High-Yield-Bonds) die mit einer *angebotsbezogenen Rückzugsstrategie* bezweckte Reduktion des geschäftsfeldspezifischen Angebotsprogramms bewirkt werden – und dies ohne größeren Zeitverzug. Ob die hierin gebundenen personellen Kapazitäten im Rahmen der partiellen Stillegung abgebaut oder umplaziert werden, wird vor allem auch vom Spezifitätsgrad des Know-hows der Mitarbeiter abhängen. Eine Rolle spielt auch, ob sich der Anbieter die Möglichkeit einer Rückkehr in dieses Segment zu einem späteren Zeitpunkt offen halten will.

Ebenso läßt sich über eine unverzügliche Beendigung der Betreuungs- und Analysetätigkeiten in bezug auf die aufzugebende(n) Kundengruppe(n) oder -segment(e) (z.B. Gruppen-/ Branchenkombinationen) eine *abnehmerbezogene Rückzugsstrategie* zügig realisieren. Zur Frage, wie mit den überflüssig werdenden personellen Ressourcen verfahren wird, gilt das oben Gesagte entsprechend.

Wie das Beispiel von ING Barings zeigt, können partielle Stillegungsstrategien auch sinnvoll zur Realisierung *geographischer Rückzugsstrategien* eingesetzt werden. Diese wird dann über die unverzügliche Beendigung der Geschäftsfeldaktivitäten in den betreffenden Auslandsmärkten realisiert, was i.d.R. mit der Schließung der lokalen Einheit und Freisetzung der dort gebundenen personellen, materiellen und finanziellen Ressourcen einher geht.

V.1.2.2 Verkaufsstrategien: Inhalt, empirische Relevanz, Einsatzmöglichkeiten

Eine Verkaufsstrategie (als Desinvestition i. e. S.) beinhaltet im Vollzug die „...vollständige oder bedeutende Reduzierung des wirtschaftlichen Eigentumsanteils einer Unternehmung an einem aktiven Betrieb oder einer aktiven Tochtergesellschaft, die sich im Mehrheitsbesitz der

---

311 Vgl. hierzu allgemein Meffert, M. (1984), S. 63; Trautmann, M. (1993), S. 168.

Unternehmung befindet und keine Finanzinvestition darstellt, durch den Verkauf an eine nicht verbundene Unternehmung."[312]

Was ihre empirische Bedeutung im Investment Banking anbetrifft, lassen sich sowohl für partielle, als auch umfassende Verkaufsstrategien Beispiele anführen. Zu Anbietern, die diese Schrumpfungsmethoden in bezug auf Geschäftsfelder oder relevante Teilbereiche angewendet haben, zählten in der Vergangenheit z.B. *NatWest, Barclays* oder *ING Barings*. Einen Überblick über die Gegenstände der Transaktionen im einzelnen und die auf Käuferseite auftretenden Institute bietet Abb. V-7.
Als weiteres Beispiel läßt sich der Verkauf der deutschen M&A-Einheit der *UBS (alt)* im Jahre 1997 anführen, die im Zuge der Fusion von Schweizerischer Bankgesellschaft und Schweizerischem Bankverein überflüssig wurde. Hierbei handelte es sich um die Tochtergesellschaft *Schröder, Münchmeyer, Hengst* (SMH) in Frankfurt, die die UBS (alt) einige Zeit zuvor übernommen hatte. Als Käufer trat Dresdner KB auf, die auf diesem Wege in Deutschland erstmals in das Feld M&A expandierte.

Die Relevanz der Verkaufsstrategie zur Umsetzung von *Ausstiegsstrategien* wurde bereits im Zusammenhang mit der „Austrittsmatrix" hervorgehoben und anhand o.g. Praxisbeispiele verdeutlicht. Was ihre Einsatzmöglichkeiten zur Realisierung der verbleibenden Optionen des Spektrums an Schrumpfungsstrategien anbetrifft, ergibt sich bezogen auf das Investment Banking folgendes Bild.
Zur Realisierung eindimensionaler Rückzugsstrategien zeichnen sich Teil-Verkaufsstrategien durch eine eher eingeschränkte Anwendbarkeit aus. Problematisch dürften vor allem Fälle einer geplanten Beschneidung des Angebotsprogramms oder des Kundenspektrums eines Geschäftsfeldes im Rahmen von *angebots-* und *abnehmerbezogenen Rückzugsstrategien* sein. Zwei Gründe zeichnen hierfür verantwortlich.
Da Mitarbeiter, die werthaltigen „Vermögensgegenstände" in solchen Transaktionen, nicht „verkauft" werden können, setzt diese Strategie zunächst voraus, daß die Desinvestitionsobjekte in einer Gesellschaft versammelt sind, an der der Verkäufer seinen Eigentumsanteil reduzieren kann. Auch wenn eine Ausgründung des zu desinvestierenden Teils im Vorfeld

---

312 Jansen, A. (1986), S. 32, zitiert auch in Trautmann, M. (1993), S. 143; Welge, M./ Al-Laham, A. (1992), S. 349.

eines möglichen Verkaufs denkbar erscheint, setzt dies doch voraus, daß das Desinvestitionsobjekt Größenordnungen aufweist, die dies rechtfertigen. Speziell bei Einzelaktivitäten von Leistungsfeldern erscheint dies fraglich. Dies gilt auch angesichts dessen, daß es einem potentiellen Interessenten oft sinnvoller erscheinen dürfte, solche spezifischen Lücken durch Anwerbung von Spezialisten, denn eine Akquisition von Unternehmensteilen zu schließen.

Zweitens ist der Anbieter – anders als bei einem Ausstieg – auch künftig in diesem Geschäftsfeld tätig. Ein Teilverkauf bedeutet in der Konsequenz, daß der Träger dieser Strategie Marktanteile zugunsten eines anderen Wettbewerbers aufgibt, mit dem er feldbezogen weiterhin in direkter Konkurrenz steht.

Eine Ausnahme bildet der Fall der Zerschlagung eines Geschäftsfeldes und des Verkaufs in Teilen an mehrere Wettbewerber, wie bspw. von NatWest zwischen 1997 und 1998 in bezug auf das Aktiensekundärmarktgeschäft praktiziert. Letzteres wurde in Teilen von der Deutschen Bank und Banker Trust übernommen (vgl. Abb. V-7).

Wirksam können Teil-Verkaufsstrategien im Kontext *geographischer Rückzugsstrategien* eingesetzt werden. Dies gilt vor allem dann, wenn diese in bezug auf einen spezifischen Ländermarkt in mehreren Geschäftsfeldern gleichzeitig verfolgt werden, denn aus den genannten Gründen dürfte die Attraktivität lokaler Geschäftseinheiten als Kaufobjekt bzw. ihre Veräußerbarkeit mit wachsender Größe zunehmen. Die Aufgabe des US-Geschäft von ING Barings bildet ein aktuelles Beispiel für diesen Fall.

V.1.2.3 Relative Vor- und Nachteile von Stillegungs- und Verkaufsstrategien

Auf Basis dieser Grundsatzüberlegungen zu Relevanz und Anwendbarkeit von Stillegung und Verkauf zur Realisierung von Schrumpfungsstrategien im Investment Banking werden im weiteren die relativen Vor- und Nachteile dieser Handlungsoptionen unter Bezugnahme auf strategische Nutzendimensionen spezifiziert. Als Kriterien werden *Kosten/ Erlöse*, *Ausstrahlungseffekte, Zielgenauigkeit* und *Schnelligkeit der Realisierung des intendierten Wandels* herangezogen. In bezug auf das Kriterium der ***Kosten/ Erlöse*** weisen die vorliegenden Handlungsalternativen folgende Stärken bzw. Schwächen auf:

- Einen Nachteil von *Stillegungsstrategien* repräsentieren vielfach hohe Kosten.[313] Dies gilt vor allem im Hinblick auf die notwendigen beschäftigungswirksamen Maßnahmen. Mit der Freisetzung von Mitarbeitern im Investment Banking (Abfindungen) und einer ggf. teilweisen Umsetzung können erhebliche finanzielle Belastungen verbunden sein.[314] Umfassende Stillegungen im Rahmen der Aufgabe ganzer Geschäftsfelder lassen besonders gravierende Auswirkungen erwarten.

- Diesen Kosten entgehen Träger von *Verkaufsstrategien* für den Fall, daß das Desinvestitionsobjekt zur Gänze veräußert werden kann.[315] Vielmehr können über den Verkaufspreis in Abhängigkeit von seinem Wert Erlöse erzielt werden.

Was die Frage der ***Ausstrahlungsseffekte*** angeht, ergibt sich eine vergleichbare Vor- und Nachteilsverteilung wie bei dem letztgenannten Kriterium:

- Einen Nachteil v.a. umfassender *Stillegungsstrategien* konstituiert die Gefahr negativer Reputationseffekte. Entlassungen auf breiter Basis dürften von den Anspruchsgruppen am Unternehmen, d.h. Mitarbeitern, Aktionären, Kunden sowie der Öffentlichkeit allgemein deutlich skeptischer aufgenommen werden als Verkäufe.[316] Immerhin kommt darin auch zum Ausdruck, daß für diesen Tätigkeitsbereich offensichtlich kein Käufer gefunden werden konnte. Die Minderung des akquisitorischen Potentials anderer Geschäftsfelder durch negative Ausstrahlungseffekte ist eine mögliche Konsequenz.[317] Ferner besteht die Gefahr einer Beeinträchtigung der Wettbewerbsfähigkeit durch Provokation von Unsicherheit mit Negativwirkungen auf die Loyalität und Leistungsbereitschaft der verbleibenden Mitarbeiter.[318] Auch können Entlassungen im Zuge von Stillegungen die Attraktivität eines Hauses als Arbeitgeber für hochqualifiziertes Personal schmälern.

---

313 Vgl. zur Kostenintensität von Stillegungen allgemein Trautmann, M. (1993), S. 170, Meffert, H. (2000), S. 264.

314 Vgl. zu stillegungsspezifischen Personalkosten als besonderem Nachteil dieser Handlungsoption allgemein Trautmann, M. (1993), S. 170, Meffert, H. (2000), S. 264.

315 Vgl. zur Verkaufsstrategie als Alternative zur Umgehung der Kosten und anderer Negativwirkungen der Stillegungsstrategie Meffert, H. (2000), S. 264.

316 Vgl. zu Imageeinbußen als Negativwirkung von Entlassungen allgemein Jansen, A. (1986), S. 442.

317 Vgl. zu negativen Ausstrahlungseffekten auf andere Geschäftsfelder als Nachteil von Stillegungsstrategien allgemein Meffert, H (1992), S. 264.

318 Vgl. zu Vertrauenseinbußen bei der Belegschaft als mögliche Negativwirkung von Entlassungen allgemein Jansen, A. (1986), S. 442.

- Mit einem *Verkauf* dürften relativ geringe negative Reputationseffekte verbunden sein. Dies setzt jedoch voraus, daß diese Strategie als Maßnahmenbündel zur Optimierung des globalen Ressourcenallokationsprozesses im Kontext einer konsistenten Investment-Banking-Strategie steht und in diesem Sinne offensiv und positiv vermarktet wird.

In bezug auf die ***Zielgenauigkeit der Umsetzung*** ergibt sich eine andere Gewichtung:

- Was die Zielgenauigkeit der Umsetzung der intendierten produkt-markt- und potentialbezogenen Schrumpfungsprozesse anbelangt, sieht sich die *Stillegungsstrategie* im Vorteil. Zunächst zeichnet sie sich durch einen uneingeschränkten Eignungsgrad zur Realisierung der verschiedenen Schrumpfungsstrategien im Investment Banking aus. Ferner ermöglicht sie diejenigen Ressourcen, die das Unternehmen verlassen sollen, in differenzierter Weise auszuwählen, andererseits aber auch Schlüsselmitarbeiter mit hohem Wertschöpfungspotential in der Bank zu halten und neu zu alloziieren. Dies setzt allerdings die Definition attraktiver, zumindest gleichwertiger Aufgabengebiete voraus.[319] Bei Verkäufen sind die Mitarbeiter, die auch in einem anderen Einsatzgebiet einen hohen Beitrag zum künftigen Erfolgspotential leisten könnten oder eine eventuelle spätere Rückkehr ermöglichen, unabänderlich verloren.

- Die *Verkaufsstrategie* zeichnet sich hingegen durch eine nur eingeschränkte Anwendbarkeit zur Umsetzung der verschiedenen Schrumpfungsalternativen im Investment Banking aus. Vor allem scheint sie für einen sofortigen Totalausstieg aus einem Geschäftsfeld geeignet. Aber selbst dann können sich in bezug auf die Zielgenauigkeit der Umsetzung Einschränkungen ergeben.

  Beabsichtigt eine Bank z.B. die Veräußerung des Geschäftsfeldes Eigenkapitalfinanzierungen, ist nicht zwangsläufig gesichert, daß ein potentieller Käufer die bestehende Wertschöpfungskette in ihrer Vollständigkeit übernimmt.[320] Während Neueinsteiger als „ideale" Käufer sowohl an den Front-, als auch an den – in personeller Hinsicht i.d.R. zumindest gleichgewichtigen – Back-Office-Kapazitäten gesteigertes Interesse besitzen könnten, werden etablierte Wettbewerber bereits über Back-Office-

---

319 Vgl. zu dieser Problematik als Nachteil solcher Versetzungen allgemein Jansen, A. (1986), S. 442.

320 Vgl. zu dieser Problematik am Beispiel von Barclays Aitken, J./ Brown, P. (1997), S. 34.

Kapazitäten gewissen Umfangs verfügen.[321] Alle personellen und materiellen Ressourcen, die dem Verkäufer nach Abschluß der Transaktion verbleiben, haben zumeist auch für andere Käufer an werthaltigem Charakter eingebüßt, und müssen zu hohen Kosten stillgelegt werden.

Hinsichtlich der ***Schnelligkeit der Realisierung bzw. Umsetzung der beabsichtigen Schrumpfungsprozesse*** bleibt zu den Gestaltungsalternativen folgendes festzuhalten:

- *Stillegungen* sind unmittelbar wirksame Strategien. Auch sind sie ab dem Zeitpunkt, an dem die Kündigungen wirksam werden, mit einem sofortigen Kostenabbau verbunden.[322] Was die Geschwindigkeit der Realisierung von Schrumpfung anbetrifft, weist diese Strategie somit Stärken auf.

- Ein *Verkauf* dürfte in zeitlicher Hinsicht anspruchsvoller sein, z.B. aufgrund einer möglicherweise aufwendigen Suche nach Käufern, Fragen der Bewertung und ggf. erforderlichen Ausgründungen.

Im Ergebnis verdeutlicht die Stärken-Schwächen-Analyse das strategische Verhältnis von Verkaufs- und Stillegungsstrategien. Ein (Teil-)Verkauf stellt schon im Hinblick auf die Realisierung des Veräußerungserlöses (bzw. die vorausschauende Vermeidung von Stillegungskosten) grundsätzlich die erste Wahl für Wettbewerber im Investment Banking dar, die einen Ausstieg aus Geschäftsfeldern oder Rückzug aus Teilbereichen planen.[323] Stillegungen werden nach Angaben der Praxis immer erst dann in Betracht gezogen, wenn ein Verkauf nicht realisierbar ist.[324]

Hieran wird auch deutlich, daß sich Verkaufs- und Stillegungsstrategien als Alternativen der Realisierung von Schrumpfung nicht ausschließen. Vielmehr können beide Strategien parallel zur Anwendung gelangen. Auch besteht die Möglichkeit, daß die Verkaufs- eine Stillegungsstrategie bedingt, wie oben illustriert.

---

321 Vgl. hierzu und im folgenden Aitken, J./ Brown, P. (1997), S. 34.

322 Vgl. zur Möglichkeit der Erzielung einer unmittelbar wirkenden Anpassung und einem sofortigen Kostenabbau als Vorteile von Entlassungen allgemein Jansen, A. (1986), S. 442.

323 Laut Interviewergebnisse.

324 Laut Interviewergebnisse.

V.1.2.2 Voraussetzungen und Schlüsselaufgaben im Rahmen von Strategien der Realisierung von Schrumpfung

Die Anwendbarkeit und effiziente Umsetzung von Verkauf und Stillegung als Strategien der Realisierung von Schrumpfung knüpft an eine Reihe von Anforderungen.

Anforderungen / Realisierungsstrategie	**Voraussetzungen**	**Schlüsselaufgaben**
Verkaufsstrategie	Marktfähigkeit des Desinvestitionsobjektes	• *Zügiger Vollzug des Verkaufsprozesses bei professionellen Management* • *Intensive interne und externe Kommunikation*
Stillegungsstrategie	Die Stillegung ist unter Kosten/Nutzen-Gesichtspunken vertretbar	• *Sicherstellung eines zügigen, effizienten Ablaufs des Stillegungsprozesses* • *Intensive interne und externe Kommunikation*

Abb. V-10: Anforderungen von Strategien der Realisierung von Schrumpfung

Abbildung V-10 bietet einen Überblick über die zu bewältigenden Schlüsselaufgaben und die folgenden zu diskutierenden **Voraussetzungen** dieser Handlungsoptionen.

Da Verkaufsstrategien im Rahmen der Umsetzung von Schrumpfung die prinzipiell erste Wahl bilden, soll zunächst der Anwendungsraum dieser Handlungsalternative spezifiziert werden.

Der Erfolg dieses Strategietyps hängt kritisch von der Existenz einer ausreichenden Nachfrage an dem (abzugebenden Tätigkeitsbereich des) Geschäftsfeld(es) ab, d.h. der Voraussetzung der *Marktfähigkeit* des Desinvestitionsobjektes.[325] So betont JANSEN: „Eine vermutlich zentrale Barriere bei Desinvestitionsentscheidungen stellt die Marktfähigkeit des Desinvestitionsobjektes dar, d.h. ob und zu welchen Bedingungen Käufer für das Objekt gefunden werden können.“[326] Eine ausreichende Nachfrage ist daher nicht nur Anwendungs-

[325] Laut Interviewergebnisse. Dies wurde von allen Experten betont.

[326] Jansen, A. (1986), S. 228.

voraussetzung für diesen Schrumpfungsansatz, sondern auch dafür, im Ergebnis einen angemessenen Preis zu erzielen.

Für einen Mangel an Marktfähigkeit bzw. Unverkäuflichkeit können Gründe im externen Umfeld oder Spezifika des Desinvestitionsobjektes verantwortlich zeichnen.

- *Externe Auslösefaktoren*: Im externen Bereich kann z.B. ein nachhaltiger oder temporärer Nachfragemangel am Absatzmarkt für die betreffenden Investment-Banking-Leistungen (z.B. Rückgang der Nachfrage nach Beratungs- und Durchführungsleistungen hinsichtlich Equity-linked-Emissionen) eine Unverkäuflichkeit des abzugebenden Geschäftsfeldes oder fokalen Teilbereichs bewirken.[327] Entsprechende Wirkungen zeitigt auch ein Anstieg des Risikopotentials einer Aktivität, wie anhand des Beispiels „Market Making in Junk Bonds" illustriert.[328]

- *Interne Auslösefaktoren*: Wie im Rahmen der Untersuchung des Eignungsgrades von Verkaufsstrategien zur Realisierung von Schrumpfung erörtert, kann ein Mangel an Marktfähigkeit erstens dadurch entstehen, daß das Geschäftsfeld oder der hiervon abzugebende Tätigkeitsbereich eine zu geringe Größe aufweist. Dies dürfte vor allem bei Einzelaktivitäten in produkt- oder (länder-)marktbezogener Hinsicht häufig der Fall sein. Auch eine geringe Attraktivität des Desinvestitionsobjektes, die z.B. auf schwachen Marktpositionen, einem niedrigerem Ausbildungsniveau des Personals oder einer eingeschränkten Reputation fußt, kann Unverkäuflichkeit provozieren. Gleiches gilt für mögliche Verluste der Einheit.

Kann ein Verkauf aus einem oder mehreren der o.g. Gründe nicht (vollständig) durchgeführt werden, verbleibt die *Stillegung*, die ebenfalls an eine spezifische Voraussetzung knüpft. Allgemein ist diese Strategie dann situativ angemessen, wenn sie unter Kosten-Nutzen-Gesichtspunkten vertretbar ist,[329] d.h. die hiermit assoziierten erheblichen Kosten und anderen Negativeffekte in einem angemessenen Verhältnis zu den resultierenden Vorteilen

---

[327] Laut Interviewergebnisse.
[328] Laut Interviewergebnisse.
[329] Laut Interviewergebnisse.

stehen. Sie kann z.B. unter dem Aspekt der Verlustminimierung gerechtfertigt sein, wenn das Stillegungsobjekt nicht profitabel arbeitet.

Schlüsselaufgaben im Rahmen von Strategien der Realisierung von Schrumpfung bestehen variantenübergreifend in einem ***professionellen Management des Verkaufs- und/ oder Stillegungsprozesses*** und einer ***intensiven Kommunikation*** dieser Strategie(n). In bezug auf den ersten Aufgabenkomplex bleibt für die beiden Handlungsalternativen im einzelnen folgendes erläuternd festzuhalten:

- Im Kontext einer *Stillegungsstrategie* gebietet dies zunächst, Entlassungsentscheidungen rasch, aber – vor allem in bezug auf die Front-Offices – nicht pauschal, sondern auf Basis eines differenzierten Selektionsprozesses zu treffen. Hierbei sind auch alternative Einsatzmöglichkeiten des einzelnen zu prüfen, gleichwohl aufgrund der Know-how-Spezifität im Investment Banking hier Einschränkungen gegeben sein dürften. Dennoch können hiermit stillegungsspezifische Personalkosten gesenkt und die Wertbeiträge, die hochqualifizierte, „bewährte" Mitarbeiter auch in anderen Einsatzgebieten erwarten lassen, gesichert werden. Um die erwünscht rasche Anpassung und Wirksamkeit sicherzustellen, hat die professionelle Abwicklung von Stillegungen auch die Rahmenbedingungen ihres Vollzugs, so z.B. die jeweils geltenden arbeitsrechtlichen Erfordernisse schon im Frühstadium zu berücksichtigen (z.B. rechtzeitige Information des Betriebsrats, Anzeige der Kündigungen beim Arbeitsamt).

- Um die Option des *Verkaufs* wirksam wahrnehmen zu können und den bestmöglichen Erlös zu erzielen, ist bei der Suche nach und Ansprache von potentiellen Käufern, der Auswahl und den Preisverhandlungen ein ebenso systematisches wie umsichtiges Vorgehen gefragt. Das in Abb. II-5 dargebotene Profil des M&A-Prozesses bei Verkaufstransaktionen gewährt in allgemeiner Form einen Überblick über die im Rahmen einer professionellen Abwicklung anfallenden Einzelaufgaben.[330] Zur Verdeutlichung der Relevanz eines professionellen Management des Prozesses sei ein Aspekt illustrierend herausgegriffen. So ist bei dieser Strategie im Investment Banking z.B. auch der Zeitpunkt der offiziellen Bekanntgabe der Verkaufsabsichten erfolgsrelevant. AITKEN/ BROWN

330 Vgl. hierzu die Aufgaben im Rahmen des Abschnitt II.1.2.4.2

erläutern am Beispiel von Barclays, die ihre Verkaufsabsichten hinsichtlich einiger Geschäftsfelder in 1997 bereits im Frühstadium öffentlichkeitswirksam kommuniziert hatte, mögliche Negativkonsequenzen einer solchen Vorgehensweise:

> „... *clearly such an announcement can only destabilise the businesses´ highly mobile assets, the staff. They are, therefore, vulnerable to being tempted away, thus reducing the sale value of the businesses. Alternatively Barclays will have to ´lock-in´ key staff with bonuses until the deal is completed. Either way, the early announcement is likely to cost Barclays´ shareholders some value in the deal.*“[331]

Schlüsselaufgabe im Kontext von Stillegungs- und Verkaufsstrategien ist zweitens, aktiv Sorge dafür zu tragen, daß negative Ausstrahlungseffekte auf das verbleibende Engagement so weit wie möglich aufgefangen werden. Wesentliche Voraussetzung für die Minderung von Imageschäden und negativen Reputationseffekten mit den oben beschriebenen, destabilisierenden Wirkungen auf das verbleibende Engagement ist eine ***intensive in- und externe Kommunikation*** dieser Strategie(n).[332] Diese hat sich zunächst an die Mitarbeiter zu richten, bei denen Stillegungs- bzw. Desinvestitionsentscheidungen Unsicherheiten bezüglich der individuellen Zukunft hervorrufen. Weitere wichtige Zielgruppen, denen die Gründe und Perspektiven der weiteren Unternehmensentwicklung darzulegen sind, bilden die Aktionäre und nicht zuletzt auch die Kunden der Investment Bank.

---

331 Aitken, J./ Brown, P. (1997), S. 34.

332 Vgl. zum Sinn der offensiven Vermarktung von Stillegungen Trautmann, M. (1993), S. 168.

V.2 Strategien der Realisierung als dritte Komponente der Investment-Banking-Strategien deutscher Banken

Im Mittelpunkt der folgenden Untersuchung stehen die zukunftgerichteten strategischen Auswahlentscheidungen der fokalen deutschen Banken hinsichtlich der dritten Komponente ihrer Investment-Banking-Strategien, den Strategien der Realisierung. Zu Beginn wird der Fokus auf die Deutsche Bank (Abschnitt V.2.1) gerichtet, die weitere Analyse befaßt sich mit den geplanten Strategien der Realisierung von Dresdner Kleinwort Wasserstein (Abschnitt V.2.2), der Commerzbank (Abschnitt V.2.3) und der DG Bank (V.2.4).

V.2.1 Deutsche Bank

Im folgenden gilt es zu untersuchen, welche Realisierungsstrategien die Deutsche Bank zur Umsetzung des derzeit intendierten Wandels im Investment Banking zu Anwendung bringen will. Zur Erläuterung des Kontextes sei zunächst ein Kurzüberblick über bedeutende Realisierungsstrategien in der Vergangenheit, die Ausgangslage sowie Art und Umfang des aktuell zu bewältigenden Wandels geboten (Abschnitt V.1.2.1). Sodann wird die strategische Wahl unter Angabe von Prioritäten und Bezugspunkten spezifiziert (Abschnitt V.1.2.2).

V.2.1.1 Ausgangslage und bedeutende Realisierungsstrategien im Rückblick

Die Deutsche Bank setzte beim Ausbau des Investment Banking in der Vergangenheit insbesondere auch auf Akquisitionen. Meilenstein und Ausgangspunkt des forciert vorangetriebenen Expansionsprozesses bildete die Übernahme der britischen Merchant Bank **Morgan Grenfell** im Jahr 1989.[333] Hauptmotive bestanden in der Schaffung von Investment-Banking-Präsenz in der „City of London" und Expansion in das M&A-Geschäft, daneben spielten Asset-Management-bezogene Gründe eine Rolle.[334]

Wie die Analyse der Ausgangslage zeigte, verfügt die Deutsche Bank heute, mehr als zehn Jahre später, in vielen Feldern des Investment Banking über starke Weltmarktpositionen. Das

---

[333] Vgl. zur Historie von Morgan Grenfell, Problemen im Vorfeld der Übernahme durch die Deutsche Bank und Einzelheiten zum Verlauf des Akquisitionsprozesses ausführlich Craven, J., Interviewaussagen, in o. V. (1996), S. 30ff.

Ausmaß des im Sinne einer erfolgreichen Global-Player-Strategie zu bewältigenden Wandels hat sich in den letzten Jahren sukzessive verkleinert.

Hierzu beigetragen hat vor allem die Übernahme der US-amerikanischen Investment Bank **Bankers Trust** (BT) für 9,7 Mrd. US-Dollar in 1998, durch die die Präsenzintensität in den USA geschäftsfeldübergreifend erkennbar gesteigert werden konnte. Hierin hatte auch das Hauptmotiv dieser Akquisition bestanden.[335]
BT bot – wenngleich es sich um kein Haus der ersten Liga handelte – eine solide Ausbauplattform. Die Aktivitäten in den Kernfeldern M&A, Aktien- und Anleihefinanzierungen sowie im Sales & Trading hatte die Investment Bank im Vorfeld der Übernahme vor allem durch kleinere Akquisitionen verstärkt.[336] Im Anschluß an die M&A-Boutique Wolfensohn & Co. in 1996 erwarb sie in 1997 das Emissionshaus Alex Brown in Baltimore. In 1998 übernahm BT eine Großteil des Aktiengeschäfts von NatWest in London, als sich diese aus dem Investment Banking zurückzog.

Entgegen der bei Ankündigung von Analysten geäußerten Zweifel, ob eine Vernetzung der Häuser angesichts der von einer amerikanischen Händlermentalität geprägten Kultur von BT gelingen könne,[337] gilt die Akquisition als sehr erfolgreich. Nach Angaben der Deutschen Bank sei hierfür die gute Vorbereitung und rasche, konsequente Integration innerhalb von sieben Monaten von der Ankündigung der Transaktion bis zum Closing im Mai 1999 ausschlaggebend gewesen.[338] 21 paritätisch besetzte Integrationsteams mit bis zu 80 Mitgliedern kamen hierbei zum Einsatz. 5000 Mitarbeiter wurden freigesetzt, die überwiegende Mehrzahl bei BT.
Der Aufwand für Restrukturierungsmaßnahmen im Zusammenhang mit der Akquisition schlug in 1999 mit 531 Mio. Euro zu Buche.[339] Für gewisse Mitarbeiter von BT wurde ein Retention-Payment-Programm vereinbart, das an eine Mindestbetriebszugehörigkeitsdauer

334 Laut Interviewergebnisse.
335 Laut Interviewergebnisse.
336 Vgl. hierzu im folgenden Deutsche Bank (1999), S. 14f.
337 Vgl. hierzu o. V. (1998D), S. 21.
338 Hierzu und im folgenden laut Interviewergebnisse.
339 Vgl. Deutsche Bank (2000), S. 72.

von drei Jahren knüpfte.[340] Wie den Geschäftsberichten zu entnehmen ist, belief sich der für Bleibeprämienzahlungen aufgewendete Teilbetrag in 1999 auf 107 Mio. Euro, in 2000 auf 154 Mio. Euro.[341]

Wie die Analyse der Geschäftsfeldstrategien zeigte,[342] die beabsichtigt die Bank ausgehend von einer stark etablierten Weltmarktposition aktuell in allen Feldern des Investment Banking weiter zu wachsen und dies im Wege von Marktdurchdringungsstrategien. Der derzeit zu bewältigende Wandel in den Kerngeschäftsfeldern sieht mit hoher Priorität erstens eine Intensivierung der globalen Marktpräsenz im Feld M&A, zweitens den forcierten Ausbau der Marktposition bei Eigenkapitalfinanzierungen in den USA und mit geringerer Priorität im Raum Asien/ Pazifik und drittens eine Erhöhung des Marktanteils bei Anleihefinanzierungen in US-Dollar vor.[343]

V.2.1.2 Strategien der Realisierung: Präferenzen und inhaltliche Ausgestaltung

Was die Präferenzen der Deutschen Bank im Hinblick auf die Realisierung des derzeit intendierten Wandels in den einzelnen Geschäftsfeldern angeht, so haben nach Angaben ihres Vertreters augenblicklich autonome Strategien Priorität.[344]
Im Rahmen von ***Strategien der internen Entwicklung*** in den einzelnen Geschäftsfeldern des Investment Banking sollen vorhandene Stärken in der Ressourcenbasis zur Realisierung weiter überdurchschnittlichen Wachstums umfassend ausgeschöpft werden.[345] Eine Aktivierung und Bindung soll dabei insbesondere auch über eine Kapitalbeteiligung der Mitarbeiter erreicht werden.[346] Aktienbasierte Vergütungsbestandteile bilden nach Auffassung der Bank heute eine unverzichtbare Komponente wettbewerbsfähiger Vergütungspakete für die scharf umkämpften Talente und Spezialisten im Investment Banking.[347] Zwar existieren im Sinne der Förderung des Cross-Selling keine

340 Vgl. Deutsche Bank (2000), S. 72.
341 Vgl. Deutsche Bank (2001), S. 81; Deutsche Bank (2000), S. 72.
342 Vgl. zu einem Überblick auch Abb. IV-51.
343 Laut Interviewergebnisse. Vgl. zu den Geschäftsfeldstrategien im einzelnen auch Abb. IV-51.
344 Laut Interviewergebnisse. Vgl. auch Breuer, R., Interviewaussage, in: o. V. (2000H), S. 29.
345 Vgl. hierzu auch Deutsche Bank (2001), S. 33.
346 Laut Interviewergebnisse.
347 Laut Interviewergebnisse. Vgl. hierzu allgemein Deutsche Bank (2001), S. 114.

Exklusivprogramme für Investment-Banking-Mitarbeiter, sie zählen aber prinzipiell zu den Teilnahmeberechtigten.
Im Führungskräftebereich umfaßt das Instrumentarium neben einem Aktienoptionsprogramm z.B. auch einen sog. „Global Equity Plan“, der diesem Kreis die Möglichkeit einräumt, Wandelschuldverschreibungen zu erwerben.[348] Das Recht auf Wandlung in Deutsche-Bank-Aktien ist an die Entwicklung des Gesamtbankerfolges (hier: berichtigtes Ergebnis je Aktie) in einem Referenzzeitraum gekoppelt, das einen Schwellenwert übersteigen muß.[349] Ferner zählen die Mitarbeiter des Investment Banking zu jenem ausgewählten Kreis, der an dem Aktienplan „db Share Scheme“ teilnehmen kann.[350] Wer hiervon Gebrauch macht, erhält einen Teil des jährlichen Bonus in Form von Aktienrechten, die zum Bezug einer festen Anzahl von Aktien berechtigen oder unter gewissen Bedingungen zu einer Barvergütung bei Fälligkeit.

In jenen Feldern des Investment Banking, wo über forciertes Wachstum noch nicht global-player-gerechte Marktpositionen aufzuwerten sind, findet die interne Entwicklung Ergänzung durch ***Strategien des gezielten Ressourcenaustausches***.[351] Dies betrifft vor allem die prioritären Wachstumsbestrebungen im Feld M&A, aber auch die Umsetzung jener im Feld Eigenkapitalfinanzierungen und bei Anleihefinanzierungen mit ihren Schlüsselinhalten in der oben beschriebenen Form.
Weil Einzelexperten relativ weniger bewirken können bzw. Gruppen sofort eine höhere Schlagkraft entwickeln, bevorzugt die Deutsche Bank im Rahmen dieser Strategie allgemein die Variante der Anwerbung von Teams.[352] Was die präferierte Größe anbetrifft, sollten die Gruppen zwischen vier bis acht Personen umfassen. Derzeit bilden folgende Bereiche Bezugsobjekte des gezielten Ressourcenaustausches:

---

348 Vgl. Deutsche Bank (2001), S. 114. Hiermit ist nur ein Teil des zum Einsatz kommenden Instrumentariums umrissen. Vgl. zu einem Gesamtüberblick Deutsche Bank (2001), S. 113ff.

349 Vgl. hierzu und weiteren Einzelheiten dieses Aktienplans Deutsche Bank (2001), S. 114f.

350 Vgl. hierzu und im folgenden sowie zu weiteren Einzelheiten des „db Share Scheme“ Deutsche Bank (2001), S. 116. Die Teilnahme ist freiwillig. Zum Kreis der Berechtigten zählen Mitarbeiter aus dem Investment Banking (bzw. dem Bereich „Global Corporates & Institutions“ /GCI) sowie dem Asset Management, Private Banking und dem Bereich „Global Technology and Services“. Vgl. hierzu Deutsche Bank (2001), S. 116.

351 Laut Interviewergebnisse. Vgl. hierzu allgemein auch Breuer, R., Interviewaussage, in: o. V. (2000H), S. 29.

352 Hierzu und im folgenden laut Interviewergebnisse.

- *M&A*: Erstens sollen die Kapazitäten und Kompetenzen im Bereich M&A durch Anwerbung von vier bis fünf Experten-Teams weltweit ausgebaut werden.[353]
- *M&A, Eigenkapitalfinanzierungen und Anleihefinanzierungen*: Da sich die Marktpositionen in diesen beratungsorientierten Leistungsfeldern nach Auffassung der Bank letztlich nur über eine Steigerung der globalen Sektorexpertise nachhaltig verbessern läßt,[354] ist eine personelle Verstärkung der branchenorientierten Betreuungsgruppen durch Industrieexperten mit Produktkompetenzen in den o.g. Feldern intendiert.[355] Als vorrangig wird hierbei der Ausbau der Expertise (und damit auch der personellen Kapazitäten zur Marktbearbeitung) in den Sektoren Konsumgüter, Rohstoffe und Biotechnologie eingestuft.[356] Trotz guter Verfassung könnten selektive Verstärkungsbemühungen außerdem die Sektoren Finanzdienstleister, Logistik, Industriegüter, Telekommunikation, Chemie und Pharma betreffen. Die Güte der Coverage in den Bereichen Energie, Automobilindustrie und Hochtechnologie wird hingegen als ausgezeichnet eingestuft.

Den Einsatz von ***Kooperationsstrategien*** schließt die Deutsche Bank sowohl zur Realisierung des aktuell zu bewältigenden produkt-markt-bezogenen Wandels in den Geschäftsfeldern als auch in der Zukunft für sich aus.[357] Solche Arrangements ergeben prinzipiell nur bei Komplementarität der Wertschöpfungsaktivitäten bzw. komplementären Stärken in unterschiedlichen Teilen der selben Wertkette Sinn. Übergreifend starke Full-Service-Anbieter könnten hiervon nicht profitieren.

Akquisitionsstrategien räumt die Deutsche Bank zur Realisierung der intendierten Expansionsprozesse in Relation zum Ressourcenaustausch aktuell nachgeordnete Priorität zu – wenngleich sie diese Option keinesfalls ausschließen möchte.[358] Den Kreis an Kandidaten schränkt der Vorstandsvorsitzende auf M&A-Boutiquen ein – als mögliche Alternativlösung zum Ausbau des Feldes durch den gezielten Ressourcenaustausch.[359] Am Erwerb einer

---

353 Laut Interviewergebnisse. Vgl. hierzu auch Breuer, R., Interviewaussage, in: Häring, N./ Lebert, R. (2000), S. 20.
354 Vgl. Sautter, M., Interviewaussage, in: o. V. (2000I), S. 22.
355 Laut Interviewergebnisse. Vgl. auch Sautter, M., Interviewaussage, in: o. V. (2000I), S. 22.
356 Vgl. hierzu und im folgenden Sautter, M., Interviewaussage, in: o. V. (2000I), S. 22.
357 Hierzu und im folgenden laut Interviewergebnisse.
358 Laut Interviewergebnisse.
359 Vgl. hierzu und im folgenden Breuer, R., Interviewaussagen, in: Häring, N./ Lebert, R. (2000), S. 20.

großen US-amerikanischen Investment Bank sei man angesichts der großen Überschneidungen, die hierbei entstünden, nicht interessiert.
Entgegen dieser Äußerungen scheint angesichts des aktiv betriebenen Listings an der New York Stock Exchange (NYSE) die Übernahme einer großen Investment Bank in den USA durchaus im Bereich des möglichen zu liegen. Dies wurde auch im Rahmen des Interviews angedeutet.[360]
Da Barofferten aufgrund der hohen Marktkapitalisierung führender US-amerikanischen Unternehmen kaum finanzierbar sind, werden Großübernahmen i.d.R. mit eigenen Aktien bezahlt. Bedingung für die Nutzung eigener Aktien als Transaktionswährung ist jedoch eine Notiz an der NYSE. Der Börsengang, an dem die Deutsche Bank seit geraumer Zeit arbeitet, hatte sich zuletzt aufgrund von Problemen mit der Aufsichtsbehörde SEC im Zusammenhang mit der Anwendung des internationalen Bilanzierungsstandard IAS immer wieder verzögert. Letztlich dürfte hiermit in der zweiten Jahreshälfte 2001 zu rechnen sein.[361]
Eine große Übernahme scheint sodann auch deshalb wahrscheinlich, da die primären Defizitbereiche der Bank quer über die Geschäftsfelder M&A, Aktien- und Anleihefinanzierungen vor allem in den USA angesiedelt sind.[362] BT hatte der bis dahin kaum erkennbar operierenden Deutschen Bank eine moderate Präsenzintensität in diesem scharf umkämpften und von US-Investment Banken dominierten Markt verschafft. Wie die Marktanalyse zeigte, ist ein Durchbruch im Sinne der Belegung von Spitzenpositionen in den US-League-Tables bislang jedoch noch nicht gelungen.

Der mittlerweile etablierten Position auf der globalen Wettbewerbsplattform und der Tatsache, daß abgesehen vom Feld M&A eher spezifische Lücken zu füllen sind, erscheint das von der Deutschen Bank derzeit präferierte autonome Vorgehen bei der Realisierung von Wachstum insgesamt angemessen. Eine Ausnahme ergibt sich in bezug auf die USA. Unter den befragten Experten bestand Einigkeit, daß autonomes Wachstum dort nur selten zum Erfolg führt. Somit erscheint fraglich, ob im Zuge einer lediglich punktuellen Verstärkung durch Ressourcenaustausch – ggf. ergänzt um die Akquisition einer M&A-Boutique – die anvisierte Spitzenposition in den Feldern M&A, Eigenkapital- und Anleihefinanzierungen in

---

[360] Laut Interviewergebnisse.
[361] Vgl. hierzu Breuer, R., Interviewaussage, in: o. V. (2001C), S. 20

einem akzeptablen Zeitraum realisiert werden kann. Mit dieser Frage scheint sich auch die Deutsche Bank auseinanderzusetzen, wie in den NYSE-Listing-Bestrebungen zum Ausdruck kommt. In diesem Lichte rückt die Übernahme einer großen US-Investment Bank bis hin zu einem Merger of Equals (z. B. mit Merrill Lynch) in den Bereich des Möglichen.

V.2.2 Dresdner Kleinwort Wasserstein

Nun gilt es zu untersuchen, welche Strategien Dresdner KW zur Realisierung der mit den Geschäftsfeldstrategien bezweckten produkt-markt-bezogenen Veränderungen ergreifen will. Dabei wird zunächst auf bedeutende strategische Maßnahmenbündel der Umsetzung in der Vergangenheit abgehoben, sodann der aktuell zu bewältigende Wandel nach Art und Umfang in globaler Weise umrissen (Abschnitt V.2.2.1). Anschließend wird die zukunftsgerichtete strategische Wahl unter Hervorhebung von Präferenzen, Ansatzpunkten und Inhalten dargestellt (Abschnitt V.2.2.2).

V.2.2.1 Ausgangslage und bedeutende Realisierungsstrategien im Rückblick

Die Dresdner Bank vollzog den Eintritt in das internationale Investment Banking mit der Akquisition der Londoner Merchant Bank **Kleinwort Benson** in 1995 im Verhältnis zum Wettbewerb erst relativ spät.[363] Der Kaufpreis betrug 1 Milliarde britische Pfund, der Goodwill wurde im selben Jahr in Gänze abgeschrieben.[364] Hauptmotive bestanden in einer Ausweitung und Internationalisierung des Leistungsprogramms bei gleichzeitiger Schaffung von Präsenz am Finanzplatz London. Die Dresdner Bank sah in der Übernahme eine einmalige Chance, ihre gute Position im heimischen Aktien- und Fixed-Income-Geschäft durch Kleinwort Bensons Stärken im internationalen Aktiengeschäft auf der Primär- wie Sekundärmarktseite, im Aktien-Research und im M&A-Geschäft komplementär – d.h. ohne wirkliche Überlappung – zu ergänzen.[365] Das Erreichen kritischer Geschäftsgrößen in den bearbeiteten Leistungsfeldern, der Zugang zu einem etablierten Markennamen sowie eine

---

362 Laut Interviewergebnisse.
363 Vgl. hierzu auch Aitken, J./ Brown, P. (1997), S. 55.
364 Vgl. Dresdner Kleinwort Benson (1997), S. 52.
365 Vgl. Dresdner Kleinwort Benson (1997), S. 52.

Verbesserung des Standings und Bekanntheitsgrades bildeten weitere wichtige Akquisitionsmotive.[366]

Neben der feldfokussierten Erschließung des Auslandsmarktes USA und dem Zugriff auf Know-how spielten letztgenannte Motive auch bei dem Kauf der M&A-Boutique **Wasserstein Perella** im September 2000, der zweiten großen Investment-Banking-Akquisition, eine zentrale Rolle.[367] Mittelbar soll diese auch zu einer Absicherung und Intensivierung der Beziehungen zu den europäischen „Elephants" beitragen.[368] Diese Schlüsselkunden können nach Auffassung der Bank ohne tragfähige Verbindungen in den US-Markt nicht angemessen betreut werden. Diese Strategie, die sich noch in der Umsetzungsphase befindet, wird im Kontext der aktuellen Realisierungsstrategien in Abschnitt V.2.2.2 näher beleuchtet.

Dresdner KW setzte bei der Realisierung von geschäftsfeldbezogenem Wachstum im Investment Banking in der Vergangenheit primär auf eine Kombination aus Akquisitionsstrategien mit dem gezielten Ressourcenaustausch. Obgleich im Lichte der internationalen Full-Service-Strategie mit Europafokus noch einige Defizite zu beheben sind, zählt die Bank heute zu den führenden europäischen Wettbewerbern im Investment Banking. Ausgehend von dieser Position beabsichtigt die Dresdner KW – bis auf eine Ausnahme – in allen Geschäftsfeldern weiter zu wachsen.[369] Übergreifend – bei M&A, Eigenkapital- und Anleihefinanzierungen und im Sales & Trading – soll dabei in erster Linie die Expansion in Europa inklusive der wichtigen Märkte Deutschland und Großbritannien forciert werden.

V.2.2.2 Strategien der Realisierung: Präferenzen und inhaltliche Ausgestaltung

Für Dresdner KW haben zur Umsetzung der Wachstumsbestrebungen in den Geschäftsfeldern des Investment Banking derzeit autonome Strategien Priorität.[370] Die Bank verfüge bereits weitgehend über die Ressourcen zur Realisierung des aktuell intendierten

---

366 Laut Interviewergebnisse.

367 Hierzu und im folgenden laut Interviewergebnisse.

368 Vgl. hierzu und im folgenden Fahrholz, B., Interviewaussage, in: Lebert, R. (2000D), S. 20.

369 Vgl. hierzu und im folgenden den Überblick über die aktuellen Geschäftsfeldstrategien in Abb. IV-52. Vgl. hierzu und im folgenden auch Fischer, L., Interviewaussage, in: Roth, M. (2000), S. 17; Fahrholz, B., Interviewaussage, in: Lebert, R. (2000D), S. 20.

produkt-markt-bezogenen Wandels.[371] Daher sei im Zusammenhang mit der feldübergreifend zu forcierenden Expansion in Europa – Märkte, die sämtlich bereits mehr oder weniger intensiv besetzt und bearbeitet werden – eher eine punktuelle, denn umfassende Verstärkung der Ressourcenbasis geboten. Tatsächlich stünde die Option einer Akquisition aber auch gar nicht zur Wahl, da es hier momentan keine Investment Bank zu kaufen gäbe.[372] Zudem sei mit Wasserstein Perellla die US-Lücke im M&A-Geschäft geschlossen und mittelbar auch die Position in Europa aufgewertet worden.[373]

Zur Umsetzung der intendierten Intensivierung der Marktpräsenz im In- und dem europäischen Ausland in den Feldern M&A, Eigenkapital-, Anleihefinanzierungen sowie im Sales & Trading bildet daher derzeit der ***gezielte Ressourcenaustausch*** die strategische Option erster Wahl.[374] Hierbei will die Bank auch weiterhin sowohl auf die Anwerbung von Teams als auch von qualifizierten Einzelspezialisten setzen. Derzeit repräsentieren folgende Bereiche wichtige Bezugsgrößen dieser Strategie:

- *M&A und Corporate Finance:* Im Jahr 2001 ist eine weitere personelle Verstärkung der bezogen auf Europa in Frankfurt und London angesiedelten sektororientierten Betreuungsteams mit Produktkompetenzen in den beratungslastigen Feldern geplant.[375] Gesucht werden M&A- und Corporate-Finance-Experten mit Branchen-Know-how, idealerweise praktischen Erfahrungen in den Zielindustrien. Ein Schwerpunkt liegt hierbei auf Deutschland. Die wichtigste Aufgabe bestehe hier im Aufbau einer kritischen Masse an Mitarbeitern.[376] Dabei denkt die Bank an etwa 80 bis 90 Investment Banker.

  Ferner ist beabsichtigt, die bestehenden Investment-Banking-Einheiten in den europäischen Auslandsmärkten, vor allem Spanien, Italien und Frankreich, über die Anwerbung von Experten mit lokalen Kontakten personell weiter zu verstärken.[377]

---

370 Laut Interviewergebnisse. Vgl. hierzu auch Fischer, L., Interviewaussage, in: Roth, M. (2000), S. 17 sowie Fahrholz, B., Interviewaussage, in: o. V. (2000W), S. 21.
371 Hierzu und im folgenden laut Interviewergebnisse.
372 Vgl. Fischer, L., Interviewaussage, in: Lebert, R. (2000D), S. 20.
373 Vgl. Fahrholz, B., Interviewaussage, in: Lebert, R. (2000D), S. 20.
374 Hierzu und im folgenden laut Interviewergebnisse.
375 Hierzu und im folgenden laut Interviewergebnisse.
376 Vgl. hierzu im folgenden Enzweiler, T. (2001), S. 20.
377 Laut Interviewergebnisse. Vgl. auch Fahrholz, B., Interviewaussage, in: Lebert, R. (2000D), S. 20. Der Anteil an Investment Bankern in den lokalen Finanzzentren soll dabei zu Lasten des Personalbestandes an Commercial Bankern ausgeweitet werden. Laut Interviewergebnisse.

- *Sales-Kapazitäten*: Angesichts der Bedeutung hoher Plazierungskraft bei großen Emissionen sollen – in erster Linie bezogen auf das Kerngebiet – auch die Sales-Kapazitäten im Aktien- und Fixed-Income-Bereich robuster gemacht werden.[378]

Unterstützend sollen in den wachstumsorientierten Geschäftsfeldern weiterhin ***Strategien der internen Entwicklung*** zur Anwendung gebracht werden,[379] die Maßnahmen zur Förderung, Aktivierung und Bindung der Mitarbeiter beinhalten.

- *Förderung*: In 2000 wurde der Modus der Fortbildungsprogramme im Investment Banking überarbeitet und z.T. international vereinheitlicht.[380] Dies soll zur Erhöhung ihrer Effektivität beitragen und den internationalen Teamgeist fördern.
  Ein Beispiel bildet die länderübergreifende Integration der Fortbildung im Corporate Finance und M&A.[381] Zuvor verfügten London, Frankfurt und Paris über jeweils eigene Fortbildungsprogramme, nun haben alle Mitarbeiter vollen Zugang zum Londoner Programm. Die Maßnahmen umfassen inhaltlich zum einen Seminarreihen mit externen Unterrichtskräften zur Vertiefung des theoretischen und instrumentellen Wissens. Im Rahmen sog. „Briefings" mit Fallstudien wird die praktische Umsetzung der Produktkenntnisse und Flexibilität der Anwendung auf verschiedene Problemstellungen trainiert. „Debriefings"[382] dienen der Aktualisierung des Informationsstandes und passiven Erweiterung des Erfahrungshorizonts der Mitarbeiter.
  Auch für die Bereiche Sales & Trading und Research wurde mit dem sog. „20/20-Programm" ein neues internationales Ausbildungsprogramm für den weltweiten Führungsnachwuchs aufgelegt.[383] Rund zwanzig Teilnehmer aus verschiedenen Stützpunkten weltweit absolvieren hierbei zunächst ein vierwöchiges Studium der theoretischen Grundlagen an der Wirtschaftsuniversität INSEAD. An das einwöchige „Freilufttraining" zur

---

378 Laut Interviewergebnisse.

379 Laut Interviewergebnisse.

380 Hierzu und im folgenden Interviewergebnisse.

381 Hierzu und im folgenden Interviewergebnisse.

382 Anm. d. Verf.: „Debriefings" sind Präsentationen, die im Anschluß an erfolgreich abgeschlossene Transaktionen stattfinden. Hierbei informiert die Gruppe, die den Prozeß begleitet hat, andere Mitglieder des Bereichs über Rahmendaten, Struktur und Abwicklung der Transaktion sowie über Herausforderungen, denen sie sich hierbei gegenüber sah. Oftmals werden auch Auslandsstandorte per Videokonferenzschaltung einbezogen. Laut Interviewergebnisse.

383 Vgl. zum 20/20-Programm im folgenden Trost, W. (2001), S. 4.

Teambildung und Steigerung von Verantwortungsbereitschaft und Motivation schließen sich sieben Tage praktische Anwendung, d.h. Handelssimulation am Isma-Zentrum bei London an. In der letzten Woche können die Teilnehmer in Frankfurt Einblicke in andere Investment-Banking-Bereiche gewinnen.

- *Aktivierung*: Eine Aktivierung und Bindung soll auch durch die Schaffung geeigneter Anreizsysteme bewirkt werden. So kündigte der Vorstandssprecher Mitte 2000 an, die Mitarbeiter von Dresdner KW über ein virtuelles Programm, sog. „Phantom Stocks", am Erfolg der Division beteiligen zu wollen.[384]

Dem Einsatz von ***Kooperationstrategien*** zur Realisierung von Wachstum im Investment Banking steht Dresdner KW nach Angaben ihres Vertreters nicht nur in bezug auf den aktuell zu realisierenden geschäftsfeldbezogenen Wandel, sondern generell ablehnend gegenüber.[385] Bei Joint Ventures berge die notwendige Teilung des Gewinns ein nur geringes Motivations-, jedoch hohes Konfliktpotential. Eine Partei sei immer stärker. Auch eine mangelnde Integrationsfähigkeit und die Einschränkung der unternehmerischen Freiheit durch einen festen Partner lassen Kooperationsstrategien unattraktiv erscheinen. Vor dem Hintergrund dieser Schwächen hielt der Experte diese Strategieoption zur Umsetzung von Wachstum im Investment Banking für generell wenig geeignet.

Was ***Akquisitionstrategien*** anbelangt, sind Übernahmen größeren Umfangs derzeit nicht geplant.[386] Denkbar ist hingegen der Zukauf eines weiteren Brokers zur Verstärkung der europäischen Vertriebskraft nach dem Vorbild der 1998 erworbenen Mehrheitsbeteiligung an dem mailändischen Wertpapierhaus *Albertini & C.*[387]
Vorrangig will sich Dresdner KW auf die rasche Integration der gegen Ende 2000 erworbenen M&A-Boutique Wasserstein Perella konzentrieren. Induziert war das Aufgreifen einer Akquisitionsstrategie im Bereich M&A durch eine breit angelegte Expansionsstrategie in diesem Geschäftsfeld (Ausbau der nationalen und internationalen Marktposition,

384 Vgl. hierzu Fahrholz, B., Interviewaussage, in: Balzer, A./ Nölting, A. (2000), S. 52. Vgl. zu virtuellen Programmen der Mitarbeiterbeteiligung Achleitner, A. (1999), S. 324f.
385 Hierzu und im folgenden laut Interviewergebnisse.
386 Laut Interviewergebnisse.
387 Laut Interviewergebnisse. Vgl. zu Albertini & C. auch Dresdner Bank (1999), S. 29.

Entwicklung des M&A-Geschäfts in den USA).[388] Ein entscheidende Rolle bei der Auswahl dieser Strategie spielte aber auch eine mangelnde Anwendbarkeit anderer strategischer Optionen.[389] So habe die Bank zur Bewältigung des Wandels auch die Übernahme einer großen US-amerikanischen Adresse sowie einen autonomen Ausbau des US-Geschäfts erwogen. Die erste Option wäre jedoch mit erheblichen finanziellen und personellen Risiken und großen Überschneidungen assoziiert gewesen, letztere erschien im Hinblick auf die Wachstumsgeschwindigkeit nicht angemessen. Der Aufbau einer kritischen Masse durch Anwerbung qualifizierter Experten hätte in diesem Markt zumindest fünf Jahre in Anspruch genommen.

Bei einer Bewertung dieses Zukaufs bleibt zunächst die hohe strategische Paßgenauigkeit von Akquisiteur und Target hervorzuheben. Wasserstein Perella verfügt als ein auf M&A spezialisiertes Haus mit einer intensiven Marktpräsenz in den USA und weltweiten Geschäftsbeziehungen über die gesuchten Ressourcen und bietet außerdem ein kleines Engagement im Handel mit hochverzinslichen Anleihen. Es entstehen praktisch keine Überschneidungen. Auch kann die Boutique eine hervorragende Reputation und ein starken Track Record bei großen Transaktionen vorweisen. Einen möglichen Risikofaktor könnte einer der Branchenschwerpunkte von Wasserstein Perella bilden. Das Haus bringt u.a. spezifische Kompetenzen für Finanzdienstleister mit und hatte in diesem Sektor bis zuletzt – vor allem auch aufgrund ihrer Unabhängigkeit – besondere Erfolge zu verzeichnen.[390] Durch Einbindung in einen internationalen Finanzdienstleistungskonzern, der für Sektor-Kunden oftmals einen direkten Wettbewerber repräsentiert, wird diese Stärke bedroht.[391] Einen Nachteil dieser Transaktion repräsentiert auch ein hoher Kaufpreis von 1,369 Mrd. US-Dollar.[392] Der als „erheblich" bezeichnete Anteil an Goodwill soll über einen Zeitraum von fünfzehn Jahren abgeschrieben werden.[393]

---

388 Laut Interviewergebnisse. Vgl. zu Sekundärmotiven dieser Übernahme Abschnitt V.2.2.1.

389 Vgl. hierzu und im folgenden Fahrholz, B., Interviewaussagen, in: Lebert, R. (2000D), S. 20.

390 Anm. d. Verf.: So war Wasserstein Perella im Vorfeld ihrer Übernahme durch die Dresdner Bank in 2000 z.B. als Berater bei den Akquisitionen von Paine Webber durch die UBS im Wert von 12 Mrd. US-Dollar und Donaldson, Lufkin & Jenrette durch die CSFB eingeschaltet.

391 Laut Interviewergebnisse nach kritischen Anmerkungen der Konkurrenz.

392 Vgl. zum Kaufpreis für Wasserstein Perella Lebert, R. (2000D), S. 20.

393 Vgl. hierzu Lebert, R. (2000D), S. 20.

Kritisch für den Akquisitionserfolg wird sein, daß es gelingt, Wasserstein Perellas Produkt- bzw. Industrieexperten, die eigentlich werthaltigen Ressourcen, nachhaltig zu binden. In Antizipation dieses Risikos wurden Bleibeprämien i. H. v. 190 Mio. US-Dollar ausgelobt, die in den Jahren 2002 und 2003 zur Auszahlung kommen.[394]
Der kritischen Bedeutung der Sicherung der Kooperationsbereitschaft des Target-Managements hat die Dresdner Bank im Rahmen der Verhandlungen und u.a. auch durch dessen Einbindung an Führungspositionen Rechnung getragen.[395] So wird die neue Einheit von einem Board geführt, der einem Exekutivkomittee untersteht.[396] Bruce Wasserstein gehört dem Board als Executive Chairman an.

Im Hinblick auf die erreichten Marktpositionen und den Internationalisierungsgrad der Investment-Banking-Aktivitäten sehen die Geschäftsfeldstrategien in den Wachstumsfeldern derzeit vor allem eine Intensivierung der Präsenz im bestehenden Produkt-Markt-Gebiet in Europa vor. Im Lichte des nicht allzu hohen Umfangs an zu bewältigendem Wandel erscheinen die von Dresdner KW geplanten, augenblicklich vornehmlich autonomen Strategien der Realisierung in den wachstumsorientierten Geschäftsfeldern des Investment Banking situativ angemessen.

In Abgrenzung zu den bisher behandelten Geschäftsfeldern ist im Structured Finance ein geographischer Rückzug in die Kernregion Europa intendiert. Die Umsetzung sieht die Einstellung sämtlicher Geschäftsaktivitäten mit ex-europäischen Kunden vor.[397] Die bestehenden personellen Kapazitäten außerhalb Europas (z.B. Singapur, Lateinamerika) sollen jedoch nach Angaben der Bank zunächst aufrechterhalten werden. Dies steht im Zusammenhang mit der Absicht, deutschen und europäischen Kunden mit entsprechenden Bedarfslagen weiterhin umfassenden Service bieten wollen, wozu auch zähle, sie – unter genauer Prüfung der Geschäfte im einzelnen – in andere Weltregionen zu begleiten.
Kritisch ist hierzu anzumerken, daß die gewählte Strategie in dieser Ausgestaltung keine durchschlagende Kostenwirksamkeit entfaltet – bei gleichzeitig eingeschränkter Geschäfts-

394 Vgl. hierzu Fahrholz, B., Interviewaussage, in: o. V. (2000W), S. 21.
395 Laut Interviewergebnisse.
396 Vgl. hierzu und im folgenden Lebert, R. (2000D), S. 20.
397 Hierzu und im folgenden laut Interviewergebnisse.

basis. Fraglich ist, ob sich hieraus nicht eine Beeinträchtigung der Effizienz der globalen Ressourcenallokation ergibt.

V.2.3 Commerzbank

Nun richtet sich der Fokus auf die Strategien, die die Commerzbank zur Umsetzung der mit den Geschäftsfeldstrategien bezweckten produkt-markt-bezogenen Wachstumsprozesse zu ergreifen beabsichtigt. Ausgehend von einem Überblick über die bisherigen strategischen Präferenzen und die Ausgangslage, an der die Umsetzung anknüpft (Abschnitt V.2.3.1) gilt es, die zukunftsgerichtete strategische Wahl auf Prioritäten und die inhaltliche Ausgestaltung hin zu untersuchen (Abschnitt V.2.3.2).

V.2.3.1 Ausgangslage und bedeutende Realisierungsstrategien im Rückblick

Anders als viele ihrer Wettbewerber hat die Commerzbank in der Vergangenheit keine ausländische Investment Bank zugekauft. Nach dem gescheiterten Übernahmeversuch des Londoner Wertpapierhandelshauses Smith New Court in 1995, bei dem Merrill Lynch zuvorkam, faßte das Haus den Beschluß, sich im Investment Banking künftig auf autonomes Wachstum zu konzentrieren.[398] Hierzu wurden vor allem Experten bei der Konkurrenz im In- und Ausland abgeworben. Angesichts der lukrativen Angebote, die sie dabei zum Einsatz brachte, hat sich die Bank den Ruf einer aggressiven Wettbewerberin am Markt für qualifiziertes Personal erworben.[399]

Auf diesem Wege hat sich die Commerzbank bis heute zumindest auf dem Heimatmarkt eine erkennbare Position im Investment Banking erarbeitet. Ausgehend hiervon ist im Lichte einer internationalen Full-Service-Strategie mit Europafokus beabsichtigt, in allen Feldern zu wachsen.[400] Übergreifend, bei M&A, Anleihe-, Eigenkapitalfinanzierungen insbesondere

---

[398] Vgl. hierzu Commerzbank (1997B), S. 57.

[399] Vgl. hierzu auch Balzer, A./ Döhle, P./ Nölting, A. (2000), S. 144. Vereinzelt hat dieses Vorgehen zu offen ausgetragenen Konflikten geführt. Nachdem die Commerzbank z.B. Anfang 2000 eine Reihe von Investment Bankern der Deutschen Bank mit lukrativen Verträgen abgeworben hatte, kappte diese kurzerhand die Kreditlinien der Wettbewerberin. Erst nach Interventionen des Vorstandsvorsitzenden der Commerzbank ließ die Deutsche Bank den Vorfall auf sich beruhen. Vgl. hierzu Balzer, A./ Döhle, P./ Nölting, A. (2000), S. 150.

[400] Vgl. hierzu und im folgenden den Überblick über die Geschäftsfeldstrategien in Abb. IV-53.

IPOs, im Sales & Trading und Structured Finance geht es aktuell vor allem um eine Intensivierung der Marktpräsenz in den (primär west-, z.T. auch ost)europäischen Auslandsmärkten und den Ausbau der Position im Inland. Das relativ umfangreichste Wachstum ist im Feld M&A zu bewältigen, da hier zusätzlich eine Ausweitung der Leistungspalette intendiert ist. Auch bei Anleihefinanzierungen geht der Entwicklungsbedarf über Wachstum im bearbeiteten Feld hinaus. Hier sollen z.B. Corporates als neue Kundengruppe und Anleihen in Fremdwährung erschlossen werden.[401]

V.2.3.2 Strategien der Realisierung: Präferenzen und inhaltliche Ausgestaltung

Was die Präferenzen der Commerzbank im Hinblick auf die Realisierung des aktuell zu vollziehenden produkt-markt-bezogenen Wandels in den Investment-Banking-Geschäftsfeldern anbetrifft, bilden derzeit autonome Strategien, primär der ***gezielte Ressourcenaustausch*** die Handlungsoption erster Wahl.[402] Diese Präferenz gründet auf der selben Überlegung wie bisher.[403] Zur Veranschaulichung kann ein Statement der Bank aus dem Jahre 1997 beitragen:

> *„By no means does Commerzbank´s management consider the path selected to be the second-best solution. While it is certainly true that the building-up of capacities within the bank may take longer than it ideally should, an acquisition does not necessarily represent the optimal approach. The alternative of organic growth offers advantages above all from the cost and profitability angle. In an acquistion, the goodwill has to be paid for as well,*

---

401 Vgl. hierzu auch Commerzbank (2001A), S. 26.

402 Laut Interviewergebnisse. Neben dem Ressourcenaustausch kommen, so der befragte Experte, auch Strategien der internen Entwicklung zur Anwendung, die u.a. die interne Rekrutierung und Ausbildung von Junior-Investment-Bankern und Fortbildung der bestehenden Mitarbeiterbasis umfassen. Maßnahmen wurden nicht näher spezifiziert. Laut Interviewergebnisse.

403 Anm. d. Verf.: An dieser Ansicht hat sich laut Interviewangaben bis heute nichts geändert. Die in dem im folgenden Zitat angeführten Stärken dieser Strategie (Zielgenauigkeit, geringerer Kapitaleinsatz, kein Goodwill, bessere Steuer- und Kontrollierbarkeit) wurden im Rahmen des Interviews erneut unterstrichen und durch jene einer besseren Integrationsfähigkeit von Experten/ Teams und der Risikominimierung durch sukzessive Investition ergänzt. Laut Interviewergebnisse.

and this might be equal to 100% and more of the book value. What is more, responsibilities can be clearly allocated and overlapping avoided (...)."[404]

„Organisches Wachstum" heißt für die Commerzbank in erster Linie, erfahrene Experten von der Konkurrenz abzuwerben.[405] Obwohl auch einzelne Spezialisten gesucht werden, liegen die Präferenzen auf der Anwerbung eingespielter Teams. Folgende Bereiche bilden aktuelle Bezugsgrößen dieser Strategie:[406]

- *M&A*: Zur Realisierung der intendierten Ausweitung der Leistungspalette und Erhöhung der deutschland- und europabezogenen Marktdurchdringung ist zunächst eine personelle Verstärkung des auf die Standorte Frankfurt und London verteilten M&A-Teams geplant.[407] Der Personalstand soll von derzeit rund zwanzig auf eine Anzahl von fünfzig Experten angehoben werden.[408]
- *Anleiheaktivitäten*: Auch der (im Lichte der o.g. mehrdimensionalen Wachstumsbestrebungen) forciert voranzutreibende Ausbau des Feldes Anleihefinanzierungen soll über die Abwerbung qualifizierter Kräfte von starken Wettbewerbern realisiert werden - ebenso wie jener des Sekundärmarktgeschäfts im Anleihesektor.[409]
- *Aktienaktivitäten*: Vor dem Hintergrund des fortgesetzten Ausbaus dieser Bereiche in der o.g. Form ist ferner beabsichtigt, die sich um das Produkt Aktie zentrierenden Aktivitäten durch Rekrutierung externer Experten zu verstärken,[410] jedoch nur noch selektiv und in geringerem Umfang. Der Kapazitätsaufbau im Wachstumsfeld Eigenkapitalfinanzierungen ist nahezu abgeschlossen.[411] Ebenso ist im Feld Sales & Trading und bei assoziierten Aktivitäten wie dem Research, das nun mehr als 100 Analysten umfaßt, die kritische Masse an Mitarbeitern fast erreicht.[412]

---

404 Commerzbank (1997B), S. 57.

405 Hierzu und im folgenden laut Interviewergebnisse.

406 Laut Interviewergebnisse. Die folgenden Aktivitäten bilden Teile des Geschäftsbereichs „Global Securities", der aktuell übergreifend im Wege des Ressourcenaustausches bzw. durch Abwerbung von Spezialisten ausgebaut werden soll. Laut Interviewergebnisse.

407 Laut Interviewergebnisse.

408 Vgl. Commerzbank (2001A), S. 26 sowie laut Interviewergebnisse.

409 Vgl. zum Ausbau der Anleiheaktivitäten und der Ausbauphase Commerzbank (2001A), S. 26; Commerzbank (2001B), S. 25. Zur Realisierung im Wege des Ressourcenaustausches laut Interviewergebnisse.

410 Laut Interviewergebnisse.

411 Vgl. hierzu Commerzbank (2001B), S. 25.

412 Vgl. hierzu Commerzbank (2001B), S. 25; Commerzbank (2001A), S. 25.

Daß Wachstum durch gezielten Ressourcenaustausch die Realisierungsstrategie erster Präferenz abbildet, bedeutet jedoch heute nicht mehr, daß die Commerzbank das Aufgreifen von ***Akquisitionsstrategien*** ausschließt.[413] Hierin bestehe eine entscheidende Änderung zur bisherigen Haltung. Eine Komplementarität der Leistungsprogramme hält sie zur Vermeidung kostspieliger Entlassungen allerdings auch weiterhin für eine unabdingbare Erfolgsvoraussetzung. Folgendes Geschäftsfeld bildet aktuell eine mögliche Bezugsgröße dieser Strategie:

- *M&A*: Zur Realisierung der mehrdimensionalen Wachstumsbestrebungen wird im Geschäftsfeld M&A derzeit alternativ auch eine Akquisition in Betracht gezogen.[414] Bei dem Zielobjekt sollte es sich idealerweise um ein kleineres, auf M&A spezialisiertes Haus handeln, das in verschiedenen Branchen über Expertise verfügt. Zu diesem Zweck wurde bei der Verwendung des Jahresüberschusses 2000 ein Betrag i. H. v. 800 Mio. Euro in Gewinnrücklagen eingestellt.[415]

Begründet wird das Denken in Akquisitionsalternativen – in allerdings ausschließlicher Fokussierung auf das Feld M&A – zum einen mit dem Umfang des hier zu realisierenden Wachstums.[416] Ein autonomer Aufbau dieses Geschäftsfeldes durch Abwerbung kann bis zum Erreichen einer kritischen Masse an Mitarbeitern und damit voller Einsatzbereitschaft Jahre in Anspruch nehmen. Zweitens sei die ohnehin kostspielige Strategie des Ressourcenaustausches im Feld M&A extrem teuer. Dies gelte vor allem dann, wenn – wie hier – dringend Mitarbeiter gesucht werden.

Kooperationsstrategien kommen für die Commerzbank nach Angaben ihres Vertreters im Zusammenhang mit der Realisierung der derzeit intendierten Expansionsprozesse in den Geschäftsfeldern des Investment Banking nicht in Frage.[417] Aus Sicht dieses Experten sind solche Arrangements allgemein problematisch. Bei Joint Ventures beginne dies schon mit der Frage, wer die Mehrheit besitzt bzw. die Richtung bestimmen kann. Neben einer ggf. einschränkten Steuer- und Kontollierbarkeit werden weitere Schwächen in einer mangelnden

---

413 Hierzu und im folgenden laut Interviewergebnisse.

414 Hierzu und im folgenden laut Interviewergebnisse. Vgl. auch Commerzbank (2001A), S. 42f.

415 Vgl. Lebert, R. (2001C), S. 17. Im Markt werden die Londoner M&A-Boutique ARC Associates oder Greenhill als mögliche Targets genannt. Vgl. hierzu Lebert, R. (2001C), S. 17.

416 Hierzu und im folgenden laut Interviewergebnisse.

417 Hierzu und im folgenden laut Interviewergebnisse.

Integrationsfähigkeit und der Gefahr der Kundenabwanderung oder -verärgerung durch Unzufriedenheit mit dem Partner gesehen. Da sich ein Gleichgewicht der Leistungen in Kooperationen nur schwerlich herstellen lasse, seien solche Lösungen durch eine letztlich eher eingeschränkte Funktionsfähigkeit und geringe Beständigkeit gekennzeichnet. Interessanterweise gab es jedoch bereits Optionen, die diskutiert worden sind.[418] So hatte der Vorstandsvorsitzende in 2000 im Hinblick auf die europäischen Bankpartnerschaften der Bank angedeutet, daß er hier Möglichkeiten der Zusammenarbeit im Investment Banking sehe, sowohl in Produktion als auch Abwicklung.[419] Im Jahr 2001 merkt er an, daß sich die Idee einer europäischen Investment Bank bedauerlicher weise nicht habe umsetzen lassen.[420] Erneut nimmt auch der Geschäftsbericht für das Jahr 2000 auf diese Option bezug. Zusätzlich zu den bereits o.g. Strategiealternativen der Realisierung von Wachstum im Feld M&A werden nach dortigen Angaben in diesem Feld letztlich auch Kooperationen in Betracht gezogen.[421]

Insgesamt nehmen sich die von der Commerzbank geplanten Strategien zur Realisierung des derzeit intendierten produkt-markt-bezogenen Wachstums in den einzelnen Geschäftsfeldern angemessen aus, obgleich auf den ersten Blick nicht optimal. Gemäß den Vorgaben der Geschäftsfeldstrategien ist hier ein Wandel hohen Umfangs zu vollziehen, insbesondere was die Expansion in das bzw. im europäischen Ausland betrifft. Im Konkurrenzvergleich liegt das Institut sowohl im Hinblick auf die erreichten Marktpositionen als auch den Internationalisierungsgrad der Aktivitäten hinter Wettbewerbern mit vergleichbarer Basisstrategie zurück. Allgemein erscheint dann, wenn ein umfassender Wandel zu vollziehen und Zeitnachteil auszumerzen ist, eine Akquistionsstrategie die geeignetste Alternative. Der relative Vorteil dieser Option erhöht sich weiter dadurch, daß Wachstum durch gezielten Ressourcenaustausch bei großzahligen Anwerbungen unter Zeitdruck äußerst kostenintensiv ist, wie die Bank selbst bemängelt.[422] Hiermit sind die Grundgedanken umrissen, auf denen die Akquisitionspläne der Bank im Feld M&A fußen. Daraus ergibt sich die Frage, ob die Übernahme einer größeren, breitergefächerten Investment Bank mit Präsenzintensität in

---

418 Laut Interviewergebnisse.

419 Vgl. hierzu Kohlhaussen, M., Interviewaussage, in: o. V. (2000G), S. 16.

420 Vgl. Kohlhaussen, M., Interviewaussage, in: Lebert, R. (2001B), S. 20.

421 Vgl. Commerzbank (2001A), S. 42f.

Europa nicht die zweckmäßigere Alternative zur Realisierung sämtlicher Wachstumspläne darstellen könnte. Dieser Weg dürfte allerdings aufgrund des Mangels an geeigneten Kandidaten mit den o.g. Qualitäten zum gegenwärtigen Zeitpunkt, ggf. auch aufgrund limitierter finanzieller Mittel nicht gangbar sein. Insofern wählt die Bank mit Strategien des gezielten Ressourcenaustausches in Kombination mit einer möglichen Akquisition oder Kooperation im Feld M&A die relativ vorteilhafteste Lösung zur Realisierung des intendierten Wandels.

V.2.4 DG Bank

Zum Abschluß gilt es zu beleuchten, welche Strategien die DG Bank zur Realisierung des intendierten Wandels zur Anwendung bringen will. Zur Klärung des Kontextes sollen auch hier zunächst die strategischen Präferenzen in der Vergangenheit beleuchtet und die aktuellen Wachstumsbestrebungen überblicksweise dargestellt werden (Abschnitt V.2.4.1). Sodann wird die strategische Wahl unter Angabe von Prioritäten, Bezugsgrößen und Inhalten spezifiziert (Abschnitt V.2.4.2).

V.2.4.1 Ausgangslage und bedeutende Realisierungsstrategien im Rückblick

Ebenso wie die Commerzbank hat die DG Bank ihre Investment-Banking-Aktivitäten auf dem Heimatmarkt seit Mitte der neunziger Jahre vor allem durch Personalzuwachs und behutsame Investitionen ausgebaut.[423] Den Eintritt in das internationale Investment Banking wollte das Haus im Jahr 2000 im Wege der Gründung eines grenzüberschreitenden Joint Ventures mit der niederländischen Rabobank vollziehen.

Hauptmotive bestanden in einer Internationalisierung der Geschäftsaktivitäten und Kundenbasis, einer Verstärkung der Sales-Force und einer Erhöhung des Marktanteils im bearbeiteten Produkt-Markt-Feld – auch dadurch, bestehende Kunden ins Ausland begleiten zu können.[424] Ebenfalls spielte die Erhöhung des Bekanntheitsgrades als Motiv bei diesem Joint Venture eine Rolle.

---

[422] Laut Interviewergebnisse.

[423] Laut Interviewergebnisse.

[424] Hierzu und im folgenden laut Interviewergebnisse.

Im einzelnen sah der Plan vor, daß beide Partner ihre Investment-Banking-Aktivitäten und das internationale Großkundengeschäft in das Gemeinschaftsunternehmen „DG-Rabo International“ (DGRI) mit juristischem Sitz in Frankfurt einbringen.[425] Die DG Bank hätte ihre Groß- und Auslandskunden und Institutionellen Investoren an die Einheit überwiesen, die Rabobank v.a. jene aus der Finanz- und Nahrungsmittelbranche. Auch für den Mittelstand wollte die DGRI offen sein. Dienstleistungen für diese Gruppe sollten über Pauschalbeträge abgerechnet werden. Der Geschäftsauftrag der DGRI lautete, diesen Kunden in den Heimmärkten der Partner und anderen europäischen und internationalen Märkten ein vollständiges Angebot an Kapitalmarkt-, Beratungs- und Finanzierungsprodukten bereitzustellen. Rund 5000 Mitarbeiter hätten sich auf vier Geschäftseinheiten verteilt: *Capital Marktes* und *Equity/ International M&A* in Frankfurt sowie *Structured Finance* und *International Finance* mit Sitz in Amsterdam/ Utrecht, letzteres mit der Verantwortung für das Relationship-Management in den Zielbranchen des Agrar- und Ernährungssektors.[426]

Als Hauptgrund für das Scheitern des Projekts in fortgeschrittenem Stadium führt die DG Bank an, daß die Komplexität der Transaktion unterschätzt worden wäre.[427] Die zur Einbringung und Verschmelzung notwendige Herauslösung der verschiedenen Betriebsteile war nicht in angemessener Zeit zu bewältigen, weitere Verzögerungen hätten das operative Geschäft erheblich behindert. Hinzu traten Erschwernisse durch unterschiedliche Rechtsvorschriften, Ratingprobleme wie auch die Tatsache, daß sich die Rabobank – entgegen dem Bestreben der DG Bank – auf bestimmte Branchen konzentrieren wollte. Ein hemmender Faktor bestand nicht zuletzt im Widerstand der Hauptaktionäre GZ Bank und WGZ Bank, die angesichts des Ergebnisbeitrages des Investment Bankings eine „Aushöhlung“ der DG Bank befürchteten.[428]

---

425 Vgl. hierzu und im folgenden Burgmaier, S. (2000A), S. 22; DG Bank (2000), S. 15.

426 Anm. d. Verf.: Im Bereich *Capital Marktes* waren regionale Kompetenzzentren in Amsterdam/ Utrecht, London, New York, Singapur und Tokio geplant, im Bereich *Equity/ International M&A* in Amsterdam/ Utrecht und London. Im Structured Finance waren Auslandszentren in Frankfurt, New York und Singapur vorgesehen. Vgl. DG Bank (2000), S. 15.

427 Vgl. hierzu und im folgenden Thiemann, B., Interviewaussagen, in: Burgmaier, S. (2000C), S. 21. Vgl. hierzu auch DG Bank (2001), S. 4.

428 Vgl. Burgmaier, S. (2000A), S. 22. Vgl. hierzu auch Hiller von Gärtingen, C. (2000), S. 76.

Mit Ausnahme der Aktivitäten im Structured Finance zeigt sich die Investment-Banking-Tätigkeit der DG Bank deshalb bislang stark heimatmarktlastig. Hier hat sich das Institut, das Schwerpunkte im Geschäftsfeld Eigenkapitalfinanzierungen und bei sonstigen aktienbezogenen Aktivitäten setzt, vor allem im IPO-Geschäft einen Namen erworben. Im Lichte einer internationalen Nischenstrategie mit Europafokus sind jedoch noch eine Reihe von Defiziten auszumerzen, vor allem müsse die DG Bank internationaler werden.[429] Daher sehen die hierauf abzielenden Geschäftsfeldstrategien gegenwärtig mit hoher Priorität eine Entwicklung der aktienbezogenen Kernaktivitäten in den Auslandsmärkten des EWU-Raums und einen Ausbau des Inlandsgeschäfts vor.[430] Ebenso gilt dies bei Anleihefinanzierungen, wo das Tätigkeitsspektrum durch Anleihen in Fremdwährung erweitert werden soll. Reduziertere Ansprüche an die Realisierung stellt die Geschäftsfeldstrategie im Feld M&A, die eine Erhöhung der Präsenzintensität im Heimatmarkt vorsieht.

V.2.4.2 Strategien der Realisierung: Präferenzen und inhaltliche Ausgestaltung

Für die DG Bank haben im Zusammenhang mit der Realisierung der intendierten Expansionsprozesse derzeit ***Kooperationsstrategien*** Priorität.[431]
Ausschlaggebend hierfür ist, daß die Geschäftsfeldstrategien, insbesondere jene im Schwerpunktbereich, derzeit Wachstum in den EWU-Raum anzeigen.[432] Im Zusammenhang mit Fragen der Realisierung sieht sich das genossenschaftliche Spitzeninstitut jedoch im Vergleich zu den bisher untersuchten Banken stärkeren Restriktionen unterworfen. Ein Eigenaufbau durch Ressourcenaustausch sei in den meisten europäischen Ländern aufgrund der Struktur des Genossenschaftssektors in Europa ausgeschlossen. Man könne die DG Bank in diesen Märkten (z.B. Frankreich) nicht zur direkten Konkurrentin lokaler Genossenschaftsbanken (z.B. Crédit Agricole) aufbauen.[433] Da in Anbetracht des Aktionärskreises auch eine Übernahme dieser Institute nicht möglich ist, verbleiben die Optionen der Kooperation oder Fusion mit Häusern dieses Sektors, wobei die Präferenz auf der ersten

429 Laut Interviewergebnisse.
430 Vgl. hierzu und im folgenden den Überblick über die Geschäftsfeldstrategien in Abb. IV-54.
431 Laut Interviewergebnisse.
432 Hierzu und im folgenden laut Interviewergebnisse.
433 Laut Interviewergebnisse. Einen zweiten Hinderungsgrund am Eigenaufbau durch Ressourcenaustausch im internationalen Kontext sieht die DG Bank in der dann fehlenden Retail-Vertriebsstruktur vor Ort, die – im Gegensatz zum Aufbau in Richtung Institutionelle – in dieser Form nicht geschaffen werden kann.

Alternative ruht.[434] Im Genossenschaftssektor laute die Devise allgemein Kooperationen anvisieren. Andere Lösungen sind erst in Betracht zu ziehen, wenn dies nicht möglich ist.

- *Eigenkapitalfinanzierungen (und ggf. andere)*: Zur geschäftsfeldstrategiegemäßen Entwicklung werden unter Internationalisierungsaspekten derzeit vor allem Joint Ventures angestrebt.[435] Der Kreis an Zielpartnern wird auf Genossenschaftsbanken in anderen europäischen Ländern eingegrenzt. Zentrale Triebkraft dieser Strategie bildet der intendierte Ausbau des Kernfeldes Eigenkapitalfinanzierungen im Hinblick auf die Erschließung der Ländermärkte des EWU-Raums und Präsenzintensivierung im Inland. Daher sollte der Zielpartner in seinem Heimatmarkt idealerweise die Rolle einnehmen, die die DG Bank am Neuen Markt innehat.

Erwähnenswert erscheint, daß die DG Bank nach Angaben ihres Vertreters zur Verbesserung der Voraussetzungen einer Internationalisierung im Rahmen dieser Methode (gerade auch im Hinblick auf die zuletzt mit der DGRI vorgefundenen Problemfelder) über eine organisatorische Bündelung und rechtliche Verselbständigung des Investment Banking nachdenkt.[436]

Auch vertraglichen Kooperationen mit Partnern des Sektors steht die DG Bank im fokalen Feld aufgeschlossen gegenüber.[437] Für sinnvoll werden sie bspw. im Sales-Bereich gehalten. Hier unterhält die DG Bank ein Kooperationsabkommen mit der Unico-Bankengruppe, dem Verbund wichtiger genossenschaftlicher Spitzeninstitute in Europa. Hierüber erhält sie Zugriff auf die Vertriebskapazität der europäischen Nachbarhäuser und muß daher keine eigenen Sales-Forces in z.B. Italien oder Frankreich aufbauen. Sinnvolle Möglichkeiten ergeben sich nach Auffassung ihres Vertreters auch im Research-Bereich, wo Analysekapazitäten gebündelt werden könnten, oder im Originationbereich, wenn damit keine Schaffung von direkter Präsenzintensität in dem betroffenen Auslandsmarkt verbunden ist.[438] Dies ist z.B. bei Arrangements der Fall, die die gegenseitige Vermittlung von Kunden für jeweils landesspezifische Dienstleistungen vorsehen. Eine solche Kooperation unterhält die

434 Hierzu und im folgenden laut Interviewergebnisse.
435 Hierzu und im folgenden laut Interviewergebnisse.
436 Laut Interviewergebnisse.
437 Hierzu und im folgenden laut Interviewergebnisse.

DG Bank seit September 2000 mit der *Europe Finance et Industrie S.A.* in Frankreich.[439] Betätigungsfeld ist die gegenseitige Vermittlung von börsenfähigen Unternehmen für IPOs am Neuen Markt bzw. Nouveau Marché gegen entsprechende Honorierung. Nach Angaben der Bank existieren einer Reihe weiterer derartiger Abkommen, die jedoch nicht nach außen kommuniziert werden.[440]
Abschließend sei bemerkt, daß die Verhandlungen über die im Anschluß an die Aufgabe der DGRI-Pläne diskutierte „kleine Kooperationslösung" mit der Rabobank im Aktiengeschäft, d.h. bei Eigenkapitalfinanzierungen, im Aktien-Sales und -Research, ausgesetzt sind.[441] Die DG Bank hatte hierbei in Betracht gezogen, sich an der Wertpapiertochter der Rabo Bank, „Rabo Securities", zu fünfzig Prozent zu beteiligen.

In weiterer Zukunft zieht die DG Bank in bezug auf ihr Kerngeschäftsfeld auch eine ***Akquisitionsstrategie*** in Betracht.[442] Geeignete Zielobjekte zur Verstärkung des Akquisitions- und/ oder Distributionsbereichs werden in national oder regional operierenden Spezialisten oder Nischenspielern gesehen, die nicht dem Genossenschaftssektor angehören. Vorstellbar sei ein solcher „add-on" aber erst in einem zweiten Schritt, wenn über ein Joint Venture mit einem genossenschaftlichen Partner die angestrebte Internationalisierung der Geschäftsbasis vorangetrieben wurde.

Dem ***gezielten Ressourcenaustausch*** kommt zur Realisierung des derzeit intendierten Wandels aus den genannten Gründen untergeordnete Bedeutung zu.[443] Im Hinblick auf den intendierten Ausbau der Marktpositionen im heimischen Geschäft werden die bestehenden Kapazitäten in quantitativer und qualitativer Hinsicht als angemessen angesehen. Dies schließt jedoch eine selektiv angelegte personelle Verstärkung der bestehenden Aktivitäten durch Abwerbung von qualifizierten Einzelspezialisten und Teams in der Zukunft nicht aus. Anwerbungen von Teams hat die DG Bank nach eigenen Angaben allerdings bisher noch nicht praktiziert.

---

438 Laut Interviewergebnisse.
439 Hierzu und im folgenden laut Interviewergebnisse. Vgl. hierzu auch o. V. (2000P), S. 24.
440 Laut Interviewergebnisse.
441 Vgl. zu diesem Arrangement Burgmaier, S. (2000C), S. 21; o. V. (2001D), S. 18.
442 Hierzu und im folgenden laut Interviewergebnisse.
443 Hierzu und im folgenden laut Interviewergebnisse.

Insgesamt bleibt festzuhalten, daß DG Bank mit den geplanten Strategien der Realisierung die mit den Geschäftsfeldstrategien bezweckten Veränderungsprozesse aktiv anzugehen sucht. Im Hinblick auf Prioritäten und die inhaltliche Ausgestaltung erscheint die strategische Wahl unter den geschilderten Restriktionen angemessen.

V.3 Zwischenbilanz: Zusammenfassung der Untersuchungsergebnisse

Teil V befaßte sich mit den Strategien der Realisierung, die als Gesamtkomplex die dritte bedeutende Komponente einer Investment-Banking-Strategie abbilden. Alternativen zur Umsetzung von Wachstum und Schrumpfung in Geschäftsfeldern wurden zunächst aus einer theoretischen Perspektive auf spezifische Voraussetzungen, aufgabenbezogene Anforderungen und Vor- und Nachteile untersucht (Abschnitt V.1). Sodann galt es zu analysieren, welche Strategien der Realisierung die fokalen deutschen Banken zur Umsetzung der mit den Geschäftsfeldstrategien bezweckten, produkt-markt-bezogenen Veränderungsprozesse im Investment Banking zu ergreifen beabsichtigen (Abschnitt V.2).

Zu Beginn von **Abschnitt V.1** wurde zunächst das Spektrum an strategischen Handlungsoptionen, das Anbietern zur feldbezogenen Entwicklung ihrer Investment-Banking-Tätigkeiten zur Disposition steht, aufgespannt und systematisiert.
Anknüpfend an der Art der zu realisierenden Stoßrichtung, dem ersten der dort verwendeten Gliederungskriterien, richtete sich der Untersuchungsfokus zunächst auf das Bündel strategischer Optionen zur Realisierung von Wachstum. Nach dem Grad der Eigenständigkeit des expandierenden Unternehmens im Realisierungsprozeß, dem zweiten Gliederungskriterium, lassen sich hierbei autonome von kollaborativen Handlungsalternativen abgrenzen. Zur ersten Gruppe zählen *Strategien der internen Entwicklung* und *des gezielten Ressourcenaustausches*, die zweite umfaßt die im Vollzug wesentlich komplexeren *Kooperations-* und *Akquisitionsstrategien.*
Die verschiedenen Methoden zur Realisierung von Wachstum wurden fortfolgend in der genannten Reihefolge einer analytischen Betrachtung unter Investment-Banking-Gesichtspunkten unterzogen. Ausgehend von einer Abgrenzung des Inhalts der fokalen Strategie wurde dabei zunächst ihre empirische Relevanz in der vorliegenden Branche und ihr Eignungsgrad zur Realisierung der verschiedenen Arten von Wachstumsstrategien im Lichte des Investment Banking überprüft. Sodann galt es den Kontext zu spezifizieren, in dem die betreffende Wachstumsmethode wirksam zur Anwendung gebracht werden kann, Schlüsselaufgaben aufzuzeigen, an deren aktive Bewältigung der Strategieerfolg knüpft und spezifische Vor- und Nachteile der Handlungsoption zu erörtern. Mit Abbildung V-11 wird

abschließend ein integrativer Überblick über die Anforderungen geboten, die die alternativen Strategien der Realisierung von Wachstum an ihr Umfeld und den Träger stellen. Die zusätzlich ausgewiesenen Vor- und Nachteile der einzelnen Optionen ergänzen das Resümee.

Unter Bezugnahme auf dieselben Untersuchungskategorien wurden im weiteren Verkauf und Stillegung – die zur Disposition stehenden Handlungsoptionen zur Umsetzung von Schrumpfung – einer eingehenden Betrachtung unter Investment-Banking-Gesichtspunkten unterzogen. Einen Kurzüberblick über zentrale Voraussetzungen und aufgabenbezogene Anforderungen sowie die Vor- und Nachteile von Stillegungs- und Verkaufsstrategien findet sich ebenfalls in Abbildung V-11.

Realisierungsstrategie \ Anforderungen	Voraussetzungen	Schlüsselaufgaben	Vorteile	Nachteile
Strategie der internen Entwicklung	Die entscheidenden Ressourcen im Sinne von Fähigkeitenpotentialen sind im Unternehmen vorhanden	• Aktivierung der vorhandenen Potentiale durch Anreize • Förderung bestehender Fähigkeitenpotentiale • Bindung der aktivierten und geförderten Fähigkeitenpotentiale	• Steuer- und Kontrollierbarkeit der Realisierung • Schutz	• Geringer Umfang realisierbaren Wandels • Geringe Wachstumsgeschwindigkeit
Strategie der internen Entwicklung	Es existiert ein lebendiger, liquider Markt für Investment-Banking-Experten, die über die gewünschten Fähigkeiten verfügen	• Systematische Recherche • Anwerbung mittels Anreizgestaltung • Systematische Integration	• Zielgenauigkeit des Ausbaus • Gewährleistung effizienten Mitteleinsatzes • Risikominimierung durch sukessive Investition	• Hohe Kosten • Zeitintensität • Unveränderte Eigenkapitalaustattung
Kooperationsstrategien	Geringe Wahrscheinlichkeit des Marktversagens der kritischen Ressourcen	• Systematische Recherche • Aushandlung gemeinsamer Ziel-/Strategievorstellungen • Schaffung von Sicherungsmechanismen	• Komplementäreffekte erzielbar • Zielgenauigkeit	Joint Venture: • Eingeschränkte Steuer-/Kontrollierbarkeit • Integrationsaufwand • Hohes Konfliktpotential Kooperation i.e.S.: • Geringe Wachstumseffekte • Geringe Beständigkeit
Akquisitionsstrategie	Hohe Wahrscheinlichkeit des Marktversagens Liquider Markt für Firmen mit den benötigten Ressoucen	• Auswahl eines geeigneten Übernahmeziels • Umsichtige Verhandlungsführung • Rasche Integration	• Zugang zu komplexen Ressourcenbündeln • Schnelligkeit • Umfang realisierbarer Wachstumseffekte • Reputationseffekte/ Bekanntheitsgrad	• Hoher und fester Kapitaleinsatz • Goodwill • Integrationsaufwand • Eher geringe Zielgenauigkeit
Verkaufsstrategie	Marktfähigkeit des Desinvestitionsobjektes	• Systematische Planung des Verkaufsprozesses • Intensive Kommunikation	• Erlöse erzielbar • Möglichkeit der Minimierung negativer Reputationseffekte	• Ggf. Eingeschränkte Zielgenauigkeit • Verzögerungen in der Umsetzung möglich
Stillegungsstrategie	Vertretbarkeit unter Kosten-/Nutzengesichtspunkten	• Systematische Planung des Stillegungsprozesses • Intensive Kommunikation	• Zielgenauigkeit • Umittelbare Wirksamkeit	• Kosten • Negative Reputationseffekte

Abb. V-11: Strategien der Realisierung: Voraussetzungen, Schlüsselaufgaben, Vor- und Nachteile (Quelle: In Anlehnung an Capron, L./ Mitchell, W./ Oxley, J. (2000), S.6)

Abschnitt V.2 widmete sich sodann den Strategien, die die fokalen deutschen Banken zur Realisierung des aktuell intendierten Wandels in den bearbeiteten Geschäftsfeldern des Investment Banking anzuwenden planen. Dabei wurde jede der vier Wettbewerberinnen einer Einzelbetrachtung unterzogen.

Auf Basis eines Überblicks über die bisherigen strategischen Präferenzen bei der Umsetzung und bedeutende Strategien der Realisierung in der Vergangenheit galt es zur Spezifikation des Kontextes der strategischen Wahl zunächst die Ausgangslage und den aktuell umzusetzenden Wandel in knapper Weise zu umreißen. Sodann wurde die zukunftsgerichtete strategische Wahl der fokalen Banken offengelegt und unter Angabe von Ansatzpunkten und Begründungen inhaltlich spezifiziert.

Dabei wurde deutlich, daß die Wettbewerberinnen bezogen auf das Gesamtspektrum an zur Disposition stehenden Handlungsalternativen durchaus unterschiedliche strategische Schwerpunkte setzen. Hierzu bietet Abb. V-12 abschließend einen integrativen Überblick über die Globalpräferenzen der fokalen deutschen Banken bei der Realisierung des derzeit intendierten Wandels in den Geschäftsfeldern des Investment Banking.[444]

Strategie / Wettbewerber	**Strategie des gezielten Ressourcenaustausches**	**Kooperationsstrategien**	**Akquisitionsstrategien**	**Interne Entwicklung**
Deutsche Bank	✸	☒	●	dauerhaft
Dresdner KW	✸	☒	●	dauerhaft
Commerzbank	✸	●	●	dauerhaft
DG Bank	○	✸	●	dauerhaft

✸ Erste Präferenz | ● Denkbar/ nach Möglichkeit | ○ Nachgeordnete Priorität | ☒ Keinesfalls

Abb. V-12: Aktuelle Präferenzen deutscher Banken im Hinblick auf Strategien der Realisierung von Wachstum im Investment Banking

Da die Produkt-Markt-Bereiche, wie die Analyse der Geschäftsfeldstrategien in Kapitel IV zeigte, aktuell fast ausnahmslos expansiv gehandhabt werden, beschränken sich die Angaben naturgemäß auf Strategien zur Realisierung von Wachstum. Strategien der internen Entwicklung, die keinen umfassenden Wandel erlauben, diesen jedoch in hohem Maße fördern, kommen bei allen betrachteten Banken feldübergreifend und dauerhaft unterstützend zur Anwendung.[445]

---

444 Laut Interviewergebnisse.
445 Laut Interviewergebnisse.

Obgleich die Umsetzung von Schrumpfung derzeit außer bei Dresdner KW nicht zur Diskussion steht, sei zur strategischen Wahl der Realisierung von Schrumpfung abschließend verallgemeinernd angemerkt, daß die Präferenzlage, so die befragten Banken unisono, hier ohnehin immer eindeutig sei:[446] Verkauf soweit möglich, Stillegung wenn nötig.

446 Laut Interviewergebnisse. Dies gibt die einstimmige Auffassung der befragten Experten wieder.

Teil VI: Zusammenfassung der Untersuchungsergebnisse

Mit der vorliegenden Untersuchung wurden drei wesentliche Zielsetzungen verfolgt. Eine erste bestand darin, den Begriff „Investment-Banking-Strategie" über eine Abgrenzung ihres Aufgabenbereichs und entsprechender Strategie-Komponenten inhaltlich und strukturell zu spezifizieren.

Zweitens wurde das Ziel verfolgt, ein Konzept zur Strategiefindung im Investment Banking zu präsentieren, das tragfähige strategische Handlungsoptionen a) zur strategischen Positionierung in der Investment-Banking-Branche, b) bei der zukunftsorientierten Entwicklung der Geschäftsfelder und c) zur Realisierung intendierten Wandels aufzeigt und systematisiert sowie Verbindungen zwischen den Komponenten herstellt.

Neben der Untersuchung von strategischen Möglichkeiten zur zielorientierten Handhabung des Investment Banking sollten auch institutsindividuelle Lösungswege explizite Berücksichtung finden. Die dritte Hauptzielsetzung bestand daher darin, zu untersuchen, welche Investment-Banking-Strategien eine Gruppe ausgewählter deutscher Banken einschlägt und wie sich diese augenblicklich entwickeln.

In Ausrichtung auf die erste Hauptzielsetzung der vorliegenden Untersuchung galt es in **Teil II** *ein profundes Begriffsverständnis von „Investment-Banking-Strategie" zu entwickeln.* Dazu wurde in Abschnitt II.1 zunächst der Begriff des *Investment Banking* definiert und von anderen Marktleistungssektoren der Universalbank – dem Commercial und Trust Banking – abgegrenzt. Das Investment Banking wurde hierbei als Aktivitätskomplex beschrieben, dessen nur schwerlich eingrenzbare Produktdimension durch einen starken Wertpapier- und Kapitalmarktbezug geprägt ist. Charakteristisch ist, daß sie primär Finanzdienstleistungen enthält, die auf Kunden in der Rolle des Kapitalnehmers zugeschnitten sind. Zentrale Elemente sind finanzierungsorientierte Beratungsleistungen des Corporate und Structured Finance, Primärmarktleistungen im Emissionsgeschäft, der Handel und Vertrieb von Wertpapieren und wertpapierähnlichen Instrumenten und M&A. Ausgerichtet sind diese Marktleistungen auf die Bedürfnisse juristischer Personen (Wholsale-Banking). Wichtige Segmente des relevanten Marktes im Investment Banking konstituieren die Gruppen Konzerne/ MNU, Mid Caps, Finanzdienstleister, Öffentliche und Supranationale Institutionen sowie Institutionelle Investoren. Ausgehend hiervon dieser Abgrenzung wurde unter Bezugnahme auf hervorstechende Merkmale des Investment Banking sein Wesen veranschaulicht. Um zu verdeutlichen, welchen anspruchsvollen, breitgefächerten Aufgaben sich Anbieter der Branche zu widmen haben und welche Funktionen sie im Zuge dessen wahrnehmen, wurden anschließend die Leistungsfelder Capital Markets, Corporate Finance, Sales & Trading, M&A und Structured Finance einer analytischen Betrachtung aus einer prozeßorientierten Perspektive unterzogen.

In einem nächsten Schritt war der Begriff der *Strategie* inhaltlich abzugrenzen (Abschnitt II.2). Strategien im Sinne von Wegen zur Zielerreichung wurden dabei als zukunftgerichtete und langfristig angelegte Verhaltensweisen charakterisiert, die strukturell als komplexe Maßnahmenbündel aufzufassen sind. Der darauffolgende kurze Abriß zu Wesen und Zweck der Strategischen Planung erläuterte die Notwendigkeit Strategieorientierter Unternehmensführung. Als Kernfunktion der Strategie im Sinne einer „Route" wurde die *Vorgabe einer Entwicklungsrichtung und eines Aktionsrahmens* für das zeitlich nachgelagerte Handeln herausgestrichen. Hiermit werden wesentliche Voraussetzungen dafür geschaffen, daß dieses Handeln zielgerichtet, in koordinierter Weise und als kohärente, abgestimmte Schrittfolge erfolgt, was maßgeblich zur Erhöhung der Erfolgswahrscheinlichkeit beiträgt. Anschließend wurde der *strategische Planungsprozeß* in seinen Elementen skizziert, um darzulegen, wie der Strategiefindungsprozeß aus präskriptiver Sicht zu gestalten ist, um erfolgsträchtige Outputs generieren zu können.

Sodann galt es den *Begriff der „Investment-Banking-Strategie"* inhaltlich und strukturell zu spezifizieren. Anknüpfend an einer Differenzierung in strategische Ebenen der Unternehmung wurden *drei zentrale Aufgabenbereiche und entsprechende Komponenten* einer „Investment-Banking-Strategie" abgegrenzt:

- *Basisstrategie*: Die Basisstrategie befaßt sich unter Bezugnahme auf Fragen der produkt-markt-bezogenen Ausdehnung der Unternehmenstätigkeit im Investment Banking mit der Gestaltung eines übergeordneten Geschäftsprofils.

- *Geschäftsfeldstrategien*: In den Aufgabenbereich der Geschäftsfeldstrategieformulierung fällt die Definition von Stoßrichtungen für die einzelnen Produkt-Markt-Bereiche im Investment Banking und deren inhaltliche Ausgestaltung unter Berücksichtigung des vorgegebenen Grundprofils. Sie beschreiben die geplanten Vorgehensweisen in den einzelnen Geschäftsfeldern des Investment Banking.

- *Strategien der Realisierung*: Da die vorgelagerten Strategiekomponenten meist Veränderungen in der Investment-Banking-Tätigkeit anzeigen, ist drittens zu entscheiden, in welcher Form (z.B. Akquisition, Kooperation, Verkauf) dieser Wandel umgesetzt soll. Output dieses Willensbildungsprozesses sind die Strategien der Realisierung als drittes Element einer Investment-Banking-Strategie.

Wie zum Ausdruck kommt, wird eine Investment-Banking-Strategie im Rahmen der vorliegenden Arbeit als ein *hierarchisch gegliedertes Strategiebündel* aufgefaßt, in das mit der Basisstrategie, den Geschäftsfeldstrategien und den Strategien der Realisierung drei zentrale Komponenten eingebunden sind. Die Strategie auf der jeweils höheren Ebene bildet Ausgangspunkt und Rahmenbedingung der Strategieentwicklung auf nachgeordneter Ebene. Um dieses Begriffsverständnis vorbereitend zu vertiefen, wurden im weiteren die aufgabenbezogenen Inhalte der drei Komponenten und die auf jeder Ebene zur Disposition stehenden strategischen Handlungsalternativen in Kurzform charakterisiert. Im Ergebnis wurde hiermit ein Bezugsrahmen zur Strategiefindung im Investment Banking entwickelt, der sowohl die Inhalte, mit denen sich eine tragfähige Investment-Banking-Strategie auseinanderzusetzen hat, als auch die Gestaltungsoptionen, die sich hierbei bieten, spezifiziert und strukturiert.

In **Teil III** richtete sich der Untersuchungsfokus auf die erste zentrale Komponente einer Investment-Banking-Strategie. Möglichkeiten der inhaltlichen Ausgestaltung von Basisstrategien wurden dabei zunächst aus einer theoretischen Perspektive beleuchtet, später die strategischen Positionierungsentscheidungen deutscher Banken und ihre Prämissen sowie die sich hieraus ergebenden Anforderungen an auszuprägende Stärken betrachtet.
In Abschnitt III.1 galt es zunächst *Ansatzpunkte* zu eruieren, an denen die Gestaltung eines übergeordneten Geschäftsprofils anknüpfen kann. Mit Bezug auf die fokale Branche scheinen drei Festlegungen von besonderer Bedeutung zu sein: Die Entscheidung über die Breite der durchzuführenden Geschäftsaktivitäten, des zu bedienenden Kundengruppenspektrums und des geographischen Aktionsradius. Entsprechend umfaßt die Formulierung einer Basisstrategie die zukunftsorientierte Festlegung der Ausprägungen dieser drei Dimensionen. Dabei stehen jeweils drei *Optionen* zur Disposition, die auf einem Kontinuum zwischen einer

engen (ein Leistungsfeld, eine Kundengruppe, Heimatmarkt) und breiten Definition (alle Felder, Gruppen, globaler Markt) angesiedelt sind:

- Nach Streubreite des Leistungsprogramms: *Spezialisierungs-*, *Fokus-* und *Generalisierungsstrategien*
- Nach Streubreite des Kundenspektrums: *Strategien der engen Marktdefinition*, *der Konzentration* und der *Gesamtmarktabdeckung*
- Nach geographischer Streubreite: *Nationale*, *internationale* und *globale Strategien*

Die insgesamt neun dimensionalen Strategieoptionen galt es im weiteren inhaltlich abzugrenzen. Hierauf aufbauend wurden die Streubreitedimensionen an die Geschäftstätigkeiten bedeutender Wettbewerber der Branche angelegt. Die Analyse empirisch beobachtbarer Basisstrategien gestattete im Ergebnis die Ableitung dreier *Strategischer Gruppen* von Wettbewerbern im Investment Banking – die „Global Player", „Internationalen Nischenanbieter" und „(Inter-)nationalen Spezialisten".
Sodann galt es aus dem Spektrum an zur Disposition stehenden Positionierungsoptionen letztlich tragfähige Basisstrategien abzuleiten. Vertiefende *Erwägungen zu Möglichkeiten der erfolgversprechenden Verknüpfung dimensionaler Optionen* nach angebots- und abnehmerbezogener Streubreite ließen erkennen, daß die Positionierung in diesen Dimensionen im Sinne strategischer Stimmigkeit möglichst gleichgerichtet und parallel zu- bzw. abnehmen sollte. Dies führte zur Ableitung dreier *Grundtypen von Basisstrategien*, die bezüglich der Merkmale der eingebundenen Optionen durch einen hohen interdimensionalen Fit gekennzeichnet sind und das Aktionsfeld jeweils in beiden Dimensionen jeweils eng, mittel oder breit definieren: *Spezialisten-, Nischen- und Full-Service-Strategien.*
Weiterführende *Erwägungen zu strategisch sinnvollen Möglichkeiten der Verknüpfung der Grundtypen mit den Optionen nach geographischer Streubreite* ergaben, daß sich hier relativ größere Freiheitsgrade bieten. Lediglich nationale Full-Service- und globale Nischenstrategien erscheinen im Lichte der Spezifika des Investment Banking wenig sinnvoll bzw. unrealistisch. Gleichfalls werden auch globale Spezialistenstrategien nur unter bestimmten Prämissen diskutable, dann aber höchst relevante Basisstrategiealternativen abbilden. Eine Erörterung allgemeiner *Vor- und Nachteile der Basisstrategie-Grundtypen* rundete die Erwägungen zur Logik der strategischen Positionierung in der Investment-Banking-Branche ab.

Abschnitt III.2 war in Ausrichtung auf das dritte Hauptanliegen der vorliegenden Arbeit einer *Untersuchung der Basisstrategien* der *Deutschen Bank* und *Dresdner Kleinwort Wasserstein,* der *Commerzbank* und *DG Bank* gewidmet. Mit einer Analyse der strategischen Bedeutung des Investment Banking im Rahmen der Universalbanktätigkeit und der strategischen Sach- und Wertzielsetzungen in diesem Sektor wurden zunächst wichtige *Prämissen der Basisstrategieformulierung* beleuchtet und inhaltlich spezifiziert. Hierbei traten deutliche Unterschiede in der Gewichtung hervor, die von einer stark übergeordneten Bedeutung in Relation zu anderen Marktleistungssektoren (Deutsche Bank) bis hin zu einer gleichrangigen/ leicht untergeordneten Bedeutung (Commerzbank) reichen. Entsprechendes gilt für die formulierten Sach- und Wert-Zielsetzungen. Diese Abweichungen schlagen sich auch in verschiedenartigen strategischen *Positionierungsentscheidungen* nieder. Während sich die Deutsche Bank am Leitbild des Global Players orientiert, der globale markt-, kunden- und produktumfassende Präsenz im Investment Banking anstrebt, positionieren sich Dresdner KW und die Commerzbank als internationale Full-Service-Anbieter mit Europafokus. Die DG Bank geht einer internationalen Nischenstrategie nach.

In Abschnitt III.3 wurden abschließend *Anforderungsprofile* für die gewählten Basisstrategien entwickelt. Hierbei galt es zu spezifizieren, welche marktpositionsbezogenen Stärken den erfolgreichen Global Player, Internationalen Full-Service-Anbieter und Internationalen Nischenspieler kennzeichnen und welche jeweils strategiespezifisch kritischen Ressourcen diese Basisstrategien voraussetzen.

Gegenstand der Untersuchung in **Teil IV** repräsentierten die Geschäftsfeldstrategien, die als Gesamtkomplex die zweite Komponente einer Investment-Banking-Strategie abbilden. Abschnitt eins befaßte sich aus einer theoretischen Perspektive mit dem Spektrum an strategischen Optionen, das im Rahmen der Strategieformulierung auf dieser Ebene zur Disposition steht. In Teil zwei wurden die Geschäftsfeldstrategien deutscher Banken in zentralen Produkt-Markt-Bereichen offengelegt und im Kontext der strategischen Ausgangspositionen und gewählten Basisstrategien beleuchtet.

Ausgehend von einer Einordnung in den Gesamtkontext der Investment-Banking-Strategie wurden in Abschnitt IV.1 mit den *strategischen Stoßrichtungen* Wachstum, Stabilisierung und Schrumpfung zunächst Grundtypen von Geschäftsfeldstrategien aufgezeigt und anhand der Portfolio-Konzepte Bedingungen ihres situativ vorteilhaften Einsatzes herausgearbeitet. Als Ausgangspunkt einer Abgrenzung des Inhaltes von Optionen, die zur Konkretisierung der gewählten Stoßrichtung angewendet werden können, galt es auch hier zunächst die Bezugsgröße der Strategieformulierung zu spezifizieren. Dazu wurde der *Geschäftsfeldwürfel* präsentiert, dessen Breitendimension alle möglichen Tätigkeitssegmente innerhalb eines Feldes anzeigt. Die Tiefendimension visualisiert alle geschäftsspezifisch relevanten Kundengruppen, die Höhendimension potentialträchtige Ländermärkte. In dieser umfassenden Definition fungiert der Würfel als Ideengeber für die Formulierung von Geschäftsfeldstrategien. Dagegen beschreibt die aktuelle Ausprägung des Würfels bzw. der Aktivitäten in den drei Dimensionen die *produkt-markt-strategische Ausgangsposition* in einem Feld. Hier knüpfen die zu formulierenden *stoßrichtungsspezifischen Entwicklungsstrategien* an, die den Grundtyp der Geschäftsfeldstrategie konkretisieren.

- *Wachstumsstrategien* beschreiben Wege der Ausdehnung der aktuellen Geschäftsfeldtätigkeit (des „Ist-Würfels"). Optionen bestehen in einer intensivierten Marktbearbeitung zur Marktanteilssteigerung (*Marktdurchdringung*), der Angliederung neuer Leistungssegmente (*Produktentwicklung*) oder der Expansion in neue Märkte in abnehmerbezogener oder geographischer Hinsicht (*Marktentwicklung*).

- *Schrumpfungsstrategien* beschreiben Wege der Einschränkung der Geschäftsfeldtätigkeit. Anknüpfend am Schrumpfungsobjekt (Leistungs-, Marktsegmente, Ländermärkte bzw. das Geschäftsfeld zur Gänze) werden *angebots-*, *abnehmerbezogene* und *geographische Rückzugs-* sowie *Ausstiegsstrategien* unterschieden.

- *Stabilisierungsstrategien* wollen dagegen die bestehende Würfel-Konfiguration und die errungenen Marktanteile bewahren. Hier bieten sich die Optionen der *Konsolidierung*, die auf eine Erhöhung der internen Effizienz über Kapazitätsreduktion abstellt, oder jene eines Fortfahrens wie bisher (*Haltestrategie*).

Diese strategische Alternativen wurden im weiteren unter Gesichtspunkten des Investment Banking beleuchtet. Ausgehend von der Überlegung, daß eine Geschäftsfeldstrategie - um eine Konsistenz des Gesamtkonzeptes zu gewährleisten - an den Maßgaben der übergeordneten Basisstrategie auszurichten ist, wurden zum Abschluß der theoretischen

Erwägungen Aspekte der *strategischen Wahl auf Geschäftsfeldebene im Lichte der Basisstrategie* untersucht.

Die Basisstrategie grenzt durch die Vorgabe eines übergeordneten Geschäftsprofils (z.B. Global Player) auch den erwünschten produkt-markt-bezogenen Ausdehnungsgrad der Geschäftsfeldtätigkeiten in globaler Weise ab. Dieser Rahmen wurde als die langfristig gültige Orientierungsgröße der Geschäftsfeldstrategieformulierung konzeptualisiert. In diesem Sinne legen z.B. Basisstrategien, die das produkt-marktliche Aktionsfeld im Investment Banking in Relation zu dem auf Geschäftsfeldebene realisierten breiter definieren (und/ oder marktpositionsbezogene Anforderungen stellen, denen aktuell nicht genügt wird), die Stoßrichtung Wachstum nahe. Welcher/n Wachstumsstrategie(n) (Produkt-, Marktentwicklung, Marktdurchdringung) im Rahmen der Abstimmung zur Basisstrategie Relevanz zukommt, hängt von der Art des Defizits (unvollständiges Angebotsprogramm, zu enges Kundenspektrum, zu geringer Internationalisierungsgrad, unzureichende Marktposition) ab. Diese Erwägungen gelten für den gegenteiligen Fall zu breit angelegter Geschäftsfeldaktivitäten analog. Stimmig zur Basisstrategie wäre die strategische Wahl dann, wenn sie im Zuge der Stoßrichtung Schrumpfung jene Option(en) zur Anwendung bringt (angebots-, abnehmerbezogener, geographischer Rückzug oder Ausstieg), die zur Beseitigung des vorliegenden Überhangs geeignet sind. Ausgehend von diesen Erwägungen wurden abschließend Aspekte der strategischen Wahl auf Geschäftsfeldebene bei basisstrategischen Neuorientierungen beleuchtet.

In Abschnitt IV.2 wurden die *Geschäftsfeldstrategien der fokalen deutschen Banken* in zentralen Produkt-Markt-Bereichen offengelegt und im Kontext der strategischen Ausgangspositionen und gewählten Basisstrategien beleuchtet. Untersucht wurden die Felder M&A, Eigenkapitalfinanzierungen, Anleihefinanzierungen und Structured Finance in der genannten Reihenfolge. Um aufzuzeigen, an welcher Basis die Strategien im einzelnen ansetzen, galt es jeweils zunächst, die *produkt-markt-strategischen Ausgangspositionen der Wettbewerberinnen in diesem Geschäftsfeld* zu spezifizieren. Zu Ermittlung der aktuellen *Marktpositionen* der deutschen Banken schloß sich eine Analyse des heimischen und internationalen Marktes für das betreffende Geschäft an. Um den Kontext der Geschäftsfeldstrategieformulierung zu präzisieren, wurden die Marktpositionen und Ausdehnungsgrade der Geschäftsfeldaktivitäten im weiteren *an den Anforderungsprofilen der gewählten Basis-*

strategien gemessen. Auf Basis der Erkenntnisse zum strategischen Handlungsbedarf wurde unter Angabe der Schlüsselinhalte im einzelnen dargelegt, welche *Stoßrichtungen* die deutschen Banken dem fokalen Geschäftsfeld zuweisen und welche *Entwicklungsstrategien* auf diesem Wege beschritten werden sollen. Zum Abschluß war jeweils der Frage nachzugehen, inwieweit die strategische Wahl im Einklang mit den Entwicklungsanforderungen im Hinblick auf die gewählte Basisstrategie steht.

Im Ergebnis ließ die Analyse zunächst eine starke Expansionsorientierung erkennen. Drei der vier fokalen Banken geben an, in allen untersuchten Geschäftsfeldern des Investment Banking weiter wachsen zu wollen. Eine Ausnahme bildet Dresdner KW – jedoch lediglich in bezug auf ein einzelnes Feld. Die Stoßrichtung Schrumpfung im Structured Finance wird hier über eine geographische Rückzugsstrategie konkretisiert, die sich auf sämtliche Auslandsmärkte außerhalb Europas bezieht. In bezug auf Fragen der Konsistenz läßt positiv festhalten, daß die Wahl der Stoßrichtungen bei allen fokalen Banken (mit Ausnahme der DG Bank im Stuctured Finance) im Einklang mit den zuvor eruierten Entwicklungsanforderungen im Hinblick auf die gewählten Basisstrategien steht.

Was die Wahl der Entwicklungsstrategien anbetrifft, sind bei Deutscher Bank und Dresdner KW Strategien der Marktdurchdringung vorherrschend. Grund hierfür ist, daß die produktmarkt-bezogenen Ausdehnungsgrade der Geschäftsfeldtätigkeiten und Marktpositionen den Anforderungen ihrer Basisstrategien bereits vielfach entsprechen. Anders verhält es sich bei Commerzbank und DG Bank, die aufgrund umfangreicheren Entwicklungsbedarfs häufiger auch mehrdimensionale Wachstumsbestrebungen kundtun. So greift z.B. die Commerzbank im Feld M&A neben Strategien der Marktdurchdringung auch eine Produktentwicklungsstrategie zur Vervollständigung der Leistungspalette ausgehend von den „Basics“ auf. Was die strategische Stimmigkeit der gewählten Entwicklungsstrategien zur Basisstrategie anbetrifft, so ist diese bei der Deutschen Bank ohne Einschränkungen, bei Dresdner KW bis auf das Feld Eigenkapitalfinanzierungen gegeben. Bei Commerzbank und DG Bank sind die Entwicklungsstrategien zwar zielgenau auf die Behebung zuvor eruierter Mängel hinsichtlich Produkt-Markt-Abdeckung oder Marktpositionen gerichtet, häufiger aber unvollständig in dem Sinne, als sie nicht allen Defiziten gleichzeitig gerecht werden. Die Expertenbefragung ergab, daß in den meisten dieser Fälle nicht mangelndes Bewußtsein hierüber, sondern limitierte Ressourcen ursächlich sind. Aus diesem Grund werden die basisstrategiegemäß einzuschlagenden Wachstumsstrategien zeitlich gestaffelt.

Teil V befaßte sich mit den Strategien der Realisierung, die als Gesamtkomplex die dritte bedeutende Komponente einer Investment-Banking-Strategie abbilden. Alternativen zur Umsetzung von Wachstum und Schrumpfung in Geschäftsfeldern wurden zunächst aus einer theoretischen Perspektive auf Voraussetzungen, aufgabenbezogene Anforderungen und Vor- und Nachteile untersucht. Sodann galt es zu analysieren, welche Strategien der Realisierung die fokalen deutschen Banken zur Umsetzung des mit den Geschäftsfeldstrategien bezweckten, produkt-markt-bezogenen Wandels im Investment Banking ergreifen wollen. Ausgehend von einer Einordnung in den Gesamtkontext der Investment-Banking-Strategie wurde in Abschnitt V.1 zunächst ein integrativer *Überblick über verschiedene Methoden* geboten, über die Wandel erzeugt werden kann. Anknüpfend an der Art der zu realisierenden Stoßrichtung richtete sich der Fokus zunächst auf das Bündel strategischer *Optionen zur Realisierung von Wachstum.* Nach dem Grad der Mitwirkung anderer Unternehmen am Realisierungsprozeß ließen sich autonome von kollaborativen Methoden abgrenzen. Zur ersten Gruppe zählen folgende Optionen:

- *Strategien der internen Entwicklung*: Im Rahmen dieser Methode soll Wachstum ausschließlich durch eine Aktivierung bankeigener Potentiale bewirkt werden.
- *Strategien des gezielten Ressourcenaustausches*: Hierbei soll Wachstum in der intendierten Form durch Eingliederung spezialisierter, bankexterner Ressourcen erzeugt werden. Da die Mitarbeiter die „kritischen Produktionskapazitäten" einer Investment Bank darstellen, wird diese Strategie in branchenspezifischer Auslegung primär auf die An- bzw. Abwerbung hochqualifizierter, erfahrener Investment Banker zur Verstärkung der Front-Offices abzielen.

Die zweite Gruppe umfaßt Realisierungsalternativen, die im Vollzug als wesentlich komplexer und aufwendiger einzustufen sind, wie gezeigt wurde:

- *Kooperationsstrategien*: Wachstum läßt sich auch dadurch erzeugen, daß zwei oder mehrere Anbieter im Rahmen einer Zusammenarbeit auf einem bestimmten Tätigkeitsgebiet Ressourcen bündeln oder sich wechselseitig den Zugang zu idealerweise komplementären Wertschöpfungspotentialen eröffnen (z.B. Beratungsexpertise und Distributionskraft in finanzierungsorientierten Investment-Banking-Geschäftsfeldern).

- *Akquisitionsstrategien*: Träger dieser Strategie beabsichtigen, Wachstum durch Übernahmen etablierter Anbieter zu realisieren. Der Erwerb von Teilen der Investment-Banking-Geschäfte anderer stellt eine Variante dieser Strategie dar.

Jede dieser Strategien wurde im weiteren zunächst auf *empirische Relevanz* im Investment Banking und ihren *Eignungsgrad* zur Realisierung der verschiedenen wachstumsspezifischen Entwicklungsstrategien hin untersucht. In bezug auf letzteres zeigte die unter Investment-Banking-Gesichtspunkten durchgeführte Analyse, daß die Methoden unterschiedliche Eignungsgrade aufweisen. So scheint Wachstum, das die bisherigen Grenzen des Produkt-Markt-Feldes zu überschreiten sucht, durch Strategien der internen Entwicklung und Kooperationen (i. e. S.) zumeist weniger gut zu erreichen sein. Dagegen sind der gezielte Ressourcenaustausch und die Akquisition im Investment Banking universell, d.h. zur Realisierung sämtlicher Arten von Wachstumsstrategien einsetzbar. Lediglich dort, wo zur Expansion in ein gänzlich neues Geschäftsfeld komplexe Ressourcenbündel benötigt werden (z.B. M&A), in denen Produkt-Know-how nur eine Komponente darstellt, können hinsichtlich des Ressourcenaustausches Einschränkungen gegeben sein. Dann eignet sich eine Akquisition in hohem Maße, da hierbei die Produktexpertise in Einheit mit dem unternehmerischen Kontext erworben wird, der ihre wirksame Anwendung in der Vergangenheit ermöglicht hat. Der Vorteil einer universellen Anwendbarkeit dürfte letztlich auch dafür verantwortlich zeichnen, daß dem Ressourcenaustausch und der Akquisition als Methoden zur Realisierung von Wachstum in der fokalen Branche die höchste praktische Bedeutung zukommt, wie zuvor eruiert wurde.
Jeweils im Anschluß an die Zweckmäßigkeitserwägungen wurde der Frage nachgegangen, welche *Erfolgsvoraussetzungen* die Wachstumsansätze kennzeichnen und welche *Schlüsselanforderungen* sie an ihre Träger stellen. Abschließend wurden die *Vor- und Nachteile* der fokalen Realisierungsstrategien erörtert.
Nach dem selben Muster wurden sodann die insgesamt zwei zur Disposition stehenden *Optionen zur Realisierung von Schrumpfung* untersucht:

- *Stillegung*: Schrumpfung wird hier durch eine sofortige Einstellung der (aufzugebenden Teilbereiche der) Geschäftsfeldaktivitäten bewirkt.

- *Verkauf*: Weiterhin kann Schrumpfung auch über einen Verkauf des Geschäfts (oder bestimmter Teile der hier angesiedelten Aktivitäten) erzeugt werden.

Stillegung und Verkauf wurden im weiteren auf *empirische Relevanz*, ihren *Eignungsgrad* zur Realisierung der verschiedenen Schrumpfungsstrategien, *Stärken und Schwächen* sowie ihre *Schlüsselanforderungen* untersucht. U.a. zeigte sich dabei, daß die Möglichkeit einen Veräußerungserlös zu erzielen (bzw. Stillegungskosten zu vermeiden) dafür verantwortlich zeichnet, daß der Verkauf die prinzipiell erste Wahl bei der Umsetzung von Schrumpfung im Investment Banking darstellt. Insgesamt weist diese Strategie jedoch einen, wie sich zeigte, eher eingeschränkten Eignungsgrad zur Realisierung eindimensionaler Rückzugsstrategien im Investment Banking auf. Oft muß zwangsweise auf die Alternative der Stillegung zurückgegriffen werden, die zwar uneingeschränkt anwendbar, sehr zielgenau und unmittelbar wirksam ist, aber auch eine äußerst kostspielige Methode darstellt und die Gefahr negativer Reputationseffekte birgt.

In Abschnitt V.2 wurden schließlich die *Realisierungsstrategien der fokalen deutschen Banken* offengelegt und unter Angabe von Ansatzpunkten und Begründungen inhaltlich spezifiziert. Dies erfolgte vor dem Hintergrund eines Überblicks über die bisherigen strategischen Präferenzen der Institute bei der Umsetzung und bedeutende Realisierungsstrategien der in der Vergangenheit.

Im Ergebnis läßt sich zur strategischen Wahl festhalten, daß der gezielte Ressourcenaustausch derzeit die bis auf eine Ausnahme (DG Bank) favorisierte Realisierungsstrategie abbildet. Mit nachgeordneter Priorität werden vielfach auch Akquisitionsstrategien in Betracht gezogen. So erwägen z.B. die Commerzbank und die Deutsche Bank den Kauf einer M&A-Boutique, letztere will auch die erneute Übernahme einer großen US-Adresse nicht vollständig ausschließen. Kooperationsstrategien stehen Dresdner KW und die Deutsche Bank nicht nur in bezug auf den derzeit zu realisierenden feldbezogenen Wandel, sondern prinzipiell ablehnend gegenüber. Für die DG Bank hingegen repräsentiert diese Option die Strategie erster Wahl zur Realisierung der ihrer prioritären Wachstumsstrategie im Kernfeld Eigenkapitalfinanzierungen. Ausschlaggebend hierfür ist jedoch nicht ein als überdurchschnittlich eingestufter Eignungsgrad, sondern eine mangelnde Anwendbarkeit anderer Methoden. Strategien der internen Entwicklung, die keinen umfassenden Wandel erlauben, diesen jedoch in hohem Maße fördern, kommen bei allen betrachteten Banken feldübergreifend und dauerhaft unterstützend zur Anwendung.

Gesprächsverzeichnis

Im Rahmen dieser Arbeit wurden Interviews mit Vertretern folgender deutscher Banken geführt, denen an dieser Stelle nochmals herzlich zu danken ist:

Commerzbank AG, Frankfurt am Main

- Frau **Pascale Vidalie**, Direktorin, Zentraler Stab Konzernentwicklung und Konzern-controlling, Interview am 14.12.2000 in den Räumen der Commerzbank AG, Frankfurt am Main.

Deutsche Bank AG, Frankfurt am Main

- Herr **Peter Thelen**, Bereichsvorstand, Abteilung für Konzernbeteiligungen, Interview am 14.11.2000 in den Räumen der Deutschen Bank AG, Frankfurt am Main.

DG Bank Deutsche Genossenschaftsbank, Frankfurt am Main

- Herr **Elmar Thöne**, Direktor, Leiter der Abteilung Aktienemissionsgeschäft/ Mittelstand, Interview am 20.11.2000 in den Räumen der DG Bank AG, Frankfurt am Main.

Dresdner Bank AG, Frankfurt am Main

- **Dr. Hermann Reuter**, Direktor, Leiter des Bereichs Planung/ Steuerung Global Corporate Finance, Interview am 16.02.2000 in den Räumen der Dresdner Bank AG, Frankfurt am Main sowie am 08.01.2001 in den Räumen der Dresdner Bank AG, Frankfurt am Main.

Literaturverzeichnis

ABN AMRO (1997): Strategy contribution from ABN AMRO. In: Aitken, J./ Brown, P. (1997): European Banking: The discreet charm of investment banking. UBS Global Research, 13.11.1997, S. 70.

ACHLEITNER, ANN-KRISTIN (1999): Handbuch Investment Banking. Wiesbaden: Gabler, 1999.

AITKEN, JOHN/ BROWN, PIERS (1997): European Banking: The discreet charm of investment banking. UBS Global Research, 13.11.1997.

ANAD, JAY (2000): Akquisitionen: Prüfe, wer sich ewig bindet. In: Financial Times Deutschland, Sammelbeilage Mastering Strategie, Nr. 5, 23.10.2000, S. 8-9.

ANSOFF, IGOR (1965): Corporate Strategy: An Analytical Approach to Business Policy für Growth and Expansion. New York/ San Francisco: 1965.

BAAS, VOLKER (1998): Strategische Optionen für europäische Investment Banken. In: Die Bank, Nr. 12, 1998, S. 720-723.

BAAS, VOLKER (2000): Amerikas Banken auf dem Weg ins 21. Jahrhundert. In: Die Bank, Nr. 1, 2000, S. 32-33.

BALLAY, UTE (1995): Investment Banking-Metropole London. In: Die Bank, Nr. 12, 1995, S. 724-728.

BALLAY, UTE (1998): London: Strukturen im Investment Banking. In: Die Bank, Nr. 6, 1998, S. 382-384.

BALZER, ARNO/ DÖHLE, PATRICIA/ NÖLTING, ANDREAS (2000): Alles oder nichts. In: Manager Magazin, Nr. 7, 2000, S. 141-150.

BALZER, ARNO/ NÖLTING, ANDREAS (2000): „Wir kehren von oben". In: Manager Magazin, Nr. 6, 2000, S. 50-55.

BALZER, ARNO/ WILHELM, WINFRIED (2000): „Trio Bravo". In: Manager Magazin, Nr. 1, 2000, S. 20-22.

BARCLAYS (1997): Strategy contribution from Barclays. In: Aitken, J./ Brown, P. (1997): European Banking: The discreet charm of Investment Banking. UBS Global Research, 13.11.1997, S. 30-32.

BAUMANN, MICHAEL (2000): Sandys letzte Showeinlage. In: Wirtschaftswoche, Nr. 15, 06.04.2000, S. 72.

BEA, FRANZ XAVER/ HAAS, JÜRGEN (1995): Strategisches Management. Stuttgart/ Jena: G. Fischer, 1995.

BLOCH, ERNEST (1986): Inside Investment Banking. Homewood/ Illinois: Dow Jones-Irwin, 1986.

BÖHMERT, KARIN (2001): Deutsches M&A-Geschäft glänzt im Jahr 2000 mit neuen Rekorden. In: Börsenzeitung, Nr. 34, 17.02.2001, S. 6.

BREUER, ROLF (1993): Das Effektengeschäft. In: Kloten, N./ v. Stein, J. (Hrsg.): Geld-, Bank- und Börsenwesen: Ein Handbuch/ Obst; Hinter. 39. Aufl., Stuttgart: Schaeffer-Poeschel, 1993, S. 525-575.

BRINKER, BERNHARD (1998): Die Integration von Wholesale Banking und Retail Banking in der Investment-Banking-Industrie: Eine ökonomische Analyse. Dissertation. Wiesbaden 1998.

BÜHLER, WILHELM/ FEUCHTMÜLLER, WOLFGANG/ VOGEL, MICHAEL (1989): Investment Banking. Wien: Service, Fachverlag an der Wirtschafts-universität Wien, 1989.

BÜSCHGEN, HANS (1998): Bankbetriebslehre: Bankgeschäfte und Bankmanagement. 5., vollst. überarb. und erw. Aufl., Wiesbaden: Gabler, 1998.

BÜSCHGEN, HANS/ RICHOLT, KURT (1989): Handbuch des internationalen Bankgeschäfts. Wiesbaden: Gabler, 1989.

BURGMAIER, STEFANIE (2000A): DG Bank will zur ersten Adresse für Mittelständler werden. In: Financial Times Deutschland, 24.03.2000, S. 22.

BURGMAIER, STEFANIE (2000B): Discount Broker Consors baut in Berlin Investmentbank für Wachstumswerte auf. In: Financial Times Deutschland, 25.10.2000, S. 20.

BURGMAIER, STEFANIE (2000C): Investment Bank von DG und Rabo beerdigt. In: Financial Times Deutschland, 07.11.2000, S. 21.

BURGMAIER, STEFANIE (2000D): HBB Capital Advisers setzt auf den Mittelstand. In: Financial Times Deutschland, 30.11.2000, S. 22.

BURGMAIER, STEFANIE/ LEBERT, ROLF (2001): Kehrtwende bei der Deutschen Bank: Breuer setzt wieder auf Privatkunden. Financial Times Deutschland, 02.02.2001, S. 1.

BURGMAIER, STEFANIE/ WILLMAN, JOHN (2001): Europas Investmentbanken schlagen zurück. In: Financial Times Deutschland, Sonderbeilage Investment Banking, 13.02.2001, S. 1.

BURCHARD, ULRICH/ BONGARTZ, ULRICH (1998): Fusionen: Der Reiz des schnellen Wachstums. In: Die Bank, Nr. 7, 1998, S. 392-396.

CAMERON, DOUG/ WANNER, CLAUDIA (2001): ING baut das europäische Investment Banking um. In: Financial Times Deutschland, 31.01.2001, S. 20.

CAPRON, LAWRENCE (2000): Wie horizontale Übernahmen zu mehr Performance führen. In: Financial Times Deutschland, Sammelbeilage Mastering Strategie, Nr. 7, 06.11.2000, S. 10-12.

CAPRON, LAURENCE/ MITCHELL, WILL/ OXLEY, JOAN (2000): Neustrukturierung: Vier Wege zum Wandel. In: Financial Times Deutschland, Sammelbeilage Mastering Strategie, Nr. 10, 27.11.2000, S.6-9.

CARSTEN, STEFFAN (1997): Entwicklung und Perspektiven des Investment Banking. In: Sparkasse, Nr. 4, 1997, S. 169-173.

CAYTAS, IVO/ MAHARI, JULIAN (1988): Im Banne des Investment Banking: Fusionen und Übernahmen überleben den Crash \`87. Stuttgart: Schäffer, 1988.

COMMERZBANK (1997): Strategy contribution from Commerzbank. In: Aitken, J./ Brown, P. (1997): European Banking: The discreet charm of Investment Banking. UBS Global Research, 13.11.1997, S. 57-62.

COMMERZBANK (1998): Geschäftsbericht 1997. Frankfurt am Main, 1998.

COMMERZBANK (1999A): Geschäftsbericht 1998. Frankfurt am Main, 1999.

COMMERZBANK (1999B): Commerzbank - Zahlen, Fakten, Ziele: April 1999. Frankfurt am Main, März 1999.

COMMERZBANK (2000A): Geschäftsbericht 1999. Frankfurt am Main, 2000.

COMMERZBANK (2000B): Investment Banking: Special Industries/ Project Finance. Internet Information zum Investment-Banking-Bereich im Jahr 2000, S. 1.

COMMERZBANK (2001A): Geschäftsbericht 2000. Frankfurt am Main, 2001.

COMMERZBANK (2001B): Commerzbank - Zahlen, Fakten, Ziele: März 2001. Frankfurt am Main, März 2001.

CORRIGAN, TRACY/ WATERS, RICHARD (1997): Travelers to buy Salomon for $9bn. In: Financial Times, September 25 1997, p. 1.

CORRIGAN, TRACY (1997): Wall Street's Big Bang. In: Financial Times, September 25 1997, p. 13.

CORRIGAN, TRACY (1998): German Bank fulfils American dream. In: Financial Times, November 23 1998, S. 24.

CORSTEN, HANS/ REIß, MICHAEL (1995): Handbuch Unternehmensführung: Konzepte - Instrumente - Schnittstellen. Wiesbaden: Gabler, 1995.

CROWDER, NEIL/ LEADEM, SUSAN/ TOWNSHEND, DAVID: Banks: United Bank of Switzerland. Analystenreport, Goldman Sachs Investment Research, 24.03.1998.

DAHM, HANS (1987): Funktion und Potential des nationalen wie internationalen Mergers & Acquisitions-Geschäfts der deutschen Banken. In: Krümmel, H./ Rudolph, B. (Hrsg.): Bankmanagement für neue Märkte: Chancen und Risiken der Banken an Finanzmärkten mit neuen Produkten und neuen Wettbewerbern. Frankfurt am Main: Fritz Knapp, 1987, S. 225-236.

DEIS, CHRISTIAN (1997): M&A-Beratung in Deutschland. Funktionen und Akteure. In: M&A-Review, o. Jg., S. 488-498.

DEUTSCHE BANK (1998): Geschäftsbericht 1997, Frankfurt am Main, 1998.

DEUTSCHE BANK (1999): Geschäftsbericht 1998, Frankfurt am Main, 1999.

DEUTSCHE BANK (2000): Geschäftsbericht 1999, Frankfurt am Main, 2000.

DEUTSCHE BANK (2001): Geschäftsbericht 2000, Frankfurt am Main, 2001.

DG BANK (1999A): Geschäftsbericht 1998, Frankfurt am Main, 1999.

DG BANK (1999B): Die DG Bank. Das Unternehmen. Frankfurt am Main, 1999.

DG BANK (1999C): DG Bank: Börsenjahr 1999 mit neuen Rekorden. Presse-information, Frankfurt am Main, 16. Dezember 1999.

DG BANK (2000): Geschäftsbericht 1999, Frankfurt am Main, 2000.

DG BANK (2001): Geschäftsbericht 2000, Frankfurt am Main, 2001.

DILL, PETER (1995): Produkt-Markt-Strategien. In: Corsten, H./ Reiß, M. (Hrsg.): Handbuch Unternehmensführung: Konzepte - Instrumente - Schnittstellen. Wiesbaden: Gabler, 1995, S. 331-339.

DOHMEN, CASPAR/ JAKOBS, GEORG/ SCHÖNAUER, FELIX (2000): BHF-Bank pocht auch im ING-Verbund auf ihre Eigenständigkeit. In: Handelsblatt, Nr. 204, 23.10.2000, S. 29.

DRESDNER BANK (1999): Geschäftsbericht 1998. Frankfurt am Main, 1999.

DRESDNER BANK (2000): Geschäftsbericht 1999. Frankfurt am Main, 2000.

DRESDNER BANK (2001): Geschäftsbericht 2000. Frankfurt am Main, 2001.

DRESDNER KLEINWORT BENSON (1997): Strategy contribution from DKB. In: Aitken, J./ Brown, P. (1997): European Banking: The discreet charm of Investment Banking. UBS Global Research, 13.11.1997, S. 52-55.

DRESDNER KLEINWORT BENSON (1999): Globale Stärke im Dienste unserer Kunden: Investment Banking Bericht 1998.

DRESDNER KLEINWORT BENSON (2000A): Investment Banking Global Corporate Finance. Informationsbroschüre des Bereichs Global Corporate Finance, 2000.

DRESDNER KLEINWORT BENSON (2000B): Dresdner Kleinwort Benson: Mergers & Acquisitions Advisory. Unterlagen zum Vortrag von Florian Fautz, Co-Head M&A Group in Frankfurt am Main am 28.01.2000 in den Räumen der Dresdner Bank.

ENGEL, HANS-GEORG (1998): Investment Bank - Bank der Zukunft !? In: Zeitschrift für das gesamte Kreditwesen, Nr. 3, 1998, S. 108-112.

ENZWEILER, TASSO (2001): DKW wildert erneut bei Goldman Sachs. In: Financial Times Deutschland, 21.05.2001, S. 20.

FRESE, ERICH (1986): Studienbibliothek Unternehmungsführung. Landsberg am Lech: Verlag Moderne Industrie, 1986.

FRISCHKNECHT, MARTIN (1996): Strategische Planung globaler Universalbanken. Bern/ Stuttgart/ Wien: Haupt, 1996.

GEBAUER, WOLFGANG/ RUDOLPH, BERND (1993): Marketing für Finanzprodukte und Finanzmärkte. Schriftenreihe des Instituts für Kapitalmarktforschung an der J.W. v. Goethe-Universität Frankfurt am Main, Band 35, Frankfurt am Main: Fritz Knapp, 1993.

GERKE, WOLFGANG/ STEINER, MANFRED (1995): Handwörterbuch des Bank- und Finanzwesens. 2., überarb. und erw. Aufl., Stuttgart: Schäffer-Poeschel, 1995.

GROSSE, PAUL (1991): Projektfinanzierung aus Bankensicht. In: Krümmel, H./ Rudolph, B. (Hrsg.): Corporate Finance: Bankservices für das Finanz-management von Unternehmen. Frankfurt am Main: Fritz Knapp, 1991, S. 125-139.

HÄRING, NORBERT/ LEBERT, ROLF (2000): Breuer plant keine Großübernahme in den USA. In: Financial Times Deutschland, 26.09.2000, S. 20.

HAHN, DIETGER (1999): Stand und Entwicklungstendenzen der Strategischen Planung. In: Hahn, D./ Taylor, B. (Hrsg.): Strategische Unternehmungs-planung - Strategische Unternehmungsführung: Stand und Entwicklungs-tendenzen. 8., aktual. Aufl., Heidelberg: Physica, 1999, S. 1-27.

HAHN, DIETGER/ TAYLOR, BERNHARD (1999): Strategische Unternehmungsplanung - Strategische Unternehmungsführung: Stand und Entwicklungstendenzen. 8., aktual. Aufl., Heidelberg: Physica, 1999.

HAHN, DIETGER/ MIROW, M./ SIEGERT, T./ PFEIL, A. (1999): Kapitalwertorientierte Geschäftsfeldplanung im Konzern. In: Hahn, D./ Taylor, B. (Hrsg.): Strategische Unternehmungsplanung - Strategische Unternehmungs-führung: Stand und Entwicklungstendenzen. 8., aktual. Aufl., Heidelberg: Physica, 1999, S. 546-578.

HARNISCHFEGER, UTA (2001): Equinet setzt auf Mittelstand. In: Financial Times Deutschland, Sonderbeilage Investment Banking, 13.02.2001, S. 5.

HARRIGAN, KATHRYN (1988): Managing Maturing Business. Massachusetts/ Toronto: Lexington, 1988.

HASPASLAGH, PHILLIPE (2000): Fusionen: Das Balzverhalten gleichberechtigter Partner. In: Financial Times Deutschland, Sammelbeilage Mastering Strategie, Nr. 5, 23.10.2000, S. 13-14.

HAX, ARNOLDO/ MAJUF, NICOLAS (1984): Strategic Management: An Integrative Perspective. Englewood Cliffs: Prentice-Hall, 1984.

HEGMANN, GERHARD (2000): Privatbanken knüpfen Netzwerk für Börsengänge. In: Financial Times Deutschland, 08.11.2000, S. 21.

HEINRICH, GERHARD (1991): M&A-Beratung als betriebswirtschaftlicher Service. In: Krümmel, H./ Rudolph, B. (Hrsg.): Corporate Finance: Bankservices für das Finanzmanagement von Unternehmen. Frankfurt am Main: Fritz Knapp, 1991, S. 141-156.

HILLER VON GAERTINGEN, CHRISTIAN (2000): Zweite Liga. In: Wirtschaftswoche, Nr. 10, 02.03.2000, S. 76.

HIMMELSTEIN, LINDA/ REBELLO, KATHY/ NATHANS SPIRO LEAH (1996): Silicon Valley seeds itself: Local firms are snaring IPO business that once went east. In: Business Week, March 11 1996, S. 44-45.

HINTERHUBER, HANS (1989): Strategische Unternehmensführung. Band 1: Strategisches Denken: Vision, Unternehmungspolitik, Strategie. 4. Aufl., Berlin/ New York: De-Gruyter, 1989.

HOFMANN, HANSGEORG (1996): Produktentwicklungslinien im Investment Banking. In: International Bankers Forum e.V. (Hrsg.): Die Banken auf dem Weg ins 21. Jahrhundert - Strategie und Konzepte. Wiesbaden: Gabler, 1996, S. 3-26.

HSBC (1997): Strategy contribution from HSBC. In: Aitken, J./ Brown, P. (1997): European Banking: The discreet charm of investment banking. UBS Global Research, 13.11.1997, S. 40-42.

INTERNATIONAL BANKERS FORUM E.V. (1996.): Die Banken auf dem Weg ins 21. Jahrhundert - Strategie und Konzepte. Wiesbaden: Gabler, 1996.

JAKOB, ADOLF/ KLEIN, SEBASTIAN (1996): Investment Banking: Bankpolitik, Methoden und Konzepte. Wiesbaden: Gabler, 1996.

JAKOBS, GEORG/ KEIDEL, STEFAN (2000): Fischer: Dresdner Kleinwort Benson ist ein Wachstumswert. In: Handelsblatt, Nr. 98, 22.5.2000, S. 24.

JANSEN, ANSGAR (1986): Desinvestition: Ursachen, Probleme, Gestaltungsmöglich-keiten. Frankfurt am Main / Bern/ New York: Lang, 1986.

JOHNSON, GERRY/ SCHOLES, KEVAN: Exploring Corporate Strategy. 4th edition, London: Prentice Hall Europe, 1997.

KARNANI, ANEEL (2000): Nach der Verschlankung: Neue Wege zum Wachstum. In: Financial Times Deutschland, Sammelbeilage Mastering Strategie, Nr. 4, 16.10.2000, S. 10-13.

KEESE, CHRISTOPH/ BURGMAIER, STEPHANIE (2000): Eine Hochzeit und eine Todesfall. In: Financial Times Deutschland, 8.3.2000, S. 33.

KILGUS, ERNST (1994): Strategisches Bank-Management. Bern/ Stuttgart/ Wien: Haupt, 1994.

KIRSCH, WERNER (1991): Unternehmenspolitik und strategische Unternehmens-führung. 2. Aufl., München: Barbara Kirsch, 1991.

KLOTEN, NORBERT/ V. STEIN, JOHANN (1993): Geld-, Bank- und Börsenwesen: Ein Handbuch/ Obst; Hinter. 39. Aufl., Stuttgart: Schaeffer-Poeschel, 1993.

KNUST, CORNELIA/ PELDA, KURT/ KUSSEL, BARBARA/ RÖSSING, SABINE (2000): Credit Suisse schließt zur Weltspitze auf. In: Financial Times Deutschland, 31.08.2000, S. 15.

KÖPPERN VON, JOACHIM (1996): Bankstrategie und Bankpolitik in Europa: Veränderungsprozesse erfolgreich bewältigen. Frankfurt am Main: Bank-Akademie-Verlag, 1996.

KOHLHAUSSEN, MARTIN (1998): Perspektiven der Universalbanken deutscher Tra-dition im kommenden Jahrhundert. In: Die Bank, Nr. 6, 1998, S. 255-258.

KREIKEBAUM, HARTMUT (1993): Strategische Unternehmensplanung. 5. Aufl., Stuttgart/ Berlin/ Köln: Kohlhammer, 1993.

KRODER, TITUS (2000): Die armen reichen Investment Banker. In: Handelsblatt, Nr. 116, 19.06.2000, S. 14.

KRÜMMEL, HANS/ RUDOLPH, BERND (1987): Bankmanagement für neue Märkte: Chancen und Risiken der Banken an Finanzmärkten mit neuen Produkten und neuen Wettbewerbern. Frankfurt am Main: Fritz Knapp, 1987

KRÜMMEL, HANS/ RUDOLPH, BERND (1991): Corporate Finance: Bankservices für das Finanzmanagement von Unternehmen. Frankfurt am Main: Fritz Knapp, 1991.

KUHLS, NORBERT (2000): Der Anhänger des Powerplays. In: Handelsblatt, Nr. 179, 15./ 16.09.2000, S. 32.

KUHN, ROBERT LAWRENCE (1990): Investing and Risk Management: The Library of Investment Banking. Volume I, Homewood (Ill.): Business One Irwin, 1990.

KUHN, ROBERT LAWRENCE (1990): A Philosophy of Investment Banking. In: Kuhn, R. L. (Hrsg.): Investing and Risk Management: The Library of Investment Banking. Volume I, Homewood (Ill.): Business One Irwin, 1990, S. 3-26.

KUMAR, BRIJ/ HAUSSMANN, HELMUT (1992): Handbuch der Internationalen Unternehmenstätigkeit: Erfolgs- und Risikofaktoren, Märkte, Export-, Kooperations- und Niederlassungs-Management. München: Beck, 1992.

KUSSEL, BARBARA (2000A): Investment Banker werden zum Engpaß. In: Financial Times Deutschland, 23.03.2000, S. 20.

KUSSEL, BARABRA (2000B): Zu den Goldjungs kommt der Zahnarzt ins Büro. In: Financial Times Deutschland, 02.06.2000, S. 22.

KUTSCHKER, MICHAEL (1992): Die Wahl der Eigentumsstrategie der Auslandsniederlassung in kleineren und mittleren Unternehmen. Kumar, B./ Haussmann, H. (Hrsg.): Handbuch der Internationalen Unternehmenstätigkeit. München: Beck, 1992, S. 497-530.

LEBERT, ROLF (2000A): Deutsche Bank 24 wirft ihr Netz über Europa. In: Financial Times Deutschland, 04.08.2000, S. 16.

LEBERT, ROLF (2000B): Comdirect baut auch Investment Banking auf. In: Financial Times Deutschland, 28.11.2000, S. 23.

LEBERT, ROLF (2000C): BHF-Bank kommt neue ING-Struktur entgegen. In: Financial Times Deutschland, 27.11.2000, S. 20.

LEBERT, ROLF (2000D): Dresdner forciert Expansion in Europa. In: Financial Times Deutschland, 19.09.2000, S. 20.

LEBERT, ROLF (2000E): Lehman Brothers umwirbt Investmentbanker von DLJ. In: Financial Times Deutschland, 05.10.2000, S. 21.

LEBERT, ROLF (2000F): Commerzbank strebt im Geschäft mit dem deutschen Mittelstand auf den ersten Rang. In: Financial Times Deutschland, 05.12.2000, S. 20.

LEBERT, ROLF (2001A): Weltweit Fusionsaktivität bleibt stark. In: Financial Times Deutschland, 28.02.2001, S. 19.

LEBERT, ROLF (2001B): Commerzbank-Chef legt sich mit der Aktionärsgruppe Cobra an. In: Financial Times Deutschland, 05.03.2001, S. 20.

LEBERT, ROLF (2001C): Commerzbank konzentriert sich auf Europa. In: Financial Times Deutschland, 06.02.2001, S. 17.

LENZER, ROBERT (1996): Get it while you can. Forbes, Vol. 157, Issue 9, 6.05.1996, p. 42-43.

LIEBERT, NICOLA (2001): Große Namen verschwinden von der Wall Street. In: Financial Times Deutschland, 28.05.2001, S. 20.

MACHARZINA, KLAUS (1993): Unternehmensführung. Das internationale Managementwissen: Konzepte - Methoden - Praxis. Wiesbaden: Gabler, 1993.

MEFFERT, HERIBERT (2000): Marketing: Grundlagen marktorientierter Unternehmensführung. 9., überarb. und erw. Aufl., Wiesbaden: Gabler, 2000.

MEFFERT, HERIBERT/ BRUHN, MANFRED (2000): Dienstleistungsmarketing: Grundlagen - Konzepte - Methoden. 3., vollständig überarb. und erw. Aufl., Wiesbaden: Gabler, 2000.

MEYER, PAUL/ MATTMÜLLER, ROLAND (1993): Bedeutung und Problematik von Strategien im Marketing. In: Meyer, P./ Mattmüller, R. (Hrsg.): Strategische Marketingoptionen: Änderungsstrategien auf Geschäftsfeldebene. Stuttgart/ Berlin/ Köln: Kohlhammer, 1993, S. 13-29.

MEYER, PAUL/ MATTMÜLLER, ROLAND (1993): Strategische Marketingoptionen: Änderungsstrategien auf Geschäftsfeldebene. Stuttgart/ Berlin/ Köln: Kohlhammer, 1993.

MICHAEL, CARSTEN (2000): Direkt Anlage Bank verhandelt mit Emissionshäusern. In: Financial Times Deutschland, 04.10.2000, S. 23.

MITCHELL, WILL (2000): Allianzen: Chancen, Risiken und Nebenwirkungen. In: Financial Times Deutschland, Sammelbeilage Mastering Strategie, Nr. 4, 16.10.2000, S. 7-9.

MOODY, EMMA (2000): „Sie glauben, Frank könne über Wasser gehen". In: Financial Times Deutschland, 06.11.2000, S. 32.

MÜLLER, ARMIN (1988): Die neuen Welteroberer. In: Politik und Wirtschaft, Nr. 12, 1988, S. 45-50.

NAT WEST (1997): Strategy contribution from Nat West. In: Aitken, J./ Brown, P. (1997): European Banking: The discreet charm of Investment Banking. UBS Global Research, 13.11.1997, S. 35-37.

O'BRIEN, KEVIN (2001): Investment Banker verzweifelt gesucht. In: Financial Times Deutschland, 05.01.2001, S. 30.

o. V. (1996): Integration in the Financial Services Industry. In: Business Quarterly, Vol. 60, Issue 4, summer 1996, p. 28-38.

o. V. (1998): „Bernhard Walter über ...". In: Manager Magazin, Nr. 4, 1998, S. 102.

o. V. (2000A): Der Hypo-Vereinsbank bleibt die Beobachterrolle. In: FAZ, Nr. 62, 08.03.2000, S. 20.

o. V. (2000B): DLJ will in Europa schon bald schwarze Zahlen schreiben. In: Handelsblatt, Nr. 54, 16.03.2000, S. 27.

o. V. (2000C): Chase Manhatten verwundert City. In: Handelsblatt, Nr. 61, 27.03.2000, S. 27.

o. V. (2000D): Commerzbank baut ihre Asset-Managemment-Kapazitäten aus. In: Handelsblatt, Nr. 139, 21./ 22.7.2000, S. 26.

o. V. (2000E): J.P. Morgan setzt auf den Neuen Markt. In: Handelsblatt, Nr. 142, 26.7.2000, S. 31.

o. V. (2000F): Consors will eine der führenden Online-Investmentbanken werden. In: FAZ, Nr. 248, 25.10.2000, S. 24.

o. V. (2000G): Commerzbank sieht sich nicht gefährdet. In: Handelsblatt, Nr. 64, 30.03.00, S. 16.

o. V. (2000H): Breuer: Kein Großeinkauf in den USA. In: Handelsblatt, Nr. 186, 26.09.2000, S. 29.

o. V. (2000I): Deutsche Bank baut Investment Banking aus. In: FAZ, Nr. 175, 04.07.2000, S. 22.

o. V. (2000J): Credit Suisse definiert neue Wachstumsziele. In: Financial Times Deutschland, 15.09.2000, S. 21.

o. V. (2000K): Strategie ist Trumpf, das Geld sitzt den Investmentbanken derzeit locker. In: Handelsblatt, Nr. 178, 14.09.2000, S. 30.

o. V. (2000L): UBS wirbt Mitarbeiter ab. In: Financial Times Deutschland, 05.12.2000, S. 20.

o. V. (2000M): Roy verläßt Merrill Lynch. In: Financial Times Deutschland, 02.10.2000, S. 18.

o. V. (2000N): J.P. Morgan findet Partner in Japan. In: Handelsblatt, Nr. 122, 28.06.2000, S. 46.

o. V. (2000O): Thomas Weisel bietet sich an. In: Financial Times Deutschland, 09.12.2000, S. 20.

o. V. (2000P): Börseneinführungen. In: Financial Times Deutschland, 22.09.2000, S. 24.

o. V. (2000Q): Dresdner Bank baut ihre Investment Bank um. In: FAZ, Nr. 250, 27.10.2000, S. 18.

o. V. (2000R): Dresdner Bank baut Investment Bank um. In: FAZ, Nr. 249, 26.10.2000, S. 27.

o. V. (2000T): BNP sucht Investment Banker. In: Financial Times Deutschland, 30.11.2000, S. 22.

o. V. (2000U): Goldman sichert sich Makler. In: Financial Times Deutschland, 12.09.2000, S. 20.

o. V. (2000V): Dresdner Kleinwort Wasserstein entsteht. In: FAZ, Nr. 217, 19.09.2000, S. 21.

o. V. (2000W): „Weitere 500 Millionen Euro für Europa“: Fragen an Bernd Fahrholz, Vorstandssprecher der Dresdner Bank. In: FAZ, Nr. 217, 19.09.2000, S. 21.

o. V. (2001A): Barclays hat forsche Pläne. In: Financial Times Deutschland, 12.02.2001, S. 20.

o. V. (2001B): Millionen für US-Bankchefs. In: Financial Times Deutschland, 20.02.2001, S. 22.

o. V. (2001C): Deutsche Bank an US-Börse. In: Financial Times Deutschland, 24.01.2001, S. 20.

o. V. (2001D): DG und Rabo auseinander. In: Financial Times Deutschland, 05.01.2001, S. 18.

o. V. (2001E): Merrill Lynch sucht Bank. In: Financial Times Deutschland, 13.06.2001, S. 20.

o. V. (2001F): DKW bleibt bei Allianz. In: Financial Times Deutschland, 27.07.2001, S. 18.

PERLITZ, MANFRED (1993): Internationales Management. Stuttgart/ Jena: G. Fischer, 1993.

PRETZLIK, CHARLES (2001A): Londoner Investment Banker bangen um hochbezahlte Jobs. In: Financial Times Deutschland, 10.04.2001, S. 22.

PRETZLIK, CHARLES (2001B): Fusionen und Übernahmen sind drastisch zurückgegangen. In: Financial Times Deutschland, 19.03.2001, S. 20.

PRETZLIK, CHARLES/ RATNER, JULIANA (2001): Seltene Spezies kämpft ums überleben. In: Financial Times Deutschland, Sonderbeilage Investment Banking, 13.02.2001, S. 5.

PRETZLIK, CHARLES/ THAL LARSEN, PETER (2001): Investmentbanken müssen sparen. In: Financial Times Deutschland, 26.02.2001, S. 20.

PORTER, MICHAEL (1992): Wettbewerbsstrategie: Methoden zur Analyse von Branchen und Konkurrenten. 7. Aufl., Frankfurt am Main/ New York: Campus, 1992.

PÜMPIN, CUNO (1980): Strategische Führung in der Unternehmenspraxis. Bern: Haupt, 1980.

REICHENEDER, THOMAS (1992): Investment Banking: Mergers & Acquisitions, Buyouts, Junk Bonds, Going Public. Wiesbaden: Gabler, 1992.

REIMNITZ, JÜRGEN (1989): Das Primärmarktgeschäft im Emissionsbereich. In: Büschgen, H./ Richolt, K. (Hrsg.): Handbuch des internationalen Bankgeschäfts. Wiesbaden: Gabler, 1989, S. 241-266.

REIMPELL, PETER (1990): Strategien deutscher Banken im Investment Banking. In: Die Bank, Nr. 9, 1990, S. 488-490.

REUTER, HERMANN (2001): Kapitalmarktkommunikation aus Sicht des Investment Banking. Konferenz „Erfolgreiche Kapitalmarktkommunikation“ in Zusammenarbeit mit dem F.A.Z-Institut, Frankfurt am Main, 08.02.2001.

RÖSSING, SABINE/ KAUL, YVONNE (2000): Landesbanken konzentrieren sich auf Nischen im Investment Banking. In: Financial Times Deutschland, 20.04.2000, S. 22.

ROTH, MARTIN (2000): „Die Konsolidierung unter Europas Investment Banken hat erst begonnen“. In: FAZ, Nr. 251, 28.10.2000, S. 17.

ROTHSCHILD DE, DAVID (2000): „Verdien dir deine Position“. In: Der Spiegel, Nr. 10, 6.3.2000, S. 116-119.

SCHAUB, VERA (1992): Konzernpolitik im Schweizer Bankbereich: Eine Darstellung der Determinanten und Ausgestaltungsmöglichkeiten unter Berücksichtigung ausgewählter Schweizer Bankkonzerne. Bern/ Stuttgart/ Wien: Haupt, 1992.

SCHIERENBECK, HENNER (1991): Ertragsorientiertes Bankmanagment: Controlling in Kreditinstituten. 3., vollst. neubearb. und erw. Aufl., Wiesbaden: Gabler, 1991.

SCHIERENBECK, HENNER (1990): Bank- und Versicherungslexikon. München/ Wien: Oldenbourg, 1990

SCHMIDT-CHIARI, GUIDO (1989): Die Entwicklung des internationalen Emissions- und Konsortial-Geschäftes. In: Bühler, W./ Feuchtmüller, W./ Vogel, M. (Hrsg.): Investment Banking. Wien: Service, Fachverlag an der Wirtschaftsuniversität Wien, 1989, S. 135-148.

SCHNYDER, THOMAS (1992): Wertschriftenhandel und Brokerdealerbeziehungen: Rahmenbedingungen und Konzept einer bankwirtschaftlichen Brokerdealerpolitik im Wertschriftenhandel. Bern/ Stuttgart/ Wien: Haupt, 1992.

SCHUMANN, PETER (1989): Der Investmentbanker als Berater. In: Büschgen, H./ Richolt, K. (Hrsg.): Handbuch des internationalen Bankgeschäfts. Wiesbaden: Gabler, 1989, S. 295-312.

SCHUSTER, LEO (1990): Investment Banking. In: Schierenbeck, H. (Hrsg.): Bank- und Versicherungslexikon. München/ Wien: Oldenbourg, 1990, S. 345-350.

SILVERMAN, GARY/ CHAFFIN, JOSHUA (2000): Liquidität im Markt für Hochverzinsliche trocknet aus. In: Financial Times Deutschland, 04.10.2000, S. 25.

STAEHLE, WOLFGANG (1994): Management. Eine verhaltenswissenschaftliche Perspektive. 7., überarb. Aufl. von Peter Conrad; Jörg Sydow, München: Vahlen, 1994.

STEINMANN, HORST/ SCHREYÖGG, GEORG (1993): Management: Grundlagen der Unternehmensführung: Konzepte - Funktionen - Fallstudien. 3., überarb. und erw. Aufl., Wiesbaden: Gabler, 1993.

SÜCHTING, JOACHIM/ PAUL, STEPHAN (1998): Bankmanagement. 4., vollst. überarb. und erw. Aufl., Stuttgart: Schäffer-Poeschel, 1998.

SUTZ, ROBERT (1989): Projektfinanzierung im internationalen Bankgeschäft. In: Büschgen, H./ Richolt, K. (Hrsg.): Handbuch des internationalen Bankgeschäfts. Wiesbaden: Gabler, 1989, S. 211-239.

TICHY, NOEL/ CHARAN, RAM (2000): Stetiges Wachstum: Haben Sie eine vermittelbare Vision ? In: Financial Times Deutschland, Sammelbeilage Mastering Strategie, Nr. 3, 9.10.2000, S. 14-16.

TRAUTMANN, MICHAEL (1993): Reduktion. In: Meyer, P./ Mattmüller, R. (Hrsg.): Strategische Marketingoptionen: Änderungsstrategien auf Geschäfts-feldebene. Stuttgart/ Berlin/ Köln: Kohlhammer, 1993, S. 140-178.

TROST, WOLFRAM (2001): Internationales Ausbildungsprogramm für den Führungsnachwuchs. In: Financial Times Deutschland, Sonderbeilage Investment Banking, 13.02.2001, S. 4.

ULRICH, PETER/ FLURI, EDGAR (1992): Management: Eine konzentrierte Einführung. 6., neubearb. und erg. Aufl., Bern/ Stuttgart/ Wien: Haupt, 1992.

UBS (1999): Verbindungen schaffen Synergien und eröffnen neue Perspektiven: Finanzbericht 1998. Zürich, 1999.

WALTER, ARTUR (1993): Die Internationalisierung des Investment Banking in Deutschland. In: Gebauer, W./ Rudolph, B. (Hrsg.): Marketing für Finanzprodukte und Finanzmärkte. Schriftenreihe des Instituts für Kapitalmarktforschung an der J.W. v. Goethe-Universität Frankfurt am Main, Band 35, Frankfurt am Main: Fritz Knapp, 1993, S. 137-153.

WALTER, INGO/ SMITH, ROY (1989): Investment Banking in Europe. Cambrige/ Massachusetts: Basil Blackwell, 1989.

WALTER, NICOLE (2000A): Merrill Lynch will das Anleihegeschäft in Deutschland stark ausbauen. In: Handelsblatt, Nr. 59, 23.03.2000, S. 23.

WALTER, NICOLE (2000B): Investmentbanker verzweifelt gesucht. In: Handelsblatt, Nr. 167, 30.08.2000, S. 23.

WANNER, CLAUDIA (2001): Merrill Lynch warnt vor Gewinneinbruch. In: Financial Times Deutschland, 27.06.2001, S. 20.

WELGE, MARTIN (1985): Unternehmungsführung. Band 1: Planung. Stuttgart: Poeschel, 1985.

WELGE, MARTIN / AL-LAHAM, ANDREAS (1992): Planung: Prozesse - Strategien - Maßnahmen. Wiesbaden: Gabler, 1992.

WERTSCHULTE, JOSEF (1995): Investment Banking. In: Gerke, W./ Steiner, M. (Hrsg.): Handwörterbuch des Bank- und Finanzwesens. 2., überarb. und erw. Aufl., Stuttgart: Schäffer-Poeschel, 1995, Sp. 1022-1031.

WESTLB (1999): Geschäftsbericht 1998. Düsseldorf, 1999.

WILLIAMSON, J. PETER (1988): The Investment Banking Handbook. New York/ Chichester/ Brisbane/ Toronto/ Singapore: John Wiley & Sons, 1998.

GPSR Compliance

The European Union's (EU) General Product Safety Regulation (GPSR) is a set of rules that requires consumer products to be safe and our obligations to ensure this.

If you have any concerns about our products, you can contact us on ProductSafety@springernature.com

In case Publisher is established outside the EU, the EU authorized representative is:

Springer Nature Customer Service Center GmbH
Europaplatz 3
69115 Heidelberg, Germany

Batch number: 10815964

Printed by Printforce, the Netherlands